U0516770

国家出版基金项目
NATIONAL PUBLICATION FOUNDATION

〔唐〕令狐德棻 等撰

點校本二十四史修訂本

周書

第一册

卷一至卷一七

中華書局

圖書在版編目(CIP)數據

周書/(唐)令狐德棻等撰. —北京:中華書局,2022.11
(2024.1 重印)
(點校本二十四史修訂本)
ISBN 978-7-101-15945-5

Ⅰ.周… Ⅱ.令… Ⅲ.中國歷史-北周-紀傳體
Ⅳ.K239.250.42

中國版本圖書館 CIP 數據核字(2022)第 188678 號

責任編輯:劉　學
責任校對:周天豪　宋梅鵬
責任印製:管　斌

點校本二十四史修訂本
周　書
(全三册)
〔唐〕令狐德棻 等撰
*
中華書局出版發行
(北京市豐臺區太平橋西里 38 號　100073)
http://www.zhbc.com.cn
E-mail:zhbc@zhbc.com.cn
北京盛通印刷股份有限公司印刷
*
880×1230 毫米 1/32・34⅜印張・617 千字
2022 年 11 月第 1 版　2024 年 1 月第 2 次印刷
印數:10001-15000 册　定價:180.00 元

ISBN 978-7-101-15945-5

宇文貴字永貴其先昌黎大棘人也從居夏
州。……三千保定六……貴着勳追贈柱
國大將軍少傅夏州剌史安平郡公貴
母初孕貴夢有老人抱一兒授之曰賜
爾是子俾壽且貴……形類所夢故永
……之貴少從師受學嘗輟書歎曰男
兒當提劒汗馬以取公侯何能如先生爲
博士也正光末破六汗拔陵圍夏州剌史
源子雍嬰城固守以貴爲統軍前後數
十戰中咸服其勇後送子雍還賊帥
比于麒麟薛崇禮等處處屯聚出兵邀
截貴每奮擊輙破之除武騎侍……又從
子雍討葛榮軍敗奔鄴爲榮所圍賊屠
來攻貴每縋而出戰賊莫敢當其鋒然以
逸寇繁圍久不解貴乃於地道潛出北
見尒朱榮陳平賊策納之因從榮擒葛
加別將又從元天穆平邢杲轉
自皆元顥入洛……鄉兵從尒朱榮赴河
橋力戰有功加征虜將軍封革融縣侯
邑一百……除郢州剌史入爲武衛將軍閤門
大都督……魏孝西遷進爵化政郡公大

一　唐鈔本周書卷一九殘卷（日本同朋舍唐鈔本影印）

武帝李皇后名娥姿楚人也于謹平江陵后家
被籍沒至長安太祖以后賜高祖後稍得親幸
大象元年二月改爲天元帝太后七月又尊爲
天元皇太后二年尊爲天元聖皇太后冊曰天元
皇帝臣諱奉璽綬冊謹上天皇太后尊號曰天元
聖皇太后伏惟月精効祉坤靈表貺瑞肇丹
陵慶流華渚雖率由令典夙奉徽號而因心盡
敬未極尊名是用思弘稱首上昭聖德敢竭誠
敬永綏福履顯揚慈訓貽厥孫謀宣帝崩靜

宋刻宋元明遞修本（北京大學圖書館藏）

列傳第三　周書十一

晉蕩公護　叱羅協　馮遷

晉蕩公護字薩保太祖之兄邵惠公顥之少子也幼方正有志度特爲德皇帝所愛異於諸兄年十一惠公薨隨諸父在葛榮軍中榮敗遷晉陽太祖之入關也護以年小不從普泰初自晉陽至平凉時年十七太祖諸子並幼遂委護以家務內外不嚴而肅太祖嘗歎曰此兒志度類我及出臨夏州留護事賀拔岳岳之被害太祖

萬曆十六年刊　周書十一　一

三　明萬曆十六年南京國子監刻清順治補刻本（北京中華書局圖書館藏）

四　明崇禎五年汲古閣本（北京中華書局圖書館藏）

周書卷四十一

列傳第三十三

王褒

庾信

王褒字子淵琅邪臨沂人也曾祖儉齊侍中太尉南昌文憲公祖騫梁侍中金紫光祿大夫南昌安侯父規梁侍中左民尚書南昌章侯並有重名於江左褒識量淵通志懷沉靜美風儀善談笑博覽史傳尤工屬文梁國子祭酒蕭子雲褒之姑夫也特善草隸褒少以姻戚去來其家遂相模範俄而名亞子雲並見重於世梁武帝喜其才藝遂以弟鄱陽王恢之女妻之起家秘書郎轉太子舍人襲爵南昌縣侯稍遷秘書丞宣成王大器簡文帝之家嫡即褒之姑子也于時盛選僚佐乃以褒爲文學尋遷安成郡守及侯景

周書卷一

唐　令　狐　德　棻　等　撰

帝紀第一

文帝上

太祖文皇帝姓宇文氏諱泰字黑獺代武川人也其先出自炎帝神農氏爲黃帝所滅子孫遯居朔野有葛烏菟者雄武多算略鮮卑慕之奉以爲主遂總十二部落世爲大人其後曰普回因狩得玉璽三紐有文曰皇帝璽普回心異之以爲天授其俗謂天曰宇謂君曰文因號宇文國幷以爲氏焉普回子莫那自陰山南徙始居

乾隆四年校刊　周書卷一　帝紀　一

五

清乾隆四年武英殿本（中國國家圖書館藏）

周書整理人員名録

原點校者 唐長孺 陳仲安
王文錦

修訂負責人 劉安志

修訂組成員 劉安志 羅 亮 齊子通 畢康健

編輯組成員 王 勖 劉 學 馬 婧 張文强 馮寶志

「北朝四史」修訂組名録

修訂主持人　朱　雷　凍國棟

修訂承擔單位　武漢大學

修訂組成員　朱　雷　凍國棟　何德章　劉安志　魏　斌　姜望來　黄　樓　朱　海

點校本二十四史及清史稿修訂緣起

以「二十四史」及清史稿爲代表的紀傳體史書，記載了中國古代從傳説中的黄帝到辛亥革命結束清朝統治前各個朝代的歷史概貌，以歷代王朝的興亡更替爲先後，反映了中國的歷史進程，構成了關於中國古代政治、經濟、軍事、科技、思想文化、社會風俗等各個方面最爲重要的基本史料，使中國和中華民族成爲世界上惟一擁有數千年連貫、完整歷史記載的國家和民族。這是中華民族引以爲榮並值得進一步發揚光大的寶貴歷史文化遺産。

爲了更好地傳承與保護這份珍貴的歷史文化遺産，二十世紀五十至七十年代，在毛澤東主席、周恩來總理的親自部署和國家有關部門的直接領導下，由中華書局承擔組織落實和編輯出版工作，集中全國學術界、出版界的力量，完成了「二十四史」及清史稿的點校整理和出版。從一九五八年九月標點「前四史」及改繪楊守敬地圖工作會議召開，次年九月點校本史記問世，到一九七八年點校本宋史完成出版，整理工作歷時二十年，其間不斷完善點校體例，逐史加以標點、分段、校勘、正誤、補闕，所積累的科學整理方法和豐富的實踐經驗，爲傳統文獻的整理做出了寶貴的探索，確立了現代古籍整理的基本範式和標準。點校本出版之後，以其優秀的學術品質和適宜閱讀的現代形式，逐漸取代了此前的各種舊本，爲學術界和廣大讀者普遍採用，成爲使用最廣泛的權威性通行本。

點校本「二十四史」及清史稿從開始出版，至今已超過半個世紀，上距一九七八年宋史出版，點校工作完成，也已經過去了三十多年。點校本「二十四史」及清史稿的整理出版工作，由於受到當時種種客觀條件的制約，加之整理出版過程歷時綿長，時間跨度大，參與點校者時有變動，點校體例未能統一，或底本選擇不够精當，或校勘過於簡略，或標點間有失誤，各史都存在着不同程度的缺憾。爲適應新時代學術發展和讀者使用的需求，亟需予以全面修訂。

中華書局於二〇〇五年開始籌備「二十四史」及清史稿的修訂工作，梳理學術界關於點校本的意見建議，清理點校工作原始檔案，進一步明確修訂工作重點。二〇〇六年四月召開專家論證會，得到了學術界的積極響應。其後，在新聞出版總署、中國出版集團公司和社會各界學術力量的支持下，正式組建了點校本「二十四史」及清史稿修訂工程組織機構，擬定了修訂工作的各項具體規定，包括修訂工作總則、修訂工作流程，以及標點分段辨法舉例、校勘記寫法細則舉例等一系列規範性文件，並在全國範圍内通過廣泛調研，遴選確定了各史修訂承擔單位和主持人。

點校本「二十四史」及清史稿，是二十世紀中國古籍整理的標誌性成果，修訂本是原點校本在新的歷史時期的延續。修訂工作在原有點校本基礎上展開，嚴格遵守在點校本基礎上進行適度、適當修訂和完善的原則，通過全面系統的版本覆核、文本校訂，解決原點校本存在的問題，彌補不足，力求在原有基礎上，形成一個體例統一、標點準確、校勘精審、閱讀方便的新的升級版本。

修訂工作的總體目標，主要包括兩個方面：一，保持點校本已取得的整理成果和學術優勢，通過各個修訂環節，消弭點校本存在的缺憾，並認真吸收前人與時賢的研究成果，包括當代學術研究的新發現（文物、文獻資料）、新結論（學術定論），使修訂本成爲符合現代古籍整理規範、代表當代學術水準、能够體現二十一世紀新的時代特點的典範之作。二，解決原點校本各史體例不一的問題，做到體例基本統一，包括：規範取校範圍、校勘取捨標準、分段及校勘記、標點方式；撰寫各史修訂本前言、凡例；編製主要參考文獻目録及其他附録、索引。

早在一九六〇年，時任國務院古籍整理出版規劃小組組長的齊燕銘同志，就曾對點校本「二十四史」提出過兩點明確的要求，其一是在學術成果上「超越前人」；其二是經過重版修訂使之「成爲定本」。點校本的學術業績，獲得了學術界和廣大讀者的高度評價和廣泛採用，經過全面修訂，希望能在保持原有學術優勢的基礎上完善提高，進一步確立並鞏固點校本「二十四史」及清史稿的現代通行本地位，「成爲定本」還需要廣大讀者的檢驗和今後不斷的努力。

點校本「二十四史」及清史稿整理工作自二十世紀五十年代起始，至本世紀全面修訂再版，五十餘年間，一代又一代學者如同接力賽跑，前赴後繼，爲之默默奉獻，傾盡心力。點校本的學術成就和首創之功，以及其間展現的幾代人鍥而不捨的爲學精神，將澤被學林，彪炳史册！值此修訂本出版之際，我們向所有參加過點校工作的前輩學者和出版工作者，表示崇高的敬意，對已故前輩表達深切的懷念，向承擔本次修訂的各位學者專家表示誠摯的謝意，向國家出版基金管理委員會及其辦公室、各史點校和修訂承擔單位、各相關圖書收藏機構，以及關注和支持本次修訂工作的社會各界人士，謹致由衷的謝忱。

中華書局編輯部　二〇一三年七月

點校本周書修訂前言

周書，又名後周書，是唐令狐德棻主持編纂，岑文本、崔仁師等參與修撰的官修紀傳體正史。全書五十卷，含帝紀八卷、列傳四十二卷。

一

北魏末年，中原板蕩，經過多年混戰，最終分裂爲東魏（五三四—五五〇）與西魏（五三五—五五六）兩個對峙政權，與南方的蕭梁（五〇二—五五七）政權形成三方鼎峙局面。其後，齊（五五〇—五七七）代東魏，周（五五七—五八一）代西魏——後人稱之爲「後周」或「北周」，南方的陳（五五七—五八九）也取代了梁，繼續三方鼎立之勢。周武帝建德六年（五七七），周滅齊，統一北方。大定元年（五八一），隋（五八一—六一八）代周。

開皇九年(五八九),隋滅陳,全國重歸一統。

西魏、北周政權定都長安(今陝西西安)。西魏建立初期,統治區域只有今陝西、寧夏、甘肅的關隴地區。後期攻破江陵、佔據益州後,統治區域擴展至西南與江漢地區,控制了今重慶、四川大部、湖北西部、河南西部、山西西南部等。北周滅齊後,又將舊齊之地納入轄境。

周書雖以周題名,實際上是記述從公元五三四年北魏分裂爲東魏、西魏到五八一年楊堅代周建隋爲止四十八年的西魏、北周史。

西魏、北周政權比較重視本朝歷史的編纂。起居注方面,大統十六年(五五〇),柳虯由祕書丞遷中書侍郎,即「修起居注,仍領丞事」(周書卷三八柳虯傳)。李彦、盧柔、申徽、薛寘等人,亦以中書侍郎、中書舍人或著作郎、著作佐郎的身份預修西魏起居注。國史方面,李昶爲宇文泰丞相府記室參軍、著作郎時,即掌「修國史」(周書卷三八李昶傳)。其他如蘇亮、柳虯、薛寘、檀翥等,也都曾參與過西魏國史的編撰。西魏還沿襲了漢魏以降「史官密書善惡」的故事。柳虯曾上疏批評這種「密爲記注」的做法,不僅「徒聞後世,無益當時」,而且「物生横議」「異端互起」,建議「諸史官記事者,請皆當朝顯言其狀,然後付之史閣」,獲准施行(周書卷三八柳虯傳)。北周建立後,創六官之制,「春官府置外史,掌書王言及動作，以爲國誌，即其任也；又有著作二人，掌綴國録」（唐六典卷八門下省），延續西魏起居注、國史編纂之制，惜詳情不明。不過，據周書卷四七藝術姚僧垣傳附姚最傳，姚最曾任齊王宇文憲府水曹參軍，爲憲所禮接。宇文憲被誅後，姚最「乃録憲功績爲傳，送上史局」。可知北周修史活動仍在繼續，「史局」當保存有比較原始的材料。

入隋後，西魏、北周史的編纂仍在繼續。隋書卷三三經籍志正史類著録隋吏部尚書牛弘撰有「周史十八卷（未成）」。按牛弘在北周曾「專掌文翰，甚有美稱」，後「加威烈將軍、員外散騎侍郎，修起居注」（隋書卷四九牛弘傳），他對西魏、北周歷史頗爲熟悉，入隋後撰寫周史，自是理想人選。又劉知幾史通卷一二古今正史云：「宇文周史，大統年有秘書丞柳虬兼領著作，直辭正色，事有可稱。至隋開皇中，秘書監牛弘追撰周紀十有八篇，略敍紀綱，仍皆抵忤。」既云「追撰」，則牛弘周史當是在柳虬等所撰國史基礎上進行編纂的，惜只完成了十八卷。

二

令狐德棻（五八三—六六六），唐宜州華原（今陝西銅川）人，舊唐書卷七三、新唐書卷一〇二有傳。令狐氏爲世居敦煌的大族，令狐德棻祖父令狐整在北周曾官至大將軍、始豐二州刺史；父令狐熙自幼「博覽羣書，尤明三禮」，北周時官至司勳、吏部二曹中大夫，入隋後歷任鴻臚卿、兼吏部尚書、桂州總管等（隋書卷五六令狐熙傳）。令狐德棻出生於官僚世家，可謂家學淵源，舊唐書卷七三本傳即稱「德棻博涉文史，早知名」。他在唐高宗朝官至國子祭酒，參加過藝文類聚、氏族志、貞觀新禮和永徽律令的撰定，又主持或參與唐修晉書、五代史志和太宗與高宗兩朝實録的編纂，並監修國史，本傳稱其「暮年尤勤於著述，國家凡有修撰，無不參預」。岑文本，鄧州棘陽（今河南新野）人，官至中書令。崔仁師，定州安喜（今河北定州）人，官至中書侍郎、參知機務。岑、崔二人都參與了周書的編纂，其中「史論多出於文本」（舊唐書卷七〇岑文本傳）。

唐朝開國之初，承喪亂之餘，經籍亡逸。令狐德棻向唐高祖李淵奏請「購募遺書，重加錢帛，增置楷書，令繕寫」，數年後「羣書略備」，修史條件漸趨成熟。武德四年（六二一），令狐德棻向高祖進言：「竊見近代已來，多無正史，梁、陳及齊，猶有文籍。至周、隋遭大業離亂，多有遺闕。」（舊唐書卷七三令狐德棻傳）建議編寫前朝史書，獲得允准。次年，高祖下詔命中書令蕭瑀等編修魏、周、隋、梁、齊、陳史書，其中周史由侍中陳叔達、祕書丞令狐德棻、太史令庾儉負責（唐會要卷六三修前代史）。但當時天下尚未一統，政局不穩，百廢待興，故修史「歷數年，竟不能就而罷」（舊唐書卷七三令狐德棻傳）。直到唐太宗貞觀三年（六二九），修史工作才重新提上日程。太宗下敕，「乃令德棻與祕書郎岑文本修周史，中書舍人李百藥修齊史，著作郎姚思廉修梁、陳史，祕書監魏徵修隋史，與尚書左僕射房玄齡總監諸代史」。令狐德棻還奏引殿中侍御史崔仁師佐修周史，史稱：「德棻仍總知類會梁、陳、齊、隋諸史。武德已來創修撰之源，自德棻始也。」（舊唐書卷七三令狐德棻傳）貞觀十年（六三六），周書與其他四朝史同時修撰完成。

周書較爲明顯的不足，是資料收集不全，史實考訂粗疏。令狐德棻等人編撰周書，資料來源大致可以分爲三類：一是舊史，包括西魏、北周史官所撰國史、起居注以及隋代牛弘未完之周史；二是唐初爲了修史而徵集的家狀之類的文獻，如上文所引「購募遺書」之類；三是根據時人回憶而作的記録，如魏徵等人爲撰修五代史，屢次拜訪孫思邈，「思邈口以傳授，有如目覩」（舊唐書卷一九一方伎孫思邈傳）。在實際修撰過程中，主要還是以牛弘周史爲藍本。劉知幾曾說：「宇文氏事多見於王劭齊志、隋書及蔡允恭後梁春秋。其王褒、庾信等事，又多見於蕭韶太清記、蕭大圜淮海亂離志、裴政太清實録、杜臺卿齊紀。而令狐德棻了不兼採，以廣其書。蓋以其中有鄙言，故致遺略。」他批評令狐德棻只是依據牛弘周史而重加潤色，「不能別求他述，用廣異聞」（史通卷一七雜說中）。此外，一些重要歷史人物的傳記，也因材料不足，周書只能付之闕如。如北周僧人衞元嵩，曾上疏周武帝滅省寺僧，事涉當時的政治、宗教形勢以及後來的滅佛活動，但周書因「史失其事，故不爲傳」（周書卷四七藝術傳）。以此言之，周書所據資料相對貧乏。不僅如此，周書對相關史料的考訂也比較粗疏。如豆盧寧、長孫儉、鄭偉等列傳，主要據庾信爲他們所作碑誌撰寫。但以庾信所撰碑誌文與周書列傳相比對，二者在年月歷官等方面多有出入，其中有些可以明確是本傳錯訛。此外，劉知幾在史通卷六浮詞中，還批評周書議論前後不一：「周書之評太祖，寬仁、好殺，二理不同。」（分見周書卷二文帝紀下史臣論、卷三八元偉傳）周書中類似自相矛盾的地方尚有不少。

周書的編撰，還深受唐初政治的影響。武德年間，令狐德棻上疏奏請修史，理由之一是：「陛下既受禪於隋，復承周氏歷數，國家二祖功業，並在周時。如文史不存，何以貽鑑今古？」（舊唐書卷七三令狐德棻傳）是知修撰周書與宣揚唐朝二祖功業有密切關係。又朝中當權人物多是西魏、北周勛貴子孫，與北周政權有着千絲萬縷的聯繫。因此，周書字裏行間往往可見唐初門閥觀念的影子，如卷一六傳末贊歎「當時榮盛，莫與爲比。故今之稱門閥者，咸推八柱國家云」，可説明此點。受此影響，周書列傳的編排與擇取，更多考慮的是爲唐初達官貴戚的先祖立傳，故存在前後失當之處。劉知幾曾對唐初所修諸史有這樣的評價：「自梁、陳已降，隋、周而往，諸史皆貞觀年中羣公所撰，近古易悉，情僞可求。至如朝廷貴臣，必父祖有傳，考其行事，皆子孫所爲；而訪彼流俗，詢諸故老，事有不同，言多爽實。」（史通卷七曲筆）此弊雖爲五朝史所共有，但周書比較突出。

周書的文風，也頗爲後世學者譏諷。西魏時，宇文泰爲抵制有晉以來競爲浮華的文風，命蘇綽爲大誥，「自是之後，文筆皆依此體」（周書卷二三蘇綽傳）。受此影響，「史臣所記，皆稟其規，柳虯之徒，從風而靡」。楊堅代周建隋後，「爰及牛弘，彌尚儒雅，即其舊事，因而勒成，務累清言，罕逢佳句」（史通卷一七雜説中）。令狐德棻修撰周書，既以牛弘周史爲藍本，自然保留了不少崇尚古奥的西魏、北周文風。劉知幾對此深表不滿，他批評周書説：「文而不實，雅而無檢，真迹甚寡，客氣尤煩……遂使周氏一代之史，多非實録者焉。」（史通卷一七雜説中）清代纂修四庫全書，館臣對劉知幾的批評有所反駁：「然文質因時，紀載從實。周代既文章爾雅，仿古製言，載筆者勢不能易彼妍辭，改從俚語。至於敵國詆謗，里巷諺謡，削而不書，史之正體，豈能用是爲譏議哉！」（四庫全書總目卷四五）然近人余嘉錫亦持與劉知幾相近的看法，認爲：「周書博採古文，動遵經典，所載若斯，實於何有？」（四庫提要辨證卷三）不過，西魏、北周文風的產生，自有其特殊歷史背景，周書的語言風格也在一定程度上保存了當時的歷史信息與時代特色。

周書是現存唯一系統保存西魏、北周時期資料的史書，對我們了解、研究這段歷史有不可替代的重要價值。

三

周書中保存了不少與典章制度相關的史料。唐初所修五朝史都只有紀、傳而没有志，與土地、賦役、禮、樂、刑、政等制度有關的資料，則寫入五代史志，後與隋書合編，流傳至今。但在周書的紀、傳中，也保存了一些研究典章制度不可忽視的珍貴史料。南北朝時期，由於國土分裂與人口流動等，州郡數量激增，地理沿革複雜。周書卷二文帝紀下記録了魏廢帝三年（五五四）正月「改置州郡及縣」的詳細情況，是考察西魏、北周州縣地理沿革的重要文獻。府兵制是貫穿西魏、北周、隋、唐的重要軍事制度，但有關早期府兵制運行情況的資料頗少，相關記載隱晦不明。周書卷一六傳末開列西魏末年八柱國與十二大將軍姓名官職，並對其統兵之制略有所述，如「右十二大將軍，又各統開府二人。每一開府領一軍兵，是爲二十四軍」等記載，即成爲研究西魏府兵制度的基礎文獻。北周官制，「雖行周禮，其内外衆職，又兼用秦漢等官」，情況頗爲複雜。周書卷二四盧辯傳詳細記載北周職官「名號及命數」，爲梳理北周官制提供了基本綫索。卷二三蘇綽傳詳載蘇綽制定的「六條詔書」，闡述西魏、北周朝廷施政綱領及地方官員的爲政準則，是了解西魏、北周政治史不可或缺的重要文獻。

周書雖是記載西魏、北周歷史的史書，但於東魏、北齊、梁、陳史事也多有涉及。周書卷一六史臣曰：「關中全百二之險，周室定三分之業。」編撰者在敍述西魏、北周歷史沿革的同時，也注意記述分立政權之間的聯繫。清人趙翼對此大加贊賞：「當後周時，區宇瓜分，列國鼎沸，北則有東魏、高齊，南則有梁、陳。遷革廢興，歲更月異，周書本紀一一書之，使閲者一覽了然。北史雖亦兼記鄰國之事，然有書有不書者……而周書則紀載不遺，以醒眉目，此書法之最得者也。」（陔餘叢考卷七）此外，周書還保存了與後梁政權有關的珍貴史料。卷四八不僅給蕭詧、蕭巋、蕭琮等立傳，並附記後梁的主要朝臣，這些都是研究後梁政權的重要文獻。卷四九、卷五〇異域傳，首次記載了稽胡、突厥的歷史，更是不可多得的珍貴史料。

周書不録易代之際的九錫文、禪位詔等，被趙翼贊譽「剪裁之淨」（陔餘叢考卷七），但也收録了一些書信、時策、詩賦等，頗具學術價值。如卷一一晉蕩公護傳所收宇文護母子之間的往返書信，是研究中古家族史、社會史等的第一手資料。卷三一韋孝寬傳所收「平齊三策」，是探討周、齊、陳之間地緣政治與北周平齊方略的重要史料。卷四一庾信傳所收庾信哀江南賦，以及卷末史臣論，是研究中古時期南北朝文學的珍貴文獻。

總之，唐以前記述西魏、北周歷史的典籍都没有留傳下來。周書修成後，李延壽撰寫北史，其中西魏、北周部分基本上删節周書，較少補充修改。删改之處，有些正確，有些删節不當乃至出現錯誤。因此，就現存有關西魏、北周歷史的資料而言，周書成書較早，保存的資料也最爲原始，價值彌足珍貴。

四

周書修成後在唐代的傳播情況，因史籍闕載，情形不詳。南史、北史成書後，因敍事簡明且富有條理而廣爲流播。南宋初藏書家晁公武稱當時「學者止觀其書，沈約、魏收等所撰皆不行」（郡齋讀書志卷六）。趙翼概括「南北八朝史」的流傳，亦云「南、北史卷帙稍簡，抄寫易成，故天下多有其書，世人所見八朝事跡惟恃此耳」（廿二史劄記卷九）。

周書在宋初已殘缺不全，後人乃以北史和唐人某種史鈔或節本補足。宋景德二年（一〇〇五）編纂册府元龜，引用周書缺卷各條已是後人的補本。宋人曾在周書缺卷後附有校語，説明已非周書原文。清代四庫館臣曾對周書散佚狀況有過初步統計：「今案其文義，粗尋梗槩，則二十五卷、二十六卷、三十一卷、三十二卷、三十三卷，俱傳後無論。其傳文多同北史，惟更易北史之稱『周文』者爲『太祖』。韋孝寬傳連書『周文』『周孝閔帝』，則更易尚有未盡。」（四庫全書總目卷四五）清人錢大昕對此亦有考證：「今考紀傳，每篇皆有史臣論，惟列傳第十六、第十八、第廿三、第廿四、第廿五無之，蓋非德棻元本。其廿三、廿四兩卷，全取北史，廿五卷亦取北史而小有異同，十六、十八兩卷與北史多異，而十六卷尤多脱漏。」（廿二史考異卷三二）今經重新核查，周書殘缺情況是：卷一八、卷二四、卷二六、卷三一、卷三二共五卷全缺；卷三六可能全缺，可能半缺；卷二一大半缺。此外，也有宋初未缺而傳世各本脱去的大段文字，如卷六武帝紀下、卷三九杜杲傳都脱去幾百字，但册府元龜引文却没有缺。總體而言，現存周書中四十一卷是相對完整的原文，其餘九卷已非周書原文。

周書校刻時間，當在北宋嘉祐校史之後。據宋李燾續資治通鑑長編卷一九四記載，宋仁宗嘉祐六年（一〇六一）八月庚申，「詔三館、祕閣校宋、齊、梁、陳、後魏、後周、北齊七史書，有不完者訪求之」。晁公武郡齋讀書志卷五亦云：「嘉祐中，以宋、齊、梁、陳、魏、北齊、周書舛謬亡闕，始詔館職讎校。曾鞏等以秘閣所藏多誤，不足憑以是正，請詔天下藏書之家，悉上異本。久之，始集。治平中，鞏校定南齊、梁、陳三書上之。劉恕等上後魏書，王安國上周書。政和中，始皆畢，頒之學官，民間傳者尚少。」是知北宋嘉祐六年，仁宗即下詔令館臣讎校南北朝諸史，但王安國最後校上周書的時間，尚待推定。周書舊本後所附宋人梁燾、王安國、林希的目録序，内有「今既鏤板以傳學官」一語，知周書時已校畢。按梁、王、林三人都曾在神宗熙寧初任職館閣，且北宋晁説之讀周書一文亦稱：「熙寧初，王平甫（按王安國字平甫）序目録上之。」（嵩山文集卷一二）復據續資治通鑑長編卷二二七，王安國熙寧四年（一〇七一）十月方爲崇文院校書，則周書校上時間，當在熙寧四年末或稍後不久。至於周書刻板時間，自然在校上之後，但確切年月已不甚清楚。

周書的北宋刻本早已不存。南宋紹興十四年（一一四四），「井憲孟爲四川漕，始檄諸州學官，求當日所頒本」（郡齋讀書志卷五），周書和其他六史在眉山重刻，即所謂「宋蜀本」或「眉山七史本」，此本亦未流傳下來。現存最早刻本爲南宋臨安翻刻，並經宋、元、明三代遞修的所謂「三朝本」。據潘景鄭著硯樓書跋，其家舊藏三朝本周書一本，「爲述古堂故物」，「元明補版多於涵芬樓本」。一九三四年，商務印書館即據潘氏范硯樓藏本及涵芬樓自藏本影印，間有描改，形成「百衲本」。此外，周書還有明萬曆年間趙用賢刻南京國子監本（底本爲「三朝本」）、蕭雲舉刻北京國子監本（底本爲「南監本」），明末毛晉刻汲古閣本（底本不詳，與「三朝本」「南監本」異者多同「北監本」），清乾隆四年（一七三九）刻武英殿本（底本爲「北監本」），清同治十三年（一八七四）刻金陵書局本（底本爲「汲本」）。以上南監本、北監本、汲本、殿本、局本、百衲本六個版本都屬同一個系統，直接或間接同祖三朝本，但都有所校改，這些校改有得有失。綜合觀之，殿本刻誤和古體、異體字相對較少。

值得一提的是，據大致成書於日本宇多天皇寬平三年（唐昭宗大順二年，八九一）的日本國見在書目録記載：「周書五十卷。唐秘書丞令狐德棻等撰。」可知早在唐代周書已東傳日本。不僅如此，今天日本還收藏有周書卷一九唐鈔本殘卷，存侯莫陳順傳、豆盧寧傳、宇文貴傳等的部分内容，吉光片羽，彌足珍貴。

五

中華書局點校本周書，由唐長孺先生等點校整理，一九七一年十一月出版。點校本以殿本爲底本，並與三朝本、南監本、北監本、汲本、局本、百衲本六個版本互校。同時通校册府元龜和北史中的有關部分，吸收了錢大昕、張森楷、張元濟等人的校勘成果。凡改字或提出疑問，均有校勘記説明。不過，點校本雖以殿本爲底本，但在具體校勘過程中，也適當使用了諸本互校、擇善而從的方式。

點校本周書分段合理，標點妥當，校勘謹嚴，按斷精審。出版後廣受學界贊譽和讀者好評，成爲半個世紀以來最爲通行的整理本。周書與魏書、北齊書、北史一起組成的「北朝四史」點校本，被譽爲古籍整理的典範。

此次修訂繼續沿用殿本爲底本，以唐鈔本、三朝本、南監本、北監本爲通校本，以汲本、局本、百衲本爲參校本，並通校了册府元龜、北史、通志以及太平御覽和永樂大典所引周書中的相關部分。修訂工作在原點校本基礎上進行，遵循點校本二十四史及清史稿修訂工作總則和工作程序，對原點校本作適當修訂和完善，統一體例，彌補不足。

點校本周書出版以來，學術界和廣大讀者提出了不少校勘或標點方面的意見，我們盡可能搜求參考，梳理利用，列入主要參考文獻，附於書後。限於體例，不能在校勘記中一一標明，謹請理解，並致謝忱。由於水平與識見有限，疏誤與不足之處在所難免，懇請學界同仁與廣大讀者批評指正。

點校本周書修訂組　二〇二二年九月

點校本周書修訂凡例

一　中華書局一九七一年點校本周書，以清乾隆四年武英殿校刊本爲底本，適當採取諸本互校，擇善而從的方式。此次修訂，仍以武英殿本（中國國家圖書館藏，簡稱殿本）爲底本，重新校勘。

二　修訂所用通校本及簡稱如下：

（一）三朝本：中華再造善本影印北京大學圖書館藏宋刻宋元明遞修本；

（二）南監本：中華書局圖書館藏明萬曆十六年南京國子監刻清順治補刻本；

（三）北監本：中華書局圖書館藏明萬曆三十一至三十三年北京國子監刻清康熙二十五年重修本；

（四）唐鈔本：日本藏唐鈔本周書卷一九殘卷，大阪市立美術館編、中田勇次郎監修唐鈔本，同朋舍，一九八一年。

三　修訂所用參校本及簡稱如下：

(一)汲本：日本早稻田大學圖書館藏明崇禎五年毛晉汲古閣刊本；

(二)局本：中華書局圖書館藏清同治十三年金陵書局刊本；

(三)百衲本：商務印書館一九三四年百衲本二十四史影印本。

四　修訂本以原點校本爲基礎。原點校本對底本所作的校改，此次修訂全部重新覆核，對原點校本的校勘記，在充分尊重的基礎上，主要採取如下處理方式：(一)根據修訂總則要求，調整格式，統一體例；(二)補充新證據，改寫原校記；(三)補正原校記的疏誤脱漏之處，删除不合體例或存有疑問的校記；(四)原點校本有擇善而從且未出校之處，修訂本則嚴格按照底本校勘的原則，增補必要的校勘記。

五　此次修訂以版本對校爲基礎，充分利用本校、他校，審慎使用理校，適當參考其他傳世文獻、出土文獻等資料。修訂本原則上不作史實考訂，但原點校本已存在的若干史實考訂校記，因具有重要學術價值，仍予保留。

六　凡因底本訛誤及衍、脱、倒等而增删改動者，均出校記説明；凡底本疑誤，而無版本及書證爲據者，一般不作校改，僅於校記中説明；凡底本不誤，而他本、他書誤者，不出校記；少數明顯的版刻訛誤，原點校本已釐定改正者，悉仍之，新發現者隨文改正，寫入修訂長編，不別出校記。

七 標點分段按點校本二十四史及清史稿修訂工程標點分段辦法處理。原點校本標點分段科學合理，修訂本僅按體例取消原點校本用以標示文字正誤及增删的方圓括號，爲天文名補加專名綫，並修改部分標點。

八 此次修訂，書前目録與卷前目録仍依原點校本，僅作個别修改。

九 清代以來的學者有關周書校勘與研究成果，此次修訂盡可能予以參考吸收，具體篇目詳見主要參考文獻。

一〇 爲行文簡便，修訂本校勘記常用參考文獻使用簡稱如下：

藝文類聚，簡稱類聚。

元和郡縣圖志，簡稱元和志。

太平御覽，簡稱御覽。

文苑英華，簡稱英華。

册府元龜，簡稱册府（修訂本所用册府元龜有宋本、明刻本、明鈔本甲乙丙五種版本，具體信息詳見主要參考文獻）。

資治通鑑，簡稱通鑑。

太平寰宇記，簡稱寰宇記。

錢大昕廿二史考異，簡稱錢大昕考異。

楊守敬隋書地理志考證，簡稱楊守敬隋志考證。

周書目録

第一册

第二册

第三册

附録

周書卷一

帝紀第一

文帝上

太祖文皇帝姓宇文氏，諱泰，字黑獺，代武川人也。其先出自炎帝神農氏，爲黄帝所滅，子孫遯居朔野。有葛烏菟者〔一〕，雄武多算略，鮮卑慕之，奉以爲主，遂總十二部落，世爲大人。其後曰普回，因狩得玉璽三紐，有文曰皇帝璽，普回心異之，以爲天授。其俗謂天曰宇，謂君曰文，因號宇文國，并以爲氏焉。

普回子莫那〔二〕，自陰山南徙，始居遼西，是曰獻侯，爲魏舅生之國。九世至侯豆歸〔三〕，爲慕容晃所滅。其子陵仕燕，拜駙馬都尉，封玄菟公。魏道武將攻中山，陵從慕容寶禦之。寶敗，陵率甲騎五百歸魏，拜都牧主，賜爵安定侯。天興初，徙豪傑於代都，陵隨例遷武川焉。陵生系，系生韜，並以武略稱。韜生肱。

肱任俠有氣幹。正光末，沃野鎮人破六汗拔陵作亂〔四〕，遠近多應之。其僞署王衞可孤徒黨最盛〔五〕，肱乃糾合鄉里斬可孤，其衆乃散。後避地中山，遂陷於鮮于脩禮。脩禮令肱還統其部衆。後爲定州軍所破，歿於陣。武成初，追尊曰德皇帝。

太祖，德皇帝之少子也。母曰王氏，孕五月，夜夢抱子昇天，纔不至而止。寤而告德皇帝，德皇帝喜曰：「雖不至天，貴亦極矣。」生而有黑氣如蓋，下覆其身。及長，身長八尺，方顙廣額，美鬚髯，髮長委地，垂手過膝，背有黑子，宛轉若龍盤之形，面有紫光，人望而敬畏之。少有大度，不事家人生業，輕財好施，以交結賢士大夫〔六〕。

少隨德皇帝在鮮于脩禮軍。及葛榮殺脩禮，太祖時年十八〔七〕，榮遂任以將帥。太祖知其無成，與諸兄謀欲逃避，計未行，會爾朱榮擒葛榮，定河北，太祖隨例遷晉陽。榮以太祖兄弟雄傑，懼或異己，遂託以他罪，誅太祖第三兄洛生，復欲害太祖。太祖自理家寃，辭旨慷慨，榮感而免之，益加敬待。

孝昌二年，燕州亂，太祖始以統軍從榮征之〔八〕。先是，北海王顥奔梁，梁人立爲魏主，令率兵入洛。魏孝莊帝出居河内以避之。榮遣賀拔岳討顥，仍迎孝莊帝。太祖與岳有舊，乃以別將從岳。及孝莊帝反正，以功封寧都子，邑三百户，遷鎮遠將軍、步兵校尉。

万俟醜奴作亂關右，孝莊帝遣爾朱天光及岳等討之，太祖遂從岳入關，先鋒破僞行臺尉遲菩薩等。及平醜奴，定隴右，太祖功居多，遷征西將軍、金紫光禄大夫，增邑三百户，加直閤將軍〔九〕，行原州事。時關隴寇亂，百姓凋殘，太祖撫以恩信，民皆悦服。咸喜曰：「早值宇文使君，吾等豈從逆亂。」太祖嘗從數騎於野，忽聞簫鼓之音，以問從人，皆云莫之聞也。

普泰二年，爾朱天光東拒齊神武，留弟顯壽鎮長安。秦州刺史侯莫陳悦爲天光所召，將軍衆東下。岳知天光必敗，欲留悦共圖顯壽，而計無所出。太祖謂岳曰：「今天光尚邇，悦未有二心，若以此事告之，恐其驚懼。然悦雖爲主將，不能制物，若先説其衆，必人有留心。進失爾朱之期，退恐人情變動，乘此説悦，事無不遂。」岳大喜，即令太祖入悦軍説之，悦遂不行。乃相率襲長安，令太祖輕騎爲前鋒。太祖策顯壽怯懦，聞諸軍將至，必當東走，恐其遠遁，乃倍道兼行。顯壽果已東走，追至華山，擒之。

太昌元年，岳爲關西大行臺，以太祖爲左丞，領岳府司馬，加散騎常侍。事無巨細，皆委決焉。

齊神武既破爾朱，遂專朝政。太祖請往觀之。既至并州，齊神武問岳軍事，太祖口對雄辯〔一〇〕，齊神武以爲非常人，欲留之。太祖詭陳忠款，乃得反命，遂星言就道。齊神武果遣追之，至關，不及。太祖還謂岳曰：「高歡非人臣也。逆謀所以未發者，憚公兄弟耳。然凡欲立大功，匡社稷，未有不因地勢，總英雄，而能克成者也。侯莫陳悅本實庸材，遭逢際會，遂叨任委，既無憂國之心，亦不爲高歡所忌。但爲之備，圖之不難。今費也頭控弦之騎不下一萬，夏州刺史斛拔彌俄突勝兵之士三千餘人〔一二〕，及靈州刺史曹泥，並恃其僻遠，常懷異望。河西流民紇豆陵伊利等，户口富實，未奉朝風。今若移軍近隴，扼其要害，示之以威，服之以德，即可收其士馬，以實吾軍。西輯氐羌，北撫沙塞，還軍長安，匡輔魏室，此桓文舉也。」岳大悅，復遣太祖詣闕請事，密陳其狀。魏帝深納之。加太祖武衛將軍，還令報岳。

岳遂引軍西次平涼，謀於其衆曰：「夏州鄰接寇賊，須加綏撫，安得良刺史以鎮之？」衆皆曰：「宇文左丞即其人也。」岳曰：「左丞吾之左右手也，如何可廢。」沈吟累日，乃從衆議。於是表太祖爲使持節、武衛將軍〔一三〕、夏州刺史。太祖至州，伊利望風款附，而曹泥猶通使於齊神武。

魏永熙三年春正月，岳欲討曹泥，遣都督趙貴至夏州與太祖計事。太祖曰：「曹泥孤城阻遠，未足爲憂。侯莫陳悅怙衆密邇，貪而無信，必將爲患，願早圖之。」岳不聽，遂與悅俱討泥。二月，至於河曲，岳果爲悅所害。其士衆散還平涼，唯大都督趙貴率部曲收岳屍還營。於是三軍未有所屬，諸將以都督寇洛年最長，相與推洛以總兵事。洛素無雄略，威令不行，乃謂諸將曰：「洛智能本闕，不宜統御，近者迫於羣議，推相攝領〔一三〕，今請避位，更擇賢材。」於是趙貴言於衆曰：「元帥忠公盡節，暴於朝野，勳業未就，奄罹凶酷。豈唯國喪良宰，固亦衆無所依。必欲糾合同盟，復讐雪恥，須擇賢者，總統諸軍。舉非其人，則大事難集，雖欲立忠建義，其可得乎。竊觀宇文夏州，英姿不世，雄謨冠時，遠邇歸心，士卒用命。加以法令齊肅，賞罰嚴明，真足恃也。今若告喪，必來赴難，因而奉之，則大事集矣〔一四〕。」諸將皆稱善。乃命赫連達馳至夏州，告太祖曰：「侯莫陳悦不顧盟誓，棄恩背德，賊害忠良，羣情憤惋，控告無所。公昔居管轄，恩信著聞，今無小無大，咸願推奉。衆之思公，引日成歲，願勿稽留，以慰衆望也。」太祖將赴之，夏州吏民咸泣請曰：「聞悦今在水洛〔一五〕，去平涼不遠。若已有賀拔公之衆，則圖之實難。願且停留，以觀其變。」太祖曰：「悦既害元帥，自應乘勢直據平涼，而反趑趄，屯兵水洛，吾知其無能爲也。且難得易失者時也，不俟終日者幾也，今不早赴，將恐衆心自離。」都督彌姐元進規欲應悦，密圖太祖。事發，斬之。

太祖乃率帳下輕騎，馳赴平涼。時齊神武遣長史侯景招引岳衆，太祖至安定，遇之，謂景曰：「賀拔公雖死，宇文泰尚存〔一六〕，卿何爲也？」景失色，對曰：「我猶箭耳，隨人所射，安能自裁。」景於此即還。太祖至平涼，哭岳甚慟。將士且悲且喜曰：「宇文公至，無所憂矣。」

於時，魏孝武帝將圖齊神武，聞岳被害，遣武衛將軍元毗宣旨慰勞，追岳軍還洛陽。毗到平涼，會諸將已推太祖。侯莫陳悦亦被勑追還，悦既附齊神武，不肯應召。太祖謂諸將曰：「侯莫陳悦枉害忠良，復不應詔命，此國之大賊，豈可容之！」乃命諸軍戒嚴，將以討悦。

及元毗還，太祖表於魏帝曰：「臣前以故關西大都督臣岳，竭誠奉國，橫罹非命，三軍喪氣，朝野痛惜。都督寇洛等，銜冤茹慼，志雪讎恥。以臣昔同幕府，苦賜要結。臣便以今月十四日，輕來赴軍，當發之時，已有別表，既爲衆情所逼，權掌兵事。詔召岳軍入京，此乃爲國良策。但高歡之衆，已至河東，侯莫陳悦猶在水洛。況此軍士多是關西之人〔一七〕，皆戀鄉邑，不願東下。今逼以上命，悉令赴關〔一八〕，悦躡其後，歡邀其前，首尾受敵，其勢危矣。臣殞身王事，誠所甘心，恐敗國殄人，所損更大。乞少停緩，更思後圖，徐事誘導，漸就東引。」太祖志在討悦，而未測朝旨，且兵衆未集，假此爲詞。因與元毗及諸將刑牲盟誓，同獎王室。

初，賀拔岳營於河曲，有軍吏獨行，忽見一老翁，鬚眉皓素，謂之曰：「賀拔岳雖復據有此衆，然終無所成。當有一宇文家從東北來，後必大盛。」言訖不見。此吏恒與所親言之，至是方驗。

魏帝詔太祖曰：「賀拔岳既殞，士衆未有所歸，卿可爲大都督，即相統領。知欲漸就東下，良不可言。今亦徵侯莫陳悦士馬入京。若其不來，朕當親自致罰。宜體此意，不過淹留。」太祖又表曰：「侯莫陳悦違天逆理，酷害良臣，自以專戮罪重，不恭詔命，阻兵水洛，彊梁秦隴。臣以大宥既班，忍抑私憾，頻問悦及都督可朱渾元等歸闕早晚，而悦並維縶使人，不聽反報。觀其指趣，勢必異圖。臣正爲此，未敢自拔。兼順衆情，乞少停緩。」

太祖乃與悦書責之曰：

頃者正光之末，天下沸騰，塵飛河朔，霧塞荆沔。故將軍賀拔公攘袂勃起，志寧寓縣。授戈南指〔一九〕，拯皇靈於已墜；擁旄西邁，濟百姓於淪胥。西顧無憂，繄公是賴。勳茂賞隆，遂征關右。此乃行路所知，不籍一二談也。

君實名微行薄，本無遠量。故將軍降遷高之志〔二〇〕，篤彙征之理，乃申啓朝廷，薦君爲隴右行臺。朝議以君功名闕然，未之許也。遂頻煩請謁，至於再三。天子難違上將，便相聽許。是亦遐邇共知，不復煩之翰墨。縱使木石爲心，猶當知感；況在生靈，安能無愧。加以王室多故，高氏專權，主上虚心，寄隆晉鄭。君復與故將軍同受密旨，屢結盟約，期於畢力，共匡時難。而貌恭心狠，妬勝嫉賢，口血未乾，匕首已發。協黨國賊，共危本朝，孤恩負誓，有靦面目。豈不上畏於天，下慚於地！

吾以弱才，猥當藩牧，蒙朝廷拔擢之恩，荷故將軍國士之遇。聞問之日，魂守驚馳。便陳啓天朝，暫來奔赴，衆情所推，遂當戎重。比有敕旨，召吾還闕，亦有別詔，令君入朝。雖操行無聞，而年齒已宿。今日進退，唯君是視。君若督率所部，自山隴東邁，吾亦總勒師徒，北道還闕。共追廉、藺之迹，同慕寇、賈之風。如其首鼠兩端，不時奉詔，專戮違旨，國有常刑，枕戈坐甲，指日相見。幸圖利害，無貽噬臍。

悅既懼太祖謀己，詐爲詔書與秦州刺史万俟普撥，令與悅爲黨援。普撥疑之，封詔以呈太祖。太祖表之曰：「臣自奉詔總平涼之師，責重憂深，不遑啓處。訓兵秣馬，唯思竭力。前以人戀本土，侯莫陳悅窺窬進退，量度且宜住此。今若召悅授以內官，臣列旆東轅，匪朝伊夕。朝廷若以悅堪爲邊扞，乞處以瓜、涼一藩。不然，則終致猜虞，於事無益。」

初，原州刺史史歸爲岳所親任，河曲之變，反爲悅守。悅遣其黨王伯和、成次安將兵二千人助歸鎮原州。太祖遣都督侯莫陳崇率輕騎一千襲歸，擒之，并獲次安、伯和等，送於平涼。太祖表崇行原州事。万俟普撥又遣其將叱干保洛領二千騎來從軍。

三月，太祖進軍至原州。衆軍悉集，諭以討悅之意，士卒莫不懷憤。太祖乃表曰：

「臣聞誓死酬恩，覆宗報主，人倫所急，赴蹈如歸。自大都督臣岳歿後，臣頻奉詔還闕，秣馬戒途，志不俟旦。直以督將已下，咸稱賀拔公視我如子，今讎恥未報，亦何面目以處世間，若得一雪冤酷，萬死無恨。且悦外附彊臣，内違朝旨。臣今上思逐惡之志，下遂節士之心，冀仗天威，爲國除害。小違大順，實在茲辰。克定之後，伏待斧鉞。」

夏四月，引兵上隴，留兄子導爲都督，鎮原州。太祖軍令嚴肅，秋毫無犯，百姓大悦。識者知其有成。軍出木峽關，大雨雪，平地二尺。太祖知悦怯而多猜，乃倍道兼行，出其不意。悦果疑其左右有異志者，左右亦不安，衆遂離貳。聞大軍且至，退保略陽，留一萬餘人據守水洛。太祖至水洛，命圍之，城降。太祖即率輕騎數百趣略陽，以臨悦軍。悦大懼，乃召其部將議之。皆曰「此鋒不可當」，勸悦退保上邽以避之。時南秦州刺史李弼亦在悦軍，乃間道遣使，請爲内應。其夜，悦出軍，軍中自驚潰，將卒或相率來降。太祖縱兵奮擊，大破之。虜獲萬餘人，馬八千疋。悦與其子弟及麾下數十騎遁走。太祖曰：「悦本與曹泥應接，不過走向靈州。」乃令原州都督導邀其前，都督賀拔潁等追其後。導至牽屯山追及悦，斬之。太祖入上邽，收悦府庫，財物山積，皆以賞士卒，毫釐無所取。左右竊一銀鏤甕以歸，太祖知而罪之，即剖賜將士〔三二〕，衆大悦。

時涼州刺史李叔仁爲其民所執，舉州騷擾。宕昌羌梁仚定引吐谷渾寇金城〔三三〕。渭州及南秦州氐、羌連結，所在蜂起。南岐至于瓜、鄯，跨州據郡者，不可勝數。太祖乃令李弼鎮原州，夏州刺史拔也惡蚝鎮南秦州，渭州刺史可朱渾元還鎮渭州，衛將軍趙貴行秦州事。徵豳、涇、東秦、岐四州粟以給軍。

齊神武聞秦隴克捷，乃遣使於太祖，甘言厚禮，深相倚結。太祖拒而不納。時齊神武已有異志，故魏帝深仗太祖。乃徵二千騎鎮東雍州，助爲聲援，仍令太祖稍引軍而東。太祖乃遣大都督梁禦率步騎五千鎮河、渭合口，爲圖河東之計。太祖之討悅也，悅遣使請援於齊神武，神武使其都督韓軌將兵一萬據蒲坂，而雍州刺史賈顯送船與軌〔三〕，請軌兵入關。太祖因梁禦之東，乃逼召顯赴軍。禦遂入雍州。

魏帝遣著作郎姚幼瑜持節勞軍，進太祖侍中、驃騎大將軍、開府儀同三司、關西大都督、略陽縣公，承制封拜，使持節如故。於是以寇洛爲涇州刺史，李弼爲秦州刺史，前略陽郡守張獻爲南岐州刺史。盧待伯拒代，遣輕騎襲擒之，待伯自殺。

時魏帝方圖齊神武，又遣徵兵。太祖乃令前秦州刺史駱超爲大都督，率輕騎一千赴洛。進授太祖兼尚書僕射、關西大行臺，餘官封如故。太祖乃傳檄方鎮曰：

蓋聞陰陽遞用，盛衰相襲，苟當百六，無間三五。皇家創歷，陶鑄蒼生，保安四海，仁育萬物。運距孝昌，屯沴屢起，隴、冀騷動，燕、河狼顧。雖靈命重啓，蕩定有期，而乘釁之徒，因生羽翼。

賊臣高歡，器識庸下，出自輿皂，罕聞禮義，直以一介鷹犬，効力戎行，靦冒恩私，遂階榮寵。不能竭誠盡節，專挾姦回，乃勸爾朱榮行兹篡逆。及榮以專政伏誅，世隆以凶黨外叛，歡苦相敦勉，令取京師。又勸吐萬兒復爲弑虐〔二四〕，暫立建明，以令天下，假推普泰，欲竊威權。並歸廢斥，俱見酷害。於是稱兵河北，假討爾朱，亟通表奏，云取讒賊。既行廢黜，遂將篡弑。以人望未改，恐鼎鑊交及，乃求宗室，權允人心。天方與魏，必將有主，翊戴聖明，誠非歡力。而歡阻兵安忍，自以爲功。廣布腹心，跨州連郡，端揆禁闈，莫非親黨。皆行貪虐，窫窳生人。而舊將名臣，正人直士，横生瘡痏，動挂網羅。故武衛將軍伊琳，清貞剛毅，禁旅攸屬；直閤將軍鮮于康仁，忠亮驍傑，爪牙斯在。歡收而戮之，曾無聞奏。司空高乾，是其黨與，每相影響，謀危社稷。但以姦志未從，恐先洩漏，乃密白朝廷，使殺高乾，方哭對其弟，稱天子横戮。孫騰、任祥，歡之心膂，並使入居樞近，伺國間隙，知歡逆謀將發，相繼逃歸，歡益加撫待，亦無陳白。

然歡入洛之始，本有姦謀。令親人蔡儁作牧河、濟〔二五〕，厚相恩贍，以爲東道主人。故關西大都督、清水公賀拔岳，勳德隆重，興亡攸寄，歡好亂樂禍，深相忌毒，乃與侯莫陳悅陰圖陷害。幕府以受律專征，便即討戮。歡知逆狀已露，稍懷旅距，遂遣蔡儁拒代，令竇泰佐之。又遣侯景等云向白馬，輔世珍等徑趣石濟，高隆之、疋婁昭等屯據壺關〔二六〕，韓軌之徒擁衆蒲坂。於是上書天子，數論得失，訾毁乘輿，威侮朝廷。藉此微庸，冀茲大寶。谿壑可盈，禍心不測。或言徑赴荆楚，開疆於外；或言分詣伊洛，取彼讒人；或言欲來入關，與幕府決戰。今聖明御運，天下清夷，百寮師師，四隩來暨。人盡忠良，誰爲君側？而歡威福自己，生是亂階，緝構南箕，指鹿爲馬，包藏凶逆，伺我神器。是而可忍，孰不可容！

幕府折衝宇宙，親當受脤，鋭師百萬，彀騎千羣，裹糧坐甲，唯敵是俟，義之所在，糜軀匪恡。況頻有詔書，班告天下，稱歡逆亂，徵兵致伐。今便分命將帥，應機進討。或趣其要害，或襲其窟宅，電繞蛇擊，霧合星羅。而歡違負天地，毒被人鬼，乘此掃蕩，易同俯拾。歡若渡河，稍逼宗廟，則分命諸將，直取并州，幕府躬自東轅，電赴伊洛；若固其巢穴，未敢發動，亦命羣帥，百道俱前，轘裂賊臣，以謝天下。

其州鎮郡縣，率土人黎，或州鄉冠冕，或勳庸世濟，並宜捨逆歸順，立效軍門。封賞之科，已有別格。凡百君子，可不勉歟。

太祖謂諸將曰：「高歡雖智不足而詐有餘，今聲言欲西，其意在入洛。吾欲令寇洛率馬步萬餘，自涇州東引；王羆率甲士一萬，先據華州。歡若西來，王羆足得抗拒；如其入洛，寇洛即襲汾晉。吾便速駕，直赴京邑。使其進有內顧之憂，退有被躡之勢。一舉大定，此爲上策。」衆咸稱善。

秋七月，太祖帥衆發自高平，前軍至於弘農。而齊神武稍逼京邑，魏帝親總六軍，屯於河橋，令左衞元斌之、領軍斛斯椿鎮武牢，遣使告太祖。太祖謂左右曰：「高歡數日行八九百里，曉兵者所忌，正須乘便擊之。而主上以萬乘之重，不能決戰〔二七〕，方緣津據守。且長河萬里，扞禦爲難，若一處得度，大事去矣。」即以大都督趙貴爲別道行臺，自蒲坂濟，趣并州。遣大都督李賢將精騎一千赴洛陽〔二八〕。會斌之與斛斯椿爭權不協，斌之遂棄椿還，紿帝云：「高歡兵至。」

七月丁未，帝遂從洛陽率輕騎入關，太祖備儀衞奉迎，謁見東陽驛。太祖免冠泣涕謝曰：「臣不能式遏寇虐，遂使乘輿遷幸。請拘司敗，以正刑書。」帝曰：「公之忠節，曝於朝野。朕以不德，負乘致寇。今日相見，深用厚顏。責在朕躬，無勞謝也。」乃奉帝都長安。披草萊，立朝廷，軍國之政，咸取太祖決焉。仍加授大將軍、雍州刺史，兼尚書令，進封略陽郡公，別置二尚書，隨機處分，解尚書僕射，餘如故。太祖固讓，詔敦諭，乃授〔二九〕。

初，魏帝在洛陽，許以馮翊長公主配太祖，未及結納，而帝西遷。至是，詔太祖尚之，拜駙馬都尉。

八月，齊神武襲陷潼關，侵華陰。太祖率諸軍屯霸上以待之。齊神武留其將薛瑾守關而退〔三〇〕。太祖乃進軍討瑾，虜其卒七千，還長安，進位丞相。

冬十月，齊神武推魏清河王亶子善見爲主，徙都於鄴，是爲東魏。

十一月，遣儀同李虎與李弼〔三一〕、趙貴等討曹泥於靈州，虎引河灌之。明年，泥降，遷其豪帥于咸陽。

閏十二月，魏孝武帝崩。太祖與羣公定策，尊立魏南陽王寶炬爲嗣，是爲文皇帝。

校勘記

〔一〕葛烏菟　北史卷九周本紀上、御覽卷一〇五引周書、新唐書卷七一下宰相世系表一下作「葛烏兔」。

〔二〕莫那　「那」，原作「郍」，據北史卷九周本紀上改。按三朝本、南監本、北監本、汲本、局本作「郍」。「郍」「郍」都是「那」的別寫。以下逕改，不再出校記。

〔三〕俟豆歸　魏書卷一〇三匈奴宇文莫槐傳、晉書卷一〇九慕容皝載記、通典卷一九六邊防一二、通鑑卷九五晉紀一咸和八年（三三三）並作「逸豆歸」，隋書卷六一宇文述傳作「俟豆歸」，北史卷九周本紀上作「侯歸豆」。按「俟」「逸」譯音互通，「俟」「侯」形近易訛，疑本作「俟」，後訛爲「侯」。

〔四〕破六汗拔陵　魏書卷九肅宗紀、卷四一源賀傳附源子雍傳、卷六六李崇傳、卷八〇賀拔勝傳作「破落汗拔陵」，北齊書卷一七斛律金傳、北史卷四九賀拔允傳附賀拔勝傳作「破六韓拔陵」。按「落」「六」、「汗」「韓」皆譯音之異。

〔五〕衛可孤　張森楷云：「北史（卷九周本紀上）作『衛可瓌』。」按魏書卷八〇賀拔勝傳也作「衛可瓌」，北齊書卷一九賀拔允傳又作「衛可肱」。蓋譯音之異。

〔六〕以交結賢士大夫　北史卷九周本紀上、册府卷四三「士大夫」下有「爲務」二字。

〔七〕及葛榮殺脩禮太祖時年十八　按此記疑誤。據魏書卷九肅宗紀孝昌二年（五二六）七月條，元洪業殺鮮于脩禮，葛榮又殺洪業。又周書卷二文帝紀下稱宇文泰死時年五十二，北史卷九周本紀上作「五十」。若孝昌二年宇文泰年十八，則由此下推到西魏恭帝三年（五五六），宇文泰止得四十八歲，與五十、五十二皆不合。

〔八〕孝昌二年燕州亂太祖始以統軍從榮征之　「孝昌二年」，當是「永安二年」之誤。北史卷九周本紀上載此事不紀年。按「從榮」是從爾朱榮。孝昌二年（五二六）宇文泰尚在葛榮軍中，豈能從爾朱榮。考魏書卷一〇孝莊紀永安二年（五二九）二月稱：「燕州民王慶祖聚衆於上黨，自稱爲王。柱國大將軍尒朱榮討擒之。」此所云「燕州亂」，即指這次起事。

〔九〕加直閤將軍 「閤」，原作「閣」，據三朝本、南監本、局本、御覽卷一〇五引周書改。按「閤」「閣」二字不同，古籍常相混。「直閤將軍」乃南北朝至隋設置的武官名，職在禁衞，此外又有朱衣直閤、閤内都督、閤内大都督等武職。以下徑改，不另出校記。

〔一〇〕太祖口對雄辯 「口對」，册府卷六作「占對」。按「占對」爲當時慣用語，也屢見周書，疑是。

〔一一〕斛拔彌俄突 「斛拔」，三朝本、南監本、北監本、汲本、局本都作「解拔」。張森楷以爲「斛」字是，張元濟以爲「斛」字誤。按周書卷一四賀拔岳傳其他諸本、北史卷九周本紀上、卷四九賀拔岳傳、册府卷六也都作「解拔」，知周書紀傳與沿自周書的北史周本紀和册府卷六都作「解拔」。殿本周書紀傳作「斛拔」，當是據北史卷六齊本紀上或通鑑卷一五六梁紀一二中大通五年（五三三）改。檢北齊書卷一六段榮傳附段韶傳作「斛律彌娥突」，當是後人疑「斛拔」姓罕見，妄改「拔」作「律」，原當作「斛拔」。北史卷六齊本紀上作「斛拔彌俄突」（殿本作「賀拔」，也是後人所改），北齊書卷一神武紀、册府卷一八六同，唯「彌俄」誤倒作「俄彌」。知北齊書與沿自北齊書的北史齊本紀和册府卷一八六都作「斛拔」。（北齊書神武紀以北史補，但北史大致也出於北齊書。）「解」和「斛」的不同，既出於周、齊二書的互異，所以北史也就紀周事時作「解」，紀齊事時作「斛」，很難斷其是非。但就周書的版本校勘而言，作「解」是。

〔一二〕於是表太祖爲使持節武衞將軍 「武衞將軍」，御覽卷一〇五引周書、册府卷六作「衞將軍」。按上文已云魏帝「加太祖武衞將軍」，何須再行表請。魏書卷一一三官氏志載太和後職令，衛將軍在第二品，武衛將軍在第三品，疑御覽、册府是。

〔一三〕推相攝領　「推」，册府卷六作「權」。

〔一四〕則大事集矣　「則」，三朝本、册府卷六作「即」。

〔一五〕聞悦今在水洛　「水洛」，原作「永洛」，據通鑑卷一五六梁紀一二中大通六年（五三四）改。張元濟云：「按水洛城在陝西秦鳳路，見宋史。」按張説是。周書卷一四賀拔岳傳即見「水洛城」，卷一七若干惠傳三朝本亦見「水洛」，可證作「水洛」是。以後徑改，不另出校記。

〔一六〕宇文泰尚存　「泰」，三朝本、南監本、北監本作「諱」。此是令狐德棻等承用周修舊史的避諱，忘掉改换，後人始改作「泰」。以下這樣的異同，不再出校記。

〔一七〕況此軍士多是關西之人　「況」，三朝本、册府卷六作「在」。

〔一八〕悉令赴關　「關」，册府卷六作「闕」。按上文稱「追岳軍還洛陽」，下文宇文泰與侯莫陳悦書亦云「比有敕旨，召吾還闕」。作「闕」較長。

〔一九〕授戈南指　「授」，册府卷六作「援」，疑是。

〔二〇〕降遷高之志　「遷高」，册府卷六作「遷喬」。按文意是説賀拔岳提拔侯莫陳悦。「遷喬」用詩經語合，作「喬」是。然諸本皆同作「高」，今不改。

〔二一〕即剖賜將士　「剖」，原作「割」，據三朝本、南監本、北監本、汲本、局本、册府卷六、通鑑卷一五六梁紀一二中大通六年（五三四）改。

〔三〕宕昌羌梁㑨定　「㑨」，原作「企」，據周書卷一九侯莫陳順傳唐鈔本、卷四九宕昌傳改。按北史卷五魏本紀五、卷六〇侯莫陳崇傳附侯莫陳順傳、卷六一獨孤信傳、卷六八豆盧寧傳並作「㑨」，而周書卷一六獨孤信傳、卷一九侯莫陳順傳與豆盧寧傳仍作「企」。「㑨」字見說文，云「人在山上」。廣韻卷二云：「㑨，輕舉皃。」干祿字書有「㑨」「企」二字，云：「上高舉皃，許延反……下企望，丘賜反。」干祿字書辨二字不同，可知唐代常相混。敦煌吐魯番文書中見有「仚」字（如伯二三五七號太玄真一本際經卷第三），即「㑨」「仙」的俗寫。以後徑改，不再出校記。

〔三〕雍州刺史賈顯　「賈顯」，殿本考證與張森楷都認爲即「賈顯度」，此誤脱「度」字。按魏書卷八〇賈顯度傳，顯度於永熙三年（五三四）官至雍州刺史，知賈顯即賈顯度。當時二名有單舉一字之例，而單舉「顯」字，易與其弟顯智相混。周書卷一七梁禦傳「雍州刺史賈顯持兩端」同，不再出校記。

〔四〕又勸吐萬兒復爲弑虐　魏書卷七五尒朱兆傳云「字萬仁」，「吐萬兒」即兆。北史卷三六薛辯傳附薛孝通傳見「吐萬仁」，梁書卷三二陳慶之傳見「驃騎將軍吐没兒」，都是指爾朱兆。按北史卷四八尒朱榮傳云：「又北人語訛，語『尒朱』爲『人主』。」「尒」訛「人」可證「兒」「仁」北人讀音也相似。「萬仁」省「吐」字。

〔五〕令親人蔡儁　「儁」，三朝本、南監本作「㒞」，北監本、汲本、局本作「攜」。北史卷九周本紀上作「儁」，册府卷六作「雋」。張元濟云：「北齊書作『儁』，字書『儁』『僬』『雋』並同。」張森楷云：「新本『攜』作『儁』，與北齊書紀傳合，是也。」按二張説是，下「蔡儁拒代」同。

〔二六〕高隆之疋婁昭等屯據壺關　北史卷九周本紀上作「高隆之及婁昭等屯據壺關」。婁昭，北齊書卷一五、北史卷五四有傳。按魏書卷一一三官氏志云：「匹婁氏後改爲婁氏。」「匹婁」亦作「疋婁」，見姚薇元北朝胡姓考。周書用本姓，北齊書、北史用改姓，均可。「壺」，原作「壼」，據三朝本、汲本、局本、北史卷九周本紀上、册府卷六改。按「壺關」是地名。

〔二七〕不能決戰　北史卷九周本紀上、通典卷一五六兵九、通鑑卷一五六梁紀一二中大通六年（五三四）都作「不能渡河決戰」（北史「渡」作「度」）。按「不能渡河決戰」與下「方緣津據守」語意相連，較長。

〔二八〕精騎一千　「精騎」，汲本、局本作「精兵」。

〔二九〕詔敦諭乃授　「授」，三朝本、南監本、北監本、汲本、局本作「受」。張元濟、張森楷都以爲作「授」誤。按「受」「授」二字通，殿本周書卷二文帝紀下見「王爵不虚受」，三朝本「受」即作「授」。今不改。以後「受」「授」之別，均從底本不改。

〔三〇〕薛瑾　北史卷六齊本紀上、北齊書卷二神武紀下、册府卷一八六、通鑑卷一五六梁紀一二中大通六年（五三四）都作「薛瑜」，北史卷五魏孝武帝紀作「薛長瑜」（「薛」原誤作「華」），周書卷二〇賀蘭祥傳又作「薛長孺」，北史卷六一賀蘭祥傳作「薛長儒」。按魏書卷四二薛辯傳附見云「子長瑜，天平中爲征東將軍、洛州刺史，擊賊潼關，没於陣」，自即此人。當時習慣，雙名常單稱，又在名的上下加一字爲字，其例也極多。其人可能名「瑜」字「長瑜」，也可能名「長瑜」，單稱「瑜」。又魏書薛辯傳記辯有子名「薛瑾」，然年代事迹均不合。疑這裏「瑾」字誤。然諸本皆同，今不改。

〔三〕儀同李虎　「虎」，三朝本、南監本作「諱」。殿本考證云：「『虎』，北史作『諱』。」以爲「令狐德棻等作史不應直書『李虎』，蓋後人刊刻時妄改」。按原本自應作「諱」，但改得並不妄。以後改「諱」作「虎」，不再出校記。

周書卷二

帝紀第二

文帝下

魏大統元年春正月己酉，進太祖督中外諸軍事〔一〕、録尚書事、大行臺，改封安定郡王。太祖固讓王及録尚書事，魏帝許之，乃改封安定郡公。東魏遣其將司馬子如寇潼關，太祖軍霸上，子如乃回軍自蒲津寇華州，刺史王羆擊走之。

三月，太祖以戎役屢興，民吏勞弊，乃命所司斟酌今古，參考變通，可以益國利民便時適治者，爲二十四條新制，奏魏帝行之。

二年春三月，東魏襲陷夏州，留其將張瓊、許和守之。

夏五月，秦州刺史、建忠王万俟普撥率所部叛入東魏〔二〕。太祖勒輕騎追之，至河北千餘里，不及而還。

三年春正月，東魏寇龍門，屯軍蒲坂，造三道浮橋度河。又遣其將竇泰趣潼關，高敖曹圍洛州。太祖出軍廣陽，召諸將曰：「賊今犄吾三面，又造橋於河，示欲必渡，是欲綴吾軍，使竇泰得西入耳。久與相持，其計得行，非良策也。且歡起兵以來，泰每爲先驅，其下多鋭卒，屢勝而驕。今出其不意，襲之必克。克泰則歡不戰而自走矣。」諸將咸曰：「賊在近，捨而遠襲，事若蹉跌，悔無及也。」太祖曰：「歡前再襲潼關，吾軍不過霸上。今者大來，兵未出郊。賊顧謂吾但自守耳，無遠鬭意。又狃於得志，有輕我之心。乘此擊之，何往不克。賊雖造橋，未能徑渡〔三〕。比五日中〔四〕，吾取竇泰必矣。公等勿疑。」庚戌，太祖率騎六千還長安，聲言欲保隴右。辛亥，謁帝而潛出軍。癸丑旦，至小關。竇泰卒聞軍至，惶懼，依山爲陣，未及成列，太祖縱兵擊破之，盡俘其衆萬餘人。斬泰，傳首長安。高敖曹適陷洛州，執刺史泉企〔五〕，聞泰之殁，焚輜重棄城走。齊神武亦撤橋而退。企子元禮尋復洛州，斬東魏刺史杜密〔六〕。太祖還軍長安。

六月，遣儀同于謹取楊氏壁。太祖請罷行臺，帝復申前命，太祖受録尚書事，餘固讓，乃止。

秋七月，徵兵會咸陽。

八月丁丑，太祖率李弼、獨孤信、梁禦、趙貴、于謹〔七〕、若干惠、怡峯、劉亮、王悳、侯莫陳崇、李遠、達奚武等十二將東伐。至潼關，太祖乃誓於師曰：「與爾有衆，奉天威，誅暴亂。惟爾衆士〔八〕，整爾甲兵，戒爾戎事，無貪財以輕敵，無暴民以作威。用命則有賞，不用命則有戮。爾衆士其勉之。」遣于謹居軍前，徇地至槃豆。東魏將高叔禮守栅不下，謹急攻之，乃降。獲其戍卒一千，送叔禮於長安。戊子，至弘農。東魏將高干〔九〕、陝州刺史李徽伯拒守。於時連雨，太祖乃命諸軍冒雨攻之。庚寅，城潰，斬徽伯，虜其戰士八千。高干走度河，令賀拔勝追擒之，並送長安。於是宜陽、邵郡皆來歸附。先是河南豪傑多聚兵應東魏，至是各率所部來降。

齊神武懼，率衆十萬出壺口，趨蒲坂，將自后土濟。又遣其將高敖曹以三萬人出河南。是歲，關中饑。太祖既平弘農，因館穀五十餘日。時戰士不滿萬人，聞齊神武將度，乃引軍入關。齊神武遂度河，逼華州。刺史王羆嚴守。知不可攻，乃涉洛，軍於許原西。太祖據渭南，徵諸州兵皆未會〔一〇〕。乃召諸將謂之曰：「高歡越山度河，遠來至此，天亡之時也。吾欲擊之何如？」諸將咸以衆寡不敵，請待歡更西，以觀其勢。太祖曰：「歡若得至咸陽，人情轉騷擾。今及其新至，便可擊之。」即造浮橋於渭，令軍人齎三日糧，輕騎度渭，輜重自渭南夾渭而西。

冬十月壬辰，至沙苑，距齊神武軍六十餘里。齊神武聞太祖至，引軍來會。癸巳旦，候騎告齊神武軍且至。太祖召諸將謀之。李弼曰：「彼衆我寡，不可平地置陣。此東十里有渭曲，可先據以待之。」遂進軍至渭曲，背水東西爲陣。李弼爲右拒，趙貴爲左拒。命將士皆偃戈於葭蘆中，聞鼓聲而起。申時，齊神武至，望太祖軍少，競馳而進，不爲行列，總萃於左軍。兵將交，太祖鳴鼓，士皆奮起。于謹等六軍與之合戰，李弼等率鐵騎横擊之，絶其軍爲二隊，大破之〔二〕，斬六千餘級，臨陣降者二萬餘人。齊神武夜遁，追至河上，復大克獲。前後虜其卒七萬。留其甲士二萬，餘悉縱歸。收其輜重兵甲，獻俘長安。還軍渭南，於是所徵諸州兵始至。乃於戰所，准當時兵士，人種樹一株，以旌武功。進太祖柱國大將軍，增邑并前五千户。李弼等十二將亦進爵增邑。并其下將士，賞各有差。

遣左僕射、馮翊王元季海爲行臺，與開府獨孤信率步騎二萬向洛陽；洛州刺史李顯趨荆州；賀拔勝、李弼渡河圍蒲坂。牙門將高子信開門納勝軍，東魏將薛崇禮棄城走，勝等追獲之。太祖進軍蒲坂，略定汾、絳。於是許和殺張瓊以夏州降。初，太祖自弘農入關後，東魏將高敖曹圍弘農，聞其軍敗，退守洛陽。獨孤信至新安，敖曹復走度河，信遂入洛陽。東魏潁川長史賀若統與密縣人張儉執刺史田迅舉城降〔一二〕。滎陽鄭榮業、鄭偉等攻梁州，擒其刺史鹿永吉；清河人崔彦穆、檀琛攻滎陽，擒其郡守蘇定〔一三〕，皆來附。自梁、陳已西，將吏降者相屬。

於是東魏將堯雄、趙育、是云寶出潁川，欲復降地。太祖遣儀同宇文貴、梁遷等逆擊，大破之。趙育來降。東魏復遣將任祥率河南兵與雄合，儀同怡峯與貴、遷等復擊破之。又遣都督韋孝寬取豫州。是云寶殺其東揚州刺史那椿，以州來附〔一四〕。

四年春三月，太祖率諸將入朝。禮畢，還華州。

七月，東魏遣其將侯景、厙狄干〔一五〕、高敖曹、韓軌〔一六〕、可朱渾元、莫多婁貸文等圍獨孤信於洛陽。齊神武繼其後。先是，魏帝將幸洛陽拜園陵，會信被圍，詔太祖率軍救信，魏帝亦東。

八月庚寅，太祖至穀城，莫多婁貸文、可朱渾元來逆，臨陣斬貸文，元單騎遁免，悉虜其衆送弘農。遂進軍瀍東。是夕，魏帝幸太祖營，於是景等夜解圍去。及旦，太祖率輕騎追之，至於河上。景等北據河橋，南屬邙山爲陣，與諸軍合戰。太祖馬中流矢，驚逸，遂失所之，因此軍中擾亂。都督李穆下馬授太祖，軍以復振。於是大捷，斬高敖曹及其儀同李猛、西兗州刺史宋顯等，虜其甲士一萬五千，赴河死者以萬數。

是日置陣既大，首尾懸遠，從旦至未，戰數十合，氛霧四塞，莫能相知。獨孤信、李遠居右，趙貴、怡峯居左，戰並不利，又未知魏帝及太祖所在，皆棄其卒先歸。開府李虎、念賢等爲後軍，遇信等退，即與俱還。由是乃班師，洛陽亦失守。大軍至弘農，守將皆已棄城西走。所虜降卒在弘農者，因相與閉門拒守。進攻拔之，誅其魁首數百人。

大軍之東伐也，關中留守兵少，而前後所虜東魏士卒，皆散在民間，乃謀爲亂。及李虎等至長安，計無所出，乃與公卿輔魏太子出次渭北。關中大震恐，百姓相剽劫。於是沙苑所俘軍人趙青雀、雍州民于伏德等遂反。青雀據長安子城，伏德保咸陽，與太守慕容思慶各收降卒，以拒還師。長安大城民皆相率拒青雀，每日接戰。魏帝留止閿鄉，遣太祖討之。長安父老見太祖至，悲且喜曰：「不意今日復得見公！」士女咸相賀。華州刺史導率軍襲咸陽，斬思慶，擒伏德，南度渭與太祖會攻青雀，破之。太傅梁景叡先以疾留長安，遂與青雀通謀，至是亦伏誅。關中於是乃定。魏帝還長安，太祖復屯華州。

冬十一月，東魏將侯景攻陷廣州。

十二月，是云寶襲洛陽，東魏將王元軌棄城走。都督趙剛襲廣州，拔之。自襄、廣以西城鎮復內屬。

五年冬，大閱於華陰。

六年春，東魏將侯景出三鵶，將侵荆州，太祖遣開府李弼、獨孤信各率騎五千出武關，景乃退還。

夏，茹茹度河至夏州，太祖召諸軍屯沙苑以備之。

七年春三月，稽胡帥、夏州刺史劉平伏據上郡叛，遣開府于謹討平之。

冬十一月，太祖奏行十二條制，恐百官不勉於職事，又下令申明之。

八年夏四月，大會諸軍於馬牧。

冬十月，齊神武侵汾、絳，圍玉壁。太祖出軍蒲坂，將擊之。軍至皂莢，齊神武退。太祖度汾追之，遂遁去。

十二月，魏帝狩於華陰，大饗將士。太祖率諸將朝於行在所〔一七〕。

九年春，東魏北豫州刺史高仲密舉州來附，太祖帥師迎之，令開府李遠爲前軍。至洛陽，遣開府于謹攻柏谷塢，拔之。

三月，齊神武至河北。太祖還軍瀍上以引之。齊神武果度河，據邙山爲陣，不進者數日。太祖留輜重於瀍曲，士皆銜枚，夜登邙山。未明，擊之，齊神武單騎爲賀拔勝所逐，僅而獲免。太祖率右軍若干惠等大破齊神武軍，悉虜其步卒。趙貴等五將軍居左，戰不利。齊神武軍復合，太祖又不利，夜乃引還。既入關，屯渭上。齊神武進至陝，開府達奚武等率軍禦之，乃退。太祖以邙山之戰，諸將失律，上表請自貶。魏帝報曰：「公膺期作宰，義高匡合，仗鉞專征，舉無遺算。朕所以垂拱九載，實資元輔之力，俾九服寧謐，誠賴翊贊之功。今大寇未殄，而以諸將失律，便欲自貶，深虧體國之誠。宜抑此謙光，恤予一人。」於是廣募關隴豪右，以增軍旅。

冬十月，大閱於櫟陽，還屯華州。

十年夏五月，太祖入朝。

秋七月，魏帝以太祖前後所上二十四條及十二條新制，方爲中興永式，乃命尚書蘇綽更損益之，總爲五卷，班於天下。於是搜簡賢才，以爲牧守令長，皆依新制而遣焉。數年之間，百姓便之。

冬十月，大閱於白水。

十一年春三月，令曰：

古之帝王所以外建諸侯內立百官者，非欲富貴其身而尊榮之，蓋以天下至廣，非一人所能獨治，是以博訪賢才，助己爲治。若其知賢也，則以禮命之。其人聞命之日，則慘然曰：「凡受人之事，任人之勞，何捨己而從人。」又自勉曰：「天生儁士，所以利時。彼人主者，欲與我爲治，安可苟辭。」於是降心而受命。及居官也，則晝不甘食，夜不甘寢，思所以上匡人主，下安百姓；不遑恤其私而憂其家，故妻子或有饑寒之弊而不顧也。於是人主賜之以俸禄，尊之以軒冕，而不以爲惠也。賢臣受之，亦不以爲德也。位不虚加，禄不妄賜。爲人君者，誠能以此道授官，爲人臣者，誠能以此情受位，則天下之大，可不言而治矣。昔堯、舜之爲君，稷、契之爲臣，用此道也。及後世衰微，此道遂廢，乃以官職爲私恩，爵禄爲榮惠。人君之命官也，親則授之，愛則任之。人臣之受位也，可以尊身而潤屋者，則迂道而求之；損身而利物者，則巧言而辭之。於是至公之道没，而姦詐之萌生。天下不治，正爲此矣。

今聖主中興，思去澆僞。諸在朝之士，當念職事之艱難，負闕之招累，夙夜兢兢，如臨深履薄。才堪者，則審己而當之；不堪者，則收短而避之。使天官不妄加，王爵不虛受，則淳素之風，庶幾可反。

冬十月，大閱於白水，遂西狩岐陽。

十二年春，涼州刺史宇文仲和據州反。瓜州民張保害刺史成慶，以州應仲和。太祖遣開府獨孤信討之。東魏遣其將侯景侵襄州，太祖遣開府若干惠率輕騎擊之。至穰，景遁去。

夏五月，獨孤信平涼州，擒仲和，遷其民六千餘家於長安。瓜州都督令狐延起義誅張保，瓜州平。

七月，太祖大會諸軍於咸陽。

九月，齊神武圍玉壁，大都督韋孝寬力戰拒守，齊神武攻圍六旬不能下，其士卒死者什二三。會齊神武有疾，燒營而退。

十三年春正月，茹茹寇高平，至于方城。是月，齊神武薨。其子澄嗣，是爲文襄帝。

與其河南大行臺侯景有隙，景不自安，遣使請舉河南六州來附。齊文襄遣其將韓軌、厙狄干等圍景於潁川。

三月，太祖遣開府李弼率軍援之，軌等遁去。景請留收輯河南，遂徙鎮豫州。於是遣開府王思政據潁川，弼引軍還。

秋七月，侯景密圖附梁。太祖知其謀，悉追還前後所配景將士。景懼，遂叛。

冬，太祖奉魏帝西狩於岐陽。

十四年春，魏帝詔封太祖長子毓爲寧都郡公，食邑三千户。初，太祖以平元顥、納孝莊帝之功，封寧都縣子，至是改縣爲郡，而以封毓，用彰勤王之始也。

夏五月，進授太祖太師。太祖奉魏太子巡撫西境，自新平出安定，登隴，刻石紀事。下安陽，至原州，歷北長城，大狩。將東趣五原，至蒲川，聞魏帝不豫，遂還。既至，帝疾已愈，於是還華州。

是歲，東魏遣其將高岳、慕容紹宗、劉豐生等，率衆十餘萬圍王思政於潁川。

十五年春，太祖遣大將軍趙貴帥軍至穰，兼督東南諸州兵以援思政。高岳起堰，引洧水以灌城，自潁川以北皆爲陂澤，救兵不得至。

夏六月，潁川陷。初，侯景自豫州附梁，後遂度江，圍建業。梁司州刺史柳仲禮以本朝有難，帥兵援之。梁竟陵郡守孫暠舉郡來附，太祖使大都督符貴往鎮之。及景克建業，仲禮還司州，率衆來寇，暠以郡叛。太祖大怒。

冬十一月，遣開府楊忠率兵與行臺僕射長孫儉討之，攻克隨郡。忠進圍仲禮長史馬岫於安陸。

是歲，盜殺齊文襄於鄴，其弟洋討賊，擒之，仍嗣其事，是爲文宣帝。

十六年春正月，柳仲禮率衆來援安陸，楊忠逆擊於漴頭，大破之，擒仲禮，悉虜其衆。馬岫以城降。

三月，魏帝封太祖第二子震爲武邑公，邑二千户。先是，梁雍州刺史、岳陽王詧與其叔父荆州刺史、湘東王繹不睦，乃稱蕃來附，遣其世子嶚爲質。及楊忠擒仲禮，繹懼，復遣其子方平來朝。

夏五月，齊文宣廢其主元善見而自立。

秋七月，太祖率諸軍東伐，拜章武公導爲大將軍，總督留守諸軍事，屯涇北以鎮關中。

九月丁巳，軍出長安。時連雨，自秋及冬，諸軍馬驢多死。遂於弘農北造橋濟河，自蒲坂還。於是河南自洛陽，河北自平陽以東，遂入於齊矣。

十七年春三月，魏文帝崩，皇太子嗣位，太祖以冢宰總百揆。梁邵陵王蕭綸侵安陸，大將軍楊忠討擒之。

冬十月，太祖遣大將軍王雄出子午，伐上津、魏興；大將軍達奚武出散關，伐南鄭。

魏廢帝元年春，王雄平上津、魏興，以其地置東梁州〔一八〕。

夏四月，達奚武圍南鄭，月餘，梁州刺史、宜豐侯蕭循以州降〔一九〕。武執循還長安。

秋八月，東梁州民叛，率衆圍州城，太祖復遣王雄討之。

侯景之克建業也，還奉梁武帝爲主。居數旬，梁武以憤恚薨。景又立其子綱，尋而廢綱自立。歲餘，綱弟繹討景，擒之，遣其舍人魏彦來告，仍嗣位於江陵，是爲元帝。

二年春，魏帝詔太祖去丞相、大行臺，爲都督中外諸軍事。

二月，東梁州平，遷其豪帥於雍州。

三月，太祖遣大將軍、魏安公尉遲迥率衆伐梁武陵王蕭紀於蜀。

夏四月，太祖勒鋭騎三萬西踰隴，度金城河，至姑臧。吐谷渾震懼，遣使獻其方物。

五月，蕭紀潼州刺史楊乾運以州降，引迥軍向成都。

秋七月，太祖自姑臧至於長安。

八月，克成都，劍南平。

冬十一月，尚書元烈謀作亂，事發，伏誅。

三年春正月，始作九命之典，以敍内外官爵。以第一品爲九命，第九品爲一命。改流外品爲九秩，亦以九爲上。又改置州郡及縣：改東雍爲華州，北雍爲宜州，南雍爲蔡州，華州爲同州，北華爲鄜州〔二〇〕，東秦爲隴州，南秦爲成州，北秦爲交州，東荆爲淮州，南荆爲昌州，東夏爲延州，南夏爲長州，東梁爲金州，南梁爲隆州，北梁爲靜州，陽都爲汾州，南汾爲勳州，汾州爲丹州，南豳爲寧州，南岐爲鳳州，南洛爲上州，南廣爲淯州，南襄爲湖州，西涼爲甘州，西郢爲鴻州，西益爲利州，東巴爲集州，北應爲輔州，恒州爲均州，沙州爲深州，寧州爲麓州，義州爲巖州，新州爲温州，江州爲沔州，西安爲鹽州，安州爲始州，并州爲隨州，肆州爲塘州，冀州爲順州，淮州爲純州，揚州爲潁州，司州爲憲州，南平爲昇州，南郢爲歸州，青州爲眉州。凡改州四十六，置州一，改郡一百六，改縣二百三十〔二一〕。

自元烈誅，魏帝有怨言。魏淮安王育、廣平王贊等垂泣諫之，帝不聽。於是太祖與公卿定議，廢帝，尊立齊王廓，是爲恭帝。

魏恭帝元年夏四月，帝大饗羣臣。魏史柳虯執簡書於朝曰〔二二〕：「廢帝，文皇帝之嗣子。年七歲，文皇帝託於安定公曰：『是子才，由于公，不才，亦由于公，宜勉之。』公既受茲重寄，居元輔之任，又納女爲皇后，遂不能訓誨有成，致令廢黜，負文皇帝付屬之意，此咎非安定公而誰？」太祖乃令太常盧辯作誥諭公卿曰〔二三〕：「嗚呼！我羣后暨衆士，維文皇帝以襁褓之嗣託於予，訓之誨之，庶厥有成。而予罔能革變厥心〔二四〕，庸暨乎廢墜我文皇帝之志。嗚呼！茲咎予其焉避。予實知之，矧爾衆人之心哉。惟予之顏，豈惟今厚，將恐來世以予爲口實。」乙亥，詔封太祖子邕爲輔城公，憲爲安城公，邑各二千户。

茹茹乙旃達官寇廣武。五月，遣柱國趙貴追擊之，斬首數千級，收其輜重而還。

秋七月，太祖西狩至於原州。

梁元帝遣使請據舊圖以定疆界，又連結於齊，言辭悖慢。太祖曰：「古人有言『天之所棄，誰能興之』，其蕭繹之謂乎。」

冬十月壬戌，遣柱國于謹、中山公護、大將軍楊忠、韋孝寬等步騎五萬討之。十一月癸未，師濟於漢。中山公護與楊忠率鋭騎先屯其城下，據江津以備其逸。丙申〔二五〕，謹至江陵，列營圍守。辛亥，進攻城，其日克之。擒梁元帝，殺之，并虜其百官及士民以歸。没爲奴婢者十餘萬，其免者二百餘家。立蕭詧爲梁主，居江陵，爲魏附庸。梁將王僧辯、陳霸先於丹陽立梁元帝第九子方智爲主。

魏氏之初，統國三十六，大姓九十九，後多絶滅。至是，以諸將功高者爲三十六國後，次功者爲九十九姓後，所統軍人，亦改從其姓。

二年，梁廣州刺史王琳寇邊。冬十一月〔二六〕，遣大將軍豆盧寧帥師討之。

三年春正月丁丑，初行周禮，建六官。以太祖爲太師、大冢宰，柱國李弼爲太傅、大司徒，趙貴爲太保、大宗伯，獨孤信爲大司馬，于謹爲大司寇，侯莫陳崇爲大司空。初，太祖以漢魏官繁，思革前弊。大統中，乃命蘇綽、盧辯依周制改創其事，尋亦置六卿官，然爲撰次未成，衆務猶歸臺閣。至是始畢，乃命行之。

夏四月，太祖北巡狩。

秋七月，度北河。王琳遣使來附，以琳爲大將軍、長沙郡公。魏帝封太祖子直爲秦郡公，招爲正平公，邑各一千户。

九月，太祖有疾，還至雲陽，命中山公護受遺輔嗣子。

冬十月乙亥，崩於雲陽宫，還長安發喪。時年五十二。甲申，葬於成陵〔二七〕，謚曰文公。孝閔帝受禪，追尊爲文王，廟曰太祖。武成元年，追尊爲文皇帝。

太祖知人善任使，從諫如流，崇尚儒術，明達政事，恩信被物，能駕馭英豪，一見之者，咸思用命。沙苑所獲囚俘，釋而用之，河橋之役，率以擊戰，皆得其死力。諸將出征，授以方略，無不制勝。性好朴素，不尚虚飾，恒以反風俗，復古始爲心。

史臣曰：水曆將終，羣凶放命，或威權震主，或釁逆滔天。咸謂大寶可以力征，神物可以求得，莫不闚闟九鼎，睥睨兩宫，而誅夷繼及，亡不旋踵。是知巨君篡盜，終成建武之資；仲潁凶殘，實啓當塗之業。天命有底，庸可滔乎〔二八〕。

太祖田無一成，衆無一旅，驅馳戎馬之際，躡足行伍之間。屬與能之時，應啓聖之運，鳩集義勇，糺合同盟，一舉而殄仇讎，再駕而匡帝室。於是内詢帷幄，外仗材雄，推至誠以待人，弘大順以訓物。高氏籍甲兵之衆，恃戎馬之彊，屢入近畿，志圖吞噬。及英謀電發，神旆風馳，弘農建城濮之勳，沙苑有昆陽之捷。取威定霸，以弱爲彊。紹元宗之衰緒，創隆周之景命。南清江漢，西舉巴蜀，北控沙漠，東據伊瀍。乃擯落魏晉，憲章古昔，修六官之廢典，成一代之鴻規。德刑並用，勳賢兼敘，遠安邇悅，俗阜民和。億兆之望有歸，揖讓之期允集。功業若此，人臣以終。盛矣哉！非夫雄略冠時，英姿不世，天與神授，緯武經文者，孰能與於此乎。昔者，漢獻蒙塵，曹公成夾輔之業；晉安播蕩，宋武建匡合之勳。校德論功，綽有餘裕。

至於渚宫制勝，闔城孥戮；茹茹歸命，盡種誅夷：雖事出於權道，而用乖於德教。周祚之不永，或此之由乎。

校勘記

〔一〕進太祖督中外諸軍事　張森楷云：「『督』上當有『都』字。」按北史卷九周本紀上、御覽卷一〇四引後魏書、册府卷六、卷七二、通鑑卷一五七梁紀一三大同元年（五三五）「督」上皆有「都」字。張所疑有據。然諸本皆同，今不補。

〔二〕建忠王　「忠」，原作「中」，據三朝本、南監本、北史卷六齊本紀上、卷九周本紀上、北齊書卷二神武紀下、册府卷一八六改。按隋書卷二九地理志上京兆郡三原縣條云：「後周置建忠郡。」但郡實是北魏末建。北史卷四九毛遐傳附毛鴻賓傳記魏孝明帝因爲鴻賓兄弟鎮壓關中義軍和反抗蕭寶夤叛變有功，「改三原縣爲建中郡」，字作「中」，然元和志卷一關内道一京兆府（雍州）條、寰宇記卷三一耀州三原縣條引周地圖記却作「忠」。周書卷一六獨孤信傳見「建忠縣伯」，卷三一韋孝寬傳見「建忠郡公」，北周鄭術墓誌（毛遠明漢魏六朝碑刻校注第一〇册圖版一三六九）見「建忠郡守」，並作「忠」。立郡所以旌表毛氏兄弟，作「忠」是。

〔三〕未能徑渡　「未」，原作「不」，據三朝本、南監本改。按北史卷九周本紀上、通典卷一五五兵八、御覽卷二八八引後周書、通鑑卷一五七梁紀一三大同三年（五三七）都作「未」，可證周書原文如此。

〔四〕比五日中　「比」，原作「此」，據三朝本、北史卷九周本紀上、通典卷一五五兵八、御覽卷二八八引後周書改。

〔五〕泉企　周書卷四四、北史卷六六都有傳，周書作「企」，北史作「𠌫」。北史卷三一高允傳附高昂傳作「𠌫」，而北齊書卷二一、通志卷一五二高乾傳附高昂傳又作「企」。又北史卷八五郭琰傳作「𠌫」，通志卷一六六郭琰傳則作「企」。按通鑑卷一五六梁紀一二中大通六年（五三四）二月作「泉企」，考異云：「北史作『泉𠌫』，今從周書。」似司馬光所見周書與北史已「企」「𠌫」相混，未知孰是。今悉仍其舊。以下「泉企」同，不再出校。

〔六〕杜窋　周書卷四四泉企傳、北史卷六六泉仚傳、册府卷四二三、卷四五〇、卷七五八、通鑑卷一五七梁紀一三大同三年（五三七）都作「杜窋」。

〔七〕于謹　「謹」，原作「瑾」，據三朝本、南監本、汲本、局本、北史卷九周本紀上、册府卷六改。按于瑾即唐瑾，周書卷三二有傳，名輩較後，豈能在十二將之列。本卷上下文見「遣儀同于謹取楊氏壁」「遣于謹居軍前」，均不誤。

〔八〕惟爾衆士　「衆」，原脱，據北史卷九周本紀上、御覽卷三〇七引後周書、册府卷六補。按下文見「爾衆士其勉之」，這裏不當脱「衆」字。

〔九〕高干　「干」，汲本作「于」，北史卷九周本紀上作「千」。參卷三三校記第一九條。

〔一〇〕徵諸州兵皆未會　「未」，原脱，據通典卷一五六兵九、通鑑卷一五七梁紀一三大同三年（五三七）補。北史卷九周本紀上作「徵諸州兵未會」，無「皆」字。按下文屢言衆寡不敵，在戰勝後又説「還軍渭南，於是所徵諸州兵始至」，顯然在戰時尚未至，這裏明顯脱「未」字。又御覽卷三〇九引後周書、册府卷一二五亦無「未」字，知此字脱已久矣。

〔一一〕絶其軍爲二隊大破之　「隊」，北史卷九周本紀上、通典卷一五六兵九、御覽卷三〇九引後周書、册府卷一二五、通鑑卷一五七梁紀一三大同三年（五三七）作「遂」，屬下讀爲「遂大破之」，文義較長。但諸本都作「隊」，今不改。

〔一二〕東魏潁川長史賀若統與密縣人張儉執刺史田迅舉城降　張森楷云：「『川』當作『州』，潁川是郡，不得有長史也。」按作「潁州長史」者有周書卷二八賀若敦傳、魏書卷一二孝靜紀、北齊書卷一九任延敬傳、卷二〇堯雄傳、北史卷六〇宇文貴傳，作「潁川長史」者除本條外，有北史卷五三任祥傳、卷六八賀若敦傳，作「潁州刺史」者有周書卷一九宇文貴傳（此據殿本，汲本、局本作「潁川」，別見卷一九校記第三八條）。其名則周書紀傳都作「統」，北齊書任延敬傳與堯雄傳、北史卷五三任祥傳都作「徽」，魏書孝靜紀作「微」，當爲「徽」之誤。大抵東魏、北齊知其名爲「徽」，或是統之初名、小名。其官則作「刺史」顯誤，下云「執刺史田迅」可證，作「長史」是。「潁州」「潁川」是州郡之異，據隋書卷二七百官志中北齊的刺史屬官有「長史」。知作「潁州長史」是。但諸本皆同，今不改。又「田迅」，通鑑卷一五七梁紀一三大同三年（五三七）作「田迄」。按周書卷二八賀若敦傳、魏書卷一二孝靜紀、北史卷五三任祥傳都作「田迅」，疑通鑑誤。

〔三〕蘇定　三朝本作「蘇宿」，周書卷三六崔彦穆傳、北史卷六七崔彦穆傳、通鑑卷一五七梁紀一三大同三年（五三七）作「蘇淑」。按「宿」「淑」音近，「宿」「定」形似。魏書卷八八、北史卷八六有蘇淑傳，記其曾歷官滎陽郡守，當即此人。疑作「定」誤。

〔四〕是云寶殺其東揚州刺史那椿以州來附　「椿」，原作「樁」，據三朝本、南監本改。汲本、局本作「樁」，注云「一作椿」。北史卷九周本紀上、通鑑卷一五七梁紀一三大同三年（五三七）也作「椿」，「樁」字誤。「揚州」，三朝本及北史卷九周本紀上百衲本作「楊州」。古書「揚」「楊」

常通用，唯通鑑卷一五七又作「陽州」。按魏書卷一〇六地形志無「東揚州」，「陽州」治宜陽。北齊書卷二〇堯雄傳稱是云寶（「云」原訛「育」）以揚州刺史攻潁州，後來「還本州，據城降敵」，所云「本州」和「以州來附」之州，自即揚州。堯雄傳又說「西魏以是云寶爲揚州刺史，據項城」，蓋以所據之地授官。魏書卷一〇六中地形志中：「北揚州，天平二年置，治項城。」隋書卷三〇地理志中淮陽郡項城條云：「東魏置揚州……梁改曰殷州，東魏又改曰北揚州。」據此，知天平二年（五三五）置此州，本無「北」字，那時治於壽春的北魏揚州，已爲梁有，故寄治項城，侯景降梁，改爲殷州，到侯景渡江，壽春又歸東魏，乃復壽春的揚州而加「北」字於治項城的揚州。隋志前後兩稱東魏，即因此故。是云寶據以降西魏之州，即是治項城的「揚州」，則不但通鑑作「陽州」誤，即此處作「東揚州」亦衍「東」字。北齊書記是云寶爲東魏揚州刺史亦誤，刺史是那椿。

〔一五〕庫狄干　「庫」，三朝本、南監本、北監本、汲本、局本作「庫」。河北唐縣東魏庫狄干石窟摩崖碑銘（圖版載倉本尚德北朝仏教造像銘研究）有「庫狄干」之名。北齊庫狄迴洛墓誌（圖版載王克林北齊庫狄迴洛墓）此姓亦作「庫狄」。按庫亦音舍，後人因爲有兩種讀法，始以去點者讀作舍（姚薇元北朝胡姓考有説）。周書原文當作「庫」，但異讀已久，今不改。

〔一六〕韓軌　「韓」，原作「元」，據三朝本、南監本、册府卷六改。按韓軌，北齊書卷一五、北史卷五四有傳，雖不載攻圍洛陽事，然此處與侯景等諸將並列，應即其人。

〔一七〕朝於行在所　「行在所」，原倒作「行所在」，據三朝本、南監本、北監本、汲本、局本、北史卷九周本紀上乙正。

〔一八〕王雄平上津魏興以其地置東梁州　按隋書卷二九地理志上西城郡條云：「梁置梁州，尋改曰南梁州。西魏改置東梁州。」楊守敬隋志考證卷二以爲「南梁」乃「東梁」之誤。考周書卷四四李遷哲傳，說他曾爲梁之東梁州刺史。可知梁代置州就名東梁，治魏興，並非西魏改名，更非創置此州。又同卷泉企傳附泉仲遵傳，說他隨王雄佔領上津、魏興後，「遂於上津置南洛州，以仲遵爲刺史」，則上津別自爲州，不屬東梁，與本紀不合。隋書卷三〇地理志中上洛郡上津縣條云：「舊置北上洛郡，梁改爲南洛州，西魏又改爲上州。」周書卷四四扶猛傳說他曾爲梁南洛、北司二州刺史，可知南洛州治上津，亦始於梁。西魏佔領其地，並未併合改置，故下面廢帝三年（五五四）正月改置州郡中即有「東梁爲金州」「南洛爲上州」的明文。本紀此條當云「以其地置南洛州、東梁州」，今本脫去「南洛州」三字。至於因梁之舊而云「置」者，當因魏本無此二州，在西魏爲創置也。

〔一九〕梁州刺史宜豐侯蕭循以州降　「豐」，三朝本、册府卷六作「農」，汲本、局本作「豐」，注云「一作農」。按南史卷五二鄱陽忠烈王恢傳附蕭脩傳稱「封宜豐侯」。通鑑卷一六四梁紀二〇大寶二年（五五一）亦作「豐」，胡注云：「晉志：豫章郡有宜豐縣。」「宜農」無此地名，乃「宜豐」之訛。「循」，南史本傳、北史卷九周本紀上都作「脩」，御覽卷九七四引三國典略又作

「修」，梁書卷六敬帝紀、通鑑卷一六四同作「循」。蕭翹墓誌（趙萬里漢魏南北朝墓誌集釋圖版五〇五）稱翹爲「太保公、宜豐王循之第四子」，循未嘗封王，但可證其封邑是「宜豐」，其名爲「循」。周書卷二九楊紹傳「宜豐侯蕭循」句，三朝本作「恒農」，亦是「宜豐」之訛。不另出校記。

〔二〇〕北華爲鄜州　錢大昕考異卷三二云：「隋書（卷二九地理志上上郡條）『鄜』作『敷』。」楊守敬隋志考證卷一云：「據地形志『敷城郡』『敷城縣』，則周書及元和志所云，皆當從志（隋書地理志）作『敷』。此因隋大業改『敷』作『鄜』，遂蒙西魏之稱云。」按陸增祥八瓊室金石補正卷二五鞏賓墓誌云：「周二年除敷州（『敷』即『敷』）中部郡守。」當時石刻都作「敷」，楊説是。但周書皆作「鄜」，或原本如此，今不改，以後不再出校記。

〔二一〕改縣二百三十　「二百三十」，北史卷九周本紀上作「三百三十」。

〔二二〕魏史柳虯執簡書於朝曰　北史卷九周本紀上、御覽卷一〇五引周書、卷五九三引三國典略「於」上有「告」字。疑原有此字。

〔二三〕作誥諭公卿　「誥」，三朝本、南監本、北監本、汲本、局本、册府卷五五四（宋本、明鈔本）都作「告」。然北史卷九周本紀上、御覽卷一〇五引周書、册府卷五五四明刻本也同作「誥」。疑殿本乃據北史改。

〔二四〕而予罔能革變厥心　「革」，北史卷九周本紀上、御覽卷一〇五引周書、卷五九三引三國典略、册府卷五五四都作「弗」。按「弗」可作「去」解，作「弗」未必誤。

〔二五〕丙申　「丙」，三朝本、南監本、汲本、局本作「景」，乃是避唐諱。原本當作「景」，後人追改。以後此字不再出校記。

〔二六〕十一月　北史卷九周本紀上作「十月」。

〔二七〕時年五十二甲申葬於成陵　北史卷九周本紀上作「時年五十。十二月甲申，葬于成陵」，御覽卷一〇五引周書作「時年五十二，葬于成陵」（「二」字處版面似有空餘）。按年齡不合，已見卷一校記第七條。陸增祥八瓊室金石補正卷二三强獨樂文帝廟造像碑稱宇文泰「春秋五十，薨于長安」，與北史同。疑周書原同北史，亦作「時年五十。十二月甲申，葬於成陵」。傳寫脱去一個「十」字（也可能脱去「月」字），不可通，後人又删「月」字（如脱去的是「月」，則又删「十」字），遂合而爲「年五十二」，甲申也繫於十月了。通鑑卷一六六梁紀二二太平元年（五五六）與北史同，考異無説，知司馬光所見周書此條並無異文。

〔二八〕天命有底庸可滔乎　「滔」，北史卷九周本紀上作「慆」。按「滔」「慆」都有「慢」義，可通。然左傳昭公二十七年孟懿子、陽虎伐鄆，子家子曰：「天命不慆久矣。」杜注：「慆，疑也。」這裏和上「天命有底」相連，疑作「慆」是。

周書卷三

帝紀第三

孝閔帝

孝閔皇帝諱覺，字陁羅尼，太祖第三子也。母曰元皇后。大統八年，生於同州官舍。九歲，封略陽郡公〔一〕。時有善相者史元華見帝，退謂所親曰：「此公子有至貴之相，但恨其壽不足以稱之耳。」魏恭帝三年三月，命爲安定公世子。四月，拜大將軍。十月乙亥，太祖崩，丙子，嗣位太師、大冢宰。十二月丁亥，魏帝詔以岐陽之地封帝爲周公。庚子，禪位於帝。詔曰：「予聞皇天之命不於常，惟歸於德。故堯授舜，舜授禹，時其宜也。天厭我魏邦，垂變以告，惟爾罔弗知。予雖不明，敢弗龔天命，格有德哉。今踵唐虞舊典，禪位於周，庸布告遐邇焉。」使大宗伯趙貴持節奉册書曰：「咨爾周公，帝王之位弗有常，有德者受命，時乃天道。予式時庸，荒求於唐虞之彝踵。曰我魏德之終舊矣，我邦小大罔弗知，今其可久怫於天道而不歸有德歟。時用詢謀。僉曰公昭考文公，格勳德於天地，丕濟生民。洎公躬，又宣重光〔二〕。故玄象徵見於上，謳訟奔走於下，天之歷數，用實在焉。予安敢弗若。是以欽祗聖典，遜位於公。公其享茲大命，保有萬國，可不慎歟。」魏帝臨朝，遣民部中大夫、濟北公元迪致皇帝璽紱。固辭。公卿百辟勸進，太史陳祥瑞〔三〕，乃從之。是日，魏帝遜于大司馬府。

元年春正月辛丑，即天王位。柴燎告天，朝百官於路門。追尊皇考文公爲文王，皇妣爲文后。大赦天下。封魏帝爲宋公。是日，槐里獻赤雀四。百官奏議云：「帝王之興，罔弗更正朔，明受之於天，革民視聽也。逮於尼父，稽諸陰陽，云行夏之時，後王所不易。今魏曆告終，周室受命，以木承水，實當行録，正用夏時，式遵聖道。惟文王誕玄氣之祥，有黑水之讖，服色宜烏。」制曰可。以大司徒、趙郡公李弼爲太師，大宗伯、南陽公趙貴爲太傅、大冢宰，大司馬、河内公獨孤信爲太保、大宗伯，柱國、中山公護爲大司馬。以大將軍、寧都公毓、高陽公達奚武、武陽公豆盧寧、小司寇陽平公李遠、小司馬博陵公賀蘭祥、小宗伯魏安公尉遲迥等並柱國。

壬寅，祠圓丘。詔曰：「予本自神農，其於二丘，宜作厥主。始祖獻侯，啓土遼海，肇有國基，配南北郊。文考德符五運，受天明命，祖于明堂，以配上帝，廟爲太祖。」癸卯，祠方丘。甲辰，祠太社。初除市門税。乙巳，祠太廟。丁未，會百官於乾安殿，班賞各有差。

戊申，詔曰：「上天有命，革魏於周，致予一人，受茲大號。予惟古先聖王，罔弗先于省視風俗，以求民瘼，然後克治。矧予眇眇，又當草昧，若弗尚于達四聰、明四目之訓者，其有聞知哉。有司宜分命方別之使，所在巡撫。五教何者不宣，時政有何不便；得無脩身潔己，才堪佐世之人，而不爲上所知；冤枉受罰，幽辱于下之徒，而不爲上所理；孝義貞節，不爲有司所申；鰥寡孤窮，不爲有司所恤；暨黎庶衣食豐約，賦役繁省，災厲所興，水旱之處：並宜具聞。若有年八十已上，所在就加禮餼。」辛亥，祠南郊。壬子，立王后元氏。

乙卯，詔曰：「惟天地草昧，建邦以寧。今可大啓諸國，爲周藩屏。」於是封太師李弼爲趙國公，太傅趙貴爲楚國公，太保獨孤信爲衛國公，大司寇于謹爲燕國公，大司空侯莫陳崇爲梁國公，大司馬、中山公護爲晉國公，邑各萬户。辛酉，祠太廟。癸亥，親耕籍田。丙寅，於劍南陵井置陵州，武康郡置資州，遂寧郡置遂州。

二月癸酉，朝日於東郊。乙亥，改封永昌郡公廣爲天水郡公。戊寅，祠太社。丁亥，楚國公趙貴謀反，伏誅。詔曰：

朕文考昔與羣公洎列將衆官，同心戮力，共治天下。自始及終，二十三載，迭相匡弼，上下無怨。是以羣公等用升余於大位。朕雖不德，豈不識此。是以朕於羣公，同姓者如弟兄，異姓者如甥舅。冀此一心，平定宇内，各令子孫，享祀百世。而朕不明，不能輯睦，致使楚公貴不悦于朕，與万俟幾通〔四〕、叱奴興、王龍仁、長孫僧衍等陰相假署，圖危社稷。事不克行，爲開府宇文盛等所告。及其推究，咸伏厥辜。興言及此，心焉如痗。但法者天下之法，朕既爲天下守法，安敢以私情廢之。書曰「善善及後世，惡惡止其身」，其貴、通、興、龍仁罪止一家，僧衍止一房，餘皆不問。惟爾文武，咸知時事。

太保獨孤信有罪免。

甲午，以大司空、梁國公侯莫陳崇爲太保，大司馬、晉國公護爲大冢宰，柱國、博陵公賀蘭祥爲大司馬，高陽公達奚武爲大司寇，大將軍、化政公宇文貴爲柱國。己亥，秦州、涇州各獻木連理。歲星守少微，經六十日。

三月庚子，會文武百官，班賜各有差。己酉，柱國、衛國公獨孤信賜死。壬子，詔曰：

「淅州去歲不登〔五〕，厥民饑饉，朕用愍焉。其當州租輸未畢者，悉宜免之。兼遣使巡檢，有窮餒者，並加賑給。」癸亥，省六府士員，三分減一。

夏四月己巳，以少師、平原公侯莫陳順爲柱國。壬申，詔死罪以下，各降一等。壬午，謁成陵。乙酉，還宫。丁亥，祠太廟。

五月癸卯，歲星犯太微上將，太白犯軒轅。己酉，槐里獻白鷰。帝欲觀漁於昆明池，博士姜須諫〔六〕，乃止。

秋七月壬寅，帝聽訟於右寢，多所哀宥。甲辰，月掩心後星。辛亥，祠太廟。熒惑犯東井北端第二星。

八月戊辰，祠太社。辛未，詔曰：「朕甫臨大位，政教未孚，使我民農〔七〕，多陷刑網。今秋律已應，將行大戮，言念羣生，責在於朕。宜從肆眚〔八〕，與其更新。其犯死者宜降從流〔九〕，流以下各降一等。不在赦限者，不從此降。」甲午，詔曰：「帝王之治天下，罔弗博求衆才，以乂厥民。今二十四軍宜舉賢良堪治民者，軍列九人。被舉之人，於後不稱厥任者，所舉官司，皆治其罪。」

九月庚申，詔曰：「朕聞君臨天下者，非由一人，時乃上下同心所致。今文武之官及諸軍人不霑爵封者，宜各授兩大階〔一〇〕。」改太守爲郡守。

帝性剛果，見晉公護執政，深忌之。司會李植、軍司馬孫恒以先朝佐命，入侍左右，亦疾護之專，乃與宮伯乙弗鳳、賀拔提等潛謀，請帝誅護。帝然之。又引宮伯張光洛同謀〔一一〕。光洛密白護，護乃出植爲梁州刺史，恒爲潼州刺史。鳳等遂不自安，更奏帝，將召羣公入，因此誅護。光洛又白之。時小司馬尉遲綱總統宿衞兵，護乃召綱共謀廢立。令綱入殿中，詐呼鳳等論事。既至，以次執送護第，並誅之。綱仍罷散禁兵，帝方悟，無左右，獨在内殿，令宮人持兵自守。護又遣大司馬賀蘭祥逼帝遜位。遂幽於舊邸，月餘日，以弑崩，時年十六。植、恒等亦遇害。

及武帝誅護後，乃詔曰：「愼始敬終，有國彝典；事亡如存，哲王通制。義崇追遠，禮貴尊親。故略陽公至德純粹，天姿秀傑。屬魏祚告終，寶命將改，謳歌允集，歷數攸歸，上協蒼靈之慶，下昭后祇之錫。而禍生肘腋，釁起蕭牆，白獸噬驂，蒼鷹集殿，幽辱神器，弑酷乘輿，冤結生民，毒流寓縣。今河海澄清，氛沴消蕩，追尊之禮，宜崇徽號。」遣太師、蜀國公迥於南郊上謚曰孝閔皇帝〔一二〕，陵曰靜陵。

史臣曰：孝閔承既安之業，應樂推之運，柴天竺物，正位君臨，邇無異言，遠無異望。雖黃初代德，太始受終，不之尚也。然政由甯氏，主懷芒刺之疑；祭則寡人，臣無復子之請。以之速禍，宜哉。

校勘記

〔一〕九歲封略陽郡公　「九」，北史卷九周本紀上、御覽卷一〇五引後周書作「七」，但御覽卷七三〇引後周書、册府卷八六〇也同周書作「九」。

〔二〕洎公躬又宣重光　「躬又」，北史卷九周本紀上倒作「又躬」，較長。

〔三〕太史陳祥瑞　「太史」，原作「太師」，據三朝本、南監本、北史卷九周本紀上改。張元濟以爲「師」字誤。按在宇文泰死後，閔帝受禪，命李弼爲太師前，無人任此官，且「陳祥瑞」正是太史的職司。

〔四〕万俟幾通　册府卷一五二作「俟幾通」，無「万」字。按梁書卷二九邵陵攜王綸傳大寶元年（五五〇）條見西魏「儀同侯幾通」（南史卷五三本傳同），似爲同一人。王仲犖鮮卑姓氏考、代北姓氏考二文（收入峼華山館叢稿續編）都以爲「万俟幾通」當作「俟幾通」，「万」係衍文。

〔五〕淅州　「淅」，原作「浙」。按隋書卷三〇地理志中淅陽郡條云：「西魏置淅州。」當時並無「浙州」，今據改。周書「淅州」幾乎都同此誤，此後徑改，不再出校記。

〔六〕姜須　「須」，北史卷九周本紀上作「頊」。

〔七〕使我民農　册府卷八三作「使乎民庶」。

〔八〕宜從肆眚　「從」，三朝本作「今」，册府卷八三明刻本作「弘」。

〔九〕其犯死者宜降從流　「死」，原脱，據册府卷八三補。按下云「流以下各降一等」，則此「降從流」自爲對犯死罪者而言。

〔一〇〕宜各授兩大階　「授」，册府卷七九作「進」。

〔一一〕張光洛　「光」，北史卷九周本紀上、御覽卷一〇五引後周書作「先」。按周書卷一一晉蕩公護傳與卷三〇于翼傳、北史卷五七周宗室傳、通鑑卷一六七陳紀一永定元年（五五七）都作「光」，疑作「先」誤。

〔一二〕太師蜀國公迥　「迥」，原作「過」，據三朝本、南監本、局本、册府卷一二九改。張元濟以爲「過」字誤。按周武帝時封蜀公而姓尉遲者，唯迥一人，故册府注云「尉遲迥也」。

周書卷四

帝紀第四

明帝

世宗明皇帝諱毓，小名統萬突，太祖長子也。母曰姚夫人，永熙三年，太祖臨夏州，生帝於統萬城，因以名焉。大統十四年，封寧都郡公。十六年，行華州事。尋拜開府儀同三司、宜州諸軍事、宜州刺史。魏恭帝三年，授大將軍，鎮隴右。孝閔帝踐阼，進位柱國，轉岐州諸軍事、岐州刺史。治有美政，黎民懷之。及孝閔帝廢，晉公護遣使迎帝於岐州。秋九月癸亥，至京師，止於舊邸。甲子，羣臣上表勸進，備法駕奉迎。帝固讓，羣臣固請，是日，即天王位，大赦天下。乙丑，朝羣臣於延壽殿。

冬十月癸酉，太師、趙國公李弼薨。己卯，以大將軍、昌平公尉遲綱爲柱國。乙酉，祠圓丘。丙戌，祠方丘。甲午，祠太社。柱國、陽平公李遠賜死。是月，梁相陳霸先廢其主蕭方智而自立，是爲陳武帝。

十一月庚子，祠太廟。丁未，祠圓丘。丁巳，詔曰：「帝王之道，以寬仁爲大。魏政諸有輕犯未至重罪，及諸村民一家有犯乃及數家而被遠配者，並宜放還。」

十二月庚午，謁成陵。癸酉，還宮。庚辰，以大將軍、輔城公邕爲柱國。戊子，赦長安見囚。甲午，詔曰：「善人之後，猶累世獲宥，況魏氏以德讓代終，豈容不加隱卹。元氏子女自坐趙貴等事以來，所有没入爲官口者，悉宜放免。」

二年春正月乙未，以大冢宰、晉公護爲太師。辛亥，親耕籍田。癸丑，立王后獨孤氏。丁巳，雍州置十二郡。又於河東置蒲州〔二〕，河北置虞州，弘農置陝州，正平置絳州，宜陽置熊州，邵郡置邵州。

二月癸未，詔曰：「王者之宰民也，莫不同四海，一遠近，爲父母而子之。一物失所，若納于隍。賊之境土，本同大化，往因時難，致阻東西。遂使疆埸之間，互相抄掠。興言及此，良可哀傷。自元年以來，有被掠入賊者，悉可放免。」自冬不雨，至於是月方大雪。

三月甲午，齊北豫州刺史司馬消難舉州來附，遣柱國、高陽公達奚武與大將軍楊忠率衆迎之。改雍州刺史爲雍州牧，京兆郡守爲京兆尹。以廣業、脩城二郡置康州，葭蘆郡置文州。戊申，長安獻白雀。庚申，詔曰：「三十六國，九十九姓，自魏氏南徙，皆稱河南之民。今周室既都關中，宜改稱京兆人。」

夏四月己巳，以太師、晉公護爲雍州牧。庚午，熒惑入軒轅。辛未，降死罪一等，五歲刑已下皆原之。甲戌，王后獨孤氏崩。甲申，葬敬后。

五月乙未，以大司空、梁國公侯莫陳崇爲大宗伯。

六月癸亥，嚈噠遣使獻方物〔二〕。己巳，板授高年刺史、守、令，恤鰥寡孤獨各有差。分長安爲萬年縣，並治京城。辛未，幸昆明池。壬申，長安獻白烏。遣使分行州郡，理囚徒，察風俗，掩骼埋胔。

秋七月甲午，遣柱國、寧蜀公尉遲迥率衆於河南築安樂城。丙申，順陽獻三足烏。八月甲子，羣臣上表稱慶。詔曰：「夫天不愛寶，地稱表瑞，莫不威鳳巢閣，圖龍躍沼，豈直日月珠連，風雨玉燭。是以鈎命決曰『王者至孝則出』，元命苞曰『人君至治所有』。虞舜烝烝，來茲異趾；周文翼翼，翔此靈禽。文考至德下覃，遺仁爰被，遠符千載，降斯三足。將使三方歸本，九州翕定。惟此大體〔三〕，景福在民。予安敢讓宗廟之善〔四〕，弗宣大惠。可大赦天下，文武官普進二級。」

九月辛卯，以大將軍楊忠、大將軍王雄並爲柱國〔五〕。甲辰，封少師元羅爲韓國公，以紹魏後。丁未，幸同州。過故宅，賦詩曰：「玉燭調秋氣，金輿歷舊宮。還如過白水，更似入新豐。霜潭漬晚菊，寒井落疎桐。舉盃延故老，令聞歌大風。」

冬十月辛酉，還宮。乙丑，遣柱國尉遲迥鎮隴右。長安獻白兔。

十二月辛酉，突厥遣使獻方物。癸亥，太廟成。辛巳〔六〕，以功臣琅邪貞獻公賀拔勝等十三人配享太祖廟庭。壬午，大赦天下。

武成元年春正月己酉，太師、晉公護上表歸政，帝始親覽萬機。軍旅之事，護猶總焉。初改都督諸州軍事爲總管。丙辰，封大將軍、章武孝公導子亮爲永昌公，翼爲西陽公。

三月癸巳，陳六軍，帝親擐甲冑，迎太白於東方。秦郡公直鎮蒲州。吐谷渾寇邊，庚戌，遣大司馬、博陵公賀蘭祥率衆討之。

四月戊午，武當郡獻赤烏。甲戌，雲〔七〕。秦州獻白馬朱鬣。

五月戊子，詔曰：「皇王之迹不一，因革之道已殊，莫不播八政以成物，兆三元而爲紀。是以容成創定於軒轅，羲和欽若於唐世，鴻範九疇，大弘五法。易曰：『澤中有火，革，君子以治歷明時。』故歷之爲義大矣。但忽微成象，象極則差；分積命時，時積斯舛。

開闢至於獲麟，二百七十六萬歲，晷度推移，餘分盈縮，南正無聞，疇人靡記。暑往寒來，理乖攸序，敬授民時，何其積謬。昔漢世巴郡洛下閎善治歷，云後八百歲，當有聖人定之。自火行至今，木德應其運矣，朕何讓焉。可命有司，傍稽六曆，仰觀七曜，博推古今，造我周曆，量定以聞。」己亥，聽訟於正武殿。辛亥，以大宗伯、梁國公侯莫陳崇爲大司徒，大司寇、高陽公達奚武爲大宗伯，武陽公豆盧寧爲大司寇，柱國、輔城公邕爲大司空。乙卯，詔曰：「比屢有糾發官司赦前事。此雖意在疾惡，但先王制肆眚之道，令天下自新。若又推問，自新何由哉。如此之徒，有司勿爲推究。惟庫厩倉廩與海内所共，漢帝有云『朕爲天下守財耳』。若有侵盜公家財畜錢粟者，魏朝之事，年月既遠，一不須問。自周有天下以來，雖經赦宥，而事跡可知者，有司宜即推窮。得實之日，但免其罪，徵備如法。」賀蘭祥攻拔洮陽、洪和二城，吐谷渾遁走。

閏月庚申，高昌遣使獻方物。

六月戊子，大雨霖。詔曰：「昔唐咨四嶽，殷告六眚〔八〕，覩災興懼，咸寘時雍。朕撫運應圖，作民父母，弗敢怠荒，以求民瘼。而霖雨作沴，害麥傷苗，隤屋漂垣，洎于昏墊。諒朕不德，蒼生何咎。刑政所失，罔識厥由。公卿大夫士爰及牧守黎庶等，今宜各上封事，讜言極諫，罔有所諱。朕將覽察，以答天譴。其遭水者，有司可時巡檢，條列以聞。」庚子，詔曰：「潁川從我，是曰元勳；無忘父城，實起王業。文考屬天地草昧，造化權輿，拯彼橫流，匡茲頽運。賴英賢盡力，文武同心，翼贊大功，克隆帝業。而被堅執鋭，櫛風沐雨，永言疇昔，良用憮然。至若功成名遂，建國剖符，予惟休也。其有致死王事，妻子無歸者，朕甚傷之。凡是從先王向夏州，發夏州從來，見在及薨亡者，並量賜錢帛，稱朕意焉。」是月，陳武帝薨，兄子蒨立，是謂文帝。

秋八月己亥，改天王稱皇帝，追尊文王爲帝〔九〕，大赦改元。壬子，以大將軍、安城公憲爲益州總管。癸丑，增御正四人，位上大夫。

九月乙卯，以大將軍、天水公廣爲梁州總管。辛未，進封輔城公邕爲魯國公，安城公憲爲齊國公，秦郡公直爲衞國公，正平公招爲趙國公。封皇弟儉爲譙國公，純爲陳國公，盛爲越國公，達爲代國公，通爲冀國公，逌爲滕國公。進封天水公廣爲蔡國公，高陽公達奚武爲鄭國公，武陽公豆盧寧爲楚國公，博陵公賀蘭祥爲涼國公，寧蜀公尉遲迥爲蜀國公，化政公宇文貴爲許國公，陳留公楊忠爲隨國公〔一〇〕，昌平公尉遲綱爲吳國公，武威公王雄爲庸國公。邑各萬户。

冬十月甲午，以柱國、吳國公尉遲綱爲涇州總管。是月，齊文宣帝薨，子殷嗣立。以柱國、蜀國公尉遲迥爲秦州總管。

二年春正月癸丑朔，大會羣臣於紫極殿，始用百戲焉。

三月辛酉，重陽閣成，會羣公列將卿大夫及突厥使者於芳林園，賜錢帛各有差。

夏四月，帝因食遇毒。庚子，大漸。詔曰：

人生天地之間，禀五常之氣，天地有窮已，五常有推移，人安得長在。是以生而有死者，物理之必然。處必然之理，修短之間，何足多恨。朕雖不德，性好典墳，披覽聖賢餘論，未嘗不以此自曉。今乃命也，夫復何言。諸公及在朝卿大夫士，軍中大小督將、軍人等〔一二〕，並立勳效，積有年載，輔翼太祖，成我周家。今朕纘承大業，處萬乘之上，此乃上不負太祖，下不負朕躬，朕得啓手啓足，從先帝於地下，實無恨於心矣。所可恨者，朕享大位，可謂四年矣，不能使政化循理，黎庶豐足，九州未一，二方猶梗，顧此懷恨，目用不瞑。唯冀仁兄冢宰，洎朕先正、先父、公卿大臣等，協和爲心，勉力相勸，勿忘太祖遺志，提挈後人，朕雖没九泉，形體不朽。

今大位虚曠，社稷無主。朕兒幼稚，未堪當國。魯國公邕，朕之介弟，寬仁大度，海内共聞，能弘我周家，必此子也。夫人貴有始終，公等事太祖，輔朕躬，可謂有始矣，若克念世道艱難，輔邕以主天下者，可謂有終矣。哀死事生，人臣大節，公等思念此言，令萬代稱歎。

朕稟生儉素，非能力行菲薄，每寢大布之被，服大帛之衣，凡是器用，皆無雕刻。身終之日，豈容違棄此好。喪事所須，務從儉約，斂以時服，勿使有金玉之飾。若以禮不可闕，皆令用瓦。小斂訖，七日哭。文武百官各權辟衰麻，且以素服從事〔一三〕。葬日，選擇不毛之地，因地勢爲墳，勿封勿樹。且厚葬傷生，聖人所誡，朕既服膺聖人之教，安敢違之。凡百官司，勿異朕此意。四方州鎮使到，各令三日哭，哭訖，悉權辟凶服，還以素服從事，待大例除。非有呼召，各按部自守，不得輒奔赴闕庭。禮有通塞隨時之義，葬訖，內外悉除服從吉。三年之內，勿禁婚娶，飲食一令如平常也。

時事殷猥，病困心亂，止能及此。如其事有不盡，准此以類爲斷。死而近思〔一三〕，古人有之。朕今忍死，書此懷抱〔一四〕。

其詔即帝口授也。辛丑，崩於延壽殿，時年二十七，謚曰明皇帝，廟稱世宗。五月辛未，葬於昭陵。

帝寬明仁厚，敦睦九族，有君人之量。幼而好學，博覽羣書，善屬文，詞彩溫麗。及即位，集公卿已下有文學者八十餘人於麟趾殿，刊校經史。又捃採衆書，自羲、農以來，訖於魏末，敍爲世譜，凡五百卷云。所著文章十卷〔一五〕。

史臣曰：世宗寬仁遠度，叡哲博聞。處代邸之尊，實文昭之長。豹姿已變，龍德猶潛，而百辟傾心，萬方注意。及乎迎宣黜賀，入纂大宗，而禮貌功臣，敦睦九族，率由恭儉，崇尚文儒，亹亹焉其有君人之德者矣。始則權臣專制，政出私門；終乃鴆毒潛加，享年不永。惜哉〔二六〕！

校勘記

〔一〕又於河東置蒲州　「置」，原作「至」，據三朝本、南監本、北監本、汲本、局本改。

〔二〕嚈噠遣使獻方物　「嚈」，三朝本、北史卷九周本紀上作「嚈」，汲本、局本同作「嚈」，下注云「一作嚈」。蓋譯音無定字。

〔三〕惟此大體　「體」，御覽卷九二〇引後周書（原作「後漢周書」，衍「漢」字。下同，不另説明）、册府卷二三、卷八三作「禮」，文館詞林卷六六七後周明帝靈烏降大赦詔作「祉」。疑作「體」誤。

〔四〕予安敢讓宗廟之善　「讓」，御覽卷九二〇引後周書、册府卷二三作「攘」，較長。

〔五〕大將軍王雄並爲柱國　「王雄」，三朝本、南監本、北監本、汲本作「楊雄」。殿本考證云：「按楊雄至武帝時始顯，又其傳中（卷二九楊紹傳附見）無爲柱國事。王雄傳（卷一九）云：『孝閔帝踐祚，授少傅，增邑二千户，進位柱國大將軍。』其爲王雄無疑。今改正。」按隋書卷四三觀德王雄傳，楊雄授柱國在周末，非明帝時。又周書卷一九王雄傳「進位柱國大將軍」句上，唐鈔本有「二年」二字，與此相合。殿本所改是，局本從殿本。

〔六〕辛巳　北史卷九周本紀上作「乙亥」。按是年十二月庚申朔，二十二日辛巳，十六日乙亥，繫日不同，未知孰是。

〔七〕甲戌雲　本紀很少特書某日雲之例，某日雩常見史籍，疑「雲」爲「雩」之訛。

〔八〕殷告六眚　「六眚」一詞，文獻無徵。陳長琦周書今注本疑「六」爲「大」之形訛。按晉書卷五一摯虞傳有「以變大眚」，卷七二郭璞傳有「大眚再見」，均指大災。陳説疑是。

〔九〕追尊文王爲帝　北史卷九周本紀上、通典卷七二禮三二、御覽卷一〇五引後周書作「追尊文王爲文皇帝」（通典「爲」作「曰」）。册府卷二九作「追尊文王爲文帝」，下多「祖考爲德皇帝」六字。按周書卷一文帝紀上明記武成初，追尊宇文泰父肱爲德皇帝，這裏疑當有此語。

〔一〇〕楊忠爲隨國公　「隨」，原作「隋」，據三朝本改。按改「隨」稱「隋」乃後事。此後徑改，不再出校記。

〔一一〕軍中大小督將軍人等　「人」，原脱，據北史卷九周本紀上補。按督將、軍人爲當時慣用語。

〔一二〕文武百官各權辟衰麻且以素服從事　北史卷九周本紀上無「衰」字，「且」作「苴」，屬上讀作

「麻苴」。

〔三〕死而近思　按殿本考證云：「北史（卷九周本紀上）作『死而可忍』，文義較顯，又與下文『朕今忍死』句句法相承，宜從北史。」

〔四〕書此懷抱　「書」，北史卷九周本紀上作「盡」。按「書」「盡」形近易混，這裏作「盡」較長。

〔五〕敍爲世譜凡五百卷云所著文章十卷　「五百卷」，北史卷九周本紀上、御覽卷五九一引三國典略作「百卷」。「文章十卷」，隋書卷三五經籍志四記後周明帝集九卷，新唐書卷六〇藝文志四則云五十卷。

〔六〕惜哉　三朝本上多「嗚呼」二字。

周書卷五

帝紀第五

武帝上

高祖武皇帝諱邕，字禰羅突，太祖第四子也。母曰叱奴太后。大統九年，生於同州，有神光照室。幼而孝敬，聰敏有器質。太祖異之，曰：「成吾志者，必此兒也。」年十二，封輔城郡公。孝閔帝踐阼，拜大將軍，出鎮同州。世宗即位，遷柱國，授蒲州諸軍事、蒲州刺史。武成元年，入爲大司空、治御正，進封魯國公，領宗師。甚爲世宗所親愛，朝廷大事，多共參議。性沉深有遠識，非因顧問，終不輒言。世宗每歎曰：「夫人不言，言必有中。」武成二年夏四月，世宗崩，遺詔傳帝位於高祖。高祖固讓，百官勸進，乃從之。壬寅，即皇帝位，大赦天下。冬十二月，改作露門、應門。

是歲，齊常山王高演廢其主殷而自立，是爲孝昭帝。

保定元年春正月戊申，詔曰：「寒暑亟周，奄及徂歲，改元命始，國之典章。朕祗承寶圖，宜遵故實。可改武成三年爲保定元年。嘉號既新，惠澤宜布，文武百官，各增四級。」以大冢宰、晉國公護爲都督中外諸軍事，令五府總於天官。庚戌，祠圓丘。壬子，祠方丘。甲寅，祠感生帝於南郊。乙卯，祠太社。辛酉，突厥遣使獻其方物。戊辰，詔曰：「履端開物，實資元后；代終成務，諒惟宰棟。故周文公以上聖之智，翼彼姬周，爰作六典，用光七百。自茲厥後，代失其緒，俾巍巍之化，歷千祀而莫傳；郁郁之風，終百王而永墜。我太祖文皇帝稟純和之氣，挺天縱之英，德配乾元，功侔造化，故能捨末世之弊風，蹈隆周之叡典，誕述百官，厥用允集。所謂乾坤改而重構，豈帝王洪範而已哉。朕入嗣大寶，思揚休烈。今可班斯禮於太祖廟庭。」己巳，祠太廟，班太祖所述六官焉。癸酉，吐谷渾、高昌並遣使獻方物。甲戌，詔先經兵戎官年六十已上〔一〕，及民七十已上，節級板授官。乙亥，親耕籍田。丙子，大射於正武殿，賜百官各有差。

二月己卯，遣大使巡察天下。於洮陽置洮州。甲午，朝日於東郊。乙未，突厥、宕昌並遣使獻方物。丙午，省翬輦，去百戲。弘農上言九尾狐見。

三月丙寅，改八丁兵爲十二丁兵，率歲一月役。

夏四月丙子朔，日有食之。庚寅，以少傅、吴公尉遲綱爲大司空。丁酉，白蘭遣使獻犀甲、鐵鎧。

五月丙午，封孝閔皇帝子康爲紀國公，皇子贇爲魯國公。晉公護獲玉斗以獻。戊辰，突厥、龜兹並遣使獻方物。

六月乙酉，遣治御正殷不害等使於陳。

秋七月戊申，詔曰：「亢旱歷時，嘉苗殄悴。豈獄犴失理，刑罰乖衷歟？其所在見囚，死以下〔二〕、一歲刑以上，各降本罪一等；百鞭以下，悉原免之。」更鑄錢，文曰「布泉」，以一當五，與五銖並行。己酉，追封皇伯父顥爲邵國公，以晉公子江陵公會爲後；次伯父連爲杞國公，以章武孝公子永昌公亮爲後；第三伯父洛生爲莒國公，以晉公子崇業公至爲後；又追封武邑公震爲宋國公，以世宗子實爲後：並襲封。己巳，熒惑入輿鬼，犯積尸。

九月甲辰，南寧州遣使獻滇馬及蜀鎧。乙巳，客星見於翼。

冬十月甲戌，日有蝕之。戊寅，熒惑犯太微上將，合焉。

十一月乙巳，以大將軍、衞國公直爲雍州牧。陳遣使來聘。進封柱國、廣武公竇熾爲鄧國公。丁巳，狩於岐陽。是月，齊孝昭帝薨，弟長廣王湛代立，是爲武成帝。

十二月壬午，至自岐陽。

是歲，追封皇族祖仲爲虞國公。

二年春正月壬寅，初於蒲州開河渠，同州開龍首渠，以廣溉灌〔三〕。丁未，以陳主弟頊爲柱國，送還江南。

閏月己丑，詔柱國以下、帥都督以上，母妻授太夫人、夫人、郡君、縣君各有差。癸巳，太白入昴。己亥，柱國、大司馬、涼國公賀蘭祥薨。洛州民周共妖言惑衆，假署將相，事發伏誅。

二月壬寅，熒惑犯太微上相。癸丑，以久不雨，降宥罪人，京城三十里内禁酒。梁主蕭詧薨。以大將軍、蔡國公廣爲秦州總管。

三月壬午，熒惑犯左執法。

夏四月甲辰，禁屠宰，旱故也。丁巳，南陽獻三足烏。湖州上言見二白鹿從三角獸而行。己未，於伏流城置和州。癸亥，詔曰：「比以寇難猶梗，九州未一，文武之官立功效者，雖錫以茅土，而未給租賦〔四〕。諸柱國等勳德隆重，宜有優崇，各准別制，邑戶聽寄食他縣。」

五月庚午，以山南衆瑞並集，大赦天下，百官及軍人，普汎二級。南陽宛縣三足烏所集，免今年役及租賦之半。壬辰，以柱國隨國公楊忠爲大司空，吴國公尉遲綱爲陝州總管。

六月己亥，以柱國蜀國公尉遲迥爲大司馬，邵國公會爲蒲州總管。分山南荆州、安州、襄州、江陵爲四州總管。

秋七月己巳，封開府賀拔緯爲霍國公。乙亥，太白犯輿鬼。

九月戊辰朔，日有蝕之。陳遣使來聘。

冬十月戊戌，詔曰：「樹之元首，君臨海内，本乎宣明教化，亭毒黔黎；豈唯尊貴其身，侈富其位。是以唐堯疏葛之衣，麤糲之食，尚臨汾陽而永歎，登姑射而興想。況無聖人之德而嗜欲過之，何以克厭衆心，處于尊位，朕甚恧焉。今巨寇未平，軍戎費廣，百姓空虚，與誰爲足。凡是供朕衣服飲食，四時所須，爰及宫内調度，朕今手自減削。縱不得頓行古人之道，豈曰全無庶幾。凡爾百司，安得不思省約，勗朕不逮者哉。」辛亥，帝御大武殿大射，公卿列將皆會。戊午，講武於少陵原。分南寧州置恭州。

十一月丁卯，以大將軍衞國公直、大將軍趙國公招並爲柱國。又以招爲益州總管。壬午，熒惑犯歲星於危南。

十二月，益州獻赤烏。

三年春正月辛未，改光遷國爲遷州。乙酉，太保、梁國公侯莫陳崇賜死。壬辰，於乞銀城置銀州。

二月庚子，初頒新律。辛丑，詔魏大統九年以前，都督以上身亡而子孫未齒敍者，節級授官。渭州獻三足烏。辛酉，詔曰：「二儀創闢，玄象著明；三才已備，曆數昭列。故書稱欽若敬授，易序治曆明時。此先代一定之典，百王不易之務。伏惟太祖文皇帝，敬順昊天，憂勞庶政，曆序六家，以陰陽爲首。洎予小子，弗克遵行，惟斯不安，夕惕若厲。自頃朝廷權輿，事多倉卒，乖和爽序，違失先志。致風雨僭時，疾厲屢起，嘉生不遂，萬物不長〔五〕，朕甚傷之。自今舉大事、行大政，非軍機急速，皆宜依月令，以順天心。」

三月乙丑朔，日有蝕之。丙子，宕昌遣使獻生猛獸二，詔放之南山。乙酉，益州獻三足烏。

夏四月乙未，以柱國、鄭國公達奚武爲太保，大將軍韓果爲柱國。己亥，帝御正武殿録囚徒。癸卯，大雩。癸丑，有牛足生於背。戊午，幸太學，以太傅、燕國公于謹爲三老而問道焉。初禁天下報讐，犯者以殺人論。壬戌，詔百官及民庶上封事，極言得失。

五月甲子朔，避正寢不受朝，旱故也。甲戌，雨。

秋七月戊辰，行幸原州。庚午，陳遣使來聘。丁丑，幸津門，問百年，賜以錢帛，又賜高年板職各有差，降死罪一等。

八月丁未，改作露寢。

九月甲子，自原州登隴山。熒惑犯太微上將。丙戌，幸同州。戊子，詔柱國楊忠率騎一萬與突厥伐齊。己丑，蒲州獻嘉禾，異畝同穎。初令世襲州郡縣者改爲五等爵，州封伯，郡封子，縣封男。

冬十月壬辰，熒惑犯左執法。乙巳，以開府、杞國公亮爲梁州總管。庚戌，陳遣使來聘。

十有二月辛卯，至自同州。遣太保、鄭國公達奚武率騎三萬出平陽以應楊忠。是月，有人生子男，而陰在背後如尾，兩足指如獸爪。有犬生子，腰以後分爲二身，兩尾六足。

四年春正月庚申，楊忠破齊長城，至晉陽而還。

二月庚寅朔，日有蝕之。甲午，熒惑犯房右驂。

三月己未，熒惑又犯房右驂。庚辰，初令百官執笏。

夏四月癸卯，以柱國、鄧公竇熾爲大宗伯。

五月壬戌，封世宗長子賢爲畢國公。丁卯，突厥遣使獻方物。癸酉，以大將軍、安武公李穆爲柱國。丁亥，改禮部爲司宗，大司禮爲禮部，大司樂爲樂部。

六月庚寅，改御伯爲納言。

秋七月戊午，粟特遣使獻方物〔六〕。戊寅，焉耆遣使獻名馬。

八月丁亥朔，日有蝕之。詔柱國楊忠率師與突厥東伐，至北河而還。戊子，以柱國齊公憲爲雍州牧，許國公宇文貴爲大司徒。

九月丁巳，以柱國、衞國公直爲大司空，封開府李昞爲唐國公〔七〕，若干鳳爲徐國公。陳遣使來聘。是月，以皇世母閻氏自齊至，大赦天下。

閏月己亥，以大將軍韋孝寬、大將軍長孫儉並爲柱國。

冬十月癸亥，以大將軍陸通、大將軍宇文盛、蔡國公廣並爲柱國。甲子，詔大將軍、大冢宰、晉國公護率軍伐齊，帝於太廟庭授以斧鉞〔八〕。於是護總大軍出潼關，大將軍權景宣率山南諸軍出豫州，少師楊摽出軹關〔九〕。丁卯，幸沙苑勞師。癸酉，還宮。

十一月甲午，柱國、蜀國公尉遲迥率師圍洛陽，柱國、齊國公憲營於邙山，晉公護次於陝州。

十二月，權景宣攻齊豫州，刺史王士良以州降〔一〇〕。壬戌，齊師渡河，晨至洛陽，諸軍驚散。尉遲迥率麾下數十騎扞敵，得却，至夜引還。柱國、庸國公王雄力戰，死之。遂班師。楊摽於軹關戰没。權景宣亦棄豫州而還。

五年春正月甲申朔，廢朝，以庸國公王雄死王事故也。辛卯，白虹貫日。庚子，令荆州、安州、江陵等總管並隸襄州總管府，以柱國、大司空、衛國公直爲襄州總管。甲辰，太白、熒惑、歲星合於婁。乙巳，吐谷渾遣使獻方物。以庸國公王雄世子開府謙爲柱國。

二月辛酉，詔陳國公純、柱國許國公宇文貴、神武公竇毅、南安公楊荐等〔一一〕，如突厥逆女。甲子，郢州獲緑毛龜。丙寅，以柱國安武公李穆爲大司空，綏德公陸通爲大司寇。壬申，行幸岐州。

三月戊子，柱國、楚國公豆盧寧薨。

夏四月，齊武成禪位於其太子緯，自稱太上皇帝。

五月丙戌，以皇族父興爲大將軍，襲虞國公封。己亥，詔左右武伯各置中大夫一人。

六月庚申，彗星出三台，入文昌，犯上將，後經紫宮西垣入危，漸長一丈餘，指室、壁。後百餘日，稍短，長二尺五寸，在虚、危滅。辛未，詔曰：「江陵人年六十五以上爲官奴婢者，已令放免。其公私奴婢有年至七十以外者，所在官司，宜贖爲庶人。」

秋七月辛巳朔，日有蝕之。庚寅，行幸秦州。降死罪以下。辛丑，遣大使巡察天下。

八月丙子，至自秦州。

九月乙巳，益州獻三足烏。

冬十月辛亥，改函谷關城爲通洛防。

十一月庚辰，岐州上言一角獸見。甲午，吐谷渾遣使獻方物。丁未，陳遣使來聘。

天和元年春正月己卯，日有蝕之。辛巳，露寢成，幸之。令羣臣賦古詩，京邑耆老並預會焉，頒賜各有差。癸未，大赦改元，百官普加四級。己亥，親耕籍田。丁未，於宕昌置宕州。以柱國、昌寧公長孫儉爲陝州總管。遣小載師杜杲使於陳。

二月戊申，以開府、中山公訓爲蒲州總管。戊辰，詔三公已下各舉所知。庚午，日鬬，光遂微，日裏烏見。

三月丙午，祠南郊。

夏四月己酉，益州獻三足烏。辛亥，雩。甲子，日有交暈，白虹貫之。是月，陳文帝薨，子伯宗嗣立。

五月庚辰，帝御正武殿，集羣臣親講禮記。吐谷渾龍涸王莫昌率户内附，以其地爲扶州。甲午，詔曰：「道德交喪，禮義嗣興。褎四始於一言，美三千於爲敬。是以在上不驕，處滿不溢，富貴所以長守，邦國於焉乂安。故能承天靜地，和民敬鬼，明並日月，道錯四時。朕雖庸昧，有志前古。甲子乙卯，禮云不樂。萇弘表昆吾之稔，杜蕢有揚觶之文。自世道喪亂，禮儀紊毀，此典茫然，已墜於地。昔周王受命，請聞顓頊。廟有戒盈之器，室爲復禮之銘。矧伊末學，而能忘此。宜依是日，省事停樂。庶知爲君之難，爲臣不易。貽之後昆，殷鑒斯在。」

六月丙午，以大將軍、枹罕公辛威爲柱國。

秋七月戊寅，築武功、郿、斜谷、武都、留谷、津坑諸城，以置軍人。壬午，詔：「諸胄子入學，但束脩於師，不勞釋奠。釋奠者，學成之祭，自今即爲恒式。」

八月己未，詔：「諸有三年之喪，或負土成墳，或寢苫骨立，一志一行，可稱揚者，仰本部官司，隨事言上。當加弔勉，以厲薄俗。」

九月乙亥，信州蠻冉令賢、向五子王反，詔開府陸騰討平之。

冬十月乙卯，太白晝見，經天。甲子，初造山雲儛，以備六代之樂。

十一月丙戌，行幸武功等新城。十二月庚申，還宮。

二年春正月癸酉朔，日有蝕之。己亥，親耕籍田。

三月癸酉，改武遊園爲道會苑。丁亥，初立郊丘壇壝制度。

夏四月乙巳，省東南諸州：以潁州、歸州、溳州、均州入唐州〔一二〕，油州入純州，鴻州入淮州，洞州入湖州，睢州入襄州，憲州入昌州。以大將軍、陳國公純爲柱國。

五月壬申，突厥、吐谷渾、安息並遣使獻方物。丁丑，進封柱國、安武公李穆爲申國公。己丑，歲星與熒惑合於井。

六月辛亥，尊所生叱奴氏爲皇太后。甲子，月入畢。

閏月庚午，地震。戊寅，陳湘州刺史華皎率衆來附，遣襄州總管衛國公直率柱國綏德公陸通〔一三〕、大將軍田弘、權景宣、元定等，將兵援之，因而南伐。壬辰，以大將軍、譙國公儉爲柱國。丁酉，歲星、太白合於柳。戊戌，襄州上言慶雲見。

秋七月辛丑，梁州上言鳳凰集於楓樹，羣鳥列侍以萬數。甲辰，立露門學，置生七十二人。庚戌，太白犯軒轅。壬子，以太傅、燕國公于謹爲雍州牧。

九月，衛國公直等與陳將淳于量、吳明徹戰於沌口，王師失利。元定以步騎數千先度，遂没江南。

冬十月辛卯，日出入時，有黑氣一，大如盃，在日中。甲午，又加一焉。經六日乃滅。

十一月戊戌朔，日有蝕之。癸丑，太保、許國公宇文貴薨。

三年春正月辛丑，祠南郊。

二月丁卯，幸武功。丁亥，還宮〔一四〕。

三月癸卯，皇后阿史那氏至自突厥。甲辰，大赦天下，亡官失爵，並聽復舊。丁未，大會百寮及四方賓客於路寢，賜衣馬錢帛各有差。甲寅，以柱國陳國公純爲秦州總管，蔡國公廣爲陝州總管。戊午，太傅、柱國、燕國公于謹薨。己未，太白犯井北軒第一星。

夏四月辛巳，以太保、鄭國公達奚武爲太傅，大司馬、蜀國公尉遲迥爲太保，柱國、齊國公憲爲大司馬。太白入輿鬼，犯積尸。

五月庚戌，祠太廟。庚申，行幸醴泉宮。

六月甲戌，有星孛於東井，北行一月，至輿鬼，乃滅。

秋七月壬寅，柱國、隨國公楊忠薨。戊午，至自醴泉宮。己未，客星見房，漸東行入天市，犯營室，至奎，四十餘日乃滅。

八月乙丑，韓國公元羅薨。齊請和親，遣使來聘，詔軍司馬陸逞〔一五〕、兵部尹公正報聘焉。癸酉，帝御大德殿，集百僚及沙門、道士等親講禮記。

九月庚戌，太白與鎮星合於角。

冬十月癸亥，祠太廟。丙戌，太白入氐。丁亥，上親率六軍講武於城南，京邑觀者，輿馬彌漫數十里，諸蕃使咸在焉。

十一月壬辰朔，日有蝕之。甲辰，行幸岐陽。壬子，遣開府崔彦穆、小賓部元暉使於齊。甲寅，陳安成王頊廢其主伯宗而自立，是爲宣帝。

十二月丁丑，至自岐陽。是月，齊武成帝薨。

四年春正月辛卯朔，廢朝，以齊武成薨故也。遣司會、河陽公李綸等會葬於齊，仍弔賻焉。

二月癸亥，以柱國、昌寧公長孫儉爲夏州總管。戊辰，帝御大德殿，集百僚、道士、沙門等討論釋老義。歲星逆行，掩太微上將。庚午，有流星大如斗，出左攝提，流至天津，滅後，有聲如雷。

夏四月己巳〔一六〕，齊遣使來聘。

五月己丑，帝制象經成，集百僚講説。封魏廣平公子元謙爲韓國公，以紹魏後。庚戊，行幸醴泉宮。丁巳，柱國、吳國公尉遲綱薨。

六月，築原州及涇州東城。

秋七月辛亥，至自醴泉宮。丁巳，突厥遣使獻馬。

八月庚辰，盜殺孔城防主，以其地入齊。

九月辛卯，遣柱國、齊國公憲率衆於宜陽築崇德等城。

冬十一月辛亥，柱國、昌寧公長孫儉薨。

十二月壬午，罷隴州。

五年春二月己巳，邵惠公顥孫胄自齊來歸。改邵國公會爲譚國公，封胄爲邵國公。

三月辛卯，進封柱國韋孝寬爲鄖國公。甲辰，初令宿衛官住關外者，將家累入京，不樂者，解宿衛。

夏四月甲寅，以柱國宇文盛爲大宗伯。行幸醴泉宮。省帥都督官。丙寅，遣大使巡天下〔一七〕。以陳國公純爲陜州總管。

六月壬辰，封開府梁睿爲蔣國公。庚子，降宥罪人，并免逋租懸調等，以皇女生故也。

七月，鹽州獻白兔。乙卯，至自醴泉宮。辛巳，以柱國、譙國公儉爲益州總管。

九月己卯，太白、歲星合於亢。

冬十月辛巳朔，日有蝕之。丙戌，太白、鎮星合於氐。丁酉，太傅、鄭國公達奚武薨。

十一月乙丑，追封章武孝公導爲豳國公，以蔡國併於豳。丁卯，柱國、豳國公廣薨。

十二月癸巳，大將軍鄭恪率師平越巂，置西寧州。

是冬，齊將斛律明月寇邊，於汾北築城，自華谷至於龍門。

六年春正月己酉朔，廢朝，以露門未成故也。詔柱國、齊國公憲率師禦斛律明月。丁卯，以大將軍張掖公王傑、譚國公會、鴈門公田弘、魏國公李暉等並爲柱國。

二月己丑夜，有蒼雲廣三尺許經天，自戌加辰。

三月己酉，齊國公憲自龍門度河，斛律明月退保華谷，憲攻拔其新築五城。

夏四月戊寅朔，日有蝕之。己卯，熒惑犯輿鬼。辛卯，信州蠻渠冉祖喜、冉龍驤舉兵反，遣大將軍趙誾率師討平之。甲午，以柱國、燕國公于寔爲涼州總管〔一八〕，大將軍、杞國公亮爲秦州總管。庚子，以大將軍、滎陽公司馬消難爲柱國。陳國公純、鴈門公田弘率師取齊宜陽等九城。以大將軍武安公侯莫陳瓊、大安公閻慶〔一九〕、神武公竇毅、南陽公叱羅協、平高公侯伏侯龍恩並爲柱國。封開府斛斯徵爲岐國公，右宮伯長孫覽爲薛國公。

五月癸卯〔二〇〕，遣納言鄭詡使於陳。丙寅，以大將軍唐國公李昞、中山公訓、杞國公亮、上庸公陸騰、安義公宇文丘、北平公寇紹、許國公宇文善、犍爲公高琳、鄭國公達奚震、隴東公楊纂、常山公于翼並爲柱國。

六月乙未，以大將軍、太原公王秉爲柱國〔二一〕。是月，齊將段孝先攻陷汾州。

秋七月乙丑，以大將軍、越國公盛爲柱國。

八月癸未，鎮星、歲星、太白合於氐。

九月庚申，月在婁，蝕之既，光不復。癸酉，省掖庭四夷樂、後宮羅綺工人五百餘人。

冬十月壬午，冀國公通薨〔二二〕。乙未，遣右武伯谷會琨、御正蔡斌使於齊。壬寅，上親率六軍講武於城南。

十一月壬子，以大將軍梁國公侯莫陳芮、大將軍李意並爲柱國。丙辰，齊遣使來聘。丁巳，行幸散關。十二月己丑，還宮。

是冬，牛大疫，死者十六七。

建德元年春正月戊午，帝幸玄都觀，親御法座講說，公卿道俗論難，事畢還宮。降死罪及流罪一等，其五歲刑已下，並宥之。

二月癸酉，遣大將軍、昌城公深使於突厥〔二三〕，司宗李際〔二四〕、小賓部賀遂禮使於齊。乙酉，柱國、安義公宇文丘薨。

三月癸卯朔，日有蝕之。齊遣使來聘。丙辰，誅大冢宰晉國公護、護子柱國譚國公會、會弟大將軍莒國公至、崇業公靜，并柱國侯伏侯龍恩、龍恩弟大將軍萬壽、大將軍劉勇等。大赦，改元。罷中外府。癸亥，以太傅、蜀國公尉遲迥爲太師，柱國鄧國公竇熾爲太傅，大司空、申國公李穆爲太保，齊國公憲爲大冢宰，衞國公直爲大司徒，趙國公招爲大司空，柱國枹罕公辛威爲大司寇，綏德公陸通爲大司馬。詔曰：「民亦勞止，則星動於天；作事不時，則石言於國。故知爲政欲靜，靜在寧民；爲治欲安，安在息役。頃興造無度，徵發不已，加以頻歲師旅，農畝廢業。去秋災蝗，年穀不登，民有散亡，家空杼軸。朕每旦恭己，夕惕兢懷。自今正調以外，無妄徵發。庶時殷俗阜，稱朕意焉。」

夏四月甲戌，以代國公達、滕國公逌並爲柱國。詔荆州、安州、江陵等總管停隸襄州。己卯，以柱國張掖公王傑爲涇州總管，魏國公李暉爲梁州總管。詔公卿以下各舉所知。遣工部代公達、小禮部辛彥之使於齊。丙戌，詔百官軍民上封事，極言得失。丁亥，詔斷四方非常貢獻。庚寅，追尊略陽公爲孝閔皇帝。癸巳，立魯國公贇爲皇太子。大赦天下，百官各加封級。

五月，封衞國公直長子賓爲莒國公，紹莒莊公洛生後。壬戌，帝以大旱，集百官於庭，詔之曰：「盛農之節，亢陽不雨，氣序愆度，蓋不徒然。豈朕德薄，刑賞乖中歟？將公卿大臣或非其人歟？宜盡直言，無得有隱。」公卿各引咎自責。其夜澍雨。

六月庚子，改置宿衞官員。

秋七月辛丑，陳遣使來聘。丙午，辰星、太白合於東井。己酉，月犯心中星。

九月庚子朔，日有蝕之。庚申，扶風掘地得玉盃以獻。

冬十月庚午，詔江陵所獲俘虜充官口者，悉免爲民。辛未，遣小匠師楊勰、齊馭唐則使於陳。柱國、大司馬、綏德公陸通薨。

十一月丙午，上親率六軍講武城南。庚戌，行幸羌橋，集京城以東諸軍都督以上，頒賜有差。乙卯，還宮。壬戌，以大司空、趙國公招爲大司馬。乙未，月犯心中星〔三五〕。

十二月壬申，行幸斜谷，集京城以西諸軍都督已上，頒賜有差。丙戌，還宮。己丑，帝御正武殿，親録囚徒，至夜而罷。庚寅，幸道會苑，以上善殿壯麗，遂焚之。

二年春正月辛丑，祠南郊。乙巳，以柱國、鴈門公田弘爲大司空，大將軍、徐國公若干鳳爲柱國。庚戌，復置帥都督官。乙卯，祠太廟。

閏月己巳，陳遣使來聘。

二月辛亥，白虹貫日。甲寅，詔皇太子贇撫巡西土。壬戌，遣司會侯莫陳凱、太子宫尹鄭譯使於齊。熒惑犯輿鬼，入積尸。省雍州内八郡，併入京兆、馮翊、扶風、咸陽等郡。

三月己卯，皇太子於岐州獲二白鹿以獻。詔答曰：「在德不在瑞。」癸巳，省六府諸司中大夫以下官，府置四司，以下大夫爲之官長，上士貳之。

夏四月己亥，祠太廟。丙辰，增改東宫官員。

五月丁卯，熒惑犯右執法。丁丑，以柱國周昌公侯莫陳瓊爲大宗伯，滎陽公司馬消難爲大司寇，上庸公陸騰爲大司空。

六月庚子，省六府員外諸官，皆爲丞。甲辰，月犯心中星。壬子，皇孫衍生，文武官普加一階。大選諸軍將帥。丙辰，帝御露寢，集諸軍將，勗以戎事。庚申，詔諸軍旌旗皆畫以猛獸、鷙鳥之象。

秋七月己巳，祠太廟。自春末不雨，至於是月。壬申，集百寮於大德殿，帝責躬罪己，問以治政得失。戊子，雨。

八月丙午，改三夫人爲三妃。關内大蝗。

九月乙丑，陳遣使來聘。癸酉，太白犯右執法〔二六〕。戊寅，以柱國、鄭國公達奚震爲金州總管。詔曰：「政在節財，禮唯寧儉。而頃者婚嫁競爲奢靡，牢羞之費，罄竭資財，甚乖典訓之理。有司宜加宣勒，使咸遵禮制。」壬午，納皇太子妃楊氏。

冬十月癸卯，齊遣使來聘。甲辰，六代樂成，帝御崇信殿，集百官以觀之。

十一月辛巳，帝親率六軍講武於城東〔二七〕。癸未，集諸軍都督以上五十人於道會苑大射，帝親臨射宮，大備軍容。

十二月癸巳，集羣臣及沙門、道士等，帝升高座，辨釋三教先後，以儒教爲先，道教爲次，佛教爲後。以大將軍、樂川公赫連達爲柱國。詔曰：「尊年尚齒，列代弘規，序舊酬勞，哲王明範。朕嗣承弘業，君臨萬邦，驅此兆庶，寘諸仁壽。軍民之間，年多耆耋，眷言衰暮，宜有優崇。可頒授老職，使榮霑邑里。」戊午，聽訟於正武殿，自旦及夜，繼之以燭。

三年春正月壬戌，朝羣臣於露門。冊柱國齊國公憲、衛國公直、趙國公招、譙國公儉、陳國公純、越國公盛、代國公達、滕國公逌並進爵爲王。己巳，祠太廟。庚午，突厥遣使獻馬。癸酉，詔：「自今已後，男年十五，女年十三已上，爰及鰥寡，所在軍民，以時嫁娶，務從節儉，勿爲財幣稽留。」乙亥，親耕籍田。丙子，初服短衣，享二十四軍督將以下，試以軍旅之法，縱酒盡歡。詔以往歲年穀不登，民多乏絶，令公私道俗，凡有貯積粟麥者，皆准口聽留，以外盡糶。

二月壬辰朔，日有食之。丁酉，紀國公康、畢國公賢、酆國公貞、宋國公實、漢國公贊、秦國公贇、曹國公允並進爵爲王。丙午，令六府各舉賢良清正之人。癸丑，柱國、許國公宇文善有罪免。乙卯，行幸雲陽宫。丙辰，詔曰：「民生而靜，純懿之性本均；感物而遷，嗜欲之情斯起。雖復雲鳥殊世，文質異時，莫不限以隄防，示之禁令。朕君臨萬寓，覆養黎元，思振頽綱，納之軌式。比因人有犯，與衆棄之，所在羣官有儻過者，咸聽首露，莫不輕重畢陳，纖毫無隱。斯則風行草偃，從化無違，導德齊禮，庶幾可致。但上失其道，有自來矣，凌夷之弊，反本無由，宜加蕩滌，與民更始。可大赦天下。」庚申，皇太后不豫。

三月辛酉，至自雲陽宫。癸酉，皇太后叱奴氏崩。帝居倚廬，朝夕共一溢米。羣臣表請，累旬乃止。詔皇太子贇總釐庶政。

夏四月乙卯，齊遣使弔贈會葬。丁巳，有星孛於東北紫宫垣，長七尺。

五月庚申，葬文宣皇后於永固陵，帝袒跣至陵所。辛酉，詔曰：「齊斬之情，經籍彝訓，近代沿革，遂亡斯禮。伏奉遺令，既葬便除，攀慕几筵，情實未忍。三年之喪，達於天子，古今無易之道，王者之所常行。但時有未諧，不得全制。軍國務重，庶自聽朝〔二八〕。縗麻之節，苦廬之禮，率遵前典，以申罔極。百寮以下，宜依遺令。」公卿上表，固請俯就權制，過葬即吉。帝不許，引古禮答之，羣臣乃止。於是遂申三年之制，五服之内，亦令依禮。初置太子諫議員四人，文學十人；皇弟、皇子友員各二人，學士六人。丁卯，荆州獻白烏。戊辰，詔故晉國公護及諸子，並追復先封，改葬加謚。丙子，初斷佛、道二教，經像悉毁，罷沙門、道士，並令還民。并禁諸淫祀，禮典所不載者，盡除之。

六月丁未，集諸軍將，教以戰陣之法。壬子，更鑄五行大布錢，以一當十，與布泉錢並行。戊午，詔曰：「至道弘深，混成無際，體包空有，理極幽玄。但岐路既分，派源逾遠，淳離朴散，形氣斯乖。遂使三墨八儒，朱紫交競；九流七略，異説相騰。道隱小成，其來舊矣。不有會歸，爭驅靡息。今可立通道觀，聖哲微言，先賢典訓，金科玉篆，秘賾玄文〔二九〕，所以濟養黎元，扶成教義者，並宜弘闡，一以貫之。俾夫翫培塿者，識嵩岱之崇崫；守磧礫者，悟渤澥之泓澄，不亦可乎。」

秋七月庚申，行幸雲陽宫。乙酉，衞王直在京師舉兵反，欲突入肅章門。司武尉遲運等拒守。直敗，率百餘騎遁走。京師連雨三旬，是日霽。戊子，至自雲陽宫。

八月辛卯，擒直於荆州，免爲庶人。乙未，詔自建德元年八月以前犯罪，未被推糾，於後事發失官爵者，並聽復舊。丙申，行幸雲陽宫。

九月庚申，幸同州。戊辰，以柱國、大宗伯、周昌公侯莫陳瓊爲秦州總管。

冬十月丙申，御正楊尚希、禮部盧愷使於陳。戊戌，雍州獻蒼烏。庚子，詔蒲州民遭饑乏絶者，令向鄜城以西，及荆州管内就食。甲寅，行幸蒲州。乙卯，曲赦蒲州見囚大辟以下。丙辰，行幸同州。始州民王鞅擁衆反，大將軍鄭恪討平之。

十一月戊午，以柱國、大司空、上庸公陸騰爲涇州總管。于闐遣使獻名馬。己巳，大閱於城東。甲戌，至自同州。

十二月戊子，大會衞官及軍人以上，賜錢帛各有差。辛卯，月掩太白。詔荆、襄、安、延、夏五州總管内，有能率其從軍者〔三〇〕，授官各有差。其貧下户，給復三年。丙申，改諸軍軍士並爲侍官。丁酉，利州上言騶虞見。癸卯，集諸軍講武於臨皋澤。涼州比年地震，壞城郭，地裂，涌泉出。

校勘記

〔一〕詔先經兵戎官年六十已上　「兵戎」，册府卷五五明刻本作「有職」，明鈔本、永樂大典卷一一六一六引後周書武帝紀作「有戎」。北史卷一〇周本紀下但云「高年官」。

〔二〕死以下　册府卷八三明鈔本同，明刻本「死」上有「殊」字。

〔三〕以廣溉灌　「溉灌」，原倒作「灌溉」，據三朝本、汲本、局本、隋書卷二四食貨志、北史卷一〇周本紀下、册府卷四九七乙正。雖作「灌溉」亦通，但周書原本當作「溉灌」。

〔四〕而未給租賦　「給」，原作「及」，據三朝本、册府卷五〇五、通鑑卷一六八陳紀二天嘉三年（五六二）改。

〔五〕萬物不長　「長」，三朝本、南監本、册府卷六三作「昌」，疑是。

〔六〕粟特　「粟」，原作「栗」，據魏書卷一〇二、北史卷九七粟特傳改。按粟特爲古西邊部族名。

〔七〕封開府李昞爲唐國公　「昞」，三朝本、南監本作「諱」，北監本、汲本作「虎」。殿本考證云：「按通鑑（卷一六四）李虎卒於魏大統十七年五月。新、舊唐書唐太祖本紀（「太」當作「高」，下同），太祖父昞封唐國公。此唐有天下之號所自起也。大約此書原本，凡李虎、李昞俱稱『李諱』。後人妄改，又不深考，故此處與下文『以大將軍唐國公李昞爲柱國』並訛作『李虎』，今改正。」按考證説是。

〔八〕帝於太廟庭授以斧鉞　「帝」，北史卷一〇周本紀下、御覽卷一〇五引後周書作「齋」，御覽卷三〇六引後周書則作「帝」。

〔九〕少師楊摽出軹關　「軹」，原作「枳」，據周書卷一一晉蕩公護傳、卷三四楊摽傳、北史卷一〇周本紀下、御覽卷一〇五引後周書、通鑑卷一六九陳紀三天嘉五年（五六四）改。册府卷一一九作「軟」，亦「軹」之訛字。按軹關、軹縣都以軹道得名，從戰國策及漢書地理志以來的地志没有作「枳」的。下「楊攄於枳關戰没」徑改，不再出校。

〔一〇〕十二月權景宣攻齊豫州刺史王士良以州降　按北史卷一〇周本紀下云「十二月丙辰，齊豫州刺史王士良以州降」，然卷八齊本紀下則稱「十二月乙卯，豫州刺史王士良以城降周將權景宣」，均記士良出降日期。按保定四年（五六四）十二月乙卯朔，「乙卯」「丙辰」僅相差一日，未知孰是。

〔一一〕楊荐　「荐」，原作「薦」，據三朝本、南監本、局本改。按楊荐，周書卷三三有傳。

〔一二〕以潁州歸州溳州均州入唐州　「潁」，三朝本、南監本、北監本、汲本、局本都作「頴」。錢大昕考異卷三二云：「按隋志漢東郡唐城縣：西魏立肆州，尋曰唐州。後周省均、款、溳、歸四州入，改曰唐州（原注「此四字疑訛」）。又安貴縣：梁置北郢州，西魏改爲款州。此紀有『潁』無『款』，『款』與『潁』行書相似，未知孰是。」楊守敬隋志考證卷九疑周書誤。

〔一三〕柱國綏德公陸通　「綏德公」，原作「綏國公」，據三朝本、册府卷一二二、卷一二六改。按周書卷三二陸通傳正作「綏德郡公」。此紀在前則保定五年（五六五）二月，在後則建德元年（五七二）三月，並見綏德公陸通。

〔一四〕還宫　「宫」，原作「官」，據三朝本、南監本、北監本、汲本、局本改。按「宫」「官」形近易混，其後卷二〇王盟傳附王懋傳「宿衛宫禁」句同，徑改，不再出校。

〔一五〕陸逞　「逞」，原作「程」，據三朝本、南監本、北監本、汲本、局本、北史卷一〇周本紀下改。張元濟以爲「程」字誤，云「見傳二十四（卷三二）」。

〔一六〕夏四月己巳　「己巳」，原作「乙巳」，據三朝本改。張元濟云：「正月辛卯朔，四月不應有乙巳，見北史（卷一〇周本紀下）。」

〔一七〕遣大使巡天下　北史卷一〇周本紀下、册府卷一六一明刻本「巡」下有「察」字。按周書此卷保定元年（五六一）二月、五年七月及卷七宣帝紀宣政元年（五七八）八月都有遣大使巡察天下的記載，知此處脱「察」字。但册府宋本、明鈔本同周書諸本皆無「察」字，知此字脱已久，今不補。

〔一八〕于寔　「寔」，原作「實」，據三朝本、南監本、北監本、汲本、局本改。按于寔附見於周書卷一五于謹傳。

〔一九〕大安公閻慶　「大」，原作「太」，據三朝本、南監本、北史卷一〇周本紀下天和六年（五七一）四月改。張元濟以爲「太」字誤，云：「見傳十二（卷二〇閻慶傳）。」按魏書卷一〇六上地形志上朔州有大安郡。而西夏州又有太安郡。閻慶所封實爲大安郡公，周書卷八靜帝紀、北史卷一〇周本紀下大象二年（五八〇）六月俱見「大安公閻慶」。又唐閻婉墓誌（見湖北鄖縣唐李徽、閻婉墓發掘簡報）云：「曾祖慶，魏龍驤將軍、大安公……父立德，工部尚書、大安公。」均可證作「大安」是。

〔二〇〕五月癸卯　「癸卯」，北史卷一〇周本紀下作「癸亥」。按天和六年（五七一）五月戊申朔，癸亥是十六日，無癸卯，疑此誤。

〔二〕以大將軍太原公王柬爲柱國　「柬」，北史卷一〇周本紀下作「秉」。按周書卷一八王思政傳思政封太原郡公，子秉。而北史卷六二王思政傳又稱：「子康……思政陷後，詔以因水城陷，非戰之罪……以康襲爵太原公……保定二年，歷安、襄二州總管，位柱國。」周書卷六武帝紀下建德四年（五七五）正月：「以柱國枹罕公辛威爲寧州總管，太原公王康爲襄州總管。」歷官紀年不同，當是北史王思政傳有誤，然必是一人。北史本傳的紀載可以證明當時姓王的太原公只有思政之子，但其人之名「柬」「秉」「康」不同。考北史避唐諱「昞」嫌名，「秉」或改「執」，而人名「秉」者常改作「康」。魏書卷四九崔秉，北史卷三二百衲本作「崔康」，殿本已改作「秉」，却没有改淨。魏書卷六三王肅傳，弟秉，北史卷四二「秉」也作「康」。魏書卷四下世祖紀太平真君五年（四四四）七月稱「東雍州刺史沮渠秉謀叛」，北史卷三九薛安都傳作「沮渠康」。王思政之子當名「秉」，「康」是諱改，「柬」乃形訛。前揭周書建德四年條也作「王康」，而於王思政傳（原缺，後人所補）作「秉」，或後人回改。通常避諱用音近或義同字代，此取形近之字，也是特例。

〔三〕冀國公通薨　「冀」，原作「翼」，據北史卷一〇周本紀下、通鑑卷一七〇陳紀四太建三年（五七一）改。按周書卷四明帝紀武成元年（五五九）九月條，卷一三文閔明武宣諸子傳皆云通封冀國公，作「翼」誤。

〔二三〕昌城公深 「深」上原有「孫」字，據北史卷一〇周本紀下、通鑑卷一七一陳紀五太建四年（五七二）删。參殿本考證。

〔二四〕司宗李際 「司宗」，原作「司賓」，據三朝本、南監本、北監本、汲本、局本改。殿本考證云據通鑑改「宗」爲「賓」。按通鑑卷一七一陳紀五太建四年（五七二）作「司賓」，雖或別有所據，但今無可考，且「司宗」一稱，俱見於魏書、北齊書、周書、北史諸書，而「司賓」則幾無所見，故不宜以孤證輕改上揭諸本及他書相同之字。「李際」，三朝本、南監本、北監本、汲本、局本、册府卷一四二都作「李祭」，然北史卷一〇周本紀下又同作「李際」，且周書卷三四裴寬傳附裴尼傳亦見「隴西李際」，通鑑作「李除」亦「際」之訛，今仍殿本改字。

〔二五〕乙未月犯心中星 按建德元年（五七二）十一月己亥朔，無乙未，上文「壬戌」爲二十四日，二十七日逢乙丑。「乙未」或爲「乙丑」之訛，參劉次沅諸史天象記録考證。

〔二六〕癸酉太白犯右執法 「右執法」，隋書卷二一天文志下作「左執法」。劉次沅諸史天象記録考證以爲「右」乃「左」之誤。

〔二七〕帝親率六軍講武於城東 「六軍」，原作「大軍」，據北史卷一〇周本紀下、册府卷一二四改。按本卷天和三年（五六八）十月、六年十月、建德元年（五七二）十一月並見「親率六軍講武」，知此處作「六軍」是。

〔二八〕庶自聽朝 「庶自」，北史卷一〇周本紀下作「庶有」，御覽卷五四五引後周書作「庶目」，册府卷二一七明刻本、通鑑卷一七一陳紀五太建六年（五七四）作「須自」。按册府卷二一七明鈔本作「庶自」，當是周書原文。

〔二九〕秘賾玄文　「賾」，北史卷一〇周本紀下、廣弘明集卷一〇敍周武帝更興道法事作「頤」。按「秘賾」指幽深隱奥之理，常見於中古内外典，慧琳一切經音義卷三〇有釋。疑作「秘賾」是。

〔三〇〕有能率其從軍者　「其」，册府卷一二四作「募」。按「率募從軍」爲當時習用語。「率其」文義不順，若非「其」下有脱文，即爲「率募」之誤。

周書卷六

帝紀第六

武帝下

建德四年春正月戊辰，以柱國枹罕公辛威爲寧州總管，太原公王康爲襄州總管。初置營軍器監〔一〕。壬申，詔曰：「今陽和布氣，品物資始，敬授民時，義兼敦勸。詩不云乎：『弗躬弗親，庶民弗信。』刺史守令，宜親勸農，百司分番，躬自率導。事非機要，並停至秋。鰥寡孤獨不能自存者，所在量加賑卹。逋租懸調，兵役殘功，並宜蠲免。」癸酉，行幸同州。

二月丙戌朔，日有蝕之。辛卯，改置宿衞官員。己酉，柱國、廣德公李意有罪免。

三月丙辰，遣小司寇淮南公元偉、納言伊婁謙使於齊〔二〕。郡縣各省主簿一人。丙寅，至自同州。甲戌，以柱國、趙王招爲雍州牧。

夏四月甲午，柱國、燕國公于寔有罪免。丁酉，初令上書者並爲表，於皇太子以下稱啓。

六月，詔東南道四總管内，自去年以來新附之户，給復三年。

秋七月丙辰，行幸雲陽宫。己未，禁五行大布錢不得出入關，布泉錢聽入而不聽出。丁卯，至自雲陽宫。甲戌，陳遣使來聘。

丙子，召大將軍以上於大德殿，帝曰：「太祖神武膺運，創造王基，兵威所臨，有征無戰。唯彼僞齊，猶懷跋扈。雖復戎車屢駕，而大勳未集。朕以寡昧，纂承鴻緒，往以政出權宰，無所措懷。自親覽萬機，便圖東討。惡衣菲食，繕甲治兵，數年已來，戰備稍足。而僞主昏虐，恣行無道，伐暴除亂，斯實其時。今欲數道出兵，水陸兼進，北拒太行之路，東扼黎陽之險。若攻拔河陰，兗、豫則馳檄可定。然後養鋭享士，以待其至。但得一戰，則破之必矣。王公以爲何如？」羣臣咸稱善。丁丑，詔曰：

高氏因時放命，據有汾、漳，擅假名器，歷年永久。朕以亭毒爲心，遵養時晦，遂敦聘好，務息黎元。而彼懷惡不悛，尋事侵軼，背言負信，竊邑藏姦。往者軍下宜陽，釁由彼始；兵興汾曲，事非我先。此獲俘囚，禮送相繼；彼所拘執，曾無一反。加以淫刑妄逞，毒賦繁興，齊、魯軫殄悴之哀，幽、并啓來蘇之望。既禍盈惡稔，衆叛親離，不有一戎，何以大定。

今白藏在辰，涼風戒節，厲兵詰暴，時事惟宜。朕當親御六師，龔行天罰。庶憑祖宗之靈，潛資將士之力，風馳九有，電掃八紘。可分命衆軍，指期進發。

以柱國陳王純爲前一軍總管，滎陽公司馬消難爲前二軍總管，鄭國公達奚震爲前三軍總管〔三〕，越王盛爲後一軍總管，周昌公侯莫陳瓊爲後二軍總管，趙王招爲後三軍總管，齊王憲率衆二萬趣黎陽，隨國公楊堅、廣寧侯薛迥舟師三萬自渭入河〔四〕，柱國梁國公侯莫陳芮率衆一萬守太行道，申國公李穆帥衆三萬守河陽道，常山公于翼帥衆二萬出陳、汝。壬午，上親率六軍，衆六萬，直指河陰。

八月癸卯，入于齊境。禁伐樹踐苗稼，犯者以軍法從事。丁未，上親率諸軍攻河陰大城，拔之。進攻子城，未克。上有疾。

九月辛酉夜，班師，水軍焚舟而退。齊王憲及于翼、李穆等所在克捷，降拔三十餘城，皆棄而不守。唯以王藥城要害，令儀同三司韓正守之。正尋以城降齊。戊寅，至自東伐。己卯，以華州刺史、畢王賢爲荆州總管。

冬十月戊子，初置上柱國、上大將軍官，改開府儀同三司爲開府儀同大將軍，儀同三司爲儀同大將軍，又置上開府、上儀同官。甲午，行幸同州。

閏月，齊將尉相貴寇大寧，延州總管王慶擊走之。以柱國齊王憲、蜀國公尉遲迥爲上柱國，柱國代王達爲益州總管，大司寇滎陽公司馬消難爲梁州總管。詔諸畿郡各舉賢良。

十一月己亥，改置司内官員〔五〕。

十二月辛亥朔，日有食之。庚午，至自同州。丙子，陳遣使來聘。

是歲，岐、寧二州民饑，開倉賑給。

五年春正月癸未，行幸同州。辛卯，行幸河東涑川，集關中、河東諸軍校獵。甲午，還同州。丁酉，詔曰：「朕克己思治，而風化未弘。永言前古，載懷夕惕。可分遣大使，周省四方，察訟聽謡，問民卹隱。其獄犴無章，侵漁黎庶，隨事究驗，條録以聞。若政績有施，治綱克舉；及行宣圭蓽，道著丘園：並須撿審，依名騰奏。其鰥寡孤獨，寔可哀矜，亦宜賑給，務使周贍。」廢布泉錢。戊申，初令鑄錢者絞，其從者遠配爲民。

二月辛酉，遣皇太子贇巡撫西土，仍討吐谷渾，戎事節度，並宜隨機專決。

三月庚子，月犯東井第一星。壬寅，至自同州。文宣皇后服再期，戊申，祥。

夏四月乙卯，行幸同州。開府、清河公宇文神舉攻拔齊陸渾等五城。

五月壬辰〔六〕，至自同州。

六月戊申朔，日有食之。辛亥，祠太廟。丙辰，利州總管、紀王康有罪，賜死。丁巳，行幸雲陽宮。月掩心後星。庚午，熒惑入輿鬼。

秋七月乙未，京師旱。

八月戊申，皇太子伐吐谷渾，至伏俟城而還。乙卯，至自雲陽宮。乙丑，陳遣使來聘。

九月丁丑，大醮於正武殿，以祈東伐。

冬十月，帝謂羣臣曰：「朕去歲屬有疹疾，遂不得克平逋寇。前入賊境，備見敵情，觀彼行師，殆同兒戲。又聞其朝政昏亂，政由羣小，百姓嗷然，朝不謀夕。天與不取，恐貽後悔。若復同往年，出軍河外，直爲撫背，未扼其喉。然晉州本高歡所起之地，鎮攝要重，今往攻之，彼必來援，吾嚴軍以待，擊之必克。然後乘破竹之勢，鼓行而東，足以窮其窟穴，混同文軌。」諸將多不願行。帝曰：「幾者事之微，不可失矣。若有沮吾軍者，朕當以軍法裁之。」

己酉，帝總戎東伐。以越王盛爲右一軍總管，杞國公亮爲右二軍總管，隨國公楊堅爲右三軍總管，譙王儉爲左一軍總管，大將軍竇恭爲左二軍總管〔七〕，廣化公丘崇爲左三軍總管，齊王憲、陳王純爲前軍。庚戌，熒惑犯太微上將。戊午，歲星犯太陵。癸亥，帝至晉州，遣齊王憲率精騎二萬守雀鼠谷，陳王純步騎二萬守千里徑，鄭國公達奚震步騎一萬守統軍川，大將軍韓明步騎五千守齊子嶺，烏氏公尹昇步騎五千守鼓鍾鎮〔八〕，涼城公辛韶步騎五千守蒲津關，柱國、趙王招步騎一萬自華谷攻齊汾州諸城，柱國宇文盛步騎一萬守汾水關。遣内史王誼監六軍，攻晉州城。帝屯於汾曲。齊王憲攻洪洞、永安二城，並拔之。是夜，虹見於晉州城上，首向南，尾入紫微宮，長十餘丈。帝每日自汾曲赴城下，親督戰，城中惶窘。庚午，齊行臺左丞侯子欽出降。壬申，齊晉州刺史崔景嵩守城北面，夜密遣使送款，上開府王軌率衆應之。未明，登城鼓噪，齊衆潰，遂克晉州，擒其城主特進、開府、海昌王尉相貴，俘甲士八千人，送關中。甲戌，以上開府梁士彦爲晉州刺史，加授大將軍，留精兵一萬以鎮之。又遣諸軍徇齊諸城鎮，並相次降款。

十一月己卯，齊主自并州率衆來援。帝以其兵新集，且避之，乃詔諸軍班師，遣齊王憲爲後拒。是日，齊主至晉州，憲不與戰，引軍度汾。齊主遂圍晉州，晝夜攻之。齊王憲屯諸軍於涑水，爲晉州聲援。河東地震。癸巳，至自東伐。獻俘於太廟。甲午，詔曰：「僞齊違信背約，惡稔禍盈，是以親總六師，問罪汾、晉。兵威所及，莫不摧殄，賊衆危惶，鳥栖自固〔九〕。暨元戎反旆，方來聚結，遊魂境首，尚敢趦趄。朕今更率諸軍，應機除翦。」丙申，放齊諸城鎮降人還。丁酉，帝發京師。壬寅，度河，與諸軍合。

十二月戊申，次於晉州。初，齊攻晉州，恐王師卒至，於城南穿塹，自喬山屬於汾水。庚戌，帝帥諸軍八萬人，置陣東西二十餘里。帝乘常御馬，從數人巡陣處分，所至輒呼主帥姓名以慰勉之。將士感見知之恩，各思自厲。將戰，有司請換馬。帝曰：「朕獨乘良馬何所之〔一〇〕？」齊主亦於塹北列陣。申後，齊人填塹南引。帝大喜，勒諸軍擊之，齊人便退。齊主與其麾下數十騎走還并州。齊衆大潰〔一一〕，軍資甲仗，數百里間，委棄山積。

辛亥，帝幸晉州，仍率諸軍追齊主。諸將固請還師，帝曰：「縱敵患生〔一二〕。卿等若疑，朕將獨往。」諸將不敢言〔一三〕。甲寅，齊主遣其丞相高阿那肱守高壁〔一四〕。帝麾軍直進，那肱望風退散。丙辰，師次介休，齊將韓建業舉城降，以爲上柱國，封郇國公〔一五〕。丁巳，大軍次并州，齊主留其從兄安德王延宗守并州，自將輕騎走鄴〔一六〕。是日，詔齊王公以下曰：

夫樹之以君，司牧黔首，蓋以除其苛慝，恤其患害。朕君臨萬國，志清四海，思濟一世之人，寘之仁壽之域。嗟彼齊趙，獨爲匪民，乃睠東顧，載深長想。僞主涼德早聞，醜聲夙著，酒色是耽，盤游是悅。閹豎居阿衡之任，胡人寄喉脣之重〔一七〕。棟梁骨鯁，翦爲仇讎；狐、趙緒餘，降成皂隸。民不見德，唯虐是聞。朕懷茲漏網，置之度外，正欲各静封疆，共紓民瘼故也。

爾之主相，曾不是思，欲構厲階，反貽其梗。我之率土，咸求倳刃，帷幄獻兼弱之謀，爪牙奮干戈之勇，贏糧坐甲，若赴私讎。是以一鼓而定晉州，再舉而摧逋醜。僞丞相高阿那肱驅逼餘燼〔一八〕，竊據高壁；僞定南王韓建業作守介休，規相抗擬。聊示兵威，應時崩潰，那肱則單馬宵遁，建業則面縛軍和，爾之逃卒，所知見也。

若其懷遠以德，則爾難以德綏；處隣以義，則爾難以義服。且天與不取，道家所忌，攻昧侮亡，兵之上術。朕今親馭羣雄，長驅宇内，六軍舒旆，萬隊啓行。勢與雷電爭威，氣逐風雲齊舉。王師所次，已達近郊，望歲之民，室家相慶，來蘇之后，思副厥誠。僞主若妙盡人謀，深達天命，牽羊道左，銜璧轅門，當惠以焚櫬之恩，待以列侯之禮。僞將相王公已下，衣冠士民之族，如有深識事宜，建功立效，官榮爵賞，各有加隆。若下愚不移，守迷莫改，則委之執憲，以正刑書。嗟爾庶士，胡寧自棄。或我之將卒，逃彼逆朝，無問貴賤，皆從蕩滌。善求多福，無貽後悔。璽書所至，咸使聞知。

自是齊之將帥，降者相繼。封其特進、開府賀拔伏恩爲郜國公，其餘官爵各有差。戊午，高延宗僭即僞位，改年德昌。己未，軍次并州。庚申，延宗擁兵四萬出城抗拒，帝率諸軍合戰，齊人退，帝乘勝逐北，率千餘騎入東門，詔諸軍繞城置陣。至夜，延宗率其衆排陣而前，城中軍却，人相蹂踐，大爲延宗所敗，死傷略盡。齊人欲閉門，以閫下積尸〔一九〕，扉不得闔。帝從數騎，崎嶇危險，僅得出門。至明，率諸軍更戰，大破之，擒延宗，并州平。壬戌，詔曰：

昔天厭水運，龍戰于野，兩京圮隔，四紀于茲。朕垂拱巖廊，君臨宇縣，相邠民於海内，混楚弓於天下，一物失所，有若推溝。方欲德綏未服，義征不諼。僞主高緯，放命燕齊，怠慢典刑，俶擾天紀，加以背惠怒鄰，棄信忘義。朕應天從物，伐罪弔民，一鼓而蕩平陽，再舉而摧勍敵。僞署王公，相繼道左。高緯智窮數屈，逃竄草間。僞安德王高延宗擾攘之間，遂竊名號，與僞齊昌王莫多婁敬顯等，收合餘燼，背城抗敵〔二〇〕。王威既振，魚潰鳥離，破竹更難，建瓴非易〔二一〕，延宗衆散，解甲軍門〔二二〕。根本既傾，枝葉自實，幽青海岱，折簡而來，冀北河南，傳檄可定。八紘共貫，六合同風，方當偃伯靈臺，休牛桃塞，無疆之慶，非獨在余。

漢皇約法，除其苛政，姬王輕典，刑彼新邦。思覃惠澤，被之率土，新舊臣民，皆從蕩滌。可大赦天下。高緯及王公以下，若釋然歸順，咸許自新。諸亡入僞朝，亦從寬宥。官榮次序，依例無失。其齊僞制令〔二三〕，即宜削除。鄒魯縉紳，幽并騎士，一介可稱，並宜銓録。百年去殺，雖或難希，期月有成，庶幾可勉。

丙寅，出齊宮中金銀寶器珠翠麗服及宫女二千人，班賜將士。以柱國趙王招、陳王純、越王盛、杞國公亮、梁國公侯莫陳芮、庸國公王謙、北平公寇紹、鄭國公達奚震並爲上柱國。封齊王憲子安城郡公質爲河間王，大將軍廣化公丘崇爲潞國公，神水公姬願爲原國公，廣業公尉遲運爲盧國公。諸有功者，封授各有差。癸酉，帝率六軍趣鄴。以上柱國、陳王純爲并州總管。

六年春正月乙亥，齊主傳位於其太子恒，改年承光，自號爲太上皇。壬辰，帝至鄴。齊主先於城外掘塹竪柵。癸巳，帝率諸軍圍之，齊人拒守，諸軍奮擊，大破之，遂平鄴。齊主先送其母并妻子於青州，及城陷，乃率數十騎走青州。遣大將軍尉遲勤率二千騎追之。是戰也，於陣獲其齊昌王莫多婁敬顯。帝責之曰：「汝有死罪者三：前從并走鄴，攜妾棄母，是不孝；外爲僞主戮力，内實通啓於朕，是不忠；送款之後，猶持兩端，是不信。如此用懷，不死何待。」遂斬之。是日，西方有聲如雷者一。

甲午，帝入鄴城。齊任城王湝先在冀州，齊主至河，遣其侍中斛律孝卿送傳國璽禪位於湝。孝卿未達，被執送鄴。詔去年大赦班宣未及之處，皆從赦例。封齊開府、洛州刺史獨孤永業爲應國公。丙申，以上柱國、越王盛爲相州總管。己亥，詔曰：「自晉州大陣至于平鄴，身殞戰場者，其子即授父本官。」尉遲勤擒齊主及其太子恒於青州。

庚子，詔曰：「僞齊之末，姦佞擅權，濫罰淫刑，動挂羅網〔二四〕，僞右丞相、咸陽王故斛律明月〔二五〕，僞侍中、特進、開府故崔季舒等七人，或功高獲罪，或直言見誅。朕兵以義動，翦除凶暴，表閭封墓，事切下車。宜追贈謚，并窆措〔二六〕。其見存子孫，各隨蔭敍録。家口田宅没官者，並還之。」

辛丑，詔曰：「僞齊叛渙，竊有漳濱，世縱淫風，事窮彫飾。或穿池運石，爲山學海；或層臺累構，槩日凌雲。以暴亂之心，極奢侈之事，有一於此，未或弗亡。朕菲食薄衣，以弘風教，追念生民之費，尚想力役之勞。方當易茲弊俗，率歸節儉。其東山、南園及三臺可並毁撤。瓦木諸物，凡入用者，盡賜下民。山園之田，各還本主。」

二月丙午，論定諸軍功勳，置酒於齊太極殿，會軍士以上，班賜有差。丁未，齊主至，帝降自阼階，以賓主之禮相見。高湝在冀州擁兵未下，遣上柱國、齊王憲與柱國、隨公楊堅率軍討平之。齊定州刺史、范陽王高紹義叛入突厥。齊諸行臺州鎮悉降，關東平。合州五十五，郡一百六十二，縣三百八十五〔二七〕，户三百三十萬二千五百二十八〔二八〕，口二千萬六千八百八十六〔二九〕。乃於河陽、幽、青、南兗、豫、徐、北朔、定並置總管府，相、并二總管各置宫及六府官。

癸丑，詔曰：「無侮煢獨，事顯前書；哀彼矜人，惠流往訓。僞齊末政，昏虐寔繁，災甚滔天，毒流比屋。無罪無辜，係虜三軍之手；不飲不食，僵仆九逵之門〔三〇〕。朕爲民父母，職養黎人，念甚泣辜，誠深罪己。除其苛政，事屬改張，宜加寬宥，兼行賑卹。自僞武平三年以來，河南諸州之民，僞齊被掠爲奴婢者〔三一〕，不問官私，並宜放免。其住在淮南者，亦即聽還，願住淮北者〔三二〕，可隨便安置。其有癃殘孤老，饑餒絶食，不能自存者，仰刺史守令及親民長司，躬自檢校。無親屬者，所在給其衣食，務使存濟。」

乙卯，帝自鄴還京。丙辰，以柱國、隨公楊堅爲定州總管。

三月壬午，詔山東諸州，各舉明經幹治者二人。若奇才異術，卓爾不羣者，弗拘多少。

夏四月乙巳，至自東伐。列齊主於前，其王公等並從，車轝旗幟及器物以次陳於其後。大駕布六軍，備凱樂，獻俘於太廟。京邑觀者皆稱萬歲。戊申，封齊主爲温國公。庚戌，大會羣臣及諸蕃客於露寢。乙卯，廢蒲、陝、涇、寧四州總管。己巳，祠太廟。詔曰：「東夏既平，王道初被，齊氏弊政，餘風未殄。朕劬勞萬機，念存康濟。恐清淨之志，未形四海，下民疾苦，不能上達，寢興軫慮，用切於懷。宜分遣使人，巡方撫慰，觀風省俗，宣揚治道。有司明立條科，務在弘益。」

五月丁丑，以柱國、譙王儉爲大冢宰。庚辰，以上柱國杞國公亮爲大司徒，鄭國公達奚震爲大宗伯，梁國公侯莫陳芮爲大司馬，柱國應國公獨孤永業爲大司寇，鄖國公韋孝寬爲大司空。辛巳，大醮於正武殿，以報功也。己丑，祠方丘。詔曰：「朕欽承丕緒，寢興寅畏，惡衣菲食，貴昭儉約。上棟下宇，土階茅屋，猶恐居之者逸，作之者勞，詎可廣厦高堂，肆其嗜欲。往者，冢臣專任，制度有違，正殿别寢，事窮壯麗。非直雕牆峻宇，深戒前王，而締構弘敞，有踰清廟。不軌不物，何以示後。兼東夏初平，民未見德，率先海内，宜自朕始。其露寢、會義、崇信、含仁、雲和、思齊諸殿等，農隙之時，悉可毁撤。雕斲之物，並賜貧民。繕造之宜，務從卑朴。」癸巳，行幸雲陽宫。戊戌，詔曰：「京師宫殿，已從撤毁。并、鄴二所，華侈過度，誠復作之非我，豈容因而弗革。諸堂殿壯麗，並宜除蕩，甍宇雜物，分賜窮民。三農之隙，别漸營構，止蔽風雨，務在卑狹。」庚子，陳遣使來聘。是月，青城門無故自崩。

六月丁未，至自雲陽宫。辛亥，御正武殿録囚徒。癸亥，於河州鷄鳴防置旭州，甘松防置芳州，廣川防置弘州。甲子，帝東巡。丁卯，詔曰：「同姓百世，婚姻不通，蓋惟重别，周道然也。而娶妻買妾，有納母氏之族，雖曰異宗，猶爲混雜。自今以後，悉不得娶母同姓，以爲妻妾〔三三〕。其已定未成者，即令改聘。」

秋七月己卯，封齊王憲第四子廣都公負爲莒國公，紹莒莊公洛生後〔三四〕。癸未，應州獻芝草。丙戌，行幸洛州。己丑，詔山東諸州舉有才者，上縣六人，中縣五人，下縣四人，赴行在所，共論治政得失。戊戌，以上柱國、庸公王謙爲益州總管。

八月壬寅，議定權衡度量，頒於天下。其不依新式者，悉追停。詔曰：「以刑止刑，世輕世重。罪不及嗣，皆有定科。雜役之徒，獨異常憲，一從罪配，百世不免。罰既無窮，刑何以措。道有沿革，宜從寬典。凡諸雜户，悉放爲民。配雜之科，因之永削。」甲子，鄭州獻九尾狐，皮肉銷盡，骨體猶具。帝曰：「瑞應之來，必昭有德。若使五品時敍，四海和平，家識孝慈，人知禮讓，乃能致此。今無其時，恐非實録。」乃命焚之。

九月壬申，以柱國鄧國公竇熾、申國公李穆並爲上柱國。戊寅，初令民庶已上，唯聽衣綢、綿綢、絲布、圓綾、紗、絹、綃、葛、布等九種，餘悉停斷。朝祭之服，不拘此例。甲申，絳州獻白雀。壬辰，詔東土諸州儒生，明一經已上，並舉送，州郡以禮發遣。癸卯，封上大將軍、上黄公王軌爲郯國公。吐谷渾遣使獻方物。

冬十月戊申，行幸鄴宫，戊午，改葬德皇帝於冀州。帝服緦，哭於太極殿，百官素服哭。是月，誅温國公高緯。

十一月庚午，百濟遣使獻方物。壬申，封皇子充爲道王，兑爲蔡王。癸酉，陳將吳明徹侵呂梁，徐州總管梁士彦出軍與戰，不利，退守徐州。遣上大將軍、郯國公王軌率師討之。是月，稽胡反，遣齊王憲率軍討平之。

詔自永熙三年七月已來，去年十月已前，東土之民，被抄略在化内爲奴婢者；及平江陵之後，良人没爲奴婢者：並宜放免。所在附籍，一同民伍。若舊主人猶須共居，聽留爲部曲及客女。

詔曰：「正位於中，有聖通典。質文相革，損益不同。五帝則四星之象，三王制六宫之數。劉、曹已降，等列彌繁，選擇遍於生民，命秩方於庶職。椒房丹地，有衆如雲。本由嗜欲之情，非關風化之義。朕運當澆季，思復古始，無容廣集子女，屯聚宫掖。弘贊後庭，事從約簡。可置妃二人，世婦三人，御妻三人，自兹以外，悉宜減省。」

己亥晦，日有蝕之。

初行刑書要制。持杖羣彊盜一匹以上，不持杖羣彊盜五匹以上，監臨主掌自盜二十匹以上，小盜及詐僞請官物三十匹以上，正長隱五户及十丁以上、隱地三頃以上者，至死〔三五〕。刑書所不載者，自依律科。

十二月戊午，吐谷渾遣使獻方物。己未，東壽陽土人反，率衆五千襲并州城，刺史東平公宇文神舉破平之。庚申，行幸并州宫。移并州軍人四萬户於關中。丙寅，以柱國、滕王逌爲河陽總管。丁卯，以柱國、隨國公楊堅爲南兗州總管，上柱國、申國公李穆爲并州總管。戊辰，廢并州宫及六府。是月，北營州刺史高寶寧據州反。

宣政元年春正月癸酉，吐谷渾僞趙王他婁屯來降。壬午，行幸鄴宫。分相州廣平郡置洺州，清河郡置貝州，黎陽郡置黎州，汲郡置衞州；分定州常山郡置恒州；分并州上黨郡置潞州。辛卯，行幸懷州。癸巳，幸洛州。詔於懷州置宫。

二月甲辰，柱國、大冢宰譙王儉薨。丁巳，帝至自東巡。乙丑，以上柱國越王盛爲大冢宰，陳王純爲雍州牧。

三月戊辰，於蒲州置宫。廢同州及長春二宫。壬申，突厥遣使獻方物。甲戌，初服常冠。以皂紗爲之，加簪而不施纓導，其制若今之折角巾也。上大將軍、郯國公王軌破陳師於吕梁，擒其將吴明徹等，俘斬三萬餘人。丁亥，詔：「柱國故豆盧寧征江南武陵、南平等郡，所有民庶爲人奴婢者，悉依江陵放免。」壬辰，改元。

夏四月壬子，初令遭父母喪者，聽終制。庚申，突厥入寇幽州，殺掠吏民。議將討之。

五月己丑，帝總戎北伐。遣柱國原公姬願、東平公宇文神舉等率軍五道俱入。發關中公私驢馬，悉從軍。癸巳，帝不豫，止于雲陽宮。丙申，詔停諸軍事。

六月丁酉，帝疾甚，還京。其夜，崩於乘輿。時年三十六。遺詔曰：

人肖形天地，禀質五常，脩短之期，莫非命也。朕君臨宇縣，十有九年，未能使百姓安樂，刑措罔用，所以昧旦求衣，分宵忘寢。昔魏室將季，海内分崩，太祖扶危翼傾，肇開王業。燕趙榛蕪，久竊名號。朕上述先志，下順民心，遂與王公將帥，共平東夏。雖復妖氛蕩定，而民勞未康。每一念此，如臨冰谷。將欲包舉六合，混同文軌。今遘疾大漸，氣力稍微，有志不申，以此歎息。

天下事重，萬機不易。王公以下，爰及庶僚，宜輔導太子，副朕遺意。令上不負太祖，下無失爲臣。朕雖瞑目九泉，無所復恨。

朕平生居處，每存菲薄，非直以訓子孫，亦乃本心所好。喪事資用，須使儉而合禮，墓而不墳，自古通典。隨吉即葬，葬訖公除。四方士庶，各三日哭。妃嬪以下無子者，悉放還家。

謚曰武皇帝，廟稱高祖。己未，葬於孝陵。

帝沉毅有智謀。初以晉公護專權，常自晦迹，人莫測其深淺。及誅護之後，始親萬機。克己勵精，聽覽不怠。用法嚴整，多所罪殺。號令懇惻，唯屬意於政。羣下畏服，莫不肅然。性既明察，少於恩惠。凡布懷立行，皆欲踰越古人。身衣布袍，寢布被，無金寶之飾，諸宮殿華綺者，皆撤毁之，改爲土階數尺，不施櫨栱。其雕文刻鏤，錦繡纂組，一皆禁斷。後宮嬪御，不過十餘人。勞謙接下，自强不息。以海内未康，鋭情教習。至於校兵閲武，步行山谷，履涉勤苦，皆人所不堪。平齊之役，見軍士有跣行者，帝親脱靴以賜之。每宴會將士，必自執杯勸酒，或手付賜物。至於征伐之處，躬在行陣。性又果決，能斷大事。故能得士卒死力，以弱制强。破齊之後，遂欲窮兵極武，平突厥，定江南，一二年間，必使天下一統，此其志也。

史臣曰：自東西否隔，二國爭彊，戎馬生郊，干戈日用，兵連禍結，力敵勢均，疆埸之事，一彼一此。高祖纘業，未親萬機，慮遠謀深，以蒙養正。及英威電發，朝政惟新，内難既除，外略方始。乃苦心焦思，克己勵精，勞役爲士卒之先，居處同匹夫之儉。脩富民之政，務彊兵之術，乘讐人之有釁，順大道而推亡〔三六〕。五年之間，大勳斯集。攄祖宗之宿憤，拯東夏之阽危，盛矣哉，其有成功者也。若使翌日之瘳無爽，經營之志獲申，黷武窮兵，雖見譏於良史，雄圖遠略，足方駕於前王者歟。

校勘記

〔一〕初置營軍器監　按通典卷二七職官九云「後周武帝四年，初置軍器監」，不明年號。周書卷三四楊敷傳稱敷天和五年（五七〇）「轉司木中大夫、軍器副監」（參卷三四校記第五一條）。據隋宋忻及妻韋胡磨墓誌（見陝西長安隋宋忻夫婦合葬墓清理簡報），宋忻於天和二年「授營軍器監、治小司金」，可知軍器監初置時間，應早於建德四年（五七五）正月。羅新、葉煒新出魏晉南北朝墓誌疏證以爲當在保定四年（五六四）。

〔二〕遣小司寇淮南公元偉納言伊婁謙使於齊　「元偉」，原作「元衞」，據周書卷三八元偉傳、北史卷一五常山王遵傳附元偉傳改。按本傳記偉封淮南縣公，建德二年（五七三）官小司寇，四年使於齊。此處之「元衞」自爲「元偉」之誤。册府卷一四二作「元偉治」（「治」字衍），卷三六五又作「元衞」。通鑑卷一七二陳紀六太建七年（五七五）亦作「元衞」，考異曰：「謙傳（隋書卷五四）作『拓跋偉』，今從周書帝紀。」則司馬光所見周書已作「元衞」。「元」爲「拓跋」改姓，「拓跋」又爲「元」之復姓。隋書伊婁謙傳也可證出使者是元偉。

〔三〕滎陽公司馬消難　「滎」，原作「榮」，據三朝本、南監本、北監本、汲本、局本改。下同此不再出校。

〔四〕廣寧侯薛迴　「迴」，原作「廻」，據三朝本、南監本、北監本、汲本、局本、御覽卷三〇四引後周書、册府卷一一七改。北史卷一〇周本紀下作「廣寧公侯莫陳迴」，侯莫陳當是賜姓，或涉下

「侯莫陳芮」而誤。按隋書卷六五薛世雄傳云：「父回，字道弘，仕周官至涇州刺史。」當即其人，而又作「回」，但可以旁證作「迴」是。「侯」，局本及北史、通鑑卷一七二陳紀六太建七年（五七五）作「公」，未知孰是。

〔五〕十一月己亥改置司内官員　「己亥」，汲本、局本作「庚寅」。「改」，汲本作「日」。按北史卷一〇周本紀下同作「己亥」，是月辛巳朔，庚寅爲十日，己亥爲十九日。汲本不知所據，疑誤。

〔六〕五月壬辰　「壬辰」，册府卷一一三作「壬寅」。按是月己卯朔，壬辰爲十四日，壬寅爲二十四日。

〔七〕大將軍竇恭　「竇恭」，原作「竇泰」，據御覽卷一〇五引後周書、册府卷一一七改。張森楷云：「『泰』當作『恭』，竇恭是竇熾子，事見熾傳（周書卷三〇）。北史（卷一〇周本紀下）亦誤。」

〔八〕烏氏公尹昇步騎五千守鼓鍾鎮　「烏氏」，原作「焉氏」，據北史卷一〇周本紀下、册府卷一一七改。按「焉氏」無此郡縣。通鑑卷一七二陳紀六太建八年（五七六）作「焉氏公尹升」，胡注以爲「焉氏」即魏書地形志涼州番和郡之燕支縣。據魏書卷一〇六下地形志下，安定郡有烏氏縣，云「二漢、晉屬（安定）」。則即漢書卷二八地理志下之「烏氏」。漢志顔師古注「氏音支」，知「氏」字誤。魏書卷四五韋閬傳附梁穎傳記梁嵩遵封烏氏縣開國伯，正作「烏氏」。尹昇所封亦即此縣，作「焉氏」誤，不必强以燕支縣實之。又「鼓鍾」，原倒作「鍾鼓」，據三朝本、南監本乙正。按北史卷一〇周本紀下、册府卷一一七、通鑑卷一七二陳紀六太建八年都作「鼓鍾」，且胡注引水經注（卷四河水注）教水所經有鼓鍾上峽、鼓鍾川、鼓鍾城，知「鍾鼓」爲「鼓鍾」誤倒。

〔九〕烏栖自固　「烏」，原作「鳥」，據三朝本、册府卷一一七改。汲本、局本同作「烏」，注云「一作鳥」。按「烏栖」爲典故詞，多用以形容退敗畏縮之軍。史記卷三一吴太伯世家索隱云：「烏所止宿曰棲。越爲吴敗，依託於山林，故以烏棲爲喻。」

〔一〇〕何所之　通典卷一五二兵五、御覽卷二八〇引後周書、册府卷一一八、通鑑卷一七二陳紀六太建八年（五七六）「何」上有「欲」字。按北史卷一〇周本紀下同無「欲」字，疑周書此處也同下文一樣後來殘缺，後人以北史補，原文當有「欲」字。

〔一一〕「齊主亦於塹北列陣」至「齊衆大潰」　册府卷一一七、御覽卷二八〇引後周書此段作：「齊主（册府明鈔本丙、明刻本訛作「王」）亦於塹北（御覽訛作「此塹」）列陣。帝欲薄之，以礙塹遂止。自旦至申，相持不決。申後，齊人乃填塹南引（册府無「乃」字）。帝大喜，勒諸軍擊之。兵纔合，齊人便退。帝（御覽脱「退帝」二字）逐北，斬首萬有（御覽無「有」字）餘級。齊主與其麾下數十騎走還并州。於是齊衆大潰。」通典卷一五二兵五所引文字略同，當亦出自周書原本。按册府此段多出今本周書三十一字。今本周書此段與北史卷一〇周本紀下全同，當因殘缺，後人以北史補。大致從此開始直到詔書「人寄喉脣之重」以上，都已缺失，敍事部分後人用北史補上，而詔書不見北史，就留下了空白。其實空白遠不止詔書所缺。通典、册府、御覽編纂時所據本這段缺文尚在。甚至通鑑所據也還是未殘本。通鑑卷一七二陳紀六太建八年（五七六）敍這次戰事，通典、册府、御覽多出今本的文字基本上都有，僅用字稍微有改動而已。可知這一大段的殘缺和以北史補亡當在南宋時。

〔二〕縱敵患生　册府卷一一七此句上有「敵不可縱」四字。

〔三〕諸將不敢言　册府卷一一七下有「癸丑，軍次汾水關」七字，今本周書及北史卷一〇周本紀下無。通鑑卷一七二陳紀六太建八年（五七六）作「癸丑，至汾水關」。

〔四〕齊主遣其丞相高阿那肱守高壁　册府卷一一七「肱」作「瓌」，下多「率兵一萬」四字。通鑑卷一七二陳紀六太建八年（五七六）亦云：「高阿那肱所部兵尚一萬，守高壁。」按北齊書卷五〇恩倖高阿那肱傳云：「雖作『肱』字，世人皆稱爲『瓌』音。」當時兩字通用。周書原文實都作「瓌」，這裏是以北史補，才作「肱」，後人却連下文「瓌」字一律改成「肱」。但如北齊書所說，高阿那肱的「肱」字乃是正字，而且周書傳刻已久作「肱」，故不回改。册府多出四字，正與通鑑合，足證今本周書此段以北史補。

〔五〕齊將韓建業舉城降以爲上柱國封郇國公　北史卷一〇周本紀下同，册府卷一一七「齊將」下多「開府」二字，無「封郇國公」四字。通鑑卷一七二陳紀六太建八年（五七六）作「齊開府儀同三司韓建業舉城降，以爲上柱國，封郇公」。北史、册府都有删節，北史去「開府」之官，册府删去封公。周書原本當皆有之，觀通鑑可知。但通鑑於舊史稱「開府」者例增「儀同三司」四字，非有别據。今本周書此段當也是後人以北史補。

〔一六〕齊主留其從兄安德王延宗守并州自將輕騎走鄴　册府卷一一七、卷一六四「延宗」下有「等」字。按自此以上至「齊主亦於塹北列陣」，都是後人以北史卷一〇周本紀下補。多一「等」字，本可不舉，却可以證明今本周書武帝紀缺失首尾。

〔一七〕「是日詔齊王公以下曰夫樹之以君」至「胡」　原作「是日詔曰」，下注「此下缺」。按北史卷一〇周本紀下作「是日詔齊王公以下，示以逆順之道」，而不載詔書。補周書者見下面殘缺詔書，乃改作「是日詔曰」，而注云「此下缺」。册府卷一六四有詔書全文，文館詞林卷五〇七、卷六六二同有後周武帝伐北齊詔，即此詔，而卷六六二處缺其尾。今據二書補「詔」下五字、「曰」下八十二字。又「嗟」字，文館詞林作「緬」。

〔一八〕高阿那肱　「肱」，三朝本、册府卷一六四、文館詞林卷五〇七、卷六六二後周武帝伐北齊詔都作「瓌」。前「高阿那肱守高壁」條乃是以北史卷一〇周本紀下補，故作「肱」（參本卷校記第一四條）。後人疑其前後異稱，就連後面「瓌」字都改作「肱」。今南監本此詔中兩「肱」字尚留有挖改痕迹。知周書原都作「瓌」。下文「那肱則單馬宵遁」句「肱」字同，不别出校記。

〔一九〕闔下積尸　「闔」，三朝本、北史卷一〇周本紀下、通典卷一五一兵四、御覽卷三一三引三國典略、册府卷一一七作「闉」，疑是。

〔二〇〕收合餘燼背城抗敵　「抗敵」，北史卷一〇周本紀下、册府卷八三作「借一」。按册府所引詔文採自周書，且「收合餘燼，背城借一」乃前代成語，見於左傳成公二年。疑這裏本作「借一」。

〔二一〕破竹更難建瓴非易　這二句的上文言齊軍潰敗之狀。如要接着説齊軍不能抵抗，應用「負隅」「當車」等字面來表示，今用「破竹」「建瓴」，知是説周軍勢大，「建瓴」更合關中之兵東下之意，但「更難」「非易」却又説難以取勝，顯然矛盾。疑「更」「非」二字誤倒，當作「破竹非難，建瓴更易」，則文意相貫。

〔二二〕解甲軍門　「解」，北史卷一〇周本紀下、册府卷八三作「衿」。「衿甲」指繫甲，有投降、歸順之義。疑原作「衿」字。

〔二三〕齊僞制令　北史卷一〇周本紀下、册府卷八三、卷一六四作「齊制僞令」。

〔二四〕動挂羅網　「挂」，原作「持」，據三朝本、南監本、北監本、汲本、局本、北史卷一〇周本紀下、册府卷一三八改。按周書卷一文帝紀亦見「動挂網羅」。

〔二五〕僞右丞相咸陽王故斛律明月　按北齊書卷一七斛律金傳附斛律光傳、北史卷八齊本紀上（北齊書此卷缺，後人以北史補），斛律光死前已由右丞相轉左丞相。凡稱官封，應以最後爲定，此處「右」當作「左」。但周書各本及北史卷一〇周本紀下、册府卷一三八都作「右」，或所本的詔書已誤。

〔二六〕并窆措　北史卷一〇周本紀下、册府卷一三八「并」下有「加」字，册府脱「窆措」二字。

〔二七〕合州五十五郡一百六十二縣三百八十五　北史卷一〇周本紀下同。隋書卷二九地理志上序作「州九十有七，郡一百六十，縣三百六十五」。按隋志於郡數不過去其畸零之數。縣數作「三百六十五」，則「六」「八」二字易混，雖不知孰是，原來當無歧異。唯州數相差甚多。楊守敬隋志考證卷一以爲「恐周書、北史均有誤」。至御覽卷三二四引後周書作「州五十」，則當是脱去下「五」字。

〔二八〕户三百三十萬二千五百二十八　北史卷一〇周本紀下脱「三百」二字。册府卷四八六作「二百三萬」，尾數同。通典卷七食貨七作「三百三萬」，尾數同。隋書卷二九地理志上序亦作「三百三萬」而不舉尾數。册府之「二百三萬」，「二」當是「三」之誤。疑周書上二「十」字衍。

〔二九〕口二千萬六千八百八十六　「八百」，原作「六百」，據三朝本、北史卷一〇周本紀下、通典卷七食貨七、御覽卷三二四引後周書、册府卷四八六改。

〔三〇〕僵仆九逵之門　「逵」，三朝本作「達」，汲本、局本同作「逵」，注云「一作達」。按此句册府卷一四六、文館詞林卷六七〇後周武帝赦齊人被掠爲奴婢詔都作「僵仆九達之間」，疑是。

〔三一〕僞齊被掠爲奴婢者　「被」，三朝本、北史卷一〇周本紀下、文館詞林卷六七〇後周武帝赦齊人被掠爲奴婢詔都作「破」。

〔三二〕願住淮北者　「住」，原作「往」，據三朝本、北史卷一〇周本紀下、文館詞林卷六七〇後周武帝赦齊人被掠爲奴婢詔改。按此指願意留住在淮北的淮南人。

〔三〕悉不得娶母同姓以爲妻妾　「妻」，原脱，據局本、北史卷一〇周本紀下補。按上云「娶妻買妾，有納母氏之族」，知妻妾當並在禁例。洪邁容齋隨筆續筆卷八節引此詔，亦有「妻」字，足證此處脱「妻」字。

〔四〕封齊王憲第四子廣都公負爲莒國公紹莒莊公洛生後　「廣都公負」，周書卷一〇莒莊公洛生傳作「廣都公真」，北史卷五七周宗室傳作「廣都郡公貢」。又周書卷一二齊煬王憲傳稱憲六子貴、質、賓、貢、乾禧、乾洽，貢出後莒莊公。北史卷五八周室諸王傳同。按宇文泰諸孫，名多從貝，而字皆上乾下某。洛生傳作「真」誤。又周書卷一三衞剌王直傳稱其第二子名「貢」，不應重複，但「負」也不像人名，今不改。

〔五〕「持杖羣彊盜一匹以上」至「隱地三頃以上者至死」　「者」，北史卷一〇周本紀下、册府卷六一一作「皆」。隋書卷二五刑法志、通典卷一六四刑法二此句作「正長隱五户及丁五（隋志無「五」字，「丁」上脱「十」字）以上，及地頃以上，皆死」，通鑑卷一七三陳紀七太建九年（五七七）作「及正長隱五丁若地頃以上，皆死」，「者」都作「皆」。「至死」實包括「持杖羣彊盜一匹以上」以至「隱地」諸罪條，「者」疑當作「皆」字。十丁與五丁、三頃與一頃，未知孰是。

〔六〕順大道而推亡　「大」，北史卷一〇周本紀下作「天」，較長。

周書卷七

帝紀第七

宣帝

宣皇帝諱贇，字乾伯，高祖長子也。母曰李太后。武成元年，生於同州。保定元年五月丙午，封魯國公。建德元年四月癸巳，高祖親告廟，冠於阼階，立爲皇太子。詔皇太子巡撫西土。文宣皇后崩，高祖諒闇，詔太子總朝政，五旬而罷。高祖每巡幸四方，太子常留監國。五年二月，又詔皇太子巡西土，因討吐谷渾。

宣政元年六月丁酉，高祖崩。戊戌，皇太子即皇帝位，尊皇后爲皇太后。癸丑，歲星、熒惑、太白合於東井。甲子，誅上柱國、齊王憲。封開府于智爲齊國公。

閏月乙亥，詔山東流民新復業者，及突厥侵掠家口破亡不能存濟者，並給復一年。立妃楊氏爲皇后。辛巳，以上柱國趙王招爲太師，陳王純爲太傅，柱國代王達、滕王逌、盧國公尉遲運、薛國公長孫覽並爲上柱國。進封柱國、平陽郡公王誼爲揚國公〔一〕。是月，幽州人盧昌期據范陽反，詔柱國、東平公宇文神舉帥衆討平之。

秋七月辛丑，月犯心前星。乙巳，祠太廟。丙午，祠圓丘。戊申，祠方丘。庚戌，以小宗伯、岐國公斛斯徵爲大宗伯。丙辰，熒惑、太白合於七星。己未，太白犯軒轅大星。壬戌，以柱國、南兗州總管、隨公楊堅爲上柱國、大司馬。癸亥，尊所生李氏爲帝太后。

八月丙寅，夕月於西郊。長安、萬年二縣民居在京城者，給復三年。壬申，行幸同州。遣大使巡察諸州。詔制九條，宣下州郡：一曰，決獄科罪，皆准律文；二曰，母族絶服外者，聽婚；三曰，以杖決罰，悉令依法；四曰，郡縣當境賊盜不擒獲者，並仰録奏；五曰，孝子順孫義夫節婦，表其門閭，才堪任用者，即宜申薦；六曰，或昔經驅使，名位未達，或沉淪蓬蓽，文武可施，宜並採訪，具以名奏；七曰，僞齊七品以上，已敕收用，八品以下，爰及流外，若欲入仕，皆聽預選，降二等授官；八曰，州舉高才博學者爲秀才，郡舉經明行修者爲孝廉，上州、上郡歲一人，下州、下郡三歲一人；九曰，年七十以上，依式授官，鰥寡困乏不能自存者，並加禀恤。以大司徒、杞國公亮爲安州總管，上柱國、薛國公長孫覽爲大司徒，柱國、揚國公王誼爲大司空。庚辰，太白入太微。丙戌，以柱國、永昌公椿爲大司寇。

九月丁酉，熒惑入太微。以柱國宇文盛、張掖公王傑、枹罕公辛威、鄖國公韋孝寬並爲上柱國。庚戌，封皇弟元爲荆王。詔諸應拜者，皆以三拜成禮。汾州稽胡帥劉受邏千舉兵反〔二〕，詔上柱國、越王盛爲行軍元帥，率衆討平之。庚申，熒惑犯左執法。

冬十月癸酉，至自同州。以大司空、揚國公王誼爲襄州總管。戊子，百濟遣使獻方物。

十一月己亥，講武於道會苑，帝親擐甲冑。是月，突厥寇邊，圍酒泉，殺掠吏民。

十二月甲子，以柱國、畢王賢爲大司空。癸未，熒惑入氐，仍留經一月。己丑，以上柱國、河陽總管滕王逌爲行軍元帥，率衆伐陳。免京師見徒，並令從軍。

大象元年春正月癸巳，受朝於露門，帝服通天冠、絳紗袍，羣臣皆服漢魏衣冠。大赦，改元大成。初置四輔官，以上柱國大冢宰越王盛爲大前疑，相州總管蜀國公尉遲迥爲大右弼，申國公李穆爲大左輔，大司馬隨國公楊堅爲大後丞。癸卯，封皇子衍爲魯王。甲辰，東巡狩。丙午，日有背。以柱國、常山公于翼爲大司徒。辛亥，以柱國、許國公宇文善爲大宗伯。癸丑，日又背。戊午，行幸洛陽。立魯王衍爲皇太子。

二月癸亥，詔曰：

河洛之地，世稱朝市。上則於天，陰陽所會；下紀於地，職貢路均。聖人以萬物阜安，乃建王國。時經五代，世歷千祀，規模弘遠，邑居壯麗。自魏氏失馭，城闕爲墟，君子有戀舊之風，小人深懷土之思。

我太祖受命酆鎬，胥宇崤函，蕩定四方，有懷光宅。高祖神功聖略，混一區宇，往巡東夏，省方觀俗，布政此宮，遂移氣序。朕以眇身，祇承寶祚，庶幾聿修之志，敢忘燕翼之心。一昨駐蹕金墉，備嘗遊覽，百王制度，基趾尚存，今若因修〔三〕，爲功易立。宜命邦事，修復舊都。奢儉取文質之間，功役依子來之義。北瞻河内，咫尺非遥，前詔經營〔四〕，今宜停罷。

於是發山東諸州兵，增一月功爲四十五日役，起洛陽宮。常役四萬人，以迄于晏駕。并移相州六府於洛陽，稱東京六府。殺柱國、徐州總管、郯國公王軌。停南討諸軍。以趙王招女爲千金公主，嫁於突厥。戊辰，以上柱國、鄖國公韋孝寬爲徐州總管。乙亥，行幸鄴。丙子，初令授總管刺史及行兵者，加持節，餘悉罷之。辛巳，詔曰：

有聖大寶，實惟重器，玄天表命，人事與能，幽顯同謀，確乎不易。域中之大，實懸定於杳冥；天下爲公，蓋不避於内舉。我大周感蒼昊之精，受河洛之錫，武功文德，光格區宇，創業垂統，永光無窮。朕以寡薄，祇承鴻緒，上賴先朝得一之迹，下藉羣后不貳之心。職貢與雲雨俱通，憲章共光華並亘。圓首方足，咸登仁壽，思隆國本，用弘天曆。

皇太子衍，地居上嗣，正統所歸。遠憑積德之休，允叶無疆之祚。帝王之量，未肅而成；天祿之期，不謀已至。朕今傳位於衍。乃睠四海，深合謳歌之望；俾予一人，高蹈風塵之表。萬方兆庶，知朕意焉。可大赦天下，改大成元年爲大象元年。

帝於是自稱天元皇帝，所居稱天臺，冕有二十四旒，車服旗鼓〔五〕，皆以二十四爲節。內史、御正皆置上大夫。皇帝衍稱正陽宮，置納言、御正、諸衛等官，皆准天臺。尊皇太后爲天元皇太后。封內史上大夫鄭譯爲沛國公。癸未，日初出及將入時，其中並有烏色，大如雞卵，經四日滅。戊子，以上柱國大前疑越王盛爲太保，大右弼蜀公尉遲迥爲大前疑，代王達爲大右弼。辛卯，詔徙鄴城石經於洛陽。又詔曰：「洛陽舊都，今既修復，凡是元遷之户，並聽還洛州。此外諸民欲往者，亦任其意。河陽、幽、相、豫、亳、青、徐七總管，受東京六府處分。」

三月壬寅，以上柱國、薛國公長孫覽爲涇州總管。庚申，至自東巡，大陳軍伍，帝親擐甲冑，入自青門。皇帝衍備法駕從入。百官迎於青門外。其時驟雨，儀衛失容。辛酉，封趙王招第二子貫爲永康縣王〔六〕。

夏四月壬戌朔，有司奏言日蝕，不視事。過時不食，乃臨軒。立妃朱氏爲天元帝后。癸亥，以柱國、畢王賢爲上柱國。己巳，祠太廟。壬午，大醮於正武殿。戊子，太白、歲星、辰星合於東井。

五月辛亥，以洺州襄國郡爲趙國，以齊州濟南郡爲陳國，以豐州武當、安富二郡爲越國，以潞州上黨郡爲代國，以荆州新野郡爲滕國，邑各一萬户。令趙王招、陳王純、越王盛、代王達、滕王逌並之國。癸丑，有流星大如斗，出太微，落落如遺火。是月，遣使簡視京兆及諸州士民之女，充選後宫。突厥寇并州。

六月丁卯，有流星大如雞子，出氐，西北流，長一丈，入月中。己巳，月犯房北頭第二星。乙酉，有流星大如斗，出營室，流入東壁。是月，咸陽有池水變爲血。發山東諸州民，修長城。

秋七月庚寅，以大司空、畢王賢爲雍州牧，大後丞、隨國公楊堅爲大前疑，柱國、滎陽公司馬消難爲大後丞。壬辰，熒惑掩房北頭第一星。丙申，納大後丞司馬消難女爲正陽宫皇后。尊天元帝太后李氏爲天皇太后〔七〕。壬子，改天元帝后朱氏爲天皇后。立妃元氏爲天右皇后，妃陳氏爲天左皇后。

八月庚申，行幸同州。壬申，還宫。甲戌，以天左皇后父大將軍陳山提、天右皇后父開府元晟並爲上柱國。山提封鄅國公，晟封翼國公。開府楊雄爲邗國公〔八〕，乙弗寔戴國公。初，高祖作刑書要制，用法嚴重。及帝即位，以海内初平，恐物情未附，乃除之。至是大醮於正武殿，告天而行焉〔九〕。辛巳，熒惑犯南斗第五星。壬午，以上柱國、雍州牧、畢王賢爲太師，上柱國、郇國公韓建業爲大左輔。是月，所在有蟻羣鬭，各方四五尺，死者什八九。

九月己酉，太白入南斗。乙卯，以酆王貞爲大冢宰。上柱國、鄖國公韋孝寬爲行軍元帥，率行軍總管杞國公亮、郕國公梁士彦以伐陳。遣御正杜杲、禮部薛舒使於陳。

冬十月壬戌，歲星犯軒轅大星。是日，帝幸道會苑大醮，以高祖武皇帝配。醮訖，論議於行殿。是歲，初復佛像及天尊像。至是，帝與二像俱南面而坐，大陳雜戲，令京城士民縱觀。乙酉，熒惑、鎮星合於虚。是月，相州人段德舉謀反，伏誅。

十一月乙未，幸温湯。戊戌，行幸同州。壬寅，還宫。己酉，有星大如斗，出張，東南流，光明燭地。丁巳，初鑄永通萬國錢，以一當十〔一〇〕，與五行大布並行。是月，韋孝寬拔壽陽，杞國公亮拔黄城，梁士彦拔廣陵。陳人退走。於是江北盡平。

十二月戊午，以災異屢見，帝御路寢，見百官。詔曰：

穹昊在上，聰明自下，吉凶由人，妖不自作。朕以寡德，君臨區寓，大道未行，小信非福。始於秋季，及此玄冬，幽顯殷勤，屢貽深戒。至有金入南斗，木犯軒轅，熒惑干房，又與土合，流星照夜，東南而下。然則南斗主於爵禄，軒轅爲於後宫，房曰明堂，布政所也，火土則憂孽之兆，流星乃兵凶之驗。豈其官人失序，女謁尚行，政事乖方，憂患將至？何其昭著，若斯之甚。上瞻俯察，朕實懼焉。將避正寢，齋居克念，惡衣減膳，去飾撤懸，披不諱之誠，開直言之路。欲使刑不濫及，賞弗踰等，選舉以才，宫闈修德。宜宣諸内外，庶盡弼諧，允叶民心，用消天譴。」於是舍仗衛，往天興宫。百官上表勸復寢膳，許之。甲子，還宫。御正武殿，集百官及宫人内外命婦，大列妓樂，又縱胡人乞寒，用水澆沃爲戲樂。乙丑，行幸洛陽。帝親御驛馬，日行三百里。四皇后及文武侍衛數百人，並乘驛以從〔一二〕。仍令四后方駕齊驅，或有先後，便加譴責，人馬頓仆相屬。己卯，還宫。

二年春正月丁亥，帝受朝于道會苑。癸巳，祀太廟。乙巳，造二扆，畫日月之象，以置左右。戊申，雨雪。雪止，又雨細黄土，移時乃息。乙卯，詔江左諸州新附民〔一三〕，給復二十年。初税入市者，人一錢。

二月丁巳，帝幸露門學，行釋奠之禮。戊午，突厥遣使獻方物，且逆千金公主。乙丑，改制詔爲天制詔，敕爲天敕。壬午，尊天元皇太后爲天元上皇太后，天皇太后李氏曰天元聖皇太后。癸未，立天元皇后楊氏爲天元大皇后，天皇后朱氏爲天大皇后，天右皇后元氏爲天右大皇后，天左皇后陳氏爲天左大皇后。正陽宮皇后直稱皇后。是月〔一三〕，洛陽有禿鶖鳥集於新營太極殿前。滎州有黑龍見，與赤龍鬬於汴水之側，黑龍死。

三月丁亥，賜百官及民大酺。詔曰：「盛德之後，是稱不絶，功施於民，義昭祀典。孔子德惟藏往，道實生知，以大聖之才，屬千古之運，載弘儒業，式敍彝倫〔一四〕。至如幽贊天人之理，裁成禮樂之務，故以作範百王，垂風萬葉。朕欽承寶曆，服膺教義，眷言洙、泗，懷道滋深。且褒成啓號〔一五〕，雖彰故實，旌崇聖績，猶有闕如。可追封爲鄒國公，邑數准舊。并立後承襲。別於京師置廟，以時祭享。」戊子，行軍總管、杞國公亮舉兵反，襲行軍元帥、鄖國公韋孝寬於豫州。亮不勝，孝寬獲而殺之。辛卯，以永昌公椿爲杞國公，紹簡公連後。行幸同州。增候正、前驅、式道，爲三百六十重〔一六〕，自應門至於赤岸澤，數十里間，幡旗相蔽，鼓樂俱作。又令武賁持鈒馬上，稱警蹕，以至於同州。乙未，改同州宮爲天成宮。庚子，至自同州。詔天臺侍衛之官，皆著五色及紅紫緑衣，以雜色爲緣，名曰品色衣。有大事，與公服間服之。壬寅，詔内外命婦皆執笏，其拜宗廟及天臺，皆俛伏。甲辰，初置天中大皇后。立天左大皇后陳氏爲天中大皇后，立妃尉遲氏爲天左大皇后。

夏四月乙丑，有星大如斗，出天廚，流入紫宮，抵鉤陳乃滅。己巳，祀太廟。己卯，詔曰：「朕以寡薄，昧於治方，不能使天地休和，陰陽調序。自春涉夏，甘澤未豐，既軫西郊之歎，將虧南畝之業。興言夕惕，無忘鑒昧〔一七〕。良由德化未敷，政刑多舛，萬方有罪，責在朕躬。思覃寬惠，被之率土。見囚死罪並降從流，流罪從徒，五歲刑已下悉皆原宥。其反叛惡逆不道，及常赦所不免者，不在降例。」壬午，幸中山祈雨〔一八〕。至咸陽宮，雨降。甲申，還宮。令京城士女於衢巷作音樂以迎候。

五月己丑，以上柱國、大前疑、隨國公楊堅爲揚州總管。甲午夜，帝備法駕幸天興宮。乙未，帝不豫，還宮。詔隨國公堅入侍疾。甲辰，有星大如三斗，出太微端門，流入翼，聲若風鼓幡旗。丁未，追趙、陳、越、代、滕五王入朝。己酉，大漸。御正下大夫劉昉，與內史上大夫鄭譯矯制，以隨國公堅受遺輔政。是日，帝崩於天德殿。時年二十二，謚曰宣皇帝。

七月丙申，葬定陵。

帝之在東宮也，高祖慮其不堪承嗣，遇之甚嚴。朝見進止，與諸臣無異，雖隆寒盛暑，亦不得休息。性既嗜酒，高祖遂禁醪醴不許至東宮。帝每有過，輒加捶扑。嘗謂之曰：

「古來太子被廢者幾人，餘兒豈不堪立耶。」於是遣東宮官屬録帝言語動作，每月奏聞。帝憚高祖威嚴，矯情修飾，以是過惡遂不外聞。

嗣位之初，方逞其欲。大行在殯，曾無戚容，即閱視先帝宮人，逼爲淫亂。纔及踰年，便恣聲樂，采擇天下子女，以充後宮。好自矜夸，飾非拒諫。禪位之後，彌復驕奢，躭酗於後宮，或旬日不出。公卿近臣請事者，皆附奄官奏之。所居宮殿，帷帳皆飾以金玉珠寶，光華炫燿，極麗窮奢。及營洛陽宮，雖未成畢，其規模壯麗，踰於漢魏遠矣。

唯自尊崇，無所顧憚。國典朝儀，率情變改。後宮位號，莫能詳録。每對臣下，自稱爲天。以五色土塗所御天德殿，各隨方色。又於後宮與皇后等列坐，用宗廟禮器罇彝珪瓚之屬以飲食焉。又令羣臣朝天臺者，皆致齋三日，清身一日。車旗章服，倍於前王之數。既自比上帝，不欲令人同己。嘗自帶綬及冠通天冠，加金附蟬，顧見侍臣武弁上有金蟬，及王公有綬者，並令去之。又不聽人有高大之稱，諸姓高者改爲姜，九族稱高祖者爲長祖，曾祖爲次長祖，官名凡稱上及大者改爲長，有天者亦改之。又令天下車皆以渾成木爲輪，禁天下婦人皆不得施粉黛之飾，唯宮人得乘有輻車，加粉黛焉。西陽公温，杞國公亮之子，即帝之從祖兄子也。其妻尉遲氏有容色，因入朝，帝遂飲之以酒，逼而淫之。亮聞之，懼誅，乃反。纔誅温，即追尉遲氏入宮，初爲妃，尋立爲皇后。

每召侍臣論議，唯欲興造變革，未嘗言及治政。其後遊戲無恒，出入不節，羽儀仗衛〔一九〕，晨出夜還。或幸天興宮，或遊道會苑，陪侍之官，皆不堪命。散樂雜戲魚龍爛漫之伎，常在目前。好令京城少年爲婦人服飾，入殿歌舞，與後宮觀之，以爲喜樂。

擯斥近臣，多所猜忌。又恡於財，略無賜與。恐羣臣規諫，不得行己之志，常遣左右密伺察之，動止所爲，莫不鈔録，小有乖違，輒加其罪。自公卿已下，皆被楚撻，其間誅戮黜免者，不可勝言。每笞捶人，皆以百二十爲度，名曰天杖。宮人内職亦如之。后妃嬪御，雖被寵嬖，亦多被杖背。於是内外恐懼，人不自安，皆求苟免，莫有固志，重足累息，以逮於終。

史臣曰：高祖識嗣子之非才，顧宗祏之至重，滯愛同於晉武，則哲異於宋宣。但欲威之以檟楚，期之於懲肅，義方之教，豈若是乎。卒使昏虐君臨，姦回肆毒，善無小而必棄，惡無大而弗爲。窮南山之簡，未足書其過；盡東觀之筆，不能記其罪。然猶獲全首領，及子而亡，幸哉。

校勘記

〔一〕進封柱國平陽郡公王誼爲揚國公　「揚」，三朝本、南監本、北監本、北史卷一〇周本紀下、通鑑卷一七三陳紀七太建十年（五七八）都作「楊」。按「揚」「楊」古多通用。下「柱國、揚國公王誼爲大司空」條，「以大司空、揚國公王誼爲襄州總管」條，以及他處所載王誼封國往往「揚」「楊」雜出，今皆不改，也不再出校記。

〔二〕汾州稽胡帥劉受邏千　「千」，周書卷一三越野王盛傳、册府卷九八四作「干」。按當時北邊人常以「受邏干」爲名，北齊有万俟受洛干。疑作「干」是。

〔三〕今若因修　「修」，北監本、册府卷一三明刻本、通志卷一七後周宣帝紀作「脩」，北史卷一〇周本紀下、册府卷一三明鈔本作「循」。按「脩」「循」二字形近易混，這裏作「循」較長。

〔四〕前詔經營　「詔」，三朝本、南監本、北監本、汲本、局本都作「謂」。按北史卷一〇周本紀下、册府卷一三同作「詔」，殿本當據北史改。

〔五〕車服旗鼓　「車」，原作「室」，據三朝本、南監本、汲本、局本、北史卷一〇周本紀下、御覽卷一〇五引後周書、册府卷一八〇改。

〔六〕封趙王招第二子貫爲永康縣王　周書卷一三趙王招傳稱「永康公貫」，北史卷五八周室諸王傳作「永康王貫」。按縣王之稱未見他例，然北史卷一〇周本紀下也同周書作「永康縣王」，未知孰是。

〔七〕尊天元帝太后李氏爲天皇太后　北史卷一〇周本紀下、通鑑卷一七三陳紀七太建十一年（五七九）此句上並有「己酉」二字，不與上文丙申日納司馬消難女爲皇后一事連書。按大象元年七月庚寅朔，丙申初七，己酉爲二十日，中間相距十三日。疑周書此處有脱文。

〔八〕開府楊雄爲邗國公　「邗國公」，周書卷二九楊紹傳末云：「子雄嗣，大象末，上柱國、邽國公。」隋書卷四三觀德王雄傳作「邘國公」，後文又作「邗公」（此據百衲本，點校本、修訂本均作「邘」）。北史卷六八楊紹傳附楊雄傳先作「邗」，後又作「邘」（此據百衲本，殿本仍作「邗」）。按「邽國公」只見周書楊紹傳。邘是古國名，疑當作「邘」。

〔九〕「初高祖作刑書要制」至「告天而行焉」　北史卷一〇周本紀下「至是」下有「爲刑經聖制，其法深刻」九字。御覽卷六三六引後周書「初」上有「詔罷高祖所約法」七字，至「乃除之」止。按如周書之文，好似「刑書要制」廢而復行；如北史所述，則廢「刑書要制」在先，這時「告天而行」的是宣帝的刑經聖制。考隋書卷二五刑法志云：「大象元年，又下詔曰：『高祖所立刑書要制，用法深重，其一切除之。』」下又云：「於是又廣刑書要制而更峻其法，謂之刑經聖制。」據隋志所述，大象元年（五七九）廢刑書要制，不記日月，以後宣帝所制定的刑經聖制也没有説何時頒佈，而確是兩件事，並非刑書要制先廢後復。周書卷四〇顔之儀傳附樂運傳載樂運上疏有云：「豈有削嚴刑之詔未及半祀，便即追改，更嚴前制？」正是指的廢刑書要制，行刑經聖制事。北史的記載大致可信。這年八月「告天而行」的，就是刑經聖制。疑周書原與北史同，後來脱去九字，但册府卷六一一已同今本，知脱去已久。至御覽多出的七字，倒像八月是廢刑書要制之時，恐未可據。

〔一〇〕以一當十　「十」，三朝本、汲本、局本作「千」。張元濟以爲「十」字誤，云「見北史」。按北史卷一〇周本紀下、通典卷九食貨九、御覽卷八三六引後周書、册府卷五〇〇明鈔本、通鑑卷一七三陳紀七太建十一年（五七九）都作「千」，然隋書卷二四食貨志、册府明刻本也同周書殿本作「十」。

〔一一〕並乘驛以從　「驛」，三朝本、南監本、隋書卷二一天文志下、册府卷一八〇（宋本、明鈔本乙丙）、通鑑卷一七三陳紀七太建十一年（五七九）都作「馹」。按册府明鈔本甲、明刻本也作「驛」，「馹」「驛」二字通。

〔一二〕詔江左諸州新附民　「左」，北史卷一〇周本紀下、册府卷四九〇作「右」。按上年十一月稱「江北盡平」，此詔即對這些州而言，所以謂之「新附」。疑作「江右」是。

〔一三〕是月　「月」，原作「日」，據三朝本、北史卷一〇周本紀下改。按隋書卷二三五行志下云：「周大象二年二月，有禿鶖集洛陽宮太極殿。」正與周書所記相合。

〔一四〕式敍彝倫　「式」，原作「世」，據三朝本、南監本、北監本、汲本、局本、册府卷四九改。

〔一五〕且褒成啓號　「且」，三朝本字缺作〇，册府卷四九作「而」。疑本作「而」，三朝本所據之底本此字缺，故作〇。後來諸本作「且」，乃是以意補之。

〔一六〕增候正前驅式道爲三百六十重　「式」，原作「戒」，據北史卷一〇周本紀下改。通鑑卷一七四陳紀八太建十二年（五八〇）作「式道候」，胡注：「候正，主候望；前驅，先驅也；式道候，在大駕前。」按漢書卷一九上百官公卿表上記中尉屬官有「式道左右中候、候丞」，下注：「應劭曰：『式道凡三候，車駕出還，式道候持麾至宮門，門乃開。』師古曰：『式，表也。』」這裏「戒」乃「式」之形訛。

〔一七〕無忘鑒昧　「昧」，三朝本、册府卷八三、文館詞林卷六六七後周宣帝大旱恩降詔作「寐」，並通。疑本作「寐」。

〔一八〕幸中山祈雨　「中山」，隋書卷一四音樂志中、通典卷一四二樂二、通鑑卷一七四陳紀八太建十二年（五八〇）作「仲山」。按史記卷二九河渠書「令鑿涇水自中山西邸瓠口爲渠」條，索隱云：「小顏云『中音仲。即今九嵏山之東仲山是也』。」正義稱：「括地志云：『中山一名仲山，在雍州雲陽縣西十五里。』」知作「中山」亦通，今不改。

〔一九〕出入不節羽儀仗衛　「節」，原作「飾」，據北史卷一〇周本紀下、通鑑卷一七三陳紀七太建十一年（五七九）改。按如作「飾」，則當連下讀。周宣帝出行常大陳儀衛，豈得謂之「不飾羽儀仗衛」。正因其多隨從，故下云「陪侍之官，皆不堪命」。

周書卷八

帝紀第八

靜帝

靜皇帝諱衍，後改爲闡，宣帝長子也。母曰朱皇后。建德二年六月，生於東宮。大象元年正月癸卯，封魯王。戊午，立爲皇太子。二月辛巳，宣帝於鄴宮傳位授帝，居正陽宮。

二年夏五月乙未，宣帝寢疾，詔帝入宿於露門學。己酉，宣帝崩，帝入居天臺，廢正陽宮。大赦天下，停洛陽宮作。庚戌，上天元上皇太后尊號爲太皇太后。天元聖皇太后李氏爲太帝太后，天元大皇后楊氏爲皇太后，天大皇后朱氏爲帝太后。其天中大皇后陳氏、天右大皇后元氏、天左大皇后尉遲氏並出俗爲尼。柱國、漢王贊爲上柱國、右大丞相，上柱國、揚州總管、隨國公楊堅爲假黄鉞、左大丞相，柱國、秦王贄爲上柱國。帝居諒闇，百官總己以聽於左大丞相。壬子，以上柱國、鄖國公韋孝寬爲相州總管。罷入市税錢。

六月戊午，以柱國許國公宇文善、神武公竇毅、修武公侯莫陳瓊、大安公閻慶並爲上柱國。趙王招、陳王純、越王盛、代王達〔一〕、滕王逌來朝。庚申，復行佛、道二教，舊沙門、道士精誠自守者，簡令入道。辛酉，以柱國杞國公椿、燕國公于寔、郜國公賀拔伏恩並爲上柱國。甲子，相州總管尉遲迥舉兵不受代。詔發關中兵，即以孝寬爲行軍元帥，率軍討之。上柱國、畢王賢以謀執政，被誅。以上柱國秦王贄爲大冢宰，杞國公椿爲大司徒。己巳，詔南定、北光、衡、巴四州民爲宇文亮抑爲奴婢者，並免爲民，復其本業。甲戌，有赤氣起西方，漸東行，遍天。庚辰，罷諸魚池及山澤公禁者，與百姓共之。以柱國、蔣國公梁睿爲益州總管。

秋七月甲申，突厥送齊范陽王高紹義。庚寅，中州刺史李慧起兵〔二〕。辛卯，月掩氐東南星。甲午，月掩南斗第六星。庚子，詔趙、陳、越、代、滕五王入朝不趨，劍履上殿。滎州刺史、邵國公宇文胄舉兵，遣大將軍、清河公楊素討之。青州總管尉遲勤舉兵。丁未，隨公楊堅爲都督内外諸軍事。己酉，郧州總管司馬消難舉兵，以柱國、楊國公王誼爲行軍元帥，率軍討之。壬子，歲星與太白合於張，有流星大如斗，出五車〔三〕，東北流，光明燭地。趙王招、越王盛以謀執政被誅。癸丑，封皇弟術爲鄴王，衎爲郢王〔四〕。是月，豫州、荆州、襄州三總管内諸蠻，各率種落反，焚燒村驛，攻亂郡縣。

八月庚申，益州總管王謙舉兵不受代，即以梁睿爲行軍元帥，率軍討之。丁卯，封上柱國、枹罕公辛威爲宿國公，開府怡昂爲鄗國公。庚午，韋孝寬破尉遲迥於鄴城，迥自殺，相州平。移相州於安陽，其鄴城及邑居皆毁廢之。分相州陽平郡置毛州，昌黎郡置魏州〔五〕。丙子，以漢王贊爲太師，上柱國并州總管申國公李穆爲太傅，宋王實爲大前疑，秦王贄爲大右弼，燕國公于寔爲大左輔。己卯，詔曰：

朕祇承洪業，二載於兹。藉祖考之休，憑宰輔之力，經天緯地，四海晏如。逆賊尉遲迥，才質凡庸，志懷姦慝，因緣戚屬，位冠朝倫。屬上天降禍，先皇晏駕，萬國深鼎湖之痛，四海窮遏密之悲。獨幸天災，欣然放命，稱兵擁衆，便懷問鼎。乃詔六師，肅兹九伐，而凶徒孔熾，充原蔽野。諸將肆雷霆之威，壯士縱貔貅之勢，芟夷縈拂〔六〕，所在如莽，直指漳濱，擒斬元惡，羣醜喪魄，咸集鼓下。順高秋之氣，就上天之誅，兩河妖孽，一朝清蕩。自朝及野，喜抃相趨。昔上皇之時，不言爲治，聖人宰物，有教而已。未戢干戈，實深慚德。思弘寛簡之政，用副億兆之心，可大赦天下。其共迥元謀，執迷不悟，及迥子姪，逆人司馬消難、王謙等，不在赦例。

庚辰，司馬消難擁其衆以魯山、甑山二鎮奔陳，遣大將軍、宋安公元景山率衆追擊〔七〕，俘斬五百餘人，郧州平。沙州氐帥、開府楊永安聚衆應王謙，遣大將軍、樂寧公達奚儒討之〔八〕。楊素破宇文胄於滎州，斬胄於石濟。以上柱國、神武公竇毅爲大司馬，齊國公于智爲大司空。廢相、青、荆、金、晉、梁六州總管。

九月甲申，熒惑與歲星合於翼。丙戌，廢河陽總管爲鎮，隸洛州。以小宗伯、竟陵公楊慧爲大宗伯〔九〕。壬辰，廢皇后司馬氏爲庶人。甲午，熒惑入太微。戊戌，以柱國、楊國公王誼爲上柱國。辛丑，分潼州管内新遂普合及瀘州管内瀘戎六州並隸信州總管府。己酉，熒惑犯左執法。庚戌，以柱國常山公于翼、化政公宇文忻並爲上柱國。進封翼爲任國公，忻爲英國公。壬子，丞相去左右之號，隋公楊堅爲大丞相。

冬十月甲寅，日有蝕之。乙卯〔一〇〕，有流星大如五斗，出張，南流，光明燭地。壬戌，陳王純以怨執政，被誅。大丞相、隨國公楊堅加大冢宰，五府總於天官。戊寅，梁睿破王謙於劍南，追斬之，傳首京師。益州平。

十一月甲辰，達奚儒破楊永安於沙州。沙州平。乙巳，歲星守太微。丁未，上柱國、鄖國公韋孝寬薨。

十二月壬子，以柱國、蔣國公梁睿爲上柱國。癸丑，熒惑入氐。丁巳，以柱國邗國公楊雄、普安公賀蘭謩〔一一〕、郕國公梁士彥、上大將軍新寧公叱列長叉〔一二〕、武鄉公崔弘度、大將軍中山公宇文恩、濮陽公宇文述、渭原公和干子、任城公王景、漁陽公楊鋭、上開府廣宗公李崇、隴西公李詢並爲上柱國。庚申，以柱國、楚國公豆盧勣爲上柱國。癸亥，詔曰：「詩稱『不如同姓』，傳曰『異姓爲後』。蓋明辯親疏，皎然不雜。太祖受命，龍德猶潛。籙表革代之文，星垂除舊之象，三分天下，志扶魏室，多所改作，冀允上玄。文武羣官，賜姓者衆，本殊國邑，實乖胙土。不歆非類，異骨肉而共烝嘗；不愛其親，在行路而敍昭穆。且神徵革姓，本爲曆數有歸；天命在人，推讓終而弗獲。故君臨區寓，累世於茲。不可仍遵謙挹之旨，久行權宜之制。諸改姓者，悉宜復舊。」甲子，大丞相、隨國公楊堅進爵爲王，以十郡爲國。辛未，代王達、滕王逌並以謀執政被誅。壬申，以大將軍、長寧公楊勇爲上柱國、大司馬，小冢宰、始平公元孝矩爲大司寇。

大定元年春正月壬午，詔曰：「朕以不天，夙遭極罰。光陰遄速，遽及此辰。窮慕纏綿，言增號絶。踰祀革號，憲章前典，可改大象三年爲大定元年。」乙酉，歲星逆行，守右執法；熒惑掩房北第一星。丙戌，詔曰：「帝王設官，惟才是務，人臣報國，薦賢爲重。去歲已來，屢有妖寇，宰臣英算，咸得清蕩。逆亂之後，兵車始蝎，遐邇勞役，生民未康。居官之徒，致治者寡。斯故上失其道，以至於茲，亦由下有幽人，未展其力。今四海寧一，八表無塵，元輔執鈞，垂風揚化。若使天下英傑，盡升於朝，銓衡陟降，量才而處，垂拱無爲，庶幾可至。」於是遣戎秩上開府以上，職事下大夫以上，外官刺史以上，各舉清平勤幹者三人。被舉之人，居官三年有功過者，所舉之人，隨加賞罰。以大司馬、長寧公楊勇爲洛州總管。

二月庚申，大丞相、隨王楊堅爲相國，總百揆，更封十郡，通前二十郡，劍履上殿，入朝不趨，贊拜不名，備九錫之禮，加璽、鉞、遠遊冠，相國印綠綟綬，位在諸王上。又加冕十有二旒，建天子旌旗，出警入蹕，乘金根車，駕六馬，備五時副車，置旄頭雲罕，樂舞八佾，設鍾簴宮懸。王后、王子爵命之號，並依魏晉故事。甲子，隨王楊堅稱尊號，帝遜于別宮。隋氏奉帝爲介國公，邑萬户，車服禮樂一如周制，上書不爲表，答表不稱詔。有其文，事竟不行。開皇元年五月壬申，崩，時年九歲，隋志也。謚曰靜皇帝，葬恭陵。

史臣曰：靜帝越自幼沖，紹茲衰緒。內相挾孫、劉之詐，戚藩無齊、代之彊。隋氏因之，遂遷龜鼎。雖復岷峨投袂，翻成陵奪之威；漳滏勤王，無救宗周之殞。嗚呼，以太祖之克隆景業〔一三〕，未踰二紀，不祀忽諸。斯蓋宣帝之餘殃，非孺子之罪戾也。

校勘記

〔一〕越王盛代王達　原倒作「越王達代王盛」，據局本、北史卷一〇周本紀下乙正。按周書卷一三文閔明武宣諸子傳越王名盛，代王名達，卷七宣帝紀、册府卷七、通鑑卷一七三陳紀七太建十一年（五七九）都作「越王盛代王達」，這裏是誤倒。

〔二〕申州刺史李慧起兵　「慧」，周書卷二一尉遲迥傳、北史卷一〇周本紀下、卷六二尉遲迥傳、通鑑卷一七四陳紀八太建十二年（五八〇）作「惠」。

〔三〕有流星大如斗出五車　「車」，原作「軍」，據三朝本、南監本、局本改。張元濟以爲「軍」字誤。按隋書卷二一天文志下亦作「五車」，「五車」是星座名。

〔四〕封皇弟術爲鄴王衎爲郢王　殿本考證云：「按通鑑（卷一七四）周主封其弟衍爲葉王，術爲郢王，與此互異。又按諸王傳（周書卷一三）宣帝五（當作「三」）子，朱皇后生靜皇帝，王姬生鄴王衎，皇甫姬生郢王術。是衍爲兄，術爲弟。今本紀乃以術爲兄，衍爲弟，而王號亦互異。此本紀訛也。又『衍』，本紀作『衎』。靜帝初既名衍，則其弟焉得復以衍爲名。此諸王傳訛也。」按北史卷一〇周本紀下百衲本、卷五八周室諸王傳、册府卷二六五都作萊王衍、郢王術。周書卷一三文閔明武宣諸子傳、北史卷一〇周本紀下殿本作鄴王衍、郢王術。諸書次序都是先衍後術，考證以爲本紀弟兄誤倒是對的。諸書雖同作「衍」，但卷七宣帝紀、卷八靜帝紀都說靜帝初名衍，卷五武帝紀上建德二年六月壬子稱「皇孫衍生」，與本卷、北史卷一〇周本紀下所云靜帝於「建德二年六月，生於東宮」的紀載相合。靜帝既名衍，不能兄弟同名，考證以爲當從本紀作「衎」，也是有理由的。此外，諸書所紀王號也有紛歧。北史紀傳及册府以衍（衎）所封爲「萊王」，周書紀傳及北史卷一〇周本紀下殿本作「鄴王」。通鑑卷一七四陳紀八太建十二年（五八〇）作「葉王」，「葉」恐是「萊」之誤。「鄴」是北齊故都，又是縣名，恐不以封王。諸王封國，多取州名。隋書卷三〇地理志中東萊郡條稱「舊置光州，開皇五年改曰萊州」，或改名在周末。疑作「萊」是。

〔五〕昌黎郡置魏州　錢大昕考異卷三二云：「昌黎當作昌樂。」按隋書卷三〇地理志中武陽郡條云：「後周置魏州。」屬縣有繁水，云：「舊曰『昌樂』，置昌樂郡，東魏郡廢，後周又置。」據隋志，魏州當治貴鄉郡貴鄉縣。或昌樂復改郡時，貴鄉尚未立郡，爲昌樂郡屬縣。錢說是。

〔六〕芟夷縈拂　「縈」，册府卷八三明鈔本同，明刻本作「剪」。

〔七〕大將軍宋安公元景山　張森楷云：「隋書元景山傳（卷三九）言自宋安郡公徙爲平原郡公，此稱故封，疑誤。」按傳稱景山已進位爲「上大將軍」，此亦稱故官。

〔八〕大將軍樂寧公達奚儒　通鑑卷一七四陳紀八太建十二年（五八〇）同，胡注：「長儒襲父慶爵樂安公。志（隋書卷三〇地理志中）云北海郡博昌縣，舊曰樂安。『寧』當作『安』，『儒』上逸『長』字。」張森楷云：「隋書（卷五三）有達奚長儒傳，不言名儒，且言初襲爵樂安公，進成安郡公。討楊永安時，進爵久矣，初未嘗爲樂寧公也。此文有誤。」按長儒單稱儒，乃雙名單稱之例。據傳則不但「樂寧」爲誤，且亦應稱「成安公」。

〔九〕以小宗伯竟陵公楊慧爲大宗伯　「楊」，原作「陽」，據北史卷一〇周本紀下、通鑑卷一七四陳紀八太建十二年（五八〇）改。按隋書卷四四滕穆王瓚傳云：「一名慧，高祖母弟也。」他在周封竟陵郡公，楊堅當國時爲大宗伯，應即其人。這裏作「陽」誤。通鑑作「楊惠」，此爲楊雄初名，未嘗爲大宗伯，「惠」字誤。參卷一九校記第八二條。

〔一〇〕乙卯　「卯」，原作「酉」，據三朝本、南監本、北監本、汲本、局本改。按是月癸丑朔，乙卯是三日，無乙酉。

〔一一〕柱國邗國公楊雄普安公賀蘭暮　「普」上原有「爲」字，據北史卷一〇周本紀下删。張森楷疑「爲」字衍，是。又「邗」當作「邗」，參卷七校記第八條。

〔一二〕上大將軍新寧公叱列長叉　「寧」，原作「安」，據三朝本、南監本、北監本、汲本、局本改。「叉」，原作「文」，據三朝本、汲本、局本改。汲本、局本注云：「一作文。」按北齊書卷二〇叱列平傳稱平子長叉，在齊封新寧王。隋開皇中爲上柱國。北史卷五三叱列平傳「叉」作「叉」。隋馮忱妻叱李綱子墓誌（趙萬里漢魏南北朝墓誌集釋圖版五二一）稱：「祖長叉，齊侍中、許昌王，周少司徒，隋信州總管、相州刺史、上柱國、新寧密公。」「叱李」即「叱列」異譯，在齊封許昌王，北齊書和北史本傳未言。或是先封許昌王，後改封新寧王。入周仍其故封而降爵爲公。其名應作「叉」，作「文」「乂」皆誤。其後卷三一韋孝寬傳「叱列長文」同改，不另出校。

〔三〕以太祖之克隆景業　北史卷一〇周本紀下論作「文皇之經啓鴻基，武皇之克隆景業」。北史此論以周書武、宣、靜三帝紀論合成，疑此「太祖」下脱「之經啓鴻基，高祖」七字。

周書卷九

列傳第一

皇后

書紀有虞之德，載「釐降二女」；詩述文王之美，稱「刑于寡妻」。是知婚姻之道，男女之別，實有國有家者之所慎也。自三代迄于魏晉，興衰之數，得失之迹，備乎傳記，故其詳可得聞焉。若娉納以德，防閑以禮，大義正於宮闈，王化行於邦國，則坤儀式固，而鼎命惟永矣。至於邪僻既進，法度莫修，冶容迷其主心，私謁蠹其朝政，則風化凌替，而宗社不守矣。夫然者，豈非皇王之龜鑑與。

周氏率由姬制，内職有序。太祖創基，修衽席以儉約；高祖嗣曆，節情欲於矯枉。宫闈有貫魚之美，戚里無私溺之尤，可謂得人君體也。宣皇外行其志，内逞其欲，溪壑難滿，採擇無厭。恩之所加，莫限厮皂；榮之所及，無隔險詖。於是升蘭殿而正位，踐椒庭而齊體者，非一人焉；階房帷而拖青紫，承恩倖而擁玉帛者，非一族焉。雖辛、癸之荒淫，趙、李之傾惑，曾未足比其髣髴也。民厭苛政，弊事實多，太祖之祚忽諸，特由於此。故敍其事以爲皇后傳云。

文帝元皇后，魏孝武帝之妹。初封平原公主，適開府張歡〔一〕。歡性貪殘，遇后無禮，又嘗殺后侍婢。后怒，訴之於帝，帝乃執歡殺之。改封后爲馮翊公主，以配太祖，生孝閔帝。大統七年，薨〔二〕。魏恭帝三年十二月，合葬成陵。孝閔帝踐祚，追尊爲王后。武成初，又追尊爲皇后。

文宣叱奴皇后，代人也。太祖爲丞相，納后爲姬，生高祖。天和二年六月，尊爲皇太后〔三〕。建德三年三月癸酉，崩〔四〕。四月丁巳，葬永固陵〔五〕。

孝閔帝元皇后名胡摩，魏文帝第五女。初封晉安公主。帝之爲略陽公也，尚焉。及踐祚，立爲王后。帝被廢，后出俗爲尼。建德初，高祖誅晉國公護，上帝尊號爲孝閔帝，以后爲孝閔皇后，居崇義宮。隋氏革命，后出居里第。大業十二年，殂。

明帝獨孤皇后，太保、衛國公信之長女。帝之在藩也，納爲夫人。二年正月，立爲王后。四月，崩，葬昭陵。武成初，追崇爲皇后。世宗崩，與后合葬。

武帝阿史那皇后，突厥木扞可汗俟斤之女〔六〕。突厥滅茹茹之後，盡有塞表之地，控弦數十萬，志陵中夏〔七〕。太祖方與齊人爭衡，結以爲援。俟斤初欲以女配帝，既而悔之。

高祖即位，前後累遣使要結，乃許歸后於我。保定五年二月，詔陳國公純、許國公宇文貴、神武公竇毅、南安公楊荐等〔八〕，奉備皇后文物及行殿，并六宮以下百二十人，至俟斤牙帳所，迎后。俟斤又許齊人以婚，將有異志。純等在彼累載，不得反命。雖諭之以信義，俟斤不從。會大雷風起，飄壞其穹廬等，旬日不止。俟斤大懼，以爲天譴，乃備禮送后。純等設行殿，列羽儀，奉之以歸〔九〕。天和三年三月，后至，高祖行親迎之禮。后有姿貌，善容止，高祖深敬焉。

宣帝即位，尊爲皇太后。大象元年二月，改爲天元皇太后。二年二月，又尊爲天元上皇太后。册曰：「天元皇帝臣贇，奉璽綬册，謹上天元皇太后尊號曰天元上皇太后。伏惟窮神盡智，含弘載物，道洽萬邦，儀刑四海。聖慈訓誘，恩深明德，雖册徽號，未極尊嚴。是用增奉鴻名，光縟常禮。俾誠敬有展，歡慰在茲，福祉無疆，億兆斯賴。」宣帝崩，靜帝尊爲太皇太后。隋開皇二年殂，年三十二。隋文帝詔有司備禮册，祔葬於孝陵。

武帝李皇后名娥姿，楚人也。于謹平江陵，后家被籍没。至長安，太祖以后賜高祖，後稍得親幸。大象元年二月，改爲天元帝太后〔一〇〕。七月，又尊爲天皇太后。二年，尊爲天元聖皇太后。册曰：「天元皇帝臣贇，奉璽綬册，謹上天皇太后尊號曰天元聖皇太后。

伏惟月精効祉，坤靈表貺，瑞肇丹陵，慶流華渚。雖率由令典，夙奉徽號，而因心盡敬，未極尊名。是用思弘稱首，上昭聖德，敢竭誠敬，永綏福履。顯揚慈訓，貽厥孫謀。」宣帝崩，靜帝尊爲太帝太后。隋開皇元年三月，出俗爲尼，改名常悲。八年殂，年五十三，以尼禮葬于京城南。

宣帝楊皇后名麗華，隋文帝長女。帝在東宫，高祖爲帝納后爲皇太子妃。宣政元年閏六月，立爲皇后。帝後自稱天元皇帝，號后爲天元皇后。尋又立天皇后及左右皇后，與后爲四皇后焉。二年，詔曰：「帝降二女，后德所以儷君；天列四星，妃象於焉垂耀。朕取法上玄，稽諸令典，爰命四后，内正六宫，庶弘贊柔德，廣修粢盛。比殊禮雖降，稱謂曷宜，其因天之象，增錫嘉名。」於是后與三皇后並加大焉。帝遣使持節册后爲天元大皇后曰：「咨爾含章載德，體順居貞，肅恭享祀，儀刑邦國，是用嘉兹顯號，式暢徽音。爾其敬踐厥猷，寅答靈命，對揚休烈，可不慎歟。」尋又立天中大皇后〔一二〕，與后爲五皇后。

后性柔婉，不妬忌，四皇后及嬪御等咸愛而仰之。帝後昏暴滋甚，喜怒乖度。嘗譴后，欲加之罪，后進止詳閑，辭色不撓。帝大怒，遂賜后死，逼令引訣。后母獨孤氏聞之，詣閤陳謝，叩頭流血，然後得免。帝崩，靜帝尊后爲皇太后，居弘聖宮。

初，宣帝不豫，詔后父入禁中侍疾。及大漸，劉昉、鄭譯等因矯詔以后父受遺輔政。后初雖不預謀，然以嗣主幼沖，恐權在他族，不利於己，聞昉、譯已行此詔，心甚悅之。後知其父有異圖，意頗不平，形於言色。及行禪代，憤惋逾甚。隋文帝既不能譴責，內甚愧之。開皇六年，封后爲樂平公主〔一二〕。後又議奪其志，后誓不許，乃止。大業五年，從煬帝幸張掖，殂於河西，年四十九。煬帝還京，詔有司備禮，祔葬后於定陵。

宣帝朱皇后名滿月，吳人也。其家坐事，没入東宮。帝之爲太子，后被選掌帝衣服。帝年少，召而幸之，遂生靜帝。大象元年，立爲天元帝后，尋改爲天皇后。二年，又改爲天大皇后。册曰：「咨爾彌宣四德，訓範六宮，軒庭列序，堯門表慶，嘉稱既降，盛典宜膺。爾其飾性履道，無愆禮正，永固休祉，可不慎歟。」后本非良家子，又年長於帝十餘歲，疎賤無寵。以靜帝故，特尊崇之，班亞楊皇后焉。宣帝崩，靜帝尊爲帝太后〔一三〕。隋開皇元年，出俗爲尼，名法淨。六年殂，年四十，以尼禮葬京城。

宣帝陳皇后名月儀，自云潁川人，大將軍山提第八女也。大象元年六月，以選入宮，拜爲德妃。月餘，立爲天左皇后。二年二月，改天左大皇后。册曰：「咨爾儀範柔閑，操履凝潔，淑問彰於遠近，令則冠於宫闈。是用申彼寵章，加茲徽號。爾其復禮問詩，披圖顧史，永隆嘉命，可不慎歟。」三月，又詔曰：「正内之重，風化之基，嘉耦之制，代多殊典。軒、嚳繼軌〔一四〕，次妃並四；虞舜受命，厥娶猶三。禮非相襲，隨時不無。朕祗承寶圖，載弘徽號，自我改作，超革先古。曰天元居極，五帝所以仰崇；王者稱尊，列后於焉上儷。且坤儀比德，土數惟五，既緝恒典，宜取斯儀。四大皇后外，可增置天中大皇后一人。天中大皇后爰主粢盛〔一五〕，徽音日躋，肇建嘉名，宜膺顯册。」於是以后爲天中大皇后。帝崩，后出家爲尼，改名華光。

后父山提本高氏之隸〔一六〕。仕齊，官至特進、開府、東兗州刺史、謝陽王。高祖平齊，拜大將軍，封淅陽郡公〔一七〕。大象元年，以后父超授上柱國，進封鄖國公，除大宗伯。

宣帝元皇后名樂尚〔一八〕，河南洛陽人也。開府晟之第二女。年十五，被選入宫，拜爲貴妃。大象元年七月，立爲天右皇后。二年二月，改爲天右大皇后〔一九〕。册曰：「咨爾資靈姜水，載德塗山，懿淑内融，徽音潛暢。是用加茲寵數，式光踐禮。爾其聿修儀範，肅膺顯册，祗承休命，可不慎歟。」帝崩，后出俗爲尼，改名華勝。初，后與陳后同時被選入宫，俱拜爲妃，及升后位，又同日受册，帝寵遇二后，禮數均等，年齒復同，特相親愛。及爲尼後，李、朱及尉遲后等並相繼殞没，而二后于今尚存。后父晟，少以元氏宗室，拜開府。大象元年七月〔三〇〕，以后父進位上柱國，封翼國公。

宣帝尉遲皇后名熾繁〔三一〕，蜀國公迥之孫女。有美色。初適杞國公亮子西陽公温，以宗婦例入朝，帝逼而幸之。及亮謀逆，帝誅温，進后入宫，拜爲長貴妃。大象二年三月，立爲天左大皇后。册曰：「咨爾門膺積善，躬表靈貺，徽音茂德，朕實嘉之。是用弘兹盛典，申彼寵章。爾其克慎厥猷，寅荅景命，永承休烈，可不慎歟。」帝崩，后出俗爲尼，改名華首〔三二〕。隋開皇十五年，殂，年三十。

静帝司馬皇后名令姬，柱國、滎陽公消難之女。大象元年二月，宣帝傳位於帝，七月，爲帝納爲皇后。册曰：「坤道成形，厚德於焉載物；陰精迭運，重光所以麗天。在昔皇王，膺乾御曆，内政爲助，昭被圖篆。惟爾門積慶靈，家韜休烈，徽音令範，無背一時。是用命爾，作儷皇極。爾其克勵婉心，肅膺盛典，追皇、英之逸軌，庶任、姒之芳塵，褘翟有光，粢盛無怠，雖休勿休，以隆嘉祚。」二年九月，隋文帝以后父擁衆奔陳，廢后爲庶人。後嫁爲隋司隸刺史李丹妻〔三〕，于今尚存。

史臣曰：孔子稱「夷狄之有君，不如諸夏之亡也」。是以周納狄后，富辰謂之禍階；晉升戎女，卜人以爲不吉。斯固非謬焉。自周氏受命，逮乎高祖，年踰三紀，世歷四君。業非草昧之辰，事殊權宜之日，乃弃同即異，以夷亂華。捐婚姻之彝序，求豺狼之外利。既而報者倦矣，施者無厭，向之所謂和親，未幾已成讎敵。奇正之道，有異於斯。于時高祖雖受制於人，未親庶政，而謀士韞奇，直臣鉗口。過矣哉！

歷觀前載，以外戚而居宰輔者多矣。申、吕則曠代無聞，吕、霍則與時俱盛。傾漢室者王族，喪周祚者楊氏。何滅亡之禍，合若符契焉。斯魏文所以發一槩之詔也已。

校勘記

〔一〕初封平原公主適開府張歡　張森楷云：「北齊書張忻傳（卷二〇張瓊傳附）作『平陽公主』，『張歡』作『張忻』。『忻』『歡』誼同，豈避高歡諱改歟。」按錢大昕考異卷四〇已指出「齊史避諱，改『歡』爲『欣』」。

〔二〕生孝閔帝大統七年薨　「七年」，北史卷一四后妃傳下作「十七年」。按周書卷三孝閔帝紀謂孝閔帝以大統八年（五四二）生於同州，其母不當死在前。又北史卷八九藝術檀特師傳云大統十七年三月魏文帝崩，「未幾，丞相夫人薨」，與北史后妃傳相合。可知周書這裏「七」上脱「十」字。但諸本皆同，今不補。

〔三〕天和二年六月尊爲皇太后　「二年」，原作「元年」，據周書卷五武帝紀上、通志卷二〇后妃傳二改。按三朝本、南監本、北史卷一四后妃傳下、永樂大典卷八九七八引周書都作「三年」。但據武帝紀上，此事發生在天和二年（五六七）。

〔四〕建德三年三月癸酉崩　「三年」，原作「二年」，據北史卷一四后妃傳下、御覽卷一四〇引後周書改。按周書卷五武帝紀上，叱奴后死於建德三年（五七四）三月癸酉。

〔五〕四月丁巳葬永固陵　「四月」，北史卷一四后妃傳下作「五月」。「永」，原脱，據三朝本、南監本、北監本、汲本、局本、永樂大典卷八九七八引周書補。按周書卷五武帝紀上葬在五月庚申，「固」上亦有「永」字。

〔六〕突厥木扞可汗　「木扞」，北史卷一四后妃傳下百衲本作「木杆」，日本靜嘉堂文庫藏宋本、殿本及御覽卷一四〇引後周書、通志卷二〇后妃傳二作「木杆」。考之其他紀載，或作「木汗」（周書卷一九楊忠傳、卷二八史寧傳、卷五〇異域傳下、北史卷六一史寧傳），或作「木杆」（北史卷一一隋本紀敍楊忠事，卷九九突厥傳。隋書卷八四突厥傳局本作「扞」，百衲本「杆」

「扞」雜出）。按「杅」爲「杆」之誤，「汗」「扞」音同，「杆」音亦相近，譯音無定字。

〔七〕控弦數十萬志陵中夏　御覽卷一四〇引後周書作「控弦十數萬，於是陵逼中原」。

〔八〕南安公楊荐　「安」，原作「陽」，據周書卷五武帝紀上（保定五年）、卷三三楊荐傳、北史卷一四后妃傳下改。

〔九〕乃備禮送后純等設行殿列羽儀奉之以歸　「純」上原有「及」字，據北史卷一四后妃傳下刪。按北史此句省作「乃禮送后，純等奉之以歸」。又上文言純等入突厥迎后，「奉備皇后文物及行殿」，知行殿羽儀乃純等所設所列，「奉之以歸」亦純等奉之以歸。「純等」二字自應屬下讀，「及」字衍。

〔一〇〕後稍得親幸大象元年二月改爲天元帝太后　錢大昕考異卷三二云：「按『親幸』之下，當云『生宣帝。宣帝宣政元年七月尊爲帝太后』。」按錢氏實據北史卷一四后妃傳下補。周書云「大象元年二月，改爲天元帝太后」，若無先尊爲帝太后之文，則「改」字無理，知「親幸」下有脫文。御覽卷一四〇引後周書作「高祖幸之，生宣帝。宣帝即位，尊爲天元聖皇太后」，也有刪節。

〔一一〕尋又立天中大皇后　「立」下原有「爲」字，據北史卷一四后妃傳下刪。殿本考證云：「按天中大皇后，陳月儀也。楊后本册立爲天元大皇后，未嘗改册爲天中大皇后。北史『立』下無『爲』字，於文義爲協。」

〔一二〕開皇六年封后爲樂平公主　「開皇六年」，北史卷一四后妃傳下作「開皇初」。按隋書卷三七李敏傳亦云「開皇初，周宣帝后封樂平公主」，同書卷二一天文志下也稱「隋氏受命，廢后爲樂平公主」。又通鑑卷一七五陳紀九太建十三年（五八一）載「改封樂平公主」事在開皇元年，與隋志所記「隋氏受命」相合。疑這裏「六年」爲「元年」之形訛。

〔一三〕静帝尊爲帝太后　「太」下原有「皇」字，據北史卷一四后妃傳下删。張森楷云：「北史是。」按張説是。周書卷八静帝紀正作「帝太后」，「皇」字衍。

〔一四〕軒轡繼軌　「軌」，三朝本、永樂大典卷八九七八引周書作「軏」，不成字，當是「範」之形訛。

〔一五〕天中大皇后爰主粢盛　按這是陳月儀由「天左」改册「天中」的册文，「爰主粢盛」云云，是贊揚陳未改册時的話，疑「中」當作「左」。

〔一六〕本高氏之隸　殿本考證云：「『北史（卷一四后妃傳下）作『本爾朱兆之隸』，未知孰是。」按御覽卷一四〇引後周書同北史。張森楷云：「二史皆是也。山提初爲兆隸，兆使殺己，不從。兆死，轉事高歡爲蒼頭。各據一端而言，其實非有二也。」張所云出北齊書卷二五張亮傳、卷五〇恩倖傳。

〔一七〕淅陽郡公　「淅」，原作「浙」。張森楷云：「『淅』當作『淅』，北史（卷一四后妃傳下）正作『淅』。」按張説是，今據改。「浙」「淅」形近易混，以後「淅陽」徑改爲「淅陽」，不再出校。

〔一八〕名樂尚　「樂」，三朝本、南監本、北監本、汲本、局本、永樂大典卷八九七八引周書作「藥」。

〔一九〕改爲天右大皇后　「天右」，三朝本、南監本、北監本、汲本作「天元」。按殿本考證云：「『天右』，舊本俱訛作『天元』。」殿本當據周書卷七宣帝紀及北史卷一四后妃傳下改。局本從殿本。

〔二〇〕大象元年七月　「元」，原作「末」，據三朝本、北史卷一四后妃傳下、永樂大典卷八九七八引周書改。張元濟以爲作「末」誤，云「見帝紀（卷七宣帝紀）」。但宣帝紀稱元晟封公在八月，此作七月，蓋誤以立皇后之月爲封后父之月。

〔二一〕熾繁　北史卷一四后妃傳下、御覽卷一四〇引後周書作「繁熾」。

〔二二〕華首　北史卷一四后妃傳下、御覽卷一四〇引後周書作「華道」。

〔二三〕後嫁爲隋司隸刺史李丹妻　「司隸」，原作「司州」，據三朝本、南監本、北監本、汲本、永樂大典卷八九七八引周書改。殿本考證云：「『司州』，諸本俱訛爲『司隸』，今據北史（卷一四后妃傳下）改正。」按隋無司州，隋書卷二八百官志下司隸臺有刺史十四人，巡察畿外，卷一〇禮儀志五輅車條、卷二九地理志上、卷六六房彦謙傳、卷六七裴藴傳並見「司隸刺史」。此作「司隸」不誤，殿本妄改，局本從殿本。

周書卷十

列傳第二

邵惠公顥 子什肥　導　什肥子胄　導子廣　亮　翼　椿　衆
杞簡公連　莒莊公洛生 子菩提　虞國公仲 子興

邵惠公顥，太祖之長兄也。德皇帝娶樂浪王氏，是爲德皇后。生顥，次杞簡公連，次莒莊公洛生，次太祖。顥性至孝，德皇后崩，哀毁過禮，鄉黨咸敬異焉。德皇帝與衞可孤戰於武川南河，臨陣墜馬，顥與數騎奔救，擊殺數十人，賊衆披靡，德皇帝乃得上馬引去。俄而賊追騎大至，顥遂戰殁。保定初，追贈太師、柱國大將軍、大冢宰、大都督、恒朔等十州諸軍事、恒州刺史。封邵國公，邑萬户。謚曰惠。顥三子什肥、導、護。護别有傳。

什肥年十五而惠公歿〔一〕，自傷早孤，事母以孝聞。永安中，太祖入關，什肥不能離母，遂留晉陽。及太祖定秦、隴，什肥爲齊神武所害。保定初，追贈大將軍、小冢宰、大都督、冀定等州諸軍事、冀州刺史。襲爵邵國公。謚曰景。子胄嗣。

胄少而孤貧，頗有幹略。景公之見害也，以年幼下蠶室。保定初，詔以晉公護子會紹景公封。天和中，與齊通好，胄始歸關中。授大將軍、開府儀同三司，襲爵邵公。尋除宗師中大夫，進位大將軍，出爲原州刺史，轉滎州刺史。大象末，隋文帝輔政，胄舉州兵應尉遲迥，與清河公楊素戰，敗，遂走〔二〕，追獲於石濟，遂斬之。國除。

會字乾仁〔三〕，幼好學，聰惠。魏恭帝二年，以護平江陵之功，賜爵江陵縣公。保定初，紹景公後，拜驃騎大將軍、開府儀同三司。二年，除蒲州潼關六防諸軍事、蒲州刺史。胄至自齊，改封譚國公。尋進位柱國。建德初，與護同伏誅。三年五月，追贈，復封舊爵。

導字菩薩。少雄豪，有仁惠，太祖愛之。初與諸父在葛榮軍中，榮敗，遷晉陽。及太祖隨賀拔岳入關，導從而西，常從征伐。太祖討侯莫陳悦，以導爲都督，鎮原州。及悦敗，北走出故塞，導率騎追之，至牽屯山及悦，斬之，傳首京師。以功封饒陽縣侯，邑五百户〔四〕，拜冠軍將軍，加通直散騎常侍。魏文帝即位，以定策功，進爵爲公，增邑五百户，拜使持節、散騎常侍、車騎大將軍、左光禄大夫。三年，太祖東征，導入宿衛，拜領軍將軍、大都督。齊神武渡河侵馮翊，太祖自弘農引軍入關，導督左右禁旅會於沙苑，與齊神武戰，大破之。進位儀同三司。明年，魏文帝東征，留導爲華州刺史。及趙青雀、于伏德、慕容思慶等作亂，導自華州率所部兵擊之，擒伏德，斬思慶。進屯渭橋，會太祖軍。事平，進爵章武郡公，增邑并前二千户。尋加侍中、開府、驃騎大將軍、太子少保。高仲密以北豫降〔五〕，太祖率諸將輔魏皇太子東征，復以導爲大都督、華東雍二州諸軍事，行華州刺史。導治兵訓卒，得守捍之方〔六〕。及大軍不利，東魏軍追至稠桑，知關中有備，乃退。會侯景舉河南來附，遣使請援，朝議將應之，乃徵爲隴右大都督、秦南等十五州諸軍事、秦州刺史〔七〕。及齊氏稱帝，太祖發關中兵討之，魏文帝遣齊王廓鎮隴右，徵導還朝。拜大將軍、大都督、三雍二華等二十三州諸軍事，屯咸陽。大軍還，乃旋舊鎮。

導性寬明，善於撫御，凡所引接，人皆盡誠。臨事敬慎，常若弗及。太祖每出征討，導恒居守，深爲吏民所附，朝廷亦以此重之。魏恭帝元年十二月，薨於上邽，年四十四。魏帝遣侍中、漁陽王繩監護喪事〔八〕。贈本官，加尚書令、秦州刺史〔九〕，謚曰孝。朝議以導撫和西戎，威恩顯著，欲令世鎮隴右，以彰厥德，乃葬於上邽城西無疆原。華戎會葬有萬餘人，奠祭於路，悲號滿野，皆曰「我君捨我乎」。大小相率，負土成墳，高五十餘尺，周迴八十餘步。爲官司所止，然後泣辭而去。其遺愛見思如此。天和五年，重贈太師、柱國、豳國公。導五子，廣、亮、翼、椿、衆。亮、椿並出後於杞。

廣字乾歸。少方嚴，好文學。初封永昌郡公。孝閔帝踐阼，改封天水郡公。世宗即位，授驃騎大將軍、開府儀同三司，出爲秦州刺史。武成初，進位大將軍〔一〇〕，遷梁州總管，進封蔡國公，增邑萬户。保定初，入爲小司寇。尋以本官鎮蒲州，兼知潼關等六防諸軍事。二年，除秦州總管、十三州諸軍事、秦州刺史〔一一〕。廣性明察，善綏撫，民庶畏而悦之。時晉公護諸子及廣弟杞國公亮等，服玩侈靡，踰越制度，廣獨率由禮則，又折節待士，朝野以是稱焉。曾侍食於高祖，所食瓜美，持以奉進，高祖悦之。四年，進位柱國。廣以晉公護久擅威權，勸令挹損，護不能納。天和三年，除陝州總管，以病免。及孝公追封豳國公，詔廣襲爵。

初，廣母李氏以廣患彌年，憂而成疾，因此致没。廣既居喪，更加綿篤，乃以毁薨。世稱母爲廣病，廣爲母亡，慈孝之道，極於一門。高祖素服親臨，百僚畢集。其故吏儀同李充信等上表曰：

臣聞資孝成忠，生民高義；旌德樹善，有國常規。竊惟故豳國公臣廣，懿親令望，具瞻攸在，道冠羣后，功懋維城。受脤建旆，威行秦、隴；班條驅傳，化溢崤、函。比腠理舛和，奉詔還闕，藥石所及，沉痾漸愈。而災釁仍集，丁此窮憂，至性過人，遂增舊疾，因茲毀頓，以至薨殂。尋繹貫切，不能自已。

臣等接事，每承餘論。仰之平昔，約己立身，位極上公，賦兼千乘，所獲祿秩，周贍無餘，器用服玩，取給而已。每言及終始，尤存簡素。非秦政而褒吴禮，譏石椁而美厚薪。今卜兆有期，先遠方及，誠恐一從朝露，此志莫伸。伏惟陛下弘不世之慈，垂霈然之澤，留情既往，降愍幽魂，爰敕有司，申其宿志，窀穸之禮，庶存儉約。

詔曰：「省充信等表，但增哀悼。豳國公廣藩屏令望，宗室表儀，言著身文，行成士則。方憑懿戚，用匡朝政，奄丁荼蓼，便致毀滅。啓手歸全，無忘雅操。言念既往，震于厥心。昔河間才藻，追敍於中尉；東海謙約，見稱於身後。可斟酌前典，率由舊章。使易簀之言，得申遺志；黜殯之請，無虧令終。」於是贈本官，加太保。葬於隴西。所司一遵詔旨，並存儉約。子洽嗣。大定中，隋文輔政〔一二〕，以宗室被害，國除。

亮字乾德。武成初，封永昌郡公。後襲烈公爵，除開府儀同三司、梁州總管。天和末，拜宗師中大夫，進位大將軍。豳國公薨，以亮爲秦州總管，廣之所部，悉以配焉。亮在州甚無政績。尋進位柱國。晉公護誅後，亮心不自安，唯縱酒而已。高祖手勑讓之。建德中，高祖東伐，以亮爲右第二軍總管。并州平，進位上柱國。仍從平鄴，遷大司徒。宣帝即位，出爲安州總管。大象初，詔以亮爲行軍總管，與元帥、鄖國公韋孝寬等伐陳。亮自安陸道攻拔黄城，輒破江側民村，掠其生口，以賜士卒。軍還至豫州，亮密謂長史杜士峻曰：「主上淫縱滋甚，社稷將危。吾既忝宗枝，不忍坐見傾覆。今若襲取鄖國公而并其衆，推諸父爲主，鼓行而前，誰敢不從。」遂夜將數百騎襲孝寬營。會亮國官茹寬知其謀，先以馳告，孝寬乃設備。亮不克，遯走，孝寬追斬之。子明坐亮誅〔一三〕。詔以亮弟椿爲烈公後。

翼字乾宜。武成初，封西陽郡公。早薨，謚曰昭。無子，以杞國公亮子温爲嗣。後坐亮反誅，國除。

椿字乾壽。初封永昌郡公。保定中，授開府儀同三司、宗師中大夫。建德初，加大將軍。尋除岐州刺史。四年，關中民饑，椿表陳其狀，璽書勞慰。因令所在開倉賑卹。四年，高祖東伐〔一四〕，椿與齊王憲攻拔武濟等五城。五年，高祖出晉州，椿率衆屯雞棲原〔一五〕。宣帝即位，拜大司寇。亮誅後，詔令紹烈公封。尋進位上柱國，轉大司徒。大定初，爲隋文帝所害，并其五子西陽公道宗、本、仁隣、武子、禮獻〔一六〕。

衆字乾道。保定初，封天水郡公。少而不惠，語默不常，人莫能測。隋文帝踐極，初欲封爲介公，後復誅之，并二子仲和、孰倫。

杞簡公連，幼而謹厚，臨敵果毅。隨德皇帝逼定州軍於唐河，遂俱殁〔一七〕。保定初，追贈使持節、太傅、柱國大將軍、大司徒、大都督、定冀等十州諸軍事、定州刺史；封杞國公，邑五千户；謚曰簡。子元寶爲齊神武所害〔一八〕。保定初，追贈大將軍、小司徒、大都督、幽燕等六州諸軍事〔一九〕、幽州刺史。襲爵杞國公，謚曰烈。以章武公導子亮嗣。

莒莊公洛生，少任俠，尚武藝，及壯，有大度，好施愛士。北州賢俊，皆與之遊，而才能多出其下。及葛榮破鮮于脩禮，乃以洛生爲漁陽王，仍領德皇帝餘衆。時人皆呼爲洛生王。洛生善將士〔二〇〕，帳下多驍勇。至於攻戰，莫有當其鋒者，是以克獲常冠諸軍。爾朱榮定山東，收諸豪傑，遷於晉陽，洛生時在虜中。榮雅聞其名，心憚之。尋爲榮所害。保定初，追贈使持節、太保、柱國大將軍、大冢宰、大宗伯、大都督、并肆等十州諸軍事、并州刺史；封莒國公，邑五千户；謚曰莊。

子菩提，爲齊神武所害。保定初，追贈大將軍、小宗伯、大都督、肆恒等六州諸軍事、肆州刺史，襲爵莒國公，謚曰穆。以晉公護子至爲嗣。

至字乾附。初封崇業公，後襲穆公爵。建德初，坐父護誅〔二二〕，詔以衞王直子賓爲穆公後。三年，追復至爵。

賓字乾瑞。尋坐直誅。建德六年，更以齊王憲子廣都公貢襲爵。

貢字乾禎〔二三〕。宣帝初，被誅，國除。

虞國公仲，德皇帝從父兄也。卒于代。保定初，追贈使持節、太傅、柱國大將軍、大司徒、大都督、燕平等十州諸軍事、燕州刺史；封虞國公，邑三千户。子興嗣。

興生，兵亂，與仲相失，年又沖幼，莫知其戚屬遠近。與太祖兄弟，初不相識。齊神武寇沙苑，興預在行間，軍敗被虜，隨例散配諸軍。興性弘厚，有志度，雖流離世故，而風範可觀。魏恭帝二年，舉賢良，除本郡丞，徙長隰縣令。保定二年，詔仲子興始附屬籍〔二三〕。高祖以興宗戚近屬，尊禮之甚厚，拜使持節、驃騎大將軍、開府儀同三司、都督，封大寧郡公。尋除宗師中大夫。四年，出爲涇州刺史。五年，又徵拜宗師，加大將軍，襲爵虞國公。天和二年薨，高祖親臨，慟焉。詔大司空、中國公李穆監護喪事。贈使持節、柱國大將軍、大都督、恒幽等六州諸軍事、恒州刺史，謚曰靖。子洛嗣。

洛字永洛〔二四〕。九歲，命爲虞國公世子。天和四年，詔襲興爵。建德初，拜使持節、車騎大將軍、儀同三司。及靜帝崩，隋文帝以洛爲介國公，爲隋室賓云。

史臣曰：自古受命之君及守文之主，非獨異姓之輔也，亦有骨肉之助焉。其茂親有魯衞梁楚，其疎屬有凡蔣荆燕，咸能飛聲騰實，不泯於百代之後。至若豳孝公之勳烈，而加之以善政；蔡文公之純孝〔二五〕，而飾之以儉約：巍巍焉，足以轥轢於前載矣。當隋氏之起，乘天威而服海内，將相王侯，莫不隳肝膽以効款，援符命以頌德。胄以葭莩之親，據一州而叶義舉，可謂忠而能勇。功業不遂，悲夫！亮實庸才，圖非常於巨逆。古人稱不度德、不量力者，其斯之謂歟。

校勘記

〔一〕什肥年十五而惠公歿　據上文，宇文顥（邵惠公）死在六鎮起義之初，不能早於正光五年（五二四）。周書卷一一晉蕩公護傳載其母閻姬書，自云三子，「大者屬鼠」，大者即指什肥，應該生於永平元年（五〇八）戊子，到正光五年是十七歲。閻姬自述其子生肖當可信，這裏的「年十五」應有誤。參卷一一校記第一條。

〔二〕與清河公楊素戰敗遂走　「遂」，永樂大典卷八九七八引周書作「遯」。按「遯走」爲古籍常用詞，此卷宇文亮傳即有「孝寬乃設備。亮不克，遯走，孝寬追斬之」語。疑作「遯」是。

〔三〕會字乾仁　「會字」，原作「胄子」，據北史卷五七周宗室傳改。張森楷云：「案下所敘事皆是會，非胄子也。『胄子』二字是彼刻誤。」按張說是。且以「乾」爲字者，都和胄同輩，胄子矮了一輩，不能也以「乾」排行。

〔四〕以功封饒陽縣侯邑五百户　三朝本、永樂大典卷八九七八引周書作「以功封饒陽縣，增邑五百（大典作「伯」）户」，無「侯」字。北史卷五七周宗室傳作「饒陽縣伯」。「侯」與「伯」，未知孰是。

〔五〕高仲密以北豫降　北史卷五七周宗室傳、永樂大典卷八九七八引周書「北豫」下都有「州」字。按周書他處及北史記此事，均作「北豫州」。疑這裏脱「州」字。

〔六〕得守捍之方　「守」，三朝本、南監本、北監本、汲本、永樂大典卷八九七八引周書都作「定」。殿本考證云：「舊本俱作『定捍之方』，依北史（卷五七周宗室傳）改。」按通志卷八五後周宗室傳作「得扞守之方」。

〔七〕乃徵爲隴右大都督秦南等十五州諸軍事秦州刺史　北史卷五七周宗室傳作「詔徵隴右大都督獨孤信東下，令導代信爲秦州刺史、大都督、十五州諸軍事」。趙翼陔餘叢考卷七云：「按景在河南，距隴右二千餘里，有何關涉？據北史，是時本令隴右大都督獨孤信往援侯景，故移導於隴右也。周書少此數語，遂無頭緒。」又隋書卷二九地理志上巴東郡武寧縣條云：「後周置南州。」然和秦州不相連接，且置於北周，疑「南」字下有脱文。

〔八〕侍中漁陽王繩　「繩」，北史卷五七周宗室傳作「綱」。按隋書卷七四元弘嗣傳見「祖剛，魏漁陽王。父經，周漁陽郡公」，據元和姓纂卷四載：「（元）昭生元、綱……綱生經。經生弘嗣、弘則。弘嗣，隋黄門侍郎。」知剛、綱爲同一人。綜合北史所記，疑作「綱」是，此處「繩」似爲「綱」之形訛。

〔九〕秦州刺史　「秦」，三朝本作「泰」。按宇文導任秦州刺史踰三年，死後葬於秦州治所上邽，泰州和他無關。永樂大典卷八九七八引周書即作「秦州」，「泰」當是「秦」之形訛。

〔一〇〕武成初進位大將軍　英華卷九四八周故大將軍趙公墓銘（即宇文廣）作「二年，拜大將軍」，在武成建元前一年（五五八）。

〔一一〕二年除秦州總管十三州諸軍事秦州刺史　「二」，原作「三」，據三朝本、永樂大典卷八九七八引周書改。張元濟以爲「三」字誤，云「見紀五」。按宇文廣除秦州刺史，見周書卷五武帝紀上保定二年（五六二）二月。英華卷九四八周故大將軍趙公墓銘在二年閏月。

〔三〕大定中隋文輔政　「大定」，三朝本、永樂大典卷八九七八引周書作「太定」。按周書卷八靜帝紀、北史卷一〇周本紀下都作「大定」。但按卷四八蕭詧傳，大定是後梁宣帝年號，這是很近的事，後梁又是周的屬國，似不應重複。「太」「大」在年號中從來多混淆，究未知孰是。

〔一三〕子明坐亮誅　「明」，通志卷八五後周宗室傳作「胲明」。按北史卷五七周宗室傳此句原作「胲明坐亮誅」，無「子」字，中華書局點校本據通志補「子」字。

〔一四〕四年高祖東伐　張森楷云：「上文已出四年，此不應復出，當誤衍四年字。」按兩四年下所記事都不誤，張以爲這裏的「四年」爲衍文是對的。

〔一五〕雞棲原　原倒作「棲雞原」，據周書卷一二齊煬王憲傳、北史卷八齊本紀下、卷五八周室諸王傳、通典卷一五〇兵三宋本、通鑑卷一七二陳紀六太建八年（五七六）乙正。張森楷云：「齊王憲傳作『雞棲原』，是也。此誤倒文。」按通鑑胡注云：「雞棲原在永安北。」而「棲雞原」僅此一見。

〔一六〕并其五子西陽公道宗本仁隣武子禮獻　張森楷云：「上西陽公翼傳云『杞國公亮子温爲嗣。後坐亮反誅，國除』，則不得更有西陽公也。而此云云，豈温誅後，更以道紹封歟？」按若有人紹封，就不能説「國除」。這裏可能封邑名有誤。又五子之名共九字，必有一人單名，但别無可考，不能確切點斷。

〔一七〕隨德皇帝逼定州軍於唐河遂俱殁　「逼」，北史卷五七周宗室傳作「遇」。

〔一八〕元寶　「元」，原作「光」。張森楷云：「晉蕩公護傳（卷一一）載母閻姬書，稱『汝叔母賀拔及兒元寶』，即此子也。『光』『元』形近，未知孰是。」按北史卷五七周宗室傳、册府卷二九六都作「元」，今據改。

〔一九〕追贈大將軍小司徒大都督幽燕等六州諸軍事　「都督」上「大」字，原脱，據三朝本、永樂大典卷八九七八引周書補。張元濟以爲殿本脱「大」字。按保定初追贈没於東魏、北齊的宗室，伯父和從兄弟都加大都督，元寶不應獨異。

〔二〇〕洛生善將士　北史卷五七周宗室傳、册府卷二七一「善」下有「撫」字，較長。

〔二一〕建德初坐父護誅　「坐」，原脱。殿本考證云：「北史（卷五七周宗室傳）作『後坐父護誅』。此脱一『坐』字。」按無「坐」字不可通，考證説是，今據補。

〔二二〕更以齊王憲子廣都公貢襲爵貢字乾禎　兩「貢」字，原作「真」，據北史卷五七周宗室傳改。按北史稱「貢字乾貞」，雖字不同，但名作「貢」是肯定的。參卷六校記第三四條。又貢之字不見周書卷一二齊煬王憲傳，然所載其弟兄之字，除乾洽外，下一字都從示，這裏作「禎」是對的。

〔二三〕詔仲子興始附屬籍　按北史卷五七周宗室傳此句作「詔訪仲子孫，興始附屬籍」，文義較長。疑這裏「詔」下脱「訪」字，「子」下脱「孫」字。

〔二四〕洛字永洛　「永」，三朝本、永樂大典卷八九七八引周書作「水」。按水洛城常訛作「永洛」。

洛當是以地爲字，疑作「水」是。

〔三五〕蔡文公之純孝　蔡文公指宇文廣，廣後襲封豳國公，爲了避免與上文豳孝公重「豳」字，故稱其初封。但本傳不載廣謚「文」，只見於北史卷五七周宗室傳。史臣論既稱其謚，疑廣傳脱去「謚曰文」語。

周書卷十一

列傳第三

晉蕩公護 叱羅協 馮遷

晉蕩公護字薩保，太祖之兄邵惠公顥之少子也。幼方正有志度，特爲德皇帝所愛，異於諸兄。年十一，惠公薨〔一〕，隨諸父在葛榮軍中。榮敗，遷晉陽。太祖之入關也，護以年小不從。普泰初，自晉陽至平涼，時年十七〔二〕。太祖諸子並幼，遂委護以家務，內外不嚴而肅。太祖嘗歎曰：「此兒志度類我。」

及出臨夏州，留護事賀拔岳。岳之被害，太祖至平涼，以護爲都督。從征侯莫陳悅，破之。後以迎魏帝功，封水池縣伯，邑五百户。大統初，加通直散騎常侍、征虜將軍。以預定樂勳，進爵爲公，增邑通前一千户。從太祖擒竇泰，復弘農，破沙苑，戰河橋，並有功。

遷鎮東將軍、大都督。八年，進車騎大將軍、儀同三司。邙山之役，護率衆先鋒，爲敵人所圍，都督侯伏侯龍恩挺身扞禦，方得免。是時，趙貴等軍亦退，太祖遂班師。護坐免官，尋復本位。十二年〔三〕，加驃騎大將軍、開府儀同三司，進封中山公，增邑四百户。十五年，出鎮河東，遷大將軍。與于謹征江陵〔四〕，護率輕騎爲先鋒，晝夜兼行，乃遣裨將攻梁臨邊城鎮，並拔之。并擒其候騎，進兵徑至江陵城下。城中不意兵至，惶窘失圖。護又遣騎二千斷江津，收舟艦以待。大軍之至，圍而克之。以功封子會爲江陵公。初，襄陽蠻帥向天保等萬有餘落，恃險作梗。及師還，護率軍討平之。初行六官，拜小司空。

太祖西巡至牽屯山，遇疾，馳驛召護。護至涇州見太祖，而太祖疾已綿篤。謂護曰：「吾形容若此，必是不濟。諸子幼小，寇賊未寧，天下之事，屬之於汝，宜勉力以成吾志。」護涕泣奉命。行至雲陽而太祖崩。護祕之，至長安乃發喪。時嗣子沖弱，彊寇在近，人情不安。護綱紀内外，撫循文武，於是衆心乃定。先是，太祖常云「我得胡力」。當時莫曉其旨，至是，人以護字當之。尋拜柱國。太祖山陵畢，護以天命有歸，遣人諷魏帝，遂行禪代之事。

孝閔帝踐阼，拜大司馬，封晉國公，邑一萬户。趙貴、獨孤信等謀襲護〔五〕，護因貴入朝，遂執之，黨與皆伏誅。拜大冢宰。

時司會李植、軍司馬孫恒等，在太祖之朝，久居權要〔六〕。見護執政，恐不見容。乃密要宮伯乙弗鳳、張光洛、賀拔提、元進等爲腹心，說帝曰：「護誅趙貴以來〔七〕，威權日盛，謀臣宿將，爭往附之，大小政事，皆決於護。以臣觀之，將不守臣節，恐其滋蔓，願早圖之。」帝然其言。鳳等又曰：「以先王之聖明，猶委植、恒以朝政，今若左提右挈，何向不成。且晉公常云我今夾輔陛下，欲行周公之事。臣聞周公攝政七年，然後復子明辟，陛下今日，豈能七年若此乎。深願不疑。」帝愈信之。數將武士於後園講習，爲執縛之勢。

護微知之，乃出植爲梁州刺史，恒爲潼州刺史，欲遏其謀。後帝思植等，每欲召之。護諫曰：「天下至親，不過兄弟。若兄弟自搆嫌隙，他人何易可親。太祖以陛下富於春秋，顧命託臣以後事。臣既情兼家國，寔願竭其股肱。若使陛下親覽萬機，威加四海，臣死之日，猶生之年。但恐除臣之後，姦回得逞其欲，非唯不利陛下，亦恐社稷危亡。臣所以勤勤懇懇，干觸天威者，但不負太祖之顧託，保安國家之鼎祚耳。不意陛下不照愚臣款誠，忽生疑阻。且臣既爲天子兄，復爲國家宰輔，知更何求而懷冀望〔八〕。伏願陛下有以明臣，無惑讒人之口。」因泣涕，久之乃止。帝猶猜之。

鳳等益懼，密謀滋甚。遂克日將召羣公入醼，執護誅之。光洛具以其前後謀告護，護乃召柱國賀蘭祥、小司馬尉遲綱等，以鳳謀告之。祥等並勸護廢帝。時綱總領禁兵，護乃遣綱入宫，召鳳等議事，及出，以次執送護第。因罷散宿衛兵，遣祥逼帝，幽於舊邸。於是召諸公卿畢集，護流涕謂曰：「先王起自布衣，躬親行陣，勤勞王業，三十餘年。寇賊未平，奄棄萬國。寡人地則猶子，親受顧命。以略陽公既居正嫡，與公等立而奉之，革魏興周，爲四海主。自即位以來，荒淫無度，昵近羣小，疎忌骨肉，大臣重將，咸欲誅夷。若此謀遂行，社稷必致傾覆。寡人若死，將何面目以見先王。今日寧負略陽，不負社稷爾。寧都公年德兼茂，仁孝聖慈，四海歸心，萬方注意。今欲廢昏立明，公等以爲如何？」羣臣咸曰：「此公之家事，敢不惟命是聽。」於是斬鳳等於門外，并誅植、恒等。尋亦弑帝。迎世宗於岐州而立之。

二年，拜太師，賜輅車冕服。封子至爲崇業郡公。初改雍州刺史爲牧，以護爲之，并賜金石之樂。武成元年，護上表歸政，帝許之。軍國大事尚委於護。帝性聰睿，有識量，護深憚之。有李安者，本以鼎俎得寵於護，稍被升擢，位至膳部下大夫。至是，護乃密令安因進食於帝，加以毒藥。帝遂寢疾而崩。護立高祖，百官總己以聽於護。

自太祖爲丞相，立左右十二軍，總屬相府。太祖崩後，皆受護處分，凡所徵發，非護書不行。護第屯兵禁衛，盛於宫闕。事無巨細，皆先斷後聞。保定元年，以護爲都督中外諸軍事，令五府總於天官。或有希護旨，云周公德重，魯立文王之廟，以護功比周公，宜用此禮。於是詔於同州晉國第，立德皇帝別廟，使護祭焉。三年，詔曰：「大冢宰晉國公，智周萬物，道濟天下，所以克成我帝業，安養我蒼生。況親則懿昆，任當元輔，而可同班羣品，齊位衆臣！自今詔誥及百司文書，並不得稱公名，以彰殊禮。」護抗表固讓。

初，太祖創業，即與突厥和親，謀爲掎角，共圖高氏。是年，乃遣柱國楊忠與突厥東伐。破齊長城，至并州而還。期後年更舉，南北相應。齊主大懼。先是，護母閻姬與皇第四姑及諸戚屬，並沒在齊，皆被幽縶。護居宰相之後，每遣間使尋求，莫知音息。至是，並許還朝，且請和好。四年，皇姑先至。齊主以護既當權重，乃留其母，以爲後圖。仍令人爲閻作書報護曰：

天地隔塞，子母異所，三十餘年，存亡斷絕，肝腸之痛，不能自勝。想汝悲思之懷，復何可處。吾自念十九入汝家，今已八十矣。既逢喪亂，備嘗艱阻。恒冀汝等長成，得見一日安樂。何期罪釁深重，存没分離。吾凡生汝輩三男三女，今日目下，不覩一人。興言及此，悲纏肌骨。賴皇齊恩卹，差安衰暮。又得汝楊氏姑及汝叔母紇干、汝嫂劉新婦等同居〔九〕，頗亦自適。但爲微有耳疾，大語方聞。行動飲食，幸無多恙。今大齊聖德遠被，特降鴻慈，既許歸吾於汝，又聽先致音耗。積稔長悲，豁然獲展。此乃仁侔造化，將何報德！

汝與吾別之時，年尚幼小，以前家事，或不委曲。昔在武川鎮生汝兄弟，大者屬鼠，次者屬兔，汝身屬蛇。鮮于脩禮起日，吾之闔家大小，先在博陵郡住。相將欲向左人城〔一〇〕，行至唐河之北，被定州官軍打敗。汝祖及二叔，時俱戰亡。汝叔母賀拔及兒元寶，汝叔母紇干及兒菩提，并吾與汝六人，同被擒捉入定州城。未幾間，將吾及汝送與元寶掌。賀拔、紇干，各別分散。寶掌見汝云：「我識其祖翁，形狀相似。」時寶掌營在唐城内。經停三日，寶掌所掠得男夫、婦女，可六七十人〔一一〕，悉送向京。吾時與汝同被送限。至定州城南，夜宿同鄉人姬庫根家。茹茹奴望見鮮于脩禮營火，語吾云：「我今走向本軍。」既至營，遂告吾輩在此。明旦日出，汝叔將兵邀截，吾及汝等，還得向營。汝時年十二〔一二〕，共吾並乘馬隨軍，可不記此事緣由也？於後，吾共汝在受陽住〔一三〕。時元寶、菩提及汝姑兒賀蘭盛洛〔一四〕，并汝身四人同學。博士姓成，爲人嚴惡，汝等四人謀欲加害〔一五〕。吾共汝叔母等聞知〔一六〕，各捉其兒打之。唯盛洛無母，獨不被打。其後爾朱天柱亡歲，賀拔阿斗泥在關西，遣人迎家累。時汝叔亦遣奴來富迎汝及盛洛等。汝時著緋綾袍、銀裝帶，盛洛著紫織成纈通身袍、黄綾裏，並乘騾同去。盛洛小於汝，汝等三人並呼吾作「阿摩敦」。如此之事，當分明記之耳。今又寄汝小時所著錦袍表一領，至宜檢看，知吾含悲戚多歷年祀〔一七〕。

屬千載之運，逢大齊之德，矜老開恩，許得相見。一聞此言，死猶不朽，況如今者，勢必聚集。禽獸草木，母子相依，吾有何罪，與汝分離，今復何福，還望見汝。言此悲喜，死而更蘇。世間所有，求皆可得，母子異國，何處可求。假汝貴極王公，富過山海；有一老母，八十之年，飄然千里，死亡旦夕，不得一朝蹔見，不得一日同處，寒不得汝衣，饑不得汝食，汝雖窮榮極盛，光耀世間，汝何用爲？於吾何益？吾今日之前，汝既不得申其供養，事往何論。今日以後，吾之殘命，唯繫於汝，爾戴天履地，中有鬼神，勿云冥昧而可欺負。

汝楊氏姑，今雖炎暑，猶能先發。關河阻遠，隔絶多年，書依常體，慮汝致惑，是以每存款質，兼亦載吾姓名。當識此理，不以爲怪。

護性至孝，得書，悲不自勝，左右莫能仰視。報書曰：

區宇分崩，遭遇災禍，違離膝下，三十五年。受形稟氣，皆知母子，誰同薩保，如此不孝！宿殃積戾，唯應賜鍾，豈悟網羅，上嬰慈母。但立身立行，不負一物，明神有識，宜見哀憐。而子爲公侯，母爲俘隸，熱不見母熱，寒不見母寒，衣不知有無，食不知饑飽，泯如天地之外，無由暫聞。晝夜悲號，繼之以血，分懷冤酷，終此一生，死若有知，冀奉見於泉下爾。不謂齊朝解網，惠以德音，摩敦、四姑，並許矜放。初聞此旨，魂爽飛越，號天叩地，不能自勝。四姑即蒙禮送，平安入境，以今月十八日於河東拜見。遥奉顔色，崩動肝腸。但離絶多年，存亡阻隔，相見之始，口未忍言，唯敍齊朝寬弘，每存大德。云與摩敦雖處宫禁，常蒙優禮，今者來鄴，恩遇彌隆。矜哀聽許摩敦垂敕〔一八〕，曲盡悲酷，備述家事。伏讀未周，五情屠割。書中所道，無事敢忘。摩敦年尊，又加憂苦，常謂寢膳貶損，或多遺漏；伏奉論述，次第分明。一則以悲，一則以喜。當鄉里破敗之日，薩保年已十餘歲，隣曲舊事，猶自記憶；况家門禍難，親戚流離，奉辭時節，先後慈訓，刻肌刻骨，常纏心腑。

天長喪亂，四海横流。太祖乘時，齊朝撫運，兩河、三輔，各值神機。原其事跡，非相負背。太祖升遐，未定天保，薩保屬當猶子之長，親受顧命。雖身居重任，職當憂責，至於歲時稱慶，子孫在庭，顧視悲摧，心情斷絶，胡顔履戴，負媿神明。霈然之恩〔一九〕，既以霑洽，愛敬之至，施及傍人。草木有心，禽魚感澤，况在人倫，而不銘戴。有家有國，信義爲本，伏度來期，已應有日。一得奉見慈顔，永畢生願。生死肉骨，豈過今恩，負山戴岳，未足勝荷。二國分隔，理無書信，主上以彼朝不絶子母之恩，亦賜許奉答。不期今日，得通家問，伏紙嗚咽，言不宣心。蒙寄薩保别時所留錦袍表，年歲雖久，宛然猶識，抱此悲泣。至于拜見，事歸忍死，知復何心！

齊朝不即發遣，更令與護書，要護重報，往返再三，而母竟不至。朝議以其失信，令有司移齊曰：

夫有義則存，無信不立，山岳猶輕，兵食非重。故言誓弗違，重耳所以享國；祝史無媿，隨會所以爲盟。未有司牧生民，君臨有國，可以忘義而多食言者也。自數屬屯夷，時鍾圮隔，皇家親戚，淪陷三紀。仁姑、世母，望絕生還。彼朝以去夏之初，德音爰發，已送仁姑，許歸世母。乃稱煩暑，指尅來秋。謂其信必由衷，嘉言無爽。今落木戒候，冰霜行及，方爲世母虛設詭詞，未議言歸，更徵酬答。子女玉帛，既非所須，保境寧民，又云匪報。詳觀此意，全乖本圖。愛人以禮，豈爲姑息。要子責誠，質親求報，實傷和氣，有悖天經。我之周室，太祖之天下也，焉可捐國顧家，殉名虧實！不害所養，斯曰仁人。臥鼓潛鋒，孰非深計。若令迭爭尺寸，兩競錐刀，瓦震長平，則趙分爲二；兵出函谷，則韓裂爲三。安得猶全，謂無損益。

大冢宰位隆將相，情兼家國，銜悲茹血，分畢冤魂，豈意噬指可尋，倚門應至。徒聞善始，卒無令終，百辟震驚，三軍憤惋。不爲孝子，當作忠臣。去歲北軍深入，數俘城下。雖曰班師，餘功未遂。今茲馬首南向，更期重入。晉人角之，我之職矣。聞諸道路，早已戒嚴，非直北拒，又將南略。儻欲自送，此之願也。如或嬰城，未能求敵，詰朝請見，與君周旋。爲惠不終，祇增深怨。愛親無慢，垂訓尼父；矜卹窮老，貽則周文。環玦之義，事不由此，自應内省，豈宜有間。

移書未送而母至。舉朝慶悦，大赦天下。護與母睽隔多年，一旦聚集，凡所資奉，窮極華盛。每四時伏臘，高祖率諸親戚，行家人之禮，稱觴上壽。榮貴之極，振古未聞。

是年也，突厥復率衆赴期。護以齊氏初送國親，未欲即事征討，復慮失信蕃夷，更生邊患。不得已，遂請東征。九月，詔曰：「神若軒皇，尚云三戰；聖如姬武，且曰一戎。弧矢之威，干戈之用，帝王大器，誰能去兵。太祖丕受天明，造我周室，日月所照，罔不率從。高氏乘釁跋扈，竊有并、冀，世濟其惡，腥穢彰聞。皇天震怒，假手突厥，驅略汾晉，掃地無遺。季孟勢窮，伯珪日蹙，坐待滅亡，鑒之愚智。故突厥班師，仍屯彼境，更集諸部，傾國齊至，星流電擊，數道俱進，期在仲冬，同會并、鄴。大冢宰晉公，朕之懿昆，任隆伊、吕，平一宇宙，惟公是屬。朕當親執斧鉞，廟庭祇受〔二〇〕。有司宜勒衆軍，量程赴集。進止遲速，委公處分。」於是徵二十四軍及左右廂散隸、及秦隴巴蜀之兵、諸蕃國之衆二十萬人〔二一〕。十月，帝於廟庭授護斧鉞。出軍至潼關，乃遣柱國尉遲迥率精兵十萬爲前鋒，大將軍權景宣率山南之兵出豫州，少師楊摽出軹關。護連營漸進，屯軍弘農。迥攻圍洛陽。柱國齊公憲、鄭國公達奚武等營於邙山。

護性無戎略，且此行也，又非其本心。故師出雖久，無所克獲。護本令塹斷河陽之路，遏其救兵，然後同攻洛陽，使其內外隔絕。諸將以爲齊兵必不敢出，唯斥候而已。值連日陰霧，齊騎直前，圍洛之軍，一時潰散。唯尉遲迥率數十騎扞敵，齊公憲又督邙山諸將拒之，乃得全軍而返。權景宣攻克豫州，尋以洛陽圍解，亦引軍退。楊摽於軹關戰沒。護於是班師。以無功，與諸將稽首請罪，帝弗之責也。

天和二年，護母薨，尋有詔起令視事。四年，護巡歷北邊城鎮，至靈州而還。五年，又詔曰：「光宅曲阜，魯用郊天之樂；地處參墟，晉有大蒐之禮。所以言時計功，昭德紀行。使持節、太師、都督中外諸軍事、柱國大將軍、大冢宰晉國公，體道居貞，含和誕德，地居戚右，才表棟隆。國步艱難，寄深夷險，皇綱締構，事均休戚。故以迹冥殆庶，理契如仁。今文軌尚隔，方隅猶阻，典策未備，聲明多闕〔二二〕，宜賜軒懸之樂，六佾之舞。」

護性甚寬和，然暗於大體。自恃建立之功，久當權軸。凡所委任，皆非其人。兼諸子貪殘，僚屬縱逸，恃護威勢，莫不蠹政害民。上下相蒙，曾無疑慮。高祖以其暴慢，密與衞王直圖之。

七年三月十八日，護自同州還〔二三〕。帝御文安殿，見護訖，引護入含仁殿朝皇太后。先是帝於禁中見護，常行家人之禮。護謁太后，太后必賜之坐，帝立侍焉。至是護將入，帝謂之曰：「太后春秋既尊，頗好飲酒。不親朝謁，或廢引進〔二四〕。喜怒之間，時有乖爽。比雖犯顏屢諫，未蒙垂納。兄今既朝拜，願更啓請。」因出懷中酒誥以授護曰：「以此諫太后。」護既入，如帝所戒，讀示太后。未訖，帝以玉珽自後擊之，護踣於地。又令宦者何泉以御刀斫之。泉惶懼，斫不能傷。時衛王直先匿於户内，乃出斬之。

初，帝欲圖護，王軌、宇文神舉、宇文孝伯頗豫其謀。是日，軌等並在外，更無知者。殺護訖，乃召宮伯長孫覽等告之，即令收護子柱國譚國公會、大將軍莒國公至、崇業公静、正平公乾嘉，及乾基、乾光、乾蔚、乾祖、乾威等，并柱國侯伏侯龍恩、龍恩弟大將軍萬壽、大將軍劉勇、中外府司録尹公正、袁傑、膳部下大夫李安等，於殿中殺之。齊王憲白帝曰：「李安出自皁隸，所典唯庖廚而已。既不預時政，未足加戮。」高祖曰：「公不知耳，世宗之崩，安所爲也。」十九日，詔曰：

君親無將，將而必誅。太師、大冢宰、晉公護，地寔宗親，義兼家國。爰初草創，同濟艱難，遂任總朝權，寄深國命。不能竭其誠效，罄以心力，盡事君之節，申送往之情〔二五〕。朕兄故略陽公，英風秀遠，神機穎悟，地居聖胤，禮歸當壁。遺訓在耳，忍害先加。永尋摧割，貫切骨髓。世宗明皇帝聰明神武，惟幾藏智〔二六〕。護内懷凶悖，外託尊崇。凡厥臣民，誰亡怨憤。

朕纂承洪基，十有三載，委政師輔，責成宰司。護志在無君，義違臣節。懷茲蠆毒，逞彼狼心，任情誅暴，肆行威福，朋黨相扇，賄貨公行，所好加羽毛，所惡生瘡痏。朕約己菲躬，情存庶政。每思施寬惠下，輒抑而不行。遂使戶口凋殘，征賦勞劇，家無日給，民不聊生。且三方未定，邊隅尚阻，疆埸待戎旗之備，武夫資扞城之力。侯伏侯龍恩〔二七〕、萬壽、劉勇等，未効庸勳，先居上將，高門峻宇，甲第彫墻，寔繁有徒，同惡相濟。民不見德，唯利是眎。百姓嗷嗷，道路以目；含生業業，相顧鉗口。常恐七百之基，忽焉顛墜，億兆之命，一旦阽危，上累祖宗之靈，下負蒼生之責。

今肅正典刑，護已即罪，其餘凶黨，咸亦伏誅。氛霧既清，遐邇同慶。朝政惟新，兆民更始。可大赦天下，改天和七年爲建德元年。

護世子訓爲蒲州刺史。其夜，遣柱國、越國公盛乘傳往蒲州，徵訓赴京師，至同州賜死。護長史代郡叱羅協、司録弘農馮遷及所親任者，皆除名。護子昌城公深使突厥，遣開府宇文德齎璽書就殺之。三年，詔復護及諸子先封，謚護曰蕩，並改葬之。

叱羅協本名與高祖諱同，後改焉。少寒微，嘗爲州小吏，以恭謹見知。恒州刺史楊鈞擢爲從事。及魏末，六鎮搔擾，客於冀州。冀州爲葛榮所圍，刺史以協爲統軍，委以守禦。

俄而城陷，協没於榮。榮敗，事汾州刺史爾朱兆，頗被親遇，補録事參軍。兆爲天柱大將軍，轉司馬。兆與齊神武初戰不利，還上黨，令協在建州督軍糧。後使協至洛陽，與其諸叔計事，謀討齊神武。兆等軍敗，還并州，令協治肆州刺史。兆死，遂事竇泰，泰甚禮之。泰爲御史中尉，以協爲治書侍御史。泰向潼關，協爲監軍。泰死，協亦見獲。太祖以其在關歲久〔二八〕，授大丞相府東閤祭酒、撫軍將軍、銀青光禄大夫，轉録事參軍，遷主簿，加通直散騎常侍，攝大行臺郎中，累遷相府屬從事中郎。

協歷仕二京，詳練故事。又深自克勵，太祖頗委任之。然猶以其家屬在東，疑其有戀本之望。及河橋戰不利，協隨軍而還。太祖知協不貳，封冠軍縣男，邑二百户。尋加車騎將軍、左光禄大夫。九年，除直閤將軍、恒州大中正，加都督，進爵爲伯，增邑八百户。尋遷大都督、儀同三司。

初，太祖欲經略漢中，令協行南岐州刺史，并節度東益州戎馬事。魏廢帝元年，即授南岐州刺史。時東益州刺史楊辟邪據州反。二年，協率所部兵討之，軍次涪水。會有氐賊一千人斷道破橋。協遣儀同仇買等行前擊之，賊開路，協乃領所部漸進。又有氐賊一千人邀協，協乃將兵四百人守硤道，與賊短兵接戰，賊乃退避。辟邪棄城走，協追斬之，羣氐皆伏。以功授開府。仍爲大將軍尉遲迥長史，率兵伐蜀。既入劍閣，迥令協行潼州事。

時有五城郡氐酋趙雄傑等扇動新、潼、始三州民反叛，聚結二萬餘人，在州南三里，隔涪水，據槐林山，置柵拒守。梓潼郡民鄧朏、王令公等招誘鄉邑萬餘人，復在州東十里，涪水北，置柵以應之。同逼州城。城中糧少，軍人乏食。協撫安內外，咸無異心。遣儀同伊婁訓〔二九〕、大都督司馬裔等將步騎千餘人，夜渡涪水擊雄傑，一戰破之。令公以雄傑敗，亦棄柵走還本郡。復與鄧朏等更率萬餘人，於郡東南隔水置柵，斷絶驛路。協遣儀同楊長樂，與司馬裔等率師討之；復遣大都督裴孟嘗領百姓繼進〔三〇〕，爲其聲勢。孟嘗既至梓潼，值水漲不得即渡。而王令公、鄧朏見孟嘗騎少，乃將三千餘人圍之數重。孟嘗以衆寡不敵，各棄馬短兵接戰。從辰至午〔三一〕，於陣斬令公及朏等。賊徒既失渠帥，遂即散走。其徒黨仍據舊柵。而孟嘗方得渡水與長樂合。即勒兵攻柵，經三日，賊乃請降。此後數有反叛，協輒遣兵討平之。

魏恭帝三年，太祖徵協入朝，論蜀中事，乃賜姓宇文氏，增邑通前一千五百户。晉公護既殺孫恒、李植等，欲委腹心於司會柳慶、司憲令狐整等。慶、整並辭不堪，俱薦協。語在慶、整傳。護遂徵協入朝。既至，護引與同宿，深寄託之。協欣然承奉，誓以軀命自效。護大悦，以爲得協之晚。即授軍司馬，委以兵事。尋轉治御正，又授護府長史，進爵爲公，增邑一千户。常在護側，陳説時事，多被納用。世宗知其材識庸淺，每折之。數謂之曰：

「汝何知也！」猶以護所親任，難即屏黜，每含容之。及世宗崩，便授協司會中大夫、中外府長史。協形貌瘦小，舉措褊急。既以得志，每自矜高。朝士有來請事者，輒云「汝不解，吾今教汝」，及其所言，多乖事衷。當時莫不笑之。

保定二年〔三二〕，追論平蜀功，别封一子縣侯。又於蜀中食邑一千户，入其租賦之半。晉公護以協竭忠於己，每提奬之，頻考上中，賞以粟帛。遷少保，轉少傅，進位大將軍，爵南陽郡公，兼營作副監。宮室既成，以功賜爵洛邑縣公，回授一子。協既受護重委，冀得婚連帝室，乃求復舊姓叱羅氏。護爲奏請，高祖許之。又進位柱國。護以協年老，許其致仕，而協貪榮，未肯告退。護誅，協除名。

建德三年，高祖以協宿齒，授儀同三司，賜爵南陽郡公，時與論説舊事。是歲卒，年七十六〔三三〕。子金嗣〔三四〕。

馮遷字羽化。父漳，州從事。及遷官達，追贈儀同三司、陝州刺史。遷少修謹，有幹能，州辟從事。魏神龜中，刺史楊鈞引爲中兵參軍事，轉定襄令，尋爲并州水曹參軍。所歷之職，咸以勤恪著稱。

及魏孝武西遷，乃棄官，與直閤將軍馮靈豫入關。即從魏孝武復潼關，定回洛，除給事中。後從太祖擒竇泰，復弘農，戰沙苑，皆有功。授都督、龍驤將軍、羽林監，封獨顯縣伯，邑六百户。及洛陽之戰，遷先登陷陣，遂中重瘡，僅得不死。以功加輔國將軍、軍師都督，進爵爲侯。久之，出爲廣漢郡守。時蜀土初平，人情擾動，遷政存簡恕，夷俗頗安之。魏恭帝二年，就加車騎將軍、大都督、通直散騎常侍，鎮樊城。尋拜漢東郡守。

孝閔帝踐阼，入爲晉公護府掾，加車騎大將軍、儀同三司，進爵臨高縣公。尋遷護府司録，進授驃騎大將軍、開府儀同三司。遷性質直，小心畏慎，雖居樞要，不以勢位加人。兼明練時事，善於斷決。每校閱文簿，孜孜不倦，從辰逮夕，未嘗休止。以此甚爲護所委任。後以其朝之舊齒，欲以衣錦榮之，乃授陝州刺史，進爵隆山郡公，增邑并前二千户。遷本寒微，不爲時輩所重，一旦刺舉本州，唯以謙恭接待鄉邑，人無怨者。復入爲司録，轉工部中大夫，歷軍司馬，遷小司空。自天和已後，遷以年老，委任稍衰。及護誅，猶除名。建德末，卒於家，時年七十八。子恕，位至儀同三司、伏夷鎮將、平寇縣伯。

護所委信者，又有朔方邊平，位至大將軍、軍司馬、護府司馬。護敗，亦除名。

史臣曰：仲尼有言：「可與適道，未可與權。」夫道者，率禮之謂也；權者，反經之謂也。率禮由乎正理，易以成佐世之功；反經繫乎非常，難以定匡時之業。故得其人則治，伊尹放太甲，周旦相孺子是也；不得其人則亂，新都遷漢鼎，晉氏傾魏族是也。是以先王明上下之序，聖人重君臣之分。委質同於股肱，受爵均其休戚。當其親受顧託，位居宰衡，雖復承利劍，臨沸鼎，不足以讋其慮；據帝圖，君海内，不足以回其心。若斯人者，固以功與山嶽爭其高，名與穹壤齊其久矣。

有周受命之始，宇文護寔預艱難。及太祖崩殂，諸子沖幼，羣公懷等夷之志，天下有去就之心。卒能變魏爲周，俾危獲乂者，護之力也。向使加之以禮讓，繼之以忠貞，桐宮有悔過之期，未央終天年之數，則前史所載，焉足以道哉。然護寡於學術，昵近羣小，威福在己，征伐自出。有人臣無君之心，爲人主不堪之事。忠孝大節也，違之而不疑；廢弑至逆也，行之而無悔。終於身首横分，妻孥爲戮，不亦宜乎。

校勘記

〔一〕年十一惠公薨　按周書卷一〇邵惠公顥傳，顥隨父肱和六鎮義軍作戰而死。卷一四賀拔勝傳，宇文肱組織豪强武装，在義軍佔領武川後。義軍佔領武川年月史無明文。據魏書卷六六李崇傳，在臨淮王彧和李叔仁被義軍擊敗後，孝明帝在一次會議上有「武川乖防，復陷凶手」的話，又説「去歲阿那瓌叛逆，遣李崇令北征」。據卷九肅宗紀，李崇北征阿那瓌在正光四年

（五二三），臨淮王彧之敗在五年。則義軍佔領武川，宇文肱組織武裝反抗，宇文顥戰死，均不得早於五年。本傳載其母閻姬與護書說她三子「大者（什肥）屬鼠，次者（導）屬兔，汝（護）身屬蛇」。什肥年歲不合，已見卷一〇校記第一條。宇文護屬蛇，應生於延昌二年（五一三）癸巳，到正光五年乃十二歲，非十一歲。

〔二〕普泰初自晉陽至平涼時年十七　按自延昌二年（五一三）到普泰元年（五三一）應年十九，非十七。

〔三〕十二年　北史卷五七周宗室傳作「十三年」。

〔四〕十五年出鎮河東遷大將軍與于謹征江陵　按周書卷二文帝紀下，征江陵在魏恭帝元年（五五四），距大統十五年（五四九）已五年。這裏自「十五年」連敍下來，易生誤會（北史卷五七周宗室傳同）。

〔五〕獨孤信　「孤」，原作「狐」，據三朝本、南監本、北監本、汲本、局本改。

〔六〕久居權要　「久」，原作「允」，據三朝本、南監本、汲本、局本、通鑑卷一六七陳紀一永定元年（五五七）、通志卷八五後周宗室傳、永樂大典卷八九七八引周書改。張森楷、張元濟都以爲「允」字誤。

〔七〕護誅趙貴以來　「趙」，原作「朝」，據三朝本、南監本、局本、通鑑卷一六七陳紀一永定元年（五五七）、通志卷八五後周宗室傳、永樂大典卷八九七八引周書改。張森楷云：「新本作

「朝」,非。」

〔八〕知更何求而懷冀望　「冀」,永樂大典卷八九七八引周書作「異」。

〔九〕汝嫂劉新婦等　北史卷五七周宗室傳、册府卷一四二作「汝(册府作「女」)嫂劉及汝新婦等」。

〔一〇〕左人城　「人」,原作「入」,據三朝本、南監本、北監本、汲本、局本改。

〔一一〕六七十人　「十」,北史卷五七周宗室傳作「千」。按册府卷一四二、永樂大典卷八九七八引周書亦同作「十」。通志卷八五後周宗室傳此句作「寶掌遣送吾與汝及所掠男女向京」,無具體人數。

〔一二〕汝時年十二　按上文敍「鮮于脩禮起日」云云。宇文護生於延昌二年(五一三),十二歲爲正光五年(五二四),這時北鎮羣衆尚未遷徙河北,哪裏會有鮮于脩禮起兵的事。脩禮起兵據魏書卷九肅宗紀在孝昌二年(五二六)正月。這是據奏報朝廷之時書之,其起實當在上年,宇文護年十三。閻姬記其子生肖必不誤,年齡則耄老或有誤記,又刊本也可能訛「十三」爲「十二」。

〔一三〕吾共汝在受陽住　「受」,北史卷五七周宗室傳、册府卷一四二、永樂大典卷八九七八引周書作「壽」。按「受」「壽」同音通用(見楊守敬隋志考證卷五太原郡文水縣、壽陽縣條)。通志卷八五後周宗室傳此句作「吾共汝居晉陽時」。本傳前文和卷一文帝紀上、卷一〇什肥導洛生傳、卷二〇賀蘭祥傳都説遷「晉陽」，可能以晉陽重鎮包舉旁縣。

〔一四〕賀蘭盛洛　「洛」，周書卷二〇、北史卷六一賀蘭祥傳、北周賀蘭祥墓誌（咸陽碑石圖版六）作「樂」。按錢大昕考異卷三二云：「『洛』『樂』文異音同。」

〔一五〕博士姓成爲人嚴惡汝等四人謀欲加害　「汝等」，原作「淩等」，據北史卷五七周宗室傳、册府卷一四二改。張森楷云：「上文無名『淩』者，『淩等』二字不知何解。豈屬上嚴惡爲句歟？北史『淩』作『汝』，當是。」

〔一六〕吾共汝叔母等聞知　「聞知」，原作「聞之」，據三朝本、汲本、局本、北史卷五七周宗室傳、册府卷一四二、永樂大典卷八九七八引周書改。按作「聞之」亦通，但非周書原本。

〔一七〕知吾含悲戚　「戚」，北史卷五七周宗室傳作「抱戚」，册府卷一四二作「抱蹙」。按「抱戚」與「含悲」相應，疑周書原有「抱」字。

〔一八〕矜哀聽許摩敦垂敕　北史卷五七周宗室傳「矜哀」上有「重降」二字，較長。

〔一九〕霈然之恩　北史卷五七周宗室傳、册府卷一四二、通鑑卷一六九陳紀三天嘉五年（五六四）「霈然」上有「齊朝」二字，文義較長。

〔二〇〕廟庭祇受　「庭」，三朝本作「廷」，通用。「受」，册府卷二六九作「授」。張元濟云：「『受』當作『授』。」按「受」「授」通，今不改。

〔二一〕於是徵二十四軍及左右廂散隸及秦隴巴蜀之兵諸蕃國之衆二十萬人　北史卷五七周宗室傳

「散隸」下無「及」字。通鑑卷一六九陳紀三天嘉五年（五六四）同無「及」字，「諸蕃國之衆」作「并羌、胡内附者」。胡注云：「二十四軍，六柱國及十二大將軍所統關中諸府兵也。安定公泰相魏，左右各十二軍，並屬相府。左右廂，禁衞兵也，兼有秦隴巴蜀之兵，散隸於左右廂者。」按御覽卷三〇四引後周書、册府卷二六九並有「及」字，知周書原本如此，則此次出軍之二十萬人，實由二十四軍、左右廂散隸、秦隴巴蜀之兵、諸蕃國之衆四部分組成。疑胡注誤。

〔二二〕聲明多闕　「明」，原作「名」，據三朝本、明鈔本册府卷二一七、卷三一九、永樂大典卷八九七八引周書改。按「聲明」，即用左傳桓公二年「昭其聲也」「昭其明也」的話。

〔二三〕七年三月十八日護自同州還　按下面接着就敍護被殺事。周書卷五武帝紀上記護被殺在三月丙辰。錢大昕考異卷三二云：「按是年三月癸卯朔，丙辰則月十四日也。護傳云『三月十八日』，與紀異。」

〔二四〕不親朝謁或廢引進　「不」，北史卷五七周宗室傳作「諸」。按太后雖也可能接見羣臣，畢竟不是常事，不能以「不親朝謁」作爲過失。從下句看來，疑作「諸」是。

〔二五〕盡事君之節申送往之情　「君」，文館詞林卷六六九後周武帝誅宇文護大赦詔作「居」。按「送往事居」見左傳僖公九年，本書卷三〇傳末史臣論即有：「于、李之送往事居，有曲於此。」「君」字誤。

〔二六〕聰明神武惟幾藏智　「惟幾」原脱，並注「缺二字」，據文館詞林卷六六九後周武帝誅宇文護大赦詔補。按永樂大典卷八九七八引周書作「□機」，缺一字。

〔二七〕侯伏侯龍恩　下「侯」字，原脱，據本傳前文和卷五武帝紀上、文館詞林卷六六九後周武帝誅宇文護大赦詔補。張森楷云：「『伏』下當更有一『侯』字。」

〔二八〕太祖以其在關歲久　「關」，册府卷七七作「關中」（明鈔本丙作「關内」）。按本傳前文協於大統三年（五三七）被俘，在關中並不久。「在關」固費解，「在關中歲久」也和事實不符，疑有誤。

〔二九〕儀同伊婁訓　張森楷云：「案伊婁穆傳（卷二九）載有同協破趙雄傑事，則非必有二人，蓋是『訓』字刻誤。」按張以爲伊婁訓即伊婁穆是對的，但或是初名與二名之歧，不一定是誤刻。

〔三〇〕復遣大都督裴孟嘗領百姓繼進　「百姓」，册府卷三五五作「百騎」。按下云「王令公、鄧胐見孟嘗騎少」，知作「騎」是。但諸本皆同，今不改。

〔三一〕從辰至午　「至」，三朝本、永樂大典卷八九七八引周書作「止」。

〔三二〕保定二年　「定」，原作「安」，據三朝本、南監本、北監本、汲本、局本、永樂大典卷八九七八引周書改。按「保定」是周武帝年號。

〔三三〕是歲卒年七十六　「七十六」，北周叱羅協墓誌（見中國北周珍貴文物）作「七十有五」，年齡相差一歲。按周書本傳在記載傳主卒年時，常與墓誌所記年齡相差一歲。除此卷叱羅協外，其後尚有卷一六獨孤信、卷三七高賓等。出現這種差異，當是計算方法不同所致。以下此類情況，不再另外出校。

〔三四〕子金嗣　「金」，北史卷五七周宗室傳、北周叱羅協墓誌作「金剛」。北周宇文儉墓誌（見北周宇文儉墓清理發掘簡報）亦見「女適顯武公叱羅金剛」。這裏「金」或是雙名單稱。

周書卷十二

列傳第四

齊煬王憲 子貴

齊煬王憲字毗賀突，太祖第五子也〔一〕。性通敏，有度量，雖在童齔，而神彩嶷然。初封涪城縣公。少與高祖俱受詩、傳，咸綜機要，得其指歸。太祖嘗賜諸子良馬，惟其所擇。憲獨取駁馬。太祖問之，對曰：「此馬色類既殊，或多駿逸。若從軍征伐，牧圉易分。」太祖喜曰：「此兒智識不凡，當成重器。」後從獵隴上，經官馬牧，太祖每見駁馬，輒曰：「此我兒馬也。」命左右取以賜之。魏恭帝元年，進封安城郡公〔二〕。孝閔帝踐阼，拜驃騎大將軍、開府儀同三司。

世宗即位，授大將軍。武成初，除益州總管、益寧巴瀘等二十四州諸軍事〔三〕、益州刺史，進封齊國公，邑萬户。初，平蜀之後，太祖以其形勝之地，不欲使宿將居之。諸子之中，欲有推擇。徧問高祖已下，誰能此行。並未及對，而憲先請。太祖曰：「刺史當撫衆治民，非爾所及。以年授者，當歸爾兄。」憲曰：「才用有殊，不關大小。試而無効，甘受面欺。」太祖大悦，以憲年尚幼，未之遣也。世宗追遵先旨，故有此授。憲時年十六，善於撫綏，留心政術，辭訟輻湊，聽受不疲。蜀人懷之，共立碑頌德。尋進位柱國。

保定中，徵還京，拜雍州牧〔四〕。及晉公護東伐，以尉遲迥爲先鋒，圍洛陽。憲與達奚武、王雄等軍於邙山。自餘諸軍，各分守險要。齊兵數萬，奄出軍後，諸軍恇駭，並各退散。唯憲與王雄、達奚武率衆拒之。而雄爲齊人所斃，三軍震懼。憲親自督勵，衆心乃安。時晉公護執政，雅相親委，賞罰之際，皆得預焉。

天和三年，以憲爲大司馬，治小冢宰，雍州牧如故〔五〕。四年，齊將獨孤永業來寇，盜殺孔城防主能奔達，以城應之。詔憲與柱國李穆將兵出宜陽，築崇德等五城，絶其糧道。齊將斛律明月率衆四萬，築壘洛南。五年，憲涉洛邀之，明月遁走。憲追之，及于安業〔六〕，屢戰而還。是歲，明月又率大衆於汾北築城，西至龍門。晉公護謂憲曰：「寇賊充斥，戎馬交馳，遂使疆埸之間，生民委弊。豈得坐觀屠滅，而不思救之。汝謂計將安出？」憲曰：「如憲所見，兄宜暫出同州，以爲威勢，憲請以精兵居前，隨機攻取。非惟邊境清寧，亦當別有克獲。」護然之。

六年，乃遣憲率衆二萬，出自龍門。齊將新蔡王王康德以憲兵至〔七〕，潛軍宵遁。憲乃西歸。仍掘移汾水，水南堡壁，復入於齊。齊人謂略不及遠，遂弛邊備。憲乃渡河，攻其伏龍等四城，二日盡拔。又進攻張壁，克之，獲其軍實，夷其城壘。斛律明月時在華谷，弗能救也，北攻姚襄城，陷之〔八〕。時汾州又見圍日久，糧援路絕。憲遣柱國宇文盛運粟以饋之。憲自入兩乳谷，襲克齊柏社城，進軍姚襄。齊人嬰城固守。憲使柱國、譚公會築石殿城，以爲汾州之援。齊平原王段孝先、蘭陵王高長恭引兵大至，憲命將士陣而待之。大將軍韓歡爲齊人所乘，遂以奔退，憲身自督戰，齊衆稍却。會日暮，乃各收軍。

及晉公護誅，高祖召憲入，憲免冠拜謝。帝謂之曰：「天下者，太祖之天下，吾嗣守鴻基，常恐失墜。冢宰無君凌上，將圖不軌，吾所以誅之，以安社稷。汝親則同氣，休戚共之，事不相涉，何煩致謝。」乃詔憲往護第，收兵符及諸簿書等。

尋以憲爲大冢宰。時高祖既誅宰臣，親覽朝政，方欲導之以政，齊之以刑，爰及親親，亦爲刻薄。憲既爲護所委任，自天和之後，威勢漸隆。護欲有所陳，多令憲聞奏。其間或有可不，憲慮主相嫌隙，每曲而暢之。高祖亦悉其此心〔九〕，故得無患。然猶以威名過重，終不能平，雖遷授冢宰，寔奪其權也〔一〇〕。

開府裴文舉，憲之侍讀，高祖常御內殿，引見之。謂曰：「晉公不臣之迹，朝野所知，朕所以泣而誅者，安國家，利百姓耳。昔魏末不綱，太祖匡輔元氏；有周受命，晉公復執威權。積習生常，便謂法應須爾。豈有三十歲天子而可爲人所制乎。且近代以來，又有一弊，暫經隸屬，便即禮若君臣。此乃亂代之權宜，非經國之治術。詩云：『夙夜匪解，以事一人。』一人者，止據天子。爾雖陪侍齊公〔一〕，不得即同臣主。且太祖十兒，寧可悉爲天子。卿宜規以正道，勸以義方，輯睦我君臣，協和我骨肉，無令兄弟自致嫌疑。」文舉拜謝而出，歸以白憲。憲指心撫几曰：「吾之夙心，公寧不悉，但當盡忠竭節耳，知復何言。」

建德三年，進爵爲王〔二〕。憲友劉休徵獻王箴一首，憲美之。休徵後又以此箴上高祖。高祖方剪削諸弟，甚悅其文。憲常以兵書繁廣，難求指要，乃自刊定爲要略五篇，至是表陳之。高祖覽而稱善。

其秋，高祖幸雲陽宮，遂寢疾。衞王直於京師舉兵反。高祖召憲謂曰：「衞王搆逆，汝知之乎？」憲曰：「臣初不知，今始奉詔。直若逆天犯順，此則自取滅亡。」高祖曰：「汝即爲前軍，吾亦續發。」直尋敗走。高祖至京師，憲與趙王招俱入拜謝。高祖曰：「管蔡爲戮，周公作輔，人心不同，有如其面。但愧兄弟親尋干戈，於我爲不足耳。」初，直內深忌憲，憲隱而容之。且以帝之母弟，每加友敬。晉公護之誅也，直固請及憲。高祖曰：

「齊公心迹，吾自悉之，不得更有所疑也。」及文宣皇后崩，直又密啓云：「憲飲酒食肉，與平日不異。」高祖曰：「吾與齊王異生，俱非正嫡，特爲吾意，今袒括是同。汝當愧之，何論得失。汝親太后之子，偏荷慈愛。今但須自勗，無假説人。」直乃止。

四年，高祖將欲東討，獨與内史王誼謀之，餘人莫得知也。後以諸弟才略，無出於憲右，遂告之。憲即贊成其事。及大軍將出，憲表上私財以助軍費曰：「臣聞撫機適運，理籍時來，兼弱攻昧，事資權道。伏惟陛下繼明作聖，闡業弘風，思順天心，用恢武略。方使長虵外翦，宇宙大同，軍民内向，車書混一。竊以龍旗雷動，天網雲布，芻粟糧餼，或須周給。昔邊隅未靜，卜式願上家財；江海不澄〔一三〕，衞兹請獻私粟。臣雖不敏，敢忘景行。謹上金寶等一十六件，少助軍資。」詔不納，而以憲表示公卿曰：「人臣當如此，朕貴其心耳，寧須物乎。」乃詔憲率衆二萬爲前軍，趣黎陽。高祖親圍河陰，未克。憲攻拔武濟，進圍洛口，收其東西二城。以高祖疾，班師。是歲，初置上柱國官，以憲爲之。

五年，大舉東討，憲率精騎二萬，復爲前鋒，守雀鼠谷。高祖親圍晉州。憲進兵克洪同、永安二城〔一四〕，更圖進取。齊人焚橋守險，軍不得進，遂屯於永安。齊主聞晉州見圍，乃將兵十萬，自來援之。時柱國、陳王純頓軍千里徑，大將軍、永昌公椿屯雞棲原，大將軍宇文盛守汾水關，並受憲節度。憲密謂椿曰：「兵者詭道，去留不定，見機而作，不得遵常。汝今爲營，不須張幕，可伐柏爲菴，示有形勢。令兵去之後，賊猶致疑也。」時齊主分軍萬人向千里徑，又令其衆出汾水關，自率大兵與椿對陣。宇文盛馳騎告急，憲自以千騎救之。齊人望谷中塵起，相率遽退。盛與柱國侯莫陳芮涉汾逐之，多有斬獲。俄而椿告齊衆稍逼，憲又回軍赴之。會椿被敕追還，率兵夜返。齊人果謂柏菴爲帳幕也，不疑軍退，翌日始悟。

時高祖已去晉州，留憲爲後拒。齊主自率衆來追，至於高梁橋。憲以精騎二千，阻水爲陣。齊領軍段暢直進至橋。憲隔水招暢與語，語畢，憲問暢曰：「若何姓名？」暢曰：「領軍段暢也。公復爲誰？」憲曰：「我虞候大都督耳〔二五〕。」暢曰：「觀公言語，不是凡人，今日相見，何用隱其名位？」陳王純、梁公侯莫陳芮、内史王誼等並在憲側。暢固問不已。憲乃曰：「我天子太弟齊王也〔二六〕。」指陳王以下〔二七〕，並以名位告之。暢鞭馬而去，憲即命旋軍，而齊人遽追之，戈甲甚鋭。憲與開府宇文忻各統精卒百騎爲殿以拒之，斬其驍將賀蘭豹子、山褥瓌等百餘人，齊衆乃退。憲渡汾而及高祖於玉壁。

高祖又令憲率兵六萬，還援晉州。憲遂進軍，營于涑水。齊主攻圍晉州，晝夜不息。間諜還者，或云已陷。憲乃遣柱國越王盛、大將軍尉遲迥〔二八〕、開府宇文神舉等輕騎一萬夜至晉州。憲進軍據蒙坑，爲其後援，知城未陷，乃歸涑川。尋而高祖東轅，次于高顯，憲率所部，先向晉州。明日，諸軍總集，稍逼城下。齊人亦大出兵，陣於營南。高祖召憲馳往觀之。憲返命曰：「是易與耳，請破之而後食。」帝悦曰：「如汝所言，吾無憂矣。」憲退，内史柳昂私謂憲曰〔一九〕：「賊亦不少，王安得輕之？」憲曰：「憲受委前鋒，情兼家國，掃此逋寇，事等摧枯。商周之事，公所知也，賊兵雖衆，其如我何。」既而諸軍俱進，應時大潰。其夜，齊主遁走，憲輕騎追之。既及永安，高祖續至。齊人收其餘衆，復據高壁及洛女砦。高祖命憲攻洛女，破之。明日，與大軍會於介休。

時齊主已走鄴，留其從兄安德王延宗據并州。延宗因僭僞號，出兵拒戰。高祖進圍其城，憲攻其西面，克之。延宗遁走，追而獲之。以功進封第二子安城公質爲河間王，拜第三子賓爲大將軍。仍詔憲先驅趣鄴。明年，進克鄴城。

齊任城王湝、廣寧王孝珩等據守信都，有衆數萬。高祖復詔憲討之。仍令齊主手書與湝曰：「朝廷遇緯甚厚，諸王無恙。叔若釋甲，則無不優待。」湝不納，乃大開賞募，多出金帛，沙門求爲戰士者，亦數千人。憲軍過趙州，湝令間諜二人覘窺形勢，候騎執以白憲。憲乃集齊之舊將，遍示之。又謂之曰：「吾所爭者大，不在汝等。今放汝還，可即充我使。」乃與湝書曰：

山川有間，每深勞佇，仲春戒節，納履惟宜。承始届兩河，仍圖三魏〔二〇〕，一二者交戰，想無虧德。昔魏曆云季，海内横流，我太祖撫運乘時，大庇黔首。皇上嗣膺下武，式隆景業，興稽山之會，總盟津之師。雷駭唐郊，則野無横陣；雲騰晉水，則地靡嚴城。襲僞之酋，既奔竄於草澤；竊號之長，亦委命於旌門。德義振於無垠，威風被於有截。彼朝宿將舊臣，良家戚里，俱升榮寵，皆縻好爵。是使臨漳之下，効死爭驅；營丘之前，奮身畢命。此豈唯人事，抑亦天時。宜訪之道路，無俟傍説。

吾以不武，任總元戎，受命安邊，路指幽、冀。列邑名藩，莫不屈膝，宣風導禮，皆荷來蘇。足下高氏令王，英風夙著，古今成敗，備諸懷抱，豈不知一木不維大廈，三諫可以逃身哉！且殷微去商，侯服周代；項伯背楚，賜姓漢朝。去此弗圖，苟狥亡轍，家破身殞，爲天下笑。又足下諜者爲候騎所拘，軍中情實，具諸執事。知以弱卒瑣甲，欲抗堂堂之師；縈帶污城〔三〕，冀保區區之命。戰非上計，無待卜疑；守乃下策，或未相許。已勒諸軍，分道並進，相望非遠，憑軾有期。兵交命使，古今通典，不俟終日，所望知幾也。

憲至信都，湝陣於城南，憲登張耳冢以望之。俄而湝所署領軍尉相願僞出略陣，遂以衆降。相願，湝心腹也，衆甚駭懼。湝大怒，殺其妻子。明日復戰，遂破之，俘斬三萬人，擒湝及孝珩等。憲謂湝曰：「任城王何苦至此？」湝曰：「下官神武帝子，兄弟十五人，幸而獨存。逢宗社顛覆，今日得死，無愧墳陵。」憲壯之，命歸其妻子，厚加資給。又問孝珩。孝珩布陳國難，辭淚俱下，俯仰有節，憲亦爲之改容。

憲素善謀，多算略〔三二〕，尤長於撫御，達於任使，摧鋒陷陣，爲士卒先，羣下感悅，咸爲之用。齊人夙聞威聲，無不憚其勇略。及并州之捷，長驅敵境，芻牧不擾，軍無私焉。

先是，稽胡劉没鐸自稱皇帝，又詔憲督趙王招等討平之。語在稽胡傳。

憲自以威名日重，潛思屏退。及高祖欲親征北蕃，乃辭以疾。高祖變色曰：「汝若憚行，誰爲吾使？」憲懼曰：「臣陪奉鑾輿，誠爲本願，但身嬰疹疾，不堪領兵。」帝許之。

尋而高祖崩，宣帝嗣位，以憲屬尊望重，深忌憚之。時高祖未葬，諸王在内治服。司衞長孫覽總兵輔政，而諸王有異志〔三三〕，奏令開府于智察其動靜。及高祖山陵還，諸王歸第。帝又命智就宅候憲，因是告憲有謀。帝乃遣小冢宰宇文孝伯謂憲曰：「三公之位，宜屬親賢，今欲以叔爲太師，九叔爲太傅，十一叔爲太保，叔以爲何如？」憲曰：「臣才輕位重，滿盈是懼。三師之任，非所敢當。且太祖勳臣，宜膺此舉。若專用臣兄弟，恐乖物議。」孝伯反命，尋而復來曰：「詔王晚共諸王俱至殿門。」憲獨被引進，帝先伏壯士於别室，至即執之。憲辭色不撓，固自陳說。帝使于智對憲。憲目光如炬，與智相質。或謂憲曰：「以王今日事勢，何用多言？」憲曰：「我位重屬尊，一旦至此，死生有命，寧復圖存。

但以老母在堂，恐留茲恨耳。」因擲笏於地。乃縊之。時年三十五。以于智爲柱國，封齊國公。又殺上大將軍安邑公王興、上開府獨孤熊、開府豆盧紹等，皆以昵於憲也。帝既誅憲，無以爲辭，故託興等與憲結謀，遂加其戮。時人知其冤酷，咸云伴憲死也。

憲所生母達步干氏，茹茹人也。建德三年，册爲齊國太妃。憲有至性，事母以孝聞。太妃舊患風熱，屢經發動，憲衣不解帶，扶侍左右。憲或東西從役，每心驚，其母必有疾，乃馳使參問，果如所慮。憲六子，貴、質、賨、貢、乾禧、乾洽。

貴字乾福，少聰敏，涉獵經史，尤便騎射。始讀孝經，便謂人曰：「讀此一經，足爲立身之本。」天和四年，始十歲，封安定郡公，邑一千五百户。太祖之初爲丞相也，始封此郡，未嘗假人，至是封貴焉。年十一，從憲獵於鹽州，一圍之中，手射野馬及鹿十有五頭。建德二年，册拜齊國世子。四年，授車騎大將軍、儀同三司。尋出爲豳州刺史。貴雖出自深宮，而留心庶政。性聰敏，過目輒記。嘗道逢二人，謂其左右曰：「此人是縣黨，何因輒行？」左右不識，貴便說其姓名，莫不嗟伏。白獸烽經爲商人所燒，烽帥納貨，不言其罪。他日，此帥隨例來參，貴乃問云：「商人燒烽，何因私放？」烽帥愕然，遂即首服。其明察如此。五年四月卒，年十七。高祖甚痛惜之。

貢質字乾祐，初封安城公。後以憲勳，進封河間郡王。賨字乾禮，大將軍、中壩公。出後莒莊公。乾禧，安城公。乾洽，龍涸公。並與憲俱被誅。

史臣曰：自兩漢逮乎魏、晉，其帝弟帝子衆矣，唯楚元、河間、東平、陳思之徒以文儒播美，任城、琅邪以武功馳譽。何則？體自尊極，長於宮闈，佚樂侈其心，驕貴蕩其志，故使奇才高行，終鮮於天下之士焉。齊王奇姿傑出，獨牢籠於前載。以介弟之地，居上將之重，智勇冠世，攻戰如神，敵國繫以存亡，鼎命由其輕重。比之異姓，則方、召、韓、白，何以加茲。挾震主之威，屬道消之日，斯人而嬰斯戮，君子是以知周祚之不永也。昔張耳、陳餘賓客斯役，所居皆取卿相。而齊之文武僚吏，其後亦多至台牧。異世同符，可謂賢矣。

校勘記

〔一〕齊煬王憲字毗賀突太祖第五子也　北周獨孤藏墓誌（見中國北周珍貴文物）記憲爲「高祖孝武皇帝第七弟齊王」，排行差二。按周書卷一三文閔明武宣諸子傳記「文帝十三子」，趙僭王招居齊王憲之後，排行第七，然英華卷九〇六庾信周車騎大將軍賀婁公神道碑却記「柱國趙王，今上之第九弟也」，排行亦差二。疑宇文泰總有十五子，其中二子因早夭而未入史册。

〔二〕魏恭帝元年進封安城郡公　英華卷八九〇庾信周上柱國齊王憲神道碑（以下簡稱齊王憲碑）作「周元年，進爵安城郡公」。

〔三〕除益州總管益寧巴瀘等二十四州諸軍事　「瀘」，原作「盧」，據三朝本、南監本、北監本、汲本、局本、册府卷二七四、永樂大典卷八九七八引周書改。按隋書卷二九地理志上瀘川郡條云「梁置瀘州」，應即齊王憲所督。「益寧巴瀘」，齊王憲碑作「益壽寧」，下注云「周書作『益寧巴瀘』」，也可證原本作「瀘」。

〔四〕保定中徵還京拜雍州牧　齊王憲碑作「天和元年徵還，行雍牧」。

〔五〕天和三年以憲爲大司馬治小冢宰雍州牧如故　齊王憲碑稱「（天和）二年拜大司馬，仍理小冢宰」。

〔六〕及于安業　「業」，北齊書卷一七斛律金傳附斛律光傳、英華卷六五〇庾信移齊河陽執事文作「鄴」。

〔七〕齊將新蔡王王康德以憲兵至　「新蔡王王康德」，北史卷五八周室諸王傳、御覽卷三〇九引後周書作「新蔡王康德」。按康德附見北史卷五三張保洛傳，云其「封新蔡王」，當即此人。然北齊書卷八齊後主紀、卷一九張保洛傳、陳書卷三一蕭摩訶傳又作「王康德」，未知孰是。

〔八〕北攻姚襄城陷之　北史卷五八周室諸王傳、御覽卷三〇九引後周書、册府卷二九一「北」上有「乃」字。按攻陷姚襄城者乃斛律光之齊軍，無「乃」字，似周軍攻陷姚襄城。疑當有「乃」字。

〔九〕高祖亦悉其此心 「此」，原脱，據北史卷五八周室諸王傳、永樂大典卷八九七八引周書補。按三朝本「其」字下有空格，册府卷二八六作「高祖亦悉此心」，雖無「其」字，但可證「心」上確當有「此」字。

〔一〇〕雖遷授冢宰寔奪其權也 「遷」，原作「遥」，據局本、北史卷五八周室諸王傳、通鑑卷一七一陳紀五太建四年（五七二）、永樂大典卷八九七八引周書改。按「遥」不可解。據本傳，憲天和三年（五六八）爲大司馬，治小冢宰，宇文護被誅後，升任大冢宰，是爲「遷」，然失大司馬之職，故云「寔奪其權也」。

〔一一〕一人者止據天子爾雖陪侍齊公 「爾」，原作「耳」，據三朝本、册府卷二八六、通志卷八五後周宗室傳、永樂大典卷八九七八引周書改。按北史卷五八周室諸王傳無「一人者止據天子」語，但云「爾雖陪侍齊公」。後人誤以周書「爾」爲句末虚字，改作「耳」，今予回改。又「止」，册府、通志、永樂大典引周書都作「本」，疑是。

〔一二〕建德三年進爵爲王 「三」，原作「二」，據三朝本、北史卷五八周室諸王傳、册府卷二六五、永樂大典卷八九七八引周書改。張森楷、張元濟都以爲據卷五武帝紀上作「三年」是。按武帝紀上建德三年（五七四）正月憲等兄弟八人同日由國公「進爵爲王」，又本傳在這條後即敍衞王直之變，據紀也是三年事。

〔一三〕江海不澄 「海」，三朝本、册府卷二八六、通志卷八五後周宗室傳作「湖」，永樂大典卷八九七八引周書作「河」。

〔四〕克洪同永安二城　「洪同」，北史卷五八周室諸王傳、御覽卷三一八引後周書、册府卷三六五、通鑑卷一七二陳紀六太建八年（五七六）都作「洪洞」。張森楷云：「『同』疑當作『洞』。」按張説是。但諸本皆同，今不改。

〔五〕我虞候大都督耳　「候」，原作「侯」，據三朝本、北史卷五八周室諸王傳、御覽卷三〇二引後周書改。張森楷、張元濟都以爲作「侯」非。

〔六〕我天子太弟齊王也　「太弟」，御覽卷三〇二引後周書、通志卷八五後周宗室傳、永樂大典卷八九七八引周書作「大弟」。

〔七〕指陳王以下　北史卷五八周室諸王傳、永樂大典卷八九七八引周書「陳王」下有「純」字。

〔八〕大將軍尉遲迥　按尉遲迥於建德四年（五七五）位居上柱國，又没有參加這次戰爭，「迥」字定誤。周書卷四〇尉遲運傳稱「高祖將伐齊，召運參議。東夏底定，頗有力焉」。卷六武帝紀下建德五年十二月賞功，尉遲運進封盧國公。又其弟尉遲勤也以大將軍從征，見武帝紀建德六年正月。不知是「運」，還是「勤」。

〔九〕内史柳昂私謂憲曰　「昂」，原作「虯」，據御覽卷三〇二引後周書、册府卷二七一、卷二九一（明鈔本甲丙及明刻本）改。按柳虯事見周書卷三八本傳，已卒於魏恭帝元年（五五四），不可能參與周武帝討齊之戰。柳昂附見卷三二柳敏傳，記其「武帝時，爲内史中大夫……武帝崩，受遺輔政」。這裏作「昂」是。册府卷二九一宋本作「昂」，乃「昂」微誤。

〔二〇〕承始屆兩河仍圖三魏　「魏」，原作「位」，據册府卷二九一、卷四一六改。英華卷六八二宇文憲與高湝書亦作「三魏」，注云「本傳作『位』」，所見周書已誤爲「位」。又册府卷四一六「承」下有「茲」字。

〔二一〕縈帶汚城　「汚」，册府卷二九一、卷四一六作「扞」。

〔二二〕憲素善謀多算略　「素善謀」，三朝本、永樂大典卷八九七八引周書作「賦多謀」，北史卷五八周室諸王傳、册府卷四一二作「善兵謀」。

〔二三〕而諸王有異志　「而」，局本、北史卷五八周室諸王傳作「恐」。局本當據北史改。按本傳既以齊王爲冤死，作「恐」較長。

周書卷十三

列傳第五

文閔明武宣諸子

文帝十三子。姚夫人生世宗，後宮生宋獻公震，文元皇后生孝閔皇帝，文宣皇后叱奴氏生高祖、衛剌王直，達步干妃生齊王憲〔一〕，王姬生趙僭王招，後宮生譙孝王儉、陳惑王純、越野王盛、代奰王達、冀康公通、滕聞王逌〔二〕。齊煬王別有傳。

宋獻公震，字彌俄突。幼而敏達，年十歲，誦孝經、論語、毛詩。後與世宗俱受禮記、尚書於盧誕。大統十六年，封武邑公，二千户〔三〕。尚魏文帝女，其年薨。保定元年，追贈使持節、柱國大將軍、少師、大司馬、大都督、青徐等十州諸軍事、青州刺史；進封宋國公，增邑并前一萬户。無子，以世宗第三子實爲嗣〔四〕。實字乾辯，建德三年，進爵爲王。大象中，爲大前疑。尋爲隋文帝所害，國除。

衛剌王直，字豆羅突。魏恭帝三年，封秦郡公，邑一千户。武成初，出鎮蒲州，拜大將軍，進衛國公，邑萬户。保定初，爲雍州牧，尋進位柱國，轉大司空，出爲襄州總管〔五〕。天和中，陳湘州刺史華皎舉州來附，詔直督綏德公陸通、大將軍田弘、權景宣、元定等兵赴援，與陳將淳于量、吴明徹等戰於沌口。直軍不利，元定遂投江南〔六〕。直坐免官。

直高祖母弟，性浮詭，貪狠無賴。以晉公護執政，遂貳於帝而昵護。及沌口還，慍於免黜，又請帝除之，冀得其位。帝夙有誅護之意，遂與直謀之。及護誅，帝乃以齊王憲爲大冢宰。直既乖本望，又請爲大司馬，意欲總知戎馬，得擅威權。帝揣知其意，謂之曰：「汝兄弟長幼有序，寧可反居下列也？」乃以直爲大司徒。

建德三年，進爵爲王。初，高祖以直第爲東宫，更使直自擇所居。直歷觀府署，無稱意者，至廢陟屺佛寺，欲居之。齊王憲謂直曰：「弟兒女成長，理須寬博，此寺褊小，詎是所宜。」直曰：「一身尚不自容，何論兒女！」憲怪而疑之。直嘗從帝校獵而亂行，帝怒，對衆撻之。自是憤怨滋甚。及帝幸雲陽宫，直在京師，舉兵反，攻肅章門。司武尉遲運閉門拒守，直不得入。語在運傳。直遂遁走，追至荆州，獲之，免爲庶人，囚於别宫。尋而更有異志，遂誅之，及其子賀、貢、塞、響、賈、祕、津、乾理、乾璪、乾悰等十人〔七〕，國除。

趙僭王招，字豆盧突。幼聰穎，博涉羣書，好屬文。學庾信體，詞多輕豔。魏恭帝三年，封正平郡公，邑一千户。武成初，進封趙國公，邑萬户。保定中，拜爲柱國，出爲益州總管。建德元年，授大司空，轉大司馬。三年，進爵爲王，除雍州牧。四年，大軍東討〔八〕，招爲後三軍總管。五年，又從高祖東伐〔九〕，率步騎一萬出華谷，攻齊汾州。及并州平，進位上柱國。東夏底定，又爲行軍總管，與齊王討稽胡。招擒賊帥劉没鐸，斬之，胡寇平。宣政中，拜太師。大象元年五月，詔以洺州襄國郡邑萬户爲趙國。招出就國。二年，宣帝不豫，徵招及陳、越、代、滕五王赴闕。比招等至而帝已崩。

隋文帝輔政，加招等殊禮，入朝不趨，劍履上殿。隋文帝將遷周鼎，招密欲圖之，以匡社稷。乃邀隋文帝至第，飲於寢室。招子員、貫及妃弟魯封、所親人史胄，皆先在左右，佩刀而立。又藏兵刃於帷席之間，後院亦伏壯士。隋文帝從者多在閤外，唯楊弘、元胄、胄弟威及陶徹坐於户側。招屢以佩刀割瓜啖隋文帝，隋文帝未之疑也。元胄覺變，扣刀而入。招乃以大觴親飲胄酒，又命胄向厨中取漿。胄不爲之動。滕王逌後至，隋文帝降階迎之，元胄因得耳語曰：「形勢大異，公宜速出。」隋文帝共逌等就坐，須臾辭出。後事覺，陷以謀反。其年秋，誅招及其子德廣公員、永康公貫、越攜公乾銑〔一〇〕、弟乾鈴、乾鏗等，國除。招所著文集十卷，行於世。

譙孝王儉，字侯幼突〔一一〕。武成初，封譙國公，邑萬户。天和中，拜大將軍，尋遷柱國，出爲益州總管。建德三年，進爵爲王。五年，東伐，以本官爲左一軍總管，攻永固城，拔之。進平并、鄴，拜大冢宰。是歲，稽胡反，詔儉爲行軍總管，與齊王憲討之〔一二〕。有胡帥自號天柱者，據守河東，儉攻破之，斬首三千級。宣政元年二月，薨〔一三〕。子乾惲嗣。大定中，爲隋文帝所害，國除。

陳惑王純，字堙智突。武成初，封陳國公，邑萬户。保定中，除岐州刺史，加開府儀同三司。使於突厥迎皇后，拜大將軍。尋進位柱國，出爲秦州總管，轉陜州總管，督鴈門公田弘拔齊宜陽等九城。建德三年，進爵爲王。四年，大軍東伐，純爲前一軍總管。以帝寢疾，班師。五年，大軍復東討，詔純爲前一軍，率步軍二萬守千里徑。并州平，進位上柱國，即拜并州總管。宣政中，除雍州牧，遷太傅。大象元年五月，以濟南郡邑萬户爲陳。純出就國。二年，朝京師。時隋文帝專政，翦落宗枝，遂害純，并世子謙及弟扈公讓、讓弟議等，國除。

越野王盛，字立久突。武成初，封越國公，邑萬户。天和中，進爵爲王〔一四〕。四年，大軍伐齊，盛爲後一軍總管。五年，大軍又東討，盛率所領，拔齊高顯等數城。并州平，進位上柱國。從平鄴，拜相州總管。宣政元年，入爲大冢宰。汾州稽胡帥劉受邏干反〔一五〕，詔盛率諸軍討平之。大象元年，遷大前疑，轉太保。其年，詔以豐州武當、安富二郡邑萬户爲越。盛出就國。二年，朝京師。其秋，爲隋文帝所害，并其子忱、悰、恢、慣、忻等五人，國除。

代奰王達，字度斤突。性果決，善騎射。武成初，封代國公，邑萬户。天和元年，拜大將軍、右宫伯，拜左宗衛。建德初，進位柱國，出爲荆淮等十四州十防諸軍事、荆州刺史。在州有政績，高祖手勑褒美之。所管灃州刺史蔡澤黷貨被訟〔一六〕，贓狀分明。以其世著勳庸，不可加戮；若曲法貰之〔一七〕，又非奉上之體。乃令所司，精加按劾，密表奏之。事竟得釋，終亦不言。其處事周慎如此。

達雅好節儉，食無兼膳，侍姬不過數人，皆衣綈衣。又不營資産，國無儲積。左右嘗以爲言，達從容應之曰：「君子憂道不憂貧，何煩於此。」三年，進爵爲王。出爲益州總管。高祖東伐，以爲右一軍總管〔一八〕。齊淑妃馮氏，尤爲齊後主所幸，齊平見獲，帝以達不邇聲色，特以馮氏賜之。宣帝即位，進位上柱國。大象元年，拜大右弼。其年，詔以潞州上黨郡邑萬户爲代。達出就國。二年，朝京。其年冬，爲隋文帝所害，及其世子執、弟蕃國公轉等，國除。

冀康公通，字屈率突。武成初，封冀國公，邑萬户。天和六年十月，薨。子絢嗣。建德三年，進爵爲王。大象中，爲隋文帝所害〔一九〕，國除。

滕聞王逌，字爾固突。少好經史，解屬文。武成初，封滕國公，邑萬户。天和末，拜大將軍。建德初，進位柱國。三年，進爵爲王。六年，爲行軍總管，與齊王憲征稽胡。逌破其渠帥穆友等〔二〇〕，斬首八千級。還，除河陽總管。宣政元年，進位上柱國。其年，伐陳，詔逌爲元帥，節度諸軍事。大象元年五月，詔以荆州新野郡邑萬户爲滕。逌出就國。二年，朝京。其年冬，爲隋文帝所害，并子懷德公祐、祐弟箕國公裕、弟禮禧等，國除。逌所著文章，頗行於世。

孝閔帝一男。陸夫人生紀厲王康。

紀厲王康，字乾定〔二一〕。保定初，封紀國公，邑萬户。建德三年，進爵爲王。仍出爲總管利始等五州、大小劍二防諸軍事、利州刺史。康驕矜無軌度，信任僚佐盧奕等，遂繕脩戎器，陰有異謀。司録裴融諫止之，康不聽，乃殺融。五年，詔賜康死。子湜嗣。大定中，爲隋文帝所害，國除。

明帝三男。徐妃生畢剌王賢，後宫生酆王貞、宋王實〔二二〕。

畢剌王賢，字乾陽。保定四年，封畢國公。建德三年，進爵爲王。出爲華州刺史，遷荆州總管，進位柱國。宣政中，入爲大司空。大象初，進位上柱國、雍州牧、太師。明年，宣帝崩。賢性强濟，有威略。慮隋文帝傾覆宗社，言頗泄漏，尋爲所害，并其子弘義、恭道、樹孃等，國除。

酆王貞，字乾雅。初封酆國公。建德三年，進爵爲王。大象初，爲大冢宰。後爲隋文帝所害，并子濟陰郡公德文，國除。

武帝生七男〔二三〕。李皇后生宣帝、漢王贊，厙汗姬生秦王贄、曹王允，馮姬生道王充，薛世婦生蔡王兑，鄭姬生荆王元。

漢王贊，字乾依。初封漢國公。建德三年，進爵爲王，仍柱國。大象末，隋文帝輔政，欲順物情，乃進上柱國、右大丞相。外示尊崇，寔無綜理。及諸方略定，又轉太師。尋爲隋文帝所害，并其子淮陽公道德、弟道智、道義等，國除。

秦王贄，字乾信。初封秦國公。建德三年，進爵爲王。上柱國、大冢宰、大右弼〔二四〕。尋爲隋文帝所害，并其子忠誠公靖智、弟靖仁等，國除。

曹王允，字乾仕。初封曹國公。建德三年，進爵爲王。

道王充，字乾仁。建德六年，封王。

蔡王兌，字乾俊。建德六年，封王。

荆王元，字乾儀。宣政元年，封王。元及兌、充、允等並爲隋文帝所害，國除。

宣帝三子。朱皇后生靜皇帝，王姬生鄴王衎〔二五〕，皇甫姬生郢王術。

鄴王衎，大象二年，封王。

郢王術，大象二年，封王。與衎並爲隋文帝所害，國除。

史臣曰：昔賢之議者，咸云以周建五等，歷載八百；秦立郡縣，二世而亡。雖得失之迹可尋，是非之理互起，而因循莫變，復古未聞。良由著論者溺於貴達〔二六〕，司契者難於易業，詳求適變之道，未窮於至當也。嘗試論之：

夫皇王迭興，爲國之道匪一；賢聖間出，立德之指殊塗。斯豈故爲相反哉，亦云治而已矣。何則？五等之制，行於商周之前；郡縣之設，始於秦漢之後。論時則澆淳理隔，易地則用捨或殊。譬猶干戈日用，難以成垓下之業；稷嗣所述，不可施成周之朝。是知因時制宜者，爲政之上務也；觀民立教者，經國之長策也。且夫列封疆，建侯伯，擇賢能，置牧守，循名雖曰異軌，責實抑亦同歸。盛則與之共安，衰則與之共患。共安繫乎善惡，非禮義無以敦風；共患寄以存亡，非甲兵不能靖亂。是以齊、晉帥禮，鼎業傾而復振；温、陶釋位，王綱弛而更張。然則周之列國，非一姓也，晉之羣臣，非一族也，豈齊、晉强於列國，温、陶賢於羣臣者哉，蓋勢重者易以立功，權輕者難以盡節故也。由此言之，建侯置守，乃古今之異術；兵權勢位，蓋安危之所階乎。

太祖之定關右，日不暇給，既以人臣禮終，未遑藩屏之事。晉蕩輔政，爰樹其黨，宗室長幼，並據勢位，握兵權，雖海内謝隆平之風，而國家有盤石之固矣。高祖克翦芒刺，思弘政術，懲專朝之爲患，忘維城之遠圖，外崇寵位，内結猜阻。自是配天之基，潛有朽壤之墟矣。宣皇嗣位，凶暴是聞，芟刈先其本枝，削黜遍於公族。雖復地惟叔父，親則同生，文能附衆，武能威敵，莫不謝卿士於當年，從侯服於下國。號爲千乘，勢侔匹夫。是以權臣乘其機，謀士因其隙，遷龜鼎速於俯拾，殲王侯烈於燎原。悠悠邃古，未聞斯酷。豈非摧枯振朽，易爲力乎。

向使宣皇采姬、劉之制，覽聖哲之術，分命賢戚，布於内外，料其輕重，間以親疏，首尾相持，遠近爲用。使其勢位也足以扶危，其權力也不能爲亂。事業既定，僥倖自息。雖使卧赤子，朝委裘，社稷固以久安，億兆可以無患矣。何后族之地，而勢能窺其神器哉。

校勘記

〔一〕達步干妃生齊王憲　「生齊王憲」，北史卷五八周室諸王傳作「生齊煬王憲」。張森楷云：「諸王例皆舉謚，不應憲獨去之。據下稱齊煬王，則此當是刻挩。」按張説是。但諸本皆同，今不補。

〔二〕滕聞王逌　册府卷二七〇作「滕簡王逌」。隋書卷三五經籍志四見「後周滕簡王集八卷」，新唐書卷六〇藝文志四作「滕簡王集十二卷」。按「簡」係美謚，「聞」爲惡謚；本卷所記「趙僭王招」「陳惑王純」「越野王盛」「代奰王達」皆爲惡謚，似周隋革命之際，諸王謚號曾發生過改變。下「滕聞王逌」同，不另出校記。

〔三〕封武邑公二千户　按本卷諸王封爵，都説封某公，邑若干户，這裏「公」下當因涉上「武邑」而脱「邑」字。

〔四〕以世宗第三子實爲嗣　「實」，原作「寔」，據周書卷五武帝紀上、北史卷一〇周本紀下保定元年（五六一）七月、卷五八周室諸王傳改。按卷五武帝紀建德三年（五七四）二月，卷八靜帝紀大象二年（五八〇）八月俱見宋公或宋王實（北史卷一〇周本紀下同）。「寔」「實」雖互通，但這一輩弟兄，名都從貝，作「實」是。下「寔字乾辯」「宋王寔」及卷三四裴寬傳附裴漢傳「後歷宋王寔侍讀」徑改，不別出校記。

〔五〕出爲襄州總管　「襄」，原作「梁」，據北史卷五八周室諸王傳、永樂大典卷八九七八引周書改。按本條上稱「保定初」，下稱「天和中」，知直出任總管在保定間。周書卷五武帝紀上保定五年（五六五）正月記「衛國公直爲襄州總管」，却没有爲梁州總管的紀載。又本傳在這一條下面接着就敍述天和中陳湘州刺史華皎來附，詔直督諸軍赴援事。卷五武帝紀上天和二年（五六七）閏六月紀載此事，也稱「遣襄州總管衛國公直……等，將兵援之」。可知直所任爲襄州總管而非梁州。

〔六〕元定遂投江南　按周書卷五武帝紀上天和二年（五六七）九月作「遂没江南」。卷三四元定傳説陳將徐度等「遣使僞與定通和，重爲盟誓，許放還國……定乃許之。於是與度等刑牲歃血，解仗就船。遂爲度等所執」，則是受欺被執，並非投附。卷三五崔猷傳亦稱「其後水軍果敗，而裨將元定等遂没江南」。故這裏「投」當爲「没」之訛。

〔七〕及其子賀貢塞響賈祕津乾理乾璪乾悰等十人　按貢是齊王憲子，曾出嗣莒莊公，後與憲同誅，見周書卷一二齊煬王憲傳。卷一〇莒莊公洛生傳稱以衞王直之子賓爲穆公（洛生子）後。傳稱賓「坐直誅」。卷五武帝紀上建德元年（五七二）五月也載衞公直長子賓封莒國公嗣洛生後的事。據此知直有子名「賓」，這裏「貢」當是「賓」之誤。由於二人先後出嗣莒公，又皆以父誅從坐，遂致混淆。

〔八〕三年進爵爲王除雍州牧四年大軍東討　按周書卷六武帝紀下載趙王招爲雍州牧在建德四年（五七五）三月，這裏的「四年」應移在「除雍州牧」上。

〔九〕五年又從高祖東伐　册府卷二八六「從」上有「率奴」二字。

〔一〇〕越攜公乾銑　殿本考證云：「北史（卷五八周室諸王傳）無『携』（同「攜」）字。」張森楷云：「無『攜』字則徒爲越公，與越王盛同封，當無此理。然諸公被誅，當無謚，此又不得獨有，疑本是『嶲』字，刻誤加旁手耳。」册府卷二六五明刻本載趙王招子「乾封甌越公」（明鈔本有訛脱），脱「銑」字。「甌越」不是郡名，自是字訛，然可證舊本於乾銑封爵久已模糊。張説推測近情，但也不能解釋北史單作「越公」，册府訛爲「甌越」之故。

〔一一〕譙孝王儉字侯幼突　「侯幼突」，北周宇文儉墓誌作「侯紐突」。蓋譯音無定字。

〔一二〕拜大冢宰是歲稽胡反詔儉爲行軍總管與齊王憲討之　周書卷六武帝紀下、卷四九稽胡傳都説齊王憲討稽胡在建德六年（五七七）。這裏「是歲」遥承「五年東伐」之文，似即指五年。但「是歲」之上，記着「拜大冢宰」一事，據武帝紀下在建德六年五月，討稽胡即在十一月。因知

「拜大冢宰」之上脱「六年」二字，「是歲」指六年。

〔一三〕宣政元年二月薨　周書卷六武帝紀下、北史卷一〇周本紀下作「二月甲辰」（六日），北周宇文儉墓誌作「建德七年歲次戊戌二月五日癸卯」，時間相差一日。按建德七年（五七八）三月方改元宣政，周書此處作「宣政元年二月」，當是以改元後的年號統括該年各月紀事，此爲史書常例。而墓誌作「建德七年」，則是據葬時書。

〔一四〕天和中進爵爲王　張森楷云：「『天和』當是『建德』之誤，帝紀（卷五武帝紀上）可證，各傳亦並無以天和進爵者。」按北史卷五八周室諸王傳、册府卷二六五都作「建德三年（五七四），進爵爲王」，且本傳接敘「四年伐齊」，也是建德四年。這裏顯有訛奪，或如張説「天和」是「建德」之誤，但更可能是「天和中」下有脱文。卷五武帝紀上於天和六年（五七一）稱「以大將軍、越國公盛爲柱國」。周書之例，諸王大臣進位柱國，幾乎都見傳中，本卷衞、趙、譙、陳、代、滕諸王傳都有何時進柱國的紀載。可知這裏「天和中」下當有「進柱國」語。今脱去此事（可能還有別事）和「建德三年」四字，遂似封王也在「天和中」。

〔一五〕汾州稽胡帥劉受邏干反　「受」，原作「愛」，據周書卷七宣帝紀、卷四九稽胡傳、北史卷九六稽胡傳、册府卷九八四改。參卷七校記第二條。

〔一六〕澧州刺史　「澧州」，周書卷二七蔡祐傳三朝本、北史卷五八周室諸王傳作「禮州」，周書蔡祐傳殿本、册府卷二七四宋本及明鈔本、通志卷八五後周宗室傳作「澧州」，册府明刻本作「豐州」。錢大昕考異卷三二云：「按後周無『澧州』，疑是『豐州』之訛。」又王仲犖北周地理志豐州下引此條後云：「按『豐』『灃』古今字，『澧』又『灃』字之譌，又由『澧』而譌『禮』。」按周時無「禮州」，豐州即武當郡，地在荆州左近，正屬「荆州刺史」代王達所管。疑錢、王二人説是。參卷二七校記第一四條。

〔一七〕若曲法貰之　「貰」，原作「貸」，據三朝本、南監本、北監本、汲本、局本、永樂大典卷八九七八引周書改。殿本當據北史卷五八周室諸王傳改。

〔一八〕高祖東伐以爲右一軍總管　按周書卷六武帝紀下建德四年（五七五）七月伐齊，無左右軍名號；次年，再伐齊，右一軍總管是越王盛，這裏紀載疑有誤。

〔一九〕大象中爲隋文帝所害　「大象」，北史卷五八周室諸王傳作「大定」。

〔二〇〕穆友　「友」，周書卷四九稽胡傳、北史卷九六稽胡傳、册府卷九八四、通鑑卷一七三陳紀七太建九年（五七七）作「支」。「友」「支」形近易混，未知孰是。

〔二一〕字乾定　「定」，北史卷五八周室諸王傳作「安」。

〔二二〕宋王實　三朝本、南監本、北監本、汲本、永樂大典卷八九七八引周書下面都注「寔傳闕」三字（大典作「實」）。殿本考證云：「按宋獻公震傳云『無子，以世宗第三子寔爲嗣，寔字乾辨』，是寔傳已附於前矣。」知此三字爲殿本整理者所删，局本從殿本。

〔二三〕武帝生七男　北史卷五八周室諸王傳無「生」字。張森楷云：「『生』字不當有，蓋誤衍，據前後叙各帝子可見。」按張説是。但諸本皆同，今不改。

〔一四〕建德三年進爵爲王上柱國大冢宰大右弼　按贇進上柱國，任大冢宰、大右弼，據周書卷八静帝紀在大象二年（五八〇）五月宣帝死後先後遷升，距建德三年（五七四）中隔六年。疑「上柱國」上有脱文。

〔一五〕王姬生鄴王衎　「衎」，原作「衍」，據周書卷八静帝紀改。殿本考證云：「此與下文『鄴王衍，大象二年，封王』，二『衍』字據本紀皆當作『衎』。」按静帝初名「衍」，其弟不當同名。參卷八校記第四條。下文「鄴王衎」「與衎並爲隋文帝所害」二處逕改，不再出校記。

〔一六〕良由著論者溺於貴達　「達」，北史卷五八周室諸王傳作「遠」，較長。

周書卷十四

列傳第六

賀拔勝 兄允 弟岳 念賢

賀拔勝字破胡，神武尖山人也。其先與魏氏同出陰山。有如回者，魏初爲大莫弗。祖爾頭〔一〕，驍勇絶倫，以良家子鎮武川，因家焉。獻文時，茹茹數爲寇，北邊患之。爾頭將遊騎深入覘候，前後以八十數，悉知虜之倚伏〔二〕。後雖有寇至，不能爲害。以功賜爵龍城侯〔三〕。父度拔，性果毅，爲武川軍主。

魏正光末，沃野鎮人破六汗拔陵反，南侵城邑。懷朔鎮將楊鈞聞度拔名，召補統軍，配以一族〔四〕。其賊僞署王衛可孤徒黨尤盛，既圍武川，又攻懷朔。勝少有志操，善騎射，北邊莫不推其膽略。時亦爲軍主，從度拔鎮守。既圍經年，而外援不至，勝乃慷慨白楊鈞曰：「城圍蹙迫，事等倒懸，請告急於大軍，乞師爲援。」鈞許之。乃募勇敢少年十餘騎，夜伺隙潰圍而出。賊追及之。勝曰：「我賀拔破胡也。」賊不敢逼。至朔州，白臨淮王元彧曰：「懷朔被圍，旦夕淪陷，士女延首，企望官軍。大王帝室藩維，與國休戚，受任征討，理宜唯敵是求，今乃頓兵不進，猶豫不決。懷朔若陷，則武川隨亦危矣。逆賊因茲，鋭氣百倍，雖有韓、白之勇，良、平之謀，亦不能爲大王用也。」彧以勝辭義懇至，許以出師，還令報命。勝復突圍而入，賊追之，射殺數人。至城下，大呼曰：「賀拔破胡與官軍至矣。」城中乃開門納之。鈞復遣勝出覘武川，而武川已陷，勝乃馳還。懷朔亦潰，勝父子遂爲賊所虜。後隨度拔與德皇帝合謀，率州里豪傑輿珍、念賢、乙弗庫根、尉遲真檀等，招集義勇，襲殺可孤。朝廷嘉之，未及封賞，會度拔與鐵勒戰没。孝昌中，追贈安遠將軍、肆州刺史。

初，度拔殺可孤之後，令勝馳告朔州，未反而度拔已卒。刺史費穆奇勝才略，厚禮留之，遂委其事〔五〕，常爲遊騎。于時廣陽王元深在五原〔六〕，爲破六汗賊所圍，晝夜攻戰。召勝爲軍主。勝乃率募二百人，開東城門出戰，斬首百餘級。賊遂退軍數十里。廣陽以賊稍却，因拔軍向朔州，勝常爲殿。以功拜統軍，加伏波將軍。又隸僕射元纂鎮恒州。時有鮮于阿胡擁朔州流民，南下爲寇。恒州城中人乃潛與謀，以城應之。勝與兄允弟岳相失，南投肆州。允、岳投爾朱榮。榮與肆州刺史尉慶賓搆隙，引兵攻肆州。肆州陷，榮得勝，大悅曰：「吾得卿兄弟，天下不足平也。」

勝委質事榮。時杜洛周阻兵幽、定，葛榮據有冀、瀛。榮謂勝曰：「井陘險要，我之東門。意欲屈君鎮之，未知君意如何？」勝曰：「少逢兵亂，險阻備嘗，每思効力，以報己知。今蒙驅使〔七〕，實所願也。」榮乃表勝爲鎮遠將軍、別將〔八〕，領步騎五千鎮井陘。孝昌末，從榮入洛〔九〕，以定策立孝莊帝功，封易陽縣伯，邑四百户。累遷直閤將軍、通直散騎常侍、平南將軍、光禄大夫、撫軍將軍。從太宰元穆北征葛榮〔一〇〕，爲前鋒大都督。戰於滏口，大破之，虜獲數千人。時洛周餘燼韓婁在薊城結聚〔一一〕，爲遠近之害。復以勝爲大都督，鎮中山。婁素聞勝威名，竟不敢南寇。元顥入洛陽，孝莊帝出居河內。榮徵勝爲前軍大都督，領千騎與爾朱兆自硤石度，大破顥軍，擒其子領軍將軍冠受，及梁將陳思保等，遂前驅入洛。拜武衞將軍、金紫光禄大夫，增邑六百户，進爵真定縣公，遷武衞將軍，加散騎常侍〔一二〕。

及榮被誅，事起倉卒，勝復隨世隆至于河橋。勝以爲臣無讐君之義，遂勒所部還都謁帝。大悅〔一三〕，以本官假驃騎大將軍、東征都督，率騎一千，會鄭先護討爾朱仲遠。爲先護所疑，置之營外，人馬未得休息。俄而仲遠兵至，與戰不利，乃降之。復與爾朱氏同謀，立節閔帝。以功拜右衞將軍〔一四〕，進車騎大將軍、儀同三司、左光禄大夫〔一五〕。

齊神武懷貳，爾朱氏將討之。度律自洛陽引兵，兆起并州，仲遠從滑臺，三帥會於鄴東。時勝從度律。度律與兆不平。勝以臨敵搆嫌，取敗之道，乃與斛斯椿詣兆營和解之，反爲兆所執。度律大懼，遂引軍還。兆將斬勝，數之曰：「爾殺可孤，罪一也；天柱薨後，復不與世隆等俱來，而東征仲遠，罪二也。我欲殺爾久矣，今復何言？」勝曰：「可孤作逆，爲國巨患，勝父子誅之，其功不小，反以爲罪，天下未聞。天柱被戮，以君誅臣，勝寧負朝廷〔一六〕？今日之事，生死在王。但去賊密邇，骨肉搆隙〔一七〕，自古迄今，未有不破亡者。勝不憚死，恐王失策。」兆乃捨之。勝既得免，行百餘里，方追及度律軍。齊神武既克相州，兵威漸盛。於是爾朱兆及天光、仲遠、度律等衆十餘萬，陣於韓陵。兆率鐵騎陷陣，出齊神武之後，將乘其背而擊之。度律惡兆之驕悍，懼其陵己，勒兵不肯進。勝以其攜貳，遂率麾下降于齊神武。度律軍以此先退，遂大敗。

太昌初，以勝爲領軍將軍，尋除侍中。孝武帝將圖齊神武，以勝弟岳擁衆關西，欲廣其勢援，乃拜勝爲都督三荆、二郢、南襄、南雍七州諸軍事，進位驃騎大將軍、開府儀同三司、荆州刺史，加授南道大行臺尚書左僕射。勝攻梁下溠戍〔一八〕，擒其戍主尹道珍等。又使人誘動蠻王文道期，率其種落歸款。梁雍州刺史蕭續擊道期不利，漢南大駭。勝遣大都督獨孤信、軍司史寧。歐陽酇城〔一九〕。南雍州刺史長孫亮、南荆州刺史李魔憐、大都督王元軌取久山、白洎，都督拔略昶、史仵龍取義城、均口，擒梁將莊思延，獲甲卒數千人。攻馮翊、安定、沔陽，並平之〔二〇〕。勝軍於樊、鄧之間。梁武勑續曰：「賀拔勝北間驍將，爾宜慎之。」續遂城守不敢出。尋進位中書令〔二一〕，增邑二千户，進爵琅邪郡公。續遣柳仲禮守穀城，勝攻之未拔。屬齊神武與帝有隙，詔勝引兵赴洛，至廣州，猶豫未進，而帝已西遷。勝還軍南陽，遣右丞陽休之奉表入關〔二二〕，又令府長史元穎行州事〔二三〕。勝自率所部，將西赴關中，進至淅陽，詔封勝太保〔二四〕、録尚書事。時齊神武已陷潼關，屯軍華陰。勝乃還荆州。州民鄧誕執元穎，北引侯景。勝至，景逆擊之，勝軍不利，率麾下數百騎，南奔梁。

在江表三年，梁武帝遇之甚厚。勝常乞師北討齊神武，既不果，乃求還。梁武帝許之，親餞於南苑。勝自是之後，每行執弓矢，見鳥獸南向者皆不射之，以申懷德之志也。既至長安，詣闕謝罪。朝廷嘉其還，乃授太師。

後從太祖擒竇泰於小關，加授中軍大都督。又從太祖攻弘農。勝自陝津先渡河，東魏將高干遁，勝追獲，囚之。下河北，擒郡守孫晏。崔乂。從破東魏軍於沙苑〔二五〕，追奔至河上。仍與李弼別攻河東，略定汾、絳。增邑并前五千户。河橋之役，勝大破東魏軍。太祖命勝收其降卒而還。及齊神武悉衆攻玉壁，勝以前軍大都督從太祖追之於汾北。又從戰邙山。時太祖見齊神武旗鼓，識之，乃募敢勇三千人，配勝以犯其軍。勝適與齊神武相遇，因告之曰：「賀六渾，賀拔破胡必殺汝也〔三六〕。」時募士皆用短兵接戰，勝持矟追齊神武數里，刃垂及之。會勝馬爲流矢所中，死，比副騎至，齊神武已逸去。勝歎曰：「今日之事，吾不執弓矢者，天也！」

是歲，勝諸子在東者，皆爲齊神武所害。勝憤恨，因動氣疾。大統十年，薨于位。臨終，手書與太祖曰：「勝萬里杖策，歸身闕庭，冀望與公掃除逋寇。不幸殞斃，微志不申。願公内先協和，順時而動。若死而有知，猶望魂飛賊庭，以報恩遇耳。」太祖覽書，流涕久之。

勝長於喪亂之中，尤工武藝，走馬射飛鳥，十中其五六。太祖每云：「諸將對敵，神色皆動，唯賀拔公臨陣如平常，真大勇也。」自居重位，始愛墳籍。乃招引文儒〔三七〕，討論義理。性又通率，重義輕財，身死之日，唯有隨身兵仗及書千餘卷而已。

初，勝至關中，自以年位素重，見太祖不拜，尋而自悔，太祖亦有望焉。後從太祖宴于昆明池，時有雙鳧游於池上，太祖乃授弓矢於勝曰：「不見公射久矣，請以爲歡。」勝射之，一發俱中。因拜太祖曰：「使勝得奉神武，以討不庭，皆如此也。」太祖大悦。自是恩禮日重，勝亦盡誠推奉焉。贈定冀等十州諸軍事、定州刺史、太宰、録尚書事，謚曰貞獻。明帝二年，以勝配享太祖廟庭。

勝無子，以弟岳子仲華嗣。大統三年，賜爵樊城公。魏廢帝時，爲通直郎、散騎常侍，遷黄門郎，加車騎大將軍、儀同三司，驃騎大將軍、開府儀同三司。六官建，拜守廟下大夫。孝閔帝踐阼，襲爵琅邪公，除利州刺史。大象末，位至江陵總管。

勝兄弟三人，並以豪俠知名。兄允字阿泥〔二八〕，魏孝武時，位至太尉，封燕郡王，爲神武所害。

岳字阿斗泥。少有大志，愛施好士。初爲太學生，及長，能左右馳射，驍果絶人。不讀兵書而暗與之合，識者咸異之。

與父兄誅衛可孤之後，廣陽王元深以岳爲帳内軍主。又表爲彊弩將軍。後與兄勝俱鎮恒州。州陷，投爾朱榮。榮待之甚厚，以爲别將，尋爲都督。每居帳下，與計事，多與榮意合，益重之。榮士馬既衆，遂與元天穆謀入匡朝廷。謂岳曰：「今女主臨朝，政歸近習。盜賊蜂起，海内沸騰，王師屢出，覆亡相繼。吾累世受恩，義同休戚。今欲親率士馬，電赴京師，内除君側，外清逆亂。取勝之道，計將安出？」岳對曰：「夫立非常之事，必俟非常之人。將軍士馬精彊，位任隆重。若首舉義旗，伐叛匡主，何往而不尅，何向而不摧。古人云『朝謀不及夕，言發不俟駕』，此之謂矣。」榮與天穆相顧良久，曰：「卿此言，真丈夫之志也。」

未幾而魏孝明帝暴崩，榮疑有故，乃舉兵赴洛。配岳甲卒二千爲先驅，至河陰。榮既殺害朝士，時齊神武爲榮軍都督，勸榮稱帝，左右多欲同之，榮疑未決。岳乃從容進而言曰：「將軍首舉義兵，共除姦逆，功勤未立，逆有此謀，可謂速禍，未見其福。」榮尋亦自悟，乃尊立孝莊。岳又勸榮誅齊神武以謝天下。左右咸言：「高歡雖復庸疎，言不思難，今四方尚梗，事藉武臣，請捨之，收其後效。」榮乃止。以定策功，授前將軍、太中大夫，賜爵樊城鄉男〔二九〕。復爲榮前軍都督，破葛榮於滏口。遷平東將軍、金紫光禄大夫。坐事免。詔尋復之。從平元顥，轉左光禄大夫、武衛將軍。

時万俟醜奴僭稱大號，關中騷動，朝廷深以爲憂。榮將遣岳討之。岳私謂其兄勝曰：「醜奴擁秦、隴之兵，足爲勍敵。若岳往而無功〔三〇〕，罪責立至；假令尅定，恐讒愬生焉。」勝曰：「汝欲何計自安？」岳曰：「請爾朱氏一人爲元帥，岳副貳之，則可矣。」勝然之，乃請於榮。榮大悦，乃以天光爲使持節、督二雍二岐諸軍事〔三一〕、驃騎大將軍、雍州刺史，以岳爲持節、假衛將軍、左大都督，又以征西將軍代郡侯莫陳悦爲右大都督〔三二〕，並爲天光之副以討之。時赤水蜀賊，阻兵斷路。天光之衆，不滿二千。及軍次潼關，天光有難色。岳曰：「蜀賊草竊而已，公尚遲疑，若遇大敵，將何以戰。」天光曰：「今日之事，一以相委，公宜爲吾制之。」於是進軍，賊拒戰於渭北，破之，獲馬二千疋，軍威大振。

天光與岳進至雍州，榮又續遣兵至。時醜奴自率大衆圍岐州，遣其大行臺尉遲菩薩、僕射万俟仵同向武功，南渡渭水，攻圍趨栅。天光使岳率千騎赴援。菩薩攻栅已尅，還岐州〔三三〕。岳以輕騎八百北渡渭，擒其縣令二人，獲甲首四百，殺掠其民以挑。菩薩率步騎二萬至渭北〔三四〕。岳以輕騎數十與菩薩隔水交言。岳稱揚國威，菩薩自言彊盛，往復數反。菩薩乃自驕踞，令省事傳語岳。岳怒曰：「我與菩薩言，卿是何人，與我對語？」省事恃隔水，應答不遜。岳舉弓射之，應弦而倒。時已逼暮，於是各還。岳密於渭南傍水，分精騎數十爲一處，隨地形便置之。明日，自將百餘騎，隔水與賊相見。岳漸前進，先所置騎隨岳而進〔三五〕，騎既漸增，賊不復測其多少。行二十里許，至水淺可濟之處，岳便馳馬東出，以示奔遁。賊謂岳走，乃棄步兵，南渡渭水，輕騎追岳。岳東行十餘里，依橫岡設伏兵以待之。賊以路險不得齊進，前後繼至，半度岡東，岳乃回與賊戰，身先士卒，急擊之，賊便退走。岳號令所部，賊下馬者，皆不聽殺。賊顧見之，便悉投馬。俄而虜獲三千人，馬亦無遺，遂擒菩薩。仍渡渭北，降步卒萬餘，並收其輜重。

醜奴尋棄岐州，北走安定，置柵於平亭。天光方自雍至岐，與岳合勢〔三六〕。軍至汧、渭之間，宣言遠近曰：「今氣候漸熱，非征討之時，待秋涼更圖進取〔三七〕。」醜奴聞之，遂以爲實，分遣諸軍散營農於岐州之北百里細川，使其太尉侯元進領兵五千〔三八〕，據險立柵。其千人以下爲柵者有數處，且戰且守〔三九〕。岳知其勢分，乃密與天光嚴備。晡時，潛遣輕騎先行路〔四〇〕，於後諸軍盡發。昧旦，攻圍元進柵，拔之，即擒元進。諸所俘執皆放之，自餘諸柵悉降。岳星言徑趣涇州，其刺史侯幾長貴以城降〔四一〕。醜奴乃棄平亭而走，欲向高平。岳輕騎急追，明日，及醜奴於平涼之長坑，一戰擒之。高平城中又執蕭寶寅以降〔四二〕。

賊行臺万俟道洛率衆六千，退保牽屯山。岳攻之。道洛敗，率千騎而走，追之不及，遂得入隴，投略陽賊帥王慶雲。慶雲以道洛驍果絕倫，得之甚喜，以爲大將軍。天光又與岳度隴至慶雲所居水洛城。慶雲、道洛頻出城拒戰，並擒之。餘衆皆降，悉坑之，死者萬七千人。三秦、河、渭、瓜、涼、鄯州咸來歸款。賊帥夏州人宿勤明達降於平涼，後復叛，岳又討擒之。天光雖爲元帥，而岳功効居多。加車騎將軍〔四三〕，進爵爲伯，邑二千户。尋授都督涇北豳二夏四州諸軍事、涇州刺史，進爵爲公。

天光入洛，使岳行雍州刺史。建明中，拜驃騎大將軍，增邑五百户。普泰初，除都督二岐東秦三州諸軍事、儀同三司、岐州刺史，進封清水郡公〔四四〕，增邑通前三千户。尋加侍中，給後部鼓吹，進位開府儀同三司，兼尚書左僕射、隴右行臺，仍停高平。二年，加都督三雍三秦二岐二華諸軍事、雍州刺史。天光將率衆拒齊神武，遣問計於岳。岳報曰：「王家跨據三方，士馬殷盛，高歡烏合之衆，豈能爲敵。然師克在和，但願同心戮力耳。若骨肉離隔，自相猜貳，則圖存不暇，安能制人。如下官所見，莫若且鎮關中，以固根本；分遣鋭師，與衆軍合勢。進可以克敵，退可以克全〔四五〕。」天光不從，果敗。岳率軍下隴赴雍，擒天光弟顯壽以應齊神武。

魏孝武即位，加關中大行臺，增邑千户。永熙二年，孝武密令岳圖齊神武，遂刺心血，持以寄岳，詔岳都督二雍二華二岐豳四梁三益巴二夏蔚寧涇二十州諸軍事、大都督。齊神武既忌岳兄弟功名，岳懼，乃與太祖協契。語在太祖本紀。岳自詣北境，安置邊防。率衆趣平涼西界，布營數十里，託以牧馬於原州，爲自安之計。先是，費也頭万俟受洛干、鐵勒斛律沙門、斛拔彌俄突〔四六〕、紇豆陵伊利等，並擁衆自守，至是皆款附。秦、南秦、河、渭四州刺史又會平涼，受岳節度。唯靈州刺史曹泥不應召，乃通使於齊神武。三年，岳召侯莫陳悦於高平，將討之，令悦爲前驅。而悦受齊神武密旨圖岳，岳弗之知也〔四七〕，而先又輕悦。悦乃誘岳入營，共論兵事，令其壻元洪景斬岳於幕中。朝野莫不痛惜之。贈侍中、太傅、録尚書、都督關中三十州諸軍事〔四八〕、大將軍、雍州刺史，謚曰武壯，葬以王禮。

子緯嗣，拜開府儀同三司。保定中，録岳舊德，進緯爵霍國公，尚太祖女。

侯莫陳悦，少隨父爲駞牛都尉。長於西〔四九〕，好田獵，便騎射。會牧子作亂，遂歸爾朱榮。榮引爲府長流參軍，稍遷大都督。魏孝莊帝初，除征西將軍、金紫光禄大夫、封柏人縣侯，邑五百户。爾朱天光西討，榮以悦爲天光右都督〔五〇〕，本官如故。西伐克獲，功亞於賀拔岳。以本將軍除鄯州刺史。建明中，拜車騎大將軍、渭州刺史，進爵白水郡公，增邑五百户。普泰中，除驃騎大將軍、儀同三司、秦州刺史。及天光赴洛，悦與岳俱下隴趣雍州，擒天光弟顯壽。魏孝武初，加開府儀同三司、都督隴右諸軍事，仍加秦州刺史〔五一〕。及悦殺岳，岳衆莫不服從。悦猶豫，不即撫納，乃還隴右〔五二〕。太祖勒衆討之，悦遂亡敗。語在太祖本紀。悦子弟及同謀殺岳者八九人，並伏誅。唯中兵參軍豆盧光走至靈州，後奔晉陽。悦自殺岳後，神情恍忽，不復如常。恒言「我纔睡即夢見岳云：『兄欲何處去！』隨逐我不相置」。因此彌不自安，而致破滅。

念賢字蓋盧。美容質，頗涉書史。爲兒童時，在學中讀書，有善相者過學，諸生競詣之，賢獨不往。笑謂諸生曰：「男兒死生富貴在天也，何遽相乎。」少遭父憂，居喪有孝稱。後以破衛可孤功，除別將。尋招慰雲州高車、鮮卑等，皆降下之。除假節、平東將軍，封屯留縣伯，邑五百户。建義初，爲大都督，鎮井陘，加撫軍將軍、黎陽郡守。爾朱榮入洛，拜車騎將軍、右光禄大夫、太僕卿，兼尚書右僕射、東道行臺〔五三〕，進爵平恩縣公，增邑五百户。普泰初，除使持節、瀛州諸軍事、驃騎將軍、瀛州刺史。永熙中，拜第一領民酋長，加散騎常侍，行南兗州事。尋進號驃騎大將軍，入爲殿中尚書，加儀同三司。魏孝武欲討齊神武，以賢爲中軍北面大都督，進爵安定郡公，增邑一千户，加侍中、開府儀同三司。大統初，拜太尉，出爲秦州刺史，加太傅，給後部鼓吹。三年，轉太師、都督河涼瓜鄯渭洮沙七州諸軍事、大將軍、河州刺史。久之還朝，兼録尚書事。河橋之役，賢不力戰，乃先還，自是名譽頗減。五年，除都督秦渭原涇四州諸軍事、秦州刺史。薨於州。謚曰昭定。

賢於諸公皆爲父黨，自太祖以下，咸拜敬之。子華，性和厚，有長者風。官至開府儀同三司、合州刺史。

史臣曰：勝、岳昆季，以勇略之姿，當馳競之際，並邀時投隙，展効立功。始則委質爾朱，中乃結款高氏，太昌之後，即帝圖高，察其所由，固非守節之士。及勝垂翅江左，憂魏室之危亡，奮翼關西，感梁朝之顧遇，有長者之風矣。終能保其榮寵，良有以焉。岳以二千之羸兵，抗三秦之勍敵，奮其智勇，克翦凶渠，雜種畏威，遐方慕義，斯亦一時之盛也。卒以勳高速禍，無備嬰戮。惜哉！陳涉首事不終，有漢因而創業；賀拔元功夙殞，太祖藉以開基。「不有所廢，君何以興」，信乎其然矣。

校勘記

〔一〕祖爾頭　「頭」，魏書卷八〇賀拔勝傳作「逗」，乃譯音之異。

〔二〕悉知虜之倚伏　「伏」，原作「仗」，據三朝本、南監本、北監本、汲本、局本改。張森楷、張元濟都以爲「仗」字誤。張元濟云：「『兵機倚伏』，見宇文貴傳（卷一九）。」

〔三〕以功賜爵龍城侯　殿本考證云：「『侯』，北史（卷四九賀拔允傳）作『男』。」按魏書卷八〇賀拔勝傳也作「男」。據隋賀拔毗沙墓誌（即賀拔勝女、尉遲運妻。隋代墓誌銘彙考圖版二〇二）載：「祖度，肆州刺史、龍城伯。」「度」即本傳之「度拔」，「龍城伯」當是襲父「爾頭」之爵。此處「龍城侯」或係後來進封或追封之爵。

〔四〕配以一族　「族」，原作「旅」，據三朝本、南監本、北監本、汲本改。北史卷四九賀拔允傳作「旅」。殿本當據北史改，局本從之。按賀拔氏本出北邊民族，先世爲大莫弗。「配以一族」

是命他統率賀拔本族成員。

〔五〕遂委其事　殿本考證云：「北史（卷四九賀拔允傳附賀拔勝傳）作『遂委以兵事』，文義較顯。」

〔六〕廣陽王元深　「深」，魏書卷八〇賀拔勝傳作「淵」。按周書、北史避唐諱改「淵」作「深」。以後不再出校記。

〔七〕今蒙驅使　「使」，册府卷三八九、通志卷一五六賀拔勝傳作「策」。

〔八〕榮乃表勝爲鎮遠將軍別將　魏書卷八〇賀拔勝傳作「轉積射將軍，爲別將」。

〔九〕孝昌末從榮入洛　按魏書卷九肅宗紀，孝昌只三年，次年改武泰元年（五二八），二月肅宗死，四月爾朱榮入洛，立孝莊帝，改元建義（參魏書卷一〇孝莊紀）。這裏應作「武泰初」。通志卷一五六賀拔勝傳亦作「孝昌末」，北史卷四九賀拔允傳附賀拔勝傳闕載，周書或原已誤。

〔一〇〕從太宰元穆北征葛榮　按魏書卷一〇孝莊紀建義元年（五二八）四月以元天穆爲太尉，九月「詔太尉公、上黨王天穆討葛榮」。列傳中多以最終之官爲稱，此稱太宰，亦不誤。又「元天穆」稱「元穆」，乃雙名單稱。

〔一一〕時洛周餘燼韓婁在薊城結聚　按魏書卷一〇孝莊紀永安元年（五二八）十二月稱「葛榮餘黨韓樓復據幽州反」，卷七四尒朱榮傳作「葛榮枝黨韓婁」，卷八〇侯淵傳作「葛榮別帥韓樓」，卷九一劉靈助傳作「葛榮餘黨韓婁」（北史有關紀傳與魏書同）。「樓」「婁」音同，當時紀載據耳聞傳寫，無須深辨。但相關紀傳都没有以韓婁爲杜洛周義軍的一部。

〔二〕拜武衛將軍金紫光禄大夫增邑六百户進爵真定縣公遷武衛將軍加散騎常侍　張森楷云：「上方『拜武衛將軍』，未有轉官之文，而更云遷武衛將軍，理不可通，疑上下必有一誤。」按魏書卷八〇賀拔勝傳稱勝以征北將軍，轉武衛將軍，「尋除衛將軍，加散騎常侍」，似乎賀拔勝以武衛將軍遷衛將軍。但魏書卷一〇孝莊紀永安三年（五三〇）十一月稱「以右衛將軍賀拔勝爲東征都督」，卷一一前廢帝紀普泰元年（五三一）三月、四月兩見「右衛將軍賀拔勝」。據此，疑周書此條第二個武衛是右衛之誤，魏書本傳是「衛」上脱「右」字。

〔三〕還都謁帝大悦　按文義應重一「帝」字，疑誤脱。

〔四〕復與爾朱氏同謀立節閔帝以功拜右衛將軍　魏書卷八〇賀拔勝傳也説「普泰初，除右衛將軍」。按魏書卷一〇孝莊紀永安三年（五三〇）已稱賀拔勝爲右衛將軍，豈待立節閔帝有功始遷，與周書和魏書本傳的紀載顯然矛盾。至魏書本傳稱賀拔勝以第二品之衛將軍除第三品之右衛將軍，錯誤更不待言，參本卷校記第一二條。今按魏書卷一一後廢帝紀，在爾朱氏韓陵戰敗後，稱「前廢帝鎮軍將軍賀拔勝……於陣降」。可知前廢帝（即節閔帝）普泰初賀拔勝乃是以右衛將軍遷鎮軍將軍。魏書卷一一三官氏志載太和後職令，鎮軍將軍在從第二品，以第三品的右衛將軍升遷，正合。

〔五〕左光禄大夫　「左」，魏書卷八〇賀拔勝傳作「右」。

〔一六〕勝寧負朝廷　殿本考證云：「北史（卷四九）及通鑑（卷一五五）俱云『勝寧負王，不負朝廷』，本書脱去四（當云「三」）字。」張森楷云：「新本無『負王不』三字，誤挩文。」按局本、册府卷四五六亦有「負王不」三字，其餘三朝本、南監本、北監本、汲本皆無，局本當是從殿本考證據北史補。補上三字文義較長，但「寧負朝廷」作「豈負朝廷」解亦可通，今不補。

〔一七〕但去賊密邇骨肉搆隙　「去」，册府卷四五六作「知」。「骨肉搆隙」，北史卷四九賀拔允傳附賀拔勝傳及册府都作「内搆嫌隙」。

〔一八〕勝攻梁下溠戍　「下溠」，周書卷一六獨孤信傳、卷二八史寧傳、册府卷三五五、卷三六八同，魏書卷八〇賀拔勝傳、通鑑卷一五六梁紀一二中大通五年（五三三）作「下迮」。通鑑卷一四三齊紀九永元二年（五〇〇）十一月稱「魏東荆州刺史桓暉入寇，拔下笮戍」，胡注云：「下笮戍在沔北，直襄陽東北。」顧祖禹讀史方輿紀要卷七九襄陽府襄陽縣下笮城條，以爲下笮、下迮是一地，賀拔勝所攻即此。根據胡、顧之説，下迮戍應在今襄陽東北。至於下溠應以溠水爲名。據隋書卷三一地理志下漢東郡唐城縣條，隋開皇十六年，改下溠曰唐城。通典卷一七一州郡一序目上稱梁重鎮有下溠戍，在「漢東郡棗陽縣東南」。今隨縣西北，棗陽東南溠水旁有唐縣鎮，當即其地。與胡、顧所云在襄陽東北的「下笮」或「下迮」非一地。當時賀拔勝南攻，至於「沔北蕩爲丘墟」，襄陽以至隨縣一帶同在進攻範圍中，本條所攻之戍究是「下迮」或「下溠」，難以斷定。此後「下溠戍」同，不再出校。

〔一九〕勝遣大都督獨孤信軍司史寧歐陽酇城　張森楷云：「魏書（卷八〇賀拔勝傳）云：攻『酇陽城，並平之』。此乃有似人名，疑誤。」按册府卷三六八、通鑑卷一五六梁紀一二中大通五年（五三三）作「酇城」，據隋書卷三一地理志下襄陽郡陰城縣下云「西魏置酇城郡」，疑魏書「陽」字衍。又周書卷二九宇文虬傳云：「魏孝武初，從獨孤信在荆州，破梁人於下溠，遂平歐陽、酇城。」與此傳合，「史寧」下當脱「攻」或「取」「平」等字。唯「歐陽」猶可疑。魏書卷五八楊播傳附楊侃傳載梁豫州刺史裴邃「治合肥城，規相掩襲」，故意通知魏人，説「此亦須營歐陽，設交境之備」，則歐陽當在合肥、壽春間南北交界處，距離下溠、酇城很遠，必是別一歐陽。魏書賀拔勝傳之「酇陽城」，亦有可能是歐陽酇城的脱誤。

〔二〇〕攻馮翊安定沔陽並平之　「沔陽」，原作「馮陽」，據魏書卷八〇賀拔勝傳、册府卷三五五、卷三六八、卷三八一與通鑑卷一五六梁紀一二中大通五年（五三三）改。按「馮陽」無此地名，「馮」與「沔」形似，又涉上「馮翊」而誤。

〔二一〕尋進位中書令　「中書令」，北史卷四九賀拔允傳附賀拔勝傳、册府卷三五五、卷三八一作「尚書令」。按上文云勝加「尚書左僕射」，下文又詔授「録尚書事」，這裏疑作「尚書令」是。

〔二二〕陽休之　「陽」，原作「楊」，據北齊書卷四二陽休之傳、通志卷一五六賀拔勝傳改。張森楷云：「『楊』當作『陽』，北齊書陽休之傳可證。」

〔二三〕元穎　「穎」，局本、通鑑卷一五六梁紀一二中大通六年（五三四）作「潁」。汲本這裏同殿本，而下面「州民鄧誕執元穎」則又作「穎」。北史卷四九賀拔允傳附賀拔勝傳作「穎」，通志卷一五六賀拔勝傳作「頴」。按「頴」即「穎」，「頴」是水名，別無他義，疑作「穎」是。

〔二四〕詔封勝太保　張森楷云：「『封』當作『拜』。此官，非爵也，而云『封』，誤矣。」按北史卷四九賀拔允傳附賀拔勝傳即作「授」。疑是。

〔二五〕下河北擒郡守孫晏崔乂從破東魏軍於沙苑　北史卷四九賀拔允傳附賀拔勝傳無「崔乂」二字，「從破」作「摧破」。通志卷一五六賀拔勝傳無「崔」字，「乂」作「又」。按郡守恐不得同時有二人，這裏當有訛脱。

〔二六〕因告之曰賀六渾賀拔破胡必殺汝也　「因告之曰」，北史卷四九賀拔允傳附賀拔勝傳作「連叱而字之曰」，冊府卷三九五上作「因字呼之曰」，通鑑卷一五八梁紀一四大同九年（五四三）作「因字之曰」。按下面稱高歡爲「賀六渾」，即是呼其小字。且冊府此條採自周書，疑周書原與冊府同。

〔二七〕乃招引文儒　「儒」，原作「孺」，據三朝本、南監本、北監本、汲本、局本改。

〔二八〕兄允字阿泥　「阿泥」，魏書卷八〇賀拔勝傳附賀拔允傳、北齊書卷一九賀拔允傳、北史卷四九賀拔允傳皆作「可泥」。北史卷六齊本紀上高歡稱允爲「阿鞠泥」（北齊書卷一神武紀以北史補）。姚薇元北朝胡姓考以爲「阿鞠泥」爲允之本名，「阿泥」爲省稱，「可」爲「阿」之誤。

〔二九〕賜爵樊城鄉男　「鄉男」，原作「郡男」，據魏書卷八〇賀拔勝傳、北史卷四九賀拔允傳附賀拔岳傳改。張森楷云：「男例不得食郡，郡字非也。魏書賀拔勝傳作『鄉男』，當是。」

〔二〇〕若岳往而無功　「往」，原作「住」，據三朝本、南監本、北監本、汲本、局本改。

〔二一〕乃以天光爲使持節督二雍二岐諸軍事　魏書卷七五尒朱天光傳作「乃除天光使持節、都督雍岐二州諸軍事」，通鑑卷一五四梁紀一〇中大通二年（五三〇）作「以爾朱天光爲使持節、都督二雍二岐諸軍事」。知這裏「督」上脱「都」字。「二雍二岐」與「雍岐二州」，則未知孰是。

〔二二〕又以征西將軍代郡侯莫陳悦爲右大都督　「大」，原脱。魏書卷八〇侯莫陳悦傳、北史卷四九賀拔允傳附賀拔岳傳及侯莫陳悦傳都作「右廂大都督」。魏書卷七五尒朱天光傳作「大都督」。通鑑卷一五四梁紀一〇中大通二年（五三〇）作「右大都督」。按賀拔岳和侯莫陳悦分統左右廂，岳爲大都督，悦不應只是都督。今據補。

〔二三〕時醜奴自率大衆圍岐州遣其大行臺尉遲菩薩僕射万俟仵同向武功南渡渭水攻圍趨栅天光使岳率千騎赴援菩薩攻栅已尅還岐州　「攻圍」至「赴」十二字，原脱。北史卷四九賀拔允傳附賀拔岳傳「万俟仵」作「万俟行醜」，在「南渡渭水」下多「攻圍趨栅。天光使岳率千騎赴」十二字。魏書卷八〇賀拔勝傳附賀拔岳傳亦然，只是文字稍異（通鑑卷一五四梁紀一〇中大通二年略同魏書、北史）。按周書脱文，乍讀像是遣尉遲菩薩援菩薩，不通，姑據北史補。

〔二四〕殺掠其民以挑菩薩率步騎二萬至渭北　魏書卷八〇賀拔勝傳附賀拔岳傳重「菩薩」二字（册府卷四三〇、卷八四六本條採自魏書）。按通典卷一五四兵七作「殺掠其民以挑之」，通鑑卷一五四梁紀一〇中大通二年（五三〇）作「岳故殺掠其吏民以挑之」。知「挑」下當脱「菩薩」二字或「之」字。「二萬」，通典作「三萬」。

〔三五〕先所置騎隨岳而進　「先」，三朝本、南監本、汲本作「元」。「進」，魏書卷八〇賀拔勝傳附賀拔岳傳、北史卷四九賀拔允傳附賀拔岳傳、通典卷一五四兵七作「集」。

〔三六〕與岳合勢　「岳」，原作「兵」，據魏書卷七五尒朱天光傳、北史卷四八尒朱天光傳、卷四九賀拔允傳附賀拔岳傳、册府卷三五五、通鑑卷一五四梁紀一〇中大通二年（五三〇）改。張森楷云：「新本『岳』作『兵』，誤。」按局本作「岳」，當據北史等史籍改。

〔三七〕待秋涼更圖進取　魏書卷七五尒朱天光傳、北史卷四九賀拔允傳附賀拔岳傳、通典卷一五三兵六、御覽卷三一六引後周書、册府卷三五五、卷四二〇「待」下都有「至」字。

〔三八〕侯元進　周書卷一六侯莫陳崇傳、魏書卷七五尒朱天光傳、卷八〇賀拔勝傳附賀拔岳傳、北史卷四九賀拔允傳附賀拔岳傳都作「侯伏侯元進」。鄧名世古今姓氏書辯證卷二三云「侯伏侯氏改爲侯氏」，姚薇元北朝胡姓考侯氏條以爲「侯」當爲「侯」之訛。則本條是從改姓。

〔三九〕且戰且守　「戰」，魏書卷七五尒朱天光傳作「耕」，通典卷一五三兵六作「田」。按上云醜奴「分遣諸軍散營農於岐州之北百里細川」，作「耕」或「田」較長。

〔四〇〕潛遣輕騎先行路　魏書卷七五尒朱天光傳、通典卷一五三兵六「路」上有「斷」字，文義較長。

〔四一〕侯幾長貴　魏書卷七五尒朱天光傳作「侯幾長貴」，下注一「疑」字，卷八〇賀拔勝傳附賀拔岳傳作「侯機長貴」，通典卷一五三兵六作「侯長貴」。按魏書卷一一三官氏志云：「俟幾氏後改爲幾氏。」陳毅魏書官氏志疏證引廣韻、通志氏族略、姓解、古今姓氏書辯證都作「俟畿」，只有元和姓纂引官氏志作「侯畿」，陳氏認爲「侯」字誤。姚薇元北朝胡姓考據上引魏書的兩條作「侯幾」「侯機」，又北史卷六齊本紀上見「大都督侯幾紹」，認爲「俟」字誤。今按「幾」「機」「畿」都是譯音，除魏書卷一一三官氏志應有定字外，他處可以互用。「俟」和「侯」則必有一誤，陳、姚各有所據，不知孰是。

〔四二〕高平城中又執蕭寶寅以降　「寅」，三朝本、南監本、局本作「夤」。按南齊書卷五〇、南史卷四四蕭寶寅傳作「寅」，魏書卷五九、北史卷二九蕭寶夤傳作「夤」，通鑑從南齊書、南史。「寅」「夤」通，今後不再出校記。「降」，原作「歸」，據三朝本、南監本、北監本、汲本、局本、册府卷三五五改。張森楷、張元濟都以爲作「降」是。據殿本考證，「歸」字爲依北史卷四九賀拔允傳附賀拔岳傳改。

〔四三〕加車騎將軍　「車」，原作「散」，據三朝本、南監本、北監本、汲本、局本、魏書卷八〇賀拔勝傳附賀拔岳傳改。

〔四四〕「普泰初」至「進封清水郡公」　按魏書卷八〇賀拔勝傳附賀拔岳傳，賀拔岳進封清水郡公在普泰前。

〔四五〕進可以克敵退可以克全　「克全」，册府卷四〇四、通鑑卷一五五梁紀一一中大通四年（五三二）、通志卷一五六賀拔勝傳附賀拔岳傳都作「自全」。按北史卷四九賀拔允傳附賀拔岳傳不載此語，册府、通志當採自周書。疑原作「自全」。

〔四六〕斛拔彌俄突　「斛」，三朝本、南監本、北監本、汲本、局本作「解」。周書當作「解」。參卷一校記第一一條。

〔四七〕而悦受齊神武密旨圖岳岳弗之知也　下「岳」，原脱，據北史卷四九賀拔允傳附賀拔岳傳補。按文義應有此字。

〔四八〕贈侍中太傅録尚書都督關中三十州諸軍事　「太傅」，魏書卷八〇賀拔勝傳附賀拔岳傳作「太保」。「三十」，北史卷四九賀拔允傳附賀拔岳傳作「二十」。按魏書此句作「贈大將軍、太保、録尚書事，都督、刺史、開國並如故」，上文云其永熙二年（五三三）都督雍華等二十州（周書本傳同作「二十州」），既稱「並如故」，似賀拔岳卒後亦贈都督二十州。疑此處作「二十」是，「太傅」「太保」則未知孰是。

〔四九〕長於西　魏書卷八〇、北史卷四九侯莫陳悦傳「西」上有「河」字，較長。

〔五〇〕榮以悦爲天光右都督　魏書卷八〇、北史卷四九侯莫陳悦傳「右」下有「大」字，當是。參本卷校記第三二條。但這裏可能是省文，其與賀拔岳傳左右大都督爲對文者不同，今不補。

〔五一〕仍加秦州刺史　魏書卷八〇侯莫陳悦傳無「加」字，北史卷四九侯莫陳悦傳「加」作「兼」。按悦本是秦州刺史，何須加授。這個「加」字非衍文即「兼」字之誤。

〔五二〕乃遷隴右　魏書卷八〇、北史卷四九侯莫陳悅傳作「乃還入隴」，通鑑卷一五六梁紀一二中大通六年（五三四）同。按悅本督隴右，爲秦州刺史，這次由平涼到隴右，是還本州，而不是遷徙，疑作「還」是。

〔五三〕兼尚書右僕射東道行臺　「道」，原脱，據北史卷四九念賢傳補。張森楷云：「『東』下當有『道』字。」

周書卷十五

列傳第七

寇洛　李弼 弟檦　于謹 子寔

寇洛，上谷昌平人也。累世爲將吏。父延壽，和平中，以良家子鎮武川，因家焉。

洛性明辨，不拘小節。正光末，以北邊賊起，遂率鄉親避地於并、肆，因從爾朱榮征討。及賀拔岳西征，洛與之鄉里，乃募從入關。破赤水蜀，以功拜中堅將軍、屯騎校尉、别將，封臨邑縣男，邑二百户。又從岳獲賊帥尉遲菩薩於渭水，破侯伏侯元進於百里細川，擒万俟醜奴於長坑。洛每力戰，並有功。加龍驤將軍、都督，進爵安鄉縣子，累遷征北將軍、衞將軍。於平涼，以洛爲右都督〔一〕。

侯莫陳悦既害岳，欲并其衆。時初喪元帥，軍中惶擾，洛於諸將之中，最爲舊齒，素爲衆所信，乃收集將士，志在復讎，共相糾合，遂全衆而反。既至原州，衆咸推洛爲盟主，統岳之衆。洛復自以非才，乃固辭，與趙貴等議迎太祖。魏帝以洛有全師之功，除武衛將軍〔三〕。太祖至平涼，以洛爲右大都督。從討侯莫陳悅，平之，拜涇州刺史。魏孝武西遷，進爵臨邑縣伯，邑五百户。尋進位驃騎大將軍、儀同三司，進爵爲公，增邑五百户。

大統初，魏文帝詔曰：「往者侯莫陳悅遠同逆賊，潛害故清水公岳，志在兼并。當時造次，物情驚駭。使持節、驃騎大將軍、儀同三司、前涇州刺史、大都督、臨邑縣開國公寇洛，忠款自心，勳誠早立，遂能糾合義軍，以待大丞相。見危授命，推賢而奉，此而不賞，何以勸勵將來。可加開府，進爵京兆郡公。」封洛母宋氏爲襄城郡君。又轉領軍將軍。三年，出爲華州刺史，加侍中。與獨孤信復洛陽，移鎮弘農。四年，從太祖與東魏戰於河橋。軍還，洛率所部鎮東雍。五年，卒於鎮，時年五十三。贈使持節、侍中、都督雍華豳涇原三秦二岐十州諸軍事、太尉、尚書令、驃騎大將軍、雍州刺史，謚曰武。

子和嗣。世宗二年，録勳舊，以洛配享太祖廟庭，賜和姓若口引氏，改封松陽郡公。後至開府儀同三司、賓部中大夫。

洛弟紹，位至上柱國、北平郡公。

李弼字景和，遼東襄平人也〔三〕。六世祖根，慕容垂黄門侍郎〔四〕。祖貴醜，平州刺史〔五〕。父永，太中大夫，贈涼州刺史。

弼少有大志，膂力過人。屬魏室喪亂，語所親曰：「丈夫生世，會須履鋒刃，平寇難〔六〕，安社稷以取功名；安能碌碌依階資以求榮位乎。」魏永安元年，爾朱天光辟爲别將，從天光西討，破赤水蜀。以功拜征虜將軍，封石門縣伯，邑五百户。又與賀拔岳討万俟醜奴、万俟道洛、王慶雲，皆破之。弼恒先鋒陷陣，所向披靡，賊咸畏之，曰「莫當李將軍前也」。

天光赴洛，弼因隸侯莫陳悦，爲大都督，加通直散騎常侍。太昌初，受清水郡守〔七〕，恒州大中正。尋除南秦州刺史。隨悦征討，屢有剋捷。及悦害賀拔岳，軍停隴上。太祖自平涼進軍討悦。弼諫悦曰：「岳既無罪而公害之，又不能撫納其衆，使無所歸。宇文夏州收而用之，得其死力，咸云爲主將報讐，其意固不小也。今宜解兵謝之，不然，恐必受禍。」悦惶惑，計無所出。弼知悦必敗，乃謂所親曰：「宇文夏州才略冠世，德義可宗。侯莫陳公智小謀大，豈能自保。吾等若不爲計，恐與之同至族滅。」會太祖軍至，悦乃棄秦州南出，據險以自固。翌日〔八〕，弼密通使太祖，許背悦來降。夜，弼乃勒所部云〔九〕：「侯莫陳公欲還秦州，汝等何不束裝？」弼妻，悦之姨也，特爲悦所親委，衆咸信之。人情驚擾，不可復定，皆散走，爭趣秦州。弼乃先馳據城門以慰輯之，遂擁衆以歸太祖。悅由此遂敗。太祖謂弼曰：「公與吾同心，天下不足平也。」破悅，得金寶奴婢，悉以好者賜之。仍令弼以本官鎮原州。尋拜秦州刺史。

太祖率兵東下，徵弼爲大都督，領右軍，攻潼關及迴洛城，尅之。大統初，進位儀同三司、雍州刺史。尋又進位驃騎大將軍、開府儀同三司。從平竇泰〔一〇〕，先鋒陷敵，斬獲居多。太祖以所乘騅馬及竇泰所著牟甲賜弼。又從平弘農。與齊神武戰於沙苑，弼率軍居右，而左軍爲敵所乘。弼呼其麾下六十騎〔一一〕，身先士卒，橫截之，賊遂爲二，因大破〔一二〕。以功拜特進，爵趙郡公，增邑一千户。又與賀拔勝攻尅河東，略定汾、絳。四年，從太祖東討洛陽，弼爲前驅。東魏將莫多婁貸文率衆數千，奄至穀城。弼倍道而前，遣軍士鼓譟，曳柴揚塵。貸文以爲大軍至，遂遁走。弼追躡之，虜其衆，斬貸文，傳首大軍所。翌日，又從太祖與齊神武戰於河橋，每入深陷陣，身被七創，遂爲所獲，圍守數重。弼佯若創重，殞絶於地。守者稍懈，弼睨其旁有馬，因躍上西馳，得免。五年，遷司空。六年，侯景據荆州，弼與獨孤信禦之，景乃退走。九年，從戰邙山，轉太尉。十三年，侯景率河南六州來附，東魏遣其將韓軌圍景於潁川。太祖遣弼率軍援景，諸將咸受弼節度。弼至，軌退。王思政又進據潁川，弼乃引還。十四年，北稽胡反，弼討平之。遷太保，加柱國大將軍。魏廢帝元年，賜姓徒河氏〔一三〕。太祖西巡，令弼居守，後事皆諮稟焉。六官建，拜太傅、大司徒。屬茹茹爲突厥所逼，舉國請降，弼率前軍迎之。給前後部羽葆鼓吹，賜雜綵六千段。及晉公護執政，朝之大事，皆與于謹及弼等參議。孝閔帝踐阼，除太師，進封趙國公，邑萬户。前後賞賜累巨萬。

弼每率兵征討，朝受令，夕便引路，不問私事，亦未嘗宿於家。其憂國忘身，類皆如此。兼復性沉雄，有深識，故能以功名終。元年十月，薨於位，年六十四。世宗即日舉哀，比葬，三臨其喪。發卒穿冢，給大輅、龍旂，陳軍至于墓所。謚曰武。尋追封魏國公，配食太祖廟庭。

子曜。次子暉，尚太祖女義安長公主，遂以爲嗣〔一四〕。

暉大統中，起家員外散騎侍郎，賜爵義城郡公，歷撫軍將軍、大都督、鎮南將軍、散騎常侍。暉常卧疾朞年，太祖憂之，日賜錢一千〔一五〕，供其藥石之費。及魏廢帝有異謀，太祖乃授暉武衞將軍，總宿衞事。尋而帝廢，除車騎大將軍、儀同三司。魏恭帝二年，加驃騎大將軍、儀同三司，出爲岐州刺史。從太祖西巡，率公卿子弟，别爲一軍。孝閔帝踐阼，除荆州刺史。尋襲爵趙國公，改魏國公。保定中年，加將軍〔一六〕。天和六年，進位柱國。建德元年，出爲總管梁洋等十州諸軍事、梁州刺史。時渠、蓬二州生獠，積年侵暴，暉至州綏撫，並來歸附。璽書勞之。

曜既不得爲嗣，朝廷以弼功重，乃封曜邢國公〔一七〕，位至開府。子寬，大象末，上大將軍、蒲山郡公。暉弟衍，大象末，大將軍、真鄉郡公。衍弟綸，最知名，有文武才用。以功臣子，少居顯職，歷吏部、內史下大夫，並獲當官之譽。位至司會中大夫、開府儀同三司，封河陽郡公。爲聘齊使主。早卒。子長雅嗣。綸弟晏〔一八〕，建德中，開府儀同三司、大將軍、趙郡公。從高祖平齊，歿於并州。子憬以晏死王事〔一九〕，即襲其爵。弼弟檦。

檦字靈傑〔二〇〕。長不盈五尺，性果決，有膽氣。少事爾朱榮。魏永安元年，以兼別將從榮破元顥，拜討逆將軍。及榮被害，檦從爾朱世隆奔榮妻奔河北。又隨爾朱兆入洛。賜爵淝城郡男〔二一〕，遷都督。普泰元年，元樹自梁入據譙城，檦從行臺樊子鵠擊破之，遷右將軍。

魏孝武西遷，檦從大都督元斌之與齊神武戰於成皋。兵敗，遂與斌之奔梁。梁主待以賓禮，後得逃歸。大統元年，授撫軍將軍，進封晉陽縣子，邑四百户。尋爲太祖帳內都督。從復弘農，破沙苑。檦跨馬運矛，衝鋒陷陣〔二二〕，隱身鞍甲之中。敵人見之，皆曰「避此小兒」。不知檦之形貌，正自如是。太祖初亦聞檦驍悍，未見其能，至是方嗟歎之。謂欝曰：「但使膽決如此，何必須要八尺之軀也。」以功進爵爲公，增邑四百户。尋從宇文貴與東魏將任祥、堯雄等戰於潁川，皆破之。徵爲太子中庶子。九年，從戰邙山，遷持節、大都督。十三年，拜車騎大將軍、儀同三司。又從弼討稽胡，欝功居多，除幽州刺史〔二三〕，增邑三百户。十五年，拜驃騎大將軍、開府儀同三司。魏廢帝初，從趙貴征茹茹，論功爲最，改封封山縣公，增邑并前二千一百户。孝閔帝踐阼，進位大將軍。武成初，又從豆盧寧征稽胡，大獲而還。進爵汝南郡公。出爲總管延綏丹三州諸軍事、延州刺史。四年，卒於鎮〔二四〕。贈恒朔等五州刺史。

欝無子，以弼子椿嗣。先以欝勳功，封魏平縣子。大象末，開府儀同大將軍〔二五〕、右宫伯，改封河東郡公。

于謹字思敬，河南洛陽人也。小名巨彌〔二六〕。曾祖婆，魏懷荒鎮將〔二七〕。祖安定，平涼郡守、高平郡將〔二八〕。父提，隴西郡守，茌平縣伯。保定二年，以謹著勳，追贈使持節、柱國大將軍、太保、建平郡公。

謹性沉深，有識量，略窺經史，尤好孫子兵書。屏居閭里，未有仕進之志。或有勸之者，謹曰：「州郡之職，昔人所鄙，台鼎之位，須待時來。吾所以優遊郡邑，聊以卒歲耳。」太宰元穆見之〔二九〕，歎曰：「王佐材也。」

及破六汗拔陵首亂北境，引茹茹爲援，大行臺僕射元纂率衆討之〔三〇〕。宿聞謹名，辟爲鎧曹參軍事，從軍北伐。茹茹聞大軍之逼，遂逃出塞。纂令謹率二千騎追之，至郁對原，前後十七戰，盡降其衆。後率輕騎出塞覘賊，屬鐵勒數千騎奄至，謹以衆寡不敵，退必不免，乃散其衆騎，使匿叢薄之間，又遣人升山指麾，若分部軍衆者。賊望見，雖疑有伏兵，既恃其衆，不以爲慮，乃進軍逼謹。謹以常乘駿馬一紫一騧，賊先所識，乃使二人各乘一馬，突陣而出。賊以爲謹也，皆爭逐之。謹乃率餘軍擊之，其追騎遂奔走，因得入塞。

正光四年，行臺廣陽王元深治兵北伐〔三一〕，引謹爲長流參軍，特相禮接。所有謀議，皆與謹參之。乃使其子佛陁拜焉，其見待如此。遂與廣陽王破賊主斛律野穀禄等。時魏末亂，羣盜蜂起，謹乃從容謂廣陽王曰：「自正光以後，海内沸騰，郡國荒殘，農商廢業。今殿下奉義行誅，遠臨關塞，然醜類蟻聚，其徒實繁，若極武窮兵，恐非計之上者。謹願稟大王之威略，馳往喻之，必不勞兵甲，可致清蕩。」廣陽王然之。謹兼解諸國語，乃單騎入賊，示以恩信。於是西部鐵勒酋長乜列河等〔三二〕，領三萬餘户並款附，相率南遷。廣陽王欲與謹至折敷嶺迎接之〔三三〕。謹曰：「破六汗拔陵兵衆不少，聞乜列河等歸附，必來要擊。彼若先據險要，則難與爭鋒。今以乜列河等餌之，當競來抄掠，然後設伏以待〔三四〕，必指掌破之。」廣陽然其計。拔陵果來要擊，破乜列河於嶺上，部衆皆没〔三五〕。謹伏兵發，賊遂大敗，悉收得乜列河之衆。魏帝嘉之，除積射將軍。

孝昌元年，又隨廣陽王征鮮于脩禮。軍次白牛邏，會章武王爲脩禮所害〔三六〕，遂停軍中山。侍中元晏宣言於靈太后曰：「廣陽王以宗室之重，受律專征，今乃盤桓不進，坐圖非望。又有于謹者，智略過人，爲其謀主。風塵之隙，恐非陛下之純臣矣。」靈太后深納之。詔於尚書省門外立牓，募能獲謹者，許重賞。謹聞之，乃謂廣陽曰：「今女主臨朝，取信讒佞，脫不明白殿下素心，便恐禍至無日。謹請束身詣闕，歸罪有司，披露腹心，自免殃禍。」廣陽許之。謹遂到牓下曰：「吾知此人。」衆人共詰之。謹曰：「我即是也。」有司以聞。靈太后引見之，大怒。謹備論廣陽忠款，兼陳停軍之狀。靈后意稍解，遂捨之。尋加別將。

二年，梁將曹義宗據守穰城，數爲邊患。乃令謹與行臺尚書辛纂率兵討之。相持累年，經數十戰。進拜都督、宣威將軍、冗從僕射。孝莊帝即位，除鎮遠將軍，尋轉直寢。又隨太宰元天穆討葛榮，平邢杲，拜征虜將軍。從爾朱天光破万俟醜奴，封石城縣伯，邑五百户。普泰元年，除征北大將軍、金紫光禄大夫、散騎常侍。又隨天光平宿勤明達，別討夏州賊賀遂有伐等〔三七〕，平之，授大都督。從天光與齊神武戰於韓陵山，天光既敗，謹遂入關。賀拔岳表謹留鎮，除衛將軍、咸陽郡守。

太祖臨夏州，以謹爲防城大都督，兼夏州長史。及岳被害，太祖赴平涼。謹乃言於太祖曰：「魏祚陵遲，權臣擅命，羣盜蜂起，黔首嗷然。明公仗超世之姿，懷濟時之略，四方遠近，咸所歸心。願早建良圖，以副衆望。」太祖曰：「何以言之？」謹對曰：「關右，秦漢舊都，古稱天府，將士驍勇，厥壤膏腴，西有巴蜀之饒，北有羊馬之利。今若據其要害，招集英雄，養卒勸農，足觀時變。且天子在洛，逼迫羣兇，若陳明公之懇誠，算時事之利害〔三八〕，請都關右，帝必嘉而西遷。然後挾天子而令諸侯，奉王命以討暴亂，桓、文之業，千載一時也。」太祖大悦。會有勑追謹爲閤内大都督〔三九〕，謹因進都關中之策，魏帝納之。

尋而齊神武逼洛陽，謹從魏帝西遷。仍從太祖征潼關，破迴洛城，授使持節、車騎大將軍、儀同三司、北雍州刺史，進爵藍田縣公，邑一千户。大統元年，拜驃騎大將軍、開府儀同三司。其年，夏陽人王遊浪聚據楊氏壁謀逆，謹討擒之。是歲，大軍東伐〔四〇〕，謹爲前鋒。至盤豆，東魏將高叔禮守險不下，攻破之。拔虜其卒一千。因此拔弘農〔四一〕，擒東魏陝州刺史李徽伯〔四二〕。齊神武至沙苑，謹從太祖與諸將力戰，破之，進爵常山郡公，增邑一千户。又從戰河橋，拜大丞相府長史，兼大行臺尚書。稽胡帥夏州刺史劉平叛〔四三〕，謹率衆討平之。除大都督、恒并燕肆雲五州諸軍事、大將軍、恒州刺史。入爲太子太師。九年，復從太祖東征，别攻柏谷塢，拔之。邙山之戰，大軍不利，謹率其麾下僞降，立於路左。齊神武軍乘勝逐北，不以爲虞。追騎過盡，謹乃自後擊之，敵人大駭。獨孤信又集兵士於後奮擊，齊神武軍遂亂，以此大軍得全。十二年，拜尚書左僕射，領司農卿。及侯景款附，請兵爲援，太祖命李弼率兵應之。謹諫曰：「侯景少習兵權，情實難測。且宜厚其禮秩，以觀其變。即欲遣兵，良用未可。」太祖不聽。尋復兼大行臺尚書、丞相府長史，率兵鎮潼關，加授華州刺史，贈秬鬯一卣，圭瓚副焉。俄拜司空，增邑四百户。十五年，進位柱國大將軍。齊氏稱帝，太祖征之，以謹爲後軍大都督。别封一子鹽亭縣侯，邑一千户。魏恭帝元年，除雍州刺史。

初，梁元帝平侯景之後，於江陵嗣位，密與齊氏通使，將謀侵軼。其兄子岳陽王詧時爲雍州刺史，以梁元帝殺其兄譽〔四四〕，遂結讎隙。據襄陽來附，仍請王師。乃令謹率衆出討。太祖餞於青泥谷。長孫儉問謹曰：「爲蕭繹之計，將欲如何？」謹曰：「耀兵漢、沔，席卷渡江，直據丹陽，是其上策；移郭内居民，退保子城，峻其陴堞，以待援至，是其中策；若難於移動，據守羅郭，是其下策。」儉曰：「揣繹定出何策？」謹曰：「必用下策。」儉曰：「彼棄上而用下，何也？」對曰：「蕭氏保據江南，綿歷數紀。屬中原多故，未遑外略。又以我有齊氏之患，必謂力不能分。且繹愞而無謀，多疑少斷。愚民難與慮始，皆戀邑居，既惡遷移，當保羅郭。所以用下策也。」謹乃令中山公護及大將軍楊忠等，率精騎先據江津，斷其走路。梁人豎木柵於外城，廣輪六十里〔四五〕。尋而謹至，悉衆圍之。梁主屢遣兵於城南出戰〔四六〕，輒爲謹所破。旬有六日，外城遂陷。梁主退保子城。翌日，率其太子以下，面縛出降，尋殺之。虜其男女十餘萬人，收其府庫珍寶。得宋渾天儀、梁日晷、銅表、魏相風烏、銅蟠螭趺〔四七〕、大玉徑四尺圍七尺及諸轝輦法物以獻，軍無私焉。立蕭詧爲梁主，振旅而旋。太祖親至其第，宴語極歡。賞謹奴婢一千口，及梁之寶物，并金石絲竹樂一部，別封新野郡公，邑二千户。謹固辭，太祖不許。又令司樂作常山公平梁歌十首，使工人歌之。

謹自以久當權勢，位望隆重，功名既立，願保優閑。乃上先所乘駿馬及所著鎧甲等。太祖識其意，乃曰：「今巨猾未平，公豈得便爾獨善。」遂不受。六官建，拜大司徒〔四八〕。

及太祖崩，孝閔帝尚幼，中山公護雖受顧命，而名位素下，羣公各圖執政，莫相率服。護深憂之，密訪於謹。謹曰：「夙蒙丞相殊睠，情深骨肉。今日之事，必以死爭之。若對衆定策，公必不得辭讓。」明日，羣公會議。謹曰：「昔帝室傾危，人圖問鼎。丞相志在匡救，投袂荷戈，故得國祚中興，羣生遂性。今上天降禍〔四九〕，奄棄庶寮。嗣子雖幼，而中山公親則猶子，兼受顧託，軍國之事，理須歸之。」辭色抗厲，衆皆悚動。護曰：「此是家事，素雖庸昧，何敢有辭〔五〇〕。」謹既太祖等夷，護每申禮敬。至是，謹乃趨而言曰〔五一〕：「公若統理軍國，謹等便有所依。」遂再拜。羣公迫於謹，亦再拜，因是衆議始定。

孝閔帝踐阼，進封燕國公，邑萬户。遷太傅、大宗伯，與李弼、侯莫陳崇等參議朝政。及賀蘭祥討吐谷渾也，謹遥統其軍，授以方略。

保定二年，謹以年老，上表乞骸骨。詔報曰：「昔師尚父年踰九十，召公奭幾將百歲，皆勤王家，自彊不息。今元惡未除，九州不一，將以公爲舟檝，弘濟於艱難，豈容忘二公之雅操，而有斯請。朕用恧焉。公若更執謙沖，有司宜斷啓。」

三年四月，詔曰：「樹以元首，主乎教化，率民孝悌，置之仁壽。是以古先明后，咸若斯典，立三老五更，躬自袒割。朕以眇身，處兹南面，何敢遺此黄髪，不加尊敬。太傅、燕國公謹，執德淳固，爲國元老，饋以乞言，朝野所屬。可爲三老，有司具禮，擇日以聞。」謹上表固辭，詔答不許。又賜延年杖。高祖幸太學以食之。三老入門，皇帝迎拜門屏之間，三老答拜。有司設三老席於中楹，南向。太師、晉國公護升階，設几於席〔五二〕。三老升席，南面憑几而坐，以師道自居。大司寇、楚國公寧升階〔五三〕，正舄。皇帝升階，立於斧扆之前，西面。有司進饌，皇帝跪設醬豆，親自袒割。三老食訖，皇帝又親跪授爵以酳。有司撤訖。皇帝北面立而訪道。三老乃起立於席後。皇帝曰：「猥當天下重任，自惟不才，不知政治之要，公其誨之。」三老答曰：「木受繩則正，后從諫則聖。自古明王聖主，皆虛心納諫，以知得失，天下乃安。唯陛下念之。」又曰：「爲國之本，在乎忠信。是以古人云去食去兵，信不可失。國家興廢，莫不由之。願陛下守而勿失。」又曰：「治國之道，必須有法。法者，國之綱紀。綱紀不可不正，所正在於賞罰。若有功必賞，有罪必罰，則有善者日益〔五四〕，爲惡者日止。若有功不賞，有罪不罰，則天下善惡不分，下民無所措其手足矣。」又曰：「言行者立身之基，言出行隨，誠宜相顧。願陛下三思而言，九慮而行。若不思不慮，必有過失。天子之過，事無大小，如日月之蝕，莫不知者。願陛下慎之。」三老言畢，皇帝再拜受之，三老答拜焉。禮成而出。

及晉公護東伐，謹時老病，護以其宿將舊臣，猶請與同行，詢訪戎略。軍還，賜鐘磬一部。天和二年，又賜安車一乘。尋授雍州牧。三年，薨于位，年七十六。高祖親臨，詔譙王儉監護喪事，賜繒綵千段，粟麥五千斛〔五五〕，贈本官，加使持節、太師、雍恒等二十州諸軍事、雍州刺史，謚曰文。及葬，王公已下，咸送出郊外。配享於太祖廟庭。

謹有智謀，善於事上。名位雖重，愈存謙挹。每朝參往來，不過從兩三騎而已。朝廷凡有軍國之務，多與謹決之。謹亦竭其智能，弼諧帝室。故功臣之中，特見委信，始終若一，人無間言。每教訓諸子，務存静退。加以年齒遐長，禮遇隆重，子孫繁衍，皆至顯達，當時莫與爲比焉。子寔嗣。

寔字賓實，少和厚。年未弱冠，入太祖幕府，從征潼關及迴洛城。大統三年，又從復弘農，戰沙苑。以前後功，封萬年縣子，邑五百户，授主衣都統。河橋之役，先鋒陷陣。軍還，寔又爲内殿，除通直散騎常侍，轉太子右衛率，加都督。又從太祖戰於邙山。十一年，詔寔侍講東宫。侯景來附，遣寔與諸軍援之，平九曲城。進大都督，遷儀同三司，加散騎常侍。十四年，除尚書。是歲，太祖與魏太子西巡，寔時從。太祖刻石於隴山之上，録功臣位，以次鐫勒，預以寔爲開府儀同三司。至十五年，方授之。尋除渭州刺史〔五六〕，特給鼓吹一部，進爵爲公，增邑二百户。魏恭帝二年，羌東念姐率部落反，結連吐谷渾，每爲邊患。遣大將軍豆盧寧討之，踰時不剋。又令寔往，遂破之。太祖手書勞問，賜奴婢一百口，馬一百疋。孝閔帝踐祚，授民部中大夫，進爵延壽郡公，邑二千户。又進位大將軍，除勳州刺史，入爲小司寇。天和二年，延州蒲川賊郝三郎等反，攻逼丹州。遣寔率衆討平之，斬三郎首，獲雜畜萬餘頭。乃除延州刺史。五年，襲爵燕國公，進位柱國，以罪免。尋復本官，除涼州總管。大象二年，加上柱國，拜大左輔。隋開皇元年，薨。贈司空，謚曰安。

子顗，大象末，上開府、吴州總管、新野郡公。顗弟仲文，大將軍、延壽郡公。仲文弟象賢，儀同三司，尚高祖女。

寔弟翼，自有傳。翼弟義，上柱國、潼州總管、建平郡公。義弟禮，上大將軍、趙州刺史、安平郡公。禮弟智，初爲開府，以受宣帝旨，告齊王憲反，遂封齊國公。尋拜柱國、涼州總管、大司空。智弟紹〔五七〕，上開府、綏州刺史、華陽郡公。紹弟弼，上儀同、平恩縣公。弼弟蘭，上儀同、襄陽縣公。蘭弟曠，上儀同，贈恒州刺史。

史臣曰：賀拔岳變起倉卒，侯莫陳悦意在兼并，于時將有離心，士無固志。洛撫緝散亂〔五八〕，抗禦仇讎。全師而還，敵人絶覬覦之望；度德而處，霸王建匡合之謀。此功故不細也〔五九〕。李弼、于謹懷佐時之略，逢啓聖之運，綢繆顧遇，締構艱難，帷幄盡其謨猷，方面宣其庸績，擬巨川之舟檝，爲大廈之棟梁。非惟攀附成名，抑亦材謀自取。及謹以耆年碩德，譽重望高，禮備上庠，功歌司樂，常以滿盈爲戒，覆折是憂。不有君子，何以能國。

校勘記

〔一〕於平涼以洛爲右都督　張森楷云：「『於』上當有挩誤，否則於文不屬。」按北史卷五九寇洛傳作「及岳爲大行臺，以洛爲右都督」。這裏「於」上疑脱「及岳爲大行臺」六字，「爲大行臺於平涼」連讀。

〔二〕除武衛將軍　按洛先已爲衛將軍，魏書卷一一三官氏志載太和後職令在第二品，武衛將軍則在從第三品，這裏説是因功遷除，豈有反而降品之理，前後必有一誤。

〔三〕遼東襄平人也　北史卷六〇李弼傳作「隴西成紀人」，隋李椿墓誌（李弼子，過繼於李檦。見桑紹華西安東郊隋李椿夫婦墓清理簡報）作「隴西燉煌人」。按遼東是本貫，隴西是西魏時所改。參陳寅恪唐代政治史述論稿之上篇統治階級之氏族及其升降。

〔四〕六世祖根慕容垂黄門侍郎　北史卷六〇李弼傳「根」作「振」，「黄門侍郎」作「黄門郎」。新唐書卷七二上宰相世系表二上也作「根」，官是「後燕中書令」。按魏書卷七一李元護傳云「沉孫根，慕容寶中書監」，疑作「根」是，「中書令」當是後來遷官。然世系表自根至弼只有四世，與周書不合。

〔五〕祖貴醜平州刺史　「貴醜」，新唐書卷七二上宰相世系表二上單稱「貴」，官爵提高爲征東將軍、汝南公。按隋李椿墓誌亦單稱「貴」。

〔六〕丈夫生世會須履鋒刃平寇難　「世」，原作「死」，據三朝本、南監本、北監本、汲本、局本、北史卷六〇李弼傳、册府卷七七二改。張元濟以爲「死」字誤。

〔七〕受清水郡守　「受」，局本作「授」。張森楷以爲作「受」誤。按「受」「授」二字通，今不改。參卷一校記第二九條。

〔八〕翌日　北史卷六〇李弼傳作「是日」。

〔九〕弼乃勒所部云　「勒」，原作「勤」，據三朝本、南監本、北監本、汲本、局本、北史卷六〇李弼傳改。

〔一〇〕從平竇泰　御覽卷三〇二引後周書、册府卷三八二「從」下有「太祖」二字。通志卷一五六李弼傳「太祖」作「文帝」，其上文「拜雍州刺史」，下文「先鋒陷敵」，均不見北史卷六〇李弼傳，疑出周書。

〔一一〕弼呼其麾下六十騎　「六十騎」，北史卷六〇李弼傳作「九十騎」。通志卷一五六李弼傳同北史，然下有「身先士卒」四字，不見北史記載，疑出周書。「六」「九」形近易混，未知孰是。

〔一二〕賊遂爲二因大破　「二」，原作「三」，據北史卷六〇李弼傳、御覽卷三〇九引後周書、册府卷三九五上、卷四一九改。按周書卷二文帝紀下載這次戰事，作「絶其軍爲二隊，大破之」（「隊」或作「遂」，見卷二校記第一一條）。通鑑卷一五七梁紀一三大同三年（五三七）作「東魏兵中絶爲二，遂大破之」。這裏「三」是「二」之訛。又「破」下也應有「之」字。

〔一三〕魏廢帝元年賜姓徒河氏　「河」，三朝本、南監本、北監本、汲本、局本、北史卷六〇李弼傳都作「何」。舊唐書卷五三、新唐書卷八四李密傳也都作「何」。但隋書卷三九豆盧勣傳却作「徒河」。蓋譯音無定字，今不改。

〔一四〕子曜次子暉尚太祖女義安長公主遂以爲嗣　「子曜次子暉」，原作「子輝次子耀」，據北史卷六〇李弼傳改。張森楷云：「北史稱『子曜居長，以次子暉尚文帝女』，與此長幼互異，北史是也。」張以爲北史是，卻没有説明理由。今按本條既云嗣爵者名曜（原作「耀」，下同），下文卻又説暉（原作「輝」，下同）襲爵趙國公，改魏國公。趙是弼始封，魏是改封，顯然嗣弼者爲暉。前後自相矛盾，其證一。又周書卷二五李賢傳附李基傳稱宇文泰「唯託意諸壻，以爲心膂。基與義城公李暉、常山公于翼等俱爲武衛將軍，分掌禁旅」。其證二。册府卷三〇二云：「後周李暉尚太祖女義安公主，從駕西巡，率公卿子弟，别爲一軍。」又卷三〇三云：「後周李弼子暉，尚文帝女義安長公主，故遂以爲嗣。」其證三。據此，宇文泰的女婿是李暉而非李曜，這裏長次顛倒。按李暉屢見周書卷五武帝紀上天和六年（五七一）正月、建德元年（五七二）四月，卷二五李賢傳附李基傳，卷四九獠傳，新唐書卷七二上宰相世系表。李曜見舊唐書卷五三、新唐書卷八四李密傳，英華卷九四八魏徵唐故邢國公李密墓誌銘，隋崔仲方妻李麗儀墓誌（隋代墓誌銘彙考圖版〇三五）等。只有隋書卷七〇李密傳、新唐書卷七二上宰相世系表作「耀」，當誤。以下二字徑改，不再出校記。

〔一五〕日賜錢一千　北史卷六〇李弼傳作「賜錢一千萬」。

〔一六〕保定中年加將軍　張森楷云：「此『年』字上，『加』字下當有挩文，否則辭不相屬，且不知是何等將軍也。」按上稱「加驃騎大將軍」，下稱「進位柱國」，這裏「加」下當脱「大」字。

〔一七〕曜既不得爲嗣朝廷以弼功重乃封曜邢國公　兩「曜」字，原作「輝」，據北史卷六〇李弼傳改。參本卷校記第一四條。「邢國公」，隋崔仲方妻李麗儀墓誌作「蒲山公」，舊唐書卷五三李密傳、唐李密墓誌（唐代墓誌彙編續集武德〇〇一）作「魏國公」。按上云曜弟暉「尋襲爵趙國公，改魏國公」，下記曜子寬「大象末，上大將軍、蒲山郡公」。而李麗儀墓誌所記暉、寬爵名，又與本傳合，則李寬當襲父蒲山公爵。但李麗儀墓誌又見「長兄……邢國公故鄰」，此事不見文獻記載。「邢國公」與「蒲山公」之關係爲何，仍不可考。

〔一八〕綸弟晏　「晏」，原作「宴」，據三朝本、南監本、北監本、汲本、局本、北史卷六〇李弼傳、新唐書卷七二上宰相世系表二上改。下文徑改，不再出校。

〔一九〕子慓以晏死王事　「慓」，原作「璟」，據三朝本、南監本、北監本、汲本、局本、北史卷六〇李弼傳改。

〔二〇〕椒字靈傑　「椒」，北史卷六〇李弼傳附李𢷬傳作「𢷬」，通志卷一五六李弼傳附李𢷬傳作「𢷬」，三字通。「靈」，北史、通志作「雲」，未知孰是。

〔二一〕賜爵淝城郡男　張森楷云「『郡』字誤，説見賀拔勝傳」（參卷一四校記第二九條）。按張説是，但不知是「縣男」或「鄉男」，故不改。

〔二二〕椒跨馬運矛衝鋒陷陣　北史卷六〇李弼傳附李𢷬傳、御覽卷三一〇引後周書「跨」上有「時」字。「鋒」，北史、御覽、册府卷三九五上作「堅」。

〔二三〕除幽州刺史　按幽州是東魏地，西魏不聞僑置。這是實授刺史，不像封爵或贈官可以空名遥授，「幽州」疑爲「豳州」之訛。

〔二四〕四年卒於鎮　張森楷云：「此不知是何四年，若蒙上『武成初』，則止二年，無四年也。北史無文，今亦闕疑。」

〔二五〕開府儀同大將軍　「儀同」下原有「三司」二字，據北史卷六〇李弼傳附李擲傳、隋李椿墓誌删。按周書卷六武帝紀下建德四年（五七五）十月，「改開府儀同三司爲開府儀同大將軍，儀同三司爲儀同大將軍」，大象末並不存在「開府儀同三司」官號。

〔二六〕小名巨彌　「彌」，北史卷二三于栗磾傳附于謹傳作「引」。按通志卷一五六于謹傳亦作「彌」，疑北史誤。

〔二七〕曾祖婆魏懷荒鎮將　殿本考證據北史卷二三于栗磾傳附于謹傳及魏書卷八三下外戚于勁傳，以爲「謹之曾祖乃仁生，無所謂『婆』者」。按新唐書卷七二下宰相世系表二下，謹之曾祖乃仁非婆。

〔二八〕祖安定平涼郡守高平郡將　「安定」，新唐書卷七二下宰相世系表二下作「子安」。「平涼」，魏書卷八三下外戚于勁傳、北史卷二三于栗磾傳附于謹傳作「平原」，未知孰是。「高平郡將」，魏書、北史、新唐書皆作「高平郡都將」。張森楷云：「郡將非官，當時稱太守爲郡將，不爲典要。北史作『高平郡都將』，是也。」按「郡將」不是正式官稱，「郡都將」也無此官名，疑當作「高平鎮都將」，高平本是北魏重鎮。

〔二九〕元穆　北史卷二三于栗磾傳附于謹傳、册府卷七八五作「元天穆」。按下文稱「又隨太宰元天穆討葛榮」，前後文應該一致，疑這裏脱「天」字。

〔三〇〕及破六汗拔陵首亂北境引茹茹爲援大行臺僕射元纂率衆討之　按魏書卷九肅宗紀，正光四年（五二三）二月茹茹主阿那瓌犯塞，四月李崇、元纂北征茹茹。這時破六汗拔陵尚未起兵，完全談不到「引茹茹爲援」。而起兵之後，北魏政權即引阿那瓌參與鎮壓。茹茹可汗援助的是北魏政權，而不是破六汗拔陵。

〔三一〕正光四年行臺廣陽王元深治兵北伐　按魏書卷九肅宗紀、北史卷四魏孝明帝紀，李崇率廣陽王元深（魏書作「元淵」，乃其本名，周書與北齊書、北史避唐諱改）統軍鎮壓義軍，在正光五年（五二四）五月，此誤。

〔三二〕鐵勒酋長乜列河　「乜」，北史卷二三于栗磾傳附于謹傳、通典卷一五六兵九、册府卷四二六作「也」。下文幾處「乜」字同，不再出校記。

〔三三〕折敷嶺　北史卷二三于栗磾傳附于謹傳作「析郭嶺」，通典卷一五六兵九作「折敦嶺」。疑本作「敦」，周書誤其左爲「敷」，北史誤其右爲「郭」。「折」「析」形近易混，未知孰是。

〔三四〕然後設伏以待　「以」，三朝本、南監本、汲本、局本作「而」，汲本、局本注云「一作以」。按北史卷二三于栗磾傳附于謹傳、通典卷一五六兵九、御覽卷二八七引後魏書都作「而」，「以」當爲後人所改。但作「以」亦通，今不改。

〔三五〕部衆皆没　「没」，原作「歿」，據三朝本、南監本、北監本、汲本、局本、北史卷二三于栗磾傳附于謹傳、通典卷一五六兵九改。張森楷、張元濟都以爲「歿」字誤。

〔三六〕孝昌元年又隨廣陽王征鮮于脩禮軍次白牛邏會章武王爲脩禮所害　按魏書卷九肅宗紀，鮮于脩禮起兵在孝昌二年（五二六）正月，五月命廣陽王淵率章武王融領兵鎮壓，九月章武王融在白牛邏戰死。按鮮于脩禮之起實在孝昌元年，本紀據奏報而書，所以記在次年。至於命將出兵據詔下年月，大致可據。出兵既在二年，融之戰死當然不會在上年。這裏「孝昌元年」是「二年」之誤。又據肅宗紀和魏書卷一九下章武王太洛傳附元融傳、北史卷一六廣陽王建傳附元深傳，融死時，起兵首領已是葛榮。這裏説融「爲脩禮所害」，也不確。

〔三七〕賀遂有伐　「伐」，三朝本作「代」，汲本、局本作「伐」，下有注云：「一作代。」

〔三八〕若陳明公之懇誠算時事之利害　「懇」，原作「墾」，據三朝本、南監本、北監本、汲本、局本、册府卷三四五、通鑑卷一五六梁紀一二中大通六年（五三四）改。

〔三九〕會有勅追謹爲閤内大都督　「閤内」，原作「關内」。册府卷三四五作「門内」，卷三八二作「閤門」（明鈔本丙作「閤門」）。按這時宇文泰方任關西大都督（周書卷一文帝紀上），于謹是其部將，豈得爲關内大都督。册府兩條都有錯字，互證知應作「閤内大都督」。侯莫陳順、楊寬、竇熾、趙剛在孝武入關前，都曾充閤内大都督或閤内都督（見周書卷一九、卷二二、卷三〇、卷三三本傳）。魏書卷八〇斛斯椿傳稱椿曾勸孝武帝「置閤内都督部曲」。這些都可以證明魏有此官。閤内都督職任禁衛，于謹人在關中，要他上洛陽赴任，所以本傳説「勑追」。西遷時，于謹人在洛陽，所以下文説「從魏帝西遷」。若是關中大都督，則于謹即在其地，何須「勑追」，也不能説「從魏帝西遷」。今參證考定，改「關」作「閤」。

〔四〇〕其年夏陽人王遊浪聚據楊氏壁謀逆謹討擒之是歲大軍東伐　按周書卷二文帝紀下，于謹取楊氏壁在大統三年（五三七）六月，東伐在這年八月。這裏「其年」乃承上文大統元年，所敍却是三年事。且才云「其年」，又稱「是歲」，亦是重複。「其年」下當有脱文，或「其」爲「三」之誤。

〔四一〕拔虜其卒一千因此拔弘農　「一千」，原作「又」。三朝本作「一人」。張元濟以爲「又」字誤，云「卒一人」疑當作「率一人」。按「又」字誤，張説也未是。周書卷二文帝紀下云：「東魏將高叔禮守柵不下，謹急攻之，乃降。獲其戍卒一千。」知三朝本「一人」爲「一千」之訛，尚可縱迹。而三朝本「一人」二字連接甚密，後來刻本以「一人」不可解，又誤合作「又」，似是而非。今綜合考定，改「又」爲「一千」。

〔四二〕擒東魏陝州刺史李徽伯　「徽」，原作「徵」，據周書卷二文帝紀下、魏書卷一二孝靜紀、北史卷五魏本紀下、卷九周本紀上、卷二三于栗磾傳附于謹傳改。按魏書卷三六李順傳附李裔傳，稱「裔字徽伯」，在陝州刺史任上，西魏攻陷州城，「被執見害」。隋書卷四六李雄傳稱：

「父徽伯，齊（當云東魏）陝州刺史，陷于周（當云西魏）。」唐開業寺碑（全唐文卷二〇一）也稱：「（李）公諱裔，字徽伯。」歷考諸書，都作「徽伯」。

〔四三〕劉平　周書卷二文帝紀下大統七年（五四一）三月、卷四九稽胡傳、北史卷九六稽胡傳都作「劉平伏」。這裏作「劉平」，乃雙名單稱。

〔四四〕其兄子岳陽王詧時爲雍州刺史以梁元帝殺其兄譽　下「其」字，原脱，據北史卷二三于栗磾傳附于謹傳、册府卷三五五補。按譽是詧之兄，若無「其」字，便像是元帝兄。

〔四五〕六十里　南史卷八梁本紀下作「七十里」。

〔四六〕梁主屢遣兵於城南出戰　「主」，原作「王」，據三朝本、南監本、局本改。殿本、北監本、汲本在下文也稱「梁主」，知這裏刻誤。下卷四八傳末史臣論「梁王任術好謀」逕改，不再出校。

〔四七〕銅蟠螭趺　「趺」，原作「跌」，據北史卷二三于栗磾傳附于謹傳改。張元濟云：「諸本「仝誤，當從北史作『趺』。」

〔四八〕拜大司徒　張森楷云：「帝紀（卷二文帝紀下）作『大司寇』。李弼爲大司徒，紀傳文同，則謹不得爲司徒也。北史（卷二三本傳）正是『寇』字。」按張説是。册府卷三〇九亦云：「後周于謹初仕魏，爲大司寇。」但諸本皆同，今不改。

〔四九〕今上天降禍　「上」，三朝本、南監本、北監本、汲本都作「日」。殿本當據北史卷二三于栗磾傳附于謹傳改，局本從殿本。按魏書卷一〇八禮志三有「今昊天降罰」一語，這裏「日天」有可能爲「昊天」之訛。但出自周書的通志卷一五六于謹傳也同北史作「上天」，且册府卷三〇九亦見「今上降禍」語，周書原本作「昊天」還是「上天」，尚難判定。

〔五〇〕此是家事素雖庸昧何敢有辭　「素」，册府卷三〇九、通鑑卷一六六梁紀二二太平元年（五五六）、通志卷一五六于謹傳都作「護」。按北史卷二三于栗磾傳附于謹傳此句作「此是家事，護何敢有辭」。疑「素」原當作「護」。

〔五一〕謹乃趨而言曰　「趨」，北史卷二三于栗磾傳附于謹傳、册府卷三〇九、通志卷一五六于謹傳作「起」。

〔五二〕設几於席　「於」，原作「施」，據三朝本、南監本、北監本、汲本、局本改。張元濟云：「『設几於席』，乃承上文『有司設三老席於中楹』而言，殿本乃云『設几施席』，一似原未有席者，豈非自相牴牾。」按通典卷二〇職官二、卷六七禮二七、御覽卷五三五引後周書、册府卷五五都作「於」。北史卷二三于栗磾傳附于謹傳誤作「設席施几」，殿本蓋據北史妄改。

〔五三〕大司寇楚國公寧　「大司寇」，原作「大司馬」，據北史卷二三于栗磾傳附于謹傳、通典卷二〇職官二、卷六七禮二七、御覽卷五三五引後周書、册府卷五五改。按周書卷四明帝紀武成元年（五五九）五月書豆盧寧爲大司寇，卷一九豆盧寧傳稱武成初討稽胡，軍還，遷大司寇。自這年到保定五年（五六五）寧卒前，紀傳都没有説他遷官。卷五武帝紀保定五年二月陸通爲大司寇，三月書「寧薨」，則陸通即在寧病篤時代寧，也可證寧終於大司寇之官。養老乞言，事在保定三年，而武帝紀於保定二年六月書尉遲迥爲大司馬。到天和三年（五六八）迥升太保，始以齊公憲爲大司馬。保定三年大司馬是尉遲迥，也很清楚。據此知這條「大司馬」當從北史、通典、御覽、册府作「大司寇」。

〔五四〕則有善者日益 「有」，北史卷二三于栗磾傳附于謹傳、通典卷六七禮二七、御覽卷五三五引後周書都作「爲」，較長。

〔五五〕粟麥五千斛 「五千斛」，北史卷二三于栗磾傳附于謹傳作「千斛」。

〔五六〕尋除渭州刺史 「渭州」，原作「滑州」，據北史卷二三于栗磾傳附于謹傳改。按北周境内無「滑州」，渭州在今甘肅省隴西縣境，其地與羌族相接，所以下文説他鎮壓羌族的反抗。

〔五七〕智弟紹 「智」下原有「初」字，據北史卷二三于栗磾傳附于謹傳删。按于智見周書卷七宣帝紀初即位未改元，卷八靜帝紀大象二年（五八〇）八月，卷一二齊煬王憲傳，卷四〇宇文孝伯傳，其他紀載也從没有「智初」之稱。這裏乃涉及上「禮弟智，初爲開府」句誤衍。

〔五八〕洛撫緝散亂 北史卷五九傳末史臣論「洛」上有「寇」字。按本卷史臣論所列賀拔岳、侯莫陳悦、李弼、于謹諸將皆全名，寇洛自不應例外。且北史史臣論採自周書，疑這裏「洛」上脱「寇」字。

〔五九〕此功故不細也 「故」，原作「何」，據三朝本、南監本、北監本、汲本、局本改。北史卷五九傳末作「固」，「故」「固」通，亦可證作「故」是。

周書卷十六

列傳第八

趙貴　獨孤信　侯莫陳崇

趙貴字元貴〔一〕，天水南安人也。曾祖達，魏庫部尚書、臨晉子。祖仁，以良家子鎮武川，因家焉。

貴少穎悟，有節槩。魏孝昌中，天下兵起，貴率鄉里避難南遷。屬葛榮陷中山，遂被拘逼。榮敗，爾朱榮以貴爲別將，從討元顥有功，賜爵燕樂縣子，授伏波將軍、武賁中郎將。從賀拔岳平關中，賜爵魏平縣伯，邑五百户。累遷鎮北將軍、光禄大夫、都督〔二〕。

及岳爲侯莫陳悦所害，將吏奔散，莫有守者。貴謂其黨曰：「吾聞仁義豈有常哉，行之則爲君子，違之則爲小人。朱伯厚、王叔治感意氣微恩，尚能蹈履名節；況吾等荷賀拔公國士之遇，寧可自同衆人乎？」涕泣歔欷。於是從之者五十人。乃詣悦詐降，悦信之。因請收葬岳，言辭慷慨，悦壯而許之。貴乃收岳屍還〔三〕，與寇洛等糾合其衆〔四〕，奔平涼，共圖拒悦。貴首議迎太祖，語在太祖紀。太祖至，以貴爲大都督，領府司馬。悦平，以本將軍、持節，行秦州事、當州大都督。爲政清靜，民吏懷之。

齊神武舉兵向洛，使其都督韓軌，進據蒲坂。太祖以貴爲行臺，與梁禦等討之。未濟河而魏孝武已西入關。拜車騎大將軍、儀同三司、兼右衛將軍。時曹泥據靈州拒守，以貴爲大都督，與李弼等率衆討之。進爵爲侯，增邑五百户。又以預立魏文帝勳，進爵爲公，增邑通前一千五百户。尋授岐州刺史。時以軍國多務，藉貴力用，遂不之部。仍領大丞相府左長史，加散騎常侍。梁仚定稱亂河右，以貴爲隴西行臺，率衆討破之。從太祖復弘農，戰沙苑，拜侍中、驃騎大將軍、開府儀同三司，進爵中山郡公，除雍州刺史。從戰河橋，貴與怡峯爲左軍，戰不利，先還。又從援玉壁〔五〕，齊神武遁去。高仲密以北豫州降，太祖率師迎之，與東魏人戰於邙山。貴爲左軍，失律，諸軍因此並潰〔六〕。坐免官，以驃騎、大都督領本軍。尋復官爵，拜御史中尉，加大將軍。東魏將高岳、慕容紹宗等圍王思政於潁川，貴率軍援之，東南諸州兵亦受貴節度。東魏人遏洧水灌城，軍不得至，思政遂没。貴乃班師。尋拜柱國大將軍〔七〕，賜姓乙弗氏。茹茹寇廣武，貴擊破之，斬首數千級，收其輜重，振旅而還。六官建，以貴爲太保、大宗伯，改封南陽郡公。孝閔帝踐阼，遷太傅、大冢宰，進封楚國公，邑萬户。

初，貴與獨孤信等皆與太祖等夷，及孝閔帝即位，晉公護攝政，貴自以元勳佐命，每懷怏怏，有不平之色，乃與信謀殺護。及期，貴欲發，信止之。尋爲開府宇文盛所告，被誅。

獨孤信，雲中人也，本名如願。魏氏之初，有三十六部，其先伏留屯者，爲部落大人，與魏俱起。祖俟尼，和平中，以良家子自雲中鎮武川，因家焉。父庫者，爲領民酋長，少雄豪有節義，北州咸敬服之。

信美容儀，善騎射。正光末，與賀拔度等同斬衛可孤〔八〕，由是知名。以北邊喪亂，避地中山，爲葛榮所獲。信既少年，好自修飾，服章有殊於衆，軍中號爲獨孤郎。

及爾朱氏破葛榮，以信爲別將。從征韓婁，信疋馬挑戰，擒賊漁陽王袁肆周，以功拜員外散騎侍郎。尋轉驍騎將軍，因鎮滏口。元顥入洛，榮以信爲前驅，與顥黨戰於河北，破之。拜安南將軍，賜爵爰德縣侯。

建明初，出爲荆州新野鎮將，帶新野郡守。尋遷荆州防城大都督，帶南鄉守。頻典二部，皆有聲績。賀拔勝出鎮荆州，乃表信爲大都督。從勝攻梁下溠戍，破之，遷武衛將軍。及勝弟岳爲侯莫陳悦所害，勝乃令信入關，撫岳餘衆。屬太祖已統岳兵，信與太祖鄉里，少相友善，相見甚歡。因令信入洛請事，至雍州，大使元毗又遣信還荆州。尋徵信入朝，魏孝武雅相委任。

及孝武西遷，事起倉卒，信單騎及之於瀍澗。孝武歎曰：「武衛遂能辭父母，捐妻子，遠來從我。世亂識貞良，豈虚言哉。」即賜信御馬一疋，進爵浮陽郡公，邑一千户。

時荆州雖陷東魏，民心猶戀本朝。乃以信爲衛大將軍、都督三荆州諸軍事，兼尚書右僕射、東南道行臺、大都督、荆州刺史以招懷之。信至武陶，東魏遣其弘農郡守田八能，率蠻左之衆，拒信於淅陽；又遣其都督張齊民，以步騎三千出信之後。信謂其衆曰：「今我士卒不滿千人，而首尾受敵。若却擊齊民，則敵人謂爲退走，必來要截。未若先破八能。」遂奮擊，八能敗而齊民亦潰。信乘勝襲荆州。東魏刺史辛纂勒兵出戰。士庶既懷信遺惠，信臨陣喻之，莫不解體。因而縱兵擊之，纂大敗，奔城趨門，未及闔，信都督楊忠等前驅斬纂。語在忠傳。於是三荆遂定。就拜車騎大將軍、儀同三司。

東魏又遣其將高敖曹、侯景等率衆奄至。信以衆寡不敵，遂率麾下奔梁。居三載，梁武帝方始許信還北。信父母既在山東，梁武帝問信所往，信答以事君無二。梁武帝深義之，禮送甚厚。

大統三年秋，至長安。自以虧損國威，上書謝罪。魏文帝付尚書議之，七兵尚書、陳郡王玄等議〔九〕，以爲「邊將董戎，龔行天罰，喪師敗績，國刑無捨。荆州刺史獨孤如願，任當推轂，遠襲襄、宛，斬賊帥辛纂，傳首京師，論功語効，寔合嘉賞。但庸績不終，旋致淪没，責成之義，朝寄有違。然孤軍數千，後援未接，賊衆我寡，難以自固。既經恩降，理絶刑書。昔秦宥孟明，漢捨廣利，卒能改過立功，垂芳竹帛。以今方古，抑有成規。臣等參議，請赦罪，復其舊職」。魏文帝詔曰：「如願荆、襄之役，寔展功効。既屬强寇，力屈道窮，歸賊不可，還朝路絶，適事求宜，未足稱過。違難如吴〔一〇〕，誠貫夷險，義全終始，良可嘉歎。復情存謙退，款心謝責。寧容議及恩降，止云免咎，斯則事失權宜，理乖通變。可轉驃騎大將軍，加侍中、開府，其使持節、儀同三司、浮陽郡公悉如故。」

尋拜領軍。仍從太祖復弘農，破沙苑。改封河内郡公，增邑二千户。時俘虜中有信親屬，始得父凶問，乃發喪行服。尋起爲大都督，率衆與馮翊王元季海入洛陽。潁、豫、襄、廣、陳留之地，並相繼款附。四年，東魏將侯景等率衆圍洛陽。信據金墉城，隨方拒守，旬有餘日。及太祖至瀍東，景等退走。信與李遠爲右軍，戰不利，東魏遂有洛陽。六年，侯景寇荆州，太祖令信與李弼出武關。景退，以信爲大使，慰撫三荆。

尋除隴右十州大都督〔一一〕、秦州刺史。先是，守宰闇弱，政令乖方，民有冤訟，歷年不能斷決。及信在州，事無壅滯。示以禮教，勸以耕桑，數年之中，公私富實。流民願附者數萬家。太祖以其信著遐邇，故賜名爲信。七年，岷州刺史、赤水蕃王梁仚定舉兵反，詔信討之。仚定尋爲其部下所殺。而仚定子弟，仍收其餘衆。信乃勒兵向萬年，頓三交口。賊併力拒守，信因詭道趨稠松嶺〔一二〕。賊不虞信兵之至，望風奔潰。乘勝逐北，徑至城下，賊並出降。加授太子太保。邙山之戰，大軍不利。信與于謹收散卒自後擊之，齊神武追騎驚擾，諸軍因此得全。十二年，涼州刺史宇文仲和據州不受代，太祖令信率開府怡峯討之。仲和嬰城固守，信夜令諸將以衝梯攻其東北，信親帥壯士襲其西南，值明剋之〔一三〕。擒仲和，虜其民六千户，送于長安。拜大司馬。十三年，大軍東討。時以茹茹爲寇，令信移鎮河陽。十四年，進位柱國大將軍。録剋下溠、守洛陽、破岷州、平涼州等功，增封，聽回授諸子。於是第二子善封魏寧縣公，第三子穆文侯縣侯〔一四〕，第四子藏義寧縣侯，邑各一千户；第五子順項城縣伯〔一五〕，第六子陁建忠縣伯，邑各五百户。信在隴右歲久，啓求還朝，太祖不許。或有自東魏來者，又告其母凶問，信發喪行服。屬魏太子與太祖巡北邊〔一六〕，因至河陽弔信。信陳哀苦，請終禮制，又不許。於是追贈信父庫者司空公，追封信母費連氏常山郡君。十六年，大軍東討，信率隴右數萬人從軍，至崤坂而還。遷尚書令。

六官建，拜大司馬。孝閔帝踐阼，遷太保、大宗伯，進封衛國公，邑萬户。趙貴誅後，信以同謀坐免。居無幾，晉公護又欲殺之，以其名望素重，不欲顯其罪，逼令自盡於家。時年五十五。

信風度弘雅，有奇謀大略。太祖初啓霸業，唯有關中之地，以隴右形勝，故委信鎮之。既爲百姓所懷，聲振鄰國。東魏將侯景之南奔梁也，魏收爲檄梁文，矯稱信據隴右不從宇文氏，仍云無關西之憂〔一七〕，欲以威梁人也。又信在秦州，嘗因獵日暮，馳馬入城，其帽微側。詰旦，而吏民有戴帽者，咸慕信而側帽焉。其爲鄰境及士庶所重如此。

子羅，先在東魏，乃以次子善爲嗣。及齊平，羅至。善卒，又以羅爲嗣。羅字羅仁。大象元年，除楚安郡守，授儀同大將軍。

善字伏陁〔一八〕，幼聰慧，善騎射，以父勳，封魏寧縣公。魏廢帝元年，又以父勳，授驃騎大將軍、開府儀同三司，加侍中，進爵長安郡公〔一九〕。孝閔帝踐阼，除河州刺史。以父負釁，久廢於家。保定三年，乃授龍州刺史。天和六年，襲爵河内郡公，邑二千户。從高祖東討，以功授上開府。尋除兗州刺史，政存簡惠，百姓安之。卒於位，年三十八。贈使持節、柱國、定趙恒滄瀛五州諸軍事、定州刺史。

信長女，周明敬后；第四女，元貞皇后；第七女，隋文獻后。周隋及皇家，三代皆爲外戚，自古以來，未之有也。

隋文帝踐極，乃下詔曰：「褒德累行，往代通規；追遠慎終，前王盛典。故使持節、柱國、河內郡開國公信，風宇高曠，獨秀生人，睿哲居宗，清猷映世。宏謨長策，道著於弼諧；緯義經仁，事深於拯濟。方當宣風廊廟，亮采台階，而世屬艱危，功高弗賞。眷言令範，事切于心。今景運初開，椒闈肅建。載懷塗山之義，無忘褒紀之典。可贈太師、上柱國、冀定相滄瀛趙恒洺貝十州諸軍事〔二〇〕、冀州刺史，封趙國公〔二一〕，邑一萬户。謚曰景。」追贈信父庫者使持節、太尉、上柱國、定恒滄瀛平燕六州諸軍事、定州刺史，封趙國公，邑一萬户。謚曰恭。信母費連氏，贈太尉恭公夫人。

侯莫陳崇字尚樂，代郡武川人。其先，魏之別部，居庫斛真水。五世祖曰太骨都侯。其後，世爲渠帥。祖允〔二二〕，以良家子鎮武川，因家焉。父興，殿中將軍、羽林監。

崇少驍勇，善馳射，謹慤少言。年十五，隨賀拔岳與爾朱榮征葛榮。又從元天穆討邢杲，平之。以功除建威將軍。別從岳破元顥於洛陽。遷直寢。

後從岳入關，破赤水蜀。時万俟醜奴圍岐州，遣其將李。尉遲菩薩將兵向武功〔二三〕。

崇從岳力戰破之，乘勝逐北，解岐州圍。又赴百里細川，破賊帥侯伏侯元進柵。醜奴率其餘衆奔高平，崇與輕騎逐北，至涇州長坑及之。賊未成列，崇單騎入賊中，於馬上生擒醜奴。於是大呼，衆悉披靡，莫敢當之。後騎益集，賊徒因悉逃散，遂大破之。岳以醜奴所乘馬及寶劍金帶賞崇。除安北將軍、太中大夫、都督，封臨涇縣侯，邑八百户。

及岳爲侯莫陳悦所害，崇與諸將同謀迎太祖。太祖至軍，原州刺史史歸猶爲悦守。太祖遣崇襲歸。崇潛軍夜往，輕將七騎，直到城下，餘衆皆伏於近路。歸見騎少，遂不設備。崇即入據城門。時李遠兄弟在城内，先知崇來，於是中外鼓噪，伏兵悉起，遂擒歸，斬之。以崇行原州事。仍從平悦，轉征西將軍。又遣崇慰撫秦州，别封廣武縣伯，邑七百户。

大統元年，除涇州刺史，加散騎常侍、大都督，進爵爲公，累遷車騎大將軍、儀同三司、驃騎大將軍、開府儀同三司，改封彭城郡公，邑三千户。三年，從擒竇泰，復弘農，破沙苑，增邑二千户。四年，從戰河橋，崇功居多。七年，稽胡反，崇率衆討平之。尋除雍州刺史，兼太子詹事。十五年，進位柱國大將軍，轉少傅。魏恭帝元年，出爲寧州刺史，遷尚書令。六官建，拜大司空。孝閔帝踐阼，進封梁國公，邑萬户，加太保。歷大宗伯、大司徒。

保定三年〔二四〕，崇從高祖幸原州，高祖夜還京師，竊怪其故。崇謂所親人常昇曰：「吾昔聞卜筮者言，晉公今年不利。車駕今忽夜還，不過是晉公死耳。」於是衆皆傳之。或有發其事者。高祖召諸公卿於大德殿，責崇。崇惶恐謝罪。其夜，護遣使將兵就崇宅，逼令自殺。禮葬如常儀。謚曰躁。護誅後，改謚曰莊閔。

子芮嗣。拜大將軍，進位柱國。從高祖東伐，率衆守太行道。并州平，授上柱國。仍從平鄴，拜大司馬。

崇弟瓊，字世樂。年八歲喪父，養母至孝，善事諸兄，内外莫不敬之。以軍功封靈丘縣男，邑三百户。從魏孝武入關，爲太祖直盪都督。大統二年〔二五〕，遷尚藥典御。三年，拜太子右衛率，進爵爲侯。從獨孤信征梁企定。累遷北秦州刺史。十四年，拜車騎大將軍、儀同三司。孝閔帝踐阼，進爵武安縣公，增邑并前二千户。出爲郢州刺史。武成二年，遷金州總管、六州諸軍事、金州刺史。保定元年，拜大將軍。天和四年，轉荆州總管、十四州八防諸軍事、荆州刺史。尋進位柱國，進爵同昌郡公〔二六〕。建德二年，拜大宗伯，出爲秦州總管。四年，從高祖東伐，爲後二軍總管。尋改封武威郡公〔二七〕。大象二年，加上柱國。

瓊弟凱，字敬樂。性剛正，頗好經史。隨兄崇，以軍功賜爵下蔡縣男。大統元年，爲東宮侍書。從太祖擒竇泰，破沙苑陣，以功拜寧遠將軍。累遷羽林監、東宮洗馬、太子庶子，進授都督。十四年，兄崇以平原州功，賜爵靈武縣侯，詔聽轉授凱。累遷東宮武衛率、尚書右丞，轉左丞，進位車騎大將軍、儀同三司。六官建，授司門下大夫。孝閔帝踐阼，拜工部中大夫，進位開府儀同三司，轉司憲中大夫，進爵爲公，復除工部中大夫。世宗初，出爲宜州刺史。武成二年，入爲禮部中大夫。保定中，復爲陵州刺史，轉丹州刺史。所在頗有政績。天和中，入爲司會中大夫。建德二年，爲聘齊使主。

史臣曰：蕭何文吏自愛，懼秦法誅戮，乃推奉漢高；李通家傳讖術，知劉氏當興，遂翊戴光武。終而白水復禹，中陽纂堯。方策以爲美談，功臣仰其徽烈。趙貴志懷忠義，首倡大謀，爰啓聖明，克復讐恥。關中全百二之險[二八]，周室定三分之業，彼此一時，足爲連類。獨孤信威申南服，化洽西州。信著遐方，光照隣國。侯莫陳崇以勇悍之氣，當戰爭之利[二九]，輕騎啓高平之扉，疋馬得長坑之捷[三〇]。並以宏材遠略，附鳳攀龍，績著元勳，位居上衮。而識慙明哲，咸以凶終，惜哉！信雖不免其身，慶延于後。三代外戚，何其盛歟。

初，魏孝莊帝以爾朱榮有翊戴之功，拜榮柱國大將軍，位在丞相上。榮敗後，此官遂廢。大統三年，魏文帝復以太祖建中興之業，始命爲之。其後功參佐命，望實俱重者，亦居此職。自大統十六年以前，任者凡有八人。太祖位總百揆，督中外軍。魏廣陵王欣，元氏懿戚，從容禁闈而已。此外六人，各督二大將軍，分掌禁旅，當爪牙禦侮之寄。當時榮盛，莫與爲比。故今之稱門閥者，咸推八柱國家云。今并十二大將軍録之於左。

使持節、太尉、柱國大將軍、大都督、尚書左僕射、隴右行臺、少師、隴西郡開國公李虎，

使持節、太傅、柱國大將軍、大宗伯、大司徒、廣陵王元欣〔三一〕，

使持節、太保、柱國大將軍、大都督、大宗伯、趙郡開國公李弼，

使持節、柱國大將軍、大都督、大司馬、河内郡開國公獨孤信，

使持節、柱國大將軍、大都督、大司寇、南陽郡開國公趙貴，

使持節、柱國大將軍、大都督、大司空、常山郡開國公于謹，

使持節、柱國大將軍、大都督、少傅、彭城郡開國公侯莫陳崇。

右與太祖爲八柱國。後並改封，此並太祖時爵。

使持節、大將軍、大都督、少保、廣平王元贊，

使持節、大將軍、大都督、淮安王元育〔三二〕，

使持節、大將軍、大都督、齊王元廓，

使持節、大將軍、大都督、秦七州諸軍事〔三三〕、秦州刺史、章武郡開國公宇文導，

使持節、大將軍、大都督、平原郡開國公侯莫陳順，

使持節、大將軍、大都督、雍七州諸軍事、雍州刺史、高陽郡開國公達奚武，

使持節、大將軍、大都督、陽平公李遠，

使持節、大將軍、大都督、范陽郡開國公豆盧寧，

使持節、大將軍、大都督、化政郡開國公宇文貴，

使持節、大將軍、大都督、荆州諸軍事、荆州刺史、博陵郡開國公賀蘭祥，

使持節、大將軍、大都督、陳留郡開國公楊忠，

使持節、大將軍、大都督、岐州諸軍事、岐州刺史、武威郡開國公王雄。

右十二大將軍，又各統開府二人。每一開府領一軍兵，是爲二十四軍。自大統十六年以前，十二大將軍外，念賢及王思政亦作大將軍。然賢作牧隴右，思政出鎮河南，並不在領兵之限。此後功臣，位至柱國及大將軍者衆矣，咸是散秩，無所統御。六柱國、十二大將軍之後，有以位次嗣掌其事者，而德望素在諸公之下，不得預於此列。

校勘記

〔一〕字元貴　殿本考證云：「北史（卷五九趙貴傳）作『字元寶』。」

〔二〕累遷鎮北將軍光禄大夫都督　北史卷五九趙貴傳、册府卷三〇九、卷八〇四「都督」上有「大」字。按周書卷一文帝紀上魏永熙三年（五三四）正月稱「都督趙貴」，二月，賀拔岳被殺，即稱「大都督趙貴」。周書諸將傳中「大都督」有時省「大」字，不一定是脱文，以後只是版本有異同或加不加「大」字於史事有關的，才出校記。

〔三〕貴乃收岳屍還　北史卷五九、通志卷一五六趙貴傳、册府卷八〇四「還」下有「營」字。按册府此條採周書而稍删簡，且通志非出北史，疑周書本有「營」字。

〔四〕與寇洛等糾合其衆　「其衆」，三朝本作「之衆」，册府卷八〇四、通志卷一五六趙貴傳作「餘衆」。「之」字雖誤，知此字舊本模糊，據册府、通志，疑原本作「餘」。

〔五〕又從援玉壁　「壁」，原作「璧」，據三朝本、南監本、北監本、汲本、局本改。按「玉壁」乃地名，殿本刻誤。以下「玉壁」徑改，不再出校。

〔六〕諸軍因此並潰　「潰」，三朝本作「即」，通志卷一五六趙貴傳作「却」。疑原作「却」，「即」爲「却」之形誤。

〔七〕尋拜柱國大將軍　「大」，原脱，據局本、北史卷五九趙貴傳補。按柱國將軍無此官。局本蓋據北史補。

〔八〕正光末與賀拔度等同斬衞可孤　「正光」，原作「聖光」，據北史卷六一獨孤信傳改。張森楷云：「『聖』當作『正』，『度』下當更有一『拔』字。」按正光乃魏孝明帝年號，據周書卷一四賀拔勝傳，賀拔度拔等殺衞可孤事，發生於正光末。張説是，但這裏「賀拔度」當是雙名單稱，不是脱文。

〔九〕七兵尚書陳郡王玄等議　「玄」，原作「王言」。殿本考證云：「北史（卷六一獨孤信傳）作『陳郡王玄等』爲是。」按周書卷三八元偉傳末載元魏宗室有「七兵尚書陳郡王元玄」。考證説是。今據改。

〔一〇〕違難如吴　「如」，三朝本、南監本、北監本、汲本、局本都作「勾」，疑是。

〔一一〕尋除隴右十州大都督　「十州」，北史卷六一獨孤信傳、册府卷三〇九、卷三四五、卷三九三、卷八二四都作「十一州」。

〔一二〕稠松嶺　「稠」，三朝本、南監本、北監本、汲本、局本、通典卷一五三兵六都作「綢」。按北史卷六一獨孤信傳、册府卷四二〇同作「稠」，殿本當據北史改。

〔一三〕值明剋之　「值」，北史卷六一獨孤信傳、册府卷三六九作「達」。通典卷一五三兵六、通鑑卷一五九梁紀一五中大同元年（五四六）、通志卷一五六獨孤信傳又作「遲」。疑本作「遲」，音近訛爲「值」，形似誤作「達」。

〔一四〕文侯縣侯　殿本考證云：「北史（卷六一獨孤信傳）作『必要縣侯』。」按册府卷一三〇作「必安縣侯」。考北齊書卷一七斛律金傳附斛律光傳稱光曾攻取周「文侯鎮」（册府卷三六九、通鑑卷一六七陳紀一永定三年同），其地可能曾置縣。

〔一五〕項城縣伯　北史卷六一獨孤信傳作「武城縣侯」，册府卷一三〇作「武城縣伯」。

〔一六〕屬魏太子與太祖巡北邊　「太祖」，原作「世祖」。按紀大統十四年（五四八）五月稱：「太祖奉魏太子巡撫西境。」這次由安定至原州，歷北長城而返，也可説北巡。這裏「世」乃「太」字之誤，今據改。

〔一七〕仍云無關西之憂　「仍」，北史卷六一獨孤信傳、册府卷三九三作「乃」。按魏收作檄詭稱獨孤信反宇文氏，東魏故無西顧之憂。作「乃」較長。

〔一八〕善字伏陁　「字」，原作「子」，據局本、北史卷六一獨孤信傳改。按下云「以父勳，封魏寧縣公」，據上文以父勳封魏寧縣公者即是善本人。又北周獨孤信墓誌稱「長息善，字弩引」（見北京圖書館藏中國歷代石刻拓本匯編第八册），與本傳也有不同。墓誌還記獨孤信「字期弥頭」，父子字都帶有北族鮮卑特徵。本傳與墓誌的這種差異，或與史源不同有關。

〔一九〕長安郡公　北史卷六一獨孤信傳作「長城郡公」，北周獨孤信墓誌作「長城郡開國公」。疑作「長城」是。

〔二〇〕冀定相滄瀛趙恒洺貝十州諸軍事　按這裏只有九州，脱一州。

〔二一〕封趙國公　「封」，原脱，據三朝本、南監本、局本、北史卷六一獨孤信傳補。據文義，這裏應有

「封」字。

〔二二〕祖允　「允」，北史卷六〇侯莫陳崇傳、元和姓纂卷五作「元」。

〔二三〕遣其將李尉遲菩薩將兵向武功　殿本考證云：「『李』字下有脱字。」按万俟醜奴部下未見李姓將領者，「李」字恐是衍文。

〔二四〕保定三年　「三」，原作「二」，據三朝本、南監本、北監本、汲本、局本、北史卷六〇侯莫陳崇傳改。張元濟云：「按下文云其夜護逼崇自殺。查崇死在保定三年，見紀五（卷五武帝紀上）。」

〔二五〕大統二年　「二」，原作「三」，據三朝本、南監本、北監本、汲本、局本改。張元濟以爲「三」字誤，云「下文有三年」。

〔二六〕同昌郡公　周書武帝紀建德二年（五七三）五月、三年九月、四年七月並作「周昌公」。按隋書卷二九地理志上同昌郡同昌縣條云「西魏置」。又尚安縣條稱「大業初，置同昌郡」。在西魏、北周時同昌是縣不是郡，周昌郡雖無可考，但屢見武帝紀，疑是。

〔二七〕尋改封武威郡公　北史卷六〇侯莫陳崇傳附侯莫陳順傳稱瓊「封脩武郡公」。按周書卷八靜帝紀大象二年（五八〇）六月見「修武公侯莫陳瓊」，疑作「脩武」是。

〔二八〕關中全百二之險　「百二」，原倒作「二百」，據三朝本、南監本、北監本、汲本、英華卷七五四周書八柱國傳論乙正。

〔二九〕當戰爭之利　「利」，北史卷六〇傳論、英華卷七五四周書八柱國傳論作「秋」。英華下注云「一作『利』」，且傳論末校語稱「一作皆周書本文」，似所見周書已作「利」。按作「利」亦通，作「秋」較長。

〔三〇〕疋馬得長坑之捷　「長坑之捷」，三朝本作「長捷之後」，北史卷六〇傳論作「長坑之俊」。英華卷七五四周書八柱國傳論正文作「長城之俊」，下注云「一作『長坑之俊』」，末有校語「一作皆周書本文」，則所見周書尚與北史同。三朝本「後」乃「俊」字之誤。殿本此句文從字順，但未必原文如此。

〔三一〕大宗伯大司徒廣陵王元欣　「大宗伯」，北史卷六〇傳末作「大宗師」。按元欣是宗室，北史卷一九獻文六王傳附元欣傳云其大統前「又爲大宗師，進大冢宰、中軍大都督」，且此處下文又見「大宗伯、趙郡開國公李弼」，不應同時有兩位大宗伯，疑作「大宗師」是。

〔三二〕淮安王元育　「安」，原脱，據北史卷六〇傳末附十二將軍名補。按周書卷二文帝紀下魏廢帝三年（五五四）見「淮安王育」（北史卷五魏本紀廢帝三年條同），卷三八元偉傳末附元氏宗室見「淮安王元育」。又北周拓跋育墓誌（見長安發現北魏獻文皇帝之孫墓誌）云「魏後二年，改封淮安公」，雖由王降公原因不明，然可證作「淮安」是。

〔三三〕秦七州諸軍事　周書卷一〇邵惠公顥傳附宇文導傳作「秦南等十五州諸軍事」。

周書卷十七

列傳第九

梁禦　若干惠　怡峯　劉亮　王德

梁禦字善通，其先安定人也。後因官北邊，遂家於武川，改姓爲紇豆陵氏。高祖俟力提，從魏太祖征討，位至揚武將軍、定陽侯。

禦少好學，進趨詳雅。及長，更好弓馬。爾朱天光西討，知禦有志略，引爲左右，授宣威將軍、都將。共平關右，除鎮西將軍、東益州刺史〔一〕、第一領民酋長，封白水縣伯〔二〕，邑三百户。轉征西將軍、金紫光禄大夫。

後從賀拔岳鎮長安。及岳被害，禦與諸將同謀翊戴太祖。從征侯莫陳悦，遷武衛將軍。太祖既平秦隴，方欲引兵東下，雍州刺史賈顯持兩端，通使於齊神武。太祖微知其意，以禦爲大都督、雍州刺史，領前軍先行。既與顯相見，因説顯曰：「魏室陵遲，天下鼎沸。高歡志在凶逆，梟夷非遠。宇文夏州英姿不世，算略無方，方欲扶危定傾，匡復京洛。公不於此時建立功効，乃懷猶豫，恐禍不旋踵矣。」顯即出迎太祖，禦遂入鎮雍州。授車騎大將軍、儀同三司。

大統元年，轉右衞將軍，進爵信都縣公，邑一千户。尋授尚書右僕射。從太祖復弘農，破沙苑，加侍中、開府儀同三司，進爵廣平郡公，增邑一千五百户。出爲東雍州刺史。爲政舉大綱而已，民庶稱焉。四年，薨於州。臨終唯以國步未康爲恨，言不及家。贈太尉、尚書令、雍州刺史，謚曰武昭。

子睿襲爵。天和中，拜開府儀同三司。以禦佐命有功[三]，進蔣國公。大象末，除益州總管，加授柱國。睿將之任，而王謙舉兵，拒不授代。仍詔睿爲行軍元帥，討謙，破之。進位上柱國。

若干惠字惠保，代郡武川人也。其先與魏氏俱起，以國爲姓。父樹利周，從魏廣陽王深征葛榮，戰没，贈冀州刺史。

惠年弱冠，從爾朱榮征伐，定河北，破元顥，以功拜中堅將軍。復以別將從賀拔岳西征，解岐州圍，擒万俟醜奴，平水洛，定隴右，每力戰有功。封北平縣男，邑二百户。累遷鎮遠將軍、都督、直寢、征西將軍、金紫光禄大夫。及岳爲侯莫陳悦所害，惠與寇洛、趙貴等同謀翊戴太祖。仍從平悦，拜直閤將軍。

魏孝武西遷，除右衞將軍、大都督，進爵魏昌縣伯，邑五百户。出爲北華州刺史，加使持節、驃騎將軍。大統初，拜儀同三司，進爵爲公，增邑五百户。從擒竇泰，復弘農，破沙苑，惠每先登陷陣。加侍中、開府，進爵長樂郡公，增邑通前二千二百户。四年，魏文帝東巡洛陽，與齊神武戰於河橋，惠力戰破之，大收降卒。七年，遷中領軍〔四〕。

及高仲密舉北豫州來附，太祖帥師迎之。軍至洛陽，齊神武於邙山將以邀我，太祖乃徙輜重於瀍曲，夜勒兵襲之。及戰，惠爲右軍，與中軍大破之，逐北數里，虜其步卒。齊神武兵乃萃於左軍，軍將趙貴等與戰不利，諸軍因之並退。時會日暮，齊神武兵屢來攻惠，惠擊之，皆披靡。至夜中，齊神武騎復來追惠，惠徐乃下馬，顧命廚人營食。食訖，謂左右曰：「長安死，此中死，異乎？」乃建旗鳴角，收諸敗軍而還。齊神武追騎憚惠，疑有伏兵，不敢逼。至弘農，見太祖，陳賊形勢，恨其垂成之功，覆於一簣，於是歔欷不能自勝。太祖壯之。

尋拜秦州刺史，未及之部，遷司空〔五〕。惠性剛質，有勇力，容貌魁岸。善於撫御，將士莫不懷恩，人思効節。十二年，東魏將侯景侵襄州，惠率兵擊走之。明年，景請内附，朝議欲收輯河南，令惠以本官鎮魯陽，以爲聲援。遇疾，薨於軍。

惠於諸將年最少。早喪父，事母以孝聞。太祖嘗造射堂新成，與諸將宴射。惠竊歎曰：「親老矣，何時辦此乎？」太祖聞之，即日徙堂於惠宅。其見重如此。及薨，太祖爲之流涕者久之。惠喪至，又臨撫焉。贈本官，加秦州刺史，謚曰武烈。子鳳嗣。

鳳字達摩，少沉深，有識度。大統末，襲父爵長樂郡公，尚太祖女。魏廢帝二年，授驃騎大將軍、開府儀同三司。魏恭帝三年，除左宫伯。尋出爲洛州刺史。徵拜大馭中大夫。保定四年，追録佐命之功，封鳳徐國公，增邑并前五千户。建德二年，拜柱國。

怡峯字景阜，遼西人也。本姓默台，因避難改焉。高祖寬，燕遼西郡守。魏道武時，率户歸朝，拜羽真，賜爵長虵公。曾祖文，冀州刺史。

峯少從征役，以驍勇聞。永安中，假龍驤將軍，爲都將，從賀拔岳討万俟醜奴，以功授給事中、明威將軍，轉征虜將軍、都督，賜爵蒲陰縣男。及岳被害，峯與趙貴等同謀翊戴太祖。進爵爲伯。時原州刺史史歸猶爲侯莫陳悦守，太祖令峯與侯莫陳崇討擒之。及齊神武與魏孝武帝構隙，帝頻勑太祖簡鋭卒入衛京邑。太祖乃令峯與都督趙貴等率輕騎赴洛陽。至潼關，值魏孝武西遷，峯即從太祖拔回洛，復潼關。拜安東將軍、華州刺史。尋轉大都督。討曹泥有功，進爵華陽縣公，邑一千户。大統三年，從太祖破竇泰於小關〔六〕。還，拜散騎常侍、車騎大將軍、儀同三司。又從復弘農，破沙苑，進爵樂陵郡公。仍與元季海、獨孤信復洛陽〔七〕。峯率奇兵至成皋，入其郛，收其户口而還。東魏遣行臺任祥率步騎萬餘攻潁川，峯復以輕騎五百邀擊之，自是威名轉盛〔八〕。加授開府儀同三司。東魏圍洛陽，峯與季海守金墉。太祖至，圍解，即與東魏戰於河橋。時峯爲左軍，不利，與李遠先還，太祖因此班師。詔原其罪。拜東西北三夏州諸軍事、夏州刺史。後與于謹討劉平伏，從解玉壁圍，平柏谷塢，並有功。涼州刺史宇文仲和反，峯與于謹討之〔九〕。十五年，東魏圍潁川，峯與趙貴赴援。至南陽，遇疾卒，時年五十。

峯沉毅有膽略，得士卒心，當時號爲驍將。太祖嗟悼者久之。贈華州刺史，謚曰襄威。

子昂嗣。官至開府儀同三司。朝廷追録峯功，封昂鄭國公〔一〇〕。昂弟光，少以峯勳，賜爵安平縣侯，起家員外散騎常侍，累遷司土中大夫、左武伯，出爲汾、涇、豳三州刺史，加開府儀同三司，進爵龍河縣公。光弟春，少知名，歷官吏部下大夫、儀同三司。

劉亮中山人也，本名道德。祖祐連，魏蔚州刺史。父持真〔二〕，鎮遠將軍、領民酋長。魏大統中，以亮著勳，追贈車騎大將軍、儀同三司、恒州刺史。

亮少倜儻，有從横計略，姿貌魁傑，見者憚之。普泰初，以都督從賀拔岳西征，解岐州圍，擊侯伏侯元進、万俟道洛、万俟醜奴、宿勤明達及諸賊〔三〕，亮常先鋒陷陣。以功拜大都督，封廣興縣子，邑五百户。

侯莫陳悦害岳，亮與諸將謀迎太祖。悦平，悦之黨豳州刺史孫定兒仍據州不下，涇、秦、靈等諸州悉與定兒相應，衆至數萬，推定兒爲主，以拒義師。太祖令亮襲之。定兒以義兵猶遠，未爲之備。亮乃將二十騎，先豎纛於近城高嶺〔三〕，即馳入城中。定兒方置酒高會，卒見亮至，衆皆駭愕，莫知所爲。亮乃麾兵斬定兒，縣首，號令賊黨。仍遥指城外纛，命二騎曰：「出追大軍。」賊黨恟懼，一時降服。於是諸州羣賊，皆即歸款。

及太祖置十二軍，簡諸將以將之，亮領一軍。每征討，常與怡峯俱爲騎將。魏孝武西遷，以迎駕功，除使持節、右光禄大夫、左大都督、南秦州刺史。大統元年，以復潼關功，進位車騎大將軍、儀同三司，改封饒陽縣伯，邑五百户。尋加侍中。從擒竇泰，復弘農及沙苑之役，亮並力戰有功。遷開府儀同三司、大都督，進爵長廣郡公，邑通前二千户。以母憂去職，居喪毁瘠。太祖嗟其至性，每愛惜之。俄起復本官。

亮以勇敢見知，爲時名將〔一四〕，兼屢陳謀策，多合機宜。太祖乃謂之曰：「卿文武兼資，即孤之孔明也。」乃賜名亮，并賜姓侯莫陳氏。十年，出爲東雍州刺史。爲政清淨，百姓安之。在職三歲，卒於州，時年四十。喪還京師，太祖親臨之，泣而謂人曰：「股肱喪矣，腹心何寄！」令鴻臚卿監護喪事。追贈太尉，謚曰襄，配享太祖廟庭。

子昶，尚太祖女西河長公主。大象中，位至柱國、秦靈二州總管。以亮功，封彭國公，邑五千户。昶弟靖〔一五〕，天水郡守。靖弟恭，開府儀同三司、饒陽縣伯。恭弟幹，上儀同三司、褒中侯。

王德字天恩，代郡武川人也。少善騎射，雖不經師訓，而以孝悌見稱。魏永安二年，從爾朱榮討元顥，攻河内，應募先登。以功除討夷將軍，進爵内官縣子〔一六〕。又從賀拔岳討万俟醜奴，平之。别封深澤縣男，邑二百户，加龍驤將軍、中散大夫。及侯莫陳悦害岳，德與寇洛等定議翊戴太祖。加征西將軍、金紫光禄大夫、平涼郡守。德雖不知書，至於斷決處分，良吏無以過也。涇州所部五郡〔一七〕，而德常爲最。

及魏孝武西遷，以奉迎功，進封下博縣伯，邑五百户，行東雍州事。在州未幾，百姓懷之。賜姓烏丸氏。大統元年，拜衞將軍、右光禄大夫，進爵爲公，增邑一千户，加車騎大將軍、儀同三司、北雍州刺史。其後常從太祖征伐，累有戰功。又從破齊神武於沙苑，加開府、侍中，進爵河閒郡公，增邑通前二千七百户。先是河、渭閒種羌屢叛，以德有威名，爲夷民所附，除河州刺史。德綏撫有方，羣羌率服。十三年，授大都督、原靈顯三州五原蒲川二鎮諸軍事。十四年，除涇州刺史。卒於州。謚曰獻。

德性厚重廉慎，言行無擇。母年幾百歲，後德終。

子慶，小名公奴，性謹厚。官至開府儀同三司。初德喪父，家貧無以葬，乃賣公奴并一女以營葬事。因遭兵亂，不復相知。及德在平涼始得之，遂名曰慶。

史臣曰：梁禦等負將率之材，藴驍鋭之氣，遭逢喪亂，馳騖干戈，艱難險阻備嘗，而功名未立。及殷憂啓聖，豫奉興王，參謀締構之初，宣力經綸之始，遂得連衡灌、酈，方駕張、徐，可謂遇其時也。並中年即世，遠志未申，惜哉！惠、德本以果毅知名，而能率由孝道，難矣。圖史所歎，何以加焉。勇者不必有仁，斯不然矣。

校勘記

〔一〕除鎮西將軍東益州刺史　北史卷五九梁禦傳無「東」字。

〔二〕封白水縣伯　「伯」，北史卷五九梁禦傳作「侯」。

〔三〕以禦佐命有功　「禦」，原作「預」，據三朝本、南監本、北監本、汲本、局本、北史卷五九梁禦傳附梁睿傳改。按北周功臣之子在武帝時因父佐命功進爵者很多，即此卷内若干惠子鳳，怡峯子昂，劉亮子昶都是，殿本作「預」誤。

〔四〕七年遷中領軍　「中領軍」，三朝本作「中領將軍」，北史卷六五若干惠傳作「領軍」。按通鑑卷一〇八晉紀三〇太元二十一年（三九六）胡注云：「中領將軍，魏所置，猶魏、晉之中領軍也。」但「中領將軍」不載於魏書卷一一三官氏志，「中領軍、中護軍」下注云「二軍加將軍，則去『中』，位次撫軍」。疑三朝本衍「將」字。

〔五〕遷司空　張森楷云：「按北史魏文帝紀（卷五）大統十三年（五四七）以若干惠爲司空。此乃敍於十二年之前，則十一年事矣。紀傳（當云北史帝紀與周書本傳）不同，未知孰誤。」

〔六〕大統三年從太祖破竇泰於小關　「三年」，原作「二年」，據周書卷二文帝紀下改。按破竇泰在大統三年（五三七），周書文帝紀下和周書、北史有關紀傳都一樣。

〔七〕仍與元季海獨孤信復洛陽　「仍」，原作「乃」，據三朝本、南監本、北監本、汲本、局本、北史卷六五怡峯傳改。

〔八〕峯復以輕騎五百邀擊之自是威名轉盛　北史卷六五怡峯傳「之」上有「大破」二字。按「邀擊」而不言結果，則下句「自是威名轉盛」似無所承。

〔九〕涼州刺史宇文仲和反峯與于謹討之　按周書卷二文帝紀下大統十二年（五四六）載：「涼州刺史宇文仲和據州反。瓜州民張保害刺史成慶，以州應仲和。太祖遣開府獨孤信討之。」卷一六獨孤信傳、卷二五李賢傳、卷二八史寧傳也都説獨孤信是這次戰役的主持者，別無于謹主持這次戰役的記載。這裏作「于謹」是涉上文而誤。

〔一〇〕封昂鄭國公　周書卷八靜帝紀大象二年（五八〇）八月稱封「開府怡昂爲鄀國公」。按「鄭」是達奚武封國，武死，子震襲爵，此時尚在，也没有改封，不可能再封一個鄭國公（見卷一九達奚武傳）。疑當從紀作「鄀」。北史卷六五怡峯傳稱「封昂長沙郡公」（百衲本「郡公」上注「闕」字），或是初封，周書本傳不載。

〔一一〕父持真　「持」，北史卷六五劉亮傳作「特」。

〔一二〕宿勤明達　「勤」，原作「勒」，據三朝本、南監本、局本改。張元濟云：「北史尒朱天光傳（卷四八）作『勤』。」又云：「傳十（卷一八王思政傳）……北史紀五（魏紀）普泰元年（五三一）作『勒』。」似不能斷定其是非。按「勤」「勒」周書、北史中常多混淆。但魏書都作「宿勤」，卷一一前廢帝紀普泰元年四月條、七月條，卷四一源賀傳附源子雍傳，卷七三崔延伯傳，卷七五尒朱天光傳都見「宿勤明達」，又卷九五徒何慕容廆傳見慕容泓的謀臣宿勤崇、慕容韜的司馬宿勤黎，没有作「宿勒」的。這裏作「勒」誤。以後徑改，不再出校記。

〔三〕先暨纛於近城高嶺　北史卷六五劉亮傳、御覽卷三一六引後周書、册府卷三五五、卷四二〇及通鑑卷一五六梁紀一二中大通六年（五三四）「纛」上都有「一」字。

〔四〕爲時名將　北史卷六五劉亮傳、御覽卷二七六引後周書、册府卷三八二、卷八二四「時」上有「當」字。疑原有「當」字。

〔五〕昶弟靖　「靖」，北史卷六五劉亮傳作「靜」。

〔六〕進爵内官縣子　「内」，北史卷六五王德傳作「同」。按「内官縣」不見紀載，疑當作「同」。

〔七〕涇州所部五郡　錢大昕考異卷三二云：「按魏志（魏書卷一〇六下地形志下）涇州領安定、隴東、新平、隨平、平凉、平原六郡，未知此時省何郡也。」按「隨平」爲「趙平」之訛，已見魏書地形志下校勘記。而北魏涇州原領是六郡抑或是五郡，其後變化如何，已無從詳考。

〔唐〕令狐德棻 等撰

點校本
二十四史
修訂本

周書

第二册
卷一八至卷三四

中華書局

2022 年 11 月第 1 版　　2024 年 1 月第 2 次印刷

ISBN 978-7-101-15945-5

周書卷十八〔一〕

列傳第十

王羆 子慶遠 孫述 王思政

王羆字熊羆，京兆霸城人，漢河南尹王遵之後，世爲州郡著姓。羆剛直木彊，處物平當，州郡敬憚之。魏太和中，除殿中將軍。先是南岐、東益氏、羌反叛，王師戰不利，乃令羆領羽林五千鎮梁州，討平諸賊。還，授右將軍、西河内史。辭不拜。時人謂之曰：「西河大邦，俸禄殷厚，何爲致辭？」羆曰：「京洛材木，盡出西河，朝貴營第宅者，皆有求假。如其私辦，即力所不堪，若科發民間，又違法憲。以此辭耳。」

梁將曹義宗圍荆州，勑羆與別將裴衍率兵赴救。遂與梁人戰，大破之。于時諸方鼎沸，所在凋殘。荆州新經寇難，尤藉慰撫。以羆爲荆州刺史，進號撫軍將軍。梁復遣曹義宗衆數萬圍荆州，堰水灌城，不没者數板。時既內外多虞，未遑救援，乃遣羆鐵券，云城全當授本州刺史。城中糧盡，羆煮粥，與將士均分而食之。每出戰，嘗不擐甲冑，大呼曰：「荆州城，孝文皇帝所置。天若不祐國家，使賊箭中王羆；不爾，王羆須破賊。」屢經戰陣，亦不被傷。彌歷三年，義宗方退。進封霸城縣公。尋遷車騎大將軍、涇州刺史。未及之部，屬太祖徵兵爲勤王之舉，請前驅効命，遂爲大都督，鎮華州。

魏孝武西遷，拜驃騎大將軍，加侍中、開府。嘗修州城未畢，梯在外[二]。齊神武遣韓軌、司馬子如從河東宵濟襲羆，羆不之覺。比曉，軌衆已乘梯入城。羆尚卧未起，聞閤外洶洶有聲，便袒身露髻徒跣，持一白挺，大呼而出。敵見之驚，逐至東門[三]，左右稍集，合戰破之。軌衆遂投城遁走。時關中大饑，徵税民間穀食，以供軍費。或隱匿者，令遞相告，多被篣棰，以是人有逃散。唯羆信著於人，莫有隱者，得粟不少諸州，而無怨讟。

沙苑之役，齊神武士馬甚盛。太祖以華州衝要，遣使勞羆，令加守備。羆語使人曰：「老羆當道卧，貉子安得過[四]！」太祖聞而壯之[五]。及齊神武至城下，謂羆曰：「何不早降？」羆乃大呼曰：「此城是王羆冢[六]，生死在此，欲死者來。」齊神武遂不敢攻。

時茹茹渡河南寇，候騎已至豳州[七]。朝廷慮其深入，乃徵發士馬，屯守京城，塹諸街巷，以備侵軼。左僕射周惠達召羆議之[八]。羆不應命，謂其使曰：「若茹茹至渭北者，王羆率鄉里自破之，不煩國家兵馬。何爲天子城中，遂作如此驚動。由周家小兒恇怯致此。」羆輕侮權勢，守正不回，皆此類也。未幾，還鎮河東〔九〕。

羆性儉率，不事邊幅。嘗有臺使，羆爲其設食。使乃裂其薄餅緣〔一〇〕。羆曰：「耕種收穫，其功已深；舂爨造成，用力不少。乃爾選擇，當是未饑。」命左右撤去之。使者愕然大慙。又有客與羆食瓜，客削瓜侵膚稍厚〔一一〕，羆意嫌之。及瓜皮落地，乃引手就地，取而食之。客甚有愧色。性又嚴急，嘗有吏挾私陳事者，羆不暇命捶扑，乃手自取韡履，持以擊之。每至享會，親自秤量酒肉，分給將士。時人尚其均平，嗤其鄙碎。大統七年，卒於鎮，贈太尉〔一二〕。

子慶遠，弱冠以功臣子拜直閤將軍。先羆卒，孫述嗣。

述字長述，少聰敏，有識度。年八歲，太祖見而奇之，曰：「王公有此孫，足爲不朽。」即以爲鎮遠將軍，拜太子舍人〔一三〕。以祖憂去職。述幼喪父，爲羆所鞠養。及居喪，深合禮度。于時東西交爭，金革方始，羣官遭喪者，卒哭之後，皆起令視事。述請終禮制，辭理懇切。太祖令中使就視，知其哀毁，乃特許之。喪畢，襲爵扶風郡公，累遷上大將軍。

王思政字思政，太原祁人。容貌魁偉，有籌策。魏正光中，解褐員外散騎侍郎。屬万俟醜奴、宿勤明達等擾亂關右，北海王顥率兵討之，啓思政隨軍。軍事所有謀議，並與之參詳。

時魏孝武在藩，素聞其名，顥軍還，乃引爲賓客，遇之甚厚。及登大位，委以心膂，遷安東將軍。預定策功，封祁縣侯。俄而齊神武潛有異圖，帝以思政可任大事，拜中軍大將軍、大都督，總宿衛兵。思政乃言於帝曰：「高歡之心，行路所共知矣。洛陽四面受敵，非用武之地。關中有崤、函之固，一人可禦萬夫。且士馬精彊，糧儲委積，進可以討除逆命，退可以保據關、河。宇文夏州糾合同盟，願立功効。若聞車駕西幸，必當奔走奉迎。藉天府之資，因已成之業，一二年間[一四]，習戰陣，勸耕桑，修舊京，何慮不克。」帝深然之。及齊神武兵至河北，帝乃西遷。進爵太原郡公。

大統之後，思政雖被任委，自以非相府之舊，每不自安。太祖曾在同州，與羣公宴集，出錦罽及雜綾絹數段[一五]，命諸將樗蒱取之。物既盡，太祖又解所服金帶，令諸人遍擲，曰：「先得盧者，即與之。」羣公將遍，莫有得者。次至思政，乃斂容跪坐而自誓曰：「王思政羈旅歸朝[一六]，蒙宰相國士之遇，方願盡心効命，上報知己。若此誠有實，令宰相賜知者，願擲即爲盧；若内懷不盡，神靈亦當明之，使不作也，便當殺身以謝所奉。」辭氣慷慨〔一七〕，一坐盡驚。即拔所佩刀，横於膝上，攬樗蒱，拊髀擲之。比太祖止之，已擲爲盧矣。徐乃拜而受。自此之後，太祖期寄更深。

轉驃騎將軍。令募精兵，從獨孤信取洛陽，仍共信鎮之。及河橋之戰，思政下馬，用長稍左右横擊，一擊踣數人。時陷陣既深〔一八〕，從者死盡，思政被重創悶絶。會日暮，敵將收軍〔一九〕。思政久經軍旅，每戰唯著破弊甲，敵人疑非將帥，故免。有帳下督雷五安於戰處哭求思政，會其已蘇，遂相得。乃割衣裹創，扶思政上馬，夜久方得還。仍鎮弘農。思政以玉壁地在險要，請築城。即自營度，移鎮之。遷并州刺史，仍鎮玉壁。八年，東魏來寇，思政守禦有備，敵人晝夜攻圍，卒不能克，乃收軍還。以全城功，受驃騎大將軍。復命思政鎮弘農。於是修城郭，起樓櫓，營田農，積芻秣，凡可以守禦者，皆具焉。弘農之有備，自思政始也。

十二年，加特進、荆州刺史。州境卑濕，城壍多壞。思政方命都督藺小歡督工匠繕治之。掘得黄金三十斤，夜中密送之。至旦，思政召佐吏以金示之，曰「人臣不宜有私」，悉封金送上。太祖嘉之，賜錢二十萬。思政之去玉壁也，太祖命舉代己者，思政乃進所部都督韋孝寬。其後東魏來寇，孝寬卒能全城。時論稱其知人。

十三年，侯景叛東魏，擁兵梁、鄭，爲東魏所攻。景乃請援乞師。當時未即應接。思政以爲若不因機進取，後悔無及。即率荆州步騎萬餘，從魯關向陽翟。思政入守潁川。景引兵向豫州，外稱略地，乃密遣送款於梁。思政分布諸軍，據景七州十二鎮〔二〇〕。太祖乃以所授景使持節、太傅、大將軍、兼中書令〔二一〕、河南大行臺、河南諸軍事，回授思政。思政並讓不受。頻使敦喻，唯受河南諸軍事。

東魏太尉高嶽、行臺慕容紹宗、儀同劉豐生等，率步騎十萬來攻潁川。城内卧鼓偃旗，若無人者。嶽恃其衆，謂一戰可屠，乃四面鼓噪而上。思政選城中驍勇，開門出突。嶽衆不敢當，引軍亂退。嶽知不可卒攻〔二二〕，乃多修營壘。又隨地勢高處，築土山以臨城中。飛梯火車，晝夜攻之〔二三〕。思政亦作火穳，因迅風便投之土山。又以火箭射之，燒其攻具。仍募勇士，縋而出戰。嶽衆披靡，其守土山人亦棄山而走〔二四〕。齊文襄更益嶽兵，堰洧水以灌城〔二五〕。城中水泉涌溢，不可防止。懸釜而炊，糧力俱竭。慕容紹宗、劉豐生及其將慕容永珍共乘樓船以望城内〔二六〕，令善射者俯射城中。俄而大風暴起，船乃飄至城下。城上人以長鈎牽船，弓弩亂發。紹宗窮急，透水而死〔二七〕。豐生浮向土山，復中矢而斃。生擒永珍。思政謂之曰：「僕之破亡，在於晷漏。誠知殺卿無益，然人臣之節，守之以死。」乃流涕斬之。并收紹宗等尸，以禮埋瘞。

齊文襄聞之，乃率步騎十一萬來攻〔二八〕。自至堰下，督勵士卒。水壯，城北面遂崩〔二九〕。水便滿溢，無措足之地。思政知事不濟，率左右據土山，謂之曰：「吾受國重任，本望平難立功。精誠無感，遂辱王命。今力屈道窮，計無所出。唯當効死，以謝朝恩。」因仰天大哭。左右皆號慟。思政西向再拜，便欲自刎。先是，齊文襄告城中人曰：「有能生致王大將軍者，封侯，重賞。若大將軍身有損傷，親近左右，皆從大戮。」都督駱訓謂思政曰：「公常語訓等，但將我頭降，非但得富貴，亦是活一城人。今高相既有此言，公豈不哀城中士卒也！」固共止之，不得引決。齊文襄遣其常侍趙彦深就土山執手申意。引見文襄，辭氣慷慨，無撓屈之容。文襄以其忠於所事，禮遇甚厚。

思政初入潁川，士卒八千人〔三〇〕，城既無外援，亦無叛者。思政常以勤王爲務，不營資產。嘗被賜園地〔三一〕，思政出征後，家人種桑果。及還，見而怒曰：「匈奴未滅，去病辭家，況大賊未平，何事產業！」命左右拔而棄之。故身陷之後，家無畜積。及齊受禪，以爲都官尚書。子秉。

史臣曰：王羆剛峭有餘，弘雅未足。情安儉率，志在公平。既而奮節危城，抗辭勍敵，梁人爲之退舍，高氏不敢加兵。以此見稱，信非虛。述不隕門風〔三二〕，亦足稱也。王思政驅馳有事之秋，慷慨功名之際。及乎策名霸府，作鎮潁川，設縈帶之險，修守禦之術，以一城之衆，抗傾國之師，率疲乏之兵，當勁勇之卒，猶能亟摧大敵，屢建奇功。忠節冠於本朝，義聲動於隣聽。雖運窮事蹙，城陷身囚，壯志高風，亦足奮於百世矣。

校勘記

〔一〕卷十八　按此卷敍事遠簡於北史，且不甚明晰。北史諸傳照例載歷官要比所據的本史簡略，這卷恰相反，歷官不及北史詳備。疑周書此卷已缺，後人以某種節本補。

〔二〕梯在外　北史卷六二王羆傳、通典卷一六一兵一四都作「梯在城外」。按通鑑卷一五七梁紀一三大同元年（五三五）作「梯倚城外」。疑周書原有「城」字。

〔三〕敵見之驚逐至東門　北史卷六二王羆傳、通典卷一六一兵一四「驚」下有「退」字。通鑑卷一五七梁紀一三大同元年（五三五）作「驚却」。按只有東魏軍退却，王羆才能將其「逐至東門」。疑周書原有「退」字。

〔四〕老羆當道卧貊子安得過　殿本考證云：「『貊』，北史王羆傳（卷六二）、通鑑（卷一五七）俱作『貉』。胡三省通鑑注云：『貉子曰貊。』按貉子曰貊，貊未可以言貉也。」按冊府卷四〇〇宋本、明鈔本及御覽卷三一九引後周書都作「貚」（冊府明刻本已改作「貉」）。「貚」乃「貛」之訛，同「貊」。知作「貊」是。又這二句北史置於韓軌、司馬子如偷襲華州時，王羆大呼而出，作此語。周書是沙苑戰時，王羆對宇文泰派來的使者語。紀載不同。

〔五〕太祖聞而壯之　按此句北史置於華州戰事中，在韓軌「投城遁走」之文後，紀載不同。

〔六〕此城是王羆冢　「冢」，北史卷六二王羆傳、御覽卷三一九引後周書、册府卷四〇〇作「家」。而通鑑卷一五七梁紀一三大同三年（五三七）、通志卷一五六王羆傳、永樂大典卷六八三七所引周書也同作「冢」。「冢」字有「城亡與亡」之意，疑作「冢」是。

〔七〕時茹茹渡河南寇候騎已至豳州　按北史卷六二王羆傳，在此前尚有王羆移鎮河東，進爵扶風郡公，和河橋之役王羆怎樣安定軍心諸事，周書本傳都不載。特別是漏載徵拜雍州刺史一事，便把王羆直到「茹茹南寇」時還留在華州刺史任上。下文却紀載周惠達要和王羆商議防守京城，好像特地從華州調他上長安議事。其實，正由於他是雍州刺史，是駐在長安的地方長官，才必須和他商議防守京城。周書今本漏掉此事，便前後不相照應。簡略至此，知此傳決非周書原文。

〔八〕左僕射周惠達　「左」，北史卷六二王羆傳、隋書卷四六趙煚傳、御覽卷二七六引後周書作「右」。通鑑卷一五八梁紀一四大同四年（五三八）、五年同作「左」，但同卷大同六年又作「右」。張森楷云：「作『右』是，此誤，周惠達傳（卷二二）可證。」按張説疑是。

〔九〕未幾還鎮河東　按北史卷六二王羆傳在沙苑戰後，有「移鎮河東」的紀載，這是第二次，所以説「還鎮」，周書今本無此語，却仍然説「還鎮」，足見粗疏。

〔一〇〕嘗有臺使羆爲其設食使乃裂其薄餅緣　北史卷六二王羆傳、册府卷四〇六明刻本「臺使」下有「至」字。下「其」字，北史作「去」。

〔一二〕又有客與羆食瓜客削瓜侵膚稍厚　「客削瓜」三字，原脱，據三朝本、汲本、局本、御覽卷九七八引後周書、永樂大典卷六八三七引周書補。按北史卷六二王羆傳作「客削瓜皮，侵肉（殿本作「内」）稍厚」。張元濟以爲殿本誤脱三字。

〔一三〕大統七年卒於鎮贈太尉　按北史卷六二王羆傳此下尚有「都督、相冀等十州刺史，謚曰忠。羆安於貧素，不營生業。後雖貴顯，鄉里舊宅，不改衡門，身死之日，家甚貧罄，當時伏其清潔」等内容。且「雖貴顯」至「當時伏其清潔」二十五字，又略見於册府卷四〇六，疑周書原本有此段文字。

〔一四〕即以爲鎮遠將軍拜太子舍人　北史卷六二王羆傳附王述傳於周太祖語後有「解褐員外散騎侍郎，封長安縣伯」一句。周書今本所記，容易誤解爲王述起家官爲鎮遠將軍，可見删節失當。

〔一五〕一二年間　册府卷四〇四作「一二十年間」。

〔一六〕出錦罽及雜綾絹數段　「數段」，北史卷六二王思政傳作「數千段」。

〔一七〕王思政羈旅歸朝　「歸朝」，册府卷七六六宋本與明鈔本、卷八一五、永樂大典卷六八三七引周書作「歸明」。

〔一八〕辭氣慷慨　通志卷一五六王思政傳下有「占對雄辯」四字，北史本傳無。

〔一八〕時陷陣既深　「陣」，原作「害」，據北史卷六二王思政傳、御覽卷三一〇引後周書、册府卷三九五上改。張森楷云：「北史本傳『害』作『陣』，是。」

〔一九〕會日暮敵將收軍　「將」，北史卷六二王思政傳、御覽卷三一〇引後周書、册府卷三九五上、通鑑卷一五八梁紀一四大同四年（五三八）作「亦」。按「將」指將領，疑周書原文作「亦」。

〔二〇〕據景七州十二鎮　周書卷二文帝紀下大統十三年（五四七）、卷一五李弼傳都説侯景「舉（李弼傳作「率」）河南六州來附」。錢大昕考異卷三二據之疑這裏作「七州」誤。

〔二一〕兼中書令　「中書」，北史卷六二王思政傳、册府卷四〇九、通鑑卷一六〇梁紀一六太清元年（五四七）作「尚書」。按行臺是尚書臺的行臺，例帶尚書令、尚書僕射、左右丞等官，侯景是河南大行臺，作「尚書令」是。

〔二二〕嶽衆不敢當引軍亂退嶽知不可卒攻　通典卷一六一兵一四、御覽卷三一九引後周書「敢」作「能」，「亂退」下有「思政登城遥見岳陣不整，乃率步騎三千，出邀擊之，殺傷甚衆，然後還城，設守禦之備」，多出三十三字，乃接「岳知不可卒攻」。此當是周書原文。册府卷四〇〇記守城事和今本周書同，則御覽可能從唐人類書中轉引。

〔二三〕飛梯火車晝夜攻之　「火車」，三朝本、御覽卷三一九引後周書、册府卷四〇〇、永樂大典卷六八三七引周書作「大車」。「晝夜攻之」，北史卷六二王思政傳、通典卷一六一兵一四作「盡攻擊之法」，御覽作「晝夜盡攻擊之法」。疑周書原文當同御覽。

〔一四〕其守土山人亦棄山而走　通典卷一六一兵一四、御覽卷三一九引後周書下有「思政即命據其兩土山，置折堞以助防守。岳等於是奪氣，不敢復攻」二十六字。然後接「齊文襄更益岳兵」。北史卷六二王思政傳也有「據其兩土山，置樓堞以助防守」語，知周書原文當同通典、御覽。又「走」，通典作「退」。

〔一五〕堰洧水以灌城　通典卷一六一兵一四下有「雖有怪獸，每衝壞其堰。然城被灌已久，多亦頹壞。岳悉衆苦攻，分任迭進，一旬之中，晝夜不息。思政身當矢石，與士卒同勞苦。又屬大雪，平地三尺，衆斃於鋒刃及凍餓死者不可勝數。岳乃更修堰，作鐵龍雜獸，用厭水神。堰成，水大至」八十九字。北史卷六二王思政傳、御覽卷三一九引三國典略亦見相近文字，但更爲簡略。

〔一六〕慕容永珍　「慕」，原作「募」，據三朝本、南監本、北監本、汲本、局本、永樂大典卷六八三七引周書改。

〔一七〕透水而死　「透」，原作「投」，據三朝本、南監本、北史卷六二王思政傳、通典卷一六一兵一四、御覽卷三一九引後周書、册府卷四〇〇、永樂大典卷六八三七引周書改。按册府僅明刻本作「投」，知「投」字爲後人所改。

〔一八〕齊文襄聞之乃率步騎十一萬來攻　「十一萬」，北史卷六二王思政傳、通典卷一六一兵一四作「十萬」。北史「齊文襄」上有「岳既失紹宗等，志氣沮喪，不敢逼城」十四字，通典僅見「不敢逼城」四字。

〔元〕督勵士卒水壯城北面遂崩　通典卷一六一兵一四「士卒」下多「增功築堰，時盛夏」七字，疑是周書原文。

〔三〇〕士卒八千人　北史卷六二王思政傳下多出「被圍既久，城中無鹽，腫死者十六七，及城陷之日，存者纔三千人」二十五字。通典卷一五二兵五僅見「及城陷之日，存者纔三千人」一語，比北史簡略。

〔三一〕嘗被賜園地　「地」，御覽卷一七六引後周書作「池」。

〔三二〕信非虛述不隕門風　北史卷六二傳末論「虛」下有「矣至」二字。按北史傳末論前半即録自此傳，有此二字，文義明白，否則容易誤讀爲「信非虛述」。疑周書傳本脱此二字。

周書卷十九

列傳第十一

達奚武 子震　侯莫陳順　豆盧寧　宇文貴　楊忠　王雄

達奚武字成興，代人也。祖眷，魏懷荒鎮將。父長，汧城鎮將。武少倜儻，好馳射，爲賀拔岳所知。岳征關右，引爲别將，武遂委心事之。以戰功拜羽林監、子都督。及岳爲侯莫陳悦所害，武與趙貴收岳屍歸平涼，同翊戴太祖。從平悦，除中散大夫、都督，封須昌縣伯，邑三百户。魏孝武入關，授直寢，轉大丞相府中兵參軍。大統初，出爲東秦州刺史，加散騎常侍，進爵爲公。

齊神武與竇泰、高敖曹三道來侵，太祖欲并兵擊竇泰，諸將多異議，唯武及蘇綽與太祖意同，遂擒之。齊神武乃退。太祖進圖弘農，遣武從兩騎覘候動静，武與其候騎遇，即便交戰，斬六級，獲三人而反。齊神武趣沙苑，太祖復遣武覘之。武從三騎，皆衣敵人衣服。至日暮，去營百步〔一〕，下馬潛聽，得其軍號。因上馬歷營，若警夜者，有不如法者，往往撻之。具知敵之情狀，以告太祖。太祖深嘉焉。遂從破之。除大都督，進爵高陽郡公，拜車騎大將軍、儀同三司。

四年，太祖援洛陽，武率騎一千爲前鋒。至穀城〔二〕，與李弼破莫多婁貸文。進至河橋，武又力戰，斬其司徒高敖曹。遷侍中、驃騎大將軍、開府儀同三司。出爲北雍州刺史〔三〕。復戰邙山，時大軍不利，齊神武乘勝進至陝。武率兵禦之，乃退。久之，進位大將軍。

十七年，詔武率兵三萬，經略漢川。梁將楊賢以武興降，梁深以白馬降，武分兵守其城。梁梁州刺史、宜豐侯蕭循固守南鄭，武圍之數旬，循乃請服，武爲解圍。會梁武陵王蕭紀遣其將楊乾運等將兵萬餘人救循，循於是更據城不出。恐援軍之至，表裏受敵，乃簡精騎三千，逆擊乾運於白馬，大破之。乾運退走。武乃陳蜀軍俘級於城下。循知援軍被破，乃降，率所部男女三萬口入朝，自劍以北悉平。明年，武振旅還京師。朝議初欲以武爲柱國〔四〕，武謂人曰：「我作柱國，不應在元子孝前。」固辭不受。以大將軍出鎮玉壁。武乃量地形勝，立樂昌、胡營、新城三防。齊將高苟子以千騎攻新城，武邀擊之，悉虜其衆。

孝閔帝踐阼，拜柱國、大司寇。齊北豫州刺史司馬消難舉州來附，詔武與楊忠迎消難以歸。武成初，轉大宗伯，進封鄭國公，邑萬户。齊將斛律敦侵汾、絳，武以萬騎禦之，敦退。武築柏壁城，留開府權嚴、薛羽生守之〔五〕。

保定三年，遷太保。其年，大軍東伐。隨公楊忠引突厥自北道，武以三萬騎自東道，期會晉陽。武至平陽，後期不進，而忠已還，武尚未知。齊將斛律明月遺武書曰：「鴻鶴已翔於寥廓，羅者猶視於沮澤也。」武覽書，乃班師。出爲同州刺史。明年，從晉公護東伐。時尉遲迥圍洛陽，爲敵所敗。武與齊王憲於邙山禦之。至夜，收軍。憲欲待明更戰，武欲還，固爭未決。武曰：「洛陽軍散，人情駭動。若不因夜速還，明日欲歸不得。武在軍旅久矣，備見形勢。大王少年未經事〔六〕，豈可將數營士衆，一旦棄之乎。」憲從之，遂全軍而返。天和三年，轉太傅。

武賤時，奢侈好華飾。及居重位，不持威儀，行常單馬，左右止一兩人而已。外門不施戟，恒晝掩一扉。或謂武曰：「公位冠羣后，功名蓋世，出入儀衞，須稱具瞻，何輕率若是？」武曰：「子之言，非吾心也。吾在布衣，豈望富貴，不可頓忘疇昔。且天下未平，國恩未報，安可過事威容乎。」言者慙而退。

武之在同州也，時屬天旱，高祖勑武祀華岳。岳廟舊在山下，常所禱祈。武謂僚屬曰：「吾備位三公，不能燮理陰陽，遂使盛農之月，久絕甘雨，天子勞心，百姓惶懼。忝寄既重，憂責實深。不可同於衆人，在常祀之所，必須登峯展誠，尋其靈奧。」岳既高峻，千仞壁立，巖路嶮絕，人跡罕通。武年踰六十，唯將數人，攀藤援枝，然後得上。於是稽首祈請，陳百姓懇誠。晚不得還，即於岳上藉草而宿。夢見一白衣人來，執武手曰：「快辛苦，甚相嘉尚。」武遂驚覺，益用祗肅。至旦，雲霧四起，俄而澍雨，遠近霑洽。高祖聞之，璽書勞武曰：「公年尊德重，弼諧朕躬。比以陰陽愆序，時雨不降，命公求祈，止言廟所。不謂公不憚危險，遂乃遠陟高峯。但神道聰明，無幽不燭，感公至誠，甘澤斯應。聞之嘉賞，無忘于懷。今賜公雜綵百疋，公其善思嘉猷，匡朕不逮。念坐而論道之義，勿復更煩筋力也。」

武性貪悋，其爲大司寇也，在庫有萬釘金帶，當時寶之，武因入庫，乃取以歸。主者白晉公護，以武勳，不彰其過，因而賜之。時論深鄙焉。五年十月，薨，年六十七。贈太傅、十五州諸軍事、同州刺史。謚曰桓。子震嗣。

震字猛略。少驍勇，便騎射，走及奔馬，膂力過人。大統初，起家員外散騎常侍。太祖嘗於渭北校獵，時有兔過太祖前，震與諸將競射之，馬倒而墜，震足不傾躓，因步走射之，一發中兔〔七〕。顧馬纔起，遂回身騰上。太祖喜曰：「非此父不生此子！」賜震雜綵一百段〔八〕。十六年，封昌邑縣公，一千户〔九〕。累遷撫軍將軍、銀青光禄大夫、通直散騎常侍、車騎大將軍、儀同三司、散騎常侍。世宗初，拜司右中大夫〔一〇〕，加驃騎大將軍、開府儀同三司，改封普寧縣公。武成初〔一一〕，進爵廣平郡公，除華州刺史。震雖生自膏腴，少習武藝，然導民訓俗，頗有治方。秩滿還朝，爲百姓所戀。

保定四年，大軍東討，諸將皆奔退，震與敵交戰，軍遂獨全。天和元年，進位大將軍，率衆征稽胡，破之。六年，拜柱國。建德初，襲爵鄭國公，出爲金州總管〔一二〕、十一州九防諸軍事、金州刺史。四年，從高祖東伐，爲前三軍總管。五年，又從東伐，率步騎一萬守統軍川，攻克義寧、烏蘇二鎮，破并州。進位上柱國。仍從平鄴，賜妾二人、女樂一部及珍玩等，拜大宗伯。震父嘗爲此職，時論榮之。宣政中，出爲原州總管、三州二鎮諸軍事、原州刺史。尋罷歸。隋開皇初，薨於家。

震弟甚，車騎將軍、渭南縣子。大象末，爲益州刺史，與王謙據蜀起兵。尋敗，被誅。

侯莫陳順，太保、梁國公崇之兄也。少豪俠，有志度。初事爾朱榮爲統軍，後從賀拔勝鎮井陘。武泰初，討葛榮，平邢杲，征韓婁，皆有功。拜輕車將軍、羽林監。又從破元顥，進寧朔將軍、越騎校尉。普泰元年，除持節、征西將軍，封木門縣子〔一三〕，邑三百户。尋加散騎常侍、千牛備身、衛將軍、閤内大都督。從魏孝武入關。順與太祖同里閈，素相友善，且其弟崇先在關中，太祖見之甚歡。乃進爵彭城郡公，邑一千户〔一四〕。

大統元年，拜衛尉卿，授儀同三司。及梁企定圍逼河州，以順爲大都督，與趙貴討破之，即行河州事。後從太祖破沙苑，以功增邑千户。

四年，魏文帝東討，順與太尉王盟、僕射周惠達等留鎮長安〔一五〕。時趙青雀反，盟及惠達奉魏太子出次渭北。順於渭橋與賊戰，頻破之，賊不敢出。魏文帝還，親執順手曰：「渭橋之戰，卿有殊力。」便解所服金鏤玉梁帶賜之。

南岐州氐苻安壽自號太白王，攻破武都，州郡騷動。復以順爲大都督，往討之。而賊屯兵要險，軍不得進。順乃設反間，離其腹心；立信賞，誘其徒屬。安壽知勢窮迫，遂率部落一千家，赴軍款附。時順弟崇又封彭城郡公，封順河間郡公。明年，加驃騎大將軍、開府儀同三司、行西夏州事、安平郡公〔一六〕。十六年，拜大將軍，出爲荆州總管、山南道五十二州諸軍事、荆州刺史〔一七〕。孝閔帝踐阼，拜少師，進位柱國。其年薨。

豆盧寧字永安，昌黎徒何人。其先本姓慕容氏，前燕之支庶也。高祖勝，以燕。皇始初，歸魏〔一八〕，授長樂郡守，賜姓豆盧氏，或云避難改焉。父長〔一九〕，柔玄鎮將，有威重，見稱於時。武成初，以寧著勳，追贈柱國大將軍、少保〔二〇〕、涪陵郡公。

寧少驍果，有志氣，身長八尺，美容儀，善騎射。永安中，以別將隨爾朱天光入關，加授都督。又以破万俟醜奴功，賜爵靈壽縣男。嘗與梁仚定遇於平涼川，相與肆射。乃於百步懸莎草以射之，七發五中。定服其能，贈遺甚厚。天光敗後，侯莫陳悦反，太祖討悦，寧與李弼率衆歸太祖〔二一〕。

魏孝武西遷，以奉迎勳，封河陽縣伯，邑五百户。大統元年，除前將軍，進爵爲侯，增邑三百户。遷顯州刺史、顯州大中正。尋拜撫軍將軍、銀青光禄大夫，進爵爲公，增邑五百户。授鎮東將軍、金紫光禄大夫。從太祖擒竇泰，復弘農，破沙苑，除武衛大將軍〔二二〕，兼大都督。尋進車騎大將軍、儀同三司，增邑八百户。拜北華州刺史，在州未幾，以廉平著稱。加散騎常侍。七年，從于謹破稽胡帥劉平伏於上郡。及梁仚定反，以寧爲軍司，監隴右諸軍事。賊平，進位侍中、使持節、驃騎大將軍、開府儀同三司。九年，從太祖迎高仲密，與東魏戰於邙山。遷左衞將軍〔二三〕，進爵范陽郡公，增邑四百户。十六年，拜大將軍。羌帥傍乞鐵怱及鄭五醜等反叛〔二四〕，寧率衆討平之。魏恭帝二年，改封武陽郡公，遷尚書右僕射。梁將王琳遣其將侯方兒〔二五〕、潘純陁寇江陵，寧與蔡祐、鄭永等討之，方兒等遁走。三年，武興氐及固道氐魏大王等〔二六〕，相應反叛，寧復討平之。孝閔帝踐阼，授柱國大將軍。武成初，出爲同州刺史。復督諸軍討稽胡郝阿保、劉桑德等，破之。軍還，遷大司寇，進封楚國公，邑萬户，别食鹽亭縣一千户，收其租賦。保定四年，授岐州刺史。屬大兵東討，寧輿疾從軍。五年，薨於同州，時年六十六〔二七〕。贈太保、同鄜等十州諸軍事、同州刺史。謚曰昭。

初寧未有子，養弟永恩子勣。及生子讚，親屬皆請讚爲嗣。寧曰：「兄弟之子，猶子也，吾何擇焉。」遂以勣爲世子。世以此稱之。及寧薨，勣襲爵，少歷顯位，大象末，上柱國、利州總管。讚以寧勳，建德初，賜爵華陽縣侯〔二八〕。累遷開府儀同大將軍，進爵武陽郡公。

永恩少有識度，爲時輩所稱。初隨寧事侯莫陳悅，後與寧俱歸太祖，授殄寇將軍。以迎魏孝武功，封新興縣伯，邑五百户。屢逢征討，皆有功，拜龍驤將軍、中散大夫。大統八年，除直寢、右親信都督，尋轉都督，加通直散騎常侍。十六年，拜使持節、車騎大將軍、儀同三司。魏廢帝元年，進位驃騎大將軍、開府儀同三司。二年，出爲成州刺史〔二九〕。魏恭帝元年，進爵龍支縣侯〔三〇〕。三年，大將軍、安政公史寧隨突厥可汗入吐谷渾，令永恩率騎五千鎮河、鄯二州，以爲邊防。孝閔帝踐祚，授鄯州刺史，改封沃野縣公，增邑一千户。尋轉隴右總管府長史。武成元年，遷都督利沙文三州諸軍事、利州刺史。時文州蠻叛，永恩率兵擊破之。保定元年，入爲司會中大夫。二年，復出爲隴右總管府長史〔三一〕。寧以佐命元勳封楚國公，請以先封武陽郡三千户益沃野之封，詔許焉。又增邑并前四千五百户〔三二〕。尋卒官，年四十八〔三三〕。贈少保、幽冀等五州諸軍事、幽州刺史。謚曰敬。子通嗣。

宇文貴字永貴，其先昌黎大棘人也。徙居夏州。父莫豆干。保定中，以貴著勳，追贈柱國大將軍、少傅、夏州刺史、安平郡公。貴母初孕貴，夢有老人抱一兒授之曰：「賜爾是子，俾壽且貴。」及生，形類所夢，故以永貴字之。

貴少從師受學，嘗輟書歎曰：「男兒當提劍汗馬以取公侯〔三四〕，何能如先生爲博士也！」正光末，破六汗拔陵圍夏州，刺史源子雍嬰城固守，以貴爲統軍〔三五〕，前後數十戰，軍中咸服其勇〔三六〕。後送子雍還，賊帥叱干麒麟、薛崇禮等處處屯聚，出兵邀截，貴每奮擊，輒破之。除武騎常侍。又從子雍討葛榮，軍敗奔鄴，爲榮所圍。賊屢來攻，貴每縋而出戰，賊莫敢當其鋒。然兇徒寔繁，圍久不解。貴乃於地道潛出，北見爾朱榮，陳賊兵勢，榮深納之。因從榮擒葛榮於滏口，加別將。又從元天穆平邢杲，轉都督。元顥入洛，貴率鄉兵從爾朱榮焚河橋，力戰有功，加征虜將軍，封革融縣侯，邑一千户。除郢州刺史，入爲武衛將軍、閤内大都督〔三七〕。

從魏孝武西遷，進爵化政郡公。大統初，遷右衛將軍。貴善騎射，有將率才。太祖又以宗室，甚親委之。三年，進車騎大將軍、儀同三司。與獨孤信入洛陽。

東魏潁州長史賀若統據潁川來降〔三八〕，東魏遣其將堯雄、趙育、是云寶率衆二萬攻潁〔三九〕。貴自洛陽率步騎二千救之，軍次陽翟。雄等已度馬橋，去潁川三十里〔四〇〕，東魏行臺任祥又率衆四萬餘，與雄合。諸將咸以彼衆我寡，不可爭鋒。貴曰：「兵機倚伏，固不可以常理論。古人能以寡制衆者，皆由預覩成敗，決必然之策耳。吾雖闇於成事，然謂進與賀若合勢，爲計之上者。請爲諸軍説之。堯雄等必以爲潁川孤危，勢非其敵，又謂吾寡弱獨進，若悉力以攻潁，必指掌可破。既陷潁川，便與任祥軍合，同惡相濟，爲害更甚。吾今屯兵陽翟，便是入其數内。若賀若一陷，吾輩坐此何爲。進據潁川，有城可守。雄見吾入城，出其不意，進則狐疑，退則不可。然後與諸軍盡力擊之，何往不克。願勿疑也。」遂入潁川。雄等稍前，貴率千人背城爲陳，與雄合戰，貴馬中流矢，乃短兵步鬭。士衆用命。雄大敗輕走，趙育於陳降，獲其輜重，俘萬餘人，盡放令還。任祥聞雄敗，遂不敢進。尋而儀同怡峯率騎五百赴貴，貴乘勝逼祥。祥退保宛陵，追及之。會日暝，結陳相持。明旦合戰，俘斬甚多。祥軍既敗，是云寶亦降。

師還。魏文帝在天遊園，以金巵置侯上，命公卿射中者，即以賜之。貴一發而中。帝笑曰：「由基之妙，正當爾耳。」進侍中、驃騎大將軍、開府儀同三司。歷夏岐二州刺史。十六年，遷中外府左長史，進位大將軍。

宕昌王梁彌定爲宗人獠甘所逐，來奔。又有羌酋傍乞鐵忽因梁岱定反後，據有渠株川〔四一〕，擁種類數千家，與渭州民鄭五醜扇惑諸羌同反，憑險置柵者十餘所。太祖令貴與豆盧寧、史寧討之。貴等擒斬鐵忽及五醜。史寧又別擊獠甘，破之，乃納彌定。并於渠株川置岷州。朝廷美其功，遂於粟坂立碑，以紀其績。

魏廢帝初，出爲岐州刺史。二年，授大都督、興西蓋等六州諸軍事〔四二〕、興州刺史。先是興州氐反，自貴至州，人情稍定。貴表請於梁州置屯田，數州豐足。三年，詔貴代尉遲迥鎮蜀。時隆州人開府李光賜反於鹽亭〔四三〕，與其黨帛玉成、寇食堂、譙淹、蒲皓、馬術等攻圍隆州。州人李祏亦聚衆反，開府張遁舉兵應之〔四四〕。貴乃命開府叱奴興救隆州，又令開府成亞擊祏及遁。勢蹙遂降，執送京師。除都督益潼等八州諸軍事、益州刺史，就加小司徒。先是蜀人多劫盜，貴乃召任俠傑健者，署爲遊軍二十四部，令其督捕，由是頗息。

孝閔帝踐阼，進位柱國，拜御正中大夫〔四五〕。武成初，與賀蘭祥討吐谷渾。軍還，進封許國公，邑萬户。舊爵迴封一子。遷大司空〔四六〕，治小冢宰，歷大司徒，遷太保。

貴好音樂，耽弈碁，留連不倦。然好施愛士，時人頗以此稱之。保定之末，使突厥迎皇后。天和二年，還至張掖，薨。贈太傅，謚曰穆。

子善嗣。歷位開府儀同三司、大將軍、柱國、洛州刺史。以罪免，尋復本官，除大宗伯。大象末，進位上柱國。善弟忻，少以父軍功賜爵化政郡公〔四七〕。驍勇絶倫，有將帥才略。大象末，位至上柱國，進封英國公。忻弟愷，少好學，頗解屬文，雜藝多通，尤精巧思。亦以父軍功賜爵雙泉縣伯。尋襲祖爵安平郡公。起家右侍上士，稍遷御正中大夫。保定中，位至上開府〔四八〕。

是云寶、趙育既至，初並拜車騎大將軍、儀同三司。寶後累遷至大將軍、都督涼甘瓜州諸軍、涼州刺史，賜爵洞城郡公。世宗時，吐谷渾侵逼涼州，寶與戰不利，遂歿於陣。

楊忠，弘農華陰人也。小名奴奴。高祖元壽，魏初，爲武川鎮司馬，因家於神武樹頹焉〔四九〕。祖烈，龍驤將軍、太原郡守〔五〇〕。父禎，以軍功除建遠將軍〔五一〕。屬魏末喪亂，避地中山，結義徒以討鮮于脩禮，遂死之。保定中，以忠勳，追贈柱國大將軍、少保、興城郡公。

忠美髭髯，身長七尺八寸，狀貌瓌偉，武藝絶倫，識量沉深，有將帥之略。年十八，客遊泰山。會梁兵攻郡，陷之，遂被執至江左。在梁五年，從北海王顥入洛，除直閤將軍。顥敗，爾朱度律召爲帳下統軍。及爾朱兆以輕騎自并州入洛陽，忠時預焉。賜爵昌縣伯，拜都督，又別封小黄縣伯。從獨孤信破梁下溠戍，平南陽，並有功。

及齊神武舉兵内侮，忠時隨信在洛，遂從魏孝武西遷，進爵爲侯。仍從平潼關，破回洛城。除安西將軍、銀青光禄大夫。東魏荆州刺史辛纂據穰城，忠從獨孤信討之，纂戰敗退走。信令忠與都督康洛兒、元長生爲前驅，馳至其城，叱門者曰：「今大軍已至，城中有應，爾等求活，何不避走！」門者盡散。忠與洛兒、長生乘城而入，彎弓大呼，纂兵衞百餘人莫之敢禦，斬纂以狥，城中慴服。居半歲，以東魏之逼，與信奔梁。梁武帝深奇之，以爲文德主帥〔五二〕、關外侯。

大統三年，與信俱歸闕。太祖召居帳下。嘗從太祖狩於龍門，忠獨當一猛獸，左挾其腰，右拔其舌。太祖壯之。北臺謂猛獸爲「揜于」，因以字之。從擒竇泰，破沙苑。遷征西將軍、金紫光祿大夫，進爵襄城縣公。河橋之役，忠與壯士五人力戰守橋，敵人遂不敢進。以功除左光祿大夫、雲州刺史，兼大都督。又與李遠破黑水稽胡，并與怡峯解玉壁圍，轉洛州刺史。邙山之戰，先登陷陳。除大都督，進車騎大將軍、儀同三司、散騎常侍。追封母蓋氏爲北海郡君。尋除都督朔燕顯蔚四州諸軍事、朔州刺史，加侍中、驃騎大將軍、開府儀同三司。及東魏圍潁川，蠻帥田杜清據險爲亂〔五三〕，忠率兵討平之。

時侯景渡江，梁武喪敗〔五四〕，其西義陽郡守馬伯符以下溠城降〔五五〕。朝廷因之，將經略漢、沔，乃授忠都督三荆二襄二廣南雍平信隨江二郢淅十五州諸軍事，鎮穰城。以伯符爲鄉導，攻梁齊興郡及昌州，皆克之。梁雍州刺史、岳陽王蕭詧雖稱藩附，而尚有貳心。忠自樊城觀兵於漢濱〔五六〕，易旗遞進，實騎二千，詧登樓望之，以爲三萬也，懼而服焉。

梁司州刺史柳仲禮留其長史馬岫守安陸，自率兵騎一萬寇襄陽〔五七〕。初，梁竟陵郡守孫暠以其郡來附，太祖命大都督符貴往鎮之。及仲禮至，暠乃執貴以降。仲禮又進遣其將王叔孫與暠同守。太祖怒，乃令忠帥衆南伐。攻梁隨郡，克之，獲其守將桓和。所過城戍，望風請服。忠乃進圍安陸。仲禮聞隨郡陷，恐安陸不守，遂馳歸赴援。諸將恐仲禮至則安陸難下，請急攻之。忠曰：「攻守勢殊，未可卒拔。若引日勞師，表裏受敵，非計也。南人多習水軍，不閑野戰。仲禮回師已在近路〔五八〕，吾出其不意，以奇兵襲之，彼怠我奮，一舉必克，則安陸不攻自拔，諸城可傳檄而定也。」於是選騎二千，銜枚夜進，遇仲禮於漴頭〔五九〕。忠親自陷陳，擒仲禮，悉俘其衆。馬岫以安陸降，王叔孫斬孫暠，以竟陵降，皆如忠所策。梁元帝遣使送子方略爲質，并送載書，請魏以石城爲限，梁以安陸爲界〔六〇〕。乃旋師。進爵陳留郡公〔六一〕。

十七年，梁元帝逼其兄邵陵王綸。綸北度，與其前西陵郡守羊思達要隨、陸土豪段珍寶、夏侯珍洽〔六二〕，合謀送質於齊，欲來寇掠。汝南城主李素〔六三〕，綸故吏也，開門納焉。梁元帝密報太祖，太祖乃遣忠督衆討之。詰旦陵城，日昃而尅。擒蕭綸，數其罪而殺之；并獲其安樂侯昉，亦殺之。初，忠之擒柳仲禮，遇之甚厚。仲禮至京師，乃譖忠於太祖〔六四〕，言其在軍大取金寶珍玩等。太祖欲覆按之，惜其功高，乃出忠〔六五〕。忠忿恚，悔不殺仲禮。故至此獲綸等，並加戮焉。忠間歲再舉，盡定漢東之地。寬以御衆，甚得新附之心。

魏恭帝初，賜姓普六如氏〔六六〕，行同州事。及于謹伐江陵，忠爲前軍，屯江津，遏其走路。梁人束刃於象鼻以戰，忠射之，二象反走。及江陵平，朝廷立蕭詧爲梁主〔六七〕，令忠鎮穰城以爲掎角之勢。別討沔曲諸蠻，皆克之。

孝閔帝踐阼，入爲小宗伯。齊人寇東境，忠出鎮蒲坂。及司馬消難請降，忠與柱國達奚武援之。於是共率騎士五千，人兼馬一疋〔六八〕，從間道馳入齊境五百里。前後遣三使報消難而皆不反命。去北豫州三十里〔六九〕，武疑有變，欲還。忠曰：「有進死，無退生。」獨以千騎夜趨城下，四面峭絕，徒聞擊柝之聲。武親來，麾數百騎以西。忠勒餘騎不動，候門開而入，乃馳遣召武。時齊鎮城伏敬遠勒甲士二千人據東陴〔七〇〕，舉烽嚴警。武憚之，不欲保城，乃多取財帛，以消難及其屬先歸。忠以三千騎爲殿，到洛南，皆解鞍而臥。齊衆來追，至於洛北。忠謂將士曰：「但飽食，今在死地，賊必不敢渡水當吾鋒。」食畢，齊兵陽若渡水〔七一〕，忠馳將擊之，齊兵不敢逼，遂徐引而還。武歎曰：「達奚武自言是天下健兒〔七二〕，今日服矣！」進位柱國大將軍。武成元年，進封隨國公，邑萬户，別食竟陵縣一千户，收其租賦。尋治御正中大夫。

保定二年，遷大司空。時朝議將與突厥伐齊，公卿咸曰：「齊氏地半天下，國富兵强。若從漠北入并州，極爲險阻，且大將斛律明月不易可當〔七三〕。今欲探其巢窟，非十萬衆不可〔七四〕。」忠獨曰：「師克在和不在衆，萬騎足矣。明月豎子，亦何能爲。」三年，乃以忠爲元帥，大將軍楊纂、李穆、王傑、爾朱敏及開府元壽、田弘、慕容延等十餘人皆隸焉〔七五〕。又令達奚武帥步騎三萬，自南道而進，期會晉陽。忠乃留敏據什賁，遊兵河上。忠出武川，過故宅，祭先人，饗將士，席卷二十餘鎮。齊人守陘嶺之隘，忠縱奇兵奮擊，大破之。又留楊纂屯靈丘爲後拒。突厥木汗可汗控地頭可汗〔七六〕、步離可汗等〔七七〕，以十萬騎來會。四年正月朔，攻晉陽。是時大雪數旬，風寒慘烈，齊人乃悉其精鋭，鼓噪而出。突厥震駭，引上西山不肯戰。衆皆失色。忠令其衆曰：「事勢在天〔七八〕，無以衆寡爲意。」乃率七百人步戰，死者十四五。以武後期不至，乃班師。齊人亦不敢逼。突厥於是縱兵大掠，自晉陽至平城七百餘里〔七九〕，人畜無孑遺，俘斬甚衆。高祖遣使迎勞忠於夏州。及至京師，厚加宴賜。高祖將以忠爲太傅，晉公護以其不附己，難之，乃拜總管涇豳靈雲鹽顯六州諸軍事、涇州刺史〔八〇〕。

是歲，大軍又東伐，晉公護出洛陽，令忠出沃野以應接突厥。時軍糧既少，諸將憂之，而計無所出。忠曰：「當權以濟事耳。」乃招誘稽胡諸首領，咸令在坐。使王傑盛軍容，鳴鼓而至。忠陽怪而問之。傑曰：「大冢宰已平洛陽，天子聞銀、夏之間生胡擾動，故使傑就公討之。」又令突厥使者馳至而告曰：「可汗更入并州，留兵馬十餘萬在長城下，故遣問公，若有稽胡不服，欲來共公破之。」坐者皆懼，忠慰喻而遣之。於是諸胡相率歸命，饋輸填積。屬晉公護先退，忠亦罷兵還鎮。又以政績可稱，詔賜錢三十萬、布五百疋、穀二千斛。

天和三年，以疾還京。高祖及晉公護屢臨視焉。尋薨，年六十二，贈太保、同朔等十三州諸軍事、同州刺史，本官如故。謚曰桓。子堅嗣。

弟整〔八一〕，建德中，開府、陳留郡公，從高祖平齊，歿於并州。以整死王事，詔其子智積襲其官爵。整弟慧〔八二〕，大象末，大宗伯、竟陵縣公。慧弟嵩，以忠勳，賜爵興城郡公，早卒。嵩弟達，亦以忠勳，爵周郡公〔八三〕。

王雄字胡布頭〔八四〕，太原人也。父崙以雄著勳〔八五〕，追贈柱國大將軍、少傅、安康郡公。

雄儀貌魁梧，少有謀略。永安末，從賀拔岳入關，除征西將軍、金紫光禄大夫。魏孝武西遷，授都督，封臨貞縣伯〔八六〕，邑五百户。大統初，進爵爲公，增邑二百户。拜武衞將軍，加驃騎將軍，增邑八百户，進大都督。尋拜儀同三司，增邑三百户。遷開府儀同三司，加侍中，出爲岐州刺史。進爵武威郡公，進位大將軍，行同州事。十七年，雄率軍出子午谷，圍梁上津、魏興。明年，克之，以其地爲東梁州〔八七〕。尋而復叛，又令雄討之。魏恭帝元年，賜姓可頻氏〔八八〕。孝閔帝踐阼，授少傅，增邑二千户，進位柱國大將軍〔八九〕。武成初，進封庸國公，邑萬户。尋出爲涇州總管諸軍事、涇州刺史〔九〇〕。保定四年，從晉公護東征。雄在塗遇病，乃自力而進。至邙山，與齊將斛律明月接戰。雄馳馬衝之，殺三人，明月退走，雄追之。明月左右皆散，矢又盡，惟餘一奴一矢在焉。雄按矟不及明月者丈餘，曰：「惜爾不殺得，但任爾見天子〔九一〕。」明月反射雄，中額〔九二〕，抱馬退走，至營而薨。時年五十八。贈使持節、太保、同華等二十州諸軍事、同州刺史，謚曰忠。子謙嗣，自有傳。

史臣曰：太祖接喪亂之際，乘戰爭之餘，發迹平涼，撫征關右。于時外虞孔熾，内難方殷，羽檄交馳，戎軒屢駕。終能蕩清逋孽，克固鴻基。雖稟筭於廟謨，實責成於將帥。達奚武等並兼資勇略，咸會風雲〔九三〕。或効績中權，或立功方面，均分休慼，同濟艱難。可謂國之爪牙，朝之禦侮者也。而武協規太祖，得儁小關〔九四〕，周瑜赤壁之謀，賈詡烏巢之策，何能以尚。一言興邦，斯近之矣。

校勘記

〔一〕去營百步　通典卷一五一兵四、御覽卷三三一引後周書、册府卷四一一、通鑑卷一五七梁紀一三大同三年（五三七）「百」上都有「數」字。疑周書原有「數」字。

〔二〕至穀城　「城」，原作「成」，據三朝本、南監本、汲本、局本改。張元濟以爲「成」字非，云：「見李弼傳（卷一五）。」按當時地名「城」字常寫作「成」，非必訛字。但這裏他本都作「城」，自以作「城」爲是。

〔三〕出爲北雍州刺史　北史卷六五達奚武傳無「北」字。按周書卷一六傳末所載十二大將軍，亦稱達奚武爲「雍州刺史」。

〔四〕朝議初欲以武爲柱國　「議」，原作「儀」，據三朝本、南監本、北監本、汲本、局本改。

〔五〕齊將斛律敦侵汾絳武以萬騎禦之敦退武築柏壁城留開府權嚴薛羽生守之　北齊書卷一七斛律金傳記斛律金「字阿六敦」，北史卷五四斛律金傳云「本名敦」，「敦」是省稱，也即其漢名。但其事不見金傳，唯附子光傳稱齊天保十年（即周武成元年，五五九）二月「率騎一萬討周開府曹迴公，斬之。柏谷城主、儀同薛禹生棄城奔遁」，時間正相合。這裏以爲斛律金事，恐是記載有誤。「薛羽生」作「薛禹生」，北齊記載得之耳聞，疑作「羽」是。「柏壁城」北齊書作「柏谷城」。按元和志卷一四河東道一絳州正平縣條云：「柏壁在縣西南二十里。」北齊書卷一六段榮傳附段韶傳載韶語云：「汾北、河東勢爲國家之有，若不去柏谷，事同痼疾。」則柏壁、柏谷城同是汾絳間的要塞，當是一城。武成元年，守將薛羽生雖然「棄城奔遁」，但齊也未能久據此險，所以在齊武平二年（即周天和六年，五七一），段韶重又攻取此城。

〔六〕大王少年未經事　通典卷一五四兵七、御覽卷三一四引後周書「事」上有「軍」字，較長。

〔七〕一發中兔　「一」，御覽卷八三一引後周書、册府卷八四五作「矢」。按御覽卷四三六引北史亦作「矢」，與今本北史卷六五達奚武傳附達奚震傳作「一」不同。

〔八〕賜震雜綵一百段　「震」，原作「武」，據北史卷六五達奚武傳附達奚震傳、御覽卷八三一引後周書、册府卷八四五改。按此敍達奚震事，且上言「非此父不生此子」，乃是宇文泰對達奚震精於騎射的誇獎之語，賞賜也是給震的，與其父達奚武無涉。

〔九〕封昌邑縣公一千户　「昌邑」，北史卷六五達奚武傳附達奚震傳作「魏昌」。按魏書地形志無昌邑縣。疑本作「封魏昌縣公，邑一千户」。脱「魏」字，又「邑」字誤移在「昌」字下。

〔一〇〕拜司右中大夫　「司」，原作「儀同」，據北史卷六五達奚武傳附達奚震傳改。按張森楷疑此處有捝衍誤字，其説是。上文既已云震累遷「儀同三司」，此處不應再「拜儀同」，疑「儀」字涉上文而衍，「同」爲「司」之形誤。司右中大夫，見通典卷三九職官二一後周官品正五命。

〔一一〕武成初　「成」，原作「平」，據北史卷六五達奚武傳附達奚震傳改。張森楷云：「『平』當作『成』，武平是齊後主年號，周但有武成。」

〔一二〕六年拜柱國建德初襲爵鄭國公出爲金州總管　這裏「襲爵鄭國公」疑有錯簡。按周書卷五武帝紀上天和六年（五七一）五月，以「鄭國公達奚震」爲柱國；建德二年（五七三）九月，以震爲金州總管。可知震襲父爵在先，「拜柱國」其後。又震父達奚武卒於天和五年十月，則其

「襲爵鄭國公」當發生在天和五年十月至六年五月之間，很有可能即在天和六年初。如此，則「襲爵鄭國公」一句，當在「六年」之後、「拜柱國」之前，這樣就言正義順了。

〔三〕封木門縣子　「木門縣」，北史卷六〇侯莫陳崇傳附侯莫陳順傳作「木縣」。通志卷一五六本傳作「本縣」，「本縣」即指武川。按元和志卷二二滄州長蘆縣有參户故城，「一名木門城」，則木門縣亦可能曾有設置。

〔四〕邑一千户　唐鈔本作「邑一千□百户」。

〔五〕順與太尉王盟僕射周惠達等留鎮長安　「順」，原脱，據唐鈔本、北史卷六〇侯莫陳崇傳附侯莫陳順傳、册府卷三八二補。按「順」即侯莫陳順。

〔六〕明年加驃騎大將軍開府儀同三司行西夏州事安平郡公　按上文敍渭橋之戰和南岐州氐苻安壽事都在大統四年（五三八），則明年是五年。北史卷六〇侯莫陳崇傳附侯莫陳順傳作「六年」，不知孰是。又北史「安平」作「平原」。周書卷三閔帝紀元年（五五七）四月見「少師、平原公侯莫陳順」，卷一六傳末載十二大將軍也稱侯莫陳順爲平原郡公。開皇五年（五八五）隋崔仲方妻李麗儀墓誌亦作「平原公順」。疑作「平原」是。

〔七〕十六年拜大將軍出爲荆州總管山南道五十二州諸軍事荆州刺史　「五十二州」，隋崔仲方妻李麗儀墓誌作「五十三州」。

〔八〕高祖勝以燕皇始初歸魏　張森楷云：「『燕』下當有某官，挩去。以『皇始』是魏年，燕無之，不得云『以燕皇始初』也。」按「燕」亦有可能是衍文。或如高敏南北史考索所推測，「以」字爲「仕」字之訛。

〔一九〕父長　「長」，北史卷六八豆盧寧傳作「萇」。按英華卷九二五庾信豆盧永恩神道碑亦作「長」，但北周豆盧恩碑、唐豆盧寬碑（二碑俱載昭陵碑石）又都作「萇」，二字通用。

〔二〇〕武成初以寧著勳追贈柱國大將軍少保　「武成初」，英華卷九一九庾信慕容寧神道碑（慕容寧即豆盧寧）作「保定三年」，「少保」作「少師」。按北周豆盧恩碑、英華卷九二五庾信豆盧永恩神道碑作「保定二年」，唐豆盧寬碑同作「少保」。

〔二一〕天光敗後侯莫陳悦反太祖討悦寧與李弼率衆歸太祖　北史卷六八豆盧寧傳作「天光敗，從侯莫陳悦，及太祖討悦，寧與李弼來歸」。按「後」「從」、「反」「及」形近易混，文義自有不同。據周書卷一五李弼傳，弼在爾朱天光赴洛後，即隸侯莫陳悦並隨其征討，悦害賀拔岳後便投宇文泰。此傳下附豆盧永恩傳亦稱永恩「初隨寧事侯莫陳悦，後與寧俱歸太祖」，知北史所記更爲切實準確。周書本傳不記寧從侯莫陳悦一事，疑是傳本之誤。

〔二二〕除武衛大將軍　北史卷六八豆盧寧傳、册府卷三五五無「武」字。

〔二三〕九年從太祖迎高仲密與東魏戰於邙山遷左衛將軍　英華卷九一九庾信慕容寧神道碑「左」作「右」，時間繫於大統十五年（五四九）。

〔二四〕羌帥傍乞鐵怱　「鐵怱」，原作「鐵忽」。周書卷三三趙剛傳三朝本、册府卷二九一作「鐵忩」。

周書卷四九宕昌傳三朝本、通志卷一五九豆盧寧傳作「鐵葱」。北史卷六八豆盧寧傳作「鐵公」，卷六〇宇文貴傳作「鐵忽」（皆爲百衲本）。通鑑卷一六三梁紀一九大寶元年（五五〇）作「鐵悤」。綜考可知北史本傳「公」字是「忩」之訛。「忩」「怱」「悤」音同。「忽」是「怱」之訛。作「鐵怱」是，今據改。以後徑改，不別出校記。

〔二五〕侯方兒　「兒」，英華卷九一九庾信慕容寧神道碑作「仁」。按「仁」和「兒」北人讀音同。正如爾朱兆字「萬仁」，周書卷一文帝紀上作「爾朱吐萬兒」。參卷一校記第二四條。

〔二六〕固道氏魏大王　「固道」，原作「固查」，據周書卷四九氏傳改。張森楷云：「異域傳作『固道氏魏天王』，是也。此疑誤刻。」按固道是南岐州所屬廢郡名（見魏書卷一〇六下地形志下、隋書卷二九地理志上河池郡梁泉縣條）。張說是。「大」「天」則未知孰是。

〔二七〕時年六十六　英華卷九一九庾信慕容寧神道碑作「春秋六十有二」。

〔二八〕賜爵華陽縣侯　「華陽」，北史卷六八豆盧寧傳附豆盧讚傳作「華陰」。

〔二九〕二年出爲成州刺史　北周豆盧恩碑、英華卷九二五庾信豆盧永恩神道碑事在「三年」。

〔三〇〕進爵龍支縣侯　「龍支」，原作「龍來」，據北周豆盧恩碑、英華卷九二五庾信豆盧永恩神道碑改。按隋書卷二九地理志上枹罕郡屬縣有龍支，云：「後魏曰北金城，西魏改焉。」「龍來」，無此縣名。

〔三一〕二年復出爲隴右總管府長史　北周豆盧恩碑、英華卷九二五庾信豆盧永恩神道碑事在「三年」。

〔三二〕又增邑并前四千五百户　「四千五百户」，北周豆盧恩碑、英華卷九二五庾信豆盧永恩神道碑作「四千七百户」。

〔三三〕年四十八　北周豆盧恩碑、英華卷九二五庾信豆盧永恩神道碑作「春秋五十有八」（英華無「有」字）。唐鈔本作「年五八十」，「八十」當爲「十八」之誤倒。按豆盧寧卒於保定五年（五六五），年六十六或六十二。豆盧恩卒於保定二或三年，若其年四十八，則弟兄年齡相距十餘歲。而本傳稱恩隨寧同事侯莫陳悅，似年歲相差不大。據碑與唐鈔本，疑作「五十八」是。

〔三四〕男兒當提劍汗馬　「汗」，原作「汙」，據唐鈔本、三朝本、南監本、北監本、汲本、局本、北史卷六〇宇文貴傳改。

〔三五〕刺史源子雍嬰城固守以貴爲統軍　「統軍」下原有「救之」二字，據唐鈔本、北史卷六〇宇文貴傳、册府卷三九五下删。按「救之」二字文義不順，似乎另外有人委他爲統軍去救源子雍，却又並無主名。

〔三六〕軍中咸服其勇　唐鈔本、册府卷三九五下「勇」上有「敢」字，較長。

〔三七〕閤内大都督　「閤」，原作「關」，據唐鈔本改。參卷一五校記第三九條。

〔三八〕東魏潁州長史賀若統據潁川來降　「長史」，原作「刺史」，據北史卷六〇宇文貴傳、通鑑卷一五七梁紀一三大同三年（五三七）改。按汲本、局本作「潁川刺史」，册府卷四一九作「潁川長史」，皆爲「潁州長史」之誤。參卷二校記第一二條。

〔三九〕率衆二萬攻潁　北史卷六〇宇文貴傳、册府卷四一九「潁」下都有「川」字。然下文宇文貴獻策「若悉力以攻潁」一語，亦無「川」字。

〔四〇〕去潁川三十里　「三」，北史卷六〇宇文貴傳作「四」。

〔四一〕據有渠株川　「株」，周書卷四九宕昌傳作「林」。

〔四二〕授大都督興西蓋等六州諸軍事　按「西蓋州」不見紀載。周書卷二文帝紀下魏廢帝三年（五五四）正月曾改「西益爲利州」，州和興州相鄰，「西蓋」當是「西益」之訛。宇文貴都督此州在魏廢帝二年，次年就改爲利州了。

〔四三〕李光賜　「賜」，北史卷六〇宇文貴傳作「易」。按册府卷四二三明鈔本作「易」，明刻本作「昜」，此條册府採自北史，「昜」乃「易」之訛，仍是周書和北史之異。

〔四四〕州人李祏亦聚衆反開府張遁舉兵應之　北史卷六〇宇文貴傳「祏」作「拓」，「遁」作「道」。册府卷四二三宇文貴爲大將軍條採自北史，而「拓」又作「柘」（「遁」作「道」同）。「拓」「祏」、「遁」「道」未知孰是。參卷三六校記第四三條。

〔四五〕孝閔帝踐阼進位柱國拜御正中大夫　陸增祥八瓊室金石補正卷二三强獨樂文帝廟造像碑云：「今從柱國大將軍、大都督、甘州諸軍事、化政郡開國公宇文貴，邊戍岷蜀，因防武康。」按本傳前云「都督益潼等八州諸軍事、益州刺史」。碑立於閔帝即位之初，必是已改督或加督甘州，所以傳於這條後説「武成初，與賀蘭祥討吐谷渾」，宇文貴正是以都督甘州諸軍事的身份從事這次戰役。傳失載都督甘州諸軍事。

〔四六〕遷大司空　張森楷云：「此遷不見於紀。保定四年（周書卷五武帝紀上，五六四）但云許國公宇文貴爲大司徒，不云自大司空遷。」按周書卷三五裴俠傳見「大司空許國公宇文貴」。本傳繫此遷於武成初貴與賀蘭祥攻吐谷渾之後。考武成元年（五五九）三月討吐谷渾，五月宇文邕（即武帝）爲大司空，次年四月，邕即位。保定元年三月尉遲綱爲大司空。武成二年四月到保定元年三月，近一年間大司空缺位，則宇文貴任大司空當在此時。

〔四七〕少以父軍功賜爵化政郡公　按隋書卷四〇、北史卷六〇宇文忻傳説忻自以守玉壁功進爵化政郡公，不是因父功賜爵，與此不同。

〔四八〕保定中位至上開府　按周書卷六武帝紀下建德四年（五七五）十月始置上開府、上儀同官，宇文愷不可能於保定中已經位至上開府。隋書卷六八宇文愷傳云：「高祖（隋文帝楊堅）爲丞相，加上開府。」楊堅爲丞相，在大象二年（五八〇）五月宣帝死後，「保定中」當作「大象中」。

〔四九〕因家於神武樹頽焉　「樹頽」，魏書卷一〇六上地形志上朔州神武郡屬縣作「殊頽」。

〔五〇〕祖烈龍驤將軍太原郡守　按隋書卷一高祖紀爲太原郡守者是烈父惠嘏，烈乃平原太守，北史卷一一隋本紀上同。

〔五一〕父禎以軍功除建遠將軍　「建遠」，隋書卷一高祖紀、北史卷一一隋本紀上作「寧遠」。

〔五二〕以爲文德主帥　「文」，原作「大」。按文德是殿名，文德主帥屢見南朝史籍，今改正。

〔五三〕鑾帥田柱清　「田」，原作「日」，據周書卷二七厙狄昌傳、卷四九鑾傳改。張森楷云：「『日』不見於姓氏書。鑾傳作『田杜清』是。」按「田」是鑾族大姓，作「日」誤。唐鈔本作「曰」，也是訛字。「柱」，周書厙狄昌傳作「社」。「柱」「杜」「社」未知孰是。

〔五四〕時侯景渡江梁武喪敗　「梁武」，唐鈔本、北史卷一一隋本紀上作「梁氏」。按下句記馬伯符以下溠城降時，梁武帝已死，疑作「梁氏」是。

〔五五〕其西義陽郡守馬伯符以下溠城降　按隋書卷三一地理志下漢東郡唐城縣條云：「後魏曰瀙西，置義陽郡，西魏改瀙西爲下溠。」馬伯符以下溠城降，自即上引隋志義陽郡的太守，據隋志上不加「西」字。隋書卷三〇地理志中淮安郡桐柏縣條云：「又梁置西義陽郡。」在今桐柏縣東，和在今棗陽、隨縣間的下溠城隔着一座桐柏山。梁時將「西」字加在另一個「義陽」頭上，即因在此義陽之西。通鑑卷一六二梁紀一八太清三年（五四九）稱「魏楊忠將至義陽，太守馬伯符以下溠城降之」，不云「西義陽」。本條「西」字疑衍。

〔五六〕忠自樊城觀兵於漢濱　「樊」，御覽卷二八八引後周書作「穰」。按前云楊忠「鎮穰城」，所以說「自穰城」，意謂自穰城而來。若是「樊城」則「自」字没有道理。且樊城即在漢濱，何須自漢濱觀兵於漢濱。況樊城這時爲蕭詧所據，周軍應在進軍樊城時，虛張聲勢。若已到了樊城，兵數多寡易於暴露，豈能如後文所云「易旗遞進」，使蕭詧誤以二千騎爲三萬。知「樊城」

應從御覽作「穰城」。唐鈔本、北史卷一一隋本紀上、通典卷一五三兵六亦作「樊城」，知沿誤已久。今不改。

〔五七〕自率兵騎一萬寇襄陽　「兵」，唐鈔本、通典卷一五六兵九作「步」，較長。

〔五八〕仲禮回師已在近路　「已」，原脱，據唐鈔本、北史卷一一隋本紀上、通典卷一五六兵九補。按文義「在」上應有「已」字。

〔五九〕遇仲禮於漴頭　「漴」，原作「淙」，據唐鈔本、北史卷一一隋本紀上、通典卷一五六兵九、通鑑卷一六三梁紀一九大寶元年（五五〇）改。按周書卷二文帝紀下、南史卷三八柳仲禮傳、建康實録卷一八中宗宣皇帝都作「漴頭」，「淙」字誤。

〔六〇〕梁元帝遺使送子方略爲質并送載書請魏以石城爲限梁以安陸爲界　此處疑有脱文。按唐鈔本有殘缺，上有「梁元帝大（中闕損八字）軍建北」約十五字。北史卷一一隋本紀上亦見「梁元帝大懼」五字。通鑑卷一六三梁紀一九大寶元年（五五〇）二月記楊忠曾乘勝至石城，欲進逼江陵，後「停湕北」，蕭繹乃遣使送子求和。唐鈔本「建」疑爲「湕」之誤。綜合觀之，可知周書原文當有「梁元帝大懼」「軍湕北」等語，惜傳本脱去，已無從考其詳。

〔六一〕乃旋師進爵陳留郡公　唐鈔本「進」下殘存「位大將」三字，北史卷一一隋本紀上「進爵陳留郡公」後亦見「位大將軍」四字。疑周書「進」下原有「位大將軍」四字。

〔六二〕西陵郡守羊思達　梁書卷五六侯景傳作「西陽太守羊思建」，通鑑卷一六〇梁紀一六太清元年（五四七）作「西陽太守羊思達」。按梁書卷三武帝紀下見「殷州刺史羊思達」，當爲同一人。疑「建」爲「達」之誤。

〔六三〕汝南城主李素　「李素」，南史卷五三邵陵攜王倫傳作「李素孝」，這裏是雙名單稱。

〔六四〕乃譖忠於太祖　「乃」，唐鈔本、北史卷一一隋本紀上作「反」，疑是。「譖」，原作「讃」，據唐鈔本、三朝本、南監本、北監本、汲本、局本改。

〔六五〕太祖欲覆按之惜其功高乃出忠　唐鈔本「欲」上有「初」字，「出忠」作「止」。按北史卷一一隋本紀上載此事作「周文以皇考功重不問」。唐鈔本作「止」當是。

〔六六〕賜姓普六如氏　「如」，北史卷一一隋本紀上作「茹」。按魏書卷一一三官氏志作「普陋茹」。譯音無定字。

〔六七〕立蕭詧爲梁主　「主」，原作「王」，據唐鈔本、北史卷一一隋本紀上改。按周書卷二文帝紀下魏恭帝元年十一月、卷一五于謹傳、卷四八蕭詧傳都作「梁主」。蕭詧稱梁王在大統十六年（五五〇），江陵破後，即由西魏立爲皇帝。

〔六八〕人兼馬一疋　「人」，唐鈔本、册府卷三九五下作「各」，較長。

〔六九〕去北豫州三十里　「北」，原脱，據唐鈔本、北史卷一一隋本紀上、通典卷一五九兵一二、册府卷三九五下補。按司馬消難是高齊的北豫州刺史。他舉州歸附，周遣兵接應，自然也到北豫州。

〔七〇〕甲士二千人　「二」，唐鈔本同，北史卷一一隋本紀上、册府卷三九五下作「三」。

〔七一〕食畢齊兵陽若渡水　「食畢」，原脱，據唐鈔本、北史卷一一隋本紀上、通典卷一五九兵一二補。按上文記楊忠要衆將士「但飽食」，「食畢」二字正是承上而來。

〔七二〕達奚武自言是天下健兒　「言」，原脱，據唐鈔本、北史卷一一隋本紀上、册府卷三九五下補。按通鑑卷一六七陳紀一永定二年（五五八）作「自謂」，與「自言」義通。

〔七三〕且大將斛律明月不易可當　「且」，唐鈔本作「其」，册府卷四四七作「且其」。「不」，原作「未」，據唐鈔本、北史卷一一隋本紀上、册府卷四四七改。

〔七四〕非十萬衆不可　「衆」，原脱，據唐鈔本、北史卷一一隋本紀上、册府卷四四七補。按上云「今欲探其巢窟」，其下「十萬」無「衆」字，則語義不明。

〔七五〕慕容延　「延」，唐鈔本同，北史卷一一隋本紀上作「近」。

〔七六〕控地頭可汗　「地」，原作「也」，據唐鈔本、三朝本、汲本、局本、北史卷一一隋本紀上改。張元濟據周書卷三三楊荐傳，以爲「也」字誤。按楊荐傳、通鑑卷一六九陳紀三天嘉四年（五六三）作「地頭可汗」，無「控」字。册府卷四四七作「控頭可汗」，「控」下當是脱去一字。綜合觀之，當以「控」字爲動詞。

〔七七〕步離可汗　「離」，原作「雖」，據唐鈔本、北史卷一一隋本紀上、册府卷四四七、通鑑卷一六九陳紀三天嘉四年（五六三）改。按隋書卷八四突厥傳稱佗鉢可汗「又以其弟褥但可汗子爲步離可汗，居西方」。事在木杆死後，和這裏的步離可汗，自非一人。但也可旁證「雖」當作「離」。

〔七八〕事勢在天　唐鈔本「事」上有「今日」二字。

〔七九〕自晉陽至平城七百餘里　「平」，原作「欒」，據唐鈔本、北史卷一一隋本紀上、册府卷四四七改。按欒城即今河北石家莊市欒城區。突厥這次是和周軍會攻晉陽，並未深入河北。

〔八〇〕乃拜總管涇豳靈雲鹽顯六州諸軍事涇州刺史　「豳」，原作「幽」。趙明誠金石録卷二二後周同州刺史普六如（楊）忠墓誌云：「以誌考傳，其事皆合。惟其爲『都督涇豳雲顯鹽靈等六州諸軍事』，而傳以『豳』爲『幽』者，蓋傳寫誤爾。」錢大昕考異卷三二云：「按幽州與涇絶遠，當是『豳』字之訛。」按趙、錢説是，今據改。

〔八一〕弟整　唐鈔本同。張森楷云：「『弟』上當有『堅』字。緣整是堅弟，若如此文，則整似忠弟矣。」

〔八二〕整弟慧　「慧」，原作「惠」，據唐鈔本、周書卷八靜帝紀、隋書卷四四滕穆王瓚傳、北史卷七一隋宗室諸王傳改。張森楷云：「『慧』『惠』古字通用，但時觀德王雄一名惠（見隋書卷四三觀德王雄傳及北史卷六八楊紹傳附楊雄傳），混而無別，似當作『慧』爲是。」按張説是。下同改，不再出校。

〔八三〕嵩弟達亦以忠勳爵周郡公　按當時無「周郡」。隋書卷四四衛昭王爽傳云：「字師仁，小字明達，高祖異母弟也。周世，在襁褓中，以太祖（楊忠）軍功，封同安郡公。」北史卷七一隋宗室諸王傳同。這裏稱其小字（亦是鮮卑名），又單稱「達」，實是一人。隋書卷三一地理志下同安郡懷寧縣條云：「大業三年置同安郡。」後周無此郡，疑爲「周安」之訛。隋書卷二九地理志上通川郡西流縣條云：「（西魏）又置開州，及周安、萬安、江會三郡。」周安郡至開皇初始廢。又巴東郡新浦縣條云：「後周置周安郡，開皇初郡廢。」當是同一周安郡。疑楊達封的是周安郡公，周書此條脱「安」字，隋書、北史「周」訛「同」。

〔八四〕字胡布頭　北史卷六〇王雄傳作「字雄胡布頭」。

〔八五〕父崙以雄著勳　「雄」下原有「傑」字，據北史卷六〇王雄傳删。張森楷云：「『傑』字不當有，北史（本傳）無『傑』字。」

〔八六〕封臨貞縣伯　「貞」，永樂大典卷六八三七引周書作「真」。張森楷云：「北史（本傳）『貞』作『真』。據地志（魏書卷一〇六下地形志下）有臨真（東夏州）無『臨貞』，作『貞』誤，當依北史。」按日本靜嘉堂文庫藏宋本與百衲本北史卷六〇王雄傳作「臨貞」，殿本與其他諸本多作「臨真」，通志卷一五六王雄傳則作「臨晉」。又周書卷二二楊寬傳、卷三四楊敷傳俱見「臨貞縣伯」，北史本傳諸本無異。魏書卷六一薛安都傳附薛真度傳還見「臨晉縣開國公」，北史卷三九本傳作「臨晉縣伯」。「貞」「真」「晉」三字形近易混，尚難斷其是非。

〔八七〕以其地爲東梁州　「東」，原作「果」，據唐鈔本、三朝本、南監本、汲本、局本、永樂大典卷六八三七引周書改。按周書卷二文帝紀下魏廢帝元年（五五二）稱「王雄平上津、魏興，以其地置東梁州」，知「果」爲「東」之訛。又當時上津實別置南洛州，紀傳皆脱。參卷二校記第一八條。

〔八八〕賜姓可頻氏 「可頻氏」，唐鈔本、永樂大典卷六八三七引周書同。北齊書卷一七斛律光傳稱王雄爲「可叱雄」。按北周釋迦佛像題記（見陳瑞琳甘肅正寧縣出土北周佛像）見邑人「可頻阿各奴」，疑作「可頻氏」是。

〔八九〕進位柱國大將軍 唐鈔本「進」上有「二年」二字。按周書卷四明帝紀，明帝二年（五五八）九月以王雄爲柱國。

〔九〇〕尋出爲涇州總管諸軍事涇州刺史 唐鈔本「諸」上有「五州」二字。按周書卷二〇尉遲綱傳稱綱於武成元年（五五九）「除涇州總管、五州十一防諸軍事、涇州刺史」，但該年「大長公主薨于京師，綱去職」。王雄當是接替尉遲綱擔任此職。疑周書此處原有「五州」諸字，傳本脱去。

〔九一〕惜爾不殺得但任爾見天子 永樂大典卷六八三七引周書同。唐鈔本、御覽卷三一〇引後周書作「惜尒不得殺（御覽作「殺得」），但住將尒見天子」。北史卷六〇王雄傳作「惜爾不得殺，但生將爾見天子」。册府卷四二五明鈔本甲丙作「惜尔不殺，但任將尔見天子」（明刻本「任」作「生」）。通鑑卷一六九陳紀三天嘉五年（五六四）作「吾惜爾不殺，當生將爾見天子」。按「任爾見天子」句解釋不通，疑周書傳本有訛脱。

〔九二〕明月反射雄中額　「反」，原作「乃」，據北史卷六〇王雄傳、御覽卷三一〇引後周書、册府卷四二五改。按當時斛律明月在前奔逃，背對着王雄，作「反射」是。唐鈔本作「及」，雖亦誤，但可佐證周書原作「反」。

〔九三〕咸會風雲　「咸」，原作「感」，據三朝本改。汲本、局本作「感」，注云「一作咸」。按北史將此傳論置於卷六五達奚武等十四人傳後，「感」也作「咸」，知作「咸」是。

〔九四〕得儁小關　「小關」，原作「小間」，據北史卷六五達奚武等傳後論改。按此句指達奚武贊同宇文泰并兵擊竇泰，於小關破泰之事（見本傳和卷二文帝紀下），北史是。

周書卷二十

列傳第十二

王盟　賀蘭祥　尉遲綱　叱列伏龜　閻慶

王盟字子仵〔一〕，明德皇后之兄也。其先樂浪人。六世祖波，前燕太宰。祖珍，魏黄門侍郎，贈并州刺史、樂浪公。父羆，伏波將軍，以良家子鎮武川，因家焉。

魏正光中，破六汗拔陵攻陷諸鎮，盟亦爲其所擁。拔陵破後，流寓中山。孝昌初，除積射將軍，從蕭寶夤西征。寶夤僭逆，盟遂逃匿民間，以觀其變。及爾朱天光入關，盟出從之。隨賀拔岳爲前鋒，擒万俟醜奴，平秦隴，常先登力戰。拜征西將軍、平秦郡守。太祖將討侯莫陳悦，徵盟赴原州，以爲留後大都督，鎮高平。悦平，除原州刺史。

魏孝武至長安，封魏昌縣公，邑一千户。大統初，復加車騎大將軍、儀同三司。三年，徵拜司空，尋轉司徒。迎魏文帝悼后於茹茹〔二〕。加侍中，遷太尉〔三〕。魏文帝東征，以留後大都督行雍州事，節度關中諸軍。趙青雀之亂，盟與開府李虎輔魏太子出頓渭北。事平，進爵長樂郡公，增邑并前二千户，賜姓拓王氏〔四〕。東魏侵汾川，圍玉壁，盟以左軍大都督守蒲坂。軍還，遷太保。九年，進位太傅，加開府儀同三司。

盟姿度弘雅，仁而汎愛。雖位居師傅，禮冠羣后，而謙恭自處，未嘗以勢位驕人。魏文帝甚尊重之。及有疾，數幸其第，親問所欲。其見禮如此。大統十一年，薨，贈本官，謚曰孝定。

子勵〔五〕，字醜興，性忠果，有才幹。年十七，從太祖入關，及太祖平秦隴，定關中，勵常侍從。太祖嘗謂之曰：「爲將，坐見成敗者上也，被堅執鋭者次也。」勵曰：「意欲兼之。」太祖大笑。尋拜平東將軍、散騎常侍，賜爵梁甫縣公。大統初，爲千牛備身直長、領左右，出入卧内，小心謹肅。魏文帝嘗曰：「王勵可謂不二心之臣也。」沙苑之役，勵以都督領禁兵從太祖。勵居左翼，與帳下數十人用短兵接戰，當其前者，死傷甚衆。勵亦被傷重，遂卒於行間，時年二十六。太祖深悼焉。贈使持節、太尉、領尚書令、十州諸軍事、雍州刺史，追封咸陽郡公，謚曰忠武。子弼襲爵。尚魏安樂公主，官至撫軍將軍、大都督、通直散騎常侍。

勵弟懋，字小興。盟之西征〔六〕，以懋尚幼，留在山東。永安中，始入關，與盟相見，遂從征伐。大統初，賜爵安平縣子，授揚烈將軍。從盟迎魏悼后還，拜城門校尉。魏文帝東征，以撫軍將軍兼太子左率，留守。俄轉右率。歷尚食典御、領左右、武衛將軍。録前後功，進爵爲公，增邑千户，遷右衛將軍。于時疆埸交兵，未申喪紀，服齊斬者，並墨縗從事。及盟薨，懋上表辭位，乞終喪制。魏文帝不許。累遷大都督、散騎常侍、使持節、車騎大將軍、儀同三司、驃騎大將軍、開府儀同三司、侍中、左衛將軍、領軍將軍。

懋性温和，小心敬慎。宿衛宮禁，十有餘年，勤恪當官，未嘗有過。魏文帝甚嘉之。廢帝二年，除南岐州刺史，進爵安寧郡公，增邑并前二千户。魏恭帝二年，遷大將軍、大都督。後拜小司寇。卒于官。子悦嗣。官至大將軍、同州刺史，改封濟南郡公。

盟兄子顯，幼而敏悟，沉靜少言。初爲太祖帳内都督，累遷奉車都尉、寧朔將軍、車騎大將軍、儀同三司、燕朔顯蔚四州諸軍事、燕州刺史、驃騎大將軍、開府儀同三司、光禄卿、鳳州刺史，賜爵洛邑縣公，進位大將軍，卒。子誼嗣。

誼倜儻有大志，深爲高祖所親委。少歷顯職，見重於時。位至柱國、平陽郡公。宣帝即位，進封揚國公〔七〕，拜大司空。大象末，襄州總管、上柱國。

賀蘭祥字盛樂〔八〕。其先與魏俱起，有紇伏者〔九〕，爲賀蘭莫何弗，因以爲氏。其後有以良家子鎮武川者，遂家焉。父初真，少知名，爲鄉閭所重。尚太祖姊建安長公主。保定二年，追贈太傅、柱國、常山郡公。

祥年十一而孤，居喪合禮。長於舅氏，特爲太祖所愛。雖在戎旅，常博延儒士，教以書傳。太祖初入關，祥與晉公護俱在晉陽，後乃遣使迎致之，語在護傳。年十七，解褐奉朝請，加威烈將軍。祥少有膽氣，志在立功。尋擢補都督，恒在帳下。從平侯莫陳悦，又迎魏孝武。以前後功，封撫夷縣伯，邑五百户。仍從擊潼關，獲東魏將薛長孺〔一〇〕。又攻回洛城，拔之。還，拜左右直長，進爵爲公，增邑并前一千三百户。大統三年，從儀同于謹攻楊氏壁，祥先登，克之。遷右衛將軍，加持節、征虜將軍。沙苑之役，詔祥留衛京師。後以留守功，增邑八百户。尋除鎮西將軍。四年，魏文帝東伐，祥領軍從戰河橋，以功加使持節、大都督。八年，遷車騎大將軍、儀同三司、散騎常侍。九年，從太祖與東魏戰於邙山，進位驃騎大將軍、開府儀同三司，加侍中。

十四年，除都督三荆南襄南雍平信江隨二郢淅十二州諸軍事、荆州刺史，進爵博陵郡公。先是，祥嘗行荆州事，雖未朞月，頗有惠政，至是重往，百姓安之。由是漢南流民，襁負而至者日有千數。遠近蠻夷，莫不款附。祥隨機撫納，咸得其歡心。時盛夏亢陽，祥乃親巡境內，觀政得失。見有發掘古冢，暴露骸骨者，乃謂守令曰：「此豈仁者之爲政耶。」於是命所在收葬之，即日澍雨。是歲，大有年。州境先多古墓，其俗好行發掘，至是遂息。

祥雖太祖密戚，性甚清素。州境南接襄陽，西通岷蜀，物產所出，多諸珍異。時既與梁通好，行李往來，公私贈遺，一無所受。梁雍州刺史、岳陽王蕭詧，欽其節儉，乃以竹屏風、絺綌之屬及以經史贈之〔一二〕。祥難違其意，取而付諸所司。太祖後聞之，並以賜祥。尋被徵還。

十六年，拜大將軍。太祖以涇渭溉灌之處，渠堰廢毀，乃命祥修造富平堰，開渠引水，東注於洛。功用既畢，民獲其利。魏廢帝二年，行華州事。後改華州爲同州，仍以祥爲刺史。尋拜尚書左僕射。六官建，授小司馬。孝閔帝踐祚，進位柱國，遷大司馬。時晉公護執政，祥與護中表，少相親愛，軍國之事，護皆與祥參謀。及誅趙貴，廢孝閔帝，祥有力焉。

武成初，吐谷渾侵涼州，詔祥與宇文貴總兵討之。祥乃遺其軍司檄吐谷渾曰：

夫二氣既分，三才定位，樹之以君，本爲黔首，豈使悖義違道，肆於民上？昔魏氏不綱，羣方幅裂，犲狼橫噬，黿玉已毀，喁喁黔黎，咸墜塗炭。我先皇神武應期，一匡天下，東戡南剪，無思不服。天鑑有周，世篤英聖，遂廓洪基，奄荒萬寓。固則神臯西嶽，險則百二猶在。卿士師師，羣后率職。故知三靈之所睠集，四隩之所來蘇也。

彼國世在西垂，作藩於魏。值中原政亂，遂阻皇風，首鼠兩端，伺我邊隙。先皇含垢藏疾，仍存聘享，欲睦之以隣好〔一二〕，申之以婚姻。彼國苞藏禍心，屢違盟約，外結仇讎，自貽近患，是故往年致突厥之師也。自爾迄今，蜂蠆彌毒，入我姑臧，俘我河縣，芟夷我菽麥，虔劉我蒼生。我皇武以止戈，文以懷遠，德覃四海，化溢八荒。以彼惡稔禍盈，故命龔行九伐。武臣猛將，天張雷動，皆六郡良家，三秦精銳，揮戈擐甲，同萃龍沙。柱國、博陵公祥，貴戚重望，乃文乃武，受脤廟堂，元戎啓路；太傅、燕國公謹〔一三〕，英猷不世，應變無窮，仗旄指麾，爲其謀主；柱國、化政公貴，早播威聲，奇正兼設，直取龍涸，濟自南河。突厥與國睦親，同恥反道，驅引弓之民，總穹廬之衆，解鞍成山，雲蒸霧合。

往歲王師西伐，成都不守；桴鼓南臨，江陵底定。鑿空萬里，闢地千都，荒服畏威，膜拜厥角。成敗之機，較然可見。若能轉禍爲福，深識事宜，君臣相率，輿櫬稽顙，則爵等顯除，永蕃西服；如其徘徊危邦，覬延時漏，覆宗湮祀〔一四〕，良助寒心。幸思嘉謀，以圖去就。

遂與吐渾廣定王、鍾留王等戰〔一五〕，破之。因拔其洮陽、洪和二城〔一六〕，以其地爲洮州。撫安西土，振旅而還。進封涼國公，邑萬户。保定二年薨〔一七〕，年四十八。贈使持節、太師、同岐等十二州諸軍事、同州刺史。謚曰景。

有七子，敬讓璨師寬知名〔一八〕。敬少歷顯職，封化隆縣侯。後襲爵涼國公，位至柱國大將軍、華州刺史。讓，大將軍、鄜州刺史〔一九〕、河東郡公。璨，開府儀同三司、宜陽縣公〔二〇〕。建德五年，從高祖於并州，戰殁，贈上大將軍，追封清都郡公。師，尚世宗女，位至上儀同大將軍、幽州刺史、博陵郡公。寬，開府儀同大將軍、武始郡公。祥弟隆，大將軍、襄樂縣公〔二一〕。

隋文帝與祥有舊，開皇初，追贈上柱國。

尉遲綱字婆羅，蜀國公迥之弟也。少孤，與兄迥依託舅氏。太祖西討關隴，迥、綱與母昌樂大長公主留于晉陽〔二二〕，後方入關。從太祖征伐，常陪侍帷幄，出入卧内。後以迎魏孝武功，拜殿中將軍。大統元年，授帳内都督，從儀同李虎討曹泥，破之。又從破竇泰。

以功封廣宗縣伯，邑五百户。仍從復弘農，克河北郡，戰沙苑，皆有功。綱驍果有膂力，善騎射。太祖甚寵之，委以心膂。河橋之戰，太祖馬中流矢，因而驚奔。綱與李穆等左右力戰，衆皆披靡，太祖方得乘馬。以前後功，增邑八百户，進爵爲公，仍拜平遠將軍、步兵校尉。八年，加通直散騎常侍、太子武衞率、前將軍，轉帥都督。東魏圍玉壁，綱從太祖救之。九年春，太祖復與東魏戰於邙山，大軍不利，人心離解。綱勵將士，盡心翊衞。遷大都督。十四年，拜車騎大將軍、儀同三司，加散騎常侍，增邑三百户。俄遷驃騎大將軍、開府儀同三司，加侍中，進爵昌平郡公〔二三〕。十七年，出爲華州刺史。魏廢帝二年，拜大將軍，兼領軍將軍。及帝有異謀，言頗漏泄。太祖以綱職典禁旅，使密爲之備。俄而帝廢，立齊王，仍以綱爲中領軍，總宿衞。

綱兄迥率衆伐蜀，綱從太祖送之於城西，見一走兔，太祖命綱射之。誓曰：「若獲此兔，必當破蜀。」俄而綱獲兔而反。太祖喜曰：「事平之日，當賞汝佳口。」及克蜀，賜綱侍婢二人。又常從太祖北狩雲陽，值五鹿俱起〔二四〕，綱獲其三。每從遊宴，太祖以珍異之物令諸功臣射而取之，綱所獲輒多。

孝閔帝踐阼，綱以親戚掌禁兵，除小司馬。又與晉公護廢帝，語在護傳。世宗即位，進位柱國大將軍。武成元年，進封吴國公，邑萬户，除涇州總管、五州十一防諸軍事、涇州刺史。是歲，大長公主薨于京師，綱去職。尋起復本官。保定元年，拜少傅。俄而授大司空。二年，出爲陝州總管、七州十三防諸軍事、陝州刺史。四年，晉公護東討，乃配綱甲士，留鎮京師。綱以天子在宮，必無内慮，乃請出外，頓於咸陽。大軍還，綱復歸鎮。天和二年，以綱政績可稱，賜帛千段、穀六千斛、錢二十萬，增邑四百户。陳公純等以皇后阿史那氏自突厥將入塞，詔徵綱與大將軍王傑率衆迎衞於境首。三年，追論河橋之功，封一子縣公，邑一千户。四年五月，薨于京師，時年五十三。贈太保、十二州諸軍事、同州刺史。謚曰武。

第三子安〔二五〕，以嫡嗣。大象末，位至柱國。安兄運，別有傳。運弟勤，少歷顯位。大象末，青州總管。起兵應伯父迥，事在迥傳。安弟敬，尚世宗女河南公主，位至儀同三司。

叱列伏龜字摩頭陁〔二六〕，代郡西部人也。世爲部落大人。魏初入附，遂世爲第一領民酋長。至龜，容貌瓌偉，腰帶十圍，進止詳雅〔二七〕，兼有武藝。嗣父業，復爲領民酋長。魏正光五年，廣陽王深北征，請龜爲寧朔將軍，委以帳内兵事。尋除善無郡守。孝昌三年，又除别將，從長孫稚西征。以戰功，累遷征西將軍、金紫光禄大夫。後還洛，授都督，遂爲齊神武所寵任，加授大都督。沙苑之敗，隨例來降。太祖以其豪門，解縛禮之。仍以邵惠公女妻之。大統四年，封長樂縣公，邑一千户。自此常從太祖征討，亟有戰功。八年，出爲北雍州刺史，加大都督。尋進位車騎大將軍、儀同三司、散騎常侍。十四年，徵拜侍中，加驃騎大將軍、開府儀同三司，除恒州刺史，增邑通前一千四百户。十七年，卒。子椿嗣。

椿字千年。世宗時，拜車騎大將軍、儀同三司。尋遷驃騎大將軍、開府儀同三司，改封永世縣公，邑一千二百户。保定二年，授幽州刺史〔二八〕。天和初，除左宫伯，進位大將軍。

閻慶字仁慶〔二九〕，河南河陰人也。曾祖善，仕魏，歷龍驤將軍、雲州鎮將，因家于雲州之盛樂郡。祖提，使持節、車騎大將軍、燉煌鎮都大將。父進，有謀略，勇冠當時。正光中，拜龍驤將軍。屬衞可孤作亂，攻圍盛樂。進率衆拒守，縣歷三載，晝夜交戰，未嘗休息，以少擊衆，城竟獲全。以功拜盛樂郡守。

慶幼聰敏，重然諾，風儀端肅，望之儼然。及衞可孤侵逼盛樂，慶隨父固守，頗有力焉。拜別將，稍遷輕車將軍，加給事中。後以軍功，拜步兵校尉、中堅將軍。

既而齊神武舉兵入洛，魏孝武西遷，慶謂所親曰：「高歡跋扈，將有篡逆之謀，豈可苟安目前，受其控制也！」遂以大統三年，自宜陽歸闕。太祖謂慶曰：「高歡逆亂，宇内分崩，羣盜競興，人皆徇己。卿遂能盡忠貞之節，重君臣之義，背逆歸順，捨危就安，雖古人所稱，何以加也。」即拜中堅將軍、奉車都尉。河橋之役，以功拜前將軍、太中大夫，遷後將軍，封安次縣子，邑四百户。及邙山之戰，先登陷陳。拜撫軍將軍、大都督，進爵爲伯，增邑五百户。

慶善於綏撫，士卒未休，未嘗先舍，故能盡其死力，屢展勳勞。累遷使持節、車騎大將軍、儀同三司、散騎常侍、驃騎大將軍、開府儀同三司、雲州大中正，加侍中，賜姓大野氏。孝閔帝踐祚，出爲河州刺史，進爵石保縣公，增邑千户。州居河外，地接戎夷。慶留心撫納，頗稱簡惠。就拜大將軍，進爵大安郡公，邑户如舊。入爲小司空，除雲州刺史，轉寧州刺史。慶性寬和，不苛察，百性悦之。天和六年，進位柱國。

晉公護母，慶之姑也。護雖擅朝，而慶未嘗阿附。及護誅，高祖以此重之。乃詔慶第十二子毗尚帝女清都公主〔三〇〕。慶雖位望隆重，婚連帝室，常以謙慎自守，時人以此稱之。

建德二年，抗表致仕，優詔許焉。慶既衰老，恒嬰沉痼。宣帝以其先朝耆舊，特異常倫，乃詔靜帝至第問疾。賜布帛千段。醫藥所須，令有司供給。大象二年，拜上柱國。隋文帝踐極，又令皇太子就第問疾，仍供醫藥之費。開皇二年薨，時年七十七。贈司空、荆譙淅湖澧廣蒙七州諸軍事、荆州刺史〔三〕。謚曰成。

長子常，先慶卒。次子毗嗣〔三〕。大象末，位至大將軍。

史臣曰：中陽御曆，沛邑多封侯；白水配天，南陽皆貴戚。是知階緣近屬，以取寵榮，其來尚矣。王盟等始以親黨升朝，終以才能進達，勤宣運始，位列周行。實參迹於功臣，蓋弗由於恩澤也。

校勘記

〔一〕字子仵　北史卷六一王盟傳無「子」字。

〔二〕三年徵拜司空尋轉司徒迎魏文帝悼后於茹茹　張森楷云：「北史文帝紀（卷五）三月（大統四年）『立蠕蠕女郁久閭氏爲皇后，大赦，以司空王盟爲司徒』。與此前後互異，未知孰是。」

〔三〕加侍中遷太尉　張森楷云：「帝紀（北史卷五文帝紀）不書此遷，而八年書：『以太尉王盟爲太保。』據六年『太尉扶風王孚薨』，未除代人，疑盟即以其年遷太尉也。」按盟遷太尉不能早於大統六年（五四〇）元孚死前。但本傳在遷太尉後接敍魏文帝東征和趙青雀事都在四年，似在迎茹茹后之後，即遷太尉。且周書卷一九侯莫陳順傳、北史卷九周本紀上記文帝東討與趙青雀反時，均稱王盟爲「太尉」。互證可知王盟大統四年已遷太尉。合上條來看，傳敍王盟遷官似都提前。

〔四〕賜姓拓王氏　「王」，原作「拔」，據三朝本、南監本、北監本、汲本、局本、永樂大典卷六八三七引周書改。北史卷六一王盟傳也作「拔」，通志卷一五六王盟傳則作「王」。按元和姓纂卷一〇拓王氏條云：「狀云：本姓王，樂浪人。祖羆，後魏伏波將軍，鎮武川。賜姓拓王氏。」此王羆即王盟父，雖敍賜姓較早，但可證諸本作「拓王」是。殿本乃據北史改。

〔五〕子勵　殿本考證云：「北史（本傳）作『勱』，及後諸『勵』字同。」按御覽卷二七二引後周書、册府卷七七二宋本也都作「勱」，疑周書原本作「勱」，「勵」乃「勱」之形訛。以下「勵」字同，不再出校。

〔六〕盟之西征　「西征」，原倒作「征西」，據三朝本、南監本、北監本、汲本、局本、北史卷六一王盟傳附王勱傳乙正。

〔七〕進封揚國公　「揚」，原作「陽」，據三朝本、南監本、北監本、汲本、局本改。隋書卷四〇王誼傳、北史卷六一王盟傳附王誼傳作「楊」。按「揚」「楊」古多通用，這裏作「陽」誤。參卷七校記第一條。

〔八〕字盛樂　殿本考證云：「晉蕩公護傳（卷一一）作『盛洛』，北史（卷六一賀蘭祥傳）亦同（當云亦作「盛樂」）。『樂』與『洛』未知孰是。」按北周賀蘭祥墓誌亦作「盛樂」，「樂」「洛」都是譯音。

〔九〕有紇伏者　「紇」，北史卷六一賀蘭祥傳作「乞」。

〔一〇〕獲東魏將薛長孺　「孺」，北史卷六一賀蘭祥傳、册府卷三五五、卷三八二都作「儒」。按北史卷五魏本紀永熙三年（五三四）作「薛長瑜」（諸本「薛」訛爲「華」）。此外或作「薛瑜」，或作「薛瑾」，非常混亂，疑作長瑜是。别見卷一校記第三〇條。

〔一一〕乃以竹屏風絺綌之屬及以經史贈之　北史卷六一賀蘭祥傳、御覽卷八一九引後周書「及」下無「以」字，疑此字涉上衍。

〔一二〕欲睦之以隣好　「隣」，原作「憐」，據三朝本、南監本、北監本、汲本、局本、册府卷四一六改。

〔一三〕太傅燕國公謹　「謹」上原有「于」字，據册府卷四一六删。按上賀蘭祥、下宇文貴都不出姓，于謹不應獨有。

〔一四〕覆宗湮祀　「宗」，原作「宇」，據册府卷四一六改。按這是成語，「宗」「祀」前後對應。作「宇」不通，應是「宗」的形訛。

〔一五〕鐘留王　「鐘」，原作「鍾」，據三朝本、南監本、北監本、汲本、局本改。張元濟以爲「鍾」字誤。

按周書卷五〇吐谷渾傳也作「鍾」。

〔一六〕因拔其洮陽洪和二城　「洪」，原作「共」，據三朝本、南監本改。汲本、局本作「共」，注云「一作洪」。張元濟以爲「共」字誤，云「見吐谷渾傳（卷五〇）」。按隋書卷二九地理志上臨洮郡當夷縣條云：「後周置，又立洪和郡。」北史卷六一賀蘭祥傳、册府卷三五五、卷四一六、周書卷四明帝紀及北周賀蘭祥墓誌都作「洪」，可證作「共」誤。

〔一七〕保定二年薨　「二年」，原作「四年」，據周書卷五武帝紀上、通鑑卷一六八陳紀二天嘉三年（五六二）、北周賀蘭祥墓誌改。按武帝紀載賀蘭祥卒在保定二年（五六二）閏月己亥，通鑑則置於正月己亥，疑通鑑誤。又紀稱這年六月「尉遲迥爲大司馬」，即是代替賀蘭祥，敍事甚明，足證「四年」爲「二年」之誤。

〔一八〕有七子敬讓璨師寬知名　按七子之名，「敬」「讓」「師」北周賀蘭祥墓誌同。「璨」，墓誌作「粲」。其餘三子名，墓誌作「吐蕃提」「厭帶提」「丘□提」，未書漢名。

〔一九〕讓大將軍鄜州刺史　「鄜」，北史卷六一賀蘭祥傳作「鄭」。

〔二〇〕宜陽縣公　「宜」，三朝本、南監本作「宣」。北史卷六一賀蘭祥傳作「宣陽郡公」。張元濟云：「宜陽縣，北魏屬義州，疑『宜陽』是。」按張説未必是。北周賀蘭祥墓誌記粲（璨）保定二年（五六二）已封「宣陽縣開國侯」，周書三朝本、南監本所記「宣陽縣公」，有可能即爲璨後來進封。但「縣公」與「郡公」未知孰是，今不改。

〔一一〕「建德五年」至「襄樂縣公」　此六十六字原脱，據三朝本補。所補諸子及弟歷官，也見於北史卷六一賀蘭祥傳末，只有很少幾字增删。

〔一二〕留于晉陽　「于」，原作「守」，據三朝本、南監本、北監本、汲本、局本、北史卷六二尉遲迥傳附尉遲綱傳改。張森楷、張元濟都以爲「守」字誤。

〔一三〕進爵昌平郡公　「昌平」，北史卷六二尉遲迥傳附尉遲綱傳倒作「平昌」。按魏書卷一〇六上地形志上東燕州平昌郡領縣二，其一爲「昌平」；隋書卷三〇地理志中涿郡屬縣有昌平，云：「舊置東燕州及平昌郡。」東燕州和所屬郡縣，地形志上雖説東魏天平年置，其實乃是舊有，天平時只是僑置而已。據此，似乎北魏末只有平昌郡，昌平是其屬縣。但北齊書卷二二李元忠傳附李景遺傳記景遺先以功封昌平縣公，後於太昌初（五三二）進封昌平郡公，北史卷六九楊荐傳（周書傳本卷三〇楊荐傳以北史補）稱其父曾爲「昌平郡守」，則似魏曾置此郡。這裏作「昌平」也未必就錯。

〔一四〕值五鹿俱起　「起」，北史卷六二尉遲迥傳附尉遲綱傳、册府八四六作「走」。

〔一五〕第三子安　「三」，北史卷六二尉遲迥傳附尉遲綱傳作「二」。

〔一六〕叱列伏龜　「叱列伏」，元和姓纂卷一〇作「叱伏列」。岑仲勉四校記云：「今周書二〇作『叱列伏』。廣韻、姓解、通志作『叱伏列』。疏證（陳毅魏書官氏志疏證）謂『叱列伏』即『叱列』，非三字姓，其説尚待研考。」姚薇元北朝胡姓考根據上述姓氏諸書，以爲「周書『列』『伏』二字誤倒」，不同意陳氏叱列姓、伏龜雙名之說。注四云：「傳文下單稱龜，知其姓非僅作『叱列』。」按姚說是，周書卷四七姚僧垣傳載其子「永世公叱伏列椿」，亦作「叱伏列」。又姚氏認爲「叱伏列即泣伏利，叱利乃其省譯也」。唐長孺魏晉雜胡考（魏晉南北朝史論叢）云「泣伏利應即乞伏的異譯」。陳連慶中國古代少數民族姓氏研究以爲「乞伏」亦作「乞佛」「乞步」「乞扶」等。若如此，則「泣伏列」「叱伏列」「乞伏」等均爲一氏。

〔二七〕進止詳雅　「詳」，原作「祥」，據三朝本、南監本、北監本、汲本、局本改。

〔二八〕保定二年授幽州刺史　按幽州是齊境，「幽」疑是「豳」之訛。

〔二九〕字仁慶　「慶」，北史卷六一閻慶傳作「度」。

〔三〇〕第十二子毗　按傳末云「長子常，先慶卒。次子毗嗣」，與此矛盾。疑「十」字衍。

〔三一〕荆譙淅湖灃廣蒙七州諸軍事　按譙州與其他六州不相接，且相距較遠，疑有誤。陳長琦周書今注本疑「譙」爲「淮」之訛，可備一說。

〔三二〕次子毗嗣　殿本考證云：「『嗣』（按當作『毗』）監本訛『稚』，今從北史（卷六一閻慶傳）。」按三朝本、南監本、北監本、汲本「毗」都作「稚」。「閻稚」其人未見他書和碑誌記載，且隋書卷六八閻毗傳稱「七歲襲爵石保縣公」，即慶所封之爵，又確以毗爲嗣。疑諸本作「稚」誤，殿本據北史所改是。

周書卷二十一〔一〕

列傳第十三

尉遲迥　王謙　司馬消難

尉遲迥字薄居羅，代人也。其先，魏之別種，號尉遲部，因而姓焉。父俟兜，性弘裕，有鑒識，尚太祖姊昌樂大長公主，生迥及綱。俟兜病且卒，呼二子，撫其首曰：「汝等並有貴相，但恨吾不見爾，各宜勉之。」

迥少聰敏，美容儀。及長，有大志，好施愛士。稍遷大丞相帳內都督。尚魏文帝女金明公主，拜駙馬都尉。從太祖復弘農，破沙苑，皆有功。累遷尚書左僕射，兼領軍將軍。迥通敏有幹能，雖任兼文武，頗允時望。太祖以此深委仗焉。後拜大將軍。

侯景之渡江，梁元帝時鎮江陵，既以內難方殷，請脩隣好。其弟武陵王紀，在蜀稱帝，率衆東下，將攻之。梁元帝大懼，乃移書請救，又請伐蜀。太祖曰：「蜀可圖矣。取蜀制梁〔二〕，在茲一舉。」乃與羣公會議，諸將多有異同。唯迥以爲紀既盡鋭東下，蜀必空虚，王師臨之，必有征無戰。太祖深以爲然，謂迥曰：「伐蜀之事，一以委汝，計將安出？」迥曰：「蜀與中國隔絶百有餘年，恃其山川險阻，不虞我師之至。宜以精甲鋭騎，星夜襲之。平路則倍道兼行，險途則緩兵漸進，出其不意，衝其腹心。蜀人既駭官軍之臨速，必望風不守矣。」於是乃令迥督開府元珍〔三〕、乙弗亞、俟吕陵始〔四〕、叱奴興、綦連雄、宇文昇等六軍〔五〕，甲士一萬二千，騎萬疋，伐蜀。以魏廢帝二年春，自散關由固道出白馬，趣晉壽，開平林舊道。前軍臨劍閣，紀安州刺史樂廣，以州先降。紀梁州刺史楊乾運時鎮潼州〔六〕，又降。六月，迥至潼州，大饗將士，引之而西。紀益州刺史蕭撝不敢戰，遂嬰城自守。進軍圍之。初，紀至巴郡，聞迥來侵，遣譙淹回師，爲撝外援。迥分遣元珍、乙弗亞等以輕騎破之，遂降。撝前後戰數十合，皆爲迥所破。撝與紀子宜都王肅〔七〕，及其文武官屬，詣軍門請見，迥以禮接之。其吏人等，各令復業。唯收僮隸及儲積以賞將士。號令嚴肅，軍無私焉。詔迥爲大都督、益潼等十八州諸軍事、益州刺史。以平蜀功，封一子爲公。自劍閣以南，得承制封拜及黜陟。迥乃明賞罰，布恩威，綏緝新邦，經略未附，夷夏懷而歸之。

迥性至孝，色養不怠。身雖在外，所得四時甘脆，必先薦奉，然後敢嘗。大長公主年高多病，迥往在京師，每退朝參候起居，憂悴形於容色。大長公主每爲之和顔進食，以寧迥心。太祖知其至性，徵迥入朝，以慰其母意。遣大鴻臚郊勞，仍賜迥衮冕之服。蜀人思之，立碑頌德。孝閔踐阼，進位柱國大將軍。又以迥有平蜀之功，同霍去病冠軍之義，封寧蜀公。進蜀公，爵邑萬户。

宣帝即位，以迥爲大前疑，出爲相州總管。宣帝崩，隋文帝輔政，以迥望位夙重，懼爲異圖，乃令迥子魏安公惇齎詔書以會葬徵迥。尋以鄖公韋孝寬代迥爲總管〔八〕。迥以隋文帝當權，將圖篡奪，遂謀舉兵，留惇而不受代。隋文帝又使候正破六汗裒詣迥喻旨，密與總管府長史晉昶等書，令爲之備。迥聞之，殺長史及裒。乃集文武士庶，登城北樓而令之曰：「楊堅以凡庸之才，藉后父之勢，挾幼主而令天下，威福自己〔九〕，賞罰無章，不臣之迹，暴於行路。吾居將相，與國舅甥，同休共戚，義由一體。先帝處吾於此，本欲寄以安危。今欲與卿等糾合義勇，匡國庇人，進可以享榮名，退可以終臣節。卿等以爲何如？」於是衆咸從命，莫不感激。乃自稱大總管，承制署置官司。于時趙王招已入朝，留少子在國，迥又奉以號令。迥弟子勤，時爲青州總管，亦從迥。迥所管相、衛、黎、毛、洺、貝、趙、冀、瀛、滄，勤所統青、膠、光、莒諸州，皆從之。衆數十萬。滎州刺史邵公宇文胄、申州刺史李惠〔一〇〕、東楚州刺史費也利進〔一一〕、東潼州刺史曹孝達〔一二〕，各據州以應迥。迥又北結高寶寧以通突厥；南連陳人，許割江、淮之地〔一三〕。

隋文帝於是徵兵討迥，即以韋孝寬爲元帥。惇率衆十萬入武德，軍於沁東。孝寬等諸軍隔水相持不進。隋文帝又遣高熲馳驛督戰。惇布兵二十里，麾軍小却，欲待孝寬軍半度擊之。孝寬因其小却，鳴鼓齊進，惇大敗。孝寬乘勝進至鄴。迥與子惇、祐等又悉其卒十三萬，陳於城南。迥別統萬人，皆緑巾錦襖，號曰黄龍兵。勤率衆五萬，自青州赴迥，以三千騎先到。迥舊習軍旅，雖老猶被甲臨陣。其麾下千兵〔一四〕，皆關中人，爲之力戰。孝寬等軍失利而却。鄴中士女，觀者如堵。高熲與李詢整陣，先犯觀者，因其擾而乘之。迥大敗，遂入鄴。迥走保北城，孝寬縱兵圍之。李詢、賀樓子幹以其屬先登。迥上樓，射殺數人，乃自殺。勤、惇等東走〔一五〕，并追獲之。餘衆，月餘皆斬之。

迥末年衰耄，惑於後妻王氏，而諸子多不睦。以開府、小御正崔達拏爲長史，餘委任亦多用齊人。達拏文士，無籌略，舉措多失綱紀，不能有所匡救。迥自起兵至敗，六十八日。

武德中，迥從孫庫部員外郎耆福上表，請改葬。朝議以迥忠於周室，有詔許之。

王謙字勑萬，太保雄之子也。性恭謹，無他才能。以父功，累遷驃騎大將軍、開府。孝閔踐祚，治右小武伯。雄從晉公護東討，爲齊人所斃。朝議以謙父殞身行陣，特加殊寵，乃授謙柱國大將軍。以情禮未終，固辭不拜。高祖手詔奪情，襲爵庸公，邑萬户。從皇太子討吐谷渾〔一六〕，力戰有功。是時高祖東征，謙又力戰，進上柱國、益州總管。

時隋文帝秉政，謙令司録賀若昂奉表詣闕〔一七〕。昂還，具陳京師事勢。謙以世受國恩，將圖匡復，遂舉兵，署官司。所管益、潼、新、始、龍、邛、青、瀘、戎、寧、汶、陵、遂、合、楚、資、眉、普十八州及嘉、渝、臨、渠、蓬、隆、通、興、武、庸十州之人多從之。總管長史乙弗虔、益州刺史達奚惎勸謙據險觀變。隆州刺史高阿那瓌爲謙畫三策曰〔一八〕：「公親率精鋭，直至散關〔一九〕，蜀人知公有勤王之節，必當各思効命，此上策也；出兵梁、漢，以顧天下，此中策也；坐守劍南，發兵自衛，此下策也。」謙參用其中下之策。

梁睿未至大劍，謙遣兵鎮始州。隋文即以睿爲行軍元帥，便發利、鳳、文、秦、成諸州兵討之。達奚惎、乙弗虔等衆十萬攻利州。聞睿至，衆潰。睿乘其弊，縱兵深入。惎、虔密使詣睿，請爲内應以贖罪。謙不知之，並令守成都。謙先無籌略，承藉父勳，遂居重任。初謀舉兵，咸以地有江山之險，進可以立功，退可以自守。且任用多非其才。及聞睿兵奄至，惶懼，乃自率衆迎戰。又以惎、虔之子爲左右軍。行數十里，軍皆叛。謙以二十騎奔新都〔三〇〕，縣令王寶斬之，傳首京師。惎、虔以成都降，隋文以其首謀，斬之。高阿那瓌亦誅。

司馬消難字道融，河内温人。父子如，爲齊神武佐命，位至尚書令。消難幼聰惠，微涉經史，好自矯飾，以求名譽。起家著作郎。子如既當朝貴〔三一〕，消難亦愛賓客。邢子才、王元景、魏收、陸卬、崔贍等皆遊其門。尋拜駙馬都尉、光禄卿，出爲北豫州刺史。齊文宣末年，昏虐滋甚。消難既懼禍及，常有自全之謀，曲意撫納，頗爲百姓所附。屬文宣在并，驛召其弟上黨王渙，渙懼於屠害，遂斬使者東奔。數日間搜捕鄴中，鄴中大擾。後竟獲於濟州。渙之初走，朝士私相謂曰：「今上黨亡叛，似赴成皋。若與司馬北豫州連謀，必爲國患。」此言遂達於文宣，文宣頗疑之。消難懼，密令所親裴藻間行入關〔三二〕，請舉州來附。晉公護遣達奚武、楊忠迎之，消難遂與武俱入朝。授大將軍、滎陽公。從高祖東伐，遷大後丞。納女爲靜帝后。尋出爲鄖州總管〔三三〕。

隋文帝輔政，消難既聞蜀公迥不受代，遂欲與迥合勢，亦舉兵應之。以開府田廣等爲腹心，殺總管長史侯莫陳杲、鄖州刺史蔡澤等四十餘人。所管鄖、隨、温、應、土、順、沔、環、岳九州〔二四〕，魯山、甑山、沌陽、應城、平靖、武陽、上明、溳水八鎮〔二五〕，並從之。使其子泳質於陳以求援〔二六〕。隋文帝命襄州總管王誼爲元帥，發荆襄兵以討之。八月，消難聞誼軍將至，夜率其麾下，歸於陳。陳宣帝以爲都督安隨九州八鎮〔二七〕、車騎將軍、司空、隨公〔二八〕。

初，楊忠之迎消難，結爲兄弟，情好甚篤。隋文每以叔禮事之。及陳平，消難至京，特免死，配爲樂户。經二旬放免。猶被舊恩，特蒙引見。尋卒于家。性貪淫，輕於去就。故世之言反覆者，皆引消難云。其妻高氏，齊神武之女。在鄴，敬重之。後入關，便相弃薄。消難之赴鄖州〔二九〕，留高及三子在京。高言於隋文曰：「滎陽公性多變詐，今以新寵自隨，必不顧妻子，願防慮之。」消難入陳，而高母子因此獲免。

史臣曰：尉遲迥地則舅甥，職惟台衮，沐恩累葉，荷睠一時，居形勝之地，受藩維之託，顛而不扶，憂責斯在。及主威云謝，鼎業將遷，九服移心，三靈改卜，遂能志存赴蹈，投袂稱兵。忠君之勤未宣，違天之禍便及。校其心，翟義、葛誕之儔歟。

校勘記

〔一〕卷二十一　按此卷原本殘缺，尉遲迥傳和王謙傳後人以某種節本補，敍事歷官比北史簡略，但也有字句爲北史所無。司馬消難傳及傳論似未闕。

〔二〕取蜀制梁　殿本考證云：「『梁』，諸本訛作『勝』，今從北史（卷六二尉遲迥傳）。」局本也作「梁」，當從殿本改。按「勝」字亦可通，但「梁」字較長，今不回改。

〔三〕開府元珍　「元」，通鑑卷一六五梁紀二一承聖二年（五五三）作「原」。

〔四〕俟吕陵始　「俟」上原有「万」字，據北史卷六二尉遲迥傳删。殿本考證云：「北史『万俟吕陵始』作『俟吕陵始』。」按姚薇元北朝胡姓考吕氏條云：「姓纂六止、氏族略五、辨證二十二皆載俟吕鄰氏改爲吕氏。」又引魏孝文帝弔比干碑陰有「俟吕阿倪」，以爲「俟、俟因形似而訛，當以比干碑爲正」。北周賀蘭祥墓誌亦見「大將軍俟吕陵果」，姚説當是。周書他卷之「俟吕陵」，魏書、北史之「俟吕鄰」「俟吕陵」錯出，「俟」疑皆「俟」之訛。

〔五〕綦連雄字文昇　「雄」，原脱，據北史卷六二尉遲迥傳、册府卷三五五、卷三六五（宋本、明鈔本）補。殿本考證云：北史「綦連」作「綦連雄」。按「綦連」是二字姓，這裏脱去其名。

〔六〕紀梁州刺史楊乾運　周書卷二文帝紀下魏廢帝二年（五五三）稱「蕭紀潼州刺史楊乾運以州降」，梁書卷五元帝紀承聖二年（五五三）五月條和卷五五武陵王紀傳作「潼州刺史楊虔運」（武陵王紀傳「虔」作「乾」）。南史卷五三武陵王紀傳還説：「初楊乾運求爲梁州刺史，不得，紀以爲潼州刺史。」並認爲這是乾運降魏的原因。通鑑卷一六五梁紀二一承聖二年採取了南史這段紀載。如上諸書所載，似乎楊乾運未嘗被任爲梁州刺史。然周書卷四四楊乾運傳却又明言在蕭紀稱帝後，曾拜乾運爲「車騎將軍、十三州諸軍事、梁州刺史，鎮潼州」，卷四二蕭撝傳也稱：「又令梁州刺史楊乾運守潼州。」又似在降魏前已任梁州刺史。紀載不同，今皆不改。

〔七〕宜都王肅　北史卷六二尉遲迥傳、通鑑卷一六五梁紀二一承聖二年（五五三）「肅」上有「圓」字。按此亦雙名單稱。

〔八〕以鄖公韋孝寬代迥爲總管　「迥」，三朝本、南監本、北監本、汲本、局本、冊府卷三七三都作「之」。殿本當是依北史卷六二尉遲迥傳改。按作「之」與作「迥」都可通，今不回改。

〔九〕威福自己　「福」，原作「禮」，據三朝本、南監本、北監本、汲本、局本、冊府卷三七三改。

〔一〇〕申州刺史李惠　「惠」，周書卷八靜帝紀大象二年（五八〇）作「慧」。參卷八校記第二條。

〔一一〕東楚州刺史費也利進　殿本考證云：「北史（卷六二尉遲迥傳）『進』下有『國』字。」

〔一二〕東潼州刺史曹孝達　「達」，三朝本、南監本、北監本、汲本、局本、通鑑卷一七四陳紀八太建十二年（五八〇）都作「遠」。張森楷云：「北史本傳『遠』作『達』。據隋書源雄傳（卷三九）是『達』字，疑作『遠』誤。」按冊府卷三七三宋本、明鈔本亦作「遠」，明刻本則作「達」。殿本當是依北史改。「達」「遠」未知孰是，今不回改。又通鑑「潼」上無「東」字。按這個潼州見隋書卷三一地理志下下邳郡夏丘縣條，另外又有見隋書卷二九地理志上金山郡的「潼州」。本條的潼州後得，故加「東」字。

〔三〕許割江淮之地　「許」，三朝本、南監本、北監本、汲本、册府卷三七三宋本與明鈔本都作「以」。殿本當據北史卷六二尉遲迥傳改，局本從殿本。

〔四〕其麾下千兵　殿本考證云：「北史（卷六二尉遲迥傳）無『千』字，疑衍。」按册府卷三七三亦作「千兵」，且通典卷一五八兵一一作「三千兵」，可證周書原有「千」字。疑北史脱去。

〔五〕勤惇等東走　「等」，原作「祐」，據三朝本、南監本、汲本、局本改。按北史卷六二尉遲迥傳作「勤惇祐等東走」，册府卷三七三作「子惇等東走」，都有「等」字。又北監本作「葬」，也是「等」的形訛。殿本校勘者知「葬」字誤，却不去檢對他本，就據北史本傳改，實誤。

〔六〕從皇太子討吐谷渾　「從」，原作「後」，據三朝本、南監本、汲本、局本、永樂大典卷六八三七引周書王謙傳改。

〔七〕是時高祖東征謙又力戰進上柱國益州總管時隋文帝秉政謙令司録賀若昂奉表詣闕　「隋文帝秉政」五字，原脱，據册府卷三七三補。按周書卷六武帝紀下，謙進上柱國在建德五年（五七六），出任益州總管在六年，這從上面「是時（建德五年）高祖東征」連下來是可以的。但是令賀若昂奉表，緊接着起兵反對楊堅，乃宣帝死後，靜帝初即位時的事，却下一「時」字和上面的事在時間上連接起來，便一起歸到建德五、六年間了。據北史卷六〇王雄傳附王謙傳，於建德「六年，授益州總管、十八州諸軍事」下有「及宣帝崩，隋文帝輔政，以梁睿爲益州總管」十七字，敍事方明。册府卷三七三作「時隋文帝秉政，謙令司録賀若昂奉表詣闕」，也較北史簡略，但紀時却没有錯。周書此卷原本至少前一大半已缺，後人以高氏小史或某種類書補，他書删節不當，也就跟着錯。但「隋文帝秉政」五字宋初編册府時所見周書還是有的，以後又缺了這五字，更不可通。今姑據册府補此五字。北史和周書原有異同，本卷王謙傳所缺未必僅此十七字，不便據補。

〔一八〕隆州刺史高阿那瓌　「高阿」，原作「阿史」，據册府卷三七三删補。張森楷云：「北史本傳作『高阿那肱』。『肱』『瓌』雙聲近同，誤衍『史』字，挩去『高』字。」按張説是。下文同此，不再出校。

〔一九〕直至散關　「至」，原作「指」，據三朝本、南監本、北監本、汲本、局本、册府卷三七三、永樂大典卷六八三七引周書王謙傳改。殿本當據北史卷六〇王雄傳附王謙傳改。

〔二〇〕謙以二十騎奔新都　「二十」，隋書卷三七梁睿傳作「三十」。北史卷五九梁禦傳附梁睿傳同隋書。

〔二一〕子如既當朝貴　北史卷五四司馬子如傳附司馬消難傳「貴」下有「盛」字，較長。

〔二二〕裴藻　「藻」，三朝本、南監本、北監本、汲本、局本作「操」。北史卷五四司馬子如傳附司馬消難傳、册府卷七二八、通鑑卷一六七陳紀一永定二年（五五八）作「藻」。殿本當據北史改。

〔二三〕尋出爲䢵州總管　「䢵」，原作「交」，據局本、北史卷五四司馬子如傳附司馬消難傳改。錢大昕考異卷三二云：「『交州』當爲『䢵州』之訛，即『郥』字也。」按司馬消難爲䢵州總管，周書卷八靜帝紀大象二年（五八〇）七月有明文。錢說是。下文稱所管九州，即以「䢵」爲首。局本作「䢵」，當據北史改。

〔二四〕所管䢵隨温應土順沔環岳九州　「土」，原作「士」，據陳書卷五宣帝紀太建十二年（五八〇）八月條改。又「環」，陳紀作「儇」。錢大昕考異卷三二云：「『環』當作『澴』。」按土州見隋書卷三一地理志下漢東郡土山縣條，澴州見安陸郡吉陽縣條。錢氏當據隋志。但宋書卷三六州郡志二義陽郡有「環水長」（南齊書卷一五州郡志同），「環水」即「澴水」。本條「環」字未必錯，今不改。

〔二五〕魯山甑山沌陽應城平靖武陽上明溳水八鎮　「溳水」，原作「須水」。陳書卷五宣帝紀太建十二年（五八〇）八月條作「涓水」，册府卷二一五作「溳水」，册府卷三七三宋本、明鈔本作「湏水」，明刻本又作「湞水」。按須水在滎陽東南，涓水有二，一在山東，一在湖南，都離䢵、隨諸州很遠。隋書卷三一地理志下漢東郡安貴縣條云「西魏改定陽曰安貴，改北郢州爲款州，又尋廢爲溳水郡」，這個郡至開皇初始廢。當時郡鎮並置的很多，八鎮中應城、平靖、上明也都是郡（並見隋志漢東、安陸郡下）。册府卷二一五作「溳水」是，今據改。

〔二六〕使其子泳質於陳　「泳」，三朝本、南監本、北監本、汲本、局本、册府卷三七三都作「冰」，北史卷五四司馬子如傳附司馬消難傳作「永」。未知孰是。

〔二七〕陳宣帝以爲都督安隨九州八鎮　「隨」，原作「趙」，據陳書卷五宣帝紀太建十二年（五八〇）八月條改。錢大昕考異卷三二云：「『趙』當作『隨』。」

〔二八〕隨公　「隨」，原作「隋」，據陳書卷五宣帝紀太建十二年（五八〇）八月條改。按「隨」是陳朝封司馬消難的邑號。

〔二九〕消難之赴郘州　「郘」，原作「卬」，據局本、北史卷五四司馬子如傳附司馬消難傳、册府卷九四三改。按司馬消難是郘州總管。局本當據北史改。

周書卷二十二

列傳第十四

周惠達 馮景 楊寬 兄穆 儉 柳慶 子機

周惠達字懷文，章武文安人也。父信，少仕州郡，歷樂鄉、平舒、平成三縣令〔一〕，皆以廉能稱。

惠達幼有志操，好讀書，美容貌，進退可觀，見者莫不重之。魏齊王蕭寶夤爲瀛州刺史，召惠達及河間馮景同在閤中，甚禮之。及寶夤還朝，惠達隨入洛陽。領軍元义勢傾海内〔二〕，惠達嘗因寶夤與义言論，义歎重之，於座遺惠達衣物。孝昌初，魏臨淮王彧北討，以惠達爲府長流參軍。及万俟醜奴等構亂，蕭寶夤西征，惠達復隨入關。寶夤後與賊戰不利，退還，仍除雍州刺史，令惠達使洛陽。未還，而寶夤反謀聞於京師。有司以惠達是其行人，將執之。乃私馳還，至潼關，遇大使楊侃。侃謂惠達曰：「蕭氏逆謀已成，何爲故人獸口？」惠達曰：「蕭王爲左右所誤，今往，庶其改圖。」及至，寶夤反形已露，不可彌縫，遂用惠達爲光祿勳、中書舍人。寶夤既敗，人悉逃散，唯惠達等數人從之。寶夤語惠達曰：「人生富貴，左右咸言盡節，及遭厄難，乃知歲寒也。」

賀拔岳獲寶夤送洛，留惠達爲府祭酒，給其衣馬，即與參議。岳爲關中大行臺，以惠達爲從事中郎。嘗使至洛，魏孝武與惠達語及世難。惠達陳天下事勢，述岳有誠節，唯以憂國定亂爲事。言辭激切，帝甚嘉之。及還，具以白岳。岳曰：「人生於天，受命於君，豈有利人榮祿，而不憂其禍難？卿之所奏，實獲吾心。」自是更被親禮。岳每征討，恒命惠達居守。又轉岳府屬〔三〕。

岳爲侯莫陳悅所害，悅得惠達，欲官之。惠達辭以疾，不見許，乃遁入漢陽之麥積崖。悅平，惠達歸於太祖，即用秦州司馬〔四〕，安輯隴右。及太祖爲大都督總管兵起雍〔五〕，復以惠達爲府司馬，便委任焉。魏孝武詔太祖尚馮翊長公主，以惠達爲長史，赴洛陽奉迎。至潼關，遇孝武已西，即令惠達先〔六〕。太祖謂惠達曰：「昔周之東遷，晉鄭是依。今乘輿播越，降臨關右，吾雖猥當其任，而才愧昔人。卿宜勠力，共成功業，以取富貴也。」對曰：「惠達宦遊有年，屬明公一匡之運，富貴之事，非所敢望。但願明公威德加於天下，惠達得効其尺寸，則志願畢矣。」

太祖爲大將軍、大行臺，以惠達爲行臺尚書、大將軍府司馬，封文安縣子，邑三百户。太祖出鎮華州，留惠達知後事。于時既承喪亂，庶事多闕。惠達營造戎仗，儲積食糧，簡閱士馬，以濟軍國之務，時甚賴焉。爲安東將軍，拜太子少傅，進爵爲伯，增邑三百户。尋除中書令，進爵爲公，增邑通前九百户，加衞大將軍、左光禄大夫。

四年，兼尚書右僕射〔七〕。其年，太祖與魏文帝東征，惠達輔魏太子居守，總留臺事。惠達前後辭讓，帝手詔答曰：「西顧無憂，唯公是屬。蕭、寇之重，深所寄懷。」及邙山失律，人情駭動。趙青雀率東人據長安子城反，惠達奉太子出渭橋北以禦之。軍還，青雀等伏誅。拜吏部尚書。久之，復爲右僕射。

自關右草創，禮樂缺然。惠達與禮官損益舊章，至是儀軌稍備。魏文帝因朝奏樂，顧謂惠達曰：「此卿之功也。」尋拜儀同三司。

惠達雖居顯職，性謙退，善下人，盡心勤公，進拔良士。以此人皆敬而附之。十年，薨。子題嗣。隋開皇初，以惠達著績前代，追封蕭國公。

馮景字長明，少與惠達同志相友。延昌中〔八〕，梁人寇抄徐、揚，景謂蕭寶夤曰：「今梁寇憑淩，朝廷思靖邊之將。王若能先驅効命，非唯雪家國之恥，亦是保身之長策也。」寶夤深然之。及寶夤爲大都督，以景爲功曹參軍。後爲右僕射，引景入省，領尚書都令史。正光中，寶夤爲關西大行臺，又假景陵江將軍，領大行臺都令史，從寶夤征討。寶夤將舉兵反，景固諫，不從。

寶夤敗後，景還洛。朝廷先聞景有諫言，故免之。除奉車都尉。汝陽王元叔昭爲隴右大行臺，啓景爲行臺郎中。賀拔岳爲大都督，又以景爲從事中郎。太祖平侯莫陳悅，除景洛陽郡守〔九〕，尋兼行臺左丞，留守原州。魏孝武西遷，封高陽縣伯，邑三百户。遷散騎常侍、行臺尚書，加瀛州刺史。大統初，行涇州事。後以疾卒。

楊寬字景仁〔一〇〕，弘農華陰人也。祖恩，魏鎮遠將軍、河間内史〔一一〕。父鈞，博學彊識，舉秀才，拜大理平，轉廷尉正。累遷，歷洛陽令、左中郎將〔一二〕、華州大中正、河南尹、廷尉卿、安北將軍、七兵尚書、北道大行臺、恒州刺史、懷朔鎮將〔一三〕，卒於鎮。贈侍中、司空公，追封臨貞縣伯，謚曰恭。

寬少有大志，每與諸兒童遊處，必擇高大之物而坐之，見者咸異焉。及長，頗解屬文，尤尚武藝。弱冠，除奉朝請。屬鈞出鎮恒州，請從展効，乃改授將軍、高闕戍主。時茹茹既亂，其主阿那瓌來奔，魏帝遣使納之，詔鈞率兵衞送。寬亦從〔一四〕，以功拜行臺郎中。時北邊賊攻圍鎮城，鈞卒，城民等推寬守禦。尋而城陷，寬乃北走茹茹。後討鎮賊，破之，寬始得還朝。

魏廣陽王深與寬素相委昵，深犯法得罪，寬被逮捕。魏孝莊時爲侍中，與寬有舊，藏之於宅，遇赦得免。除宗正丞。北海王顥少相器重，時爲大行臺，北征葛榮，欲啓寬爲左右丞〔一五〕，與參謀議。寬辭以孝莊厚恩未報，義不見利而動。顥未之許。顥妹婿李神軌謂顥曰：「楊寬義士也，匹夫猶不可奪志，況義士乎。王今彊之以行，亦恐不爲人用。」顥乃止。孝莊踐阼，拜通直散騎侍郎，領河南尹丞，行洛陽令。

邢杲反，寬以都督從太宰、上黨王元天穆討平之。就拜通直散騎常侍。師未還，屬元顥自梁入洛，孝莊出居河內。天穆懼，計無所出，集諸將謀之。寬曰：「吴人輕跳，非王之敵。況懸軍深入，師老兵疲，彊弩之末，何能爲也。願徑取成皋，會兵伊洛，戮帶定襄，於是乎在。此事易同摧朽，王何疑焉。」天穆然之，乃引軍趣成皋，令寬與爾朱能爲後拒〔一六〕。尋以衆議不可，乃回赴石濟。寬夜行失道，後期。諸將咸言：「寬少與北海周旋，今不來矣。」天穆答曰：「楊寬非輕於去就者也，其所逗留，必有他故。吾當爲諸君保明之。」語訖，候騎白寬至。天穆撫髀而笑曰：「吾固知其必來。」遽出帳迎之，握其手曰：「是所望也。」即給牛三十頭、車五乘、綿絹一十五車、羊五十口。與天穆俱謁孝莊於太行，拜散騎常侍、安東將軍。仍爲都督，從平河内，進圍北中。

時梁將陳慶之爲顥兵守北門〔一七〕，天穆駐馬圍外，遣寬至城下説慶之。寬先自稱姓名，然後與語，備陳利害，勸令早降。慶之不答。久之，乃曰：「賢兄撫軍在此，頗欲相見。」寬答曰：「僕兄既力屈王威〔一八〕，迹淪逆黨，人臣之理，何煩相見。向所以先申姓名者，豈不知兄在彼乎。直以信不見疑，忠爲令德耳。僕之昆季，幸不待言。但當議良圖，自求多福。」天穆聞之，謂左右曰：「楊寬大異人，何至不惜形便如此。」自是彌敬重之。孝莊反正，拜中軍將軍、太府卿、華州大中正，封澄城縣伯，邑三百户。

爾朱榮被誅，其從弟世隆等擁部曲燒城門，出據河橋，還逼京師。進寬鎮北將軍、使持節、大都督，隨機扞禦。世隆謂寬曰：「豈忘太宰相知之深也？」寬答曰：「太宰見愛以禮，人臣之交耳。今日之事，事君常節。」世隆北走，寬追至河内。俄而爾朱兆陷洛陽，囚執孝莊帝。寬還洛不可，遂自成皋奔梁。至建業，聞孝莊帝弑崩，寬發哀盡禮。梁武義之，待之甚厚。尋而禮送還朝。至下邳，爾朱仲遠啓復寬官爵，留爲大行臺吏部尚書。孝武初，改授散騎常侍、驃騎將軍、給事黄門侍郎，監内典書事。時夏州戍兵數千人據兗州反，詔寬兼侍中，節度諸軍討平之。中尉綦儁與寬有宿憾，誣以他罪，劾之。孝武謂侍臣等曰：「楊寬清直，朕極知其無罪，但不能杜法官之奏耳。」事下廷尉，尋得申釋。又除黄門侍郎，兼武衛將軍。孝武與齊神武有隙，遂召募驍勇，廣增宿衛。以寬爲閤内大都督，專總禁旅。從孝武入關，兼吏部尚書。録從駕勳，進爵華山郡公，邑一千二百户。大統初，遷車騎大將軍、太子太傅、儀同三司[一八]。三年，使茹茹，迎魏文悼后。還，拜侍中、都督涇州諸軍事、涇州刺史。五年，除驃騎大將軍、開府儀同三司、都督東雍州諸軍事、東雍州刺史，即本州也。十年，轉河州刺史。十六年，兼大丞相府司馬。

朝議欲經略漢川，而梁宜豐侯蕭循固守南鄭。十七年，寬從大將軍達奚武討之。梁武陵王蕭紀遣將楊乾運率兵萬餘人救循，武令寬督開府王傑、賀蘭願德等邀擊之。軍至白馬，與乾運合戰，破之，俘斬數千人。軍還，除南豳州刺史。魏廢帝初，入爲尚書左僕射、將作大監，坐事免。魏恭帝二年，除廷尉卿。世宗初，拜大將軍，增邑一千二百户。從賀蘭祥討吐谷渾，破之，别封宜陽縣公，邑一千户。除小冢宰，轉御正中大夫。武成二年，詔寬與麟趾學士參定經籍。

寬性通敏，有器識。頻牧數州，號爲清簡[一九]。歷居臺閣，有當官之譽。然與柳慶不協，欲按成其罪，時論頗以此譏之。保定元年，除總管梁興等十九州諸軍事、梁州刺史。

其年，薨於州。贈華陝虞上潞五州刺史。謚曰元。子紀嗣。大象末，官至上儀同大將軍、虞部下大夫。

寬二兄，穆、儉。穆字紹叔。魏永安中，除華州別駕。孝武末，寬請以澄城縣伯讓穆，詔許之。仍拜中軍將軍、金紫光祿大夫，除車騎將軍、都督并州諸軍事、并州刺史。卒於家。贈驃騎大將軍、開府儀同三司、華州刺史。

儉字景則。偉容儀，有才行。魏正始中，起家侍御史，加奉朝請，遷員外散騎侍郎。孝昌中，除鎮遠將軍、頓丘太守。未及述職，元顥啓請隨軍。建義初，兼給事黃門侍郎、左將軍、太府少卿。元顥入洛，授撫軍將軍。孝莊反正，廢於家。尋拜散騎常侍、都督潁州諸軍事、潁州刺史。建明中，加征南將軍、金紫光祿大夫。孝武初，除衞將軍、北雍州刺史。政尚寬惠，夷夏安之。孝武西遷，除侍中、驃騎將軍。大統初，以本官行東秦州事，加使持節、當州大都督。從破齊神武於沙苑，封夏陽縣侯，邑八百户。七年，領大丞相府諮議參軍，出爲都督東雍華二州諸軍事、驃騎大將軍、開府儀同三司、華州刺史。八年，卒於家。贈本官，謚曰靜。

柳慶字更興，解人也。五世祖恭，仕後趙，爲河東郡守。後以秦、趙喪亂，乃率民南徙，居於汝、潁之間，故世仕江表。祖緝，宋同州別駕，宋安郡守〔二〇〕。父僧習，齊奉朝請。魏景明中，與豫州刺史裴叔業據州歸魏。歷北地、潁川二郡守、揚州大中正。

慶幼聰敏，有器量。博涉羣書，不治章句。好飲酒，閑於占對。年十三，因曝書，僧習謂慶曰：「汝雖聰敏，吾未經特試。」乃令慶於雜賦集中取賦一篇，千有餘言，慶立讀三徧，便即誦之，無所遺漏。時僧習爲潁川郡，地接都畿，民多豪右。將選鄉官，皆依倚貴勢，競來請託。選用未定〔二一〕。僧習謂諸子曰：「權貴請託，吾並不用。其使欲還，皆須有答。汝等各以意爲吾作書也。」慶乃具書草云：「下官受委大邦，選吏之日，有能者進，不肖者退。此乃朝廷恒典。」僧習讀書，歎曰：「此兒有意氣，丈夫理當如是。」即依慶所草以報。起家奉朝請。

慶出後第四叔，及遭父憂，議者不許爲服重。慶泣而言曰：「禮者蓋緣人情，若於出後之家，更有苴斬之服，可奪此從彼。今四叔薨背已久，情事不追。豈容奪禮，乖違天性！」時論不能抑，遂以苫凷終喪。既葬，乃與諸兄負土成墳。服闋，除中堅將軍。魏孝武將西遷〔二二〕，除慶散騎侍郎，馳傳入關。慶至高平見太祖，共論時事。太祖即請奉迎輿駕，仍命慶先還復命。時賀拔勝在荆州，帝屏左右，謂慶曰：「高歡已屯河北，關中兵既未至，朕欲往荆州，卿意何如？」慶對曰：「關中金城千里，天下之彊國也。宇文泰忠誠奮發，朝廷之良臣也。以陛下之聖明，仗宇文泰之力用，進可以東向而制羣雄，退可以閉關而固天府。此萬全之計也。荆州地非要害，衆又寡弱，外迫梁寇，内拒歡黨，斯乃危亡是懼，寧足以固鴻基？以臣斷之，未見其可。」帝深納之。

及帝西遷，慶以母老不從。獨孤信之鎮洛陽，乃得入關。除相府東閤祭酒，領記室，轉户曹參軍。八年，遷大行臺郎中，領北華州長史。十年，除尚書都兵，郎中如故，并領記室。

時北雍州獻白鹿，羣臣欲草表陳賀。尚書蘇綽謂慶曰：「近代以來，文章華靡，逮于江左，彌復輕薄。洛陽後進，祖述不已。相公柄民軌物，君職典文房，宜製此表，以革前弊。」慶操筆立成，辭兼文質。綽讀而笑曰：「枳橘猶自可移，況才子也。」尋以本官兼雍州别駕。

廣陵王元欣，魏之懿親。其甥孟氏，屢爲匈横。或有告其盜牛。慶捕推得實，趣令就禁。孟氏殊無懼容，乃謂慶曰：「今若加以桎梏，後復何以脱之？」欣亦遣使辨其無罪。孟氏由此益驕。慶於是大集僚吏，盛言孟氏依倚權戚侵虐之狀。言畢，便令笞殺之。此後貴戚斂手，不敢侵暴。

有賈人持金二十斤，詣京師交易，寄人停止。每欲出行，常自執管鑰。無何，緘閉不異而失之。謂是主人所竊〔二三〕，郡縣訊問，主人遂自誣服。慶聞而歎之，乃召問賈人曰：「卿鑰恒置何處？」對曰：「恒自帶之。」慶曰：「頗與人同宿乎？」曰：「無。」「與人同飲乎？」曰：「日者曾與一沙門再度酣宴，醉而晝寢。」慶曰：「主人特以痛自誣〔二四〕，非盜也。彼沙門乃真盜耳。」即遣吏逮捕，沙門乃懷金逃匿。後捕得，盡獲所失之金。十二年，改三十六曹爲十二部，詔以慶爲計部郎中，别駕如故。

有胡家被劫，郡縣按察，莫知賊所，隣近被囚繫者甚多。慶以賊徒既衆，似是烏合，既非舊交，必相疑阻，可以詐求之。乃作匿名書多牓官門曰：「我等共劫胡家，徒侶混雜，終恐泄露。今欲首，懼不免誅。若聽先首免罪，便欲來告。」慶乃復施免罪之牓。居二日，廣陵王欣家奴面縛自告牓下〔二五〕。因此推窮，盡獲黨與。慶之守正明察，皆此類也。每歎曰：「昔于公斷獄無私，闢高門可以待封。儻斯言有驗，吾其庶幾乎。」十三年，封清河縣男，邑二百户，兼尚書右丞，攝計部。十四年，正右丞〔二六〕。

太祖嘗怒安定國臣王茂，將殺之，而非其罪。朝臣咸知，而莫敢諫。慶乃進曰：「王茂無罪，奈何殺之？」太祖愈怒，聲色甚厲，謂慶曰：「王茂當死，卿若明其無罪，亦須坐之。」乃執慶於前。慶辭氣不撓，抗聲曰：「竊聞君有不達者爲不明，臣有不爭者爲不忠。慶謹竭愚誠，實不敢愛死，但懼公爲不明之君耳。願深察之。」太祖乃悟而赦茂，已不及矣。太祖默然。明日，謂慶曰：「吾不用卿言，遂令王茂冤死。可賜茂家錢帛，以旌吾過。」尋進爵爲子，增邑三百户。十五年，加平南將軍。十六年，太祖東討，以慶爲大行臺右丞，加撫軍將軍。還轉尚書右丞，加通直散騎常侍。魏廢帝初，除民部尚書。

慶威儀端肅，樞機明辨。太祖每發號令，常使慶宣之。天性抗直，無所回避。太祖亦以此深委仗焉。二年，授車騎大將軍、儀同三司。魏恭帝初，進位驃騎大將軍、開府儀同三司、尚書右僕射，轉左僕射，領著作。六官建，拜司會中大夫。孝閔帝踐阼，賜姓宇文氏，進爵平齊縣公，增邑通前一千五百户。

晉公護初攝政，欲引爲腹心。慶辭之，頗忤旨。又與楊寬有隙，及寬參知政事，慶遂見疎忌，出爲萬州刺史。世宗尋悟，留爲雍州別駕，領京兆尹。武成二年，除宜州刺史。慶自爲郎，迄于司會，府庫倉儲，並其職也。及在宜州，寬爲小冢宰，乃囚慶故吏，求其罪失。按驗積六十餘日，吏或有死於獄者，終無所言，唯得剩錦數匹〔二七〕。時人服其廉慎。保定三年，又入爲司會。

先是，慶兄檜爲魏興郡守，爲賊黄寶所害〔二八〕。檜子三人，皆幼弱，慶撫養甚篤。後寶率衆歸朝，朝廷待以優禮。居數年，檜次子雄亮白日手刃竇於長安城中。晉公護聞而大怒，執慶及諸子姪皆囚之。讓慶曰：「國家憲綱，皆君等所爲。雖有私怨，寧得擅殺人也！」對曰：「慶聞父母之讎不同天，昆弟之讎不同國。明公以孝治天下，何乃責於此乎。」護愈怒，慶辭色無所屈，卒以此免。天和元年十二月薨。時年五十，贈鄜綏丹三州刺史，謚曰景。子機嗣。

機字匡時，少有令譽，風儀辭令，爲當世所推。歷小納言、開府儀同三司、司宗中大夫。大象中，御正上大夫、華州刺史。

機弟弘，字匡道，少聰穎，亦善草隸〔二九〕，博涉羣書，辭彩雅贍。與弘農楊素爲莫逆之交。解巾中外府記室參軍。建德初，除内史上士，歷小宮尹、御正上士〔三〇〕。陳遣王偃民來聘，高祖令弘勞之。偃民謂弘曰：「來日，至於藍田，正逢滋水暴長，所齎國信，溺而從流。今所進者，假之從吏。請勒下流人，見爲追尋此物也〔三一〕。」弘曰：「昔淳于之獻空籠，前史稱以爲美。足下假物而進，詎是陳君之命乎。」偃民慙不能對。高祖聞而嘉之，盡以偃民所進之物賜弘，仍令報聘〔三二〕。占對詳敏，見稱於時。使還，拜内史都上士，遷御正下大夫。尋卒於官，時年三十一。高祖甚惜之。贈晉州刺史。楊素誄之曰：「山陽王弼，風流長逝。潁川荀粲，零落無時。修竹夾池，永絶梁園之賦；長楊映沼，無復洛川之文。」其爲士友所痛惜如此。有文集行於世。

慶三兄，鷟、虯、檜，虯、檜並自有傳。鷟好學，善屬文。魏臨淮王記室參軍事。早卒。

子帶韋，字孝孫。深沉有度量，少好學。身長八尺三寸，美風儀，善占對。韓賢素爲洛州刺史〔三三〕，召爲主簿。後與諸父歸朝，太祖辟爲參軍。

時侯景作亂江右，太祖令帶韋使江、郢二州，與梁邵陵、南平二王通好。行至安州，值假寶等反〔三四〕，帶韋乃矯爲太祖書以撫安之〔三五〕，並即降附。既至郢，見邵陵，具申太祖意。邵陵即使隨帶韋報命〔三六〕。以奉使稱旨，授轉輔國將軍、中散大夫。

十七年，太祖遣大將軍達奚武經略漢川，以帶韋爲治行臺左丞，從軍南討。時梁宜豐侯蕭循守南鄭，武攻之未拔。乃令帶韋入城説循曰：「足下所固者險，所恃者援，所守者民。今王師深入棧道，長驅漢川，此則所憑之險不足固也；武興陷没於前，白馬破亡於後，自餘川谷酋豪，路阻而不敢進，此則所望之援不可恃也；夫顧親戚，懼誅夷，貪榮慕利，此生人常也，今大兵總至，長圍四合，戮逃亡以勸安居，賞先降以招後服，人人懷轉禍之計，家家圖安堵之謀，此則所部之民不可守也。且足下本朝喪亂，社稷無主，盡忠將何所託，死節不足成名，竊爲足下不取也〔三七〕。僕聞賢者相時而動，智者因變立功。當今爲足下計者，莫若肉袒軍門，歸命下吏，免生民於塗炭，全髮膚於孝道。必當紆青拖紫，裂土分珪，名重當時，業光後嗣。豈若進退無據，身名俱滅者哉。」循然之，後乃降。

魏廢帝元年，出爲解縣令。二年，加授驃騎將軍、左光禄大夫。明年，轉汾陰令。發摘姦伏，百姓畏而懷之。世宗初，入爲地官上士。武成元年，授帥都督、治御伯下大夫，遷武藏下大夫。保定三年，授大都督。四年，加儀同三司、中外府掾。天和二年〔三八〕，封康城縣男，邑五百户，轉職方中大夫。三年，授兵部中大夫。雖頻徙職，仍領武藏。尋丁母憂。起爲職方中大夫。五年，轉武藏中大夫。俄遷驃騎大將軍、開府儀同三司。凡居劇職，十有餘年，處斷無滯，官曹清肅。

時譙王儉爲益州總管，漢王贊爲益州刺史。高祖乃以帶韋爲益州總管府長史，領益州別駕，輔弼二王，總知軍民事。建德中，大軍東討，徵帶韋爲前軍總管齊王憲府長史。齊平，以功授上開府儀同大將軍，進爵爲公，增邑一千户。陳王純出并州〔三九〕，以帶韋爲并州司會、并州總管府長史。六年，卒於位，時年五十五。謚曰愷。子祚嗣。少有名譽。大象末，宣納上士。

史臣曰：周惠達見禮於寶夤，楊寬荷恩於晉泰〔四〇〕。既而蕭氏獲罪，莊帝出居，遂能契闊寇戎，不以興亡革慮〔四一〕；崎嶇危難，不以夷險易心。斯固篤終之士。柳慶束帶立朝，懷匪躬之節；莅官從政，著清白之美。並遭逢興運，各展志能，譽重搢紳，望隆端揆，非虛云也。然慶畏避權寵，違忤宰臣，雖取詘於一時，實獲申於千載矣。

校勘記

〔一〕歷樂鄉平舒平成三縣令　「平成」，北史卷六三周惠達傳作「成平」。按魏書卷一〇六上地形志上瀛州章武郡領縣有「成平」「平舒」。惠達本章武文安人，其父爲本郡二縣令，似較可信。疑這裏作「平成」是倒誤。

〔二〕領軍元乂　「乂」，局本作「叉」。册府卷七二五明鈔本甲、明刻本作「乂」，明鈔本乙、丙作「乂」。按北魏元乂墓誌（趙萬里漢魏南北朝墓誌集釋圖版七八）云「公諱乂，字伯儁，河南洛陽人也」，與魏書卷一六、北史卷一六元叉傳相合，知元乂與元叉爲一人。疑作「乂」誤，然「叉」「乂」未知孰是。今不改。下「元乂」同，不再出校。

〔三〕又轉岳府屬　北史卷六三周惠達傳作「惠達爲岳府屬，岳爲侯莫陳悦所害」。知「屬」字連上讀，「府屬」連文。惠達先由岳府祭酒轉關中大行臺從事中郎。從事中郎屬於行臺，雖同爲賀拔岳的屬官，府與臺却有區别。這時又由行臺屬官轉府屬。

〔四〕即用秦州司馬　册府卷七六六「用」下有「爲」字。按文義當有「爲」字，疑周書傳本脱去。

〔五〕及太祖爲大都督總管兵起雍　張森楷云：「太祖紀無爲總管事，兵亦不起雍，此五字上下蓋有挩誤。」疑「管」字衍，「起」當作「赴」。周書卷一文帝紀上稱「禦（梁禦）遂入雍州。魏帝……進太祖……關西大都督」。宇文泰本在秦隴，孝武帝爲了牽制高歡，「令太祖稍引軍而東」，得了雍州，被任爲關西大都督，即在長安開府，所以説「爲大都督，總兵赴雍」。

〔六〕即令惠達先　册府卷七六六「先」下有「見」字，較長。

〔七〕四年兼尚書右僕射　北史卷六三周惠達傳「四年」上有「大統」二字。這裏不標明年號，不知是何四年。疑上有脱文。

〔八〕延昌中　「昌」，原作「景」。張森楷云：「『景』當作『昌』。」今改正。

〔九〕除景洛陽郡守　張森楷云：「『洛』疑當作『略』，以略陽是隴右地，而洛陽非宇文泰此時所有。」

〔一〇〕字景仁　「景」，北史卷四一楊敷傳附楊寬傳、新唐書卷七一下宰相世系表一下作「蒙」。

〔一一〕祖恩魏鎮遠將軍河間内史　「内史」，魏書卷五八楊播傳附楊鈞傳、北史卷四一楊敷傳、新唐書卷七一下宰相世系表一下作「太守」。按郡稱太守，王國稱内史。今不知恩任職在何時，河間爲郡爲國無可考。

〔一三〕左中郎將　「將」下原有「軍」字。張森楷云：「左中郎無將軍之名，『軍』字衍文。」今據删。

〔一四〕懷朔鎮將　「將」下原有「軍」字，據北史卷四一楊敷傳附楊寬傳删。張森楷以爲「軍」字衍。

〔一五〕寬亦從　北史卷四一楊敷傳附楊寬傳、册府卷九〇〇「從」下有「行」字，較長。

〔一六〕欲啓寬爲左右丞　「左右丞」，北史卷四一楊敷傳附楊寬傳作「左丞」，無「右」字。

〔一七〕令寬與爾朱能爲後拒　「能」，北史卷四一楊敷傳附楊寬傳、御覽卷三〇二引後周書作「兆」。按「爾朱能」不見其他紀載，疑「能」爲「兆」之訛。

〔一八〕時梁將陳慶之爲顥兵守北門　北史卷四一楊敷傳附楊寬傳「兵」上有「勒」字，較長。

〔一九〕僕兄既力屈王威　「王」，原作「凶」，據三朝本、南監本、北監本、汲本、册府卷三七三改。張元濟云：「『王』指北海王顥，言時楊寬兄儉爲顥撫軍將軍。」殿本當據北史卷四一楊敷傳附楊寬傳改，局本從殿本。

〔二〇〕號爲清簡　「爲」，三朝本、南監本、北監本、汲本、局本、北史卷四一楊敷傳附楊寬傳都作「稱」。按作「爲」亦通，今不改。

〔二一〕祖緒宋同州別駕宋安郡守　第一個「宋」字，三朝本、南監本、北監本、汲本作「守」。北史卷六四柳虯傳此句作「祖緝，宋州別駕、宋安郡守」。又西魏乙弗（柳）虬墓誌（見陝西西安西魏乙弗虬及夫人隋代席氏合葬墓發掘簡報）見「祖緝，宋安郡守、義陽内史」，且新唐書卷七三上宰相世系表三上亦記五世祖柳恭曾孫「緝，宋州別駕」。可知「縎」爲「緝」之誤。按宋無「同州」。宋安郡見宋書卷三六州郡志二司州義陽太守環水長條，郡是宋明帝所立，在宋屬司州。據州郡志宋明帝時的司州僑置於南豫州之義陽郡，宋安郡即從義陽分置。據此，本條「同州」實爲「司州」之訛，北史脱「司」字，諸本作「守」是「宋」之形訛。柳緝當是以司州別駕帶宋安郡守。

〔二一〕選用未定　「未」，北史卷六四柳虯傳附柳慶傳作「既」。

〔二二〕魏孝武將西遷　「遷」，原作「還」，據三朝本、南監本、北監本、汲本、局本、北史卷六四柳虯傳附柳慶傳改。

〔二三〕謂是主人所竊　「是」，原脱，據御覽卷二六三、卷六三九引後周書及册府卷六九五補。按三朝本、南監本、北監本、汲本作「謂是人所竊」，無「主」字。北史卷六四柳虯傳附柳慶傳作「謂主人所竊」，無「是」字。殿本當據北史改，局本從之。周書諸本雖脱「主」字，然可證原有「是」字。

〔二四〕主人特以痛自誣　「痛」，原作「病」，據三朝本、南監本、局本、御覽卷二六三與卷六三九引後周書、册府卷六九五改。張森楷、張元濟都以爲「病」字誤。

〔二五〕廣陵王欣家奴　「陵」，原作「陽」，據北史卷六四柳虯傳附柳慶傳改。張森楷云：「即上文之廣陵王欣也。按欣是廣陵惠王羽孫，則嗣廣陵，非廣陽也。『陽』字誤。北史是『陵』字。」按廣陵王元欣見周書卷一六傳末與卷三八元偉傳末。

〔二六〕兼尚書右丞攝計部十四年正右丞　北史卷六四柳虯傳附柳慶傳作「除尚書左丞攝計部」。通鑑卷一六一梁紀一七太清二年（五四八）記柳慶進諫宇文泰殺安定國臣王茂事，亦稱其爲「尚書左丞」。然本傳下文又云：「十六年，太祖東討，以慶爲大行臺右丞，加撫軍將軍。還轉尚書右丞。」而卷四六孝義柳檜傳載「弟慶爲尚書左丞」，正是大統十六（五五〇）、十七年事，「左」「右」也不同，未知孰是。

〔二七〕唯得剩錦數匹　「剩」，三朝本、北史卷六四柳虯傳附柳慶傳與册府卷四六二都作「乘」，汲本、局本作「𠄟」，同「剩」。張元濟云：「『乘』可作覆解。剩，餘也。府庫不應有餘，有餘必有缺。『乘錦』猶言覆巾。」按「剩」字較長，言不但無缺失，且有剩餘。張云府庫不應有餘，殊爲武斷，出納之間，尺寸贏縮是可以有剩的。唐代所謂回殘剩利且成爲財政收入的一種項目。但「乘錦」也可能如張説或有其他解釋。

〔二八〕爲賊黄寶所害　「黄寶」，周書卷四四泉企傳附泉仲遵傳、卷四六柳檜傳、北史卷六四柳虯傳附柳慶傳作「黄衆寶」。按此乃雙名單稱。

〔二九〕亦善草隸　北史卷六四柳虯傳附柳弘傳、御覽卷四〇八引後周書作「工草隸」。按上面没有説誰善草隸，這裏「亦」字前無所承。考北史柳虯傳稱：「父僧習，善隸書。」即柳弘之祖，所以説弘「亦善草隸」。周書既分傳柳虯弟兄，於柳慶傳中不載「僧習，善隸書」，這裏的「亦」字就不可通。北史柳氏弟兄子姪合爲一傳，却於此反改作「工草隸」。大抵柳氏諸傳多據子孫家狀，周書分列數卷，致有此誤，今不改。

〔三〇〕御正上士　「御」，原作「卿」，據三朝本、南監本、北監本、汲本、局本改。張元濟以爲「卿」字誤，云：「見盧辯傳（卷二四）。」按北史卷六四柳虯傳附柳弘傳、册府卷六二一都作「御」。

〔三一〕請勒下流人見爲追尋此物也　册府卷六二一「流」下無「人見」二字。

〔三二〕仍令報聘　「仍」，原作「乃」，據三朝本、南監本、北史卷六四柳虯傳附柳弘傳、册府卷六二一改。張元濟以爲「乃」字誤。

〔三三〕韓賢素爲洛州刺史　按北齊書卷一九韓賢傳，賢字普賢，天平初爲洛州刺史，似即此人。此處衍一「素」字。柳慶歸西魏，在獨孤信入洛之後，即天平中。

〔三四〕值假賓等反　「假」，北史卷六四柳虯傳附柳帶韋傳百衲本、殿本作「段」，局本作「叚」。疑是。

〔三五〕乃矯爲太祖書以撫安之　「安」，原作「定」，據三朝本、南監本、北監本、汲本、局本、北史卷六四柳虯傳附柳帶韋傳、册府卷六六二改。

〔三六〕邵陵即使隨帶韋報命　「使」，原作「時」，據三朝本、册府卷六六二改。按作「使」是，若作「時」，像是蕭綸自己隨帶韋報命。

〔三七〕竊爲足下不取也　「取」，原作「敢」，據三朝本、南監本、北監本、汲本、局本改。

〔三八〕天和二年 「二」，原作「六」，據局本、北史卷六四柳虯傳附柳帶韋傳改。按下文紀年有「三年」「五年」，其後稱譙王儉爲益州總管，據周書卷五武帝紀上事在天和五年（五七〇），知「三年」「五年」也都是天和三年、五年，其前不能有「六年」。

〔三九〕陳王純出并州 北史卷六四柳虯傳附柳帶韋傳「出」下有「鎮」字，疑這裏脱「鎮」字。

〔四〇〕楊寬荷恩於晉泰 張森楷云：「『晉』疑當作『普』。」按「普泰」是節閔帝年號。據本傳楊寬被逮捕，「魏孝莊時爲侍中，與寬有舊，藏之於宅」。以後楊寬不受北海王顥左右丞之召，「辭以孝莊厚恩未報」，傳論下面也明云「莊帝出居」，和節閔帝全無干涉。其因廣陽王淵犯法牽連，事更在前，不是「普泰」中事。這裏的「晉」雖是「普」之訛，但作「普泰」也不合事實。今不改。

〔四一〕不以興亡革慮 「亡」，原作「王」，據三朝本、南監本改。張元濟以爲「王」字誤，是。

周書卷二十三

列傳第十五

蘇綽

蘇綽字令綽，武功人，魏侍中則之九世孫也。累世二千石。父協，武功郡守。

綽少好學，博覽羣書，尤善筭術。從兄讓爲汾州刺史〔一〕，太祖餞於東都門外。臨別，謂讓曰：「卿家子弟之中，誰可任用者？」讓因薦綽。太祖乃召爲行臺郎中。在官歲餘，太祖未深知之。然諸曹疑事，皆詢於綽而後定。所行公文，綽又爲之條式。臺中咸稱其能。後太祖與僕射周惠達論事，惠達不能對，請出外議之。乃召綽，告以其事，綽即爲量定。惠達入呈，太祖稱善，謂惠達曰：「誰與卿爲此議者？」惠達以綽對，因稱其有王佐之才。太祖曰：「吾亦聞之久矣。」尋除著作佐郎。

屬太祖與公卿往昆明池觀漁，行至城西漢故倉地〔二〕，顧問左右，莫有知者。或曰：「蘇綽博物多通，請問之。」太祖乃召綽。具以狀對。太祖大悦，因問天地造化之始，歷代興亡之迹。綽既有口辯，應對如流。太祖益喜。乃與綽並馬徐行至池，竟不設網罟而還。遂留綽至夜，問以治道，太祖卧而聽之。綽於是指陳帝王之道，兼述申韓之要。太祖乃起，整衣危坐，不覺膝之前席。語遂達曙不厭。詰朝，謂周惠達曰：「蘇綽真奇士也，吾方任之以政。」即拜大行臺左丞，參典機密。自是寵遇日隆。綽始制文案程式，朱出墨入，及計帳、户籍之法。

大統三年，齊神武三道入寇，諸將咸欲分兵禦之，獨綽意與太祖同。遂併力拒竇泰，擒之於潼關。四年，加衞將軍、右光禄大夫，封美陽縣子，邑三百户。加通直散騎常侍，進爵爲伯，增邑二百户。十年，授大行臺度支尚書〔三〕，領著作，兼司農卿。

太祖方欲革易時政，務弘彊國富民之道，故綽得盡其智能，贊成其事。減官員，置二長，并置屯田以資軍國。又爲六條詔書，奏施行之。其一，先治心，曰：

凡今之方伯守令，皆受命天朝，出臨下國，論其尊貴，並古之諸侯也。是以前世帝王，每稱共治天下者，唯良宰守耳。明知百僚卿尹，雖各有所司，然其治民之本，莫若宰守之最重也。凡治民之體，先當治心。心者，一身之主，百行之本。心不清淨，則思慮妄生。思慮妄生，則見理不明。見理不明，則是非謬亂。是非謬亂，則一身不能自治，安能治民也！是以治民之要，在清心而已。夫所謂清心者，非不貪貨財之謂也，乃欲使心氣清和，志意端靜。心和志靜，則邪僻之慮，無因而作。邪僻不作，則凡所思念，無不皆得至公之理。率至公之理以臨其民，則彼下民孰不從化。是以稱治民之本，先在治心。

其次又在治身。凡人君之身者，乃百姓之表，一國之的也。表不正，不可求直影；的不明，不可責射中。今君身不能自治，而望治百姓，是猶曲表而求直影也；君行不能自脩，而欲百姓脩行者，是猶無的而責射中也。故爲人君者，必心如清水，形如白玉。躬行仁義，躬行孝悌，躬行忠信，躬行禮讓，躬行廉平，躬行儉約，然後繼之以無倦，加之以明察。行此八者，以訓其民。是以其人畏而愛之，則而象之，不待家教日見而自興行矣。

其二，敦教化，曰：

天地之性，唯人爲貴。明其有中和之心，仁恕之行，異於木石，不同禽獸，故貴之耳。然性無常守，隨化而遷。化於敦樸者，則質直；化於澆僞者，則浮薄。浮薄者，則衰弊之風；質直者，則淳和之俗。衰弊則禍亂交興，淳和則天下自治。治亂興亡，無不皆由所化也。

然世道彫喪，已數百年。大亂滋甚，且二十歲。民不見德，唯兵革是聞；上無教化，惟刑罰是用。而中興始爾，大難未平，加之以師旅，因之以饑饉，凡百草創，率多權宜。致使禮讓弗興，風俗未改。比年稍登稔，徭賦差輕，衣食不切，則教化可脩矣。凡諸牧守令長，宜洗心革意，上承朝旨，下宣教化矣。

夫化者，貴能扇之以淳風，浸之以太和，被之以道德，示之以朴素。使百姓亹亹，中遷於善〔四〕，邪僞之心，嗜慾之性，潛以消化，而不知其所以然，此之謂化也。然後教之以孝悌，使民慈愛；教之以仁順，使民和睦；教之以禮義，使民敬讓。慈愛則不遺其親，和睦則無怨於人，敬讓則不競於物。三者既備，則王道成矣。此之謂教也。先王之所以移風易俗，還淳反素，垂拱而治天下以至太平者，莫不由此。此之謂要道也。

其三，盡地利，曰：

人生天地之間，以衣食爲命。食不足則饑，衣不足則寒。饑寒切體，而欲使民興行禮讓者，此猶逆坂走丸，勢不可得也。是以古之聖王，知其若此，故先足其衣食，然後教化隨之。夫衣食所以足者，在於地利盡。地利所以盡者，由於勸課有方。主此教者，在乎牧守令長而已。民者冥也，智不自周，必待勸教，然後盡其力。諸州郡縣，每至歲首，必戒敕部民，無問少長，但能操持農器者，皆令就田，墾發以時，勿失其所。及布種既訖，嘉苗須理，麥秋在野，蠶停於室，若此之時，皆宜少長悉力，男女併功，若援溺、救火、寇盜之將至〔五〕，然後可使農夫不廢其業，蠶婦得就其功。若有遊手怠惰，早歸晚出，好逸惡勞，不勤事業者，則正長牒名郡縣，守令隨事加罰，罪一勸百。此則明宰之教也。

夫百畝之田，必春耕之，夏種之，秋收之，然後冬食之。此三時者，農之要也。若失其一時，則穀不可得而食。故先王之戒曰：「一夫不耕，天下必有受其饑者；一婦不織，天下必有受其寒者。」若此三時不務省事〔六〕，而令民廢農者，是則絶民之命，驅以就死然。單劣之户，及無牛之家，勸令有無相通，使得兼濟。三農之隙，及陰雨之暇，又當教民種桑、植果，藝其菜蔬，脩其園圃，畜育雞豚，以備生生之資，以供養老之具〔七〕。

夫爲政不欲過碎，碎則民煩；勸課亦不容太簡，簡則民怠。善爲政者，必消息時宜而適煩簡之中。故詩曰：「不剛不柔，布政優優，百禄是求。」如不能爾，則必陷於刑辟矣。

其四，擢賢良，曰：

天生蒸民，不能自治，故必立君以治之。人君不能獨治，故必置臣以佐之。上至帝王，下及郡國，置臣得賢則治，失賢則亂，此乃自然之理，百王不能易也。

今刺史守令，悉有僚吏，皆佐治之人也。刺史府官則命於天朝，其州吏以下，並牧守自置。自昔以來，州郡大吏，但取門資，多不擇賢良；末曹小吏，唯試刀筆，並不問志行。夫門資者，乃先世之爵祿，無妨子孫之愚瞽；刀筆者，乃身外之末材，不廢性行之澆僞。若門資之中而得賢良，是則策騏驥而取千里也；若門資之中而得愚瞽，是則土牛木馬，形似而用非，不可以涉道也。若刀筆之中而得志行，是則金相玉質，内外俱美，實爲人寶也；若刀筆之中而得澆僞，是則飾畫朽木，悦目一時，不可以充榱椽之用也。今之選舉者，當不限資蔭，唯在得人。苟得其人，自可起厮養而爲卿相，伊尹、傅説是也，而況州郡之職乎。苟非其人，則丹朱、商均雖帝王之胤，不能守百里之封，而況於公卿之胄乎。由此而言，觀人之道可見矣〔八〕。

凡所求材藝者，爲其可以治民。若有材藝而以正直爲本者，必以其材而爲治也；若有材藝而以姦僞爲本者，將由其官而爲亂也，何治之可得乎。是故將求材藝，必先擇志行。其志行善者，則舉之；其志行不善者，則去之。

而今擇人者多云「邦國無賢，莫知所舉」。此乃未之思也，非適理之論。所以然者，古人有言：明主聿興，不降佐於昊天；大人基命，不擢才於后土。常引一世之人，治一世之務。故殷、周不待稷、契之臣，魏、晉無假蕭、曹之佐。仲尼曰：「十室之邑，必有忠信如丘者焉。」豈有萬家之都，而云無士，但求之不勤，擇之不審，或用之不得其所，任之不盡其材，故云無耳。古人云：「千人之秀曰英，萬人之英曰儁。」今之智效一官，行聞一邦者，豈非近英儁之士也。但能勤而審察，去虛取實，各得州郡之最而用之，則民無多少，皆足治矣。孰云無賢！

夫良玉未剖，與瓦石相類；名驥未馳，與駑馬相雜〔九〕。及其剖而瑩之，馳而試之，玉石駑驥，然後始分。彼賢士之未用也，混於凡品，竟何以異。要任之以事業，責之以成務，方與彼庸流較然不同。昔吕望之屠釣，百里奚之飯牛，甯生之扣角，管夷吾之三敗，當此之時，悠悠之徒，豈謂其賢。及升王朝，登霸國，積數十年，功成事立，始識其奇士也。於是後世稱之，不容於口。彼瓌偉之材，不世之傑，尚不能以未遇之時，自異於凡品，況降此者哉。若必待太公而後用，是千載無太公；必待夷吾而後任，是百世無夷吾。所以然者，士必從微而至著，功必積小以至大，豈有未任而已成，不用而先達也。若識此理，則賢可求，士可擇。得賢而任之，得士而使之，則天下之治，何向而不可成也。

然善官人者必先省其官。官省，則善人易充，善人易充，則事無不理；官煩，則必雜不善之人，雜不善之人，則政必有得失。故語曰：「官省則事省，事省則民清；官煩則事煩，事煩則民濁。」清濁之由，在於官之煩省。案今吏員，其數不少。昔民殷事廣，尚能克濟，況今户口減耗，依員而置，猶以爲少。如聞在下州郡，尚有兼假，擾亂細民，甚爲無理。諸如此輩，悉宜罷黜，無得習常。

非直州郡之官，宜須善人，爰至黨族閭里正長之職，皆當審擇，各得一鄉之選，以相監統。夫正長者，治民之基。基不傾者，上必安。

凡求賢之路，自非一途。然所以得之審者，必由任而試之，考而察之。起於居家，至於鄉黨，訪其所以，觀其所由，則人道明矣，賢與不肖别矣。率此以求，則庶無愆悔矣。

其五，卹獄訟，曰：

人受陰陽之氣以生，有情有性。性則爲善，情則爲惡。善惡既分，而賞罰隨焉。賞罰得中，則惡止而善勸；賞罰不中，則民無所措手足。民無所措手足，則怨叛之心生。是以先王重之，特加戒慎。夫戒慎者，欲使治獄之官，精心悉意，推究事源。先之以五聽，參之以證驗，妙覩情狀，窮鑒隱伏，使姦無所容，罪人必得。然後隨事加刑，輕重皆當，赦過矜愚，得情勿喜。又能消息情理，斟酌禮律，無不曲盡人心，遠明大教，使獲罪者如歸。此則善之上也。然宰守非一，不可人人皆有通識，推理求情，時或難盡。唯當率至公之心，去阿枉之志，務求曲直，念盡平當。聽察之理，必窮所見，然後栲訊以法，不苛不暴，有疑則從輕，未審不妄罰，隨事斷理，獄無停滯。此亦其次。若乃不仁恕而肆其殘暴〔一〇〕，同民木石，專任捶楚。巧詐者雖事彰而獲免，辭弱者乃無罪而被罰。有如此者，斯則下矣，非共治所寄。今之宰守，當勤於中科，而慕其上善。如在下條，則刑所不赦。

又當深思遠大，念存德教。先王之制曰：與殺無辜，寧赦有罪；與其害善，寧其利淫。明必不得中，寧濫捨有罪，不謬害善人也。今之從政者則不然。深文巧劾，寧致善人於法，不免有罪於刑。所以然者，皆非好殺人也〔一一〕，但云爲吏寧酷，可免後患。此則情存自便，不念至公，奉法如此，皆姦人也。夫人者，天地之貴物，一死不可復生。然楚毒之下，以痛自誣，不被申理，遂陷刑戮者，將恐往往而有。是以自古以來，設五聽三宥之法，著明慎庶獄之典，此皆愛民甚也。凡伐木殺草，田獵不順，尚違時令，而虧帝道；況刑罰不中，濫害善人，寧不傷天心、犯和氣也！天心傷，和氣損，而欲陰陽調適，四時順序，萬物阜安，蒼生悦樂者，不可得也。故語曰，一夫吁嗟，王道爲之傾覆，正謂此也。凡百宰守，可無慎乎。

若有深姦巨猾，傷化敗俗，悖亂人倫，不忠不孝，故爲背道者，殺一利百〔一二〕，以清王化，重刑可也。識此二途，則刑政盡矣。

其六，均賦役，曰：

聖人之大寶曰位。何以守位曰仁，何以聚人曰財。明先王必以財聚人〔一三〕，以仁守位。國而無財，位不可守。是故三五以來〔一四〕，皆有征税之法。雖輕重不同，而濟用一也。今逆寇未平，軍用資廣，雖未遑減省，以卹民瘼，然令平均，使下無匱〔一五〕。夫平均者，不捨豪彊而徵貧弱，不縱姦巧而困愚拙，此之謂均也。故聖人曰：「蓋均無貧。」

然財貨之生，其功不易。織紝紡績，起於有漸，非旬日之間，所可造次。必須勸課，使預營理。絹鄉先事織紝，麻土早脩紡績。先時而備，至時而輸，故王賦獲供，下民無困。如其不預勸戒，臨時迫切，復恐稽緩，以爲己過，捶扑交至，取辦目前。富商大賈，緣兹射利，有者從之貴買，無者與之舉息〔一六〕。輸税之民，於是弊矣。

租税之時，雖有大式，至於斟酌貧富，差次先後，皆事起於正長，而繫之於守令。

若斟酌得所，則政和而民悅；若檢理無方，則吏姦而民怨。又差發徭役，多不存意。致令貧弱者或重徭而遠戍，富彊者或輕使而近防。守令用懷如此，不存卹民之心，皆王政之罪人也。

太祖甚重之，常置諸座右。又令百司習誦之。其牧守令長，非通六條及計帳者，不得居官。

自有晉之季，文章競爲浮華，遂成風俗。太祖欲革其弊，因魏帝祭廟，羣臣畢至，乃命綽爲大誥，奏行之。其詞曰：

惟中興十有一年，仲夏，庶邦百辟，咸會於王庭。柱國泰洎羣公列將〔一七〕，罔不來朝。時迺大稽百憲，敷于庶邦，用綏我王度。皇帝曰：「昔堯命羲和，允釐百工。舜命九官，庶績咸熙。武丁命説，克號高宗。時惟休哉，朕其欽若。格爾有位，胥暨我太祖之庭，朕將丕命女以厥官。」

六月丁巳，皇帝朝格於太廟，凡厥具僚，罔不在位。

皇帝若曰：「咨我元輔、羣公、列將、百辟、卿士、庶尹、御事，朕惟寅敷祖宗之靈命，稽于先王之典訓，以大誥于爾在位。昔我太祖神皇，肇膺明命，以創我皇基。烈祖景宗，廓開四表，底定武功。暨乎文祖，誕敷文德，龔惟武考，不霣其舊。自時厥後，陵夷之弊，用興大難于彼東丘，則我黎人，咸墜塗炭。惟台一人，纘戎下武，夙夜祗畏，若涉大川，罔識攸濟。是用稽於帝典，揆於王廷〔一八〕，拯我民瘼。惟彼哲王，示我通訓〔一九〕，曰天生蒸民，罔克自乂，上帝降鑒叡聖，植元后以乂之。惟時元后弗克獨乂，博求明德，命百辟羣吏以佐之。肆天之命辟，辟之命官，惟以卹民，弗惟逸念〔二〇〕。辟惟元首，庶黎惟趾，股肱惟弼。上下一體，各勤攸司，茲用克臻於皇極。故其彝訓曰：『后克艱厥后，臣克艱厥臣，政迺乂。』今台一人，膺天之嘏，既陟元后。股肱百辟又服我國家之命〔二一〕，罔不咸守厥職。嗟夫，后弗艱厥后，臣弗艱厥臣，於政何弗斁〔二二〕，嗚呼艱哉！凡爾在位，其敬聽命。」

皇帝若曰：「柱國，唯四海之不造，載緜二紀。天未絕我太祖列祖之命〔二三〕，用錫我以元輔。國家將墜，公惟棟梁。皇之弗極，公惟作相〔二四〕。百揆亹度，公惟大録。公其允文允武，克明克乂〔二五〕，迪七德，敷九功，龕暴除亂，下綏我蒼生，旁施於九土。若伊之在商，周之有呂，說之相丁，用保我無疆之祚。」

皇帝若曰：「羣公、太宰、太尉、司徒、司空，惟公作朕鼎足，以弼乎朕躬。宰惟天官，克諧六職。尉惟司武，武在止戈。徒惟司衆，敬敷五教。空惟司土，利用厚生。惟時三事，若三階之在天；惟茲四輔，若四時之成歲。天工人其代諸。」

皇帝若曰：「列將，汝惟鷹揚，作朕爪牙，寇賊姦宄，蠻夷猾夏，汝徂征，綏之以惠，董之以威。刑期於無刑，萬邦咸寧。俾八表之內，莫違朕命，時汝功。」

皇帝若曰：「庶邦列辟，汝惟守土，作民父母。民惟不勝其饑，故先王重農；不勝其寒，故先王貴女功。民之不率於孝慈，則骨肉之恩薄；弗惇於禮讓，則爭奪之萌生。惟茲六物，寔爲教本。嗚呼！爲上在寬，寬則民怠。齊之以禮，不剛不柔，稽極於道。」

皇帝若曰：「卿士、庶尹、凡百御事，王省惟歲，卿士惟月，庶尹惟日，御事惟時。歲月日時，罔易其度，百憲咸貞，庶績其凝。嗚呼！惟若王官，陶均萬國，若天之有斗，斟元氣，酌陰陽，弗失其和，蒼生永賴；悖其序，萬物以傷。時惟艱哉！」

皇帝若曰：「惟天地之道，一陰一陽；禮俗之變，一文一質。爰自三五，以迄於茲，匪惟相革，惟其救弊，匪惟相襲，惟其可久。惟我有魏，承乎周之末流，接秦漢遺弊，襲魏晉之華誕，五代澆風，因而未革，將以穆俗興化，庸可暨乎。嗟我公輔、庶僚、列侯，朕惟否德，其一心力，祗慎厥艱，克遵前王之丕顯休烈，弗敢怠荒。咨爾在位，亦協乎朕心，惇德允元，惟厥難是務。克捐厥華，即厥實，背厥僞，崇厥誠。勿愆勿忘〔二六〕，一乎三代之彝典，歸於道德仁義，用保我祖宗之丕命。荷天之休，克綏我萬方，永康我黎庶。戒之哉！戒之哉！朕言不再。」

柱國泰洎庶僚百辟拜手稽首曰：「『亶聰明作元后，元后作民父母。』惟三五之王，率繇此道，用臻於刑措。自時厥後，歷千載而未聞。惟帝念功，將反叔世，逖致於雍〔二七〕。庸錫降丕命于我羣臣。博哉王言，非言之難，行之實難。罔不有初，鮮克有終。商書曰：『終始惟一，德迺日新。』惟帝敬厥始，慎厥終，以躋日新之德，則我羣臣，敢不夙夜對揚休哉。惟茲大誼，未光於四表，以邁種德，俾九域幽遐，咸昭奉元后之明訓，率遷於道，永膺無疆之休。」

帝曰：「欽哉。」

自是之後，文筆皆依此體。

綽性儉素，不治產業，家無餘財。以海內未平，常以天下爲己任。博求賢俊，共弘治道，凡所薦達，皆至大官。太祖亦推心委任，而無間言。太祖或出遊，常預署空紙以授綽，若須有處分，則隨事施行，及還，啓之而已〔二八〕。綽嘗謂治國之道，當愛民如慈父，訓民如嚴師。每與公卿議論，自晝達夜，事無巨細，若指諸掌。積思勞倦，遂成氣疾。十二年，卒於位，時年四十九。

太祖痛惜之，哀動左右。及將葬，乃謂公卿等曰〔二九〕：「蘇尚書平生謙退，敦尚儉約。

吾欲全其素志，便恐悠悠之徒，有所未達；如其厚加贈謚，又乖宿昔相知之道。進退惟谷，孤有疑焉。」尚書令史麻瑶越次而進曰：「昔晏子，齊之賢大夫，一狐裘三十年。及其死也，遺車一乘〔三〇〕。齊侯不奪其志。綽既操履清白，謙挹自居，愚謂宜從儉約，以彰其美。」太祖稱善，因薦瑶於朝廷。及綽歸葬武功，唯載以布車一乘。太祖與羣公，皆步送出同州郭門外。太祖親於車後酹酒而言曰：「尚書平生爲事，妻子兄弟不知者，吾皆知之。惟爾知吾心，吾知爾意。方欲共定天下，不幸遂捨我去，柰何！」因舉聲慟哭，不覺失巵於手。至葬日，又遣使祭以太牢，太祖自爲其文。

綽又著佛性論、七經論，並行於世。明帝二年，以綽配享太祖廟庭。子威嗣。

威少有父風，襲爵美陽伯。娶晉公護女新興公主，拜車騎大將軍、儀同三司，進爵懷道縣公。建德初，稍遷御伯下大夫〔三一〕。大象末，開府儀同大將軍。

隋開皇初，以綽著名前代，乃下詔曰：「昔漢高欽無忌之義，魏武挹子幹之風，前代名賢，後王斯重。魏故度支尚書、美陽伯蘇綽，文雅政事，遺跡可稱。展力前王，垂聲著績。宜開土宇，用旌善人。」於是追封邳國公，邑二千户。

綽弟椿，字令欽。性廉慎，沉勇有決斷。正光中，關右賊亂，椿應募討之，授盪寇將軍。累功遷奉朝請〔三三〕、厲威將軍、中散大夫，賜爵美陽子，加都督、持節、平西將軍、太中大夫。大統初，拜鎮東將軍、金紫光祿大夫，賜姓賀蘭氏。四年，出爲武都郡守。改授西夏州長史，除帥都督，行弘農郡事。

椿當官彊濟〔三三〕，特爲太祖所知。十四年，置當州鄉帥〔三四〕，自非鄉望允當衆心，不得預焉。乃令驛追椿領鄉兵。其年，破槃頭氏有功〔三五〕，除散騎常侍，加大都督。十六年，征隨郡，軍還，除武功郡守。既爲本邑，以清儉自居，小大之政，必盡忠恕。尋授使持節、車騎大將軍、儀同三司，進爵爲侯。武成二年，進位驃騎大將軍、開府儀同三司、大都督。保定三年，卒。子植嗣。

史臣曰：書云：「惟后非賢弗乂，惟賢非后罔食。」是以知人則哲，有國之所先；用之則行，爲下之常道。若乃庖廚、胥靡、種德、微管之臣，罕聞於世；黜魯、逐荆、抱關、執戟之士，無乏於時。斯固典謨所以昭則，風雅所以興刺也。誠能監前事之得喪，勞虚己於吐握，其知賢也必用，其授爵也勿疑，則舜禹湯武之德可連衡矣，稷契伊吕之流可比肩矣。

太祖提劍而起，百度草創。施約法之制於競逐之辰，脩治定之禮於鼎峙之日。終能斲彫爲朴，變奢從儉，風化既被，而下肅上尊；疆埸屢擾，而内親外附。斯蓋蘇令綽之力也。名冠當時，慶流後嗣，宜哉。

校勘記

〔一〕汾州刺史　周書卷三八蘇亮傳附蘇讓傳作「南汾州刺史」。

〔二〕行至城西漢故倉地　「地」，通鑑卷一五七梁紀一三大同元年（五三五）、永樂大典卷七五一八引後周書作「池」。按胡注引水經注：「泬水枝渠至章門西，飛渠引水入城，東爲倉池，池在未央宮西。」（見卷一九渭水注）胡注又云：「蘇綽傳亦云：行至長安城西漢故倉池。」據此知倉池是漢以來的池名，司馬光和胡三省所見周書「地」都作「池」。又永樂大典引後周書「太祖」作「文帝」「周文」，或爲北史之文，但可證明初的周書或北史仍有作「池」者。胡氏所以要注明「蘇綽傳亦云」，想當時諸本已出現「池」「地」混用了。

〔三〕十年授大行臺度支尚書　「十年」，北史卷六三蘇綽傳作「十一年」。

〔四〕中遷於善　「中」，北史卷六三蘇綽傳、册府卷四七三作「日」。

〔五〕若援溺救火寇盜之將至　「援溺」，北史卷六三蘇綽傳、册府卷四七三作「揚湯」。按文義「援溺」較長。但「揚湯救火」是説「揚湯」本不足以救火，但危急之際，就連湯也被用上，此未嘗不可通。疑後人以「揚湯」但有「止沸」之語，故改爲「援溺」。「將」，册府宋本、明鈔本作「時」。

〔六〕若此三時不務省事　「時」，原作「者」，據三朝本、汲本、局本、北史卷六三蘇綽傳、册府卷四七三改。

〔七〕以供養老之具　「老」，原作「生」，據三朝本、南監本、北監本、汲本、局本、北史卷六三蘇綽傳、册府卷四七三改。

〔八〕觀人之道可見矣　「觀」，北史卷六三蘇綽傳、册府卷四七三作「官」。疑周書原作「官」。

〔九〕名驥未馳與駑馬相雜　「雜」，册府卷四七三宋本、明鈔本作「類」。

〔一〇〕若乃不仁恕而肆其殘暴　册府卷四七三「不」下有「以」字，疑當有此字。

〔一一〕皆非好殺人也　「皆非」，北史卷六三蘇綽傳、册府卷四七三作「非皆」，疑是。

〔一二〕殺一利百　「利」，三朝本、南監本、北監本、汲本、局本作「礪」。册府卷四七三宋本、明鈔本作「例」，乃「利」之誤，明刻本則改作「儆」。按殿本雖從北史卷六三蘇綽傳改，然以册府作「例」觀之，恐本同北史，今不改。

〔一三〕明先王必以財聚人　册府卷四七三無「先」字。

〔一四〕是故三五以來　「三五」，原倒作「五三」，據北史卷六三蘇綽傳、册府卷四七三乙正。按通常都説「三五」，很少倒用，且下文也有「三五之王」一語可證。

〔一五〕然令平均使下無匱　北史卷六三蘇綽傳、册府卷四七三「然」下有「宜」字。「匱」，北史作「怨」，册府宋本、明鈔本作「愧」，乃「匱」之誤，明刻本作「怨」，當是依北史改。

〔一六〕無者與之舉息　「與之舉息」，三朝本、南監本、北監本、汲本作「舉之與息」，册府卷四七三宋本、明鈔本都作「舉之興息」，明刻本則同局書殿本。周書殿本、局本和册府明刻本都是依北史卷六三蘇綽傳改。張元濟云：「有錢者高價向大賈買入，無錢者舉債而與之息，疑殿本訛。」按張説可通，册府宋本、明鈔本「與息」作「興息」似更明白。但「與之舉息」也可解釋爲無錢者向之（大賈）舉債而償息。今不改。

〔一七〕柱國泰洎羣公列將　「泰」，三朝本、南監本作「諱」，北監本、汲本作「虎」，御覽卷五九三引後周書、册府卷六三無此字。殿本考證云：「按李虎亦爲柱國，但虎位周文之下，誥詞似舉周文以統百官。今依北史改正。」按原文應作「諱」，乃沿周史舊文，御覽、册府删「諱」字，而不知是誰，所以没有填名。後人刊周書因爲周書例諱李虎，就誤改作「虎」字。殿本依北史改是。下「柱國泰洎庶僚百辟」同，不再出校。

〔一八〕揆於王廷　「廷」，北史卷六三蘇綽傳、册府卷六三作「度」，較長。

〔一九〕示我通訓　「通」，原作「彝」，據三朝本、南監本、北監本、汲本、北史卷六三蘇綽傳、册府卷六三改。疑「彝」爲殿本臆改，局本從殿本。

〔二〇〕弗惟逸念　「念」，北史卷六三蘇綽傳、册府卷六三作「豫」。

〔二一〕又服我國家之命　「又」，北史卷六三蘇綽傳、册府卷六三作「乂」。

〔二二〕於政何弗斁　「於政」，北史卷六三蘇綽傳、册府卷六三作「政於」。

〔三〕天未絶我太祖列祖之命　「列祖」，北史卷六三蘇綽傳、册府卷六三明鈔本乙丙及明刻本都作「烈祖」。按「烈祖」指道武帝，上文即見「太祖」「烈祖」「文祖」等，疑作「烈祖」是。

〔四〕公惟作相　「惟」，原脱，據北史卷六三蘇綽傳、册府卷六三補。按上文「公惟棟梁」，下文「公惟大録」，都有「惟」字，此處脱去。

〔五〕克明克乂　册府卷六三作「克軍克民」。

〔六〕勿愢勿忘　「愢」，北史卷六三蘇綽傳、册府卷六三作「諐」。三朝本作「信」，張元濟云：「當從北史。」按愢、諐字均同愆，今不改。

〔七〕遜致於雍　局本、北史卷六三蘇綽傳「雍」下有「熙」字。

〔八〕啓之而已　「之」，北史卷六三蘇綽傳、通鑑卷一五九梁紀一五中大同元年（五四六）作「知」，較長。

〔九〕乃謂公卿等曰　「謂」，三朝本、南監本、北監本、汲本、局本、册府卷一四一都作「詔」。殿本當依北史卷六三蘇綽傳改。按殿本所以改字，大致疑宇文泰未稱帝，不得稱詔。不知唐修周書多據周朝修的舊史，如「泰」作「諱」之類，都一仍其舊。這裏用「詔」字也是舊史如此。且作爲文書，只有天子稱詔；用作動詞，從來没有限於天子，如「父詔其子」之類，在文章中常見。殿本之改，甚爲輕率。但「謂」字亦通，今不回改。

〔一〇〕遺車一乘　「遺」，北史卷六三蘇綽傳、册府卷一四一作「遣」。按麻瑶引晏子事，見禮記檀弓下，云「有若曰：晏子一狐裘三十年，遣車一乘，及墓而反」。疑作「遣」是。

〔二一〕建德初稍遷御伯下大夫 「御伯」，隋書卷四一蘇威傳、北史卷六三蘇綽傳附蘇威傳、通鑑卷一七五陳紀九太建十三年（五八一）都作「稍伯」。按周書卷五武帝紀上保定四年（五六四）云：「六月庚寅，改御伯爲納言。」「建德初」已在其後，疑此處作「御伯」誤。

〔二二〕累功遷奉朝請 「功」下原有「封」字，據册府卷三五五删。

〔二三〕椿當官彊濟 「彊」，原作「疆」，據北史卷六三蘇綽傳附蘇椿傳改。張元濟云：「諸本同誤，當作『彊』。」

〔二四〕當州鄉帥 三朝本作「党州鄉師」，南監本、北監本、汲本作「黨州鄉帥」，北史卷六三蘇綽傳附蘇椿傳作「當州鄉師」，通志卷一五七蘇綽傳附蘇椿傳作「黨州鄉師」。張元濟云：「按鄉師見周禮地官。」按鄉帥指領鄉兵的帥都督，周書卷三二柳敏傳「加帥都督，領本鄉兵」，卷三七郭彥傳「大統十二年，初選當州首望，統領鄉兵，除帥都督」，都可證。這裏作「當州鄉帥」不誤。

〔二五〕破槃頭氐有功 「氐」，原作「氏」，據三朝本、南監本、北監本、汲本、局本、北史卷六三蘇綽傳附蘇椿傳改。

周書卷二十四〔一〕

列傳第十六

盧辯

盧辯字景宣，范陽涿人。累世儒學。父靖〔二〕，太常丞。

辯少好學，博通經籍，舉秀才，爲太學博士。以大戴禮未有解詁，辯乃注之。其兄景裕爲當時碩儒，謂辯曰：「昔侍中注小戴，今爾注大戴，庶纂前修矣。」

及帝入關〔三〕，事起倉卒，辯不及至家，單馬而從。或問辯曰：「得辭家不？」辯曰：「門外之治，以義斷恩，復何辭也。」孝武至長安，授給事黃門侍郎，領著作。太祖以辯有儒術，甚禮之，朝廷大議，常召顧問〔四〕。趙青雀之亂，魏太子出居渭北。辯時隨從，亦不告家人。其執志敢決，皆此類也。尋除太常卿、太子少傅。魏太子及諸王等，皆行束脩之禮，受業於辯。進爵范陽公〔五〕，轉少師。

自魏末離亂，孝武西遷，朝章禮度，湮墜咸盡。辯因時制宜，皆合軌度。性彊記默契〔六〕，能斷大事。凡所創制，處之不疑。累遷尚書右僕射〔七〕。世宗即位，進位大將軍。帝嘗與諸公幸其第，儒者榮之。出爲宜州刺史。薨，配食太祖廟庭。子慎。

初，太祖欲行周官，命蘇綽專掌其事。未幾而綽卒，乃令辯成之。於是依周禮建六官〔八〕，置公、卿、大夫、士，并撰次朝儀，車服器用，多依古禮，革漢、魏之法。事並施行。今録辯所述六官著之於篇。天官府管冢宰等衆職，地官府領司徒等衆職，春官府領宗伯等衆職，夏官府領司馬等衆職，秋官府領司寇等衆職，冬官府領司空等衆職。史雖具載，文多不録。

辯所述六官，太祖以魏恭帝三年始命行之。自茲厥後，世有損益〔九〕。宣帝嗣位，事不師古，官員班品，隨意變革。至如初置四輔官，及六府諸司復置中大夫，并御正、內史增置上大夫等，則載於外史。餘則朝出夕改，莫能詳録。于時雖行周禮，其內外衆職，又兼用秦漢等官。今略舉其名號及命數，附之於左〔一〇〕。其紀傳內更有餘官而於此不載者，亦史闕文也。

柱國大將軍，大將軍。右正九命。

驃騎、車騎等大將軍，開府、儀同三司〔一一〕，雍州牧。右九命〔一二〕。

驃騎、車騎等將軍，左、右光禄大夫，户三萬以上州刺史。右正八命。

征東、征西、征南、征北、中軍、鎮軍、撫軍等將軍，左、右金紫光禄大夫，大都督，户二萬以上州刺史，京兆尹。右八命。

平東、平西、平南、平北、前、後將軍，左、右將軍〔一三〕，左、右銀青光禄大夫，帥都督，户一萬以上州刺史〔一四〕，柱國大將軍府長史、司馬、司録。右正七命。

冠軍、輔國等將軍，太中、中散等大夫，都督，户五千以上州刺史，户一萬五千以上郡守。右七命。

鎮遠、建忠等將軍，諫議、誠議等大夫〔一五〕，别將，開府長史、司馬、司録，户不滿五千以下州刺史〔一六〕，户一萬以上郡守，大呼藥〔一七〕。右正六命。

中堅、寧朔等將軍；左、右中郎將；儀同府、正八命州長史，司馬，司録；户五千以上郡守；小呼藥。右六命。

寧遠、揚烈等將軍〔一八〕；左、右員外常侍；統軍；驃騎車騎府、八命州長史，司馬，司録；柱國大將軍府中郎掾屬〔一九〕；户一千以上郡守；長安、萬年縣令。右正五命。

伏波、輕車將軍〔二〇〕；奉車、奉騎等都尉；四征中鎮撫軍府、正七命州長史，司馬，司録；開府府中郎掾屬；户不滿千以下郡守；户七千以上縣令；正八命州呼藥。右五命。

宣威、明威等將軍，武賁、冗從等給事，儀同府中郎掾屬，柱國大將軍府列曹參軍，四平前後左右將軍府、七命州長史，司馬，司録，正八命州別駕，户四千以上縣令，八命州呼藥。右正四命。

襄威、厲威將軍，給事中，奉朝請，軍主，開府府列曹參軍，冠軍輔國府、正六命州長史，司馬，司録，正七命州別駕，正八命州治中，七命郡丞，户二千以上縣令〔二二〕，正七命州呼藥。右四命。

威烈、討寇將軍，左、右員外侍郎，幢主，儀同府、正八命州列曹參軍，柱國大將軍府參軍〔二三〕，鎮遠建忠中堅寧朔府長史、司馬〔二三〕，正六命州別駕，正七命州治中，正六命郡丞，户五百以上縣令，七命州呼藥。右正三命。

蕩寇、蕩難將軍，武騎常侍、侍郎，開府府參軍，驃騎車騎府、八命州列曹參軍，寧遠揚烈伏波輕車府長史，正六命州治中，六命郡丞，户不滿五百以下縣令，戍主，正六命州呼藥。右三命。

殄寇、殄難將軍，彊弩、積弩司馬〔二四〕，四征中鎮撫軍府、正七命州列曹參軍〔二五〕，正五命郡丞。右正二命。

掃寇、掃難將軍，武騎、武威司馬〔二六〕，四平前後左右府、七命州列曹參軍，戍副，五命郡丞。右二命。

曠野、橫野將軍，殿中、員外二司馬，冠軍輔國府、正六命州列曹參軍。右正一命。

武威、武牙將軍，淮海、山林二都尉，鎮遠建忠中堅寧朔寧遠揚烈伏波輕車府列曹參軍。右一命。

周制：封郡縣五等爵者，皆加開國；授柱國大將軍、開府、儀同者，並加使持節、大都督；其開府又加驃騎大將軍、侍中；其儀同又加車騎大將軍、散騎常侍〔二七〕；其授總管刺史，則加使持節、諸軍事。以此爲常。大象元年，詔總管刺史及行兵者，加持節，餘悉罷之。建德四年，增置上柱國大將軍，改儀同三司爲儀同大將軍。

校勘記

〔一〕卷二十四　按此卷紀事遠較北史卷三〇盧同傳附盧辯傳簡略，歷官更多失載，傳末又沒有史臣論。錢大昕考異卷三二目録序條已指出此卷不是周書原文。今以此卷與北史對校，脫漏雖多，個別辭句也有出於北史外者，當是後人取高氏小史或其他以周書爲底本的某種節録本補。對此卷脫漏處和前卷一八、卷二一同例，基本上不據北史補，只校文字歧異，並指出較重要的脫漏之處。

〔二〕父靖　「靖」，魏書卷七六盧同傳末、北史卷三〇盧同傳附盧斐傳末作「靜」。

〔三〕庶纂前修矣及帝入關　殿本考證云：「此下北史有『節閔帝立』云云。按下文云『及帝入關』，帝謂孝武也。作史者若不載節閔帝即位事，則當云『及孝武入關』，不當云『帝入關』也。以北史校之，知此明有遺脱。」按北史卷三〇盧同傳附盧辯傳「庶纂前修矣」下，敍辯入關前事達一百四十五字。考證説遺脱，恐是節本删省失當。又册府卷七五八引此事，與今本周書率同，唯「及帝入關」作「初魏孝武入關」，句意更明白。

〔四〕朝廷大議常召顧問　「常召」，三朝本、南監本、北監本、汲本、册府卷七五八明刻本作「當日」，册府明鈔本則作「常日」（「日」原訛「曰」）。殿本當依北史卷三〇盧同傳附盧辯傳改，局本從殿本。「當日」「常日」未知孰是。

〔五〕進爵范陽公　按此上未記辯封爵之事，這裏何來「進爵」之説？據北史卷三〇盧同傳附盧辯傳云：「孝武至長安，封范陽縣公……進爵范陽郡公。」知周書原文應有辯封范陽縣公紀事，節本則删省不録，致使前後脱節，文義不協。

〔六〕性彊記默契　「契」，北史卷三〇盧同傳附盧辯傳、册府卷六二〇作「識」，較長。

〔七〕累遷尚書右僕射　北史卷三〇盧同傳附盧辯傳作「累遷尚書令」。疑各自删節周書，但書令而略僕射是可以的，書僕射而略令，乃是删節失當。

〔八〕於是依周禮建六官　按此下至「魏恭帝三年始命行之」凡一百二十六字。北史卷三〇盧同傳附盧辯傳删略只二十三字。由此知今本盧辯傳非據北史删節（在「始命行之」下北史略敍官制四十五字，今本周書無）。

〔九〕自茲厥後世有損益　以下北史卷三〇盧同傳附盧辯傳敍明帝、武帝二朝官制增省凡一百七十二字，今本周書無。按隋書卷二七百官志中記北周官制，末云：「所設官名，訖於周末，多有改更，並具盧傳，不復重序云。」知原本盧辯傳詳記「多有改更」之處。今本却只於下略敍宣帝時的改制，寥寥數語。北史盧辯傳當也據周書而有删節，今出於今本周書外者尚一百七十二字，可見此卷的疏略。

〔一〇〕今略舉其名號及命數附之於左　按下所載官名命數，大致和北史卷三〇盧同傳附盧辯傳同，各有訛脱。通典卷三九職官二一載周官品最詳備，周書、北史只舉六官以外的官，通典並舉無遺。以下但舉顯然訛脱之處。

〔一一〕驃騎車騎等大將軍開府儀同三司　北史卷三〇盧同傳附盧辯傳、通典卷三九（以下不舉卷數）作「驃騎大將軍、開府儀同三司，車騎大將軍、儀同三司」。按通典、北史兩將軍和他們的例加官相連，通志卷一五七盧辯傳（以下不舉卷數）亦同。這裏却把兩將軍相連，開府儀同三司次序在車騎大將軍上，今反在下。又簡稱「開府、儀同三司」以代「開府儀同三司」和「儀同三司」，也易誤會。諸將軍連敍，下面都有次序失當之病，不贅舉。

〔一二〕右九命　「右」下原有「正」字，據北史、通典删。按上條「柱國大將軍，大將軍」已是正九命，這裏衍「正」字。

〔一三〕平東平西平南平北前後將軍左右將軍　北史作「平東、平西、平南、平北等將軍」「前、右、左、後等將軍」，通志作「平東、平西、平南、平北、前、右、左、後等將軍」。按周書上下敍將軍官品，例有「等」字，疑原當作「平東、平西、平南、平北、前、後、左、右等將軍」，今本重「將軍」二字，又無「等」字，例不統一。

〔一四〕户一萬以上州刺史　「州」，原脱，據北史、通志補。按前後文都作「州刺史」，且「户一萬以上州」連文，不應省「州」字。下同，不再出校。

〔一五〕諫議誠議等大夫　「誠議」，北史同，通典、通志作「諮議」。按册府卷五二三記北周地官府「又有諫議、誠議等大夫」。王仲犖北周六典以爲作「誠議大夫」是。

〔一六〕户不滿五千以下州刺史　此十字原脱，據北史、通典、通志補。按七命列「户五千以上州刺史」，正六命自應有此語。

〔一七〕大呼藥　按北史、通典「大呼藥」俱屬六命官，下無「小呼藥」。今本周書將「大呼藥」置於正六命之内，六命中别出「小呼藥」。通志同周書。

〔一八〕寧遠揚烈等將軍　「揚烈」下原有「伏波」二字，據北史、通典、通志删。按這裏伏波將軍在正五命，而北史、通典在五命，作「伏波將軍、奉車都尉，輕車將軍、奉騎都尉」。通志正五命亦但有「寧遠、揚烈等將軍」，「伏波將軍」在五命。且此敍官品，每品必首舉兩將軍，獨正五命有三將軍，而五命却只舉輕車一將軍，於例也不合。又魏書卷一一三官氏志載太和後職令，伏波將軍、奉車都尉、輕車將軍同在從五品，隋書卷二八百官志下記隋官品，伏波、輕車二將軍同在從七品。今下移「伏波」二字至五命「輕車將軍」之前。

〔一九〕柱國大將軍府中郎掾屬　「屬」，原脱，據北史、通典、通志補。按下文記某府中郎掾屬凡兩見，知「掾」下應有「屬」字。

〔二〇〕伏波輕車將軍　「伏波」原誤在上，今移正，參本卷校記第一八條。按通志五命作「伏波、輕車等將軍」，知周書這裏「輕車」下當有「等」字，然其下所記諸將軍名號，皆省「等」字，故統一不補「等」字。以下不再另出校記。

〔二一〕户二千以上縣令　「二」，通典作「三」。

〔二二〕柱國大將軍府參軍　「大將軍」，原脱，據北史、通志補。按通典作「柱國大將軍參軍」，無「府」字。又上文正七命見「柱國大將軍府長史、司馬、司録」，正五命見「柱國大將軍府中郎掾屬」，正四命見「柱國大將軍府列曹參軍」。這裏不當省「大將軍」三字。

〔二三〕鎮遠建忠中堅寧朔府長史司馬　「司馬」，原作「司録」，據北史、通典改。通志既有「司録」，又有「司馬」，乃誤增，府屬依命數遞減，下寧遠、揚烈等將軍只有「長史」可證。

〔二四〕殄寇殄難將軍彊弩積弩司馬　「積弩」，原脱，據通志補。按北史、通典作「殄寇將軍、强弩司馬、殄難將軍、積弩司馬」。「彊弩」下應有「積弩」二字。

〔二五〕四征中鎮撫軍府正七命州列曹參軍　「撫」下「軍」字，原脱。北史、通典、通志作「四征、中、鎮、撫將軍府」。按上文五命見「四征中鎮撫軍府」，無「將」字。又此卷記諸將軍府屬僚，率多省「將軍」二字，但因删省不當，致使前後不協。這裏僅據上文補「軍」字，以保持上下一致。

〔二六〕掃寇掃難將軍武騎武威司馬　「武騎」二字，原脱，據通志補。按北史、通典作「掃寇將軍、武騎司馬、掃難將軍、武威司馬」。「武威」上應有「武騎」二字。

〔二七〕並加使持節大都督其開府又加驃騎大將軍侍中其儀同又加車騎大將軍散騎常侍　「驃騎大將軍侍中其儀同又加」十二字原脱，據北史、通志補。按周制，驃騎大將軍例加開府儀同三司，車騎大將軍例加儀同三司。今脱去此十二字，變成「其開府又加車騎大將軍」，與制度不合。

周書卷二十五

列傳第十七

李賢 弟遠

李賢字賢和，其先隴西成紀人也。曾祖富，魏太武時，以子都督討兩山屠各，殁於陣，贈寧西將軍、隴西郡守。祖斌，襲領父兵，鎮於高平，因家焉。父文保，早卒。魏大統末，以賢兄弟著勳，追贈涇原東秦三州刺史、司空。

賢幼有志節，不妄舉動。嘗出遊，遇一老人，鬚眉皓白，謂之曰：「我年八十，觀士多矣，未有如卿者。必爲台牧，卿其勉之。」九歲，從師受業，略觀大旨而已，不尋章句。或謂之曰：「學不精勤，不如不學。」賢曰：「夫人各有志，賢豈能彊學待問，領徒授業耶，唯當粗聞教義，補己不足。至如忠孝之道，實銘之於心。」問者慙服。年十四，遭父喪，撫訓諸弟，友愛甚篤。

魏永安中，万俟醜奴據岐、涇等諸州反叛，魏孝莊遣爾朱天光率兵擊破之。其黨万俟道洛、費連少渾猶據原州，未知醜奴已敗。天光遣使造賢，令密圖道洛。天光率兵續進。會賊黨万俟阿寶戰敗逃還，私告賢曰：「醜奴已敗，王師行至此。阿寶以性命相投，願能存濟。」賢因令阿寶僞爲醜奴使，紿道洛等曰：「今已破臺軍，須與公計事，令阿寶權守原州，公宜速往。」道洛等信之，是日便發。既出而天光至，遂克原州。道洛乃將麾下六千人奔于牽屯山。天光見賢曰：「道洛之出，子之力也。」賢又率鄉人出馬千匹以助軍，天光大悦。時原州亢旱，天光以乏水草，乃退舍城東五十里，牧馬息兵。令都督長孫邪利行原州事，以賢爲主簿。道洛復乘虛忽至，時賊黨千餘人在城中，密爲内應，引道洛入城，遂殺邪利。賢復率鄉人殊死拒戰，道洛乃退走。

又有賊帥達符顯圍逼州城，晝夜攻戰，屢被摧衂。賢間道赴雍州，詣天光請援。天光許之，賢乃返。而賊營壘四合，無因入城。候日向夕，乃僞負薪，與賊樵采者俱得至城下。城中垂布引之，賊衆方覺，乃弓弩亂發。射之不中，遂得入城，告以大軍將至。賊聞之，便即散走。累遷威烈將軍、殿中將軍、高平令。

賀拔岳爲侯莫陳悦所害，太祖西征。賢與其弟遠、穆等密應侯莫陳崇。以功授都督，仍守原州。及大軍將至秦州，悦棄城走，太祖令兄子導勒兵追之，以賢爲前驅。轉戰四百餘里，至牽屯山及之，悦自剄於陣。賢亦被重瘡，馬中流矢。太祖嘉之，賞奴婢、布帛及雜畜等，授持節、撫軍大將軍、都督〔一〕。

魏孝武西遷，太祖令賢率騎兵迎衞。時山東之衆，多欲逃歸。帝乃令賢以精騎三百爲殿，衆皆憚之，莫敢亡叛。封上邽縣公〔二〕，邑一千户。俄授左都督、安東將軍，還鎮原州。

大統二年，州民豆盧狼害都督大野樹兒等，據州城反。賢乃招集豪傑，與之謀曰：「賊起倉卒，便誅二將，其勢雖盛，其志已驕。然其政令莫施，唯以殘剥爲業。夫以羈旅之賊，而馭烏合之衆，勢自離解。今若從中擊之，賊必喪膽。如吾計者，指日取之。」衆皆從焉。賢乃率敢死士三百人，分爲兩道，乘夜鼓噪而出。羣賊大驚，一戰而敗，狼乃斬關遁走。賢輕與三騎追斬之。遷原州長史，尋行原州事。

四年，莫折後熾連結賊黨，所在寇掠。賢率鄉兵與行涇州事史寧討之。後熾列陣以待。賢謂寧曰：「賊聚結歲久，徒衆甚多，數州之人，皆爲其用。我若總一陣併力擊之，彼既同惡相濟，理必總萃於我。其勢不分，衆寡莫敵。我便救尾，無以制之。今若令諸軍分爲數隊，多設旗鼓，掎角而前，以脅諸栅。公别統精兵，直指後熾，按甲而待，莫與交鋒。

後熾欲前，則憚公之鋭。諸栅欲出，則懼我疑兵。令其進不得戰，退不得走，以候其懈，擊之必破。後熾一敗，則衆栅不攻自拔矣。」寧不從，屢戰頻北。賢乃率數百騎徑掩後熾營，收其妻子、僮隸五百餘人，并輜重等。屬後熾與寧戰勝，方欲追奔，忽聞賢至，乃棄寧與賢接戰。賢手斬十餘級，生獲六人，賊遂大敗。後熾單騎遁走。師還，以功賞奴婢四十口，雜畜數百頭。

八年，授原州刺史。賢雖少從戎旅，而頗閑政事，撫導鄉里，甚得民和。十二年，隨獨孤信征涼州，平之。又撫慰張掖等五郡而還。俄而茹茹圍逼州城，剽掠居民，驅擁畜牧。賢欲出戰，大都督王德猶豫未決。賢固請，德乃從之。賢勒兵將出，賊密知之，乃引軍退。賢因率騎士追擊，斬二百餘級，捕虜百餘人，獲駞馬牛羊二萬頭，財物不可勝計。所掠之人，還得安堵。加授使持節、車騎大將軍、儀同三司。

十六年，遷驃騎大將軍、開府儀同三司。太祖之奉魏太子西巡也，至原州，遂幸賢第，讓齒而坐，行鄉飲酒禮焉。其後，太祖又至原州，令賢乘輅，備儀服，以諸侯會遇禮相見，然後幸賢第，歡宴終日。凡是親族，頒賜有差。

魏恭帝元年，進爵河西郡公〔三〕，增邑通前二千户。後以弟子植被誅，賢坐除名。俄授使持節、車騎大將軍、儀同三司。時荆州羣蠻反，開府潘招討之。令賢與賀若敦率騎士七千，別道邀截，擊蠻帥文子榮，大破之。遂於平州北築汶陽城以鎮之。尋治郢州刺史。時以巴、湘初附，詔賢總監諸軍，略定，乃遷江夏民二千餘户以實安州，并築甑山城而還。保定二年，詔復賢官爵，仍授瓜州刺史。

高祖及齊王憲之在襁褓也，以避忌，不利居宫中。太祖令於賢家處之，六載乃還宫。因賜賢妻吴姓宇文氏，養爲姪女，賜與甚厚。及高祖西巡，幸賢第，詔曰：「朕昔沖幼，爰寓此州。使持節、驃騎大將軍、開府儀同三司、大都督、瓜州諸軍事、瓜州刺史賢，斯土良家，勳德兼著，受委居朕，輔導積年。念其規弼，功勞甚茂。食彼桑椹，尚懷好音，矧茲惠矣，其庸可忘？今巡撫居此〔四〕，不殊代邑，舉目依然，益增舊想。雖無屬籍，朕處之若親。凡厥昆季乃至子姪等，可並豫宴賜。」於是令中侍上士尉遲愷往瓜州，降璽書勞賢，賜衣一襲及被褥，并御所服十三環金帶一要、中廄馬一匹、金裝鞍勒、雜綵五百段、銀錢一萬。賜賢弟中國公穆亦如之。子姪男女中外諸孫三十四人，各賜衣一襲。又拜賢甥厙狄樂爲儀同。賢門生昔經侍奉者，二人授大都督，四人授帥都督，六人別將。奴已免賤者，五人授軍主，未免賤者十二人酬替放之。

四年，王師東討，朝議以西道空虚，慮羌、渾侵擾，乃授賢使持節、河州總管、三州七防諸軍事、河州刺史。河州舊非總管，至是創置焉。賢乃大營屯田，以省運漕；多設斥候，以備寇戎。於是羌、渾斂迹，不敢向東。五年，宕昌寇邊，百姓失業，乃於洮州置總管府以鎮遏之。遂廢河州總管，改授賢洮州總管、七防諸軍事、洮州刺史。屬羌寇石門戍，撤破橋道，以絶援軍，賢率千騎禦之，前後斬獲數百人，賊乃退走。羌復引吐谷渾數千騎，將入西疆。賢密知之，又遣兵伏其隘路，復大敗之。虜遂震懾，不敢犯塞。俄廢洮州總管，還於河州置總管府，復以賢爲之。

高祖思賢舊恩，徵拜大將軍。天和四年三月，卒於京師，時年六十八。高祖親臨，哀慟左右〔五〕。贈使持節、柱國大將軍、大都督、涇原秦等十州諸軍事、原州刺史。謚曰桓。子端嗣。

端字永貴，歷位開府儀同三司、司會中大夫、中州刺史。從高祖平齊，於鄴城戰歿，贈上大將軍，追封襄陽公，謚曰果。端弟吉，儀同三司。吉弟崇〔六〕，位至太府中大夫、上柱國、廣宗郡公。崇弟孝軌，開府儀同大將軍、升遷縣伯。孝軌弟詢，少歷顯位。大象末，上柱國、隴西郡公。

賢弟遠，字萬歲。幼有器局，志度恢然。嘗與羣兒爲戰鬭之戲，指麾部分，便有軍陣之法。郡守見而異之，召使更戲。羣兒懼而散走，遠持杖叱之，復爲向勢，意氣雄壯，殆甚於前。郡守曰：「此小兒必爲將軍〔七〕，非常人也。」及長，涉獵書傳，略知指趣而已。

魏正光末，天下鼎沸，勑勒賊胡琮侵逼原州〔八〕，其徒甚盛。遠昆季率勵鄉人，欲圖拒守，而衆情猜懼，頗有異同。遠乃按劍而言曰：「頃年以來，皇家多難。匈黨乘機，肆其毒螫。王略未振，緩其梟夷。正是忠臣立節之秋，義士建功之日。丈夫豈可臨難苟免，當在死中求生耳。諸人並世載忠貞，沐浴教義，今若棄同即異，去順効逆，雖五尺童子，猶或非之，將復何顏以見天下之士。有異議者，請以劍斬之！」於是衆皆股慄，莫不聽命。乃相與盟歃，遂深壁自守。而外無救援，城遂陷。其徒多被殺害，唯遠兄弟並爲人所匿，得免。遠乃言於賢曰：「今逆賊孔熾，屠戮忠良。遠欲間行入朝，請兵救援。兄晦迹和光，可以免禍。內伺釁隙，因變立功。若王師西指，得復表裏相應，既殉國家之急，且全私室之危。豈若窘迫凶威，坐見夷滅！」賢曰：「是吾心也。」遂定東行之策。遠乃崎嶇寇境，得達京師。魏朝嘉之，授武騎常侍。俄轉別將，賜帛千匹，并弓刀衣馬等。

及爾朱天光西伐，乃配遠精兵，使爲鄉導。天光欽遠才望，特相引接，除伏波將軍、長城郡守、原州大中正。

後以應侯莫陳崇功，遷高平郡守。太祖見遠，與語悅之，令居麾下，甚見親遇。及魏孝武西遷，授假節、銀青光祿大夫、主衣都統，封安定縣伯，邑五百户。魏文帝嗣位之始，思享遐年，以遠字可嘉，令扶帝升殿。遷使持節、征東大將軍，進爵爲公，增邑千户，仍領左右。從征竇泰，復弘農，並有殊勳。授都督、原州刺史。太祖謂遠曰：「孤之有卿，若身體之有手臂之用，豈可暫輟於身。本州之榮，乃私事耳。卿若述職，則孤無所寄懷。」於是遂令遠兄賢代行州事。沙苑之役，遠功居最，除車騎大將軍、儀同三司，進爵陽平郡公，邑三千户。尋從獨孤信東略，遂入洛陽。爲東魏將侯景等所圍。太祖至，乃解。及河橋之戰，遠與獨孤信爲右軍，不利而退。除大丞相府司馬。軍國機務，遠皆參之，畏避權勢，若不在己。時河東初復，民情未安，太祖謂遠曰：「河東國之要鎮，非卿無以撫之。」乃授河東郡守。遠敦獎風俗，勸課農桑，肅遏姦非，兼修守禦之備。曾未朞月，百姓懷之。太祖嘉焉，降書勞問。徵爲侍中、驃騎大將軍、開府儀同三司。魏建東宫，授太子少傅，尋轉少師。

東魏北豫州刺史高仲密請舉州來附。時齊神武屯兵河陽。太祖以仲密所據遼遠，難爲應接，諸將皆憚此行。遠曰：「北豫遠在賊境，高歡又屯兵河陽，常理而論，實難救援。但兵務神速，事貴合機。古人有言：『不入獸穴，安得獸子〔九〕。』若以奇兵出其不意，事或可濟。脱有利鈍，故是兵家之常。如其顧望不行，便無克定之日。」太祖喜曰：「李萬歲所言，差强人意。」乃授行臺尚書，前驅東出。太祖率大軍繼進。遠乃潛師而往，拔仲密以歸。仍從太祖戰於邙山。時大軍不利，遠獨整所部爲殿。尋授都督義州弘農等二十一防諸軍事〔一〇〕。

遠善綏撫，有幹略，守戰之備，無不精鋭。每厚撫境外之人〔一一〕，使爲間諜，敵中動靜，必先知之。至有事泄被誅戮者，亦不以爲悔。其得人心如此。嘗校獵於莎栅，見石於叢薄中〔一二〕，以爲伏兔，射之而中，鏃入寸餘。就而視之，乃石也。太祖聞而異之，賜書曰：「昔李將軍廣親有此事，公今復爾，可謂世載其德。雖熊渠之名，不能獨擅其美。」

東魏將段孝先率步騎二萬趨宜陽，以送糧爲名，然實有窺窬之意。遠密知其計，遣兵襲破之〔一三〕，獲其輜重器械。孝先遁走。太祖乃賜所乘馬及金帶牀帳衣被等，并雜綵二千匹，拜大將軍。

頃之，除尚書左僕射。遠白太祖曰：「遠，秦隴匹夫，才藝俱爾〔一四〕。平生念望，不過一郡守耳。遭逢際會，得奉聖明。主貴臣遷，以至於此。今位居上列，爵邁通侯，受委方面，生殺在手。非直榮寵一時，亦足光華身世。但尚書僕射，任居端揆，今以賜授，適所以重其罪責。明公若欲全之，乞寢此授。」太祖曰：「公勳德兼美，朝廷欽屬，選衆而舉，何足爲辭。且孤之於公，義等骨肉，豈容於官位之間，便致退讓，深乖所望也。」遠不得已，方拜職。太祖又以第十一子達令遠子之，即代王也。其見親待如此。

時太祖嫡嗣未建，明帝居長，已有成德；孝閔處嫡，年尚幼沖。乃召羣公謂之曰：「孤欲立子以嫡，恐大司馬有疑。」大司馬即獨孤信，明帝敬后父也。衆皆默，未有言者。遠曰：「夫立子以嫡不以長，禮經明義。略陽公爲世子，公何所疑。若以信爲嫌，請即斬信。」便拔刀而起。太祖亦起曰：「何事至此！」信又自陳説，遠乃止。於是羣公並從遠議。出外拜謝信曰：「臨大事，不得不爾。」信亦謝遠曰：「今日賴公，決此大議。」六官建，授小司寇。孝閔帝踐阼，進位柱國大將軍，邑千户。復鎮弘農。

遠子植，在太祖時已爲相府司録參軍，掌朝政〔一五〕。及晉公護執權，恐不被任用，乃密欲誅護。語在孝閔帝紀。謀頗漏泄，護知之，乃出植爲梁州刺史。尋而廢帝，召遠及植還朝。遠恐有變，沉吟久之，乃曰：「大丈夫寧爲忠鬼，安能作叛臣乎！」遂就徵。既至京師，護以遠功名素重，猶欲全宥之。乃引與相見，謂之曰：「公兒遂有異謀，非止屠戮護身，乃是傾危宗社。叛臣賊子，理宜同疾，公可早爲之所。」乃以植付遠。遠素鍾愛於植，植又口辯，乃云初無此謀。遠謂爲信然。詰朝，將植謁護，護謂植已死，乃曰：「陽平公何意乃自來也？」左右云：「植亦在門外。」護大怒曰：「陽平公不信我矣！」乃召入，仍命遠同坐，令帝與植相質於遠前。植辭窮，謂帝曰：「本爲此謀，欲安社稷，利至尊耳。今日至此，何事云云。」遠聞之，自投於牀曰：「若爾，誠合萬死。」於是護乃害植，并逼遠令自殺。時年五十一。植弟叔諧〔一六〕、叔謙、叔讓亦死。餘並以年幼得免。

建德元年，晉公護誅，乃詔曰：「故使持節、柱國大將軍、大都督、陽平郡開國公遠，早蒙驅任，夙著勳績，内參帷幄，外屬藩維。竭誠王室，乃罹横禍。言念貞良，追增傷悼。宜加榮寵，用彰忠節。」贈本官，加陝熊等十五州諸軍事、陝州刺史。謚曰忠。隋開皇初，追贈上柱國、黎國公，邑三千户，改謚曰懷。植及諸弟，並加贈謚。

植弟基，字仲和。幼有聲譽，美容儀，善談論，涉獵羣書，尤工騎射。太祖召見奇之，乃令尚義歸公主。大統十年，釋褐員外散騎常侍。後以父勳，封建安縣公，邑一千户。累遷撫軍將軍、銀青光禄大夫、通直散騎常侍，領大丞相親信。俄轉大都督，進爵清河郡公。

太祖扶危定傾，威權震主，及魏廢帝即位之後，猜隙彌深。時太祖諸子，年皆幼沖，章武公導、中山公護復東西作鎮，唯託意諸壻，以爲心膂。基與義城公李暉、常山公于翼等俱爲武衛將軍，分掌禁旅。帝深憚之，故密謀遂泄。

魏恭帝即位，遷使持節、車騎大將軍、儀同三司，加散騎常侍，進爵燉煌郡公，尋加侍中、驃騎大將軍、開府儀同三司，拜陽平國世子。六官建，授御正中大夫。孝閔帝踐阼，出爲海州刺史〔一七〕。

尋以兄植被收，例合坐死。既以主貴，又爲季父穆所請，得免。武成二年，除江州刺史。既被譴謫，常憂懼不得志。保定元年，卒於位，年三十一。申公穆尤所鍾愛，每哭輒悲慟，謂其所親曰：「好兒捨我去，門户豈是欲興。」宣政元年，追贈使持節、上開府儀同大將軍、曹徐譙三州刺史、燉煌郡公〔一八〕，謚曰孝。子威嗣。

威字安民，起家右侍上士，累遷至開府儀同三司，又改襲遠爵陽平郡公。從高祖平齊，以功授上開府，拜軍司馬。宣帝即位，進授大將軍，出爲熊州刺史。大象末，位至柱國。

史臣曰：李賢和兄弟，屬亂離之際，居戎馬之間，志略縱横，忠勇奮發，亟摧勍敵，屢涉艱危，而功未書於王府，仕不過於州郡。及逢時值主，策名委質，或使煩莫府〔一九〕，或契闊戎行，荷生成之恩，蒙國士之遇，俱縻好爵，各著勳庸。遂得任兼文武，聲彰内外，位高望重，光國榮家，跗蕚連暉，椒聊繁衍，冠冕之盛，當時莫比焉。自周迄隋，鬱爲西京盛族，雖金、張在漢，不之尚也。

然而太祖初崩，嗣君沖幼。内則功臣放命，外則强寇臨邊。晉公以猶子之親，膺負圖之託，遂能撫寧家國，開翦異端，革魏興周，遠安邇悦。功勤已著，過惡未彰。李植受遇先朝，宿參機務，恐威權之已去，懼將來之不容，生此厲階，成茲貝錦，乃以小謀大，由疎間親。主無昭帝之明，臣有上官之訴。嫌隙既兆，釁故因之。啓冢宰無君之心，成閔皇廢弑之禍，植之由也。李遠既闕義方之訓，又無先見之明，以是誅夷，非爲不幸。

校勘記

〔一〕授持節撫軍大將軍都督　北史卷五九李賢傳作「授假節、撫軍將軍、大都督」。按「撫軍大將軍」地位顯貴，周書僅此一見，且下文記賢「俄授左都督、安東將軍」，並無特異之處。疑此處「大」字衍，或周書原本同北史作「大都督」，後「大」字誤移至「將軍」前。「持節」「假節」未知孰是。

〔二〕封上邽縣公　「上邽」，原作「下邽」，據北史卷五九李賢傳、西魏李賢妻吴氏墓誌（見寧夏固原北周李賢夫婦墓發掘簡報）改。按魏書卷一〇六下地形志下無下邽縣，雍州馮翊郡蓮芍縣注稱有下封城。下封即下邽，避拓跋珪諱改，志云下封城，明此縣魏末已廢。隋書卷二九地理志上馮翊郡有下邽縣，没有説縣的廢置，當是西魏復置。李賢封公在孝武初入關時，疑尚無此縣。上邽魏改上封，是秦州天水郡治。據墓誌，吴氏卒於大統十三年（五四七），誌文明記李賢當時封爵爲「上封縣開國公」，可證作「上封」是。但周書諸本與北史「封」皆作「邽」，今僅改「下」爲「上」，「邽」字不改。

〔三〕進爵河西郡公　「河西」，北史卷五九李賢傳作「西河」。按北周李賢墓誌（見寧夏固原北周李賢夫婦墓發掘簡報）誌蓋題「大周柱國河西公墓銘」，誌文題首稱「河西桓公」。知作「河西」是。

〔四〕今巡撫居此　「居」，北史卷五九李賢傳作「屆」，册府卷一七一宋本、明鈔本作「𡿺」，明刻本作「𤰞」。按「屆此」即上文所云「及高祖西巡，幸賢第」，疑作「屆」是。

〔五〕哀慟左右　「慟」，原作「動」，據三朝本、南監本、北監本、汲本、局本改。殿本當據北史卷五九李賢傳改。

〔六〕吉弟崇　張森楷云：「北史（卷五九李賢傳）作『吉弟孝軌』，崇則孝軌弟詢之弟也。」隋書卷三七李穆傳附李詢傳也稱「詢弟崇」。按周書，李崇行第在三，北史在五。但據北周李賢墓誌載，賢第三子名隆，封適樂侯。西魏李賢妻吴氏墓誌記長子永貴後，接敍「次子孝軌」。而隋書與北史李崇傳均記崇「字永隆」，幼時因父勳封迴樂縣侯。故知「崇」「隆」「次自是一人，且爲孝軌兄。復據李崇傳，崇死於開皇三年（五八三），年四十八。而李詢傳稱詢死時年四十九。隋書卷二高祖紀下又具載詢死於開皇八年，那時李崇已卒五年。據此則詢小於崇四歲。綜合諸證，當以周書所記行第是。北史李崇傳出隋書，疑删除周書李賢傳中「吉弟崇」一句，因而致誤。

〔七〕此小兒必爲將軍　「將軍」，北史卷五九李賢傳附李遠傳、御覽卷三〇七引後周書作「將帥」。

冊府卷七七二此句作「此小兒所爲」，無「將軍」或「將帥」二字。

〔八〕勑勒賊胡琮　張森楷云：「魏書（卷九肅宗紀正光五年）作『胡琛』，通鑑（卷一五〇）同，是。此『琮』字誤。」按北史卷四八尒朱榮傳附尒朱天光傳云：「初高平鎮城人赫連貴恩等爲逆，共推勑勒酋長胡琛爲主，號高平王。」「琛」「琮」自是一人，而作「琮」只此傳一見，當如張説，是「琛」之訛。但諸本和北史卷五九李賢傳附李遠傳都作「琮」，今不改。

〔九〕不入獸穴安得獸子　「安」，三朝本、北史卷五九李賢傳附李遠傳作「不」，冊府卷三六五作「焉」，並通。改「虎」爲「獸」，避唐諱。

〔一〇〕尋授都督義州弘農等二十一防諸軍事　錢大昕考異卷三二云：「『義州』當作『義川』。隋志（卷三〇地理志中）恒農之盧氏縣，『西魏置義川郡』。」楊守敬隋志考證卷三於弘農郡盧氏縣西魏置義川郡條下云：「當云『置義州義川郡』。寰宇記（卷六虢州盧氏縣條）西魏大統中於盧氏縣立東義州。」楊氏還考證見於卷二八權景宣傳附郭賢傳的義州就是置於盧氏的義州，史籍所見東義州也就是這個州。據此，這裏作「義州」，未必是「義川」之誤。

〔一一〕每厚撫境外之人　「境」「之」二字，原脱，據北史卷五九李賢傳附李遠傳、冊府卷四一一、卷四一二（明刻本此卷脱「之」字）補。按三朝本「之」字尚未脱。

〔一二〕見石於叢薄中　「薄」，原作「蒲」，據北史卷五九李賢傳附李遠傳、御覽卷七四五引後周書、冊府卷八一五、卷八四六改。

〔三〕遣兵襲破之　「兵」，原作「岳」，據三朝本、南監本、北監本、汲本、局本改。

〔四〕才藝俱爾　「爾」，御覽卷二一一引後周書、册府卷四六四作「闕」。

〔五〕遠子植在太祖時已爲相府司録參軍掌朝政　北史卷五九李賢傳附李遠傳、通鑑卷一六七陳紀一永定元年（五五七）「參」下無「軍」字，「參」屬下讀。胡注云：「相府司録，總録相府之機務。」按當時有「司録」，無「司録參軍」，且「司録」尚無權「掌朝政」，「參」字當屬下讀。疑這裏「軍」字衍。

〔六〕植弟叔諧　「叔諧」，通鑑卷一六七陳紀一永定元年（五五七）作「叔詣」。

〔七〕出爲海州刺史　「海州」，錢大昕考異卷三二云：「此後周之海州，未審治所。」北史卷五九李賢傳附李基傳作「淅州」，通志卷一五六本傳作「淅州」，「浙」乃「淅」之訛。又周書卷三〇于翼傳附李穆傳見「時植弟基任淅州刺史」，知作「淅州」是。然諸本皆同，今不改。

〔八〕宣政元年追贈使持節上開府儀同大將軍曹徐譙三州刺史燉煌郡公　「儀同」下原有「三司」二字，據北史卷五九李賢傳附李基傳删。按周書卷六武帝紀下建德四年（五七五）十月，「改開府儀同三司爲開府儀同大將軍，儀同三司爲儀同大將軍」。宣政元年（五七八）不可能有「開府儀同三司」官號。

〔九〕或使煩莫府　「使煩」，疑當作「便煩」，語同「便蕃」。左傳襄公十一年「便蕃左右」，杜注：「便蕃，數也。」屢次之意。

周書卷二十六〔一〕

列傳第十八

長孫儉　長孫紹遠 弟澄　兄子兕　斛斯徵

長孫儉，河南洛陽人也。本名慶明。其先，魏之枝族，姓托拔氏〔二〕。孝文遷洛，改爲長孫。五世祖嵩，魏太尉、北平王。

儉少方正，有操行，狀貌魁梧，神彩嚴肅，雖在私室，終日儼然。性不妄交，非其同志，雖貴遊造門，亦不與相見。孝昌中，起家員外散騎侍郎〔三〕，從爾朱天光破隴右。太祖臨夏州，以儉爲録事，深器敬之。賀拔岳被害，太祖赴平涼，凡有經綸謀策，儉皆參預。從平侯莫陳悦，留儉爲秦州長史。時西夏州仍未内屬，而東魏遣許和爲刺史，儉以信義招之，和乃舉州歸附。即以儉爲西夏州刺史，總統三夏州〔四〕。

時荆襄初附，太祖表儉功績尤美，宜委東南之任，授荆州刺史、東南道行臺僕射。所部鄭縣令泉璨爲民所訟，推治獲實。儉即大集僚屬而謂之曰：「此由刺史教誨不明，信不被物，是我之愆，非泉璨之罪。」遂於廳事前，肉袒自罰，捨璨不問。於是屬城肅勵，莫敢犯法。魏文帝璽書勞之。太祖又與儉書曰：「近行路傳公以部内縣令有罪，遂自杖三十，用肅羣下。吾昔聞『王臣謇謇，匪躬之故』，蓋謂憂公忘私，知無不爲而已。未有如公刻身罰己以訓羣僚者也。聞之嘉歎。」荆蠻舊俗，少不敬長。儉殷勤勸導，風俗大革。務廣耕桑，兼習武事，故得邊境無虞，民安其業。吏民表請爲儉構清德樓，樹碑刻頌，朝議許焉。在州遂歷七載〔五〕。

徵授大行臺尚書，兼相府司馬。嘗與羣公侍坐於太祖，及退，太祖謂左右曰：「此公閑雅，孤每與語，嘗肅然畏敬，恐有所失。」他日，太祖謂儉曰：「名實理須相稱，尚書既志安貧素，可改名儉，以彰雅操。」

又除行臺僕射、荆州刺史。時梁岳陽王蕭詧内附，初遣使入朝，至荆州。儉於廳事列軍儀，具戎服，與使人以賓主禮相見。儉容貌魁偉，音聲如鐘，大爲鮮卑語，遣人傳譯以問客。客惶恐不敢仰視。日晚，儉乃著帬襦紗帽，引客宴於别齋。因序梁國喪亂，朝廷招攜之意，發言可觀。使人大悦。出曰：「吾所不能測也。」

及梁元帝嗣位於江陵，外敦隣睦，内懷異計。儉密啓太祖，陳攻取之謀。於是徵儉入朝，問其經略。儉對曰：「今江陵既在江北，去我不遠。湘東即位，已涉三年。觀其形勢，不欲東下。骨肉相殘，民厭其毒。荆州軍資器械，儲積已久，若大軍西討〔六〕，必無匱乏之虞。且兼弱攻昧，武之善經。國家既有蜀土，若更平江漢，撫而安之，收其貢賦，以供軍國，天下不足定也。」太祖深然之，乃謂儉曰：「如公之言，吾取之晚矣。」令儉還州，密爲之備。尋令柱國、燕公于謹總戎衆伐江陵。平，以儉元謀，賞奴婢三百口〔七〕。太祖與儉書曰：「本圖江陵，由公畫計，今果如所言。智者見未萌，何其妙也。但吴民離散，事藉招懷，南服重鎮，非公莫可。」遂令儉鎮江陵。進爵昌寧公，遷大將軍，移鎮荆州，總管五十二州〔八〕。

儉舊嘗詣闕奏事，時值大雪，遂立於雪中待報，自旦達暮，竟無惰容。其奉公勤至，皆此類也。三年，以疾還京。爲夏州總管〔九〕，薨，遺啓世宗〔一〇〕，請葬於太祖陵側，并以官所賜之宅還官〔一一〕。詔皆從之。追封鄶公〔一二〕。荆民儀同趙超等七百人，感儉遺愛，詣闕請爲儉立廟樹碑，詔許之。詔曰〔一三〕：「昔叔敖辭沃壤之地，蕭何就窮僻之鄉，以古方今，無慙曩哲。言尋嘉尚，弗忘于懷。而有司未達大體，遽以其第即便給外。今還其妻子。」子隆〔一四〕。

長孫紹遠字師〔一五〕，河南洛陽人。少名仁。父稚〔一六〕，魏太師、録尚書、上黨王。

紹遠性寬容，有大度，望之儼然，朋儕莫敢褻狎。雅好墳籍，聰慧過人。時稚作牧壽春，紹遠幼，年甫十三。稚管記王碩聞紹遠彊記，心以爲不然。遂白稚曰：「伏承世子聰慧之姿，發於天性，目所一見，誦之於口。此既歷世罕有，竊願驗之。」於是命紹遠試焉。讀月令數紙，纔一徧，誦之若流。自是碩乃歎服。

魏孝武初，累遷司徒右長史。及齊神武稱兵而帝西遷，紹遠隨稚奔赴。又累遷殿中尚書、録尚書事。太祖每謂羣公曰：「長孫公任使之處，令人無反顧憂。漢之蕭、寇，何足多也。」然其容止堂堂，足爲當今模楷。六官建，拜大司樂。孝閔踐阼，封上黨公。

初，紹遠爲太常，廣召工人，創造樂器，土木絲竹，各得其宜。唯黄鍾不調〔一七〕，紹遠每以爲意。嘗因退朝，經韓使君佛寺前過，浮圖三層之上，有鳴鐸焉。忽聞其音，雅合宫調，取而配奏，方始克諧。紹遠乃啓世宗行之。紹遠所奏樂，以八爲數。故梁黄門侍郎裴正上書，以爲昔者大舜欲聞七始，下洎周武，爰創七音。持林鐘作黄鐘，以爲正調之首。詔與紹遠詳議往復，於是遂定以八爲數焉。授小司空。高祖讀史書，見武王克殷而作七始，又欲廢八而懸七，并除黄鐘之正宫，用林鐘爲調首。紹遠奏云：「天子懸八，肇自先民，百王共軌，萬世不易。下逮周武，甫修七始之音。詳諸經義，又無廢八之典。且黄鐘爲君，天子正位，今欲廢之，未見其可。」後高祖竟廢七音〔一八〕。屬紹遠遘疾，未獲面陳，慮有司遽損樂器，乃書與樂部齊樹之缺〔一九〕。後疾甚，乃上遺表又陳之而卒。帝省表涕零，深痛惜之〔二〇〕。

澄字士亮。年十歲，司徒李琰之見而奇之，遂以女妻焉。十四，從征討〔二一〕，有策謀，勇冠諸將。及長，容貌魁岸，風儀温雅。魏孝武初，除征東將軍、渭州刺史。魏文帝嘗與太祖及羣公宴，從容言曰：「孝經一卷，人行之本，諸公宜各引要言。」澄應聲曰：「夙夜匪懈，以事一人。」座中有人次曰：「匡救其惡。」既而出閤，太祖深歎澄之合機，而譴其次答者。

後從太祖援玉壁，又從戰邙山，進位驃騎大將軍、開府。孝閔踐阼，拜大將軍，封義門公，爲玉壁總管。卒，自喪初至及葬，世宗三臨之。典祀中大夫宇文容諫曰：「君臨臣喪，自有節制。今乘輿屢降，恐乖禮典。」世宗不從〔二二〕。

澄操履清約，家無餘財。太祖嘗謂曰：「我於公間，志無所惜，公有所須，宜即具道。」

澄曰：「澄自頂至足，皆是明公恩造。即如今者，實無所須。」雅對賓客〔三三〕，接引忘疲。雖不飲酒，而好觀人酣興。常恐座客請歸，每勑中廚別進異饌，留之止。

兕字若汗，性機辯，彊記博聞，雅重賓遊，尤善談論。從魏孝武西遷。天和初，累遷驃騎大將軍、開府，遷絳州刺史。

斛斯徵字士亮，河南洛陽人。父椿，太傅、尚書令。徵幼聰穎，五歲誦孝經、周易，識者異之。及長，博涉羣書，尤精三禮，兼解音律。有至性，居父喪，朝夕共一溢米。以父勳累遷太常卿〔三四〕。

自魏孝武西遷，雅樂廢缺，徵博採遺逸，稽諸典故，創新改舊，方始備焉。又樂有錞于者，近代絶無此器，或有自蜀得之，皆莫之識。徵見之曰：「此錞于也。」衆弗之信。徵遂依干寶周禮注以芒筒捋之，其聲極振，衆乃歎服。徵乃取以合樂焉。六官建，拜司樂中大夫，進位驃騎大將軍、開府。

後高祖以徵治經有師法，詔令教授皇太子〔三五〕。宣帝時爲魯公，與諸皇子等咸服青衿，行束脩之禮，受業於徵，仍並呼徵爲夫子。儒者榮之。

宣帝嗣位，遷上大將軍、大宗伯。時高祖初崩，梓宮在殯，帝意欲速葬，令朝臣議之。徵與內史宇文孝伯等固請依禮七月，帝竟不許。帝之爲太子也，宮尹鄭譯坐不能以正道調護，被謫除名。而帝雅親愛譯，至是拜譯內史中大夫，甚委任之。譯乃獻新樂，十二月各一笙，每一笙用十六管。帝令與徵議之，徵駁而奏，帝頗納焉。及高祖山陵還，帝欲作樂，復令議其可不。徵曰：「孝經云『聞樂不樂』。聞尚不樂，其況作乎。」鄭譯曰：「既云聞樂，明即非無。止可不樂，何容不奏。」帝遂依譯議。譯因此銜之。

帝後肆行非度，昏虐日甚。徵以荷高祖重恩，嘗備位師傅，若生不能諫，死何以見高祖。乃上疏極諫，指陳帝失，帝不納。譯因譖之，遂下徵獄。獄卒張元哀之〔二六〕，乃以佩刀穿獄牆，遂出之。元卒被拷而終無所言。徵遇赦得免。

隋文踐極，例復官，除太子太傅，詔修撰樂書。開皇初，薨。子諺〔二七〕。徵所撰樂典十卷。

校勘記

〔一〕卷二十六　此卷原缺，後人以高氏小史或其他以周書爲底本的某種節錄本補。錢大昕考異卷三二目錄序條已指出此卷「非德棻元本」，但「與北史多異」。今基本上不以北史補脫漏，例見前。

〔二〕姓托拔氏　按魏書卷一一三官氏志：「次兄爲拓跋氏，後改爲長孫氏。」通鑑卷一四〇齊紀六建武三年（四九六）云：「於是始改拔拔氏爲長孫氏。」卷一一九宋紀一永初三年（四二二）還説長孫嵩姓拔拔。姚薇元北朝胡姓考長孫氏條歷引通鑑、古今姓氏書辯證卷三七、孝文帝弔比干文證明長孫氏「原姓拔拔而非拓拔」。據此，這裏「托拔」當爲「拔拔」之訛。但英華卷九〇五庾信拓跋儉碑（以下簡稱拓跋儉碑）已作「拓」。若非後人所改，可能原姓拔拔，孝文帝時改長孫，西魏復姓時没有恢復原姓，由於本是皇室宗支而改姓拓跋。唐代已不再辨别其先後不同，修周書時就徑稱「托拔」。今不改。

〔三〕孝昌中起家員外散騎侍郎　拓跋儉碑云：「年十八，解褐員外散騎侍郎。」據碑，儉死在天和四年（五六九），「春秋七十有八」，當生於魏孝文帝太和十六年（四九二），到十八歲是世宗永平二年（五〇九），距離孝昌（五二五至五二七）很遠，和下文「從爾朱天光破隴右」更是連不上。若非碑文年齡有誤，則這裏的「孝昌」年號恐非，而下面又必有删節。

〔四〕以儉爲西夏州刺史總統三夏州　北史卷二二長孫嵩傳附長孫儉傳、拓跋儉碑「三夏州」下都有「諸軍事」三字。按册府卷六九二已同今本周書無「諸軍事」三字，疑宋初周書此卷已非完本。

〔五〕在州遂歷七載　「七」，原作「二」，據北史卷二二長孫嵩傳附長孫儉傳改。張森楷云：「北史作「七」是。若二載則爲時非久，不足道也。」按拓跋儉碑云，大統「六年，以公爲使持節、都督三荆二襄南雍平信江隨郢淅一十二州諸軍事、荆州刺史、東南道行臺僕射」，又云：「十二年，除大行臺尚書，仍爲大丞相司馬。」由大統六年（五四〇）至十二年計得七年。張説是。

〔六〕若大軍西討　「西」，册府卷四〇五作「南」。按由關中攻荆州，應該是「南討」，疑「西」字誤。

〔七〕尋令柱國燕公于謹總戎衆伐江陵平以儉元謀賞奴婢三百口　殿本考證云：「北史（長孫嵩傳附長孫儉傳）『平』字上有『事』字，此處脱去。」按文義應有「事」字。又册府卷四〇五同今本周書，亦可證宋初周書此卷已不完。

〔八〕總管五十二州　「五十二州」，拓跋儉碑作「五十三州」。按周書卷一九侯莫陳順傳亦見「山南道五十二州諸軍事」，然隋崔仲方妻李麗儀墓誌又作「五十三州」。又周書卷二八史寧傳記孝閔帝即位後，寧「出爲荆襄淅郢等五十二州及江陵鎮防諸軍事、荆州刺史」。知正史所記皆爲「五十二州」，然碑誌却多一州。

〔九〕三年以疾還京爲夏州總管　按上文没有紀載長孫儉從荆州徵還和以後歷官，就像長孫儉自荆州以疾還京。據北史卷二二長孫嵩傳附長孫儉傳，儉在荆州徵拜小冢宰，天和初，出任陝州總管。周書卷五武帝紀上天和元年（五六六）正月稱「以柱國、昌寧公長孫儉爲陝州總管」，四年二月「爲夏州總管」。拓跋儉碑記歷官更詳，也説他在天和元年任「陝州刺史、都督八州二十防諸軍事」。可知這次是從陝州還京。推測周書原文和北史一樣上面記有天和初任陝州總管的事，所以這裏「三年」不出年號。删節者删去了他入周以後到天和元年的歷官，却忘了在「三年」上加「天和」年號。這樣，緊接在任荆州總管之後，就像事在西魏廢帝三年，可謂疏漏之甚。又拓跋儉碑載歷官最詳，却不云任夏州總管，而且説「天和四年，謝病故京，薨於私第」，和北史「薨於夏州總管」不符。但遷鎮夏州，見於武帝紀，疑是未到任而卒，故碑不書。

〔一〇〕遺啓世宗　張森楷云：「『世宗』當作『高祖』，儉卒於天和四年，非世宗時也。」按北史卷二二長孫嵩傳附長孫儉傳無「世宗」二字，通志卷一五七長孫儉傳作「明帝」。疑原文亦如北史但云遺啓請葬於太祖陵側，「世宗」二字爲後人妄加，「明帝」則爲通志所改。

〔一一〕并以官所賜之宅還官　通志卷一五七長孫儉傳同。按北史卷二二長孫嵩傳附長孫儉傳、册府卷七六無上「官」字，疑本無此字。

〔一二〕追封鄶公　「鄶」，北史卷二二長孫嵩傳附長孫儉傳、新唐書卷七二上宰相世系表二上作「鄫」。按拓跋儉碑、唐李立言妻長孫弄珪墓誌（隋唐五代墓誌匯編陝西卷第三册）也作「鄫」、「鄶」、「鄫」未知孰是。

〔一三〕詔曰　北史卷二二長孫嵩傳附長孫儉傳上有「建德元年」四字。按上文趙超等請立碑，「詔許之」是一件事。「詔曰」的内容是命以還官故宅給妻子，是另一件事。這裏删去「建德元年」四字，好像詔書就是趙超請立碑的答詔，甚不分明。

〔一四〕子隆　北史卷二二長孫嵩傳附長孫儉傳載詔書，前後尚有數語，又有其子長孫隆的簡歷和「隆弟平，最知名」句。殿本考證據此以爲「遺脱」。按實是删節本如此，非脱文。

〔一五〕長孫紹遠字師　「師」，通志卷一五七長孫紹遠傳作「士師」。

〔一六〕父稚　殿本考證云：「北史（卷二二長孫道生傳附長孫紹遠傳）云：『父承業。』又北史長孫冀歸傳（附於卷二二長孫道生傳）云：『孝文以其幼承家業，賜名幼，字承業。』按北魏書（卷二五長孫道生傳附長孫冀歸傳）『高祖以其幼承家業，賜名稚，字承業』，『幼』與『稚』同義，唐人諱『治』，高宗諱也。北史上于高宗時，故李延壽改『稚』爲『幼』；此書成于貞觀時，故不諱嫌名也。」按幼即稚，亦即承業、冀歸，考證是。

〔一七〕唯黄鍾不調　「唯」，原作「爲」，據三朝本、南監本、局本、北史卷二二長孫道生傳附長孫紹遠傳、御覽卷二二八與卷五八四引後周書、册府卷五六七、卷八五七改。

〔一八〕後高祖竟廢七音　「廢」，北史卷二二長孫道生傳附長孫紹遠傳作「行」，册府卷五六七注文宋本、明鈔本作「發」，明刻本同作「廢」。按上文説高祖「又欲廢八而懸七」，這裏却説「廢七音」，前後矛盾，作「廢」顯誤。然周書原本作何字，尚難確定，今不改。

〔一九〕乃書與樂部齊樹之缺　按册府卷五六七注文「之」上有「言」字，疑周書傳本脱去。又北史卷二二長孫道生傳附長孫紹遠傳云：「乃與樂部齊樹書曰：『伏聞朝廷前議，而欲廢八縣七。然則天子縣八，有自來矣，古先聖王，殊塗一致。逮周武克殷，逆取順守，專用干戈，事乖揖讓，反求經義，是用七音，蓋非萬代不易之典。其縣八筍簴，不得毁之。宜待吾疾瘳，當別奏聞。』」北史所載雖未必無删節，但大略完具，可以補周書之缺。「齊樹」，隋書卷一四音樂志中開皇二年（五八二）「命工人齊樹提檢校樂府」，當即一人。

〔二〇〕帝省表涕零深痛惜之　殿本考證云：「北史傳末有『重贈柱國大將軍，謚曰獻，號樂祖，配饗廟庭，子覽嗣』二十字。此亦脱去。」按非脱去，是删節周書原文。下面附弟長孫澄傳，傳末應有「弟澄」二字，今無此二字，下面接着就説「澄字士亮」，不知道他和長孫紹遠是什麽關係，也是删節之失。

〔二一〕十四從征討　北史卷二二長孫道生傳附長孫澄傳「從」下有「父承業」三字。疑周書原本有「父稚」二字，删去便不知從誰征討。

〔二二〕世宗不從　北史卷二二長孫道生傳附長孫澄傳句下有「其爲上所追惜如此，子嶸嗣」十一字，原本當有之。又傳末當有「兄子兕」三字。今接敍長孫兕事，不知兕與紹遠及澄的關係。

〔二三〕雅對賓客　「對」，御覽卷八四八引後周書、册府卷八六八作「好」，較長。

〔二四〕以父勳累遷太常卿　北史卷四九斛斯椿傳附斛斯徵傳作「以父勳賜爵城陽郡公。大統末起家通直散騎常侍，稍遷兼太常少卿」。按以父勳受爵是當時通例。這裏删去賜爵，似以父勳遷官，與事例不符。

〔二五〕詔令教授皇太子　「太」，北史卷四九斛斯椿傳附斛斯徵傳作「諸」。張森楷云：「據下云『宣帝時爲魯公』，則未爲太子也，當依北史爲是。」按張說是，但諸本皆同，且册府卷七一〇亦作「皇太子」，也可能舊史追稱，今不改。

〔二六〕獄卒張元哀之　「張元」，北史卷四九斛斯椿傳附斛斯徵傳作「張元平」。周書下文云「元卒被拷而終無所言」，北史「卒」作「平」。若「卒」爲「平」之訛，則周書這裏「元」下脱「平」字。若北史「平」字爲「卒」之訛，則因下文訛「平」，後人於上「元」下加「平」字。兩種可能性都有。

〔二七〕子諺　「諺」，北史卷四九斛斯椿傳附斛斯徵傳作「該」。

周書卷二十七

列傳第十九

赫連達　韓果　蔡祐　常善　辛威　厙狄昌　田弘

梁椿　梁臺　宇文測弟深

赫連達字朔周，盛樂人〔一〕，勃勃之後也。曾祖庫多汗，因避難改姓杜氏。

達性剛鯁，有膽力。少從賀拔岳征討有功，拜都將，賜爵長廣鄉男，遷都督。及岳爲侯莫陳悅所害，軍中大擾。趙貴建議迎太祖，諸將猶豫未決。達曰：「宇文夏州昔爲左丞，明略過人，一時之傑。今日之事，非此公不濟。趙將軍議是也。」達請輕騎告哀，仍迎之。」諸將或欲南追賀拔勝，或云東告朝廷。達又曰：「此皆遠水不救近火，何足道哉。」貴於是謀遂定，令達馳往。太祖見達慟哭，問故，達以實對。太祖遂以數百騎南赴平涼，引軍向高平，令達率騎據彈箏峽。時百姓惶懼，奔散者多。有數村民，方扶老弱、驅畜牧，欲入山避難，軍士爭欲掠之。達曰：「遠近民黎，多受制於賊，今若值便掠縛，何謂伐罪弔民！不如因而撫之，以示義師之德。」乃撫以恩信，民皆悦附，於是迭相曉語，咸復舊業。太祖聞而嘉之。悦平，加平東將軍。太祖謂諸將曰：「當清水公遇禍之時，君等性命懸於賊手，雖欲來告，其路無從。杜朔周冒萬死之難，遠來見及，遂得共盡忠節，同雪讐恥。雖藉衆人之力，實賴杜子之功。勞而不酬，何以勸善。」乃賜馬二百匹。達固讓，太祖弗許。魏孝武入關，褒敍勳義，以達首逆元帥，匡復秦、隴，進爵魏昌縣伯，邑五百户。

從儀同李虎破曹泥，除鎮南將軍、金紫光禄大夫，加通直散騎常侍，增邑并前一千户。從復弘農，戰沙苑，皆有功。又增邑八百户，除白水郡守〔二〕，轉帥都督，加持節，除濟州刺史。詔復姓赫連氏。以達勳望兼隆，乃除雲州刺史，即本州也。進爵爲公，拜大都督，尋授儀同三司。

從大將軍達奚武攻漢中。梁宜豐侯蕭循拒守積時，後乃送款。武問諸將進止之宜。開府賀蘭願德等以其食盡，欲急攻取之。達曰：「不戰而獲城，策之上者。無容利其子女，貪其財帛。窮兵極武，仁者不爲。且觀其士馬猶彊，城池尚固，攻之縱克，必將彼此俱損。如其困獸猶鬬，則成敗未可知。況行師之道，以全軍爲上。」武曰：「公言是也。」乃命將帥各申所見。於是開府楊寬等並同達議，武遂受循降。師還，遷驃騎大將軍、開府儀同三司，加侍中，進爵藍田縣公。

六官初建，授左遂伯。出爲隴州刺史。保定初，遷大將軍、夏州總管、三州五防諸軍事。達雖非文吏，然性質直，遵奉法度，輕於鞭撻，而重慎死罪。性又廉儉，邊境胡民或饋達以羊者，達欲招納異類，報以繒帛。主司請用官物，達曰：「羊入我廚，物出官庫，是欺上也。」命取私帛與之。識者嘉其仁恕焉。尋進爵樂川郡公。建德二年，進位柱國，薨。子遷嗣。大象中位至大將軍、蒲州刺史。

韓果字阿六拔，代武川人也。少驍雄，善騎射。賀拔岳西征，引爲帳內。擊万俟醜奴及其枝黨，轉戰數十合，並破之。膂力絶倫，被甲荷戈，升陟峯嶺，猶涉平路，雖數十百日，不以爲勞。以功授宣威將軍〔三〕、子都督。從太祖討平侯莫陳悅，遷都督，賜爵邯鄲縣男。魏孝武入關，進爵石縣伯〔四〕，邑五百户。大統初，進爵爲公，增邑通前一千户，加通直散騎常侍。

果性彊記，兼有權略。所行之處，山川形勢，備能記憶。兼善伺敵虛實，揣知情狀，有潛匿溪谷欲爲間偵者，果登高望之，所疑處，往必有獲。太祖由是以果爲虞候都督。每從征行，常領候騎，晝夜巡察，略不眠寢。

從襲竇泰於潼關，太祖依其規畫，軍以勝返。賞真珠金帶一腰[五]、帛二百匹，授征虜將軍。又從復弘農，攻拔河南城，獲郡守一人，論功爲最。破沙苑，戰河橋，並有功，授撫軍將軍、銀青光禄大夫，增邑九百户。遷朔州刺史，轉安州刺史，加帥都督。九年，從戰邙山，軍還，除河東郡守。又從大軍破稽胡於北山。胡地險阻，人迹罕至，果進兵窮討，散其種落。稽胡憚果勁健，號爲著翅人。太祖聞之，笑曰：「著翅之名，寧減飛將。」累遷大都督、車騎大將軍、儀同三司、驃騎大將軍、開府儀同三司，出爲宜州刺史。録前後功，進爵褒中郡公。魏恭帝元年，授大將軍。從賀蘭祥討吐谷渾，以功别封一子縣公。武成二年，又率軍破稽胡，大獲生口。賜奴婢一百口，除寧州刺史。保定三年，拜少師，進位柱國。四年，從尉遲迥圍洛陽。軍退，果所部獨全。天和初，授華州刺史，爲政寬簡，吏民稱之。建德初，薨。

子明嗣。大象末，位至上大將軍、黎州刺史。與尉遲迥同謀，被誅。

蔡祐字承先，其先陳留圉人也。曾祖紹爲夏州鎮將，徙居高平，因家焉。祖護，魏景明初，爲陳留郡守。父襲，名著西州。正光中，万俟醜奴寇亂關中，襲乃背賊，棄妻子，歸洛陽。拜齊安郡守。及魏孝武西遷，仍在關東。後始拔難西歸，賜爵平舒縣伯，除岐、夏二州刺史〔六〕。卒，贈原州刺史。

祐性聰敏，有行檢。襲之背賊東歸也，祐年十四，事母以孝聞。及長，有膂力，便騎射。太祖在原州，召爲帳下親信。太祖遷夏州，以祐爲都督。

及侯莫陳悦害賀拔岳，諸將遣使迎太祖。將赴，夏州首望彌姐元進等陰有異計。太祖微知之，先與祐議執元進。祐曰：「狼子野心，會當反噬，今若執縛，不如殺之。」太祖曰：「汝大決也。」於是召元進等入計事。太祖曰：「隴賊逆亂，與諸人戮力討之。觀諸人輩似有不同者。」太祖微以此言動之，因目祐。祐即出外，衣甲持刀直入，瞋目叱諸人曰：「與人朝謀夕異，豈是人也！蔡祐今日必斬姦人之頭。」因按劍臨之。舉座皆叩頭曰：「願有簡擇。」祐乃叱元進而斬之，并其黨並伏誅。一坐皆戰慄，不敢仰視。於是與諸將結盟，同心誅悦。太祖以此知重之。乃謂祐曰：「吾今以爾爲子，爾其父事我。」後從討悦，破之。

又從迎魏孝武於潼關。以前後功，封萇鄉縣伯，邑五百户。大統初，加寧朔將軍、羽林監，尋持節、員外散騎常侍，進爵爲侯，增邑一千一百户。從太祖擒竇泰，復弘農，戰沙苑，皆有功，授平東將軍、太中大夫。

又從太祖戰於河橋，祐乃下馬步鬬，手殺數人。左右勸乘馬以備急卒。祐怒曰：「丞相養我如子，今日豈以性命爲念！」遂率左右十餘人，齊聲大呼，殺傷甚多。敵以其無繼，遂圍之十餘重，謂祐曰：「觀君似是勇士，但弛甲來降，豈慮無富貴耶。」祐罵之曰：「死卒！吾今取頭〔七〕，自當封公，何假賊之官號也。」乃彎弓持滿，四面拒之。東魏人弗敢逼，乃募厚甲長刀者，直進取祐。去祐可三十步，左右勸射之，祐曰：「吾曹性命，在一矢耳，豈虛發哉。」敵人漸進，可十步，祐乃射之，正中其面，應弦而倒，便以矟刺殺之。因此，戰數合，唯失一人。敵乃稍卻。祐徐引退。是戰也，我軍不利。太祖已還。祐至弘農，夜中與太祖相會。太祖見祐至，字之曰：「承先，爾來，吾無憂矣。」太祖心驚，不得寢，枕祐股上，乃安。以功進爵爲公，增邑三百户，授京兆郡守。

九年，東魏北豫州刺史高仲密舉州來附〔八〕。太祖率軍援之，與齊神武遇，戰於邙山。祐時著明光鐵鎧，所向無前。敵人咸曰「此是鐵猛獸也」，皆遽避之。俄授青州刺史，轉原州刺史，加帥都督，尋除大都督。十三年，遭父憂，請終喪紀。弗許。遷車騎大將軍、儀同三司，加驃騎大將軍、開府儀同三司、侍中，賜姓大利稽氏，進爵懷寧郡公。

魏恭帝二年，中領軍。六官建，授兵部中大夫。江陵初附，諸蠻騷動，詔祐與大將軍豆盧寧討平之〔九〕。三年，拜大將軍，給後部鼓吹。以前後功，增邑并前四千户，別封一子縣伯。太祖不豫，祐與晉公護、賀蘭祥等侍疾。及太祖崩，祐悲慕不已，遂得氣疾。

孝閔帝踐阼，拜少保。祐與尉遲綱俱掌禁兵，遞直殿省。時帝信任司會李植等，謀害晉公護，祐每泣諫，帝不聽。尋而帝廢。

世宗即位，拜小司馬，少保如故。帝之爲公子也，與祐特相友昵，至是禮遇彌隆。御膳每有異味，輒輟以賜祐；羣臣朝宴，每被別留，或至昏夜，列炬鳴笳，送祐還宅。祐以過蒙禮遇，常辭疾避之。至於婚姻，尤不願交於勢要。尋以本官權鎮原州〔一〇〕。頃之，授宜州刺史〔一一〕，未之部，因先氣疾動，卒於原州。時年五十四。

祐少有大志，與鄉人李穆，布衣齊名。嘗相謂曰：「大丈夫當建立功名，以取富貴，安能久處貧賤邪！」言訖，各大笑。穆即申公也。後皆如其言。及從征伐，常潰圍陷陣，爲士卒先。軍還之日，諸將爭功，祐終無所競。太祖每歎之〔一二〕，嘗謂諸將曰：「承先口不言勳，孤當代其論敘。」其見知如此。性節儉，所得禄皆散與宗族，身死之日，家無餘財。贈使持節、柱國大將軍、大都督、五州諸軍事、原州刺史。謚曰莊。子正嗣。官至使持節、車騎大將軍、儀同三司。

祐弟澤，頗好學，有幹能。起家魏廣平王參軍、丞相府兼記室，加宣威將軍〔一三〕、給事中。從尉遲迥平蜀，授帥都督，賜爵安彌縣男。稍遷司軺下大夫、車騎大將軍、儀同三司、澧州刺史〔一四〕。在州受賂，總管代王達以其功臣子弟，密奏貰之。後爲邵州刺史〔一五〕，不從司馬消難，被害。

常善，高陽人也。世爲豪族〔一六〕。父安成，魏正光末，茹茹寇邊，以統軍從鎮將慕容勝與戰，大破之。時破六汗拔陵作亂，欲逼安成。不從，乃率所部討陵。以功授伏波將軍，給鼓節。後與拔陵連戰，卒於陣。

善，魏孝昌中，從爾朱榮入洛，授威烈將軍、都督，加龍驤將軍、中散大夫、直寢，封房城縣男，邑三百户。後從太祖平侯莫陳悦，除天水郡守。魏孝武西遷，授武衛將軍，進爵武始縣伯，增邑二百户。大統初，加平東將軍，進爵爲侯。擒竇泰，復弘農，破沙苑，累有戰功。除使持節、衛將軍，假驃騎大將軍、秦州刺史。四年，從戰河橋，加大都督，進爵爲公，除涇州刺史。屬茹茹入寇，抄掠北邊，善率所部破之，盡獲所掠。拜車騎大將軍、儀同三司，遷驃騎大將軍、開府儀同三司，西安州刺史。轉蔚州刺史。頻莅三蕃，頗有政績。

魏恭帝二年，進爵永陽郡公，增邑二千户。

孝閔帝踐阼，拜大將軍、寧州總管。保定二年，入爲小司徒。四年，突厥出師與隨公楊忠東伐，令善應接之。五年夏，卒，時年六十四。贈使持節、柱國大將軍、大都督、延夏鹽恒燕五州諸軍事、延州刺史。子昇和嗣〔一七〕。先以善勳，拜儀同三司。

辛威，隴西人也。祖大汗，魏渭州刺史。父生，河州四面大都督。及威著勳，追贈大將軍、涼甘等五州刺史。

威少慷慨，有志略。初從賀拔岳征討有功，假輔國將軍、都督。及太祖統岳之衆，見威奇之，引爲帳内。尋授羽林監，封白土縣伯，邑五百户。從迎魏孝武，因攻回洛城，功居最。大統元年，拜寧遠將軍，增邑二百户。累遷通直散騎常侍，進爵爲侯，增邑三百户。從擒竇泰，復弘農，戰沙苑，並先鋒陷敵，勇冠一時。以前後功，授撫軍將軍、銀青光禄大夫。從于謹破襄城。又從獨孤信入洛陽，經河橋陣，加持節，進爵爲公，增邑八百户。五年，授揚州刺史，加大都督。十三年，遷車騎大將軍、儀同三司，驃騎大將軍、開府儀同三司，賜姓普屯氏〔一八〕，出爲鄜州刺史。威時望既重，朝廷以桑梓榮之，遷河州刺史，本州大中正。頻領二鎮，頗得民和。

閔帝踐阼，拜大將軍，進爵枹罕郡公，增邑五千户〔一九〕。及司馬消難來附，威與達奚武率衆援接。保定初，復率兵討丹州叛胡，破之。三年，與達奚武攻陽關，拔之。明年，從尉遲迥圍洛陽。還，拜小司馬。天和初，進位柱國。復爲行軍總管，討綏、銀等諸州叛胡，並平之。六年，從齊王憲東伐，拔伏龍等五城。建德初，拜大司寇。三年，遷少傅〔二〇〕，出爲寧州總管〔二一〕。宣政元年，進位上柱國。大象二年，進封宿國公，增邑并前五千户，復爲少傅。其年冬，薨，時年六十九。

威性持重，有威嚴。歷官數十年，未嘗有過，故得以身名終。兼其家門友義，五世同居，世以此稱之。子永達嗣。大象末，以威勳，拜儀同大將軍。

厙狄昌字恃德，神武人也。少便騎射，有膂力。及長，進止閑雅，膽氣壯烈，每以將帥自許。年十八，爾朱天光引爲幢主，加討夷將軍。從天光定關中，以功拜寧遠將軍、奉車都尉、統軍。天光敗，又從賀拔岳。授征西將軍、金紫光禄大夫。及岳被害，昌與諸將議翊戴太祖。從平侯莫陳悅，賜爵陰盤縣子，加衞將軍、右光禄大夫。

後從太祖迎魏孝武，復潼關，改封長子縣子，邑八百户。大統初，進爵爲公，增邑一千户。從破竇泰，授車騎將軍、左光禄大夫。又從復弘農，戰沙苑，昌皆先登陷陣。太祖嘉之，授帥都督。四年，從戰河橋，除冀州刺史。後與于謹破胡賊劉平伏於上郡，授馮翊郡守。久之，轉河北郡守。十三年，録前後功，授大都督、通直散騎常侍。又從隨公楊忠破蠻賊田社清〔三二〕，昌功爲最，增邑三百户，拜儀同三司。尋遷開府儀同三司。十六年，出爲東夏州刺史。魏廢帝元年，進爵方城郡公，增邑并前四千一百户。六官建，授稍伯中大夫。孝閔帝踐阼，拜大將軍。後以疾卒。

田弘字廣略，高平人也。少慷慨，志立功名，膂力過人，敢勇有謀略。魏永安中，陷於万俟醜奴。爾朱天光入關，弘自原州歸順，授都督。

及太祖初統衆，弘求謁見，乃論世事〔三三〕，深被引納，即處以爪牙之任。又以迎魏孝武功，封鶉陰縣子，邑五百户。太祖常以所著鐵甲賜弘云：「天下若定，還將此甲示孤也。」大統三年，轉帥都督，進爵爲公。從太祖復弘農，戰沙苑，解洛陽圍，破河橋陣，弘功居多，累蒙殊賞，賜姓紇干氏。尋授原州刺史。以弘勳望兼至，故以衣錦榮之。太祖在同州，文武並集，乃謂之曰：「人人如弘盡心，天下豈不早定。」即授車騎大將軍、儀同三司。魏廢帝元年，加驃騎大將軍、開府儀同三司。

平蜀之後，梁信州刺史蕭韶等各據所部，未從朝化，詔弘討平之。又討西平叛羌及鳳州叛氐等〔二四〕，並破之。弘每臨陣，摧鋒直前〔二五〕，身被一百餘箭，破骨者九，馬被十矟，朝廷壯之。信州羣蠻反，又詔弘與賀若敦等平之。孝閔帝踐阼，進爵鴈門郡公，邑通前二千七百户。

保定元年，出爲岷州刺史。弘雖武將，而動遵法式，百姓頗安之。三年，從隨公楊忠伐齊，拜大將軍〔二六〕。明年，又從忠東伐。師還，乃旋所鎮。吐谷渾寇西邊，宕昌羌潛相應接，詔弘討之，獲其二十五王，拔其七十六栅〔二七〕，遂破平之。

天和二年，陳湘州刺史華皎來附，弘從衛公直赴援。與陳人戰，不利，仍以弘爲江陵總管。及陳將吴明徹來寇，弘與梁主蕭巋退保紀南〔二八〕，令副總管高琳拒守，明徹退，乃還江陵。尋以弘爲仁壽城主，以逼宜陽。齊將段孝先、斛律明月出軍定隴以爲宜陽援，弘與陳公純破之，遂拔宜陽等九城。以功增邑五百户，進位柱國大將軍。

建德二年，拜大司空〔二九〕，遷少保。三年，出爲總管襄郢昌豐唐蔡六州諸軍事、襄州刺史。薨于州。

子恭嗣〔三〇〕。少有名譽，早歷顯位。大象末，位至柱國、小司馬。朝廷又追録弘勳，進恭爵觀國公。

梁椿字千年，代人也。祖屈朱，魏昌平鎮將。父提，内三郎〔三一〕。

椿初以統軍從爾朱榮入洛，復從榮破葛榮於滏口，以軍功進授都將。後從賀拔岳討平万俟醜奴、蕭寶夤等，遷中堅將軍、屯騎校尉、子都督。普泰初，拜征西將軍、金紫光禄大夫。二年，除高平郡守，封盧奴縣男，邑一百户。太昌元年，進授都督。從太祖平侯莫陳悦，拜衛將軍、右光禄大夫。大統初，進爵欒城縣伯，增邑五百户。出爲隴東郡守。尋進爵爲公，增邑五百户，遷梁州刺史。從復弘農，戰沙苑，與獨孤信入洛陽，從宇文貴破東魏將堯雄等，累有戰功。授車騎大將軍、儀同三司、大都督。從戰河橋，進爵東平郡公，增邑一千户。俄遷侍中、驃騎大將軍、開府儀同三司。七年，從于謹討稽胡劉平伏，椿擒其别帥劉持塞。又從獨孤信討岷州羌梁仚定，破之。除渭州刺史〔三二〕。在州雖無他政績，而夷夏安之。十三年，從李弼赴潁川援侯景。别攻閻韓鎮，斬其鎮城徐衛。城主卜貴洛率軍士千人降。以功增邑四百户。孝閔帝踐阼，除華州刺史，改封清陵郡公，增邑通前三千七百户。二年，入爲少保〔三三〕，轉少傅。保定元年，拜大將軍。卒於位。贈恒鄜延丹寧五州諸軍事、行恒州刺史，謚曰烈。

椿性果毅，善於撫納，所獲賞物，分賜麾下，故每踐敵場，咸得其死力。雅好儉素，不營貲産，時論以此稱焉。

子明，魏恭帝二年，以椿功襲爵豐陽縣公〔三四〕。尋授大都督，遷車騎大將軍、儀同三司、散騎常侍，治小吏部，歷小御伯、御正下大夫。保定五年，詔襲椿爵，舊封回授弟朗。天和中，改封樂陵郡公，除上州刺史，增邑并前四千三百户。

梁臺字洛都，長池人也。父去斤，魏獻文時爲隴西郡守。

臺少果敢，有志操。孝昌中，從爾朱天光討平關、隴，一歲之中，大小二十餘戰，以功授子都督，賜爵隴城鄉男。普泰初，進授都督。後隸侯莫陳悦討南秦州羣盗，平之。悦表臺爲假節、衞將軍、左光禄大夫，進封隴城縣男，邑二百户。尋行天水郡事，轉行趙平郡事。頻治郡，頗有聲績。未幾，天光追臺還，引入帳内。及天光敗於寒陵〔三五〕，賀拔岳又引爲心膂。

岳爲侯莫陳悅所害，臺與諸將議翊戴太祖。從討悅，破之。又拜天水郡守。大統初，復除趙平郡守。又與太僕石猛破兩山屠各，詔增邑一百户〔三六〕，轉平涼郡守。時莫折後熾結聚輕剽，寇掠居民。州刺史史寧討之，歷時不克。臺陳賊形勢，兼論攻取之策，寧善而從之，遂破賊徒。復與于謹破劉平伏。録前後勳，授潁州刺史，賜姓賀蘭氏。從援玉壁，戰邙山，授帥都督。大統十五年，拜南夏州刺史，加通直散騎常侍、本州大中正，增邑二百户。魏廢帝二年，遷使持節、車騎大將軍、儀同三司，進驃騎大將軍、開府儀同三司，加侍中。

孝閔帝踐阼，進爵中部縣公，增邑通前一千户。武成中，從賀蘭祥征洮陽，先登有功，別封綏安縣侯，邑一千户。詔聽轉授其子元慶。

保定四年，拜大將軍。時大軍圍洛陽，久而不拔。齊騎奄至，齊公憲率兵禦之。乃有數人爲敵所執，已去陣二百餘步，臺望見之，憤怒，單馬突入，射殺兩人，敵皆披靡，執者遂得還。齊公憲每歎曰：「梁臺果毅膽決，不可及也。」五年，拜鄜州刺史。

臺性疎通，恕己待物。至於蒞民處政，尤以仁愛爲心。不過識千餘字，口占書啓，辭意可觀。年過六十，猶能被甲跨馬，足不躡鐙。馳射弋獵，矢不虚發。後以疾卒。

宇文測字澄鏡，太祖之族子也。高祖中山、曾祖豆頹、祖騏驎、父永，仕魏，位並顯達。

測性沉密，少篤學，每旬月不窺戶牖。起家奉朝請、殿中侍御史，累遷司徒右長史、安東將軍。尚宣武女陽平公主，拜駙馬都尉。及魏孝武疑齊神武有異圖，詔測詣太祖言，令密爲之備。太祖見之甚歡。使還，封廣川縣伯，邑五百戶。尋從孝武西遷，進爵爲公。

太祖爲丞相，以測爲右長史，軍國政事，多委任之。又令測詳定宗室昭穆遠近，附於屬籍。除通直散騎常侍、黃門侍郎。

大統四年，拜侍中、長史〔三七〕。六年，坐事免。尋除使持節、驃騎大將軍、開府儀同三司、大都督、行汾州事。測政存簡惠，頗得民和。地接東魏，數相鈔竊，或有獲其爲寇者，多縛送之。測皆命解縛，置之賓館，然後引與相見，如客禮焉。仍設酒餚宴勞，放還其國，并給糧餼，衞送出境。自是東魏人大慙，乃不爲寇。汾、晉之間，各安其業。兩界之民，遂通慶弔，不復爲仇讐矣。時論稱之，方於羊叔子。或有告測與外境交通，懷貳心者。太祖怒曰：「測爲我安邊，吾知其無貳志，何爲間我骨肉，生此貝錦！」乃命斬之。仍許測以便宜從事。

八年，加金紫光禄大夫，轉行綏州事。每歲河冰合後，突厥即來寇掠，先是常預遣居民入城堡以避之。測至，皆令安堵如舊。乃於要路數百處並多積柴，仍遠斥候〔三八〕，知其動靜。是年十二月，突厥從連谷入寇，去界數十里。測命積柴之處，一時縱火。突厥謂有大軍至，懼而遁走，自相蹂踐，委棄雜畜及輜重不可勝數。測徐率所部收之，分給百姓。自是突厥不敢復至。測因請置戍兵以備之。

十年，徵拜太子少保。十二年十月，卒於位，時年五十八。太祖傷悼，親臨慟焉。仍令水池公護監護喪事。贈本官，謚曰靖。

測性仁恕，好施與，衣食之外，家無蓄積。在洛陽之日，曾被竊盜，所失物，即其妻陽平公主之衣服也。州縣擒盜，并物俱獲。測恐此盜坐之以死，乃不認焉。遂遇赦得免。盜既感恩，因請爲測左右。及測從魏孝武西遷，事極狼狽，此人亦從測入關，竟無異志。子該嗣。歷官内外，位至上開府儀同三司、臨淄縣公。測弟深。

深字奴干。性鯁正，有器局。年數歲，便累石爲營伍，并折草作旌旗，布置行列，皆有軍陣之勢。父永遇見之，乃大喜曰：「汝自然知此，於後必爲名將。」至永安初，起家祕書郎。時羣盜蜂起，深屢言時事，爾朱榮雅知重之。拜厲武將軍。

尋除車騎府主簿。三年，授子都督，領宿衞兵卒。及齊神武舉兵入洛，孝武西遷。既事起倉卒，人多逃散，深撫循所部，並得入關。以功賜爵長樂縣伯。

太祖以深有謀略，欲引致左右，圖議政事。大統元年，乃啓爲丞相府主簿，加朱衣直閤。尋轉尚書直事郎中。

及齊神武屯蒲坂，分遣其將竇泰趣潼關，高敖曹圍洛州〔三九〕。太祖將襲泰，諸將咸難之。太祖乃隱其事，陽若未有謀者，而獨問策於深。對曰：「竇氏，歡之驍將也，頑凶而勇戰，亟勝而輕敵，歡每仗之，以爲禦侮。今者大軍若就蒲坂，則高歡拒守，竇泰必援之，內外受敵，取敗之道也。不如選輕銳之卒，潛出小關。竇性躁急，必來決戰，高歡持重，未即救之，則竇可擒也。既虜竇氏，歡勢自沮。回師禦之，可以制勝。」太祖喜曰：「是吾心也。」軍遂行，果獲泰而齊神武亦退。深又説太祖進取弘農，復克之。太祖大悦，謂深曰：「君即吾家之陳平也。」

是冬，齊神武又率大衆度河涉洛，至於沙苑。諸將皆有懼色，唯深獨賀。太祖詰之，曰：「賊來充斥，何賀之有？」對曰：「高歡之撫河北，甚得衆心，雖乏智謀，人皆用命，以此自守，未易可圖。今懸師度河，非衆所欲，唯歡恥失竇氏，愎諫而來。所謂忿兵，一戰可以擒也。此事昭然可見，不賀何爲。請假深一節，發王羆之兵，邀其走路，使無遺類矣。」

太祖然之。尋而大破齊神武軍，如深所策。

四年，從戰河橋。六年，別監李弼軍討白額稽胡，並有戰功。俄進爵爲侯，歷通直散騎常侍、東雍州別駕、使持節、大都督、東雍州刺史。深爲政嚴明，示民以信，抑挫豪右，吏民懷之。十七年，入爲雍州別駕。魏恭帝二年，進車騎大將軍、儀同三司、散騎常侍。六官建，拜小吏部下大夫。

孝閔帝受禪，進位驃騎大將軍、開府儀同三司，遷吏部中大夫。武成元年，除豳州刺史〔四〇〕，改封安化縣公。二年，徵拜宗師大夫，轉軍司馬。保定初，除京兆尹。入爲司會中大夫。

深少喪父，事兄甚謹。性多奇譎，好讀兵書。既在近侍，每進籌策。及在選曹，頗獲時譽。性仁愛，情隆宗黨。從弟神舉、神慶幼孤，深撫訓之〔四一〕，義均同氣，世亦以此稱焉。天和三年，卒於位。贈使持節、少師、恒雲蔚三州刺史，謚曰成康。子孝伯，自有傳。

史臣曰：太祖屬禍亂之辰，以征伐定海內，大則連兵百萬，繫以存亡，小則轉戰邊亭，不闋旬月。是以人無少長，士無賢愚，莫不投筆要功，横戈請奮。若夫數將者，並攀翼雲漢，底績屯夷，雖運移年世，而名成終始，美矣哉！以赫連達之先識，而加之以仁恕；蔡祐之敢勇，而終之以不伐。斯豈企及所致乎，抑亦天性也。宇文測昆季，政績謀猷，咸有可述，其當時之良臣歟。

校勘記

〔一〕盛樂人　「盛」，原作「成」，據三朝本、汲本、局本、北史卷六五赫連達傳、册府卷一三二、卷七八二改。汲本、局本注云「一作成」。按魏書卷一〇六上地形志上雲州有盛樂郡，「成樂」是漢縣名（見漢書卷二八地理志、續漢書郡國志）。又册府卷七八二作「雲中盛樂人」，「雲中」二字似非宋人所加，疑周書本有此二字，傳本脱去。

〔二〕除白水郡守　「白水」，原作「泉」，據册府卷三八二改。張森楷云：「據魏隋二志，郡無單名『泉』者。『泉』上疑有捝誤。」按魏書卷一〇六下地形志下白水郡屬華州，諸本誤併「白水」二字爲一「泉」字。

〔三〕宣威將軍　「威」，原作「武」，據三朝本、南監本、册府卷八四五改。張元濟以爲「武」字誤，云：「見盧辯傳（卷二四）。」按張説是。魏書卷一一三官氏志載太和後職令，宣威將軍第六品，没有「宣武」號。

〔四〕進爵石縣伯　册府卷三八二明刻本「石」下有「城」字，明鈔本同無「城」字。張森楷云：「縣無單名『石』者。」北史（卷六五韓果傳）不載此封，而云『大統初，累進爵爲石城公』，與周書下文『大統初，進爵爲公』之文合，則此是石城縣也。」按張説疑是。但諸本皆同，今不補。

〔五〕賞真珠金帶一腰　「真」，三朝本、南監本、北監本、汲本作「以」，北史卷六五韓果傳、册府卷三八二同作「真」。殿本當據北史改，局本從殿本。按「以」或爲「真」之訛，也可能「真」上原有「以」字。

〔六〕除岐夏二州刺史　「夏」，北史卷六五蔡祐傳作「雍」。

〔七〕吾今取頭　册府卷三七三作「吾今日取汝頭」，卷三九五上作「吾今取汝頭」。按「取」下當有「汝」字，語氣方完，疑周書傳本脱去。

〔八〕東魏北豫州刺史高仲密舉州來附　「北」，原脱，據北史卷六五蔡祐傳補。按魏書卷一二孝靜帝紀、周書卷二文帝紀下、北史卷九周本紀上都作「北豫州」，册府卷三九五上、通志卷一五八蔡祐傳亦作「豫州」，無「北」字，似脱文已久。

〔九〕六官建授兵部中大夫江陵初附諸蠻騷動詔祐與大將軍豆盧寧討平之　按周書卷二文帝紀下平江陵在魏恭帝元年（五五四），六官建在三年。據卷四九蠻傳，祐與豆盧寧攻蠻，在恭帝二年前，亦即元年。這裏敍事顛倒。

〔一〇〕尋以本官權鎮原州　「權」，三朝本、南監本、北監本、汲本作「獲」。北史卷六五蔡祐傳作「權」。殿本當從北史改，局本從之。按上文説蔡祐謙退，原文或周書所據舊史當有請外任語，所以説「獲鎮原州」。今無此語，則「獲」字無理。

〔二〕授宜州刺史　「宜」，原作「宣」，據三朝本、南監本改。北史卷六五蔡祐傳百衲本作「宜」，殿本作「宣」。張元濟以爲「宣」字誤。按隋書卷二九地理志上京兆郡華原縣條云：「後魏置北雍州，西魏改爲宜州。」宣州是陳地。

〔三〕太祖每歎之　「每」，原作「乃」，據三朝本、北史卷六五蔡祐傳、御覽卷二七六引後周書、册府卷四三一改。按「乃」字於文義不協。

〔三〕宣威將軍　「威」，原作「武」，據三朝本、南監本改。參本卷校記第三條。

〔四〕澧州刺史　「澧」，三朝本、北史卷五八代王達傳作「禮」。周書卷一三代王達傳作「灃」。錢大昕考異卷三二疑是豐州之訛。按周書卷三七郭彥傳亦見「澧州」，恐是「灃州」之誤。參卷一三校記第一六條、卷二七校記第二六條。

〔五〕後爲邳州刺史　「邳」，原作「邛」，據局本改。汲本作「⿰土卩」，不成字。北史卷六五蔡祐傳作「卭」。按周書卷二一司馬消難傳有「邳州刺史蔡澤」。邳州是司馬消難管內，「邛」字誤。

〔六〕高陽人也世爲豪族　按高陽是瀛州屬郡，不是鎮。下文稱其父安成從鎮將慕容勝與茹茹戰，不知是哪一鎮。疑「世爲豪族」下當有徙居北邊某鎮的話，周書傳本脱去。

〔七〕子昇和嗣　「昇」，北史卷六五常善傳作「昂」。

〔八〕賜姓普屯氏　「屯」，原作「毛」，據北史卷六五辛威傳改。張森楷云：「『毛』當作『屯』，見齊書斛律光傳（卷一七。按傳見枹罕公普屯威），北史亦是『屯』字。」按張説是，英華卷九一一庾信有普屯威碑可證。

〔一九〕增邑五千户 「五」，普屯威碑作「一」。按辛威最後封宿國公，傳稱增邑并前五千户（碑作五千五百户），則此時不可能一次增邑即五千户，疑當從碑。

〔二〇〕三年遷少傅 「三」，普屯威碑作「二」。按周書卷五武帝紀上建德二年（五七三）五月載「滎陽公司馬消難爲大司寇」，知辛威已由大司寇遷少傅，疑碑作「二年」是。

〔二一〕出爲寧州總管 周書卷六武帝紀下建德四年（五七五）正月書辛威爲寧州總管，傳繫於三年後，大致相符。但普屯威碑却説：「（建德）四年授河州（倪璠注本作寧州，是據周書改）總管、都督七州諸軍事，即爲河州大中正。公之桑梓，本于此地，再爲連率，頻仍衣錦。」據碑則建德四年辛威任職河州而非寧州。按傳在前曾説「遷河州刺史，本州大中正」，事在大統十三年（五四七）後，周代魏（五五六）前。碑文不載此事，但於大統十六年任鄜州刺史後稱「公頻領兩牧」。傳於任河州刺史後稱「頻領二鎮」，所云「兩牧」「二鎮」都指鄜州、河州二地。傳世碑文脱去遷河州刺史數語，「兩牧」就存鄜州一牧，語不可解。正因他在西魏末年曾任河州刺史，建德四年是再任，所以碑文才説「再爲連率」。他郡望隴西，實際是河州人，碑稱河州是他的「桑梓」之地，死後「反葬於河州金城郡之苑川鄉」可證。以河州人而兩次出牧河州，所以碑説「頻仍衣錦」。如果他是寧州總管，即使如倪本以寧州總管兼河州大中正，這些話也是安不上的。因爲總管總得在治所，既在寧州，怎能説「桂陽仙人，還歸鄉里，故老親賓，酣歌相慶」呢？庾信碑文寫於開皇元年（五八一），距辛威之死只三年，敍歷官當無誤。據碑，辛威於保定四年（五六四）曾任寧州總管，周書紀傳誤移於建德四年，其實此年是任「河州總管」。

〔三〕田社清　「社」，周書卷一九楊忠傳作「杜」，卷四九蠻傳作「杜」。參卷一九校記第五三條。

〔三〕乃論世事　「乃」，原作「及」，據三朝本、南監本、北監本、汲本、局本、北史卷六五田弘傳、册府卷七六六改。

〔四〕又討西平叛羌及鳳州叛氐等　「叛羌」，北史卷六五田弘傳、御覽卷三一〇引後周書、英華卷九〇五庾信紇干弘神道碑都作「反羌」。按碑文「西平反羌」與「鳳州叛氐」正相對，疑原本作「反」。

〔五〕弘每臨陣摧鋒直前　「摧鋒直前」，三朝本作「鋒推直前」，乃是誤倒。北史卷六五田弘傳百衲本作「推鋒直前」，殿本「推」作「摧」，通志卷一五八田弘傳亦作「推」。紇干弘神道碑作「推鋒直上」（全後周文卷一五録碑文又作「摧」，倪注本作「推」）。按文選卷六左太沖魏都賦有「推鋒積紀」語，晉書卷六二祖逖傳有「推鋒越河」語，北齊書卷二一高昂傳亦有「推鋒逕進」語，知作「推」是。然御覽卷三一〇引後周書、册府卷三九五上也作「摧」，今不改。

〔六〕三年從隨公楊忠伐齊拜大將軍　紇干弘神道碑云：「四年，拜大將軍。」

〔七〕拔其七十六栅　「七十六」，原作「七十二」，據三朝本、南監本、册府卷三五五、紇干弘神道碑、通志卷一五八田弘傳改。按此傳基本上是據碑文所寫。

〔二八〕退保紀南　「紀」，原作「總」，據三朝本、南監本、册府卷四三八改。汲本、局本同作「總」，注云「一作紀」。張森楷、張元濟都以爲「總」字誤。張元濟云「高琳傳（卷二九）、蕭撝傳（卷四八）並作『紀』」。

〔二九〕建德二年拜大司空　「二年」，北周田弘墓誌（見北周田弘墓）同，紇干弘神道碑作「元年」。按周書卷五武帝紀上田弘爲大司空在建德二年（五七三）正月，而元年十一月已書「以大司空、趙國公招爲大司馬」。也可能事在元年末。

〔三〇〕子恭嗣　張森楷云：「北史（卷六五）『恭』上有『仁』字，此誤挩去。」按紇干弘神道碑作「世子恭」，北周田弘墓誌作「世子使持節、驃騎大將軍、開府儀同三司、大都督、司憲恭」，同樣無「仁」字，或是雙名單稱。

〔三一〕父提內三郎　「三郎」，原作「正郎」，據三朝本改（百衲本從他本改作「正郎」）。按魏書卷一一三官氏志述魏初制度云：「幢將員六人主三郎、衞士直宿禁中者。」同書卷三〇豆代田傳「子求周爲內三郎」，陸真傳「拜內三郎」，卷三四陳建傳「擢爲三郎」，宋書卷九五索虜傳見「三郎大帥」。可證作「三郎」是。

〔三二〕除渭州刺史　「渭」，原作「清」，據三朝本、南監本、册府卷三八二、卷六八〇改。汲本、局本同作「清」，注云「一作渭」。按魏書卷一〇六地形志無「清州」。

〔二三〕二年入爲少保　按此「二年」接着上文孝閔帝踐阼，但孝閔帝元年九月被廢，無二年。此二年當是明帝的二年。疑上有脱文。

〔二四〕以椿功襲爵豐陽縣公　「襲」，北史卷六五梁椿傳作「賜」。按上文述椿前後受爵並無豐陽的封邑，而且梁椿尚在，無故由其子襲爵，也説不通，疑當作「賜」。

〔二五〕及天光敗於寒陵　「寒陵」，魏書卷七四尒朱兆傳、尒朱天光傳和其他相關紀載多作「韓陵」。然類聚卷七七有温子昇寒陵山寺碑也作「寒陵」。當時地名常用同音字，無須斷其是非。

〔二六〕又與太僕石猛破兩山屠各詔增邑一百户　「屠各詔」，三朝本作「屠者各」。汲本、局本同作「屠各詔」，注「一作者各」。册府卷三八二作「屠者」，無「詔」字。疑這裏有譌脱。

〔二七〕拜侍中長史　北史卷五七周室諸王廣川公測傳但云「歷位侍中」，不舉「長史」。通志卷八五廣川公測傳源出周書，「侍中」後亦無「長史」。按上文已稱「太祖爲丞相，以測爲右長史」，疑「侍中」下脱「仍兼」二字，或「長史」承上誤衍。

〔二八〕仍遠斥候　册府卷三六五、卷三九〇「遠」下有「道」字，通典卷一五三兵六「道」作「遣」。

〔二九〕高敖曹圍洛州　「州」，原作「陽」，據三朝本、北史卷五七廣川公測傳附宇文深傳改。按魏、周、齊相關紀傳及通鑑卷一五七梁紀一三大同三年（五三七）都説高敖曹攻圍的是洛州或稱上洛，周書卷四四泉企傳對此紀載甚詳。且洛陽久爲東魏所有，何須攻圍？

〔四〇〕除豳州刺史　「豳」，原作「幽」，據北史卷五七廣川公測傳附宇文深傳改。張森楷云：「作

『豳』是。」按幽州不在周管內。

〔四二〕從弟神舉神慶幼孤深撫訓之　「舉」，原作「譽」，據北史卷五七廣川公測傳附宇文深傳改。按周書卷四〇宇文神舉傳云：「神舉早歲而孤，有夙成之量。族兄安化公深器異之。」傳末云：「弟神慶。」知北史作「舉」是。

周書卷二十八

列傳第二十

史寧　陸騰　賀若敦　權景宣

史寧字永和，建康表氏人也〔一〕。曾祖豫，仕沮渠氏爲臨松令。魏平涼州，祖灌隨例遷於撫寧鎮〔二〕，因家焉。父遵，初爲征虜府鎧曹參軍。屬杜洛周構逆，六鎮自相屠陷，遵遂率鄉里二千家奔恒州。其後恒州爲賊所敗，遵復歸洛陽。拜樓煩郡守。及寧著勳，追贈散騎常侍、征西大將軍、涼州刺史，謚曰貞。

寧少以軍功，拜別將。遷直閤將軍、都督，宿衛禁中。尋加持節、征東將軍、金紫光禄大夫。賀拔勝爲荆州刺史，寧以本官爲勝軍司，率步騎一千，隨勝之部。值荆蠻騷動，三鵶路絶，寧先驅平之。因撫慰蠻左，翕然降附，遂税得馬一千五百匹供軍。尋除南郢州刺史。及勝爲大行臺，表寧爲大都督。率步騎一萬攻梁下溠戍，破之，封武平縣伯，邑五百户。又攻拔梁齊興鎮等九城，獲户二萬而還。未及論功，屬魏孝武西遷，東魏遣侯景率衆寇荆州，寧隨勝奔梁。梁武帝引寧至香磴前〔三〕，謂之曰：「觀卿風表，終至富貴，我當使卿衣錦還鄉。」寧答曰：「臣世荷魏恩，位爲列將，天長喪亂，本朝傾覆，不能北面逆賊，幸得息肩有道。儻如明詔，欣幸實多。」因涕泣横流，梁武爲之動容。在梁二年，勝乃與寧密圖歸計。寧曰：「朱异既爲梁主所信任，請往見之。」勝然其言。寧乃見异，申以投分之言，微託思歸之意，辭氣雅至。异亦嗟挹，謂寧曰：「桑梓之思，其可忘懷？當爲奏聞，必望遂所請耳。」未幾，梁主果許勝等歸。

大統二年，寧自梁歸闕，進爵爲侯，增邑三百户。久之，遷車騎將軍、行涇州事。時賊帥莫折後熾寇掠居民，寧率州兵與行原州事李賢討破之。轉通直散騎常侍、東義州刺史。東魏亦以故胡梨苟爲東義州刺史〔四〕。寧僅得入州，梨苟亦至，寧迎擊，破之，斬其洛安郡守馮善道。州既鄰接疆埸，百姓流移，寧留心撫慰，咸來復業。

十二年，轉涼州刺史。寧未至而前刺史宇文仲和據州作亂。詔遣獨孤信率兵與寧討之，寧先至涼州，爲陳禍福，城中吏民皆相率降附。仲和仍據城不下，尋亦克之。加車騎大將軍、儀同三司、大都督、涼西涼二州諸軍事、散騎常侍、涼州刺史。十五年，遷驃騎大將軍、開府儀同三司，加侍中，進爵爲公。

十六年，宕昌叛羌獠甘作亂，逐其王彌定而自立，并連結傍乞鐵怱及鄭五醜等，詔寧率軍與宇文貴、豆盧寧等討之。寧別擊獠甘，而山路險阻，纔通單騎，獠甘已分其黨立柵守險。寧進兵攻之，遂破其柵。獠甘率三萬人逆戰，寧復大破之，追奔至宕昌。獠甘將百騎走投生羌鞏廉玉〔五〕。彌定遂得復位。寧以未獲獠甘，密欲圖之，乃揚聲欲還。獠甘聞之，復招引叛羌，依山起柵，欲攻彌定。寧謂諸將曰：「此羌入吾術中，當進兵擒之耳。」諸將思歸，咸曰：「生羌聚散無常，依據山谷，今若追討，恐引日無成。且彌定還得守蕃，將軍功已立矣。獠甘勢弱，彌定足能制之。以此還師，策之上者。」寧曰：「一日縱敵，數世之患，豈可捨將滅之寇，更煩再舉。人臣之禮，知無不爲。以此諸君不足與計事也〔六〕。如更沮衆，寧豈不能斬諸君邪！」遂進軍，獠甘衆亦至，與戰，大破之，生獲獠甘，狥而斬之。并執鞏廉玉送闕。所得軍實，悉分賞將士，寧無私焉。師還，詔寧率所部鎮河陽。寧先在涼州，戎夷服其威惠，還鎮之後，邊民並思慕之。

魏廢帝元年，復除涼甘瓜三州諸軍事、涼州刺史。初茹茹與魏和親，後更離叛。尋爲突厥所破，殺其主阿那瓌。部落逃逸者，仍奉瓌之子孫，抄掠河右。寧率兵邀擊，獲瓌子孫二人，并其種落酋長。自是每戰破之，前後獲數萬人。進爵安政郡公。二年，吐谷渾通使於齊〔七〕，寧擊獲之，就拜大將軍。寧後遣使詣太祖請事，太祖即以所服冠履衣被及弓箭甲矟等賜寧。謂其使人曰：「爲我謝涼州，孤解衣以衣公，推心以委公，公其善始令終，無損功名也。」

時突厥木汗可汗假道涼州，將襲吐渾，太祖令寧率騎隨之。軍至番禾，吐渾已覺，奔於南山。木汗將分兵追之，令俱會於青海。寧謂木汗曰：「樹敦、賀真二城，是吐渾巢穴。今若拔其本根，餘種自然離散，此上策也。」木汗從之，即分爲兩軍。木汗從北道向賀真，寧趣樹敦。渾娑周國王率衆逆戰，寧擊斬之。踰山履險，遂至樹敦。敦是渾之舊都〔八〕，多諸珍藏。而渾主先已奔賀真，留其征南王及數千人固守。寧進兵攻之，僞退，渾人果開門逐之〔九〕，因回兵奮擊，門未及闔，寧兵遂得入。生獲其征南王，俘虜男女、財寶，盡歸諸突厥。渾賀羅拔王依險爲柵，周回五十餘里，欲塞寧路。寧攻其柵，破之，俘斬萬計，獲雜畜數萬頭。木汗亦破賀真，虜渾主妻子，大獲珍物。寧還軍於青海，與木汗會。木汗握寧手，歎其勇決，并遺所乘良馬，令寧於帳前乘之，木汗親自步送。突厥以寧所圖必破，皆畏憚之，咸曰：「此中國神智人也。」及將班師，木汗又遺寧奴婢一百口、馬五百匹、羊一萬口。寧乃還州。尋被徵入朝，屬太祖崩，寧悲慟不已，乃請赴陵所盡哀，并告行師克捷。

寧孝閔帝踐阼，拜小司徒，出爲荆襄淅郢等五十二州及江陵鎮防諸軍事、荆州刺史。

有識畫，諳兵權，臨敵指撝，皆如其策，甚得當時之譽。及在荆州，頗自奢縱貪濁，不修法度。嘗出，有人訴州佐曲法，寧還付被訟者治之。自是有事者不復敢言，聲名大損於西州。保定三年，卒於州。謚曰烈。子雄嗣。

雄字世武。少勇敢，膂力過人，便弓馬，有筭略。年十四，從寧於牽屯山奉迎太祖。仍從校獵，弓無虚發。太祖歎異之。尋尚太祖女永富公主。除使持節、驃騎大將軍、開府儀同三司，累遷駕部中大夫、大馭中大夫。從柱國、枹罕公辛威鎮金城，遂卒於軍，時年二十四。雄弟祥，以父勳賜爵武遂縣公。祥弟雲，亦以父勳賜爵武平縣公，歷位司織下大夫，儀同大將軍。雲弟威，亦以父勳賜爵武當縣公。

陸騰字顯聖，代人也。高祖俟，魏征西大將軍、東平王。祖彌，夏州刺史〔一〇〕。父旭，性雅澹，好老易緯候之學，撰五星要訣及兩儀真圖，頗得其指要。太和中，徵拜中書博士，稍遷散騎常侍。知天下將亂，遂隱於太行山。孝莊即位，屢徵不起。後贈并汾恒肆四州刺史〔一一〕。

騰少慷慨有大節，解巾員外散騎侍郎、司徒府中兵參軍。爾朱榮入洛，以騰爲通直散騎侍郎、帳内都督。從平葛榮，以功賜爵清河縣伯。普泰初，遷朱衣直閤。尚安平主，即東萊王貴平女也。魏孝武幸貴平第，見騰，與語悦之，謂貴平曰：「阿翁真得好壻。」即擢爲通直散騎常侍。及孝武西遷，騰時使青州，遂没於鄴。東魏興和初，徵拜征西將軍，領陽城郡守。

大統九年，大軍東討，以騰所據衝要，遂先攻之。時兵威甚盛，長史麻休勸騰降，不許，拒守經月餘，城陷被執。太祖釋而禮之，問其東間消息，騰盛陳東州人物，又敍述時事，辭理抑揚。太祖笑曰：「卿真不背本也。」即拜帳内大都督。未幾，除太子庶子，遷武衞將軍。既爲太祖所知，願立功效，不求内職，太祖嘉之。十三年，拜車騎大將軍、儀同三司。

魏廢帝元年，安康賊黄衆寶等作亂，連結漢中，衆數萬，攻圍東梁州。城中糧盡，詔騰率軍自子午谷以援之。騰乃星言就道，至便與戰，大破之。軍還，拜龍州刺史。太祖謂騰曰：「今欲通江由路，直出南秦〔三〕，卿宜善思經略。」騰曰：「必望臨機制變，未敢預陳。」太祖曰：「此是卿取柱國之日，卿其勉之。」即解所服金帶賜之。州民李廣嗣、李武等憑據巖險，以爲堡壁，招集不逞之徒，攻劫郡縣，歷政不能治。騰密令多造飛梯，身率麾下，夜往掩襲，未明，四面俱上，遂破之，執廣嗣等於鼓下。其黨有任公忻者，更聚徒衆，圍逼州城。乃語騰曰：「但免廣嗣及武，即散兵請罪。」騰謂將士曰：「吾若不殺廣嗣等，可謂隳軍實而長寇讐，事之不可者也。公忻豎子，乃敢要人！」即斬廣嗣及武，以首示之。賊徒沮氣，於是出兵奮擊，盡獲之。

魏恭帝三年，拜驃騎大將軍、開府儀同三司，轉江州刺史，爵上庸縣公，邑二千户。陵州木籠獠恃險麤獷，每行抄劫，詔騰討之。獠既因山爲城，攻之未可拔。騰遂於城下多設聲樂及諸雜伎，示無戰心。諸賊果棄其兵仗，或攜妻子臨城觀樂。騰知其無備，密令衆軍俱上，諸賊惶懼，不知所爲。遂縱兵討擊，盡破之，斬首一萬級，俘獲五千人。

世宗初，陵、眉、戎、江、資、邛、新、遂八州夷夏及合州民張瑜兄弟并反，衆數萬人，攻破郡縣。騰率兵討之。轉潼州刺史。武成元年，詔徵騰入朝，世宗面勑之曰：「益州險遠，非親勿居，故令齊公作鎮。卿之武略，已著遐邇，兵馬鎮防，皆當委卿統攝。」於是徙隆州刺史，隨憲入蜀。及趙公招代憲，復請留之。

保定元年，遷隆州總管，領刺史。二年，資州槃石民反，殺郡守，據險自守，州軍不能制。騰率軍討擊，盡破斬之。而蠻獠兵及所在蜂起〔一三〕，山路險阻，難得掩襲。騰遂量山川形勢，隨便開道。蠻獠畏威，承風請服。所開之路，多得古銘，並是諸葛亮、桓溫舊道。是年，鐵山獠抄斷內江路，使驛不通。騰乃進軍討之。欲至鐵山，乃僞還師。賊不以爲虞，遂不守備。騰出其不意擊之，應時奔潰。一日下其三城，斬其魁帥，俘獲三千人，招納降附者三萬户。

帝以騰母在齊，未令東討。適有其親屬自東還朝者，晉公護奏令僞告騰云〔一四〕：「齊爲無道，已誅公家，母兄並從塗炭。」蓋欲發其怒也。騰乃發哀泣血，志在復讎。四年，齊公憲與晉公護東征，請騰爲副。趙公招時在蜀，復留之。晉公護與招書曰：「今朝廷令齊公掃蕩河、洛，欲與此人同行。汝彼無事，且宜借吾也。」於是命騰馳傳入朝，副憲東討。五年，拜司憲中大夫。

天和初，信州蠻、蜑據江峽反叛，連結二千餘里，自稱王侯，殺刺史守令等。又詔騰率軍討之。騰乃先趣益州，進驍勇之士，兼具樓船，沿外江而下。軍至湯口，分道奮擊，所向摧破。乃築京觀以旌武功。語在蠻傳。涪陵郡守蘭休祖又據楚、向、臨、容、開、信等州〔一五〕，地方二千餘里，阻兵爲亂。復詔騰討之。初與大戰，斬首二千餘級，俘獲千餘人。當時雖摧其鋒，而賊衆既多，自夏及秋，無日不戰，師老糧盡，遂停軍集市，更思方略。賊見騰不出，四面競前。騰乃激勵其衆，士皆爭奮，復攻拔其魚令城，大獲糧儲，以充軍實。又破銅盤等七栅，前後斬獲四千人，并船艦等。又築臨州、集市二城，以鎮遏之。騰自在龍州，至是前後破平諸賊，凡賞得奴婢八百口，馬牛稱是。於是巴蜀悉定，詔令樹碑紀績焉。

四年，遷江陵總管。陳遣其將章昭達率衆五萬、船艦二千圍江陵。衞王直聞有陳寇，遣大將軍趙誾、李遷哲等率步騎赴之，並受騰節度。時遷哲等守外城，陳將程文季、雷道勤夜來掩襲，遷哲等驚亂，不能抗禦。騰夜遣開門，出甲士奮擊，大破之。陳人奔潰，道勤中流矢而斃，虜獲二百餘人。陳人又決龍川寧邦堤〔一六〕，引水灌江陵城。騰親率將士戰於西堤，破之，斬首數千級，陳人乃遁。六年，進位柱國，進爵上庸郡公，增邑通前三千五百户。

建德二年，徵拜大司空，尋出爲涇州總管。宣政元年冬，薨於京師。贈本官加并汾等五州刺史，重贈大後丞。謚曰定。子玄嗣。

玄字士鑒，騰入關時，年始七歲。仕齊爲奉朝請，歷成平縣令。齊平，高祖見玄，特加勞勉，即拜地官府都上士。大象末，爲隋文相府内兵參軍。玄弟融，字士傾，最知名，少歷顯職。大象中，位至大將軍、定陵縣公。

賀若敦，代人也。父統，爲東魏潁州長史。大統三年，執刺史田迅以州降〔一七〕。至長安，魏文帝謂統曰：「卿自潁川從我，何日能忘。」即拜右衛將軍、散騎常侍、兗州刺史，賜爵當亭縣公。尋除北雍州刺史。卒，贈侍中、燕朔恒三州刺史、司空公，謚曰哀。

敦少有氣幹，善騎射。統之謀執迅也，慮事不果，又以累弱既多，難以自拔，沉吟者久之。敦時年十七，乃進策曰：「大人往事葛榮，已爲將帥；後入爾朱，禮遇猶重〔一八〕。韓陵之役〔一九〕，屈節高歡，既非故人，又無功效，今日委任，無異於前者，正以天下未定，方藉英雄之力。一旦清平，豈有相容之理。以敦愚計，恐將來有危亡之憂。願思全身遠害，不得有所顧念也。」統乃流涕從之，遂定謀歸太祖。時羣盜蜂起，各據山谷。大龜山賊張世顯潛來襲統，敦挺身赴戰，手斬七八人，賊乃退走。統大悅，謂左右僚屬曰：「我少從軍旅，戰陣非一，如此兒年時膽略者，未見其人。非唯成我門户，亦當爲國名將。」

明年，從河内公獨孤信於洛陽〔二〇〕，被圍。敦彎弓三石，箭不虛發。信大奇之，乃言於太祖。太祖異之，引置麾下，授都督，封安陵縣伯，邑四百户。嘗從太祖校獵於甘泉宫，時圍人不齊，獸多逃逸，太祖大怒，人皆股戰。圍内唯有一鹿，俄亦突圍而走。敦躍馬馳之，鹿上東山，敦棄馬步逐至山半，便掣之而下。太祖大悦，諸將因得免責。累遷太子庶子、撫軍將軍、通直散騎常侍、大都督、車騎大將軍、散騎常侍、儀同三司，進爵廣鄉縣侯。敦既有武藝，太祖恒欲以將帥任之。魏廢帝二年，拜右衛將軍，俄加驃騎大將軍、開府儀同三司，進爵爲公。

時岷蜀初開，民情尚梗。巴西人譙淹據南梁州，與梁西江州刺史王開業共爲表裏，扇動羣蠻。太祖令敦率軍討之。山路艱險，人迹罕至。敦身先將士，攀木緣崖，倍道兼行，乘其不意。又遣儀同扶猛破其別帥向鎮侯於白帝。淹乃與開業并其黨泉玉成〔二一〕、侯造等率衆七千，口累三萬，自墊江而下，就梁王琳。敦邀擊，破之。淹復依山立柵，南引蠻帥向白彪爲援。敦設反間，離其黨與，因其懈怠，復破之。斬淹，盡俘其衆。進爵武都公，增邑通前一千七百户，拜典祀中大夫。

尋出爲金州都督、七州諸軍事、金州刺史。向白彪又與蠻帥向五子等聚衆爲寇〔二二〕，圍逼信州。詔敦與開府田弘赴救，未至而城已陷。進與白彪等戰，破之，俘斬二千人。仍進軍追討，遂平信州。是歲，荊州蠻帥文子榮自號仁州刺史，擁逼土人，據沮漳爲逆。復令敦與開府潘招討之〔二三〕，擒子榮，并虜其衆。

武成元年，入爲軍司馬。自江陵平後，巴、湘之地並内屬，每遣梁人守之。至是陳將侯瑱、侯安都等圍逼湘州，遏絶糧援。乃令敦率步騎六千，度江赴救。瑱等以敦孤軍深入，規欲取之。敦每設奇伏，連戰破瑱，乘勝徑進，遂次湘州。因此輕敵，不以爲虞。俄而霖雨不已，秋水汎溢，陳人濟師，江路遂斷。糧援既絶，人懷危懼。敦於是分兵抄掠，以充資費。恐瑱等知其糧少，乃於營内多爲土聚，覆之以米，集諸營軍士，人各持囊，遣官司部分，若欲給糧者。因召側近村民，陽有所訪問，令於營外遥見，隨即遣之。瑱等聞之，良以爲實。乃據守要險，欲曠日以老敦師。敦又增修營壘，造廬舍，示以持久。湘、羅之間，遂廢農業。瑱等無如之何。

初，土人亟乘輕船，載米粟及籠鷄鴨以餉瑱軍。敦患之，乃僞爲土人，裝船伏甲士於中。瑱兵人望見，謂餉船之至，逆來爭取。敦甲士出而擒之。敦軍數有叛人乘馬投瑱者，輒納之。敦又別取一馬，牽以趣船，令船中逆以鞭鞭之。如是者再三，馬便畏船不上。後伏兵於江岸，遣人以招瑱軍〔二四〕，詐稱投附。瑱便遣兵迎接，競來牽馬。馬既畏船不上，敦發伏掩之，盡殪。此後實有饋餉及亡命奔瑱者，猶謂敦之設詐，逆遣扞擊，並不敢受。

相持歲餘，瑱等不能制，求借船送敦度江。敦慮其或詐，拒而弗許。瑱復遣使謂敦曰：「驃騎在此既久，今欲給船相送，何爲不去？」敦報云：「湘州是我國家之地，爲爾侵逼。敦來之日，欲相平殄。既未得一決，所以不去。」瑱後日復遣使來，敦謂使者云：「必須我還，可舍我百里，當爲汝去。」瑱等留船於江，將兵去津路百里。敦覘知非詐，徐理舟檝，勒衆而還。在軍病死者十五六。晉公護以敦失地無功，除名爲民。

保定二年，拜工部中大夫。尋出爲金州總管、七州諸軍事、金州刺史。三年，從柱國楊忠引突厥破齊長城，至并州而還，以敦爲殿。別封一子順義縣公，邑一千户。五年，除中州刺史，鎮函谷。

敦恃功負氣，顧其流輩皆爲大將軍，敦獨未得，兼以湘州之役，全軍而反，不蒙旌賞，翻被除名，每懷怨怒。屬有臺使至，乃出怨言。晉公護怒，遂徵敦還，逼令自殺。時年四十九〔二五〕。建德初，追贈大將軍。謚曰烈。

子弼，有文武材略。大象末，位至開府儀同大將軍、揚州刺史、襄邑縣公。

敦弟誼，亦知名。官至柱國、海陵縣公〔二六〕。

權景宣字暉遠，天水顯親人也。父曇騰〔二七〕，魏隴西郡守。贈秦州刺史。

景宣少聰悟，有氣俠，宗黨皆歎異之。年十七，魏行臺蕭寶夤見而奇之，表爲輕車將軍。及寶夤敗，景宣歸鄉里。太祖平隴右，擢爲行臺郎中。魏孝武西遷，授鎮遠將軍、步兵校尉，加平西將軍、秦州大中正。大統初，轉祠部郎中。

景宣曉兵權，有智略。從太祖拔弘農，破沙苑，皆先登陷陣。轉外兵郎中。從開府于謹援洛陽，景宣督課糧儲，軍以周濟。時初復洛陽，將修繕宫室，景宣率徒三千，先出採運。會東魏兵至，司州牧元季海等以衆少拔還，屬城悉叛，道路擁塞。景宣將二十騎，且戰且走。從騎略盡，景宣輕馬突圍，手斬數級，馳而獲免，因投民家自匿。景宣以久藏非計，乃僞作太祖書，招募得五百餘人，保據宜陽，聲言大軍續至。東魏將段琛等率衆至九曲，憚景宣，不敢進。景宣恐琛審其虚實，乃將腹心自隨，詐云迎軍，因得西遁〔二八〕。與儀同李延孫相會，攻孔城。洛陽以南，尋亦來附。太祖即留景宣守張白塢，節度東南義軍。東魏將王元軌入洛〔二九〕，景宣與延孫等擊走之，以功授大行臺右丞〔三〇〕。進屯宜陽，攻襄城，拔之，獲郡守王洪顯，俘斬五百餘人。太祖嘉之，徵入朝。録前後功，封顯親縣男，邑三百户。除南陽郡守。郡鄰敵境，舊制，發民守防三十五處，多廢農桑，而姦宄猶作。景宣至，並除之，唯修起城樓，多備器械，寇盜斂迹，民得肄業。百姓稱之，立碑頌德。太祖特賞粟帛，以旌其能。遷廣州刺史。

侯景舉河南來附，景宣從僕射王思政經略應接。既而侯景南叛，恐東魏復有其地，以景宣爲大都督、豫州刺史，鎮樂口。東魏亦遣張伯德爲刺史。伯德令其將劉貴平率其戍卒及山蠻，屢來攻逼。景宣兵不滿千人，隨機奮擊，前後擒斬三千餘級，貴平乃退走。進授使持節、車騎大將軍、儀同三司。潁川陷後，太祖以樂口等諸城道路阻絕，悉令拔還。襄州刺史杞秀以狼狽得罪。景宣號令嚴明，戎旅整肅，所部全濟，獨被優賞。仍留鎮荆州，委以鵶南之事。

初，梁岳陽王蕭詧將以襄陽歸朝，仍勒兵攻梁元帝於江陵。詧叛將杜岸乘虛襲之。景宣乃率騎三千，助詧破岸。詧因是乃送其妻王氏及子嶚入質。景宣又與開府楊忠取梁將柳仲禮，拔安陸、隨郡。久之，隨州城民吴士英等殺刺史黄道玉，因聚爲寇。景宣以英等小賊，可以計取之，若聲其罪，恐同惡者衆。迺與英書，僞稱道玉凶暴，歸功英等。英果信之，遂相率而至。景宣執而戮之，散其黨與。進攻應城，拔之，獲夏侯珍洽。於是應、禮、安、隨並平。朝議以景宣威行南服，迺授并安肆郢新應六州諸軍事、并州刺史。尋進驃騎大將軍、開府儀同三司，加侍中，兼督江北司二州諸軍事，進爵爲伯，邑五百户。唐州蠻田魯嘉自號豫州伯，引致齊兵，大爲民患。景宣又破之，獲魯嘉，以其地爲郡。轉安州刺史。梁定州刺史李洪遠初款後叛，景宣惡其懷貳，密襲破之，虜其家口及部衆。洪遠脱身走免。自是酋帥懾服，無敢叛者。

燕公于謹征江陵，景宣别破梁司空陸法和、司馬羊亮於湞水〔三二〕。又遣别帥攻拔魯山。多造舟艦，益張旗幟，臨江欲度，以懼梁人。梁將王琳在湘州，景宣遺之書，諭以禍福。琳遂遣長史席壑因景宣請舉州款附。孝閔帝踐阼，徵爲司憲中大夫，尋除基鄀硤平四州五防諸軍事、江陵防主，加大將軍。

保定四年，晉公護東討，景宣别討河南。齊豫州刺史王士良、永州刺史蕭世怡並以城降。景宣以開府謝徹守永州，開府郭彦守豫州，以士良、世怡及降卒一千人歸諸京師。尋而洛陽不守，乃棄二州，拔其將士而還。至昌州而羅陽蠻反，景宣回軍破之，斬首千級，獲生口二千〔三二〕、雜畜千頭，送闕。還次灞上，晉公護親迎勞之。

天和初，授荆州總管、十七州諸軍事、荆州刺史，進爵千金郡公。陳湘州刺史華皎舉州款附，表請援兵。勑景宣統水軍與皎俱下。景宣到夏口，陳人已至。而景宣以任遇隆重，遂驕傲恣縱，多自矜伐，兼納賄貨，指麾節度，朝出夕改。將士憤怒，莫肯用命。及水軍始交，一時奔北〔三三〕，船艦器仗，略無孑遺。時衞公直總督諸軍，以景宣負敗，欲繩以軍法。朝廷不忍加罪，遣使就軍赦之。尋遇疾卒。贈河渭鄯三州刺史，謚曰恭。子如璋嗣。位至開府、膠州刺史。如璋弟如玖〔三四〕，儀同大將軍、廣川縣侯。

景宣之去樂口，南荆州刺史郭賢據魯陽以拒東魏。

賢字道因，趙興陽州人也〔三五〕。父雲，涼州司馬。賢性彊記，學涉經史。魏正光末，賊帥宿勤明達圍逼豳州，刺史畢暉補賢統軍〔三六〕，與之拒守。後爲州主簿，行北地郡事。以征討有功，授都督。

大統二年，齊神武襲陷夏州。太祖慮其南下，與朝臣議之。賢進曰：「高歡兵士雖衆，智勇已竭，策其舉措，必不敢遠來。昔賀拔公初薨，關中振駭，而歡不能因利乘便，進取雍州，是其無智。及鑾駕西遷，六軍寡弱，毛鴻賓喪敗，關門不守，又不能乘此危機，以要一戰，是其無勇。今上下同心，士民戮力，歡志沮喪，寧敢送死。且豳夏荒阻，千里無烟，縱欲南侵，資糧莫繼。以此而言，不來必矣。」齊神武後果退，如賢所策。

尋加伏波將軍，從王思政鎮弘農。授使持節、行義州事、當州都督。轉行弘農郡事。賢質直有筭略，思政甚重之，禦邊之謀，多與賢參決。十二年，除輔國將軍、南荊州刺史〔三七〕。

及侯景來附，思政遣賢先出三鵶，鎮於魯陽。加大都督，封安武縣子，邑四百户。尋進車騎大將軍、儀同三司，加散騎常侍。及潁川被圍，東魏遣蠻酋魯和扇動羣蠻，規斷鵶路。和乃遣其從弟與和爲漢廣郡守〔三八〕，率其部曲，侵擾州境。賢密簡士馬，輕往掩襲，大破之，遂擒魯和。既而潁川陷，權景宣等並拔軍西還〔三九〕，自魯陽以東，皆附東魏。東魏將彭樂因之，遂來攻逼〔四〇〕。賢撫循將士，咸爲盡其力用，樂不能克，乃引軍退。而東魏又以土民韋默兒爲義州刺史，鎮父城以逼賢。賢又率軍攻默兒，擒之。轉廣州刺史。

後從尉遲迥伐蜀，行安州事。魏恭帝元年，行寧蜀郡事，兼益州長史。以平蜀勳，進爵爲伯，增邑五百户。轉行始州事。孝閔帝踐阼，進位驃騎大將軍、開府儀同三司，進爵爲侯，增邑通前一千四百户。世宗初，除匠師中大夫〔四一〕。尋出爲勳州刺史，鎮玉壁。武成二年，遷安應等十二州諸軍事、安州刺史，進爵樂昌縣公。賢在官雖無明察之譽，以廉平待物，去後頗亦見思。保定三年，轉陝州刺史。天和元年，卒於位。贈少保、寧蔚朔三州刺史，謚曰節。

賢衣服飲食雖以儉約自處，而居家豐麗，室有餘貲。時論譏其詐云。子正嗣。

史臣曰：昔耿恭抗勁虜於疏勒，馬敦拒羣兵於汧城，雖以生易死，終賴王師之助，其嘉聲峻節，亦見稱於良史焉。賀若敦志節慷慨〔四二〕，深入敵境，勍敵絶其糧道，長江阻其歸塗，勢危而策出無方，事迫而雄心彌厲。故能使士卒感其義，敵人畏其威，利涉死地，全師而返。非夫忘生以徇國者，其孰能若此者乎。俯窺元定之傳〔四三〕，曾糞土之不若也。誠宜裂地以賞之，分職以授之；而茂勳莫紀，嚴刑已及。嗟乎！政之紕繆，一至於此！天下是以知宇文護不能終其位焉。

史寧、權景宣並以將帥之才，受内外之寵。總戎薄伐，著剋敵之功；布政蒞民，垂稱職之譽。若此者，豈非有國之良翰歟。然而史在末年，貨財虧其雅志。權亦晚節矜驕，喪其威聲。傳曰「終之實難」，其斯之謂矣。

陸騰志氣懍然，雅仗名節。及授戎律，建藩麾，席卷巴梁，則功著銘典；雲撤江漢，則聲流帝籍。身名俱劭，其最優乎。

校勘記

〔一〕建康表氏人也　「表」，原作「袁」，據通志卷一五六史寧傳改（北史卷六一本傳亦誤作「袁」）。錢大昕考異卷三二云：「此涼州之建康，非揚州之建康也。『袁氏』當是『表氏』之訛。」按錢說是。表氏是漢以來的舊縣，屬酒泉郡（見漢書卷二八地理志下、續漢書郡國志、晉書卷一四地理志上）。建康郡，前涼張駿置（見晉書卷一四地理志）。表氏縣當時改屬建康（參洪亮吉十六國疆域志卷七、卷一〇）。

〔二〕撫寧鎮　北史卷六一史寧傳同。通鑑卷一五七梁紀一三大同二年（五三六）胡三省注云：「按寧傳，寧居撫寧鎮。考魏北鎮無『撫寧』，恐即撫冥也。」按胡注疑是。

〔三〕香磴前　「磴」，三朝本、北史卷六一史寧傳作「蹬」，册府卷四三八明鈔本甲乙同作「蹬」，明鈔本丙與明刻本則作「燈」。

〔四〕東魏亦以故胡梨苟爲東義州刺史　按北史卷六一史寧傳、册府卷六九四宋本與明鈔本「胡」

上都無「故」字。張森楷以爲「此誤衍文」。

〔五〕走投生羌鞏廉玉　「玉」，三朝本、南監本、北監本、汲本、局本作「王」。殿本當依北史卷六一史寧傳改。按通典卷一五四兵七、册府卷三六五、卷四二〇同作「王」，然通鑑卷一六三梁紀一九大寶元年（五五〇）也作「玉」。疑作「玉」是，但也不能確定作「王」必誤。下文「并執鞏廉玉送闕」同，不再出校。

〔六〕以此諸君不足與計事也　通典卷一五四兵七、册府卷四二〇「此」下有「觀」字，語氣完足，疑傳本脱去。

〔七〕二年吐谷渾通使於齊　「二」，原作「三」，據北史卷六一史寧傳改。按周書卷五〇吐谷渾傳記此事在魏廢帝二年（五五三），通鑑卷一六五梁紀二一承聖二年（五五三）繫於同年四月。

〔八〕敦是渾之舊都　張森楷云：「北史（卷六一）『敦』上有『樹』字。此是地名，不合省文，蓋誤脱漏。」按張説是。但諸本皆同，册府卷三五五也無「樹」字，當時二字人名常被簡省，地名省文非不可能，今不補。

〔九〕寧進兵攻之僞退渾人果開門逐之　「僞」，原脱，據北史卷六一史寧傳、通典卷一五四兵七、册府卷三五五補。張森楷云：「北史『退』上有『僞』字，于文較晰。」

〔一〇〕祖彌夏州刺史　北史卷二八陸俟傳附陸馛傳末稱馛弟歸，歸子珍，珍子旭。「珍」和「彌」的簡寫「弥」形近，未知孰是。

〔二〕屢徵不起後贈并汾恒肆四州刺史　北史卷二八陸俟傳附陸旭傳「後」上有「卒」字。通志卷一五七陸騰傳此句作「屢徵不起，卒」。按無「卒」字，其後贈官無從説起。疑周書原有「卒」字，傳本脱去。

〔三〕今欲通江由路直出南秦　「由」，册府卷七七作「油」。按水經注卷三二涪水注有江油戍，隋書卷二九地理志上平武郡有江油縣，云「後魏（楊守敬隋志考證云當作西魏）置江油郡」，都作「油」。但「江由」爲其舊名，諸本及北史卷二八陸俟傳附陸騰傳皆同，今不改。「秦」，原作「奏」，據北史卷二八陸俟傳附陸騰傳、册府卷七七、通志卷一五七陸騰傳改。張森楷云：「『奏』當作『秦』，時州、郡、縣無名『南奏』者，魏、隋二志可證。」

〔三〕而蠻獠兵及所在蜂起　北史卷二八陸俟傳附陸騰傳作「而蠻子反」，册府卷三九三作「蠻獠反」，通志卷一五七陸騰傳作「蠻獠互反」。「及」字疑當作「反」。

〔四〕晉公護奏令僞告騰云　「奏」，原作「奉」，據北史卷二八陸俟傳附陸騰傳改。張森楷云：「護只有奉詔耳，安得奉令，疑『奉』字衍。北史作『奏』。」按「奉」是「奏」之訛，非衍文。

〔五〕涪陵郡守藺休祖　「藺」，北史卷二八陸俟傳附陸騰傳作「蘭」。

〔六〕陳人又決龍川寧邦堤　「邦」，周書卷四四李遷哲傳、北史卷二八陸俟傳附陸騰傳、通鑑卷一七〇陳紀四太建二年（五七〇）都作「朔」。

〔七〕大統三年執刺史田迅以州降　「三年」，原作「二年」，據周書卷二文帝紀下、卷一九宇文貴傳改。按紀、傳所載，此事在大統三年（五三七）冬。

〔一八〕禮遇猶重　「猶」，三朝本、册府卷七八八、通志卷一五九賀若敦傳都作「尤」。「猶」「尤」皆通，今不改。

〔一九〕韓陵之役　「役」，三朝本、册府卷七八八、通志卷一五九賀若敦傳作「後」。

〔二〇〕從河内公獨孤信於洛陽　「公」，原脱，據北史卷六八賀若敦傳補。按周書卷一六獨孤信傳信此時封「河内郡公」。

〔二一〕泉玉成　汲本、局本「泉」字下注「一作帛」。按周書卷一九宇文貴傳、册府卷三五五亦作「帛」，疑作「帛」是。「玉」，汲本、局本、册府作「王」，未知孰是。

〔二二〕向五子　北史卷六八賀若敦傳「子」下有「王」字。按周書其他紀傳，以及北史、通典、御覽、册府、通鑑、通志諸書敍及此人，都作「向五子王」。這裏當脱「王」字，然諸本皆同，今不補。

〔二三〕復令敦與開府潘招討之　「潘招」，三朝本、南監本、北監本、汲本作「潘詔」，北史卷六八賀若敦傳作「段韶」。按周書卷四四陽雄傳、卷四九蠻傳都作「潘招」，殿本恐據蠻傳改，局本從殿本。然不知孰是。段韶是北齊大將，顯誤。

〔二四〕遣人以招瑱軍　北史卷六八賀若敦傳、通典卷一六一兵一四、通鑑卷一六八陳紀二天嘉元年（五六〇）載此事，「遣（北史、通鑑作「使」）人」下都有「乘畏船馬」四字。今無此四字，敍事欠明晰，當是傳本脱去。

〔二五〕時年四十九　按上文說敦「年十七」，勸父統降西魏，事在大統三年（五三七），上推當生於正光二年（五二一）。敦被逼自殺，傳繫於保定五年（五六五）除中州刺史之下。自正光二年至保定五年，應得四十五歲。前後所記年齡不符。這裏有三種可能。一，敦死於天和四年（五六九），本傳紀年未明晰；二，上文「時年十七」爲「二十一」之誤；三，「四十九」爲「四十五」之誤。似以第三種推測較近情。

〔二六〕敦弟誼亦知名官至柱國海陵縣公　賀若誼在周官爵，隋書卷三九賀若誼傳說周末「進爵范陽郡公，授上大將軍」。其進位柱國，改封海陵郡公，隋書說是隋開皇時事。金石萃編卷三九賀若誼碑繫於開皇三年（五八三），正與隋書相合。按誼在周末位柱國，也没有封海陵縣公。疑「知名」下有記周末官爵語，今脱去，「官至」上又脱「開皇初」三字。

〔二七〕父曇騰　「騰」，三朝本作「勝」，汲本、局本作「騰」，注云「一作勝」。

〔二八〕因得西遁　「因」，三朝本、南監本、北監本、汲本、局本作「同」。殿本當據北史卷六一權景宣傳改。按册府卷八七九宋本作「同」，明鈔本、明刻本作「因」。「同」「因」形近易混，未知孰是。

〔二九〕東魏將王元軌　「軌」，原作「凱」，據北史卷六一權景宣傳、册府卷三五五、卷三八二改。張森楷云：「『凱』當作『軌』，事見魏書孝静紀（卷一二）。按檢孝静紀無此文，疑有誤）、齊書王元軌傳（卷二〇王則傳），時無『王元凱』其人也。」按張説是。

〔三〇〕授大行臺右丞　「右」，北史卷六一權景宣傳、册府卷三五五、卷三八二都作「左」，疑是。

〔三一〕梁司空陸法和　按梁書卷五元帝紀承聖三年（五五四）三月條、北史卷八九陸法和傳，法和官司徒，未嘗爲司空，「空」當作「徒」。

〔三二〕獲生口二千　「二千」，册府卷三五五作「一千」。

〔三三〕「景宣到夏口」至「一時奔北」　陳書卷一二徐度傳云：「華皎據湘州反，引周兵下至沌口。」周書卷五武帝紀上天和二年（五六七）九月條、卷一三衛剌王直傳都稱「戰於沌口」。地名不同，未知孰是。

〔三四〕子如璋嗣位至開府膠州刺史如璋弟如玖　下「如璋」，原作「如漳」，據三朝本、南監本、局本、北史卷六一權景宣傳改。汲本前後都作「如漳」，北監本同殿本前作「璋」，後作「漳」。按其弟名也從玉旁，作「璋」是。「如玖」，北史作「仕玠」，未知孰是。

〔三五〕趙興陽州人也　魏書卷一〇六下地形志下豳州趙興郡屬縣有陽周，隋書卷二九地理志上北地郡羅川縣條云：「舊曰陽周。」按陽周是漢縣。當時地名雖常用同音字，但「陽州」另有其地，應作「周」是。

〔三六〕刺史畢暉補賢統軍　張森楷云：「魏書畢衆敬傳（卷六一）作『祖暉』，此不合省『祖』字，蓋誤挩文。」按此雙名單稱，今不補。

〔三七〕除輔國將軍南荆州刺史　「荆」，原脱，據本卷權景宣傳末補。錢大昕考異卷三二云：「『南』

下脱『荆』字。後魏本以魯陽爲廣州，至是，郭賢以南荆州刺史鎮魯陽。其後轉廣州刺史，改從舊名，非移鎮也。」按錢説是。後周置南州在今重慶市萬州區，當時尚未屬周（隋書卷二九地理志上巴東郡武寧縣條）。

〔三八〕和乃遣其從弟與和爲漢廣郡守　「與和」，册府卷三五五作「興和」。

〔三九〕權景宣等並拔軍西還　「還」，原作「遷」，據三朝本、南監本、北監本、汲本、局本改。

〔四〇〕自魯陽以東皆附東魏東魏將彭樂因之遂來攻逼　下「東魏」二字，原脱，據册府卷四〇〇補。按文義這裏應重「東魏」二字，否則不可通。

〔四一〕除匠師中大夫　「匠」，原作「迎」，據通典卷三九職官二一改。按「迎師」無此官。通典敍周官品有「匠師中大夫」，「迎」「匠」形近而訛。

〔四二〕賀若敦志節慷慨　「節」，三朝本、南監本、北史卷六八傳論作「略」，汲本、局本作「節」，注云「一作略」。

〔四三〕俯窺元定之傳　張森楷云：「『傳』疑當作『儔』。」按張説有理，但無確證，今不改。

周書卷二十九

列傳第二十一

王傑　王勇　宇文虯　宇文盛弟丘　耿豪　高琳　李和
伊婁穆　楊紹　王雅　達奚寔　劉雄　侯植

王傑，金城直城人也，本名文達。高祖萬國，魏伏波將軍、燕州刺史。父巢，龍驤將軍、榆中鎮將。

傑少有壯志，每以功名自許。善騎射，有膂力。魏孝武初，起家子都督。後從西遷，賜爵都昌縣子。太祖奇其才，擢授揚烈將軍、羽林監，尋加都督。太祖嘗謂諸將曰：「王文達萬人敵也，但恐勇決太過耳。」復潼關，破沙苑，爭河橋，戰邙山，皆以勇敢聞。親待日隆，賞賜加於倫等。於是賜姓宇文氏。除岐州刺史，加撫軍將軍、銀青光禄大夫，進爵爲公，邑八百户。累遷大都督、車騎大將軍、儀同三司、侍中、驃騎大將軍、開府儀同三司。魏恭帝元年，從于謹圍江陵。時柵内有人善用長稍，戰士將登者，多爲所斃。謹令傑射之，應弦而倒。登者乃得入，餘衆繼進，遂拔之。謹喜曰：「濟我大事者，在公此箭也。」孝閔帝踐阼，進爵張掖郡公，增邑一千户，出爲河州刺史。朝廷以傑勳望俱重，故授以本州。保定三年，進位大將軍〔一〕。三年，詔傑與隨公楊忠自漠北伐齊，至并州而還〔二〕。天和三年，除宜州刺史，增邑通前三千六百户。六年，從齊公憲東禦齊將斛律明月，進位柱國。建德初，除涇州總管。

傑少從軍旅，雖不習吏事，所歷州府，咸以忠恕爲心，以是頗爲百姓所慕。宣帝即位，拜上柱國。大象元年，薨，時年六十五。贈河鄯鄧延洮宕翼七州諸軍事、河州刺史，追封鄂國公。謚曰威。子孝僊〔三〕，大象末，位至開府儀同大將軍。

王勇，代武川人也，本名胡仁。少雄健，有膽決，便弓馬，膂力過人。魏永安中，万俟醜奴等寇亂關隴，勇占募隨軍討之，以功授寧朔將軍、奉車都尉。又數從侯莫陳悦、賀拔岳征討，功每居多，拜別將。

及太祖爲丞相，引爲帳内直盪都督，加後將軍、太中大夫，封包信縣子，邑三百户。大統初，增邑四百户，進爵爲侯。從擒竇泰，復弘農，戰沙苑，氣蓋衆軍，所當必破。太祖歎其勇敢，賞賜特隆。進爵爲公，邑一千五百户，拜鎮南將軍，授帥都督。從討趙青雀，平之，論功居最，除衞大將軍、殷州刺史，加通直散騎常侍，兼太子武衞率。

邙山之戰，勇率敢死之士三百人，並執短兵，大呼直進，出入衝擊，殺傷甚多，敵人無敢當者。是役也，大軍不利，唯勇及王文達、耿令貴三人力戰，皆有殊功。太祖於是賞帛二千疋〔四〕，令自分之。軍還，皆拜上州刺史。以雍州、岐州、北雍州擬授勇等，然州頗有優劣，又令探籌取之。勇遂得雍州，文達得岐州，令貴得北雍州。仍賜勇名爲勇，令貴名豪，文達名傑，以彰其功。

十三年，授大都督，遷使持節、車騎大將軍、儀同三司。十五年，進侍中、驃騎大將軍、開府儀同三司。魏恭帝元年，從柱國趙貴征茹茹，破之。勇追擊，獲雜畜數千頭。進爵新陽郡公，增邑通前二千户，仍賜姓庫汗氏。六官建，拜稍伯中大夫。又論討茹茹功，别封永固縣伯，邑五百户。時有别封者，例聽回授次子，勇獨請封兄子元興，時人義之。尋進位大將軍。世宗初，岷山羌豪鞏廉俱和叛，勇帥師討平之。

勇性雄猛，爲當時驍將。然矜功伐善，好揚人之惡，時論亦以此鄙之。柱國侯莫陳崇，勳高望重，與諸將同謁晉公護，聞勇數論人之短，乃於衆中折辱之。勇遂慙恚，因疽發背而卒。子昌嗣，官至大將軍。

宇文虬字樂仁，代武川人也。性驍悍，有膽略。少從軍征討，累有戰功。魏永安中，除征虜將軍、中散大夫，加都督。魏孝武初，從獨孤信在荆州，破梁人於下溠，遂平歐陽、酇城。虬俘獲甚多。又攻南陽、廣平二城，擒郡守一人。以功加安西將軍、銀青光禄大夫、員外、直閤將軍、閤内都督，封南安縣侯，邑九百户。及孝武西遷，以獨孤信爲行臺，信引虬爲帳内都督。破田八能及擒東魏荆州刺史辛纂，虬功居多。尋隨信奔梁。

大統三年，歸闕。朝廷論前後功，增邑四百户，進爵爲公。擒竇泰，復弘農，及沙苑、河橋之戰，皆有功。增邑八百户，進車騎將軍、左光禄大夫。七年，除漢陽郡守，又從獨孤信討梁仚定，破之。十一年，出爲南秦州刺史〔五〕，加車騎大將軍、儀同三司，進驃騎大將軍、開府儀同三司。追論斬辛纂功，增邑一千户。十七年，與大將軍王雄征上津、魏興等，並平之。又於白馬與武陵王蕭紀將楊乾運戰，破之。虬每經行陣，必身先卒伍，故上下同心，戰無不克。尋而魏興復叛，虬又與王雄討平之。俄除金州刺史，進位大將軍。後以疾卒。

宇文盛字保興，代人也。曾祖伊與敦、祖長壽、父文孤〔六〕，並爲沃野鎮軍主。盛志力驍雄。初爲太祖帳内，從破侯莫陳悅，授威烈將軍，封漁陽縣子，邑三百户。大統三年，兼都督。從擒竇泰，復弘農，破沙苑，授都督、平遠將軍、步兵校尉，進爵爲公，增邑八百户。除馮翊郡守，加帥都督、西安州大中正、通直散騎常侍、撫軍將軍，增邑三百户。累遷大都督、車騎大將軍、儀同三司、驃騎大將軍、開府儀同三司、鹽州刺史。及楚公趙貴謀爲亂，盛密赴京告之。貴誅，授大將軍，進爵忠城郡公〔七〕，除涇州都督，賜甲一領、奴婢二百口、馬五百疋，牛羊及莊田、什物等稱是。仍從賀蘭祥平洮陽、洪和二城〔八〕，别封一子甘棠縣公。轉延州總管，進位柱國。

天和五年，入爲大宗伯。六年，與柱國王傑從齊公憲東討。時汾州被圍日久，憲遣盛運粟以給之。仍赴姚襄城，受憲節度。齊將段孝先率兵大至，盛力戰拒之。孝先退，乃築大寧城而還。建德二年，授少師。五年，從高祖東伐，率步騎一萬，守汾水關。宣帝即位，拜上柱國，增邑通前四千六百户。大象中，薨。子述嗣。大象末，上柱國、濮陽公。

盛弟丘。丘字胡奴，起家襄威將軍、奉朝請、都督，賜爵臨邑縣子。稍遷輔國將軍、大都督。預告趙貴謀，拜車騎大將軍、儀同三司，進爵安義縣侯，邑一千户。加驃騎大將軍、開府儀同三司，進爵爲公，除咸陽郡守。遷汾州刺史。入爲左宫伯，進位大將軍。出爲延綏丹三州三防諸軍事、延州刺史。轉涼甘瓜三州諸軍事、涼州刺史，加柱國大將軍。建德元年薨，時年六十。贈柱國、宜鄜等州刺史。子隴嗣。

耿豪，鉅鹿人也。本名令貴。其先避劉、石之亂，居遼東，因仕於燕。曾祖超，率衆歸魏，遂家於神武川〔九〕。

豪少麁獷，有武藝，好以氣淩人。賀拔岳西征，引爲帳内。岳被害，歸太祖，以武勇見知。豪亦自謂所事得主。從討侯莫陳悦及迎魏孝武，録前後功，封平原縣子，邑三百户，除寧朔將軍、奉車都尉。遷征虜將軍，加通直散騎常侍，進爵爲侯，增邑七百户。從擒竇泰，復弘農，豪先鋒陷陣，加前將軍、中散大夫。沙苑之戰，豪殺傷甚多，血染甲裳盡赤。太祖見之，歎曰：「令貴武猛，所向無前，觀其甲裳，足以爲驗，不須更論級數也。」於是進爵爲公，增邑通前一千五百户。除鎮北將軍、金紫光禄大夫、南郢州刺史。

九年，從太祖戰於邙山，豪謂所部曰：「大丈夫見賊，須右手拔刀，左手把矟，直刺直斫，慎莫皺眉畏死。」遂大呼獨入，敵人鋒刃亂下，當時咸謂豪殁。俄然奮刀而還。戰數合，當豪前者，死傷相繼。又謂左右曰：「吾豈樂殺人，但壯士除賊，不得不爾。若不能殺賊，又不爲人所傷，何異逐坐人也。」太祖嘉之，拜北雍州刺史。十三年，論前後戰功，進授車騎大將軍、儀同三司，增邑通前一千八百户。十五年，賜姓和稽氏，進位侍中、驃騎大將軍、開府儀同三司。

豪性凶悍，言多不遜。太祖惜其驍勇，每優容之。豪亦自謂意氣冠羣，終無所屈。李穆、蔡祐初與豪同時開府，後並居豪之右。豪意不平，謂太祖曰：「外聞物議，謂豪勝李穆、蔡祐。」太祖曰：「何以言之？」豪曰：「世言李穆、蔡祐，丞相臂膊；耿豪、王勇，丞相咽項。以咽項在上，故爲勝也。」豪之麤猛，皆此類。十六年，卒，時年四十五。太祖痛惜之，贈以本官，加朔州刺史。子雄嗣，位至大將軍。

高琳字季珉，其先高句麗人也。六世祖欽，爲質於慕容廆，遂仕於燕。五世祖宗，率衆歸魏，拜第一領民酋長，賜姓羽真氏。祖明、父遷仕魏，咸亦顯達。琳母嘗祓禊泗濱，遇見一石，光彩朗潤，遂持以歸。是夜夢見一人，衣冠有若仙者，謂其母曰：「夫人向所將來之石，是浮磬之精。若能寶持，必生令子。」其母驚寤，便舉身流汗，俄而有娠。及生，因名琳字季珉焉〔一〇〕。

魏正光初，起家衞府都督。從元天穆討邢杲，破梁將陳慶之〔一一〕，以功轉統軍。又從爾朱天光破万俟醜奴，論功爲最，除寧朔將軍、奉車都尉。後隨天光敗於韓陵山，琳因留洛陽。

魏孝武西遷，從入關。至溱水，爲齊神武所追，拒戰有功，封鉅野縣子，邑三百户。大統初，進爵爲侯，增邑四百户，轉龍驤將軍。頃之，授直閤將軍，遷平西將軍，加通直散騎常侍。三年，從太祖破齊神武於沙苑，轉安西將軍，進爵爲公，增邑八百户。累遷衞將軍、銀青光禄大夫、右光禄大夫。四年，從擒莫多婁貸文。仍戰河橋，琳先驅奮擊，勇冠諸軍。太祖嘉之，謂之曰：「公即我之韓、白也。」拜太子左庶子。尋以本官鎮玉壁。復從太祖戰邙山，除正平郡守〔一二〕，加大都督，增邑三百户。齊將東方老來寇，琳率衆禦之。老恃其勇健，直前趣琳。短兵接，琳擊之，老中數瘡而退，謂其左右曰：「吾經陣多矣，未見如此健兒。」後乃密使人勸琳東歸，琳斬其使以聞。進使持節、車騎大將軍、儀同三司、散騎常侍。除鄜州刺史，加驃騎大將軍、開府儀同三司、侍中。

孝閔帝踐阼，進爵犍爲郡公，邑一千户。武成初，從賀蘭祥征吐谷渾，以勳别封一子許昌縣公，邑一千户，除延州刺史。又從柱國豆盧寧討稽胡郝阿保、劉桑德等，破之。二年，文州氐酋反，詔琳率兵討平之。師還，帝宴羣公卿士，仍命賦詩言志。琳詩末章云：「寄言竇車騎，爲謝霍將軍。何以報天子？沙漠静妖氛。」帝大悦曰：「獯獫陸梁，未時款塞，卿言有驗，國之福也。」

保定初，授梁州總管、十州諸軍事。天和二年，徙丹州刺史。三年，遷江陵副總管〔一三〕。時陳將吴明徹來寇，總管田弘與梁主蕭巋出保紀南城，唯琳與梁僕射王操固守江陵三城以抗之。晝夜拒戰，凡經十旬，明徹退去。巋表言其狀，帝乃優詔追琳入朝，親加勞問。進授大將軍，仍副衛公直鎮襄州。六年，進位柱國。建德元年，薨，時年七十六。贈本官，加冀定齊滄州五州諸軍事〔一四〕、冀州刺史，謚曰襄。

子儒，少以父勳賜爵許昌縣公〔一五〕，拜左侍上士。後襲爵犍爲郡公，位至儀同大將軍。

李和本名慶和，其先隴西狄道人也。後徙居朔方。父僧養，以累世雄豪，善於統御，爲夏州酋長。

和少敢勇，有識度，狀貌魁偉，爲州里所推。賀拔岳作鎮關中，乃引和爲帳内都督。以破諸賊功，稍遷征北將軍、金紫光禄大夫，賜爵思陽公。尋除漢陽郡守〔二六〕。治存寬簡，百姓稱之。

至大統初，加車騎將軍、左光禄大夫、都督，累遷使持節、車騎大將軍、儀同三司、散騎常侍、侍中、驃騎大將軍、開府儀同三司、夏州刺史，賜姓宇文氏。太祖嘗謂諸將曰：「宇文慶和，智略明贍，立身恭謹，累經委任，每稱吾意。」遂賜名意焉。改封永豐縣公，邑一千户。保定二年，除司憲中大夫，進爵義城郡公。尋又改封德廣郡公，出爲洛州刺史。和前在夏州，頗留遺惠，及有此授，商洛父老，莫不想望德音。和至州，以仁恕訓物，獄訟爲之簡靜。天和三年，進位大將軍，拜延綏丹三州武安伏夷安民三防諸軍事、延州刺史。六年，進柱國大將軍。建德元年，改授延綏銀三州文安伏夷安民周昌梁和五防諸軍事。以罪免。尋復柱國。

隋開皇元年，遷上柱國。和立身剛簡，老而逾勵，諸子趨事，若奉嚴君。以意是太祖賜名，市朝已革，慶和則父之所命，義不可違。至是，遂以和爲名。二年，薨，贈本官，加司徒公、徐兗邳沂海泗六州刺史。謚曰肅。子徹嗣。

伊婁穆字奴干，代人也。父靈，善騎射，爲太祖所知。太祖嘗謂之曰：「昔伊尹保衡於殷〔一七〕，致主堯舜。卿既姓伊，庶卿不替前緒。」於是賜名尹焉。歷金紫光禄大夫、衛將軍、隆州刺史，賜爵盧奴縣公。

穆弱冠爲太祖内親信，以機辯見知，授奉朝請，常侍左右。邙山之役，力戰有功，拜子都督、丞相府參軍事，轉外兵參軍。累遷帥都督、平東將軍、中散大夫，歷中書舍人、尚書駕部郎中、撫軍將軍、大都督、通直散騎常侍。嘗入白事，太祖望見悦之，字之曰：「奴干作儀同面見我矣。」於是拜車騎大將軍、儀同三司，賜封安陽縣伯，邑五百户。轉大丞相府掾，遷從事中郎，除給事黄門侍郎。

魏廢帝二年，穆使於蜀。屬伍城郡人趙雄傑與梓潼郡人王令公、鄧朏等搆逆，衆三萬餘人，阻涪水立栅，進逼潼州。穆遂與刺史叱羅協率兵破之。增邑五百户。

孝閔帝踐阼，拜兵部中大夫，治御正，進爵爲侯，增邑五百户。尋進位驃騎大將軍、開府儀同三司。保定初，授軍司馬，進爵爲公。四年，除金州總管、八州諸軍事、金州刺史。天和二年，增邑二千一百户。又爲民部中大夫。

衛公直出鎮襄州，以穆爲長史。郢州城民王道胥反，襲據州城。直遣穆率百餘騎馳往援之。穆至城下，頻破胥衆。會大將軍高琳率衆軍繼進，胥等乃降。唐州山蠻恃險逆命，穆率軍討之。蠻酋等保據石窟一十四處，穆分軍進討，旬有四日，並破之，虜獲六千五百人。六年，進位大將軍。建德初，授荆州，復以穆爲總管府長史〔一八〕。穆頻貳戚藩，甚得匡贊之譽。

入爲小司馬。從柱國李穆平軹關等城，賞布帛三百疋、粟三百石、田三十頃。五年，從皇太子討吐谷渾。還，穆殿，爲渾人圍。會劉雄救至，乃得解。後以疾卒。

楊紹字子安，弘農華陰人也。祖興，魏新平郡守。父國，中散大夫〔一九〕。

紹少慷慨有志略，屢從征伐，力戰有功。魏永安中，授廣武將軍、屯騎校尉、直盪別將。普泰初，封平鄉男〔二〇〕，邑一百户，加征西將軍，金紫光禄大夫。

魏孝武初，遷衛將軍、右光禄大夫，進爵冠軍縣伯，邑百户。大統元年，進爵爲公，增邑六百户〔二一〕。累遷車騎將軍、通直散騎常侍、驍衛將軍、左光禄大夫。四年，出爲鄜城郡守。紹性恕直，兼有威惠，百姓安之。稽胡恃衆與險，屢爲抄竊。紹率郡兵從侯莫陳崇討之，疋馬先登，破之於默泉之上。加帥都督、驃騎、常侍〔二二〕、朔州大中正。十三年，録前後功，增邑通前二千二百户，除燕州刺史。累遷大都督、車騎大將軍、儀同三司。

復從大將軍達奚武征漢中。時梁宜豐侯蕭循固守梁州。紹以爲懸軍敵境，圍守堅城，曠日持久，糧饟不繼，城中若致死於我，懼不能歸，請爲計以誘之。乃頻至城下挑戰，設伏待之。循初不肯出。紹又遣人罵辱之，循怒，果出兵，紹率衆僞退。城降〔二三〕，以功授輔國將軍、中散大夫，聽回授一子。

又從柱國、燕國公于謹圍江陵。紹鬭於枇杷門，流矢中股而力戰不衰。事平，賞奴婢一百口，進驃騎大將軍、開府儀同三司〔二四〕，除衡州刺史，賜姓叱利氏〔二五〕。孝閔帝踐阼，進位大將軍〔二六〕。保定二年，卒，贈成文等八州刺史〔二七〕。謚曰信。子雄嗣，大象末，上柱國、邽國公〔二八〕。

王雅字度容，闡熙新囶人也〔二九〕。少而沈毅，木訥寡言，有膽勇，善騎射。太祖聞其名，召入軍，累有戰功。除都督，賜爵居庸縣子〔三〇〕。

東魏將竇泰入寇，雅從太祖擒之於潼關。沙苑之戰，雅謂所部曰：「彼軍殆有百萬，今我不滿萬人，以常理論之，實難與敵。但相公神武命世，股肱王室，以順討逆，豈計衆寡。丈夫若不以此時破賊，何用生爲！」乃擐甲步戰，所向披靡，太祖壯之。又從戰邙山。時大軍不利，爲敵所乘，諸將皆引退，雅獨迴騎拒之。敵人見其無繼，步騎競進。雅左右奮擊，頻斬九級，敵衆稍却，雅乃還軍。太祖歎曰：「王雅舉身悉是膽也。」録前後功，進爵爲伯，除帥都督、鄜城郡守。政尚簡易，吏人安之。遷大都督、延州刺史，轉夏州刺史，加車騎大將軍、儀同三司，進驃騎大將軍、開府儀同三司。

世宗初，除汾州刺史。勵精爲治，人庶悦而附之，自遠至者七百餘家。保定初，復爲夏州刺史，卒于州。

子世積嗣。少倜儻，有文武幹略。大象末，上大將軍、宜陽郡公〔三一〕。

達奚寔字什伏代，河南洛陽人也。高祖涼州，魏征西將軍、山陽公。父顯相，武衛將軍。

寔少修立，有幹局。起家給事中，加冠軍將軍。魏孝武初，授都督，鎮弘農。後從西遷，封臨汾縣伯，邑六百户。遷大行臺郎中，仍與行臺郎神鎮潼關〔三二〕。及潼關失守，即與大都督陽山武戰於關〔三三〕，東魏人甚憚之。從太祖擒竇泰，復弘農，破沙苑，皆力戰有功，增邑三百户，加車騎將軍、左光禄大夫。十三年，又授大行臺郎中、相府掾，轉從事中郎。寔性嚴重，太祖深器之。累遷大都督、持節、通直散騎常侍。魏廢帝二年，除中外府司馬。

大軍伐蜀，以寔行南岐州事，兼都軍糧〔三四〕。先是，山氐生獷，不供賦役，歷世羈縻，莫能制御。寔導之以政，氐人感悦，並從賦税〔三五〕。於是大軍糧餼，咸取給焉。尋徵還，仍爲司馬。六官建，拜蕃部中大夫，加驃騎大將軍、開府儀同三司，進爵平陽縣公。武成二年，授御正中大夫，治民部，兼晉公護司馬。

保定元年，出爲文州刺史，卒於州，時年四十九。贈文康二州刺史。謚曰恭。子豐嗣。

劉雄字猛雀，臨洮子城人也。少機辯，慷慨有大志。大統中，起家爲太祖親信。尋授統軍、宣威將軍、給事中，除子城令，加都督、輔國將軍、中散大夫，兼中書舍人，賜姓宇文氏。孝閔帝踐阼，加大都督，歷司市下大夫，齊右下大夫，治小駕部，進車騎大將軍、儀同三司。保定四年，治中外府屬，從征洛陽。

天和二年，遷駕部中大夫。四年，兼齊公憲府掾，從憲出宜陽，築安義等城。五年，齊相斛律明月率衆築通關城以援宜陽〔三六〕。先是，國家與齊通好，約言各保境息民，不相侵擾。至是，憲以齊人失信，令雄使於明月，責其背約。雄辭義辯直，齊人憚焉。使還，兼中外府掾〔三七〕。尋加驃騎大將軍、開府儀同三司，封周昌縣伯，邑六百户。齊人又於姚襄築伏龍等五城，以處戍卒〔三八〕。雄從齊公憲攻之，五城皆拔。憲復遣雄與柱國宇文盛於齊長城已西，連營防禦。齊將段孝先等率衆圍盛。營外先有長塹，大將軍韓歡與孝先交戰不利，雄身負排，率所部二十餘人，據塹力戰，孝先等乃止。軍還，遷軍司馬，進爵爲侯，邑一千四百户。

建德初，授納言，轉軍正，復爲納言。二年，轉内史中大夫，除候正〔三九〕。高祖嘗從容謂雄曰：「古人云：『富貴不歸故鄉，猶衣錦夜遊。』今以卿爲本州，何如？」雄稽首拜謝。於是詔以雄爲河州刺史。雄先已爲本縣令，復有此授，鄉里榮之。四年，從柱國李穆出軹關，攻邵州等城，拔之。以功獲賞。

五千，皇太子西征吐谷渾〔四〇〕，雄自涼州從滕王逌率軍先入渾境，去伏俟城二百餘里〔四一〕，逌遣雄先至城東舉火，與大軍相應。渾洮王率七百餘騎逆戰。雄時所部數百人先並分遣斥候，在左右者二十許人。雄即率與交戰，斬首七十餘級，雄亦亡其三騎。自是從逌連戰之，雄功居多，賞物甚厚。及軍還，伊婁穆殿，爲賊所圍。皇太子命雄救之。雄率騎一千解穆圍。增邑三百户，加上開府儀同三司。

其年，大軍東討，雄從齊王憲拔洪洞，下永安。軍還，仍與憲迴援晉州。未至，齊後主已率大兵親自攻圍，晉州垂陷。憲遣雄先往察其軍勢。雄乃率步騎千人，鳴鼓角，遥報城中。尋而高祖兵至，齊主遁走。從平并州，拜上大將軍，進爵趙郡公，邑二千户，舊封迴授一子。明年，從平鄴城，進柱國。其年，從齊王憲總北討稽胡〔四二〕。軍還，出鎮幽州。

宣政元年四月，突厥寇幽州，擁略居民。雄出戰，爲突厥所圍，臨陣戰殁。贈亳州總管、七州諸軍事、亳州刺史〔四三〕。子昇嗣。以雄死王事，大象末，授儀同大將軍。

侯植字仁幹，上谷人也。燕散騎常侍龕之八世孫。高祖恕，魏北地郡守。子孫因家于北地之三水〔四四〕，遂爲州郡冠族。父欣，泰州刺史〔四五〕、奉義縣公。

植少倜儻，有大節，容貌奇偉，武藝絶倫。正光中，起家奉朝請。尋而天下喪亂，羣盜蜂起，植乃散家財，率募勇敢討賊。以功拜統軍，遷清河郡守。後從賀拔岳討万俟醜奴等，每有戰功，除義州刺史。在州甚有政績，爲夷夏所懷。

及齊神武逼洛陽，植從魏孝武西遷。大統元年，授驃騎將軍、都督，賜姓侯伏侯氏。從太祖破沙苑，戰河橋，進大都督，加左光禄大夫。涼州刺史宇文仲和據州作逆，植從開府獨孤信討擒之，拜車騎大將軍、儀同三司，封肥城縣公，邑一千户〔四六〕。又賜姓賀屯。魏恭帝元年，從于謹平江陵，進驃騎大將軍、開府儀同三司，賜奴婢一百口，别封一子汧源縣伯。六官建，拜司倉下大夫。孝閔帝踐阼，進爵郡公，增邑通前二千户。

時帝幼沖，晉公護執政，植從兄龍恩爲護所親任。及護誅趙貴，而諸宿將等多不自安。植謂龍恩曰：「今主上春秋既富，安危繫於數公。共爲脣齒，尚憂不濟，況以纖介之間，自相夷滅！植恐天下之人，因此解體。兄既受人任使，安得知而不言〔四七〕。」龍恩竟不能用。植又乘間言於護曰：「君臣之分，情均父子，理須同其休戚，期之始終。明公以骨肉之親，當社稷之寄，與存與亡，在於兹日。願公推誠王室，擬迹伊、周，使國有泰山之安，家傳世禄之盛，則率土之濱，莫不幸甚。」護曰：「我蒙太祖厚恩，且屬當猶子，誓將以身報國，賢兄應見此心。卿今有是言，豈謂吾有他志耶。」又聞其先與龍恩言，乃陰忌之。植懼不免禍，遂以憂卒。贈大將軍、平揚光三州諸軍事、平州刺史〔四八〕，謚曰節〔四九〕。子定嗣〔五〇〕。

及護伏誅，龍恩與其弟大將軍、武平公萬壽並預其禍。高祖治護事，知植忠於朝廷，乃特免其子孫。定後位至車騎大將軍、儀同三司。

史臣曰：王傑、王勇、宇文虯之徒，咸以果毅之姿，效節於擾攘之際，終能居堅覆銳〔五二〕，立禦侮之功，裂膏壤，據勢位，固其宜也。仲尼稱「無求備於一人」，信矣。夫文士懷溫恭之操，其弊也懦弱；武夫稟剛烈之質，其失也敢悍。故有使酒不遜之禍，拔劍爭功之尤。大則莫全其生，小則僅而獲免。耿豪、王勇，不其然乎。

校勘記

〔二〕保定三年進位大將軍　「位」，原作「爵」，據三朝本、南監本、局本、通志卷一五八王傑傳、永樂大典卷六八三七引周書王傑傳改。張元濟云：「按大將軍非爵。」以爲「爵」字誤。「三年」疑亦有誤，見下條。

〔三〕三年詔傑與隨公楊忠自漠北伐齊至并州而還　按通志卷一五八王傑傳敍此事於「保定三年」下，別無「三年」二字。又上條已出「保定三年」，這裏不應重複。據周書卷五武帝紀上、卷一九楊忠傳，詔楊忠伐齊在保定三年（五六三）十二月，「至并州而還」在四年正月。這裏承上保定三年，應作「其年」，如果包舉還師，則也可繫於四年。若此條「三」字不誤，則上條「三」

字必誤。「漢北」，原作「漢北」，據周書卷一九楊忠傳改。按楊忠傳，這次伐齊，楊忠北出武川，和突厥會師南下，攻晉陽，去「漢北」絶遠。且傳中有「若從漠北入并州，極爲險阻」語，可證「漢北」乃「漠北」之訛。

〔三〕子孝僊　「僊」，北史卷六六王傑傳作「遷」。

〔四〕賞帛二千疋　「二」，原作「一」，據三朝本、南監本、北監本、汲本、局本、御覽卷三一〇引後周書、册府卷三八二、卷八二四、永樂大典卷六八三七引周書王勇傳改。

〔五〕十一年出爲南秦州刺史　「十一年」，册府卷三八二作「十二年」。

〔六〕曾祖伊與敦祖長壽父文孤　「伊」，北史卷七九宇文述傳作「佴」。「文孤」，北史、隋宇文述墓誌（見賀華隋宇文述墓誌述略）單作「孤」。

〔七〕進爵忠城郡公　「城」，册府卷三八二、隋宇文述墓誌作「誠」。按寰宇記卷一四一金州安康郡云：「按梁州記：後魏合華陽、金城二郡爲忠誠郡，領亭鄉、錫城、金川三縣。」「城」也作「誠」。然據隋書卷二九地理志上記：「後周省魏昌郡入中城郡。」「誠」又作「城」（「中」當避隋諱改）。似「城」「誠」二字通用，無須定其是非。

〔八〕仍從賀蘭祥平洮陽洪和二城　「洪」，原作「供」，今改正。詳見卷二〇校記第一六條。

〔九〕遂家於神武川　北史卷六六耿豪傳無「神」字。

〔一〇〕及生因名琳字季珉焉　「季」，御覽卷五一一引後周書作「秀」，册府卷八二四同作「季」。按御覽卷三九八引後周書先云「高琳字秀琳」，此句則作「及生琳，因以名字焉」，下又有「及長，有大度智略」等文，册府卷八九三略同，均與今本周書有異。

〔二〕破梁將陳慶之　「陳」，原作「沈」，據册府卷三八二改。張森楷以爲「沈」字誤，云：「沈是宋臣，陳事具見梁書紀傳。」

〔三〕除正平郡守　「守」，原作「中正」，據北史卷六六高琳傳、册府卷三七三、卷三八二删改。按三朝本、南監本、北監本、汲本作「中」，無「正」字。張元濟云：「按『中』乃『守』之訛，見北史。」

〔三〕遷江陵副總管　「副」，原脱，據北史卷六六高琳傳補。按周書卷二七田弘傳，弘爲江陵總管，「令副總管高琳拒守」。本傳下文也明言「總管田弘」。又卷四八蕭詧傳附蕭巋傳見「江陵副總管高琳」，均可證高琳任江陵副總管。

〔四〕加冀定齊滄州五州諸軍事　北史卷六六高琳傳作「加五州諸軍事」，未舉州名。張森楷云：「『滄州』之『州』字誤。」按張説是。冀、定、齊、滄只四州，與「五州諸軍事」不合，「州」字乃一州名之誤，但不知是哪一州。

〔五〕子儒少以父勳賜爵許昌縣公　「縣」，原作「郡」，據三朝本改。張森楷云：「『郡』當作『縣』，上文可證。」按上文稱「以勳別封一子許昌縣公」。張説是。

〔六〕賜爵思陽公尋除漢陽郡守　按隋李和墓誌（隋代墓誌銘彙考圖版〇〇七），和初封新陽縣開國伯，後「進爵爲公，增邑五百，出爲漢陽太守，兼城防大都督」。「思陽」不見他書記載，而本卷王勇傳見「新陽郡公」，疑作「新陽」是。

〔一七〕昔伊尹保衡於殷　「保」，三朝本、北史卷六六伊婁穆傳、册府卷八二四作「阿」。

〔一八〕建德初授荆州復以穆爲總管府長史　按「授荆州」没有主名，上有缺文。據下文「穆頻貳戚藩」句，其人必是宗室近支。又據周書卷一三代王達傳，他在建德初出爲荆州刺史，時地相合。原文當云「建德初，代公達授荆州，復以穆爲總管府長史」。

〔一九〕祖興魏新平郡守父國中散大夫　文館詞林卷四五二隋薛道衡後周大將軍楊紹碑銘（下簡稱楊紹碑）作「祖國，鎮西將軍。父定，新興太守」。據顧炎武求古録大周無上孝明高皇后碑銘并序（下簡稱孝明高皇后碑），楊紹爲武則天母楊氏祖，曾祖楊定爲後魏都督，「歷新興、太原二郡太守」，所記與楊紹碑同。則國是紹之祖，定爲紹之父。按楊紹碑是紹子雄隋初所立，疑傳誤。

〔二〇〕封平鄉男　北史卷六八楊紹傳作「平鄉縣男」。

〔二一〕進爵冠軍縣伯邑百户大統元年進爵爲公增邑六百户　楊紹碑先云「封饒陽縣開國伯，邑三百户」，在授征西將軍之前。又云「尋封荆州冠軍縣開國公，邑五百户」。按傳先已封平鄉男一百户，進封爲伯，應增食邑，「百户」當作「三百户」。據傳楊紹以「冠軍縣伯」進爵爲公，據碑則以「饒陽縣伯」進封「冠軍縣公」，食邑也各有不同。

〔二二〕加帥都督驃騎常侍　張森楷云：「『驃』當作『散』，否則『驃騎』下省『將軍』二字，尚可正名，若省『散騎』二字，則不知是何常侍矣。」

〔二三〕循怒果出兵紹率衆僞退城降　通鑑卷一六四梁紀二〇承聖元年（五五二）此句作「循怒，出兵與戰。都督楊紹伏兵擊之，殺傷殆盡」。按「伏兵擊之，殺傷殆盡」八字，均不見周書卷一九達奚武傳和北史卷六八楊紹傳，然册府卷三六五諸本所記又同周書，似周書原本如此，通鑑或别有所據。

〔二四〕事平賞奴婢一百口進驃騎大將軍開府儀同三司　楊紹碑云：「鄀都於是底定，拜開府儀同三司，封儻城郡公，邑三千户。」孝明高皇后碑亦見「封儻城郡公」。按楊紹碑云拜開府，可以包括驃騎大將軍。而傳不言改封「儻城」，據隋書卷四三觀德王雄傳説楊紹封儻城縣公，雖「郡」「縣」不同，但可證紹最終爵號爲「儻城」。此傳遺漏。

〔二五〕賜姓叱利氏　北史卷六八楊紹傳作「賜姓叱吕引氏」。按魏書卷一一三官氏志既有「叱利氏」，又有「叱吕氏」，「叱吕引」當即「叱吕」，與「叱利」不是一姓，不知孰是。

〔二六〕孝閔帝踐阼進位大將軍　楊紹碑作「天和元年，進位大將軍」。

〔二七〕保定二年卒贈成文等八州刺史　楊紹碑云：「春秋七十有五，以周建德元年薨於豳州，贈成、文、扶、鄧、洮五州諸軍事，成州刺史。」按卒年自當以碑爲正。贈官州數，孝明高皇后碑所記與楊紹碑同。然隋書卷四三觀德王雄傳也稱紹「仕周歷八州刺史」，當是合燕、鄜、豳三州及贈官之五州。

〔二八〕子雄嗣大象末上柱國邽國公　隋書卷四三觀德王雄傳云「大象中，進爵邗國公」，「邽」作「邗」。又北史卷六八楊紹傳附楊雄傳百衲本先作「邗」，後作「邗」，日本静嘉堂文庫藏宋本前後都作「邗」。按邗國爲古國名，疑作「邗」是。參卷七校記第八條。

〔二九〕闡熙新囶人也　「囶」，原作「固」，據北史卷六八王雅傳改。楊守敬隋志考證卷一云：「隋書王世積傳（卷四〇）『闡熙新囶人』。又周書王雅傳『闡熙新固人』，『固』當是誤字。案玉篇，『囶』古『國』字。」按魏書卷一〇六下地形志下夏州闡熙郡有新囻縣，隋書卷二九地理志上朔方郡長澤縣條即作新囶。

〔三〇〕賜爵居庸縣子　「庸」，原作「康」，據三朝本、南監本、北監本、汲本、局本、北史卷六八王雅傳、册府卷八三五、永樂大典卷六八三七引周書王雅傳改。

〔三一〕大象末上大將軍宜陽郡公　隋書卷四〇王世積傳稱「高祖受禪，進封宜陽郡公」，北史卷六八王雅傳附王世積傳同。不在大象末。

〔三二〕仍與行臺郎神鎮潼關　按這時鎮守潼關的將領是毛鴻賓（見北史卷四九毛遐傳附毛鴻賓傳），未任行臺。郎神也不見紀載。册府卷三九三無「仍與行臺郎神」六字。疑涉上「行臺郎中」而衍。

〔三三〕即與大都督陽山武戰於關　册府卷三九三作「即與大都督陽山武拒魏於關」（明刻本「陽」訛

爲「楊」)。按陽山武即陽雄之父猛(見周書卷四四陽雄傳),乃是西魏將。册府文義較明,照周書的説法,倒像陽爲東魏將了。疑「戰」上脱「拒」字。

〔三四〕兼都軍糧　册府卷四八三「都」下有「督」字,疑當有此字。

〔三五〕並從賦税　「税」,册府卷四八三作「役」。按上云「不供賦役」,疑作「役」是。

〔三六〕築通關城以援宜陽　「通」,北齊書卷一七斛律金傳附斛律光傳作「統」。

〔三七〕兼中外府掾　「外府」,原倒作「府外」。張森楷云:「『外』字當在『府』上,此誤倒文。」按中外府是都督中外諸軍事府的省稱,上已云雄「治中外府屬」,張説是。今乙正。

〔三八〕以處戍卒　「戍」,三朝本、册府卷三五五作「戎」,疑是。

〔三九〕除候正　「候」,原作「侯」,據北史卷六六劉雄傳、册府卷七八二改。

〔四〇〕以功獲賞五千皇太子西征吐谷渾　按「獲賞」當斷句,或下有脱文。「五千」疑是「五年」之訛。皇太子贇「討吐谷渾」,見周書卷六武帝紀下建德五年(五七六)。本傳在下文又説「其年,大軍東討,雄從齊王憲拔洪洞,下永安。軍還,仍與憲迴援晉州」,據卷六武帝紀和卷一二齊煬王憲傳,也都是建德五年的事。如果上文没有標明五年,則這個「其年」便直承上文「四年」之後,不但把進攻吐谷渾列於四年,而且把伐齊平并州一概記在四年了。然諸本皆同,且册府卷三五五亦作「五千」,今不改。

〔四一〕伏侯城　周書卷六武帝紀下建德五年(五七六)八月作「伏俟城」,卷五〇吐谷渾傳殿本作

「伏侯」，三朝本前作「伏侯」，後作「伏侯」。按魏書卷一〇一、隋書卷八三吐谷渾傳都作「伏侯」，「侯」字誤。但諸本皆同，今不改。

〔四二〕其年從齊王憲總北討稽胡　按「總」下當脱「兵」字。

〔四三〕贈亳州總管七州諸軍事亳州刺史　「七」，册府卷四二五作「十」。

〔四四〕「侯植字仁幹上谷人也」至「高祖恕魏北地郡守子孫因家于北地之三水」　陸增祥八瓊室金石補正卷二三北周賀屯植墓誌作「字永顯，建昌郡人也」。字不同，或是二字，或先後改易。傳稱上谷人，是指郡望，下稱他「家于北地之三水」，實是三水人。按魏書卷一〇六下地形志下三水屬涇州新平郡。隋書卷二九地理志上北地郡有三水縣。寰宇記卷三四邠州三水縣條云：「大統十四年移縣于今邠州西北十五里白馬堡。」改屬北地，亦當在此時。隋之北地郡乃是地形志豳州的西北地郡，和治富平的雍州北地郡非一地。侯植的高祖在魏時官北地郡守，豈能因官徙居新平郡之三水。這自然不可靠。但居於三水，是事實。建昌郡，魏書地形志屬涼州。楊守敬隋志考證卷一三水下云：「當是後又改新平爲建昌，西魏置豳州，故賀誌云然。」今檢諸地志及寰宇記，不見所謂「新平後改建昌」之説，或楊氏別有所據。

〔四五〕父欣泰州刺史　「泰」，原作「秦」，據三朝本、南監本、北監本、汲本、局本改。張森楷以爲「秦」字誤。按魏書卷一〇六下地形志下別有泰州，領河東、北鄉二郡，和治上封的秦州並置。錢大昕考異卷三〇據魏、周、齊書中多見泰州，而不見地形志，以爲此『秦州』當爲泰州之譌」。本條的「泰州」諸本不誤，「秦」當是殿本妄改或刻誤。

〔四六〕封肥城縣公邑一千户　北周賀屯植墓誌載歷官，末云：「肥城縣開國公，食邑一千七百户。」食户數不同。傳又稱：「孝閔帝踐阼，進爵郡公，增邑通前二千户。」墓誌不記此事，似即以縣公終。

〔四七〕「今主上春秋既富」至「安得知而不言」　按侯植對其從兄龍恩所説的這一番話，北史卷六六侯植傳、通鑑卷一七一陳紀五太建四年（五七二）所記略有不同，尤其是「若多所誅戮以自立威權，豈唯社稷有累卵之危，恐吾宗亦緣此而敗」（北史「豈唯」作「何止」，無「所」「以」「而」三字）一段，爲周書所無。

〔四八〕贈大將軍平揚光三州諸軍事平州刺史　上「平」字，原作「正」。按既稱平州刺史，諸軍事所舉的第一個州，也應是平州。今改正。「揚」，原作「陽」，三朝本作「楊」，據南監本、北監本、汲本、局本改。張森楷云：「『陽』誤，作『揚』是。」北周賀屯植墓誌稱：「追贈公使持節、驃騎大將軍、開府儀同三司、大都督、光楊平三州諸軍事、光州刺史。」植爲宇文護所忌，死後恐只贈本官。大將軍或是誅護後加贈。殿本傳文之「正州」，據誌也可證爲「平州」之訛，但哪一州刺史也不同。

〔四九〕謚曰節　北周賀屯植墓誌云：「謚曰斌公。」可能是初謚「斌」，宇文護死後，因他曾觸犯權臣，故改謚「節」。

〔五〇〕子定嗣　北周賀屯植墓誌稱「世子定遠」。其他五子，上一字都是「定」字，若是雙名單稱，也應舉下一字。知「定」下脱「遠」字。

〔五一〕終能屠堅覆鋭　「覆」，原作「執」，據三朝本、汲本、局本、北史卷六六傳末論改。按張森楷、張元濟都以爲「執」字誤。

周書卷三十

列傳第二十二

竇熾 兄子毅　于翼 李穆

竇熾字光成，扶風平陵人也。漢大鴻臚章十一世孫。章子統，靈帝時，爲鴈門太守，避竇武之難，亡奔匈奴，遂爲部落大人。後魏南徙，子孫因家於代，賜姓紇豆陵氏。累世仕魏，皆至大官。父略，平遠將軍，以熾著勳，贈少保、柱國大將軍、建昌公。

熾性嚴明，有謀略，美鬚髯，身長八尺二寸。少從范陽祁忻受毛詩、左氏春秋，略通大義。善騎射，膂力過人。魏正光末，北鎮擾亂，熾乃隨略避地定州，因没於葛榮。榮欲官略，略不受。榮疑其有異志，遂留略於冀州，將熾及熾兄善隨軍。

魏永安元年，爾朱榮破葛榮，熾乃將家隨榮於并州。時葛榮别帥韓婁、郝長衆數萬人據薊城不下，以熾爲都督，從驃騎將軍侯深討之。熾手斬婁，以功拜揚烈將軍。三年，除員外散騎侍郎，遷給事中。建明元年，加武厲將軍。

魏孝武即位，茹茹等諸番並遣使朝貢，帝臨軒宴之。有鴟飛鳴於殿前，帝素知熾善射，因欲示遠人，乃給熾御箭兩隻，命射之。鴟乃應弦而落，諸番人咸歎異焉。帝大悦，賜帛五十疋。尋率兵隨東南道行臺樊子鵠追爾朱仲遠，仲遠奔梁。時梁主又遣元樹入寇，攻陷譙城，遂據之。子鵠令熾率騎兵擊破之，封行唐縣子，邑五百户。尋拜直閤將軍、銀青光禄大夫，領華騮令，進爵上洛縣伯，邑一千户。

時帝與齊神武搆隙，以熾有威重，堪處爪牙之任，拜閤内大都督。遷撫軍將軍，朱衣直閤，遂從帝西遷。仍與其兄善重至城下，與武衞將軍高金龍戰於千秋門，敗之。因入宫城，取御馬四十疋并鞍勒，進之行所。帝大悦，賜熾及善駿馬各二疋、駑馬十疋〔一一〕。

大統元年，以從駕功，別封真定縣公，除東豫州刺史，加衞將軍。從擒竇泰，復弘農，破沙苑，皆有功，增邑八百户。河橋之戰，諸將退走。熾時獨從兩騎爲敵人所追，至邙山，熾乃下馬背山抗之。俄而敵衆漸多，三面攻圍，矢下如雨。熾騎士所執弓，並爲敵人所射破，熾乃總收其箭以射之，所中人馬皆應弦而倒。敵以殺傷既多，乃相謂曰：「得此人未足爲功〔一二〕。」乃稍引退。熾因其怠，遂突圍得出。又從太保李弼討白額稽胡，破之，除車騎將軍。

高仲密以北豫州來附，熾率兵從太祖援之。至洛陽，會東魏人據邙山爲陣，太祖命留輜重於瀍曲，率輕騎奮擊，中軍與右軍大破之，悉虜其步卒。熾獨追至石濟而還。遷車騎大將軍、儀同三司、散騎常侍，增邑一千户。十三年，進使持節、驃騎大將軍、開府儀同三司，加侍中，增邑通前三千九百户〔三〕。出爲涇州刺史，莅職數年，政號清淨。改封安武縣公〔四〕，進授大將軍。

魏廢帝元年，除大都督、原州刺史。熾抑挫豪右，申理幽滯，每親巡壟畝，勸民耕桑。在州十載，甚有政績。州城之北，有泉水焉，熾屢經遊踐，嘗與僚吏宴於泉側，因酌水自飲曰：「吾在此州，唯當飲水而已〔五〕。」及去職之後，人吏感其遺惠，每至此泉者，莫不懷之。

魏恭帝元年，進爵廣武郡公。屬茹茹寇廣武，熾率兵與柱國趙貴分路討之。茹茹聞軍至，引退。熾度河至麴伏川追及〔六〕，與戰，大破之，斬其酋帥郁久間是發，獲生口數千，及雜畜數萬頭。孝閔帝踐阼，增邑二千户。武成二年，拜柱國大將軍。世宗以熾前朝忠勳，望實兼重〔七〕，欲獨爲造第。熾辭以天下未定，干戈未偃，不宜輒發徒役，世宗不許。尋而帝崩，事方得寢。

保定元年，進封鄧國公，邑一萬户，別食資陽縣一千户，收其租賦。四年，授大宗伯，隨晉公護東征。天和五年，出爲宜州刺史。先是，太祖田於渭北，令熾與晉公護分射走兔，熾一日獲十七頭，護獲十一頭。護恥其不及，因以爲嫌。至是，熾又以高祖年長，有勸護歸政之議，護惡之，故左遷焉。及護誅，徵太傅。

熾既朝之元老，名位素隆，至於軍國大謀，常與參議。嘗有疾，高祖至其第而問之，因賜金石之藥。其見禮如此。帝於大德殿將謀伐齊，熾時年已衰老，乃扼腕曰：「臣雖朽邁，請執干櫓，首啓戎行。得一覩誅翦鯨鯢，廓清寰宇，省方觀俗，登岳告成，然後歸魂泉壤，無復餘恨。」高祖壯其志節，遂以熾第二子武當公恭爲左二軍總管。齊平之後，帝乃召熾歷觀相州宫殿。熾拜賀曰：「陛下真不負先帝矣。」帝大悦，賜奴婢三十人，及雜繒帛千疋，進位上柱國。

宣政元年，兼雍州牧。及宣帝營建東京，以熾爲京洛營作大監。宫苑制度，皆取決焉。大象初，改食樂陵縣，邑户如舊。隋文帝輔政，停洛陽宫作，熾請入朝。屬尉遲迥舉兵，熾乃移入金墉城，簡練關中軍士得數百人，與洛州刺史、平凉公元亨同心固守，仍權行洛州鎮事。相州平，熾方入朝。屬隋文帝初爲相國，百官皆勸進。熾自以累代受恩，遂不肯署牋。時人高其節。

隋文帝踐極，拜太傅，加殊禮，贊拜不名。開皇四年八月，薨，時年七十八。贈本官、冀滄瀛趙衛貝魏洺八州諸軍事、冀州刺史。謚曰恭。

熾事親孝，奉諸兄以悌順聞。及其位望隆重，而子孫皆處列位，遂爲當時盛族。子茂嗣。茂有弟十三人〔八〕，恭、威最知名。恭位至大將軍。從高祖平齊，封贊國公〔九〕，除西兗州總管，以罪賜死。

熾兄善，以中軍大都督、南城公從魏孝武西遷。後仕至太僕、衛尉卿，汾北華瀛三州刺史〔一〇〕、驃騎大將軍、開府儀同三司、永富縣公。謚曰忠。子榮定嗣。起家魏文帝千牛備身。稍遷平東將軍、大都督，進驃騎大將軍、儀同三司。歷攸飛中大夫、右司衛上大夫。大象中，位至大將軍。熾兄子毅。

毅字天武。父岳，早卒。及毅著勳，追贈大將軍、冀州刺史。毅深沉有器度，事親以孝聞。魏孝武初，起家爲員外散騎侍郎。時齊神武擅朝，毅慨然有殉主之志。及孝武西遷，遂從入關，封奉高縣子，邑六百户，除符璽郎。從擒竇泰，復弘農，戰沙苑，皆有功。拜右將軍、太中大夫，進爵爲侯，增邑一千户。累遷持節、撫軍將軍、通直散騎常侍。魏廢帝二年，授車騎大將軍、儀同三司、大都督，進爵安武縣公，增邑一千四百户。魏恭帝元年，進授驃騎大將軍、開府儀同三司、大都督，改封永安縣公，出爲幽州刺史〔一一〕。孝閔帝踐阼，進爵神武郡公，增邑通前五千户。保定三年，徵還朝，治左宫伯，轉小宗伯，尋拜大將軍。

時與齊人爭衡，戎車歲動，並交結突厥，以爲外援。在太祖之時，突厥已許納女於我，齊人亦甘言重幣，遣使求婚。狄固貪惏，便欲有悔。朝廷乃令楊荐等累使結之，往反十餘，方復前好。至是，雖期往逆，猶懼改圖。以毅地兼勛戚，素有威重，乃命爲使。及毅之至，齊使亦在焉。突厥君臣，猶有貳志。毅抗言正色，以大義責之，累旬乃定，卒以皇后歸。朝議嘉之，别封成都縣公，邑一千户，進位柱國。出爲同州刺史，遷蒲州總管，徙金州總管，加授上柱國，入爲大司馬。隋開皇初，拜定州總管。累居藩鎮，咸得民和。二年，薨於州，年六十四。贈襄郢等六州刺史，謚曰肅。毅性温和，每以謹慎自守，又尚太祖第五女襄陽公主，特爲朝廷所委信。雖任兼出入〔一二〕，未嘗有矜惰之容，時人以此稱焉。子賢嗣。

賢字託賢〔一三〕，志業通敏，少知名。天和二年，策拜神武國世子。宣政元年，授使持節、儀同大將軍。隋開皇中，襲爵神武公，除遷州刺史。

毅第二女即唐太穆皇后〔一四〕。武德元年，詔贈司空、穆總管荆郢硤夔復沔岳沅澧鄂十州諸軍事、荆州刺史，封杞國公〔一五〕。并追贈賢金遷房直均五州諸軍事、金州刺史，襲杞國公。又追贈賢子紹宣秦州刺史，并襲賢爵。紹宣無子，仍以紹宣兄孝宣子德藏爲嗣。

于翼字文若，太師、燕公謹之子。美風儀，有識度。年十一，尚太祖女平原公主，拜員外散騎常侍，封安平縣公，邑一千户。大統十六年，進爵郡公，加大都督，領太祖帳下左右，禁中宿衞。遷鎮南將軍、金紫光禄大夫、散騎常侍、武衞將軍。謹平江陵，所贈得軍實，分給諸子〔一六〕。翼一無所取，唯簡賞口内名望子弟有士風者，别待遇之。太祖聞之，特賜奴婢二百口，翼固辭不受。尋授車騎大將軍、儀同三司，加侍中、驃騎大將軍、開府儀同三司。六官建，除左宫伯。

孝閔帝踐阼，出爲渭州刺史。翼兄寔先莅此州，頗有惠政。翼又推誠布信，事存寬簡，夷夏感悦，比之大小馮君焉。時吐谷渾入寇河右，涼鄯河三州咸被攻圍，使來告急。秦州都督遣翼赴援，不從。寮屬咸以爲言。翼曰：「攻取之術，非夷俗所長。此寇之來，不過抄掠邊牧耳。安能頓兵城下，久事攻圍！掠而無獲，勢將自走。勞師以往，亦無所及。翼揣之已了，幸勿復言。」居數日問至〔一七〕，果如翼所策。賀蘭祥討吐谷渾，翼率州兵先鋒深入。以功增邑一千二百户。尋徵拜右宫伯。

世宗雅愛文史〔一八〕，立麟趾學，在朝有藝業者，不限貴賤，皆預聽焉〔一九〕。乃至蕭撝、王褒等與卑鄙之徒同爲學士。翼言於帝曰：「蕭撝，梁之宗子；王褒，梁之公卿。今與趨走同儕，恐非尚賢貴爵之義。」帝納之，詔翼定其班次，於是有等差矣。

世宗崩，翼與晉公護同受遺詔，立高祖。保定元年，徙軍司馬。三年，改封常山郡公〔二〇〕，邑二千九百户。天和初，遷司會中大夫，增邑通前三千七百户。三年，皇后阿史那氏至自突厥，高祖行親迎之禮，命翼總司儀制。狄人雖蹲踞無節，然咸憚翼之禮法，莫敢違犯。遭父憂去職，居喪過禮，爲時輩所稱。尋有詔，起令視事。高祖又以翼有人倫之鑒，皇太子及諸王等相傅以下，並委翼選置。其所擢用，皆民譽也，時論僉謂得人。遷大將軍，總中外宿衛兵事。

晉公護以帝委翼腹心，内懷猜忌。轉爲小司徒，加拜柱國。雖外示崇重，實疎斥之。及誅護，帝召翼，遣往河東取護子中山公訓，仍代鎮蒲州。翼曰：「冢宰無君陵上，自取誅夷。元惡既除，餘孽宜殄。然皆陛下骨肉，猶謂疎不間親。陛下不使諸王而使臣異姓，非直物有横議，愚臣亦所未安。」帝然之，乃遣越王盛代翼。

先是，與齊陳二境，各修邊防，雖通聘好，而每歲交兵。然一彼一此，不能有所克獲。

高祖既親萬機，將圖東討，詔邊城鎮，並益儲偫，加戍卒。二國聞之，亦增修守禦。翼諫曰：「宇文護專制之日，興兵至洛，不戰而敗，所喪實多。數十年委積，一朝麋散。雖爲護無制勝之策，亦由敵人之有備故也。且疆埸相侵，互有勝敗，徒損兵儲，非策之上者。不若解邊嚴，減戎防〔二二〕，繼好息民，敬待來者。彼必喜於通和〔二三〕，懈而少備，然後出其不意，一舉而山東可圖。若猶習前蹤，恐非蕩定之計。」帝納之。

建德二年，出爲安隨等六州五防諸軍事、安州總管。時屬大旱，涓水絶流。舊俗，每逢亢陽，禱白兆山祈雨。高祖先禁羣祀，山廟已除。翼遣主簿祭之，即日澍雨霑洽，歲遂有年。民庶感之，聚會歌舞，頌翼之德。

四年，高祖將東伐，朝臣未有知者，遣納言盧韞等前後乘驛，三詣翼問策焉。翼贊成之。及軍出，詔翼率荆、楚兵二萬，自宛、葉趣襄城，大將軍張光洛、鄭恪等並隸焉。旬日下齊一十九城。所部都督，輒入民村，即斬以狥。由是百姓欣悦，赴者如歸。屬高祖有疾，班師，翼亦旋鎮。

五年，轉陝熊等七州十六防諸軍事、宜陽總管。翼以宜陽地非襟帶，請移鎮於陝。詔從之，仍除陝州刺史，總管如舊。其年，大軍復東討，翼自陝入九曲，攻拔造澗等諸城，徑到洛陽。齊洛州刺史獨孤永業開門出降，河南九州三十鎮，一時俱下。襄城民庶等喜復見翼，並壺漿塞道。尋即除洛懷等九州諸軍事、河陽總管。

尋徙豫州總管，給兵五千人、馬千疋以之鎮，并配開府及儀同等二十人。仍勑河陽、襄州、安州、荊州四州總管内有武幹者〔二三〕，任翼徵牒，不限多少。儀同以下官爵，承制先授後聞。陳將魯天念久圍光州，聞翼到汝南，望風退散。霍州蠻首田元顯，負險不賓，於是，送質請附。陳將任蠻奴悉衆攻顯，顯立栅拒戰，莫有異心〔二四〕。及翼還朝，元顯便叛。其得殊俗物情，皆此類也。

大象初，徵拜大司徒。詔翼巡長城，立亭鄣。西自鴈門，東至碣石，創新改舊，咸得其要害云。仍除幽定七州六鎮諸軍事、幽州總管。先是，突厥屢爲寇抄〔二五〕，居民失業。翼素有威武，兼明斥候，自是不敢犯塞，百姓安之。

及尉遲迥據相州舉兵，以書招翼。翼執其使，并書送之。于時隋文帝執政，賜翼雜繒一千五百段，粟麥一千五百石，并珍寶服玩等，進位上柱國，封任國公，增邑通前五千户，别食任城縣一千户，收其租賦。翼又遣子讓通表勸進，并請入朝。隋文帝許之。

開皇初，拜太尉。或有告翼，云往在幽州欲同尉遲迥者，隋文召致清室〔二六〕，遣理官按驗。尋以無實見原，仍復本位。三年五月，薨。贈本官、加蒲晉懷絳邵汾六州諸軍事、蒲州刺史，謚曰穆。

翼性恭儉，與物無競，常以滿盈自戒，故能以功名終。

子璽，官至上大將軍、軍司馬、黎陽郡公。璽弟詮，上儀同三司、吏部下大夫、常山公。詮弟讓，儀同三司。

尉遲迥之舉兵也，河西公李賢弟穆爲并州總管，亦執迥子送之。

李穆字顯慶，少明敏，有度量。太祖入關，便給事左右，深被親遇。穆亦小心謹肅，未嘗懈怠。太祖嘉之，遂處以腹心之任，出入卧内，當時莫與爲比。及侯莫陳悅害賀拔岳，太祖自夏州赴難，而悅黨史歸據原州，猶爲悅守。太祖令侯莫陳崇輕騎襲之。穆先在城中，與兄賢、遠等據城門應崇，遂擒歸。以功授都督。從迎魏孝武，封永平縣子，邑三百户。擒竇泰，復弘農，並有戰功。沙苑之捷，穆又言於太祖曰：「高歡今日已喪膽矣，請速逐之，則歡可擒也。」太祖不聽。論前後功，進爵爲公。

河橋之戰，太祖所乘馬中流矢驚逸，太祖墜於地，軍中大擾。敵人追及之，左右皆奔散，穆乃以策抶太祖，因大罵曰：「爾曹主何在？爾獨住此！」敵人不疑是貴人也，遂捨之而過。穆以馬授太祖，遂得俱免。是日微穆，太祖已不濟矣。自是恩盼更隆。擢授武衛將軍，加大都督、車騎大將軍、儀同三司，進爵安武郡公〔二七〕，增邑一千七百户。前後賞賜，不可勝計。久之，太祖美其志節，乃歎曰：「人之所貴，唯身命耳，李穆遂能輕身命之重，濟孤於難。雖復加之以爵位，賞之以玉帛，未足爲報也。」乃特賜鐵券，恕以十死。進驃騎大將軍、開府儀同三司、侍中。初，穆授太祖以驄馬，其後中廐有此色馬者，悉以賜之。又賜穆世子惇安樂郡公，姊一人爲郡君，自餘姊妹並爲縣君〔二八〕，兄弟子姪及緦麻以上親并舅氏，皆霑厚賜。其見褒崇如此。

從解玉壁圍，拜安定國中尉。尋授同州刺史，入爲太僕卿。征江陵功，封一子長城縣侯〔二九〕，邑千户。尋進位大將軍，賜姓拓拔氏〔三〇〕。俄除原州刺史，又以賢子爲平高郡守，遠子爲平高縣令，並加鼓吹。穆自以叔姪一家三人，皆牧宰鄉里，恩遇過隆，固辭不拜。太祖不許。後轉雍州刺史，入爲小冢宰。孝閔帝踐阼，增邑通前三千七百户，又別封一子爲縣伯。穆請迴封賢子孝軌，許之。

及遠子植謀害晉公護，植誅死，穆亦坐除名。時植弟基任淅州刺史，例合從坐。穆頻詣護，請以子惇、怡等代基死，辭理酸切，聞者莫不動容。護矜之，遂特免基死。

世宗即位，拜驃騎大將軍、開府儀同三司、大都督、安武郡公、直州刺史。武成二年，拜少保。保定二年，進位大將軍。三年，從隨公楊忠東伐。還，拜小司徒，遷柱國大將軍，別封一子郡公，邑二千户。五年，遷大司空。天和二年，進封申國公，邑五千户，舊爵迴授一子。建德元年，遷太保。尋出爲原州總管。四年，高祖東征，令穆率兵三萬，別攻軹關及河北諸縣，並破之。後以帝疾班師，棄而不守。六年，進位上柱國，除并州總管。時東夏再平〔三二〕，人情尚擾，穆鎮之以靜，百姓懷之。大象元年，遷大左輔，總管如舊。二年，加太傅，仍總管。

及尉遲迥舉兵，穆子榮欲應之。穆弗聽曰：「周德既衰，愚智共悉。天時若此，吾豈能違天。」乃遣使謁隋文帝，并上十三環金帶，蓋天子之服也，以微申其意。時迥子誼爲朔州刺史，亦執送京師。迥令其所署行臺韓長業攻陷潞州，執刺史趙威，署城民郭子勝爲刺史。穆遣兵討之，獲子勝。隋文帝嘉之，以穆勞効同破鄴城第一勳，加三轉，聽分授其二子榮、才及兄賢子孝軌。榮及才並儀同大將軍，孝軌進開府儀同大將軍。又別封子雄爲密國公，邑三千户。

穆長子惇，字士宇〔三三〕。大統四年，以穆功賜爵安平縣侯，尋授車騎大將軍、儀同三司、大都督，進爵爲公。太祖令功臣世子並與略陽公遊處，惇於時輩之中，特被引接。每有遐方服玩，異域珍奇，無不班錫。俄受小武伯，進爵安樂郡公。天和三年，遷驃騎大將軍、開府儀同三司、鳳州刺史。卒於位。贈大將軍、原靈豳三州刺史。

史臣曰：竇熾儀表魁梧，器識雄遠。入參朝政，則嘉謀以陳；出總蕃條，則惠政斯洽。竇毅忠肅奉上，温恭接下，茂實彰於本朝，義聲揚於殊俗。並以國華民望，論道當官，榮映一時，慶流來葉。及熾遲疑勸進，有送故之心，雖王公恨恨〔三〕，何以加此。

語曰：「君使臣以禮，臣事君以忠。」然則効忠之迹或殊，處臣之理斯一，權言指要，其維致命乎。是以典午擅朝，葛公休爲之投袂；新都篡盜，翟仲文所以稱兵。及東郡誅夷，其竟速漢朝之禍；淮南覆敗，無救魏室之亡。而烈士貞臣，赴蹈不已，豈忠義所感，視死如歸者歟。于、李之送往事居，有曲於此。翼既功臣之子，地即姻親；穆乃早著勳庸，深寄肺腑。並兼文武之任，荷累世之恩，理宜與存與亡，同休同戚。加以受扞城之託，總戎馬之權，勢力足以勤王，智能足以衞難。乃宴安寵禄，曾無釋位之心；報使獻誠，但務隨時之義。弘名節以高貴，豈所望於二公。若捨彼天時，徵諸人事，顯慶起晉陽之甲，文若發幽薊之兵，叶契岷峨，約從漳滏，北控沙漠，西指崤函，則成敗之數，未可量也。

校勘記

〔一〕駑馬十疋　册府卷三五五、卷三八二「駑馬」下有「各」字，較長。

〔二〕得此人未足爲功　北史卷六一竇熾傳「此」下有「二」字。按上云「熾時獨從兩騎」，並熾爲三人，疑脱「三」字。

〔三〕增邑通前三千九百户　「九」，三朝本、南監本作「六」。

〔四〕改封安武縣公　「安武」，原倒作「武安」，據三朝本、北史卷六一竇熾傳乙正。張元濟以爲「武安」誤倒，云：「安武縣屬豳州，武安縣屬司州。」按武安不在西魏境内，當時常有遥封，尚難斷其必誤。但下附兄子竇毅傳云「魏廢帝二年，進爵安武縣公」，當是熾讓爵與毅。張説是。

〔五〕吾在此州唯當飲水而已　「此」，原作「北」，據三朝本、南監本、北監本、汲本、局本、北史卷六一竇熾傳、册府卷六七九、卷六八三改。

〔六〕麴伏川　「伏」，三朝本、南監本、北監本、汲本、局本都作「使」。汲本、局本注云「一作仗」，「仗」乃「伏」之訛。按北史卷六一竇熾傳、册府卷三五五都作「伏」，殿本當是依北史改。

〔七〕前朝忠勳望實兼重　三朝本「望」下無「實」字。按北史卷六一竇熾傳、册府卷三七三、卷四〇九都作「前朝舊臣，勳望兼重」。

〔八〕子茂嗣茂有弟十三人　新唐書卷七一下宰相世系表一下竇氏稱熾六子，舉六子之名，並無茂。疑是茂和其他六弟後系不顯，竇氏譜系就排除了他們。

〔九〕封贊國公　「贊」，舊唐書卷六〇竇威傳附竇軌傳、新唐書卷七一下宰相世系表一下、辯正論卷四十代奉佛篇下（大正新脩大藏經第五二卷）都作「酇」。按隋書卷三一地理志下襄陽郡陰城縣下云「西魏置鄭城郡」，然周書卷四四席固傳附席世雅傳見「贊城郡守」，「鄭」又作「贊」，説明當時地名常用同音字。這裏「贊國公」於他書作「鄭國公」，亦是如此。

〔一〇〕汾北華瀛三州刺史　「瀛」，新唐書卷七一下宰相世系表一下作「隴」。按瀛州不在西魏、周境内，疑作「隴」是。

〔一一〕出爲幽州刺史　按幽州不在西魏境内，疑是豳州之訛。

〔一二〕雖任兼出入　「入」，三朝本作「納」，北史卷六一竇熾傳附竇毅傳作「内」。按周書卷三七傳論稱傳中諸人「歷官出内」（殿本改作「歷官外内」），北史卷七〇傳論採周書此論，「出内」作「出納」。卷四四陽雄傳三朝本也有「任兼出内」語，他本「内」作「納」。可知「出内」是當時習用語，猶言「中外」。後人以罕見或改「内」作「納」，或改「出」作「外」。這裏的「入」字原來當同北史作「内」，宋本已改作「納」，他本又改作「入」。但意義相同，今不回改。

〔一三〕子賢嗣賢字託賢　「託賢」，元和姓纂卷九、新唐書卷七一下宰相世系表一下作「招賢」，唐竇德藏墓誌（見咸陽碑刻）作「拓賢」。按「託」「拓」音同，「招」當爲「拓」之形訛。參陶敏元和姓纂新校證。

〔一四〕毅第二女即唐太穆皇后　「毅第二女」，原作「有二女」，據汲本、局本、北史卷六一竇熾傳附竇毅傳補改。按若無「毅」字，便似這個「太穆皇后」爲竇賢之女。「有二女」也和下文不連。

〔一五〕詔贈司空穆總管荆郢硤夔復沔岳沅澧鄂十州諸軍事荆州刺史封杞國公　按「穆」字不可解，

汲本、局本作「使持節」。北史卷六一竇熾傳附竇賢傳此句作「詔贈毅司空、使持節、總管荆郢等十州諸軍事、荆州刺史、杞國公」，疑汲本、局本據北史改。傳中不見竇穆其人，或涉上「太穆皇后」而衍。贈官主名爲竇毅，而非竇穆。「澧」，原作「灃」，據三朝本、北監本、汲本、局本改。澧州與岳、沅地近，作「灃」誤。

〔一六〕謹平江陵所贈得軍實分給諸子　「贈」，北史卷二三于栗磾傳附于翼傳作「賜」。按周書卷一五于謹傳稱宇文泰「賞謹奴婢一千口，及梁之寶物」。周書尊宇文泰，所以稱「賞」稱「賜」，「贈」字疑誤。

〔一七〕居數日問至　「問」，三朝本作「間」。張元濟云：「『間』，間諜也。」按北史卷二三于栗磾傳附于翼傳、通鑑卷一六七陳紀一永定元年（五五七）都作「問」，周書卷三二陸通傳亦見「居數日，問至，果如所策」，疑作「問」是，「間」爲「問」之形訛。

〔一八〕世宗雅愛文史　「史」，原作「士」，據北史卷二三于栗磾傳附于翼傳、册府卷四九、卷四六五改。按三朝本作「忠」，乃「史」之訛。後人以「文忠」不可通，改作「文士」。

〔一九〕皆預聽焉　「預聽」，北史卷二三于栗磾傳附于翼傳倒作「聽預」。按「聽預」指允許參與，文義較長。

〔二〇〕改封常山郡公　「郡」，原作「縣」，據三朝本、北史卷二三于栗磾傳附于翼傳改。按魏有常山郡，無常山縣，置縣是隋代的事（見魏書卷一〇六上地形志上定州常山郡、隋書卷三〇地理志中恒山郡真定縣條）。

〔二一〕滅戎防　「戎」，北史卷二三于栗磾傳附于翼傳作「兵」，册府卷四〇七作「戍」。按「戍」和「防」是當時駐防軍事單位的名稱，疑作「戍」是。

〔二二〕彼必喜於通和　「喜」，原作「善」，據北史卷二三于栗磾傳附于翼傳、册府卷四〇七改。按「善」字文義不洽。

〔二三〕仍勑河陽襄州安州荆州四州總管内有武幹者　「四」，原作「泗」，據册府卷七七改。錢大昕考異卷三二云：「『泗』當作『四』，襄、安、荆三州並河陽爲四，後周無泗州也。」按周改東楚州爲泗州在大象二年（五八〇），見楊守敬隋志考證卷七下邳郡條，這時無泗州。錢説是。

〔二四〕莫有異心　「異」，三朝本、南監本、册府卷四一二作「離」。

〔二五〕先是突厥屢爲寇抄　「抄」，原作「掠」，據三朝本、南監本、北監本、汲本、局本、册府卷三九三改。「掠」字雖通，然非周書原本。

〔二六〕召致清室　「清」，原作「凊」，據三朝本、汲本、局本改。張森楷、張元濟皆云「凊」疑爲「請」字之訛。按請室亦可作清室，見王先謙漢書補注卷四八賈誼傳。

〔二七〕進爵安武郡公　「安武」，原倒作「武安」，據隋書卷三七李穆傳、北史卷五九李賢傳附李穆傳乙正。按本傳下文稱李穆一度革去官爵後，世宗即位，復封安武郡公。周書卷五武帝紀上保定四年（五六四）、五年兩見「安武公李穆」，知作「安武」是。又隋書卷二九地理志上安定郡朝那縣條云：「西魏置安武郡及析置安武縣。」李穆是郡公，上賓熾是縣公，可以並封。

〔二八〕姊一人爲郡君自餘姊妹並爲縣君　「自」，原脱，據三朝本、北史卷五九李賢傳附李穆傳、册府卷一三〇補。

〔二九〕征江陵功封一子長城縣侯　北史卷五九李賢傳附李穆傳「功」上有「以」字，屬下讀。按此處語氣不完，疑脱「以」字。

〔三〇〕賜姓拓拔氏　「拓」，三朝本、南監本、北監本、汲本、局本都作「搨」。按北周李賢墓誌云：「建國搨拔，因以爲氏。」又北齊書卷一七斛律金傳附斛律光傳見周將「中國公搨跋顯敬」，即李穆，穆字顯慶，齊人避高歡家諱作「敬」。北史卷五九李賢傳附李穆傳作「拓」。「拓」「搨」都是譯音，此處原作「搨」，殿本當依北史改。

〔三一〕時東夏再平　「再」，册府卷六八〇明刻本作「甫」（宋本、明鈔本同作「再」），北史卷五九李賢傳附李穆傳作「初」。按平齊只有一次，似不得云「再平」。疑周書原作「甫」，「再」爲「甫」之形訛。

〔三二〕穆長子惇字士宇　「宇」，隋書卷三七李穆傳作「獻」，北史卷五九李賢傳附李穆傳從隋書。

〔三三〕雖王公悢悢　汲本、局本「悢悢」下注云「一作悵悵」。按御覽卷四九六引王祥别傳稱晉「受禪」時，「祥色不加怡，時人爲之語曰：『王公悢悢，有送故之情也。』」這裏正用此典故，但文義上「悢悢」較長，不能説作「悵悵」必是。

周書卷三十一〔一〕

列傳第二十三

韋孝寬　韋夐　梁士彦

韋叔裕字孝寬，京兆杜陵人也，少以字行。世爲三輔著姓。祖直善〔二〕，魏馮翊、扶風二郡守。父旭，武威郡守。建義初，爲大行臺右丞，加輔國將軍、雍州大中正。永安二年，拜右將軍、南豳州刺史〔三〕。時氐賊數爲抄竊，旭隨機招撫，並即歸附。尋卒官。贈司空、冀州刺史，謚曰文惠。

孝寬沉敏和正，涉獵經史〔四〕。弱冠，屬蕭寶夤作亂關右，乃詣闕，請爲軍前驅。朝廷嘉之，即拜統軍。隨馮翊公長孫承業西征，每戰有功。拜國子博士，行華山郡事〔五〕。屬侍中楊侃爲大都督，出鎮潼關，引孝寬爲司馬。侃奇其才，以女妻之。永安中，授宣威將軍、給事中，尋賜爵山北縣男。普泰中，以都督從荆州刺史源子恭鎮襄城〔六〕，以功除析陽郡守〔七〕。時獨孤信爲新野郡守，同隸荆州〔八〕，與孝寬情好款密，政術俱美，荆部吏人，號爲聯璧。孝武初，以都督鎮城〔九〕。

文帝自原州赴雍州，命孝寬隨軍。及剋潼關，即授弘農郡守。從擒竇泰，兼左丞，節度宜陽兵馬事。仍與獨孤信入洛陽城守〔一〇〕。復與宇文貴、怡峯應接潁州義徒，破東魏將任祥、堯雄於潁川。孝寬又進平樂口，下豫州，獲刺史馮邕。又從戰於河橋。時大軍不利，邊境騷然，乃令孝寬以大將軍行宜陽郡事〔一一〕。尋遷南兖州刺史。

是歲，東魏將段琛、堯傑復據宜陽，遣其陽州刺史牛道恒扇誘邊民〔一二〕。孝寬深患之，乃遣諜人訪獲道恒手迹，令善學書者僞作道恒與孝寬書，論歸款意，又爲落燼燒迹，若火下書者，還令諜人送於琛營〔一三〕。琛得書，果疑道恒，其所欲經略，皆不見用。孝寬知其離阻，日出奇兵掩襲〔一四〕，擒道恒及琛等，崤、澠遂清。

大統五年，進爵爲侯。八年，轉晉州刺史，尋移鎮玉壁，兼攝南汾州事。先是山胡負險，屢爲劫盜，孝寬示以威信，州境肅然。進授大都督。

十二年，齊神武傾山東之衆，志圖西入，以玉壁衝要，先命攻之。連營數十里，至於城下，乃於城南起土山，欲乘之以入。當其山處，城上先有兩高樓。孝寬更縛木接之，命極高峻，多積戰具以禦之。齊神武使謂城中曰：「縱爾縛樓至天，我會穿城取爾。」遂於城南鑿地道。又於城北起土山，攻具，晝夜不息〔一五〕。孝寬復掘長塹，要其地道，仍飭戰士屯塹。城外每穿至塹，戰士即擒殺之。又於塹外積柴貯火，敵人有伏地道內者，便下柴火，以皮韛吹之。吹氣一衝〔一六〕，咸即灼爛。城外又造攻車，車之所及，莫不摧毀。雖有排楯，莫之能抗。孝寬乃縫布爲縵，隨其所向則張設之。布既懸於空中，其車竟不能壞。城外又縛松於竿〔一七〕，灌油加火，規以燒布，并欲焚樓。孝寬復長作鐵鉤，利其鋒刃，火竿來，以鉤遥割之，松麻俱落。外又於城四面穿地〔一八〕，作二十一道，分爲四路，於其中各施梁柱，作訖，以油灌柱，放火燒之，柱折，城並崩壞。孝寬又隨崩處豎木柵以扞之，敵不得入。城外盡其攻擊之術，孝寬咸拒破之。

神武無如之何，乃遣倉曹參軍祖孝徵謂曰：「未聞救兵，何不降也？」孝寬報云：「我城池嚴固，兵食有餘，攻者自勞，守者常逸。豈有旬朔之間，已須救援。適憂爾衆有不反之危。孝寬關西男子，必不爲降將軍也。」俄而孝徵復謂城中人曰：「韋城主受彼榮禄，或復可爾，自外軍士，何事相隨入湯火中耶。」乃射募格於城中云：「能斬城主降者，拜太尉，封開國郡公，邑萬户，賞帛萬疋。」孝寬手題書背，反射城外云：「若有斬高歡者，一依此賞。」孝寬弟子遷，先在山東，又鎖至城下，臨以白刃，云若不早降，便行大戮。孝寬慷慨激揚，略無顧意。士卒莫不感勵，人有死難之心。神武苦戰六旬，傷及病死者十四五，智力俱困，因而發疾。其夜遁去。後因此忿恚，遂殂。魏文帝嘉孝寬功，令殿中尚書長孫紹遠、左丞王悅至玉壁勞問，授驃騎大將軍、開府儀同三司，進爵建忠郡公。

廢帝二年，爲雍州刺史。先是，路側一里置一土堠〔一九〕，經雨頽毁，每須修之。自孝寬臨州，乃勒部内當堠處植槐樹代之。既免修復，行旅又得庇廕。周文後見，怪問知之〔二〇〕，曰：「豈得一州獨爾，當令天下同之。」於是令諸州夾道一里種一樹，十里種三樹，百里種五樹焉。

恭帝元年，以大將軍與燕國公于謹伐江陵〔二一〕，平之，以功封穰縣公〔二二〕。還，拜尚書右僕射，賜姓宇文氏。三年，周文北巡〔二三〕，命孝寬還鎮玉壁。周孝閔帝踐阼，拜小司徒。明帝初，參麟趾殿學士，考校圖籍。

保定初，以孝寬立勳玉壁，遂於玉壁置勳州，仍授勳州刺史。齊人遣使至玉壁，求通互市。晉公護以其相持日久，絶無使命，一日忽來求交易，疑别有故。又以皇姑、皇世母先没在彼，因其請和之際，或可致之。遂令司門下大夫尹公正至玉壁，共孝寬詳議。孝寬乃於郊盛設供帳，令公正接對使人，兼論皇家親屬在東之意。使者辭色甚悦〔二四〕。時又有汾州胡抄得關東人，孝寬復放東還，並致書一牘，具陳朝廷欲敦隣好。遂以禮送皇姑及護母等。

孝寬善於撫御，能得人心。所遣間諜入齊者，皆爲盡力。亦有齊人得孝寬金貨，遥通書疏。故齊動靜，朝廷皆先知。時有主帥許盆，孝寬托以心膂，令守一戍。盆乃以城東入。孝寬怒，遣諜取之，俄而斬首而還。其能致物情如此。

汾州之北，離石以南，悉是生胡，抄掠居人，阻斷河路。孝寬深患之。而地入於齊，無方誅翦。欲當其要處，置一大城。乃於河西徵役徒十萬，甲士百人，遣開府姚岳監築之。岳色懼，以兵少爲難。孝寬曰：「計成此城，十日即畢。既去晉州四百餘里，一日創手，二日僞境始知；設令晉州徵兵，二日方集；謀議之間，自稽三日；計其軍行，二日不到。我之城隍，足得辦矣。」乃令築之。齊人果至南首，疑有大軍，乃停留不進。其夜，又令汾水以南，傍介山、稷山諸村，所在縱火。齊人謂是軍營，遂收兵自固。版築克就，卒如其言〔二五〕。

四年，進位柱國。時晉公護將東討，孝寬遣長史辛道憲啓陳不可，護不納。既而大軍果不利。後孔城遂陷，宜陽被圍。孝寬乃謂其將帥曰：「宜陽一城之地，未能損益。然兩國爭之，勞師數載。彼多君子，寧乏謀猷。若棄崤東，來圖汾北，我之疆界，必見侵擾。今宜於華谷及長秋速築城，以杜賊志。脱其先我，圖之實難。」於是畫地形，具陳其狀。晉公護令長史叱羅協謂使人曰：「韋公子孫雖多，數不滿百。汾北築城，遣誰固守？」事遂不行。天和五年，進爵鄖國公，增邑通前一萬户。

是歲，齊人果解宜陽之圍，經略汾北，遂築城守之。其丞相斛律明月至汾東，請與孝寬相見。明月云：「宜陽小城，久勞戰爭。今既入彼，欲於汾北取償，幸勿怪也。」孝寬答曰：「宜陽彼之要衝，汾北我之所棄。我棄彼圖，取償安在？且君輔翼幼主，位重望隆，理宜調陰陽，撫百姓，焉用極武窮兵，構怨連禍！且滄、瀛大水，千里無烟，復欲使汾、晉之間，横屍暴骨？苟貪尋常之地，塗炭疲弊之人，竊爲君不取。」

孝寬參軍曲巖頗知卜筮，謂孝寬曰：「來年，東朝必大相殺戮。」孝寬因令巖作謡歌曰：「百升飛上天，明月照長安。」百升，斛也。又言：「高山不摧自崩，槲樹不扶自豎。」令諜人多齎此文，遺之於鄴。祖孝徵既聞，更潤色之，明月竟以此誅。

建德之後，武帝志在平齊。孝寬乃上疏陳三策。其第一策曰：

臣在邊積年，頗見間隙，不因際會，難以成功。是以往歲出軍，徒有勞費，功績不立，由失機會。何者？長淮之南，舊爲沃土，陳氏以破亡餘燼，猶能一舉平之。齊人歷年赴救，喪敗而反，内離外叛，計盡力窮。傳不云乎：「讎有釁焉，不可失也。」今大軍若出軹關，方軌而進，兼與陳氏共爲掎角；并令廣州義旅，出自三鵶；又募山南驍銳，沿河而下；復遣北山稽胡，絶其并、晉之路。凡此諸軍，仍令各募關、河之外勁勇之士，厚其爵賞，使爲前驅。岳動川移，雷駭電激，百道俱進，並趨虜庭。必當望旗奔潰，所向摧殄。一戎大定，實在此機。

其第二策曰：

若國家更爲後圖，未即大舉，宜與陳人分其兵勢。三鵶以北，萬春以南，廣事屯田，預爲貯積。募其驍悍，立爲部伍。彼既東南有敵，戎馬相持，我出奇兵，破其疆埸。彼若興師赴援，我則堅壁清野，待其去遠，還復出師。常以邊外之軍，引其腹心之衆。我無宿舂之費，彼有奔命之勞。一二年中，必自離叛。且齊氏昏暴，政出多門，鬻獄賣官，唯利是視，荒淫酒色，忌害忠良。闔境熬然，不勝其弊。以此而觀，覆亡可待。然後乘間電掃，事等摧枯。

其第三策曰：

竊以大周土宇，跨據關、河，蓄席卷之威，持建瓴之勢。太祖受天明命，與物更新，是以二紀之中，大功克舉。南清江、漢，西龕巴、蜀，塞表無虞，河右底定。唯彼趙、魏，獨爲榛梗者，正以有事三方，未遑東略。遂使漳、滏遊魂，更存餘晷。昔勾踐亡吴，尚期十載；武王取亂，猶煩再舉。今若更存遵養，且復相時，臣謂宜還崇隣好，申其盟約。安人和衆，通商惠工，蓄鋭養威，觀釁而動。斯則長策遠馭，坐自兼并也。」書奏，武帝遣小司寇淮南公元偉〔二六〕、開府伊婁謙等重幣聘齊。爾後遂大舉，再駕而定山東，卒如孝寬之策。

孝寬每以年迫懸車，屢請致仕。帝以海内未平，優詔弗許。至是復稱疾乞骸骨。帝曰：「往已面申本懷，何煩重請也。」

五年，帝東伐，過幸玉壁。觀禦敵之所，深歎羡之〔二七〕，移時乃去。孝寬自以習練齊人虚實，請爲先驅。帝以玉壁要衝，非孝寬無以鎮之，乃不許。及趙王招率兵出稽胡，與大軍掎角，乃敕孝寬爲行軍總管，圍守華谷以應接之。孝寬克其四城。武帝平晉州，復令孝寬還舊鎮。

及帝凱還，復幸玉壁。從容謂孝寬曰：「世稱老人多智，善爲軍謀。然朕唯共少年，一舉平賊。公以爲何如？」孝寬對曰：「臣今衰耄，唯有誠心而已。然昔在少壯，亦曾輸力先朝，以定關右。」帝大笑曰：「實如公言。」乃詔孝寬隨駕還京。拜大司空，出爲延州總管，進位上柱國。

大象元年，除徐兖等十一州十五鎮諸軍事、徐州總管。又爲行軍元帥，狥地淮南。乃分遣杞公宇文亮攻黄城，郕公梁士彦攻廣陵，孝寬率衆攻壽陽，並拔之。初孝寬到淮南，所在皆密送誠款。然彼五門，尤爲險要，陳人若開塘放水，即津濟路絶。孝寬遽令分兵據守之。陳刺史吴文立果遣決堰〔二八〕，已無及。於是陳人退走，江北悉平。

軍還，至豫州，宇文亮舉兵反，潛以數百騎襲孝寬營。時亮國官茹寬密白其狀〔二九〕，孝寬有備。亮不得入，遁走，孝寬追獲之。詔以平淮南之功，别封一子滑國公。

及宣帝崩，隋文帝輔政，時尉遲迥先爲相州總管，詔孝寬代之。又以小司徒叱列長叉爲相州刺史，先令赴鄴。孝寬續進，至朝歌，迥遣大都督賀蘭貴齎書候孝寬。孝寬留貴與語以察之，疑其有變，遂稱疾徐行。又使人至相州求醫藥，密以伺之。既到湯陰，逢長叉奔還。孝寬兄子魏郡守藝又棄郡南走。孝寬審訐其狀，乃馳還。所經橋道，皆令毁撤，驛馬悉擁以自隨。又勒驛將曰〔三〇〕：「蜀公將至，可多備餚酒及芻粟以待之。」迥果遣儀同梁子康將數百騎追孝寬，驛司供設豐厚，所經之處，皆輒停留，由是不及。

時或勸孝寬，以爲洛京虚弱，素無守備，河陽鎮防，悉是關東鮮卑，迥若先往據之，則爲禍不小。乃入保河陽。河陽城内舊有鮮卑八百人，家並在鄴，見孝寬輕來，謀欲應迥。孝寬知之，遂密造東京官司，詐稱遣行，分人詣洛陽受賜。既至洛陽，並留不遣。因此離解，其謀不成。

六月，詔發關中兵，以孝寬爲元帥東伐。七月，軍次河陽。迥所署儀同薛公禮等圍逼懷州，孝寬遣兵擊破之。進次懷縣永橋城之東南〔三一〕。其城既在要衝，雉堞牢固，迥已遣兵據之。諸將士以此城當路，請先攻取。孝寬曰：「城小而固，若攻而不拔，損我兵威。今破其大軍，此亦何能爲也。」於是引軍次于武陟，大破迥子惇，惇輕騎奔鄴。軍次於鄴西門豹祠之南。迥自出戰，又破之。迥窮迫自殺。兵士在小城中者，盡坑於遊豫園。諸有未服，皆隨機討之，關東悉平。十月，凱還京師。十一月薨，時年七十二。贈太傅、十二州諸軍事〔三二〕、雍州牧。謚曰襄。

孝寬在邊多載，屢抗强敵。所有經略，布置之初，人莫之解；見其成事，方乃驚服。雖在軍中，篤意文史，政事之餘，每自披閱。末年患眼，猶令學士讀而聽之。又早喪父母，事兄嫂甚謹。所得俸禄，不入私房。親族有孤遺者，必加振贍。朝野以此稱焉。長子諶年已十歲，魏文帝欲以女妻之。孝寬辭以兄子世康年長。帝嘉之，遂以妻世康。孝寬有六子，總、壽、霽、津知名。

韋敻字敬遠〔三三〕。志尚夷簡，澹於榮利。弱冠，被召拜雍州中從事，非其好也，遂謝疾去職。前後十見徵辟，皆不應命。屬太祖經綸王業，側席求賢，聞敻養高不仕，虛心敬悦，遣使辟之，備加禮命。雖情諭甚至，而竟不能屈。彌以重之，亦弗之奪也。所居之宅，枕帶林泉，敻對翫琴書，蕭然自樂〔三四〕。時人號爲居士焉。至有慕其閑素者，或載酒從之，敻亦爲之盡歡，接對忘倦。

明帝即位，禮敬逾厚。乃爲詩以貽之曰：「六爻貞遯世，三辰光少微。潁陽讓逾遠，滄州去不歸。香動秋蘭佩，風飄蓮葉衣〔三五〕。坐石窺仙洞，乘槎下釣磯。嶺松千仞直，巖泉百丈飛。聊登平樂觀，遠望首陽薇〔三六〕。詎能同四隱，來參余萬機。」敻答帝詩，願時朝謁。帝大悦，敕有司日給河東酒一斗，號之曰逍遥公。

時晉公護執政，廣營第宅。嘗召敻至宅，訪以政事。敻仰視其堂，徐而歎曰：「酣酒嗜音，峻宇雕牆，有一於此，未或弗亡。」護不悦。有識者以爲知言。

陳遣其尚書周弘正來聘，素聞敻名，請與相見。朝廷許之。弘正乃造敻，談讌盈日〔三七〕，恨相遇之晚。後請敻至賓館，敻不時赴〔三八〕。弘正仍贈詩曰：「德星猶未動，真車詎肯來。」其爲時所欽挹如此。

武帝嘗與敻夜宴，大賜之縑帛，令侍臣數人負以送出。敻唯取一疋，示承恩旨而已。帝以此益重之。孝寬爲延州總管，敻至州與孝寬相見。將還，孝寬以所乘馬及轡勒與敻。

敻以其華飾，心弗欲之。笑謂孝寬曰：「昔人不棄遺簪墜屨者，惡與之同出，不與同歸。吾雖不逮前烈，然捨舊録新，亦非吾志也。」於是乃乘舊馬以歸。

武帝又以佛、道、儒三教不同，詔敻辨其優劣。敻以三教雖殊，同歸於善，其迹似有深淺，其致理如無等級〔三九〕。乃著三教序奏之。帝覽而稱善。時宣帝在東宮，亦遺敻書，并令以帝所乘馬迎之，問以立身之道。敻對曰：「傳不云乎，儉爲德之恭，侈爲惡之大。欲不可縱，志不可滿。並聖人之訓也，願殿下察之。」

敻子瓘行隨州刺史，因疾物故，孝寬子總復於并州戰殁。一日之中，凶問俱至。家人相對悲慟，而敻神色自若。謂之曰：「死生命也，去來常事，亦何足悲。」援琴撫之如舊。

敻又雅好名義，虛襟善誘。雖耕夫牧豎有一介可稱者，皆接引之。特與族人處玄及安定梁曠爲放逸之友。少愛文史，留情著述，手自抄録數十萬言。晚年虛静，唯以體道會真爲務。舊所製述，咸削其藁，故文筆多並不存。

建德中，敻以年老，預戒其子等曰：「昔士安以蘧篨束體，王孫以布囊繞尸，二賢高達，非庸才能繼。吾死之日，可斂舊衣，勿更新造。使棺足周尸，牛車載柩，墳高四尺，壙深一丈。其餘煩雜，悉無用也。朝晡奠食，於事彌煩，吾不能頓絶汝輩之情，可朔望一奠而已。仍薦素蔬〔四〇〕，勿設牲牢。親友欲以物弔祭者，並不得爲受。吾常恐臨終恍惚，故以此言預戒汝輩。瞑目之日，勿違吾志也。」宣政元年二月，卒於家，時年七十七。武帝遣使祭，賻賵有加。其喪制葬禮，諸子等並遵其遺戒。子世康。

梁士彥字相如〔四一〕，安定烏氏人也。少任俠，好讀兵書，頗涉經史。周武帝將平東夏，聞其勇決，自扶風郡守除爲九曲鎮將，進位上開府，封建威縣公。齊人甚憚之。後以熊州刺史從武帝拔晉州，進位大將軍，除晉州刺史。及帝還，齊後主親攻圍之，樓堞皆盡，短兵相接。士彥慷慨自若，謂將士曰：「死在今日，吾爲爾先。」於是勇猛齊奮，號聲動天，無不一當百。齊兵少却，乃令妻及軍人子女晝夜修城〔四二〕，三日而就。武帝六軍亦至〔四三〕，齊師圍解。士彥見帝，捋帝鬚泣，帝亦爲之流涕。時帝欲班師，士彥叩馬諫，帝從之。執其手曰：「朕有晉州，爲平齊之基，宜善守之。」及齊平，封郕國公，位上柱國〔四四〕、雍州總管〔四五〕。宣帝即位，除徐州總管。與烏丸軌禽陳將吳明徹、裴忌於呂梁〔四六〕，略定淮南地。

隋文帝作相，轉亳州總管。尉遲迥反，爲行軍總管，及韋孝寬擊之〔四七〕。令家僮梁默等爲前鋒，士彥繼之，所當皆破。

及迴平，除相州刺史。深見忌，乃代還京師。閑居無事，恃功懷怨，與宇文忻、劉昉等謀反。將率僮僕，候上享廟之際以發機。復欲於蒲州起事，略取河北，捉黎陽關，塞河陽路，劫調布爲牟甲，募盜賊爲戰士。其甥裴通知而奏之。帝未發其事，授晉州刺史，欲觀其志。士彥欣然謂昉等曰：「天也！」又請儀同薛摩兒爲長史，帝從之。後與公卿朝謁，帝令執士彥、忻、昉等於行間。詰之狀，猶不伏，捕薛摩兒至，對之。摩兒具論始末，云第二子剛垂泣苦諫，第三子叔諧曰「作猛獸須成班」。士彥失色，顧曰：「汝殺我！」於是伏誅。年七十二。

有子五人。操字孟德，位上開府、義鄉縣公，早卒。剛字永固，位大將軍〔四八〕、通政縣公、涇州刺史。以諫父獲免，徙瓜州。叔諧坐士彥誅。

梁默者，士彥之蒼頭也，驍武絶人。士彥每從征伐，常與默陷陣。仕周，位開府。開皇末，以行軍總管從楊素征突厥，進位大將軍。又從平楊諒，授柱國。大業五年，從煬帝征吐谷渾，力戰死之。贈光禄大夫。

校勘記

〔一〕卷三十一　按此卷原缺，後人以北史補，韋敻、梁士彦兩傳疑本是附傳。

〔二〕祖直善　「直善」，三朝本、南監本、北監本、汲本、局本作「直喜」，北周韋孝寬墓誌（見戴應新長安鳳栖原韋氏家族墓地墓誌輯考）作「真憙」。殿本當據北史卷六四韋孝寬傳改。按魏書卷四五韋閬傳載「閬兄子真喜，起家中書博士，遷中書侍郎、馮翊太守」，又新唐書卷七四上宰相世系表四上記韋閬「弟子真嘉，後魏侍中、馮翊扶風二郡守」，當即一人。綜合諸證，疑墓誌作「真憙」是。

〔三〕拜右將軍南豳州刺史　「豳」，原作「幽」，據北周韋孝寬墓誌改。錢大昕考異卷四〇云：「『幽』當作『豳』……魏時無『南幽州』也。」張森楷亦稱：「『幽』當作『豳』，據下之氏賊抄竊，氏不得在幽州也。」按南豳州不見魏書地形志，但見於卷五八楊播傳附楊椿傳、卷五九蕭寶夤傳，知魏末有此州。楊守敬隋志考證卷一有考。

〔四〕涉獵經史　通志卷一五七韋孝寬傳下有「年十五，便有壯志，善籌算，識者稱之」十四字，不見北史卷六四韋孝寬傳，或是傳本北史脱去，亦有可能是周書原文。

〔五〕行華山郡事　「華山」，原作「華陰」，據三朝本、北史卷六四韋孝寬傳、册府卷三八九、卷八五三改。按魏書卷一〇六下地形志下華州華山郡領華陰縣，華陰不是郡名。

〔六〕從荆州刺史源子恭鎮襄城　「襄」，北史卷六四韋孝寬傳作「穰」。按此傳既據北史補，且荆州治穰城（魏書卷一〇六下地形志下），疑作「穰」是。但襄城也屬荆州，分兵出鎮，亦有可能，今不改。

〔七〕以功除析陽郡守　「析」，原作「淅」，據三朝本改。張森楷、張元濟都以爲「淅」字誤。張元濟云：「析陽郡屬析州，見魏書地形志（卷一〇六下）。」按二張説是。北史卷六四韋孝寬傳作「淅」，爲一地易名。

〔八〕時獨孤信爲新野郡守同隸荆州　「同隸」，原訛脱作「司」，據北史卷六四韋孝寬傳、册府卷七七七改補。三朝本、汲本、局本「司」作「同」。殿本考證云：「北史云『同隸荆州』，『司』字疑『同』字之訛，并脱一『隸』字。」按「司」字不可通，考證説是。

〔九〕孝武初以都督鎮城　按此「城」不明何地。通志卷一五七韋孝寬傳作「彭城」。本傳下文云孝寬隨宇文泰自原州赴雍州，則其所鎮之城當在原州附近，并非彭城。據隋書卷二九地理志上北地郡彭原縣注「舊曰彭陽」，知此地在原州之東，相去不遠。疑通志「彭」下脱「陽」字，周書與北史「鎮」下脱「彭陽」二字。

〔一〇〕入洛陽城守　北史卷六四韋孝寬傳作「入洛陽城郡守」，通志卷一五七韋孝寬傳作「入洛爲陽城郡守」。按陽城郡見隋書卷三〇地理志中河南郡陽城縣注，地在洛陽之南。又北周韋孝寬墓誌記孝寬任大行臺左丞後，曾「出軍陽城，亟摧惡黨」，可證通志所記是，周書與北史這裏有脱文。

〔一一〕乃令孝寬以大將軍行宜陽郡事　「大」，北史卷六四韋孝寬傳作「本」。北周韋孝寬墓誌記孝寬出軍陽城後，「授恒農郡守，尋轉持節、鎮東將軍，帶宜陽郡事」，即指此事。按孝寬這時名位尚低，似不能即授大將軍，疑當作「本」。

〔二〕遣其陽州刺史牛道恒扇誘邊民　「陽」，原作「揚」，據通鑑卷一五八梁紀一四大同四年（五三八）改。按陽州治宜陽（見魏書卷一〇六中地形志中）。本傳上云「段琛、堯傑復據宜陽」，下云「擒道恒及琛等，崤、澠遂清」，則道恒當是陽州刺史，作「揚州」誤。孝寬雖遷南兗州刺史，實仍在宜陽附近。周書「陽」「揚」形近常相混，以下徑改「揚州」爲「陽州」，不再出校。

〔三〕還令諜人送於琛營　「送於」，通典卷一五一兵四、通鑑卷一五八梁紀一四大同四年（五三八）、通志卷一五七韋孝寬傳作「遺之於」。按「遺之」是假作遺失，使段琛信以爲真，文義較長。

〔四〕日出奇兵掩襲　「日」，北史卷六四韋孝寬傳、通典卷一五一兵四作「因」，較長。

〔五〕又於城北起土山攻具晝夜不息　册府卷四〇〇明刻本「攻具」上有「積」字，但宋本、明鈔本及北史卷六四韋孝寬傳都無此字，或明刻本以意補。通典卷一六一兵一四「起土山」下無「攻具」二字，有「且作且攻」四字。疑本傳原本當同通典，「攻具」或爲「且作且攻」之訛。

〔六〕吹氣一衝　「吹」，北史卷六四韋孝寬傳、通典卷一六一兵一四、册府卷四〇〇都作「火」，較長。

〔七〕城外又縛松於竿　殿本考證云：「通鑑（卷一五九梁紀一五中大同元年，五四六）云『縛松麻于竿』。按下文有『松麻俱落』句，知此脱一『麻』字，北史亦脱。」按通典卷一六一兵一四「松」下也有「麻」字。疑周書原有此字。

〔一八〕外又於城四面穿地　御覽卷三一九引北史（疑出通典）「外」上有「城」字，文意較長。「四面」，通典卷一六一兵一四作「西面」，北史卷六齊本紀上作「東面」，與此不同。

〔一九〕路側一里置一土堠　「堠」，原作「候」，據北史卷六四韋孝寬傳、御覽卷二五四引三國典略、册府卷六八八改。按古代記里用土堠，亦稱土墩。此卷既據北史補，當同北史作「土堠」。下「乃勒部内當候處植槐樹代之」徑改，不另出校。

〔二〇〕周文後見怪問知之　按殿本考證云：「下文云『周文北巡』，又云『周孝閔帝踐阼』。按北史總記數代之事，故皆書國號以别之。此書祇紀北周，不應復加『周』字。」按此傳爲後人據北史補，故與之同。

〔二一〕以大將軍與燕國公于謹伐江陵　三朝本、北史卷六四韋孝寬傳「燕」下都無「國」字。

〔二二〕以功封穰縣公　按上文言孝寬因堅守玉壁之功，已進爵建忠郡公，這裏又以平江陵之功封穰縣公，殊不可解。據北周韋孝寬墓誌：「江陵之役，功有勛焉，師還，别封一子穰縣開國公。」知穰縣公乃别封其子，非孝寬本人。

〔二三〕三年周文北巡　「三」，原作「二」，據三朝本、北史卷六四韋孝寬傳改。按周書卷二文帝紀下北巡在魏恭帝三年（五五六）。

〔二四〕使者辭色甚悦　通志卷一五七韋孝寬傳作「於是使者忻然，辭色甚悦」。按通志多據北史，此傳却有多出的辭句，可能是傳本北史脱去，也可能是周書原文。

〔二五〕「汾州之北」至「卒如其言」　御覽卷四四九所引後周書和今本頗異，轉録如左：

武帝保定元年。汾晉之北，離石之南，悉是羌胡。而地居齊境，抄掠我東鄙。朝廷患之。韋孝寬乃於要害，欲置大城，以扼其吭。興役十萬，甲士百人，遣姚岳監之。岳有難色，謂孝寬曰：「國家每於境外築城，未嘗不動大衆。今深入胡境，密邇齊師，以兵百騎，何以禦役！」孝寬曰：「事有萬途，兵非一勢，君但受成規，無所憂也。計築城十日即畢。今齊君徵兵，三日方集；謀議之間，自稽三日；計其軍行，二日不到：我之城隍辦矣。」乃令築之。齊人果如期而至界首。疑有伏軍，不敢進迫。其夕，岳令緣汾傍山，處處舉火。齊人謂有大軍，因示自固。猶豫之間，土功已畢。齊師乃退。

按此段文字頗多溢出於今本之外，如姚岳謂孝寬語三十一字即今本所無，但也有字句爲今本有而御覽無者。有的還是比較重要的話，如「既去晉州四百餘里，一日創手，二日僞境始知」，無此二語計算日期便少了兩天。御覽這一段必出於周書原本，但也多删削，還有訛脱。如「生胡」作「羌胡」就顯然是錯的。御覽這段雖然可以推測爲出於周書原本，但是否直接採自周書，還未能斷言。因爲册府卷四一〇敍孝寬築城事，便已和北史及今本周書韋孝寬傳完全相同了。

〔二六〕淮南公元偉　「偉」，原作「衞」，據周書卷三八元偉傳改。張森楷云：「淮南公自有傳，作元偉。」參卷六校記第二條。

〔二七〕深歎羨之　「羨」，北史卷六四韋孝寬傳、册府卷一三二作「美」，疑是。

〔二八〕陳刺史吴文立果遣決堰　「立」，原作「育」，據三朝本、北史卷六四韋孝寬傳、册府卷四二八改。又隋書卷七四崔弘度傳見「降陳守將吴文立」，即爲一人。

〔二九〕時亮圉官茹寬密白其狀　「圉」，北史卷六四韋孝寬傳、周書卷一〇邵惠公顥傳附宇文亮傳、通鑑卷一七四陳紀八太建十二年（五八〇）作「國」。

〔三〇〕又勒驛將曰　「驛」，原作「騎」，據三朝本、北史卷六四韋孝寬傳、册府卷三六五改。按隋書卷四七韋世康傳附韋藝傳作「復謂驛司曰」，本傳下文亦云「驛司供設豐厚」。驛將是主驛之將，亦即「驛司」，作「騎」誤。

〔三一〕懷縣永橋城　「永橋城」，原倒作「永城橋」，據三朝本、北史卷六四韋孝寬傳、册府卷三五五、通鑑卷一七四陳紀八太建十二年（五八〇）乙正。按「永橋」是鎮名，北史卷六二尉遲迥傳見「永橋鎮將紇豆陵惠以城降迥」。

〔三二〕贈太傅十二州諸軍事　北周韋孝寬墓誌作「懷衡黎相趙洺貝滄瀛魏冀十一州諸軍事」。

〔三三〕韋敻字敬遠　「敬」，御覽卷四〇八引後周書作「弘」，卷五〇五仍作「敬」。按韋敻是孝寬兄，見隋書卷四七韋世康傳、北史卷六四韋孝寬傳。今在孝寬傳末既没有提出「兄敻」，在韋敻傳雖提到孝寬，也没有説是夐弟。傳一開頭就是「韋夐字敬遠」，似乎與孝寬毫不相干。張森楷云：「夐傳不當與孝寬同列。據本書王雄、王謙、于謹、于翼各自爲傳之例推之，則原文斷不如此亂也。據此傳文全同北史，蓋是後人取北史補者。」按韋夐如獨傳，其人與孝寬不類，也不宜同在一卷。疑本附韋孝寬傳。補此卷者抄北史韋孝寬傳到「孝寬有六子，總、壽、霽、津知名」而止。「孝寬兄夐」一句在這附見的四子事迹後，隔了三百多字，就顧不得抄上。接着抄夐傳又妄加「韋」字。這樣就變成獨傳的形式。後人寫目録也就變成「韋夐」而不是在孝寬下小字寫「兄夐」，沿誤至今。

〔二四〕蕭然自樂　「樂」，三朝本、北史卷六四韋孝寬傳附韋夐傳、册府卷九七作「逸」。張元濟以爲「樂」字誤。按作「樂」亦通，今不改。

〔二五〕香動秋蘭佩風飄蓮葉衣　類聚卷三六周明帝贈韋居士詩作「風動秋蘭佩，香飄蓮葉衣」。

〔二六〕遠望首陽薇　「遠」，三朝本、南監本、北監本、汲本、局本、北史卷六四韋孝寬傳附韋夐傳、册府卷九七作「遥」，疑殿本誤。按周書、北史、册府録此詩互有異同，但以無關文義，不再列舉。

〔二七〕談謔盈日　「盈」，北史卷六四韋孝寬傳附韋夐傳、御覽卷四〇八引後周書、册府卷七九二、卷八八二作「盡」。

〔二八〕夐不時赴　「不」，原脱。局本、北史卷六四韋孝寬傳附韋夐傳「時」上有「不」字，局本當從北史補。御覽卷四〇八引後周書、册府卷八八二作「未赴」，無「時」字。按文義應有「不」或「未」字，今從局本補「不」字。

〔三九〕其致理如無等級　「如」，原作「殆」，據三朝本、北史卷六四韋孝寬傳附韋夐傳百衲本改。按册府卷八四〇宋本、明鈔本都作「加」，乃「如」之訛，明刻本則改作「若」。

〔四〇〕仍薦素蔬　「素蔬」，三朝本、北史卷六四韋孝寬傳附韋夐傳、册府卷九〇七作「蔬素」。按「蔬素」多見於中古載籍，指蔬菜、素食，與下文「牲牢」相對，疑是。

〔四一〕梁士彥　按士彥在周無多事迹，死於隋代。此傳以北史卷七三梁士彥傳補，下半敍入隋後爲隋文誅死事，不該闌入周書。疑士彥亦是附傳，因與孝寬同平相州，故連類而及。補者全取北史，其人始末備見，目録遂升爲獨傳。

〔四二〕乃令妻及軍人子女　隋書卷四〇、北史卷七三梁士彥傳、通鑑卷一七二陳紀六太建八年（五七六）「妻」下都有「妾」字，疑周書脱「妾」字。「子女」，通鑑作「婦女」。

〔四三〕武帝六軍亦至　「六」，原作「大」，據三朝本、南監本、北史卷七三梁士彥傳改。按隋書卷四〇梁士彥傳作「帝率六軍亦至」，北史此傳全採隋書，周書又以北史補，作「六」是。百衲本修作「大」，誤。

〔四四〕及齊平封郕國公位上柱國　周書卷八靜帝紀稱士彥進上柱國在大象二年（五八〇）十二月。這裏置於平齊之後，宣帝即位前，則當是建德六年至宣政元年間（五七七至五七八）。按建德五年士彥守晉州時位上開府、大將軍（見卷六武帝紀下），平齊後封公，進位「柱國」，正相當。這裏當衍「上」字。然隋書卷四〇、北史卷七三梁士彥傳皆同，或原文已誤。

〔四五〕雍州總管　「總管」，隋書卷四〇、北史卷七三梁士彥傳作「主簿」。按雍州是京都所在，周代置牧。任雍州牧者照例是皇室親貴。平齊前後任雍州牧者是趙王招，宣政元年（五七八）陳王純繼任（並見周書卷六武帝紀下）。這些親貴實際並不管事，宇文招又屢次出征，疑管事的實爲主簿。正如親貴出任總管，往往以長史主持府事一樣。這樣的主簿、長史地位與一般的主簿、長史不同。士彥應爲雍州主簿，補周書者疑其身份不合，故改作「總管」，實誤。

〔四六〕宣帝即位除徐州總管與烏丸軌禽陳將吴明徹裴忌於吕梁　按梁士彥在建德六年（五七七）已任徐州總管，吴明徹攻吕梁，也在這年。王軌（即烏丸軌）敗陳軍，擒吴明徹在宣政元年（五七八）三月。武帝死在這年六月（並見卷六武帝紀下）。卷四〇王軌傳稱敗陳軍後，「高祖嘉之，進位柱國，仍拜徐州總管」。其事在武帝死前甚明。疑隋書卷四〇梁士彥傳衍「宣帝即位」四字，北史卷七三梁士彥傳與周書此傳並承其誤。

〔四七〕及韋孝寬擊之　「及」，隋書卷四〇、通志卷一六一梁士彥傳作「從」，較長。

〔四八〕剛字永固位大將軍　「大將軍」，隋書卷四〇梁士彥傳作「上大將軍」，北史卷七三梁士彥傳脱「上」字，故今本周書亦脱。

周書卷三十二〔一〕

列傳第二十四

申徽　陸通弟逞　柳敏　盧柔　唐瑾

申徽字世儀，魏郡人也。六世祖鍾，爲後趙司徒。冉閔末，中原喪亂，鍾子邃避地江左。曾祖爽仕宋，位雍州刺史。祖隆道，宋北兗州刺史。父明仁，郡功曹，早卒。

徽少與母居，盡心孝養。及長，好經史。性審慎，不妄交遊。遭母憂，喪畢，乃歸於魏。元顥入洛，以元邃爲東徐州刺史，邃引徽爲主簿。顥敗，邃被檻車送洛陽，故吏賓客並委去，唯徽送之。及邃得免，乃廣集賓友，歎徽有古人風。尋除太尉府行參軍。

孝武初，徽以洛陽兵難未已，遂間行入關見文帝。文帝與語，奇之，薦之於賀拔岳。岳亦雅相敬待，引爲賓客。文帝臨夏州，以徽爲記室參軍，兼府主簿。文帝察徽沉密有度量，每事信委之。乃爲大行臺郎中。時軍國草創，幕府務殷，四方書檄，皆徽之辭也。以迎孝武功，封博平縣子，本州大中正。大統初，進爵爲侯。四年，拜中書舍人，修起居注。河橋之役，大軍不利，近侍之官，分散者衆，徽獨不離左右。魏帝稱歎之。十年，遷給事黄門侍郎。

先是，東陽王元榮爲瓜州刺史〔二〕，其女壻劉彦隨焉〔三〕。及榮死，瓜州首望表榮子康爲刺史，彦遂殺康而取其位。屬四方多難，朝廷不遑問罪，因授彦刺史。頻徵不奉詔，又南通吐谷渾，將圖叛逆。文帝難於動衆，欲以權略致之。乃以徽爲河西大使，密令圖彦。徽輕以五十騎行，既至，止於賓館。彦見徽單使，不以爲疑。徽乃遣一人微勸彦歸朝，以揣其意。彦不從。徽又使贊成其住計，彦便從之，遂來至館。徽先與瓜州豪右密謀執彦，遂叱而縛之。彦辭無罪。徽數之曰：「君無尺寸之功，濫居方嶽之重。恃遠背誕，不恭貢職，戮辱使人，輕忽詔命。計君之咎，實不容誅。但授詔之日，本令相送歸闕，所恨不得申明罰以謝邊遠耳。」於是宣詔慰勞吏人及彦所部，復云大軍續至，城内無敢動者。使還，遷都官尚書。

十二年，瓜州刺史成慶爲城人張保所殺，都督令狐延等起義逐保，啓請刺史。以徽信洽西土，拜假節、瓜州刺史。徽在州五稔，儉約率下，邊人樂而安之。十六年，徵兼尚書右僕射，加侍中、驃騎大將軍、開府儀同三司。廢帝二年，進爵爲公〔四〕，正右僕射，賜姓宇文氏。

徽性勤至〔五〕，凡所居官，案牘無大小，皆親自省覽。以是事無稽滯，吏不得爲姦。後雖歷公卿，此志不懈。出爲襄州刺史。時南方初附，舊俗，官人皆通餉遺。徽性廉慎，乃畫楊震像於寢室以自戒。及代還，人吏送者數十里不絕。徽自以無德於人，慨然懷愧，因賦詩題於清水亭。長幼聞之，競來就讀。遞相謂曰：「此是申使君手迹。」並寫誦之。

明帝以御正任總絲綸，更崇其秩爲上大夫，員四人，號大御正，又以徽爲之。歷小司空、少保，出爲荆州刺史，入爲小司徒、小宗伯。天和六年，上疏乞骸骨，詔許之。薨，贈泗州刺史〔六〕，謚曰章。

子康嗣。位瀘州刺史，司織下大夫、上開府。康弟敦，汝南郡守。敦弟靜，齊安郡守〔七〕。靜弟處，上開府、同昌縣侯。卒。

陸通字仲明，吴郡人也。曾祖載，從宋武帝平關中，軍還，留載隨其子義真鎮長安，遂没赫連氏。魏太武平赫連氏，載仕魏任中山郡守。父政，性至孝。其母吴人，好食魚，北土魚少，政求之常苦難〔八〕。後宅側忽有泉出而有魚，遂得以供膳。時人以爲孝感所致，因謂其泉爲孝魚泉。初從爾朱天光討伐，及天光敗，歸文帝。文帝爲行臺，以政爲行臺左丞、原州長史，賜爵中都縣伯。大統中，卒。

通少敦敏好學，有志節。幼從在河西〔九〕，遂逢寇難，與政相失。通乃自拔東歸，從爾朱榮。榮死，又從爾朱兆。及爾朱氏滅，乃入關。文帝時在夏州，引爲帳内督。頃之，賀拔岳爲侯莫陳悦所害，時有傳岳軍府已亡散者〔一〇〕，文帝憂之，通以爲不然。居數日，問至，果如所策。自是愈見親禮，遂晝夜陪侍，家人罕見其面。通雖處機密，愈自恭謹，文帝以此重之。後以迎孝武功，封都昌縣伯。大統元年，進爵爲侯。從禽竇泰，復弘農。沙苑之役，力戰有功。

又從解洛陽圍。軍還，屬趙青雀反於長安，文帝將討之，以人馬疲弊，不可速行。又謂青雀等一時陸梁，不足爲慮。乃云：「我到長安，但輕騎臨之，必當面縛。」通進曰：「青雀等既以大軍不利，謂朝廷傾危，同惡相求，遂成反亂。然其逆謀久定，必無遷善之心。且其詐言大軍敗績，東寇將至，若以輕騎往，百姓謂爲信然，更沮兆庶之望。大兵雖疲弊，精鋭猶多。以明公之威，率思歸之衆，以順討逆，何慮不平。」文帝深納之，因從平青雀。録前後功，進爵爲公，徐州刺史。以寇難未平，留不之部。與于謹討劉平伏，加大都督。從文帝援玉壁，進儀同三司。

九年，高仲密以地來附，通從若干惠戰於邙山，衆軍皆退，唯惠與通率所部力戰。至夜中乃陰引還，敵亦不敢逼。進授驃騎大將軍、開府儀同三司、太僕卿，賜姓步六孤氏，進爵綏德郡公。周孝閔踐阼，拜小司空。保定五年，累遷大司寇。

通性柔謹，雖久處列位，常清慎自守。所得祿賜，盡與親故共之，家無餘財。常曰：「凡人患貧而不貴，不患貴而貧也。」建德元年，轉大司馬。其年薨。通弟逞。

逞字季明。初名彥，字世雄。魏文帝常從容謂之曰：「爾既溫裕，何因乃字世雄？且爲世之雄，非所宜也。於爾兄弟，又復不類。」遂改焉。逞少謹密，早有名譽。兄通先以軍功別受茅土，乃讓父爵中都縣伯，令逞襲之。起家羽林監、文帝內親信。時輩皆以驍勇自達，唯逞獨兼文雅。文帝由此加禮遇焉。大統十四年，參大丞相府軍事，尋兼記室。保定初，累遷吏部中大夫，歷蕃部、御伯中大夫〔一二〕，進驃騎大將軍、開府儀同三司，徙授司宗中大夫，轉軍司馬。逞幹識詳明，歷任三府，所在著績。朝廷嘉之，進爵爲公。

天和三年，齊遣侍中斛斯文略、中書侍郎劉逖來聘。初修隣好，盛選行人。詔逞爲使主，尹公正爲副以報之。逞美容止，善辭令，敏而有禮，齊人稱焉。還屆近畿，詔令路車儀服〔一二〕，郊迎而入。時人榮之。四年，除京兆尹。都界有豕生數子，經旬而死。其家又有豮，遂乳養之，諸豚賴之以活。時論以逞仁政所致。俄遷司會中大夫，出爲河州刺史。及晉公護雅重其才，表爲中外府司馬，頗委任之。尋復爲司會，兼納言，遷小司馬。及護誅，坐免官。頃之，起爲納言。又以疾不堪劇任，乃除宜州刺史。故事，刺史奉辭，例備鹵簿。逞以時屬農要，奏請停之。武帝深嘉焉，詔遂其所請，以彰雅操。逞在州有惠政，吏人稱之。東宮初建，授太子太保。卒，贈大將軍。子操嗣。

柳敏字白澤，河東解縣人，晉太常純之七世孫也。父懿，魏車騎大將軍、儀同三司、汾州刺史。

敏九歲而孤，事母以孝聞。性好學，涉獵經史，陰陽卜筮之術，靡不習焉。年未弱冠，起家員外散騎侍郎。累遷河東郡丞。朝議以敏之本邑，故有此授。敏雖統御鄉里，而處物平允，甚得時譽。

及文帝剋復河東，見而器異之，乃謂之曰：「今日不喜得河東，喜得卿也。」即拜丞相府參軍事。俄轉户曹參軍，兼記室〔一三〕。每有四方賓客，恒令接之，爰及吉凶禮儀，亦令監綜。又與蘇綽等修撰新制，爲朝廷政典。遷禮部郎中，封武城縣子，加帥都督，領本鄉兵。俄進大都督。遭母憂，居喪旬日之間，鬢髮半白。尋起爲吏部郎中。毁瘠過禮，杖而後起。文帝見而歎異之，特加廪賜。及尉遲迥伐蜀，以敏爲行軍司馬。軍中籌略，並以委之。益州平，進驃騎大將軍、開府儀同三司，加侍中，遷尚書，賜姓宇文氏。六官建，拜禮部中大夫。

孝閔帝踐阼，進爵爲公，又除河東郡守，尋復徵拜禮部。出爲郢州刺史，甚得物情。及將還朝，夷夏士人感其惠政，並齎酒餚及土產候之於路。敏乃從他道而還。復拜禮部。後改禮部爲司宗，仍以敏爲之。

敏操履方正，性又恭勤，每日將朝，必夙興待旦。又久處臺閣，明練故事，近儀或乖先典者〔一四〕，皆按據舊章，刊正取中。遷小宗伯，監修國史。轉小司馬，又監修律令。進位大將軍，出爲鄜州刺史，以疾不之部。武帝平齊，進爵武德郡公。敏自建德以後，寢疾積年，武帝及宣帝並親幸其第問疾焉。

開皇元年，進位上大將軍、太子太保。其年卒。贈五州諸軍事、晉州刺史。臨終誡其子等，喪事所須，務從簡約。其子等並涕泣奉行。少子昂。

昂字千里，幼聰穎有器識，幹局過人。武帝時，爲內史中大夫、開府儀同三司，賜爵文城郡公。當途用事，百寮皆出其下。昂竭誠獻替，知無不爲，謙虚自處，未嘗驕物。時論以此重之。武帝崩，受遺輔政。稍被宣帝疎，然不離本職。隋文帝爲丞相，深自結納。文帝以爲大宗伯。拜日，遂得偏風，不能視事。文帝受禪，疾愈，加上開府，拜潞州刺史。昂見天下無事，上表請勸學行禮。上覽而善之，優詔答昂。自是天下州縣皆置博士習禮焉。昂在州甚有惠政。卒官。子調嗣。

盧柔字子剛。少孤，爲叔母所養，撫視甚於其子。柔盡心温清，亦同己親。宗族歎重之。性聰敏，好學，未弱冠，解屬文，但口吃不能持論。頗使酒誕節，爲世所譏。司徒、臨淮王彧見而器之，以女妻焉。

及魏孝武與齊神武有隙，詔賀拔勝出牧荆州〔一五〕，柔謂因此可著功績，遂從勝之荆州。以柔爲大行臺郎中，掌書記。軍中機務，柔多預之。及勝爲太保，以柔爲掾，加冠軍將軍。孝武後召勝引兵赴洛，勝以問柔。曰：「高歡託晉陽之甲，意實難知。公宜席卷赴都，與決勝負，存没以之，此忠之上策也。若北阻魯陽，南并舊楚，東連兗、豫，西接關中，帶甲十萬，觀釁而動，亦中策也。舉三荆之地，通款梁國，可以身免，功名去矣。策之下者。」勝輕柔年少，笑而不應。

及孝武西遷，東魏遣侯景襲穰，勝敗，遂南奔梁。柔亦從之。勝頻表梁求歸，武帝覽表，嘉其辭彩。既知柔所製，因遣舍人勞問，并遺縑錦。後與勝俱還，行至襄陽，齊神武懼勝西入，遣侯景以輕騎邀之。勝及柔懼，乃棄船山行，贏糧冒險，經數百里。時屬秋霖，徒侶凍餒，死者大半。至豐陽界，柔迷失道，獨宿僵木之下，寒雨衣濕，殆至於死。

大統二年，至長安。封容城縣男，邑二百户。太祖重其才，引爲行臺郎中，加平東將軍，除從事中郎，與蘇綽對掌機密。時沙苑之後，大軍屢捷，汝、潁之間，多舉義來附。書翰往反，日百餘牒。柔隨機報答，皆合事宜。進爵爲子，增邑三百户，除中書舍人。遷司農少卿，轉郎，兼著作，撰起居注。後拜黄門侍郎。文帝知其貧，解衣賜之。魏廢帝元年，加車騎大將軍、儀同三司、散騎常侍、中書監。

孝閔帝踐阼，拜小内史，遷内史大夫，進位開府。卒於位。所作詩頌碑銘檄表啓行於世者數十篇。子愷嗣。

愷字長仁。涉獵經史，有當世幹能。起家齊王記室。歷吏部、内史上士，禮部下大夫。尋爲聘陳副使。大象初，拜東京吏部下大夫。

唐瑾字附璘。父永。性温恭〔一六〕，有器量，博涉經史，雅好屬文。身長八尺二寸，容貌甚偉。年十七，周文聞其名，乃貽永書曰：「聞公有二子：曰陵，從横多武略；瑾，雍容富文雅〔一七〕。可並遣入朝，孤欲委以文武之任。」因召拜尚書員外郎、相府記室參軍事。軍書羽檄，瑾多掌之。從破沙苑，戰河橋，並有功，封姑臧縣子。累遷尚書右丞、吏部郎中。于時魏室播遷，庶務草昧，朝章國典，瑾並參之。遷户部尚書〔一八〕，進位驃騎大將軍、開府儀同三司，賜姓宇文氏。

時燕公于謹勳高望重，朝野所屬。白文帝，言瑾學行兼修，願與之同姓，結爲兄弟，庶子孫承其餘論，有益義方〔一九〕。文帝歎異者久之，更賜瑾姓万紐于氏〔二〇〕。謹乃深相結納，敦長幼之序；瑾亦庭羅子孫，行弟姪之敬〔二一〕。其爲朝望所宗如此。進爵臨淄縣伯，轉吏部尚書。銓綜衡流，雅有人倫之鑒。以父憂去職，尋起令視事。時六尚書皆一時之秀，周文自謂得人，號爲六俊。然瑾尤見器重。

于謹南伐江陵，以瑾爲元帥府長史。軍中謀略，多出瑾焉。江陵既平，衣冠仕伍，並没爲僕隸。瑾察其才行，有片善者，輒議免之，賴瑾獲濟者甚衆。時論多焉。及軍還，諸將多因虜掠，大獲財物。瑾一無所取，唯得書兩車，載之以歸。或白文帝曰：「唐瑾大有輜重，悉是梁朝珍玩。」文帝初不信之，然欲明其虛實，密遣使檢閱之，唯見墳籍而已。乃歎曰：「孤知此人來二十許年，明其不以利干義。向若不令檢視，恐常人有投杼之疑，所以益明之耳。凡受人委任，當如此也。」論平江陵功，進爵爲公。

六官建，授禮部中大夫，出爲蔡州刺史。歷拓州、硤州〔二二〕，所在皆有德化，人吏稱之。轉荆州總管府長史。入爲吏部中大夫，歷御正、納言中大夫〔二三〕。曾未十旬，遂遷四職，搢紳以爲榮。久之，除司宗中大夫，兼内史。尋卒于位。贈小宗伯，謚曰方。

瑾性方重，有風格。退朝休假〔二四〕，恒著衣冠以對妻子。遇迅雷風烈〔二五〕，雖閑夜宴寢，必起，冠帶端笏危坐。又好施與，家無餘財，所得禄賜，常散之宗族。其尤貧者，又割膏腴田宇以賑之。所留遺子孫者，並墝埆之地。朝野以此稱之。撰新儀十篇。所著賦頌碑誄二十餘萬言。孫大智嗣。

瑾次子令則，性好篇章，兼解音律，文多輕豔，爲時人所傳。天和中，以齊馭下大夫使於陳〔二六〕。大象中，官至樂部下大夫。仕隋，位太子左庶子。皇太子勇廢，被誅。

校勘記

〔一〕卷三十二　按此卷殘缺，其中有全以北史補者，申徽、陸通、柳敏、唐瑾四傳皆是，而盧柔傳記歷官比北史詳，其中宇文泰或稱太祖，或稱文帝，疑是雜取北史和他書而成。錢大昕考異卷三二目録序條以爲此卷全取北史，微誤。

〔二〕東陽王元榮爲瓜州刺史　魏書卷一〇孝莊紀永安二年（五二九）八月「封瓜州刺史元太榮爲東陽王」。這裏作「元榮」，是雙名單稱。

〔三〕其女壻劉彦隨焉　「劉彦」，周書卷三六、北史卷六七令狐整傳、通鑑卷一五九梁紀一五大同十一年（五四五）均作「鄧彦」。敦煌藏經洞所出多件西魏寫經題記可證作「鄧」是，如摩訶衍經卷第八尾題所記：「大魏大統八年（五四二）十一月十五日，佛弟子瓜州刺史鄧彦妻昌樂公主元敬寫……」（見池田温中國古代寫本識語集録）。但北史卷六九申徽傳、册府卷六五七均已訛作「劉」，知沿誤已久，今不改。

〔四〕進爵爲公　按上文稱申徽初封博平縣子，則進爵爲侯爲公，封邑必仍是博平。但周書卷三五、北史卷三八裴俠傳俱見「小司空北海公申徽」，且元和姓纂卷三申氏條稱「裔孫徽，後周北海公」，又與此不同。

〔五〕徽性勤至　「至」，原作「敏」，據三朝本、北史卷六九申徽傳、册府卷八四四改。按此傳本以北史補，當同北史。

〔六〕贈泗州刺史　「泗」，日本静嘉堂文庫藏宋本北史卷六九、通志卷一五九申徽傳作「四」。按申徽卒於天和六年（五七一）或其後不久，此時周無「泗州」，若「泗」字不誤，則當是大象二年

（五八〇）後追贈。疑這裏作「四」是，脱四州名。參卷三〇校記第一三條。

〔七〕敦弟靜齊安郡守　北史卷六九申徽傳無「安」字。元和姓纂卷三申氏條云徽「生靖，郴國公」，「靜」作「靖」。封公或是其後人僞造。

〔八〕政求之常苦難　御覽卷九三五引北史、册府卷七五七「難」下有「得」字。

〔九〕幼從在河西　北史卷六九陸通傳「從」下有「政」字。按政是其父名，疑此脱去。

〔一〇〕時有傳岳軍府已亡散者　「岳」，原作「兵」，據局本、北史卷六九陸通傳、册府卷四〇五改。按「岳」指賀拔岳，作「兵」誤。局本當依北史改，是。

〔一一〕保定初累遷吏部中大夫歷蕃部御伯中大夫　「蕃」，原作「藩」，據北史卷六九陸通傳附陸逞傳改。張森楷云：「加旁非。」按英華卷八〇〇庾信步陸逞碑云：「尋遷駕部中大夫、領兵部中大夫、領蕃部。」歷官無吏部，「藩」即作「蕃」。又通典卷三九職官二一周官品正五命有「蕃部」。張説是。

〔一二〕詔令路車儀服　「儀」，原作「飾」，據三朝本、南監本、北史卷六九陸通傳附陸逞傳、册府卷六五四改。汲本、局本同作「飾」，注云「一作儀」。周書此傳以北史補，當同北史。

〔一三〕俄轉户曹參軍兼記室　「兼」，原作「掌」，據三朝本、南監本、北史卷六七柳敏傳、册府卷七五、卷七一六改。按此傳以北史補，當同北史。

〔一四〕近儀或乖先典者　「儀」，原作「議」，據三朝本、南監本、北史卷六七柳敏傳、册府卷四六二改。按此傳以北史補，當同北史。

〔一五〕及魏孝武與齊神武有隙詔賀拔勝出牧荆州　北史卷三〇盧柔傳同，通志卷一五七盧柔傳作「及魏孝武懼齊神武之逼，詔賀拔勝出牧荆州，以爲外援」，其中「以爲外援」四字不見北史記載，疑爲周書原文。

〔一六〕唐瑾字附璘父永性温恭　趙明誠金石録卷二三後周大宗伯唐瑾碑云：「右周唐瑾碑，以後周書及北史列傳校之，首尾皆抵牾不合。傳云『字附璘』，而碑云『字子玉』。」張森楷云：「瑾當著里居而不著者，非史缺文，蓋後人取北史以補周書，而北史故立有唐永傳（卷六七）。今不依永傳補邑里，『性』上又不著『瑾』字，非也。」按金石録所引唐瑾碑，與周書、北史本傳頗有差異，以下不再一一俱引出校。

〔一七〕聞公有二子曰陵從横多武略瑾雍容富文雅　北史卷六七唐永傳附唐瑾傳「曰」下有「陵曰瑾」三字，疑周書傳本脱去。

〔一八〕遷户部尚書　通志卷一五八唐永傳附唐瑾傳「遷」上有「數從征戰有功累」七字，不見北史卷六七唐永傳附唐瑾傳，疑爲周書原文。

〔一九〕「白文帝」至「有益義方」　通志卷一五八唐永傳附唐瑾傳「白文帝」下有多出本傳的内容，轉録如左：

白文帝曰：「謹幸藉時乘，遂叨榮顯。子弟垂纓曳組數十人，其所交游，未有德義可稱。尚書唐瑾，學行兼修，願與之同姓，結爲兄弟。庶子孫承其餘論，有益義方。」

按「謹」至「唐」三十一字，不見北史卷六七唐永傳附唐瑾傳，疑爲周書原文。

〔二〇〕更賜瑾姓万紐于氏　「万」，原作「萬」，據北史卷六七唐永傳附唐瑾傳改。　按北周華嶽廟碑（金石萃編卷三七）見「万紐于瑾造此文」，作「万」是。

〔二一〕謹乃深相結納敦長幼之序瑾亦庭羅子孫行弟姪之敬　上「謹」下「瑾」，原誤倒爲上「瑾」下「謹」，據北史卷六七唐永傳附唐瑾傳、册府卷七九二乙正。　按于謹年齡地位名望都比唐瑾高，他深相結納唐瑾，「敦長幼之序」，唐瑾則「庭羅子孫，行弟姪之敬」。此傳既以北史補，當同北史。

〔二二〕歷拓州硤州　「拓」，原作「柘」，據北史卷六七唐永傳附唐瑾傳改。　三朝本作「袥」，亦訛。　按隋書卷三一地理志下夷陵郡條云：「梁置宜州，西魏改曰拓州，後周改曰硤州。」御覽卷一六七引十道志、寰宇記卷一四七峽州條皆云硤州爲周武帝所改。　唐瑾有可能連續擔任了硤州改名前後的刺史。　又趙明誠金石録卷二三後周大宗伯唐瑾碑云「碑云先爲拓州刺史，乃遷蔡州」，與此也有不同。

〔二三〕入爲吏部中大夫歷御正納言中大夫　北史卷六七唐永傳附唐瑾傳「納言」下有「内史」二字。按下文云「曾未十旬，遂遷四職」，若無内史中大夫，僅有三職，與「遂遷四職」不合。　此傳既以北史補，當同北史。　然諸本皆同，今不補。

〔二四〕退朝休假　「假」，原作「暇」，據三朝本、南監本、北史卷六七唐永傳附唐瑾傳改。按此傳以北史補，當同北史。

〔二五〕遇迅雷風烈　「風烈」，原倒作「烈風」，據北史卷六七唐永傳附唐瑾傳、册府卷七九四明鈔本甲乙正。册府明鈔本乙、丙與明刻本及通志卷一五八唐永傳附唐瑾傳也都作「烈風」，但「迅雷風烈必變」乃論語成語，且此傳出於北史，作「風烈」是。

〔二六〕天和中以齊馭下大夫使於陳　按周書卷五武帝紀上載建德元年（五七二）冬十月「辛未，遣小匠師楊勰、齊馭唐則使於陳」，與此不合。

周書卷三十三〔一〕

列傳第二十五

厙狄峙　楊荐　趙剛　王慶　趙昶　王悅　趙文表

厙狄峙，其先遼東人，本姓段氏，匹磾之後也，因避難改焉。後徙居代，世爲豪右。祖淩，武威郡守。父貞，上洛郡守。

峙少以弘厚知名，善騎射，有謀略。仕魏，位高陽郡守。爲政仁恕，百姓頗悅之。孝武西遷，峙乃棄官從入關。大統元年，拜中書舍人，參掌機密，以恭謹見稱。遷黄門侍郎。

時與東魏爭衡，戎馬不息，蠕蠕乘虛〔二〕，屢爲邊患。朝議欲結和親，乃使峙往。峙狀貌魁梧，善於辭令。蠕蠕主雅信重之，自是不復爲寇。太祖謂峙曰：「昔魏絳和戎，見稱前史。以君方之，彼有愧色。」封高邑縣公，邑八百户。遷驃騎將軍、岐州刺史〔三〕，加散騎常侍，增邑三百户〔四〕，開府儀同三司。恭帝元年，徵拜侍中。

蠕蠕滅後，突厥强盛，雖與文帝通好，而外連齊氏。太祖又令峙銜命喻之。突厥感悟，即執齊使，歸諸京師。録前後功，拜大將軍、安豐郡公，邑通前二千户。尋除小司空。

孝閔踐阼，轉小司寇。世宗初，爲都督益潼等三十一州諸軍事、益州刺史。峙性寬和，尚清靜，甚爲夷獠所安。保定四年，除宜州刺史〔五〕。天和三年，入爲少師。峙以年老，表乞骸骨，手詔許之。五年，卒。贈同州刺史。謚曰定。

子嶷嗣。少知名，起家吏部上士。歷小内史、小納言，授開府階，遷職方中大夫，爲蔡州刺史。卒於官。子授嗣。

楊荐字承略，秦郡寧夷人也。父寶，昌平郡守〔六〕。荐幼孤，早有名譽。性廉謹，喜怒不形於色。魏永安中，隨爾朱天光入關討羣賊，封高邑縣男。文帝臨夏州，補帳内都督。及平侯莫陳悦，使荐入洛陽請事。魏孝武帝授文帝關西大行臺，仍除荐直閤將軍。時馮翊長公主嫠居，孝武意欲歸諸文帝，乃令武衛元毘喻旨。荐歸白，文帝又遣荐入洛陽請之。孝武即許焉。孝武欲向關中，荐贊成其計。孝武曰：「卿歸語行臺迎我。」文帝又遣荐與長史宇文測出關候接〔七〕。孝武至長安，進爵清水縣子。

魏大統元年，蠕蠕請和親。文帝遣荐與楊寬使，并結婚而還。進爵爲侯。又使荐納幣於蠕蠕。魏文帝郁久閭后崩，文帝遣僕射趙善使蠕蠕更請婚。善至夏州，聞蠕蠕貳於東魏，欲執使者。善懼，乃還。文帝乃使荐往，賜黃金十斤、雜綵三百疋。荐至蠕蠕，責其背惠食言，并論結婚之意。蠕蠕感悟，乃遣使隨荐報命焉。

及侯景來附，文帝令荐與鎮遏。荐知景飜覆，遂求還，具陳事實。文帝乃遣使密追助景之兵。尋而景叛。

十六年，大軍東討。文帝恐蠕蠕乘虛寇掠，乃遣荐往更論和好，以安慰之。進使持節、驃騎大將軍、開府儀同三司，加侍中。

孝閔帝踐阼，除御伯大夫，進爵姚谷縣公。仍使突厥結婚。突厥可汗弟地頭可汗阿史那庫頭居東面，與齊通和，說其兄欲背先約。計謀已定，將以荐等送齊。荐知其意，乃正色責之，辭氣慷慨，涕泗橫流。可汗慘然良久曰：「幸無所疑，當共平東賊，然後發遣我女。」乃令荐先報命，仍請東討。以奉使稱旨，遷大將軍。保定四年，又納幣於突厥。還，行小司馬，又行大司徒。從陳公純等逆女於突厥，進爵南安郡公。天和三年，遷總管、梁州刺史。後以疾卒。

趙剛字僧慶，河南洛陽人也。曾祖蔚，魏并州刺史。祖寧，高平太守。父和，永平中，陵江將軍，南討度淮〔八〕，聞父喪，輒還。所司將致之於法，和曰：「罔極之恩，終天莫報。若許安厝，禮畢而即罪戮，死且無恨。」言訖號慟，悲感傍人。主司以聞，遂宥之。喪畢，除寧遠將軍。大統初，追贈右將軍、膠州刺史。

剛少機辯，有幹能。起家奉朝請。累遷鎮東將軍、銀青光禄大夫，歷大行臺郎中、征東將軍，加金紫階，領司徒府從事中郎，加閤内都督。及魏孝武與齊神武搆隙，剛密奉旨召東荆州刺史馮景昭率兵赴闕。未及發，而神武已逼洛陽，孝武西遷。景昭集府僚文武，議其去就。司馬馮道和請據州待北方處分。剛曰：「公宜勒兵赴行在所。」久之更無言者。剛抽刀投地曰：「公若爲忠臣，可斬道和；如欲從賊，可見殺。」景昭感悟，遂率衆赴關右。屬侯景逼穰城，東荆州人楊祖歡等起兵應景，以其衆邀景昭於路。景昭戰敗，剛遂没於蠻。後自贖免。乃見東魏東荆州刺史李魔憐，勸令歸關西。魔憐納之，使剛至并州密觀事勢。神武引剛内宴，因令剛齎書申勑荆州。剛還報魔憐，仍說魔憐斬祖歡等，以州歸西。魔憐乃使剛入朝。

大統初，剛於霸上見太祖，具陳關東情實。太祖嘉之，封陽邑縣子，邑三百户，除車騎將軍、左光禄大夫。論復東荆州功，進爵臨汝縣伯，邑五百户。

初，賀拔勝、獨孤信以孝武西遷之後，並流寓江左。至是剛言於魏文帝，請追而復之。乃以剛爲兼給事黄門侍郎，使梁魏興，齎移書與其梁州刺史杜懷寶等論隣好，并致請勝等移書。寶即與剛盟歃，受移赴建康〔九〕，仍遣行人隨剛報命。是年，又詔剛使三荆，聽在所便宜從事。使還，稱旨，進爵武城縣侯，除大丞相府帳内都督。復使魏興，重申前命。尋而梁人禮送賀拔勝、獨孤信等。

頃之，御史中尉董紹進策，請圖梁漢。以紹爲行臺、梁州刺史，率士馬向漢中。剛以爲不可，而朝議已決，遂出軍。紹竟無功而還，免爲庶人。除剛潁川郡守，加通直散騎常侍、衛大將軍。

從復弘農。進拜大都督、東道軍司，節度開府李延孫等七軍，攻復陽城，擒太守王智納。轉陳留郡守。東魏行臺吉寧率衆三萬攻陷郡城，剛突出，還保潁川，重行郡事。復爲侯景所破，乃率餘衆赴洛陽。大行臺元海遣剛還郡徵糧〔一〇〕。時景衆已入潁川，剛於西界招復陽翟二萬户，轉輸送洛。明年，洛陽不守。剛遠隔敵中，連戰破東魏廣州刺史李仲偘。時侯景別帥陸太、潁川郡守高沖等衆八千人，寇襄城等五郡。剛簡步騎五百，大破沖等。開府李延孫爲長史楊伯簡所害〔一一〕，剛擊斬之。又攻拔廣州，進軍陽翟。侯景自鄴入魯陽〔一二〕，與剛接戰。旬有三日，旋軍宜陽。時河南城邑，一彼一此。剛復出軍伊、洛，侯景亦度河築城。剛前後下景三郡，獲郡守一人，別破其行臺梅遷，斬首千餘級。除尚書金部郎中。高仲密以北豫州來附，兼大行臺左丞，持節赴潁川節度義軍。師還，剛別破侯景前驅於南陸，復獲其郡守二人。

時有流言傳剛東叛，齊神武因設反間，聲遣迎接。剛乃率騎襲其下塢〔一三〕，拔之，露板言狀。太祖知剛無貳，乃加賞賚焉。除營州刺史，進爵爲公，增邑二百户，加大都督、車騎大將軍、儀同三司、散騎常侍。

渭州民鄭五醜構逆〔一四〕，與叛羌傍乞鐵怱相應，令剛往鎮之。將發，魏文帝引見內寢，舉觴屬剛曰：「昔侯景在東，爲卿所困。黠羌小豎，豈足勞卿謀慮也。」時五醜已剋定夷鎮，所在立柵。剛至，並攻破之，散其黨與。五醜於是西奔鐵怱。剛又進破鐵怱僞廣寧郡。屬宇文貴等西討，詔以剛行渭州事，資給糧餼。鐵怱平，所獲羌卒千人，配剛軍中，教以戎旅，皆盡其力用。加驃騎大將軍、開府儀同三司，入爲光祿卿。六官建，拜膳部中大夫。

孝閔帝踐阼，進爵浮陽郡公。出爲利州總管、利沙方渠四州諸軍事。沙州氐恃險逆命，剛再討服之。方州生獠自此始從賦役。剛以僞信州濱江負阻，遠連殊俗，蠻左强獷，歷世不賓，乃表請討之。詔剛率利沙等十四州兵，兼督儀同十人、馬步一萬往經略焉。仍加授渠州刺史。剛初至，渠帥憚其軍威，相次降款。後以剛師出踰年，士卒疲弊，尋復亡叛。後遂以無功而還。又與所部儀同尹才失和，被徵赴闕。遇疾，卒於路。年五十七。贈中淅涿三州刺史〔一五〕。謚曰成。子元卿嗣。

王慶字興慶，太原祁人也。父因，魏靈州刺史、懷德縣公。

慶少開悟，有才略。初從文帝征伐，復弘農，破沙苑，並有戰功，每獲殊賞。大統十年，授殿中將軍。孝閔帝踐阼，晉公護引爲典籤。慶樞機明辨，漸見親待。授大都督。武成元年，以前後功，賜爵始安縣男。二年，行小賓部。保定二年，使吐谷渾，與其分疆〔一六〕，仍論和好之事。渾主悦服，遣所親隨慶貢獻。

初，突厥與周和親，許納女爲后。而齊人知之，懼成合從之勢，亦遣使求婚，財饋甚厚。突厥貪其重賂，便許之。朝議以魏氏昔與蠕蠕結婚，遂爲齊人離貳。今者復恐改變，欲遣使結之。遂授慶左武伯，副楊荐爲使。是歲，遂興入并之役。慶乃引突厥騎，與隨公楊忠至太原而還。以齊人許送皇姑及世母，朝廷遂與通和。突厥聞之，復致疑阻，於是又遣慶往喻之。可汗感悦，結好如初。五年，復與宇文貴使突厥逆女。自此，以慶信著北蕃，頻歲出使。

後更至突厥，屬其可汗暴殂，突厥謂慶曰：「前後使來，逢我國喪者，皆𠠩面表哀。況今二國和親，豈得不行此事。」慶抗辭不從〔一七〕。突厥見其守正，卒不敢逼。武帝聞而嘉之。録慶前後使功，遷開府儀同三司、兵部大夫〔一八〕，進爵爲公。

歷丹、中二州刺史。爲政嚴肅，吏不敢欺。大象元年，授小司徒，加上大將軍、總管汾石二州五鎮諸軍事、汾州刺史。又除延州總管，進位柱國。開皇元年，進爵平昌郡公。卒于鎮。贈上柱國，謚曰莊。子淹嗣。

趙昶字長舒，天水南安人也。曾祖襄，仕魏至中山郡守，因家於代。祖泓，廣武令。父琛，上洛郡守。

昶少聰敏，有志節。弱冠，以材力聞。孝昌中，起家拜都督，鎮小平津。魏北中郎將高千甚敬重之〔一九〕。千牧兗州，以昶行臨涣、北梁二郡事。大統初，千還鎮陜〔二〇〕，又以昶爲長史、中軍都督。太祖平弘農，擢爲相府典籤。

大統九年，大軍失律於邙山，清水氐酋李鼠仁自軍逃還，憑險作亂。隴右大都督獨孤信頻遣軍擊之，不克。太祖將討之，欲先遣覘其勢。顧問誰可爲〔二一〕。左右莫對。昶曰：「此小豎爾，以公威，孰不聽命〔二二〕。」太祖壯之，遂令昶使焉。昶見鼠仁，喻以禍福。羣凶聚議，或從或否。其逆命者，復將加刃於昶。而昶神色自若，志氣彌厲。鼠仁感悟，遂相率降。氐梁道顯叛，攻南由〔二三〕。太祖復遣昶慰諭之，道顯等皆即款附。東秦州刺史魏光因徙其豪帥四十餘人并部落於華州〔二四〕，太祖即以昶爲都督領之。

先是，汾州胡叛，再遣昶慰勞之，皆知其虛實。及大軍往討，昶爲先驅，遂破之。以功封章武縣伯，邑五百户。

十五年，拜安夷郡守，帶長蛇鎮將。氐族荒獷，世號難治，昶威懷以禮，莫不悦服〔二五〕。期歲之後，樂從軍者千餘人。加授帥都督。時屬軍機，科發切急，氐情難之，復相率謀叛。昶又潛遣誘説，離間其情，因其攜貳，遂輕往臨之。羣氐不知所爲，咸來見昶。乃收其首逆者二十餘人斬之，餘衆遂定。朝廷嘉之，除大都督，行南秦州事。時氐帥蓋闘等反，昶復討擒之。進撫軍將軍，加通直散騎常侍。又與史寧破宕昌羌、獠二十餘萬。拜武州刺史〔二六〕、車騎大將軍、儀同三司、諸州軍事。

魏恭帝初，加驃騎大將軍、開府儀同三司。潭水羌叛，殺武陵、潭水二郡守。昶率儀同駱天义等騎步五千討平之〔二七〕。

世宗初，鳳州人仇周貢、魏興等反，自號周公，有衆八千人。破廣化郡，攻没諸縣，分兵西入，圍廣業、修城二郡。廣業郡守薛爽、修城郡守杜杲等請昶爲援。昶遣使報杲，爲周貢黨樊伏興等所獲。興等知昶將至，解修城圍，據泥功嶺，設六伏以待昶。昶至，遂遇其伏，合戰，破之。廣業之圍亦解。昶追之至泥陽川而還。興州人段吒及氐酋姜多復反〔二八〕，攻没郡縣，昶討斬之。語在氐傳。

昶自以被拔擢居將帥之任，傾心下士。虜獲氐、羌，撫而使之，皆爲昶盡力。太祖常曰：「不煩國家士馬而能威服氐、羌者，趙昶有之矣。」至是，世宗録前後功，進爵長道郡公，賜姓宇文氏，賞勞甚厚。二年，徵拜賓部中大夫，行吏部。尋以疾卒。

王悦字衆喜，京兆藍田人也。少有氣幹，爲州里所稱。魏永安中，爾朱天光西討，引悦爲其府騎兵參軍，除石安令。

太祖初定關、隴，悦率募鄉里從軍，屢有戰功。大統元年，除平東將軍、相府刑獄參軍，封藍田縣伯，邑六百户。四年，東魏將侯景攻圍洛陽，太祖赴援。悦又率鄉里千餘人，從軍至洛陽。將戰之夕，悦罄其行資，市牛饗戰士。及戰，悦所部盡力，斬獲居多。六年，加通直散騎常侍，遷大行臺右丞。十年，轉左丞。久居管轄，頗獲時譽。十二年，齊神武親率諸軍圍玉壁，大都督韋孝寬拒守累旬，敵方引退。朝廷以寬勳重，遣尚書長孫紹遠爲大使，悦爲副使，勞問寬等，并校定勳人。

十三年，侯景據河南來附，仍請兵爲援。太祖先遣韋法保、賀蘭願德等帥衆助之。悦言於太祖曰：「侯景之於高歡，始則篤鄉黨之情，末乃定君臣之契，位居上將，職重台司，論其分義，有同魚水。今歡始死，景便離貳。豈不知君臣之道有虧，忠義之禮不足？蓋其所圖既大，不卹小嫌。然尚能背德於高氏，豈肯盡節於朝廷。今若益之以勢，援之以兵，非唯侯景不爲池中之物，亦恐朝廷貽笑將來也。」太祖納之，乃遣行臺郎中趙士憲追法保等，而景尋叛。

十四年，授雍州大中正、帥都督，加衞將軍、右光禄大夫、都督。率所部兵從大將軍楊忠征隨郡、安陸，並平之。時懸兵深入，悦支度路程，勒其部伍，節減糧食。及至竟陵，諸軍多有匱乏，悦出稟米六百石分給之。太祖聞而嘉焉。尋拜京兆郡守，加使持節、車騎大將軍、儀同三司、散騎常侍，遷大行臺尚書。

又領所部兵從達奚武征梁漢。軍出，武令悅說其城主楊賢[二九]。悅乃貽之書曰：「夫惟德是輔，天道之常也；見機而作，人事之會也。梁主內虧刑政，外闕藩籬。疋夫攘袂，舉國傾覆。非直下民離心，抑亦上玄所棄。我相公膺千齡之運，創三分之業，道洽區中，威振方外。聲教所被，風行草偃；兵車所指，雲除霧廓。斯固天下所共聞，無俟一二談也[三〇]。大將軍高陽公，韞韜略之祕，總熊羆之旅，受脤廟堂，威懷巴漢。先附者必賞，後服者必誅。君兵糧既寡，救援路絕。欲守，則城池無縈帶之險；欲戰，則士卒有土崩之勢。以此求安，未見其可。昔韓信背項，前典以爲美談；黃權歸魏，良史稱其盛烈。事有變通，今其則也。」賢於是遂降。

悅白武云：「白馬要衝，是必爭之地。今城守寡弱，易可圖也。若蜀兵更至，攻之實難。」武然之，令悅率輕騎七百，徑趣白馬。悅先示其禍福，其將梁深遂以城降[三一]。梁武陵王紀果遣其將任奇率步騎六千[三二]，欲先據白馬。行次闕城[三三]，聞已降，乃還。及梁州平，太祖即以悅行刺史事。招攜初附，民吏安之。

魏廢帝二年，徵還本任。屬改行臺爲中外府，尚書員廢，以儀同領兵還鄉里。悅既久居顯職，及此之還，私懷怏怏。猶陵駕鄉里，失宗黨之情。其長子康，恃舊望[三四]，遂自驕縱。所部軍人，將有婚禮，康乃非理凌辱。軍人訴之。悦及康並坐除名，仍配流遠防。及于謹伐江陵，平，悦從軍展効，因留鎮之。

孝閔踐阼，依例復官。授郢州〔三五〕。尋拜使持節、驃騎大將軍、開府儀同三司、大都督、司水中大夫，進爵藍田縣侯。遷司憲中大夫，賜姓宇文氏，又進爵河北縣公。悦性儉約，不營生業，雖出入榮顯，家徒四壁而已。世宗手勑勞勉之，賜粟六百石。保定元年，卒於位。康嗣。官至司邑下大夫〔三六〕。

趙文表，其先天水西人也，後徙居南鄭。累世爲二千石。父江〔三七〕，性方嚴，有度量。歷官東巴州刺史、計部中大夫、驃騎大將軍、開府儀同三司、御伯中大夫，封昌國縣伯。贈虞絳二州刺史，謚曰貞。

文表少而修謹，志存忠節。便弓馬，能左右馳射。好讀左氏春秋，略舉大義。起家爲太祖親信。魏恭帝元年，從開府田弘征山南，以功授都督。復從平南巴州及信州，遷帥都督。又從許國公宇文貴鎮蜀，行昌城郡事。加中軍將軍、左金紫光禄大夫。保定元年，除許國公府司馬，轉大都督。五年，授畿伯下大夫。又爲許國公府長史。尋拜車騎大將軍、儀同三司。

仍從宇文貴使突厥，迎皇后，進止儀注，皆令文表典之。文表斟酌而行，皆合禮度。及皇后將入境，突厥託以馬瘦，行徐。文表慮其爲變，遂說突厥使羅莫緣曰：「后自發彼藩，已淹時序，途經沙漠，人馬疲勞。且東寇每伺間隙，吐谷渾亦能爲變。今君以可汗之愛女，結姻上國，曾無防慮，豈人臣之體乎。」莫緣然之，遂倍道兼行，數日至甘州。以迎后功，別封伯陽縣伯，邑六百户。

天和三年，除梁州總管府長史。所管地名恒陵者〔三八〕，方數百里，並生獠所居，恃其險固，常懷不軌。文表率衆討平之。遷蓬州刺史，政尚仁恕，夷獠懷之。加驃騎大將軍、開府儀同三司。又進位大將軍，爵爲公。

大象中，拜吴州總管。時開府于顗爲吴州刺史。及隋文帝執政，尉遲迥等舉兵，遠近騷然，人懷異望。顗自以族大，且爲國家肺腑，懼文表圖己，謀欲先之。乃稱疾不出。文表往問之，顗遂手刃文表。因令吏人告云「文表謀反」，仍馳啓其狀。隋文以諸方未定，恐顗爲變，遂授顗吴州總管以安之。後知文表無異志，雖不罪顗，而聽其子仁海襲爵。

校勘記

〔一〕卷三十三　按此卷殘缺，傳後無論，當出後人補苴。但諸傳情況頗不一樣，其中厙狄峙傳記歷官詳於北史，而前後稱宇文泰或作太祖，或作文帝，當是雜取北史和他書湊成。楊荐、王慶二傳全同北史。趙剛、趙昶、王悦、趙文表四傳，紀事敍官都比北史詳備，稱廟號不稱某帝，疑是周書原文，或出於源自周書的某種史鈔。錢大昕考異卷三二以爲「亦取北史而小有異同」，其實真出於北史者止二傳而已。

〔二〕蠕蠕乘虚　「蠕蠕」，此卷厙狄峙傳見三處，楊荐傳見七處，王慶傳見一處，然周書他卷皆作「茹茹」，可證三傳非周書原文。

〔三〕遷驃騎將軍　通志卷一五九厙狄峙傳「驃騎」下有「大」字。北史卷六九厙狄峙傳原脱「大」字。張森楷云：「『騎』下當有『大』字。驃騎大將軍乃加開府。」中華書局點校本據通志補「大」字。按周書此句下有「開府儀同三司」，疑亦當有「大」字。

〔四〕增邑三百户　「三」，原作「二」，據三朝本、南監本、北監本、汲本、局本改。

〔五〕保定四年除宜州刺史　「宜」，原作「宣」，據北史卷六九厙狄峙傳改。按隋書卷二九地理志上京兆郡華原縣條云：「後魏置北雍州，西魏改爲宜州。」宣州是陳地，周無「宣州」。

〔六〕父寶昌平郡守　按魏書卷一〇六上地形志上東燕州平昌郡屬有昌平縣，則魏時昌平不是郡，但周書卷二〇尉遲綱傳、北齊書卷二二李元忠傳附李景遺傳都見「昌平郡公」，或曾置郡。

〔七〕又遣荐與長史宇文測出關候接　按周書卷二七宇文測傳，測「從孝武西遷，進爵爲公。太祖爲丞相，以測爲右長史」。據此，宇文測由洛陽從孝武西遷，尚未充任長史。據周書卷二二周惠達傳以長史出關候駕者是惠達。此誤。

〔八〕永平中陵江將軍南討度淮　「永平」，原作「太平」，據通志卷一五九趙剛傳改。張森楷云：「魏無『太平』年號，二字必有一誤。」按「永平」乃世宗宣武帝年號，永平間自義陽以至壽陽，沿淮常有戰事。這裏作「永平」，時間正合。

〔九〕受移赴建康　「赴」，北史卷六九趙剛傳作「送」。册府卷六五三宋本、明鈔本此句作「受移送康」，明刻本又作「受移建康」，均有訛脱。按文義作「送」是。

〔一〇〕大行臺元海遣剛還郡徵糧　張森楷云：「『海』上當有『季』字，見魏書孝靜紀（卷一二）。」按亦見周書卷二文帝紀下、卷三八元偉傳末。此雙名單稱。

〔一一〕開府李延孫爲長史楊伯簡所害　張森楷云：「李延孫傳（卷四三）『簡』作『蘭』。」按北史卷六六李延孫傳百衲本作「蘭」，殿本作「闌」，通鑑卷一五八梁紀一四大同四年（五三八）、通志卷一五八李延孫傳也作「蘭」。疑作「簡」誤。

〔一二〕侯景自鄴入魯陽　按鄴是東魏都，即使自鄴出兵，也從無自鄴入某地的書法。凡稱自某地入某地者，地必相近，疑「鄴」乃「葉」之訛。魯陽即今魯山縣，和葉（今葉縣）相近。

〔一三〕下塢　「下」，北史卷六九趙剛傳作「丁」，册府卷一四八宋本似爲「丁」之壞字，明鈔本甲丙（乙本有錯亂）及明刻本作「守」。

〔一四〕渭州民鄭五醜構逆　「渭」，原作「漕」，據北史卷六九趙剛傳改。按「漕州」不見地志。周書卷一九宇文貴傳、卷四九宕昌傳、通鑑卷一六三梁紀一九大寶元年（五五〇）都作「渭」，是。

〔一五〕贈中淅涿三州刺史　「中」，原作「忠」，據北史卷六九趙剛傳改。按隋書卷三〇地理志中河南郡新安縣條云：「後周置中州。」知作「中」是。「涿」，北史作「涿」。然「涿」是郡，不是州，且與中、淅二州相去懸遠，亦非。但不知原作何字，今不改。

〔一六〕與其分疆　「其」，原作「共」，據三朝本、北史卷六九王慶傳、册府卷六五三、卷六五四、卷六六二改。

〔一七〕慶抗辭不從　通志卷一五九王慶傳此句下有「曰：『我中華之禮，臨喪哭泣而已。欲今剺面，必不敢聞命』」二十一字，不見北史卷六九王慶傳。按此傳以北史補，疑通志所載爲周書原文。又上文「豈得不行此事」，通志「事」作「禮」，正與「我中華之禮」相合。

〔一八〕兵部大夫　北史卷六九王慶傳作「兵部中大夫」。

〔一九〕魏北中郎將高千甚敬重之　「千」，周書卷二文帝紀下三朝本、南監本、北監本、局本作「干」，汲本作「于」；北史卷九周本紀上作「千」，卷六九趙昶傳百衲本作「千」，殿本作「于」。疑當作「干」。參卷二校記第九條。

〔二〇〕大統初千還鎮陝　「還」，三朝本、南監本作「遷」。兩通。

〔二一〕顧問誰可爲　張森楷云：「『可爲』下當有『使』字。若但此，則文義不足。」

〔二二〕以公威孰不聽命　張森楷云：「『以』上當有『臨』若『加』字。」

〔二三〕氐梁道顯叛攻南由　「由」，原作「田」，據三朝本、南監本、北監本、汲本、局本改。北史卷六九趙昶傳百衲本作「由」，殿本作「田」。張元濟以爲「田」字誤，云「見氏傳（卷四九）」。按魏書卷一〇六下地形志下岐州武都郡有南田縣，而隋書卷二九地理志上扶風郡作「南由縣」。楊守敬隋志考證卷一云：「作南田誤。」

〔二四〕東秦州刺史魏光因徙其豪帥四十餘人并部落於華州　「四十」，北史卷六九趙昶傳作「三十」。

〔二五〕氐族荒獷世號難治昶威懷以禮莫不悅服　「族」，北史卷六九趙昶傳作「俗」。按周書卷三七寇儁傳見「民俗荒獷」，作「俗」較長。

〔二六〕拜武州刺史　周書卷四九氐傳作「督成武沙三州諸軍事、成州刺史」。

〔二七〕儀同駱天乂　「乂」，北史卷六九趙昶傳作「人」。

〔二八〕氐酋姜多　「姜」，原作「羌」，據三朝本、南監本、北監本、汲本、局本、周書卷四九、北史卷九六氐傳改。

〔二九〕軍出武令悅說其城主楊賢　按這裏但稱城主，不舉城名。周書卷一九達奚武傳稱「梁將楊賢以武興降」，則「軍出」下宜有「武興」二字。

〔三〇〕無倏二談也　永樂大典卷六八三七引周書王悅傳「倏」作「復」。殿本考證云：「『二』字上疑脱『一』字。」

〔二一〕其將梁深遂以城降　永樂大典卷六八三七引周書王悦傳「深」下有「悟」字。北史卷六九王悦傳此句作「梁將深悟，遂以城降」。按周書卷一九達奚武傳又見「梁深以白馬降」，知「梁深」爲梁將名。疑「深」下原有「悟」字。

〔二二〕梁武陵王紀果遣其將任奇率步騎六千　三朝本、南監本、北監本、汲本、局本、永樂大典卷六八三七引周書王悦傳無「紀」字，殿本當據北史卷六九王悦傳補。「任奇」，殿本考證云：「北史作『任珍奇』。」此是雙名單稱。

〔二三〕行次闕城　「闕」，北史卷六九王悦傳作「關」。按白馬城即陽平關（見水經注卷二七沔水注）。疑作「關」是。

〔二四〕其長子康恃舊望　「恃」下原有「悦」字，據三朝本、南監本、北監本、汲本、永樂大典卷六八三七引周書王悦傳删。殿本當是據北史卷六九王悦傳補，局本從殿本。按「舊望」即舊姓、望族，藍田王氏之爲舊望，不因悦一人，不得據北史以補周書。

〔二五〕授郢州　殿本考證云：「北史（卷六九）云『授郢州刺史』，脱『刺史』二字。」按此或是省文。

〔二六〕官至司邑下大夫　通典卷三九職官二一後周官品無司邑下大夫，正四命冬官諸下大夫中有司色。按隋李椿墓誌亦記椿「保定二年，判司色下大夫」，這裏「司邑」當是「司色」之訛。又周書卷三五、北史卷三八裴俠傳亦作「司邑」，恐都是「司色」之誤。但諸本皆同，今不改。下同，不再出校。

〔三七〕父江　「江」，北史卷六九趙文表傳作「珏」。

〔三八〕所管地名恒陵者　「陵」，北史卷六九趙文表傳作「稜」。按周書卷四九、北史卷九五獠傳、通鑑卷一七〇陳紀四光大二年（五六八）亦作「恒稜」，疑作「稜」是。

周書卷三十四

列傳第二十六

趙善　元定　楊摽　裴寬　楊敷

趙善字僧慶，太傅、楚國公貴之從祖兄也。祖國，魏龍驤將軍、洛州刺史。父更，安樂太守。

善少好學，涉獵經史，美容儀，沉毅有遠量。永安初，爾朱天光爲肆州刺史，辟爲主簿，深器重之。天光討邢杲及万俟醜奴，以善爲長史。軍中謀議，每參預之。天光爲關右行臺，表善爲行臺左丞，加都督、征虜將軍。普泰初，賞平關、隴之功，拜驃騎將軍、大行臺〔一〕、散騎常侍，封山北縣伯，邑五百户。俄除持節、東雍州諸軍事、雍州刺史〔二〕。天光東拒齊神武於韓陵〔三〕，善又以長史從。及天光敗見殺，善請收葬其屍，齊神武義而許之。賀拔岳總關中兵，乃遣迎善，復以爲長史。岳爲侯莫陳悦所害，善共諸將翊戴太祖，仍從平悦。魏孝武西遷，除都官尚書，改封襄城縣伯，增邑五百户。頃之，爲北道行臺，與儀同李虎等討曹泥，克之。遷車騎大將軍、儀同三司、尚書右僕射，進爵爲公，增邑并前一千五百户。

大統三年，轉左僕射，兼侍中，監著作，領太子詹事。善性温恭，有器局，雖位居端右，而逾自謙退。其職務克舉，則曰某官之力；若有罪責，則曰善之咎也。時人稱其公輔之量。太祖亦雅敬重焉。

九年，從戰邙山，屬大軍不利，善爲敵所獲，遂卒於東魏。建德初，朝廷與齊通好，齊人乃歸其柩。其子絢表請贈謚〔四〕。詔贈大將軍、大都督、岐宜寧豳四州諸軍事、岐州刺史。謚曰敬。

子度，字幼濟，車騎大將軍、儀同三司。度弟絢，字會績，驃騎大將軍、開府儀同三司、淅資二州刺史。

元定字願安，河南洛陽人也。祖比頹，魏安西將軍、務州刺史〔五〕。父道龍，征虜將軍、鉅鹿郡守。

定惇厚少言，内沉審而外剛毅。永安初，從爾朱天光討關隴羣賊，並破之。除襄威將軍〔六〕。及賀拔岳被害，定從太祖討侯莫陳悦，以功拜平遠將軍、步兵校尉。魏孝武西遷，封高邑縣男，邑二百户。從擊潼關，拔回洛城，進爵爲伯，增邑三百户，加前將軍、太中大夫。從擒竇泰，復弘農，破沙苑，戰河橋，定皆先鋒，當其前者，無不披靡。以前後功，累遷都督、征東將軍、金紫光禄大夫、帥都督，增邑三百户。邙山之役，敵人如堵，定奮矟衝之，殺傷甚衆，無敢當者。太祖親觀之，論功爲最，賞物甚厚。十三年，授河北郡守，加大都督、通直散騎常侍，增邑通前一千户。定有勇略，每戰必陷陣，然未嘗自言其功。太祖深重之，諸將亦稱其長者。十五年，遷使持節、車騎大將軍、開府儀同三司，進爵爲公〔七〕。魏廢帝二年，以宗室，進封建城郡王。三年，行周禮，爵隨例改，封長湖郡公〔八〕。世宗初，拜岷州刺史。威恩兼濟，甚得羌豪之情。先時生羌據險不賓者，至是並出山谷，從征賦焉。及定代還，羌豪等感戀之。保定中，授左宫伯中大夫。久之，轉左武伯中大夫，進位大將軍。

天和二年，陳湘州刺史華晈舉州歸梁，梁主欲因其隙，更圖攻取，乃遣使請兵。詔定從衞公直率衆赴之。梁人與華晈皆爲水軍，定爲陸軍，直總督之，俱至夏口。而陳郢州堅守不下。直令定率步騎數千圍之。陳遣其將淳于量、徐度、吴明徹等水陸來拒。量等以定已度江，勢分，遂先與水軍交戰。而華晈所統之兵，更懷疑貳，遂爲陳人所敗。晈得脱身歸梁。定既孤軍懸隔，進退路絶，陳人乘勝，水陸逼之。定乃率所部斫竹開路，且行且戰，欲趣湘州，而湘州已陷。徐度等知定窮迫，遣使僞與定通和，重爲盟誓，許放還國。定疑其詭詐，欲力戰死之。而定長史長孫隆及諸將等多勸定和〔九〕，定乃許之。於是與度等刑牲歃血，解仗就船。遂爲度等所執，所部衆軍亦被囚虜〔一〇〕，送詣丹陽。居數月，憂憤發病卒。子樂嗣。

楊㩳字顯進，正平高涼人也〔一一〕。祖貴、父猛，並爲縣令。

㩳少豪俠有志氣。魏孝昌中，爾朱榮殺害朝士〔一二〕，大司馬、城陽王元徽逃難投㩳，㩳藏而免之。孝莊帝立，徽乃出，復爲司州牧。由是㩳以義烈聞。擢拜伏波將軍、給事中。元顥入洛，孝莊欲往晉陽就爾朱榮，詔㩳率其宗人收船馬渚。㩳未至，帝已北度太行，㩳遂匿所收船，不以資敵。及爾朱榮奉帝南討，至馬渚，㨶乃具船以濟王師。顥平，封肥如五百户〔一三〕，加鎮遠將軍、步兵校尉，行濟北郡事。進都督、平東將軍、太中大夫。從魏孝武入關，進爵爲侯，增邑八百户，加撫軍、銀青光禄大夫〔一四〕。時東魏遷鄴，太祖欲知其所爲，乃遣㨶間行詣鄴以觀察之。使還，稱旨，授通直散騎常侍、車騎將軍。稽胡恃險不賓，屢行抄竊，以㨶兼黄門侍郎，往慰撫之。㨶頗有權略，能得邊情，誘化酋渠，多來款附，乃有隨㨶入朝者。

時弘農爲東魏守，㨶從太祖攻拔之。然自河以北，猶附東魏。㨶父猛先爲邵郡白水令〔一五〕，㨶與其豪右相知，請微行詣邵郡，舉兵以應朝廷。太祖許之。㨶遂行，與土豪王覆憐等陰謀舉事，密相應會者三千人，内外俱發，遂拔邵郡。擒郡守程保及令四人，並斬之。衆議推㨶行郡事，㨶以因覆憐成事，遂表覆憐爲邵郡守。以功授大行臺左丞，率義徒更爲經略。於是遣諜人誘説東魏城堡，旬月之間，正平、河北、南汾、二絳、建州、太寧等城〔一六〕，並有請爲内應者，大軍因攻而拔之。以㨶行正平郡事，左丞如故。齊神武敗於沙苑，其將韓軌、潘洛、可朱渾元等爲殿〔一七〕，㨶分兵要截，殺傷甚衆。東雍州刺史馬恭懼㨶威聲〔一八〕，棄城遁走。㨶遂移據東雍州。

太祖以㨶有謀略，堪委邊任，乃表行建州事。時建州遠在敵境三百餘里，然㨶威恩夙著，所經之處，多並贏糧附之。比至建州，衆已一萬。東魏刺史車折于洛出兵逆戰〔一九〕，摽擊敗之。又破其行臺斛律俱步騎二萬於州西，大獲甲仗及軍資，以給義士。由是威名大振。東魏遣太保侯景攻陷正平〔二〇〕，復遣行臺薛循義率兵與斛律俱相會〔二一〕，於是敵衆漸盛。摽以孤軍無援，且腹背受敵，謀欲拔還。恐義徒背叛，遂僞爲太祖書，遣人若從外送來者，云已遣軍四道赴援。因令人漏泄，使所在知之。又分土人義首，令領所部四出抄掠，擬供軍費。摽分遣訖，遂於夜中拔還邵郡。朝廷嘉其權以全軍，即授建州刺史。

時東魏以正平爲東雍州，遣薛榮祖鎮之。摽將謀取之，乃先遣奇兵，急攻汾橋。榮祖果盡出城中戰士，於汾橋拒守。其夜，摽率步騎二千，從他道濟，遂襲克之。進驃騎將軍。既而邵郡民以郡東叛，郡守郭武安脱身走免。摽又率兵攻而復之。轉正平郡守。又擊破東魏南絳郡，虜其郡守屈僧珍。録前後功，別封郃陽縣伯，邑五百户。

邙山之戰，摽攻拔柏谷塢，因即鎮之。及大軍不利，摽亦拔還。而東魏將侯景率騎追摽，摽與儀同韋法保同心抗禦，且前經十數里〔二二〕，景乃引退。太祖嘉之，賜帛三百疋。復授建州刺史，鎮車箱。摽久從軍役，未及葬父，至是表請還葬。詔贈其父車騎大將軍、儀同三司、晉州刺史，贈其母夏陽縣君，並給儀衞。州里榮之。

及齊神武圍玉壁，別令侯景趣齊子嶺。摽恐入寇邵郡，率騎禦之。景聞摽至，斫木斷路者六十餘里，猶驚而不安，遂退還河陽，其見憚如此。十二年，進授大都督，加晉建二州諸軍事。又攻破蓼塢，獲東魏將李顯〔二三〕，進儀同三司。尋遷開府，復除建州邵郡河内汲郡黎陽等諸軍事，領邵郡。十六年，大軍東討，授大行臺尚書，率義衆先驅敵境，攻其四戍，拔之。時以齊軍不出，乃追㯹還。併肥如、郃陽二邑，合一千八百户，改封華陽縣侯。又於邵郡置邵州，以㯹爲刺史，率所部兵鎮之。

保定四年，遷少師。其年，大軍圍洛陽，詔㯹率義兵萬餘人出軹關。然㯹自鎮東境二十餘年，數與齊人戰，每常克獲，以此遂有輕敵之心。時洛陽未下，而㯹深入敵境，又不設備。齊人奄至，大破㯹軍。㯹以衆敗，遂降於齊。㯹之立勳也，有慷慨壯烈之志，及軍敗，遂就虜以求苟免。時論以此鄙之。朝廷猶録其功，不以爲罪，令其子襲爵。

㯹之敗也，新平郡守韓盛亦於洛陽戰没。

盛字文熾，南陽堵陽人也〔二四〕。五世祖遠，爲鄭縣令，因徙居京兆之渭南焉。曾祖良，舉秀才，奉朝請、姑臧令。祖與，魏儻城郡守，贈直州刺史。父先藻，安夷鄜城二郡守，贈鎮遠將軍、義州刺史。

盛幼有操行，涉獵經史，兼善騎射，膂力過人。魏大統初，起家開府行參軍。轉參軍事。從李遠積年征討，每有戰功。累遷至都督、輔國將軍、中散大夫、帥都督、持節、平東將軍、太中大夫、銀青光禄大夫、大都督。明帝二年，封臨湍縣子，邑三百户。保定四年，授使持節、車騎大將軍、儀同三司、虞部下大夫，出爲新平郡守。居官清靜，嚴而不殘，矜恤孤貧，抑挫豪右，賊盜止息，郡治肅然。尋以本官從晉公護東討，於洛陽戰没。贈淅洛義三州刺史，謚曰壯。子謙嗣。官至大都督。

盛二兄，德輿、仲恭。德輿姿貌魁傑，有異常人。歷官持節、車騎大將軍、儀同三司、通洛慈澗防主、邵州刺史、任城縣男。仲恭美容儀，澹於榮利。郡累辟爲功曹、中正。仲恭答曰：「第五之號，豈減驃騎乎〔二五〕！」後歷廣原、靈原、新豐三縣令，所在皆有聲績。有八子，並有志操。少子紉約，後最知名。

裴寬字長寬，河東聞喜人也。祖德歡，魏中書郎、河内郡守。父靜慮，銀青光禄大夫，贈汾州刺史。

寬儀貌瓌偉，博涉羣書，弱冠爲州里所稱。與二弟漢、尼並知名〔二六〕。親殁，撫弟以篤友聞。滎陽鄭孝穆常謂從弟文直曰〔二七〕：「裴長寬兄弟，天倫篤睦，人之師表。吾愛之重之。汝可與之遊處。」年十三，以選爲魏孝明帝挽郎，釋褐員外散騎侍郎。魏孝武末，除廣陵王府直兵參軍，加寧朔將軍、員外散騎常侍。及孝武西遷，寬謂其諸弟曰：「權臣擅命，乘輿播越，戰爭方始，當何所依？」諸弟咸不能對。寬曰：「君臣逆順，大義昭然。今天子西幸，理無東面，以虧臣節。」乃將家屬避難於大石嶺〔二八〕。獨孤信鎮洛陽，始出見焉。

時汾州刺史韋子粲降於東魏，子粲兄弟在關中者，咸已從坐。其季弟子爽先在洛，窘急，乃投寬。寬開懷納之。遇有大赦，或傳子爽合免，因爾遂出。子爽卒以伏法。獨孤信召而責之。寬曰：「窮來見歸〔二九〕，義無執送。今日獲罪，是所甘心。」以經赦宥，遂得不坐〔三〇〕。

大統五年，授都督、同軌防長史，加征虜將軍。十三年，從防主韋法保向潁川，解侯景圍。景密圖南叛，軍中頗有知者。以其事計未成，外示無貳，往來諸軍間，侍從寡少。軍中名將，必躬自造，至於法保，尤被親附。寬謂法保曰：「侯景狡猾，必不肯入關。雖託款於公，恐未可信。若仗兵以斬之，亦一時之計也〔三一〕。如曰不然，便須深加嚴警，不得信其誑誘，自貽後悔。」法保納之，然不能圖景，但自固而已。

十四年，與東魏將彭樂、樂恂戰於新城〔三二〕，因傷被擒。至河陰，見齊文襄。寬舉止詳雅，善於占對，文襄甚賞異之。謂寬曰：「卿三河冠蓋，材識如此，我必使卿富貴。關中貧狹〔三三〕，何足可依，勿懷異圖也。」因解鏁付館，厚加其禮。寬乃裁臥氈，夜縋而出，因得遁還，見於太祖。太祖顧謂諸公曰：「被堅執銳，或有其人，疾風勁草，歲寒方驗。裴長寬爲高澄如此厚遇，乃能冒死歸我。雖古之竹帛所載，何以加之！」乃手書署寬名下，授持節、帥都督，封夏陽縣男，邑三百户，并賜馬一疋、衣一襲，即除孔城城主。

十六年，遷河南郡守，仍鎮孔城。尋加撫軍、大都督、通直散騎常侍。魏廢帝元年，進使持節、車騎大將軍、儀同三司、散騎常侍。孝閔帝踐阼，進爵爲子。寬在孔城十三年，與齊洛州刺史獨孤永業相對。永業有計謀，多譎詐，或聲言春發，秋乃出兵，掩蔽消息〔三四〕，倏忽而至。寬每揣知其情，用兵邀擊，無不克之。永業常戒其所部曰：「但好鎮孔城〔三五〕，自外無足慮。」其見憚如此。齊伊川郡守梁鮓，常在境首抄掠。太祖患之，命寬經略焉。鮓行過妻家，椎牛宴飲，既醉之後，不復自防。寬密知之，遣兵往襲，遂斬之。太祖嘉焉，賜奴婢、金帶、粟帛等。武成二年，徵拜司土中大夫〔三六〕。

保定元年，出爲沔州刺史〔三七〕。尋轉魯山防主。四年，加驃騎大將軍、開府儀同三司。天和二年，行復州事。三年，除温州刺史。初陳氏與國通和，每脩聘好。自華皎附後，乃圖寇掠。沔州既接敵境，事資守備，於是復以寬爲沔州刺史。而州城埤狹〔三八〕，器械又少，寬知其難守，深以爲憂。又恐秋水暴長，陳人得乘其便。即白襄州總管，請戍兵〔三九〕，并請移城於羊蹄山，權以避水。總管府許增兵守禦，不許遷移城。寬乃量度年常水至之處，豎大木於岸，以備船行。襄州所遣兵未至，陳將程靈洗已率衆至於城下。遂分布戰艦，四面攻之。水勢猶小，靈洗未得近城。寬每簡募驍兵，令夜掩擊，頻挫其鋭。相持旬日，靈洗無如之何。俄而雨水暴長，所豎木上，皆通船過。靈洗乃以大艦臨逼，拍干打樓，應即摧碎，弓弩大石〔四〇〕，晝夜攻之。苦戰三十餘日，死傷過半。女垣崩盡，陳人遂得上城。短兵相拒，猶經二日。外無繼援，力屈。城陷之後，水便退縮。陳人乃執寬至揚州，尋被送嶺外。經數載，後還建業〔四一〕，遂卒於江左。時年六十七。子義宣後從御正杜杲使於陳，始得將寬柩還。開皇元年，隋文帝詔贈襄郢二州刺史。

義宣起家譙王儉府記室，轉司金二命士，合江令。寬弟漢。

漢字仲霄〔四二〕，操尚弘雅，聰敏好學。嘗見人作百字詩，一覽便誦。魏孝武初，解褐員外散騎侍郎。大統五年，除大丞相府士曹行參軍，補墨曹參軍。漢善尺牘，尤便簿領，理識明贍，決斷如流。相府爲之語曰：「日下粲爛有裴漢。」十一年，李遠出鎮弘農，啓漢爲司馬。遠特相器遇。尋加安東將軍、銀青光禄大夫、成都上士〔四三〕。尋轉司車路下大夫。與工部郭彦、太府高賓等參議格令〔四四〕，每較量時事，必有條理，彦等咸敬異之。加帥都督。天和中，復與司宗孫恕、典祀薛慎同爲八使，巡察風俗。五年，加車騎大將軍、儀同三司。

漢少有宿疾，恒帶虛羸，劇職煩官，非其好也。時晉公護擅權，搢紳等多諂附之，以圖仕進。唯漢直道固守〔四五〕，八年不徙職。性不飲酒，而雅好賓遊。每良辰美景，必招引時彥，宴賞留連，間以篇什。當時人物，以此重之。自寬没後，遂斷絕遊從，不聽琴瑟，歲時伏臘，哀慟而已〔四六〕。撫養兄弟子，情甚篤至。借人異書，必躬自録本。至于疹疾彌年，亦未嘗釋卷。建德元年卒，時年五十九。贈晉州刺史。

子鏡民，少聰敏，涉獵經史。爲大將軍、譚公會記室參軍。後歷宋王實侍讀，轉記室，遷司録。宣政初，吏部上士。大象末，春官府都上士。漢弟尼〔四七〕。

尼字景尼，性弘雅，有器局。起家奉朝請。除梁王東閤祭酒，遷從事中郎，加通直散騎常侍。隴西李際、范陽盧誕並有高名於世，與尼結忘年之交。魏恭帝元年，以本官從于謹平江陵，大獲軍實〔四八〕，謹恣諸將校取之。餘人皆競取珍玩，尼唯取梁元帝素琴一張而已。謹深歎美之。六官建，拜御正下大夫。尋以疾卒。贈輔國將軍、隨州刺史。

子之隱，趙王招府記室參軍。之隱弟師民，好學有識度，見稱於時。起家秦王贄府記室參軍〔四九〕，仍兼侍讀。寬族弟鴻。

鴻少恭謹，有幹略，歷官内外。孝閔帝踐阼，拜輔城公司馬，加儀同三司。爲晉公護雍州治中，累遷御正中大夫，進位開府儀同三司，轉民部中大夫。保定末，出爲中州刺史、九曲城主。鎮守邊鄙，甚有扞禦之能。衞公直出鎮襄州，以鴻爲襄州司馬。天和初，拜郢州刺史，轉襄州總管府長史，賜爵高邑縣侯。從直南征，軍敗，遂没。尋卒於陳。朝廷哀之，贈豐資遂三州刺史。

楊敷字文衍，華山公寬之兄子也。父暄，字景和〔五〇〕。性朗悟，有識學。弱冠拜奉朝請，歷員外散騎侍郎、華州别駕、尚書右中兵郎中、輔國將軍、諫議大夫。以别將從魏廣陽王深征葛榮，爲榮所害。贈殿中尚書、華夏二州諸軍事、鎮西將軍、華州刺史。

敷少有志操，重然諾。每覽書傳，見忠臣烈士之事，常慨然景慕之。魏建義初，襲祖鈞爵臨貞縣伯，邑四百户。除員外羽林監。大統元年，拜奉車都尉。歷尚書左士郎中、祠部郎中、大丞相府墨曹參軍、帥都督、平東將軍、太中大夫，加撫軍將軍、通直散騎常侍。

魏恭帝二年，遷廷尉少卿。所斷之獄，號稱平允。

孝閔帝踐阼，進爵爲侯，增邑并前八百户。除小載師下大夫，使北豫州迎司馬消難，還，授使持節、蒙州諸軍事、蒙州刺史。先是蠻左等多受齊假署，數爲亂逆。敷推誠布信，隨方慰撫，蠻左等感之，相率歸附。敷乃送其首四十餘人赴闕，請因齊所假而授之。諸蠻等愈更感悦，州境獲寧。特降璽書勞問，加車騎大將軍、儀同三司。保定中，徵爲司水中大夫。夷夏吏民，及荆州總管長孫儉並表請留之。時議欲東討，將委敷以舟艦轉輸之事，故弗許焉。陳公純鎮陜州，以敷爲總管長史。五年，轉司木中大夫、軍器副監〔五一〕。敷明習吏事，所在以勤察著名，每歲奏課居最，累獲優賞。進位驃騎大將軍、開府儀同三司。

天和六年，出爲汾州諸軍事、汾州刺史，進爵爲公，增邑一千五百户。齊將段孝先率衆五萬來寇，梯衝地道，晝夜攻城。敷親當矢石，隨事扞禦，拒守累旬。孝先攻之愈急。時城中兵不滿二千，戰死者已十四五，糧儲又盡，公私窮蹙。齊公憲總兵赴救，憚孝先，不敢進軍。敷知必陷没，乃召其衆謂之曰：「吾與卿等，俱在邊鎮，實願同心戮力，破賊全城。但彊寇四面攻圍日久〔五二〕，吾等糧食已盡，救援斷絶。守死窮城，非丈夫也。今勝兵之士，猶數百人，欲突圍出戰，死生一決。儻或得免，猶冀生還，受罪闕庭，孰與死於寇乎〔五三〕！吾計決矣，於諸君意何如？」衆咸涕泣從命。敷乃率見兵夜出，擊殺齊軍數十人。

齊軍衆稍却。俄而孝先率諸軍盡銳圍之，敷殊死戰，矢盡，爲孝先所擒。齊人方欲任用之，敷不爲之屈，遂以憂懼卒於鄴〔五四〕。高祖平齊，贈使持節、大將軍、淮廣復三州諸軍事、三州刺史，謚曰忠壯。葬於華陰舊塋。

子素，有文武材略。大象末，上柱國、清河郡公。

史臣曰：自三方鼎峙，羣雄競逐，俊能馳騖，各吠非主。爭奮厲其智勇，思赴蹈於仁義。臨危不顧，前哲所難。趙善等或行彰於孝友，或誠顯於忠槩，咸躬志力，俱徇功名。兵凶戰危，城孤援絕。楊敷、趙善，類龐德之勢窮；元定、裴寬，同黃權之無路。王旅不振，非其罪也。敷少而慷慨，終能立節，仁而有勇，其最優乎。楊㩮屢有奇功，狃於數勝，輕敵無備，兵破身囚，未能遠謀，良可嗟矣。易曰：「師出以律，否臧凶。」傳曰：「不備不虞，不可以師。」其楊㩮之謂也？

校勘記

〔一〕拜驃騎將軍大行臺　張森楷云：「大行臺官尊，時止宇文泰、高歡爲之，非善所得官也。北史（卷五九趙貴傳附趙善傳）『臺』下有『尚書』二字，當是。」按張以爲時止高歡、宇文泰爲大行臺之說，誤，但趙善不能爲此官和當從北史的意見是對的。上文明云「天光爲關右行臺」（無「大」字，或是省文，或是後加「大」字）。趙善先爲行臺左丞，後爲尚書，於升進次序亦合。

〔二〕俄除持節東雍州諸軍事雍州刺史　張森楷云：「『下『雍州』上亦當有『東』字，刺史例不得在所督州外也。」按張說是，此時雍州刺史爲爾朱天光（見魏書卷一〇孝莊紀永安三年、卷一一前廢帝紀普泰元年和卷七五尒朱天光傳），趙善不可能任此官。

〔三〕天光東拒齊神武於韓陵　「韓」下原有「令」字，據北史卷五九趙貴傳附趙善傳、册府卷八〇四删。三朝本、南監本、北監本、汲本、局本「韓」都作「寒」，殿本當是依北史改，然「韓陵」本亦可作「寒陵」，殿本以外諸本不誤，此處亦不回改。按册府此條下云「後爲左僕射，兼侍中」，不見於北史，其文當出周書，字亦作「韓」，又無「東」字。

〔四〕其子絢　「絢」，北史卷五九趙貴傳附趙善傳作「詢」。

〔五〕祖比頹魏安西將軍務州刺史　北史卷六九元定傳「比頹」作「比」，「務」作「婺」。錢大昕考異卷三二云：「按魏志（魏書卷一〇六地形志）無『務州』，務字疑訛。」按魏也没有「婺州」，北史亦誤。

〔六〕除襄威將軍　「威」，原作「虜」，據册府卷三五五、卷三八二改。按魏書卷一一三官氏志載太和後職令，將軍號無襄虜，襄威將軍在從第六品。

〔七〕十五年遷使持節車騎大將軍開府儀同三司進爵爲公　北史卷六九元定傳作「累加驃騎大將

軍、開府儀同三司，進爵爲公」。按「驃騎大將軍」與「開府儀同三司」相應，周書此處若非略去不書，即是「車騎」爲「驃騎」之訛。

〔八〕魏廢帝二年以宗室進封建城郡王三年行周禮爵隨例改封長湖郡公　「三」，原作「二」，據北史卷六九元定傳改。張森楷云：「上有『廢帝二年』，此不合復有『二年』。據太祖紀（卷二文帝紀下）行周禮是魏恭帝三年事，此『二』當作『三』，上脫『恭帝』二字。」按張説是，但北史亦無「恭帝」二字，也可能上「廢帝」爲「恭帝」之誤。又北史「例」下有「降」字，「改」屬下讀，按周書卷三八元偉傳見「爵隨例降」，疑這裏脫「降」字。

〔九〕而定長史長孫隆及諸將等多勸定和　「孫」上「長」字原脫，據北史卷六九元定傳、册府卷四四四補。按北史卷二二長孫嵩傳附長孫儉傳云：「次子隆，位司金中大夫，從長湖公（湖原作潮，誤）元定伐陳，没江南。」知周書脫「長」字。

〔一〇〕所部衆軍亦被囚虜　「所部」二字，原脫，據三朝本、北史卷六九元定傳補。張元濟云：「殿本脫此二字。」按册府卷四四四「衆」上也有「部下」二字，張説是。

〔一一〕正平高涼人也　按魏書卷一〇六上地形志上高涼縣屬高涼郡，云「太和十一年分龍門置」，不屬正平郡。這裏説「正平高涼」，不知何時改屬。王仲犖北周地理志以爲「蓋高涼後魏末置高涼郡前，曾屬正平郡也」，可備一説。

〔一二〕魏孝昌中爾朱榮殺害朝士　按爾朱榮入洛在武泰元年（五二八），見魏書卷七四尒朱榮傳及相關紀傳，此作「孝昌中」誤。

〔一三〕封肥如五百户　局本「肥如」下有「縣伯」二字，當是依北史卷六九楊檦傳補。按下云「進爵爲侯」，若無「縣伯」二字，則不明所出。疑周書這裏脱「縣伯」二字。

〔一四〕加撫軍銀青光禄大夫　殿本考證云：「北史（卷六九楊檦傳）云『加撫軍將軍』，脱『將軍』二字。」按册府卷六五三即作「撫軍將軍」，且周書多見「撫軍將軍、銀青光禄大夫」，考證説是。但諸本皆同，今不補。

〔一五〕先爲邵郡白水令　三朝本、南監本、北監本、汲本無「郡」字，殿本當依北史卷六九楊檦傳補，局本從殿本。按册府卷四三一亦有「郡」字。下「請微行詣邵郡」同，不再出校記。

〔一六〕正平河北南汾二絳建州太寧等城　「汾」，原作「涉」，據北史卷六九楊檦傳、册府卷四一一改。張森楷以爲作「汾」是。按當時無「涉州」，張説是。又「太」，原作「大」，據册府明刻本卷四一一改。按魏書卷一〇六上地形志上建州屬郡有泰寧，「太」「泰」常互用。

〔一七〕潘洛　「洛」，北史卷六九楊檦傳作「樂」。按潘樂北齊書卷一五、北史卷五三有傳。「樂」「洛」同音，用作名字，當時常通用，今不改。

〔一八〕東雍州刺史馬恭　「馬恭」，北史卷六九楊檦傳、册府卷三五五作「司馬恭」。張森楷云：「裴文舉傳（卷三七）作『司馬恭』，通鑑（卷一五七）從之。疑此誤脱『司』字。」按當時文章中「司馬」常省作「馬」，然此乃史傳敍事，當是脱去，張説是。

〔一九〕東魏刺史車折于洛　「于」，原作「於」，據三朝本、南監本、北監本、汲本、局本、北史卷六九楊檦傳、册府卷三五五改。通志卷一五九楊檦傳作「干」，乃「于」之形訛。

〔二〇〕東魏遣太保侯景攻陷正平　「侯景」，北史卷六九楊檦傳、册府卷三六五作「尉景」。按册府此條採自周書，且侯景似未官太保，北史卷五四尉景傳稱景歷官太保、太傅，魏書卷一二孝靜帝紀、北齊書卷四文宣帝紀、卷一九莫多婁貸文傳俱見「太保尉景」。疑作「尉景」是。

〔二一〕復遣行臺薛循義率兵與斛律俱相會　「循」，北史卷六九楊檦傳作「脩」。按薛循義北齊書卷二〇有傳（中華書局點校本統一改「循」爲「脩」），北史卷五三本傳作「薛脩義」，册府卷三五四作「薛修義」。綜合諸證，疑作「脩」是。然諸本皆同，今不改。

〔二二〕且前經十數里　北史卷六九楊檦傳、册府卷三五五作「且戰且前」。按「且前」語氣不完，疑上脱「且戰」二字。

〔二三〕獲東魏將李顯　「東」，原脱，據北史卷六九楊檦傳補。按周書不應稱東魏爲「魏」。

〔二四〕南陽堵陽人也　「堵」，原作「渚」，據三朝本、册府卷七八六改。按魏書卷一〇六下地形志下襄州建城郡有赭陽縣。「堵」本音「者」，「赭陽」即「堵陽」，作「堵」是。據魏志，赭陽不屬南陽，這裏是以漢魏舊郡縣標郡望。

〔二五〕仲恭美容儀澹於榮利郡累辟爲功曹中正仲恭答曰第五之號豈減驃騎乎　册府卷八一二宋本作：「仲恭以訾於（明刻本作「貲干」）榮利，郡辟爲功曹、中正，仲恭辭不獲免，乃應之。申公李穆嘗謂仲恭曰：『君唯願安坐作富家公，名級何由可進？須爲子孫作資蔭，寧止足於郡吏邪。』仲恭答曰：『第五之號，豈減驃騎乎！』」明鈔本甲、丙同宋本（乙本有錯亂，甲本訛「功」爲「工」）。按「訾於榮利」當是「澹於榮利」之訛，册府宋本「澹」訛作「訾」，明刻本以不可通，臆改爲「貲干」。「中正」下四十七字疑是周書脱去，否則「仲恭答曰」上無所承，不知道答誰。

〔二六〕與二弟漢尼並知名　「並」，原作「是和」，據御覽卷四一六引後周書、册府卷七八三改。張森楷云：「『是和』二字，於義無施，疑誤衍文。」

〔二七〕滎陽鄭孝穆常謂從弟文直曰　「鄭孝穆」，三朝本、南監本、北監本、汲本、局本、御覽卷四一六引後周書、册府卷七九二都作「鄭穆」，乃雙名單稱。殿本當是依北史卷三八裴寬傳補。

〔二八〕乃將家屬避難於大石嶺　「嶺」，原作「巖」，據北史卷三八裴寬傳、册府卷八〇四改。張元濟以爲「巖」字誤，云「見北史」。按張説是。三朝本此字模糊，依稀似「嶺」字，百衲本即據北史修描作「嶺」。

〔二九〕窮來見歸　「窮」，册府卷八〇四作「爽」，即上文所説前來投奔裴寬的韋子爽。

〔三〇〕遂得不坐　「遂」，原作「罪」，據三朝本、南監本、北監本、汲本、局本、北史卷三八裴寬傳、册府卷八〇四改。

〔三一〕若仗兵以斬之亦一時之計也　北史卷三八裴寬傳、册府卷四〇五、通鑑卷一六〇梁紀一六太清元年（五四七）「仗」作「伏」，「計」作「功」。疑作「伏」是。

〔二二〕與東魏將彭樂樂恂戰於新城　二「樂」字，原脱其一，據北史卷三八裴寬傳補。張森楷云：「北史『樂』下更有『樂』字。樂恂，揚州刺史也，見侯景傳（梁書卷五六）。此脱一『樂』字。」按張説是。

〔二三〕關中貧狹　「狹」，原作「校」，據御覽卷三二六引後周書、册府卷三七三改。按「校」字不通。

〔二四〕掩蔽消息　北史卷三八裴寬傳、御覽卷二七九引後周書、册府卷三九三「掩」上有「或」字。按上文云「或聲言春發」，此句與之並列，「或」字不當缺。疑原有「或」字。

〔二五〕但好鎮孔城　「鎮」，御覽卷二七九引後周書、册府卷三九三作「慎」。按孔城防主是裴寬，獨孤永業是齊將，何得告誡部下「好鎮孔城」，從下文看來，疑作「慎」是。

〔二六〕徵拜司土中大夫　「土」，原作「士」，據通典卷三九職官二一改。按後周官品有正五命的司土中大夫，並無司士中大夫之官職。「士」乃「土」之形訛。

〔二七〕出爲汧州刺史　「汧」，原作「汾」。錢大昕考異卷三二云：「『汾』當作『汧』，陳書程靈洗傳（卷一〇）可證也。周本紀（卷二文帝紀下）魏廢帝三年，改江州爲汧州。隋志（卷三一地理志下）於汧陽郡甄山縣云西魏置江州，而不及改汧州事，亦爲疏漏。」按錢説是。唐裴嗣宗墓誌（千唐誌齋藏誌圖版二三三）即記其祖裴寬爲周「汧州刺史」，又此傳下文原作「汾州既接敵境，事資守備，於是復以寬爲汾州刺史」，北史卷三八裴寬傳、册府卷四四四正作「汧州」，可證作「沔」是。今均據以改正，以下不再出校記。

〔三八〕而州城埤狹　「埤」，册府卷四四四作「卑」。

〔三九〕請戍兵　册府卷四四四、通鑑卷一七〇陳紀四光大元年（五六七）「請」下有「益」字，較長。

〔四〇〕弓弩大石　「大」，册府卷四四四、通鑑卷一七〇陳紀四光大元年（五六七）作「矢」，疑是。

〔四一〕經數載後還建業　「後」，北史卷三八裴寬傳、册府卷四四四作「復」，疑是。

〔四二〕漢字仲霄　三朝本、南監本、北監本、汲本無「漢」字，當是承上文「寬弟漢」而省。「霄」，諸本作「賈」，殿本當是依北史卷三八裴寬傳附裴漢傳改。按册府卷七九九、新唐書卷七一上宰相世系表一上都作「霄」，殿本改是。

〔四三〕成都上士　按通典卷三九職官二一後周官品無此官，疑有誤。

〔四四〕太府高賓等參議格令　「太」，原作「大」，據三朝本、汲本、局本、册府卷六二四改。張森楷、張元濟都以爲「大」字誤。張元濟云：「賓爲太府中大夫，見傳廿九（即卷三七裴文舉傳附高賓傳）。」張説是。

〔四五〕唯漢直道固守　「固」，北史卷三八裴寬傳、册府卷四五九作「自」。

〔四六〕歲時伏臘哀慟而已　三朝本、南監本、北監本、汲本「而」下無「已」字，「而」屬下讀。册府卷七五五明刻本「而」下又有「不」字，宋本、明鈔本同周書殿本。

〔四七〕漢弟尼　三朝本、南監本、北監本、汲本無此三字，殿本當是以北史卷三八裴寬傳補，局本從殿本。

〔四八〕大獲軍實　「大」，三朝本作「南」，張元濟以爲作「大」是。按「南獲」猶言南征所獲，未必誤。

〔四九〕起家秦王贄府記室參軍　「贄」，原作「贇」，據北史卷三八裴寬傳改。按周書卷一三文閔明武宣諸子傳、北史卷五八周室諸王傳，秦王名贄，不名「贇」。

〔五〇〕字景和　「景」，北史卷四一楊敷傳、新唐書卷七一下宰相世系表一下作「宣」。

〔五一〕陳公純鎮陝州以敷爲總管長史五年轉司木中大夫軍器副監　「州」，原作「西」，據三朝本、南監本、局本改。按宇文純爲陝州總管，見周書卷五武帝紀上天和五年（五七〇）條和卷一三陳惑王純傳。又純出鎮陝州在天和五年，而此傳繫年上承前文的「保定中」（五六一至五六五），似乎楊敷之爲長史和五年轉司木中大夫、軍器副監，都是保定中事。再加上後面又特提「天和六年」，更使人誤認以前都不是天和年事，實爲乖誤。「陳公純鎮陝州」上應有「天和中」三字，而刪去下文「天和六年」的「天和」二字，方合。

〔五二〕但彊寇四面攻圍日久　三朝本「面」下有「遣」字。册府卷四〇〇「面」作「集」。

〔五三〕孰與死於寇乎　「乎」，册府卷四〇〇作「手」。

〔五四〕遂以憂懼卒於鄴　「懼」，北史卷四一楊敷傳、册府卷四〇〇作「憤」。按上云「敷不爲之屈」，疑作「憤」是。

〔唐〕令狐德棻　等撰

點校本二十四史修訂本

周書

第三册

卷三五至卷五〇

中華書局

2022 年 11 月第 1 版　　2024 年 1 月第 2 次印刷
ISBN 978-7-101-15945-5

周書卷三十五

列傳第二十七

鄭孝穆　崔謙弟説　子弘度　崔猷　裴俠　薛端　薛善弟愼

鄭孝穆字道和〔一〕，滎陽開封人，魏將作大匠渾之十一世孫。祖敬叔，魏潁川、濮陽郡守，本邑中正。父瓊，范陽郡守，贈安東將軍、青州刺史。

孝穆幼而謹厚，以清約自居。年未弱冠，涉獵經史。父叔四人並早殁，昆季之中，孝穆居長。撫訓諸弟，有如同生，閨庭之中，怡怡如也。魏孝昌初，解褐太尉行參軍，轉司徒主簿。屬盜賊蜂起，除假節、龍驤將軍、別將，屢有戰功。永安中，遷冠軍將軍、持節、都督。從元天穆討平邢杲，進驃騎將軍、左光禄大夫、太師咸陽王長史。及魏孝武西遷，從入關，除司徒左長史，領臨洮王友，賜爵永寧縣侯。

大統五年，行武功郡事，遷使持節、本將軍〔二〕，行岐州刺史、當州都督。在任未幾，有能名，就加通直散騎常侍。王羆時爲雍州刺史，欽其善政，遣使貽書，盛相稱述。先是，所部百姓，久遭離亂，饑饉相仍，逃散殆盡。孝穆下車之日，户止三千。留情綏撫，遠近咸至，數年之内，有四萬家。每歲考績，爲天下最。太祖嘉之，賜書曰：「知卿莅職近畿，留心治術。凋弊之俗，禮教興行；厭亂之民，襁負而至。昔郭伋政成并部，賈琮譽重冀方，以古方今，彼有慙德。」於是徵拜京兆尹。

十五年，梁雍州刺史、岳陽王蕭詧稱藩來附，時議欲遣使，盛選行人。太祖歷觀内外，無逾孝穆者。十六年，乃假孝穆散騎常侍，持節策拜詧爲梁王。使還稱旨，進車騎大將軍、儀同三司，加散騎常侍。是年，太祖總戎東討，除大丞相府右長史，封金鄉縣男，邑二百户。軍次潼關，命孝穆與左長史長孫儉、司馬楊寬、尚書蘇亮、諮議劉孟良等分掌衆務。仍令孝穆引接關東歸附人士，并品藻才行而任用之。孝穆撫納銓敍，咸得其宜。大將軍達奚武率衆經略漢中，以孝穆爲梁州刺史，以疾不之部。拜中書令，賜姓宇文氏。尋以疾免。

孝閔帝踐阼，加驃騎大將軍、開府儀同三司，進爵爲子，增邑通一千户。晉公護爲雍州牧，辟爲别駕，又以疾固辭。武成二年，徵拜御伯中大夫，徙授御正。保定三年，出爲宜州刺史，轉華州刺史。五年，除虞州刺史，轉陝州刺史。頻歷數州，皆有政績。復以疾篤，屢乞骸骨。入爲少司空。卒於位，時年六十。贈本官，加鄭梁北豫三州刺史。謚曰貞。

子詡嗣。歷位納言，爲聘陳使。後至開府儀同大將軍、邵州刺史〔三〕。詡弟譯，於隋文帝有翊贊功，開皇初，又追贈孝穆大將軍、徐兗等六州刺史，改謚曰文。

譯幼聰敏，涉獵羣書，尤善音樂，有名於時。世宗詔令事輔城公。及高祖即位，除都督，稍遷御正下大夫，頗被顧待。東宫建，以譯爲宫尹下大夫，特被太子親愛。建德二年，爲聘齊使副。及太子西征，多有失德，王軌、宇文孝伯等以聞，高祖大怒，宫臣親幸者，咸被譴責，譯坐除名。後例復官，仍拜吏部下大夫。宣帝嗣位，授開府儀同大將軍、内史中大夫，封歸昌縣公，邑千户。既以恩舊，任遇甚重，朝政機密，並得參詳。尋遷内史上大夫，進爵沛國公。上大夫之官，自譯始也。及宣帝大漸，御正下大夫劉昉乃與譯謀，以隨公受遺輔少主。隋文帝執政，拜柱國、大丞相府長史，内史如故。尋進位上柱國。

崔謙字士遜〔四〕，博陵安平人也。祖辯，魏平遠將軍、武邑郡守。父楷，散騎常侍、光禄大夫、殷州刺史，贈侍中、都督冀定相三州諸軍事、驃騎大將軍、儀同三司、冀州刺史。

謙幼聰敏，神彩嶷然。及長，深沉有識量。歷觀經史，不持章句，志在博聞而已。每覽經國緯民之事，心常好之，未嘗不撫卷歎息。孝昌中，解褐著作佐郎。從太宰元天穆討邢杲，破之，以功授輔國將軍、太中大夫，遷平東將軍、尚書殿中郎。

賀拔勝出鎮荆州，以謙爲行臺左丞。勝雖居方岳之任，至於安輯夷夏，綱紀衆務，皆委謙焉。謙亦盡其智能，以相匡弼。勝有聲南州，謙之力也。及魏孝武將備齊神武之逼，乃詔勝引兵赴洛。軍至廣州，帝已西遷。勝乃遲疑，將旋所鎮。謙謂勝曰：「昔周室不造，諸侯釋位；漢道中微，列藩盡節。今皇家多故，主上蒙塵，寔忠臣枕戈之時，義士立功之日也。公受方面之重，總宛、葉之衆，若杖義而動，首唱勤王，天下聞風，孰不感激。誠宜順義勇之志，副遐邇之心，倍道兼行，謁帝關右。然後與宇文行臺，同心協力，電討不庭。則桓、文之勳，復興於兹日矣。捨此不爲，中道而退，便恐人皆解體，士各有心。一失事機，後悔何及。」勝不能用，而人情果大騷動。還未至州，州民鄧誕引侯景軍奄至，勝與戰，敗績，遂將麾下數百騎南奔於梁。謙亦與勝俱行。及至梁，每乞師赴援。梁武帝雖不爲出軍，而嘉勝等志節，並許其還國。乃令謙先還，且通隣好。魏文帝見謙甚悦，謂之曰：「卿出萬死之中，投身江外，今得生還本朝，豈非忠貞之報也。」太祖素聞謙名，甚禮之。乃授征西將軍、金紫光禄大夫，賜爵千乘縣男。及勝至，拜太師，以謙有毗輔之功，又授太師長史。

大統三年，從太祖擒竇泰，戰沙苑，並有功。進爵爲子，遷車騎將軍、右光祿大夫〔五〕，拜尚書右丞。謙明練時事，及居樞轄，時論以爲得人。四年，從太祖解洛陽圍，仍經河橋戰，加定州大中正、瀛州刺史。十五年，授車騎大將軍、儀同三司，又破柳仲禮於隨郡，討平李遷哲於魏興，並有功。進驃騎大將軍、開府儀同三司、直州刺史，賜姓宇文氏。

魏恭帝初，轉利州刺史。謙性明悟，深曉政術，又勤於理務，民訟雖繁，未嘗有懈倦之色。吏民以是敬而愛之。時有蜀人賈晃遷舉兵作亂，率其黨圍逼州城。謙倉卒分部，纔得千許人，便率拒戰。會梁州援兵至，遂擒晃遷，餘人乃散。謙誅其渠帥，餘並原之。旬日之間，遂得安輯。世宗初，進爵作唐縣公。保定二年，遷安州總管、隨應等十一州甑山上明魯山三鎮諸軍事、安州刺史。四年，加大將軍，進爵武康郡公。

天和元年，授江陵總管。三年，遷荆州總管、荆淅等十四州南陽平陽等八防諸軍事、荆州刺史。州既統攝遐長，俗兼夷夏，又南接陳境，東隣齊寇。謙外禦彊敵，内撫軍民，風化大行，號稱良牧。每年考績，常爲天下最，屢有詔褒美焉。謙隨賀拔勝之在荆州也，雖被親遇，而名位未顯。及踐其位，朝野以爲榮。四年，卒於州。闔境痛惜之，乃共立祠堂，四時祭饗。子曠嗣。

謙性至孝，少喪父，殆將滅性。與弟說特相友愛〔六〕，雖復年事並高，名位各重，所有資産，皆無私焉。其居家嚴肅，動遵禮度。曠與說子弘度等，並奉其遺訓云。

曠少温雅，仁而汎愛。釋褐中外府記室。大象末，位至開府儀同大將軍，淅州刺史。

說本名士約，少鯁直，有節槩，膂力過人，尤工騎射。釋褐領軍府録事，轉諮議參軍。及賀拔勝出牧荆州，以說爲假節、冠軍將軍、防城都督。又隨勝奔梁，復自梁歸國。授衞將軍、都督，封安昌縣子〔七〕，邑三百户。從太祖復弘農，戰沙苑，皆有功。進爵爲侯，增邑八百户，除京兆郡守。累遷帥都督、撫軍將軍、通直散騎常侍、大都督、車騎大將軍、儀同三司、都官尚書、定州大中正，改封安固縣侯〔八〕，增邑三百户，賜姓宇文氏，并賜名說焉。進驃騎大將軍、開府儀同三司，加侍中，進爵萬年縣公〔九〕，增邑通前二千四百户。除隴州刺史，遷總管涼甘瓜三州諸軍事、涼州刺史。說莅政彊毅，百姓畏之。齊王憲東征，以說爲行軍長史。軍還，除使持節、崇德安義等十三防、熊和中等三州諸軍事〔一〇〕，崇德防主，加授大將軍，改封安平縣公。建德四年卒，時年六十四。贈鄜延丹綏長五州刺史，謚曰壯〔一一〕。子弘度，猛毅有父風。大象末，上柱國、武鄉郡公。

崔猷字宣猷，博陵安平人，漢尚書寔之十二世孫也。祖挺，魏光州刺史、泰昌縣子，贈輔國將軍、幽州刺史，謚曰景。父孝芬，左光禄大夫、儀同三司，兼吏部尚書，爲齊神武所害。

猷少好學，風度閑雅，性鯁正，有軍國籌略。釋褐員外散騎侍郎，領大行臺郎中。尋爲吏部尚書李神儁所薦，拜通直散騎侍郎，攝尚書駕部郎中。普泰初，除征虜將軍、司徒從事中郎。既遭家難，遂間行入關。及謁魏孝武，哀動左右，帝爲之改容。既退，帝目送之曰：「忠孝之道，萃此一門。」即以本官奏門下事。

大統初，兼給事黄門侍郎，封平原縣伯，邑八百户。二年，正除黄門〔三〕，加中軍將軍。擒竇泰，復弘農，破沙苑，猷常以本官從軍典文翰。五年，除司徒左長史，加驃騎將軍。時太廟初成，四時祭祀，猶設俳優角抵之戲，其郊廟祭官，多有假兼。猷屢上疏諫，書奏，並納焉。遷京兆尹。時婚姻禮廢，嫁娶之辰，多舉音樂。又廛里富室，衣服奢淫，乃有織成文繡者。猷又請禁斷，事亦施行。與盧辯等刱修六官。十二年，除大都督、驃騎將軍、淅州刺史，加車騎大將軍、儀同三司。

十四年，侯景據河南歸款，遣行臺王思政赴之。太祖與思政書曰：「崔宣猷智略明贍，有應變之才，若有所疑，宜與量其可不。」思政初頓兵襄城〔一三〕，後欲於潁川爲行臺治所，遣使人魏仲奉啓陳之。并致書於猷論將移之意。猷復書曰：「夫兵者，務在先聲後實，故能百戰百勝，以弱爲彊也。但襄城控帶京洛，寔當今之要地，如有動靜，易相應接。潁川既隣寇境，又無山川之固，賊若充斥，徑至城下。輒以愚情，權其利害，莫若頓兵襄城，爲行臺治所，潁川置州，遣郭賢鎮守。則表裏膠固，人心易安，縱有不虞，豈能爲患。」仲見太祖，具以啓聞。太祖即遣仲還，令依猷之策。思政重啓，求與朝廷立約：賊若水攻，乞一周爲斷；陸攻，請三歲爲期。限内有事，不煩赴援。過此以往，惟朝廷所裁。太祖以思政既親其事，兼復固請，遂許之。及潁川没後，太祖深追悔焉。十六年，以疾去職。屬大軍東征，太祖賜以馬輿，命隨軍，與之籌議。十七年，進侍中、驃騎大將軍、開府儀同三司、本州大中正，賜姓宇文氏。

魏恭帝元年，太祖欲開梁漢舊路，乃命猷督儀同劉道通、陸騰等五人，率衆開通車路，鑿山堙谷五百餘里，至于梁州。即以猷爲都督梁利等十二州白馬儻城二防諸軍事、梁州刺史。及太祖崩，始利沙興等諸州，阻兵爲逆，信合開楚四州亦叛，唯梁州境内，民無貳心。利州刺史崔謙請援，猷遣兵六千赴之。信州糧盡，猷又送米四千斛。二鎮獲全，猷之力也。進爵固安縣公，邑二千户。猷深爲晉公護所重，護乃養猷第三女爲己女〔一四〕，封富平公主。

世宗即位，徵拜御正中大夫。時依周禮稱天王，又不建年號，猷以爲世有澆淳，運有治亂，故帝王以之沿革，聖哲因時制宜。今天子稱王，不足以威天下，請遵秦漢稱皇帝，建年號。朝議從之。武成二年，除司會中大夫，御正如故。

世宗崩，遺詔立高祖。晉公護謂猷曰：「魯國公稟性寬仁，太祖諸子之中，年又居長。今奉遵遺旨，翊戴爲主，君以爲何如？」猷對曰：「殷道尊尊，周道親親，今朝廷既遵周禮，無容輒違此義。」護曰：「天下事大，但恐畢公沖幼耳。」猷曰：「昔周公輔成王以朝諸侯，況明公親賢莫二，若行周公之事，方爲不負顧託。」事雖不行，當時稱其守正。保定元年，重授總管梁利開等十四州白馬儻城二防諸軍事〔一五〕、梁州刺史。尋復爲司會。

天和二年，陳將華皎來附，晉公護議欲南伐，公卿莫敢正言。猷獨進曰：「前歲東征，死傷過半，比雖加撫循，而瘡痍未復。近者長星爲災，乃上玄所以垂鑒誡也。誠宜修德以禳天變，豈可窮兵極武而重其譴負哉？今陳氏保境息民，共敦隣好。無容違盟約之重，納其叛臣，興無名之師，利其土地。詳觀前載，非所聞也。」護不從〔一六〕。其後水軍果敗，而裨將元定等遂没江南。

建德四年，出爲同州司會。六年，徵拜小司徒，加上開府儀同大將軍。隋文帝踐極，以猷前代舊齒，授大將軍，進爵汲郡公，增邑通前三千户。開皇四年卒，謚曰明。

子仲方，字不齊，早知名，機神穎悟，文學優敏。大象末，儀同大將軍、司玉下大夫。

裴俠字嵩和，河東解人也。祖思齊，舉秀才，拜議郎。父欣，博涉經史，魏昌樂王府司馬、西河郡守，贈晉州刺史。

俠幼而聰慧，有異常童。年十三，遭父憂，哀毀有若成人。州辟主簿，舉秀才。魏正光中，解巾奉朝請。稍遷員外散騎侍郎、義陽郡守。元顥入洛，俠執其使人，焚其赦書。魏孝莊嘉之，授輕車將軍、東郡太守，帶防城別將。及魏孝武與齊神武有隙，徵河南兵以備之，俠率所部赴洛陽。授建威將軍，左中郎將〔一七〕。俄而孝武西遷，俠將行而妻子猶在東郡。滎陽鄭偉謂俠曰：「天下方亂，未知烏之所集〔一八〕。何如東就妻子，徐擇木焉。」俠曰：「忠義之道，庸可忽乎！吾既食人之禄，寧以妻子易圖也。」遂從入關。賜爵清河縣伯，除丞相府士曹參軍。

大統三年，領鄉兵從戰沙苑，先鋒陷陣。俠本名協，至是，太祖嘉其勇決，乃曰「仁者必有勇」，因命改焉。以功進爵爲侯，邑八百户，拜行臺郎中。王思政鎮玉壁，以俠爲長史。未幾爲齊神武所攻。神武以書招思政，思政令俠草報，辭甚壯烈。太祖善之，曰：「雖魯連無以加也。」

除河北郡守。俠躬履儉素，愛民如子，所食唯菽麥鹽菜而已。吏民莫不懷之。此郡舊制，有漁獵夫三十人以供郡守。俠曰：「以口腹役人，吾所不爲也。」乃悉罷之。又有丁三十人，供郡守役使。俠亦不以入私，並收庸直，爲官市馬。歲月既積，馬遂成羣。去職之日，一無所取。民歌之曰：「肥鮮不食，丁庸不取，裴公貞惠，爲世規矩。」俠嘗與諸牧守俱謁太祖。太祖命俠別立，謂諸牧守曰：「裴俠清慎奉公，爲天下之最，今衆中有如俠者，可與之俱立。」衆皆默然，無敢應者。太祖乃厚賜俠。朝野歎服，號爲獨立君〔一九〕。

俠又撰九世伯祖貞侯潛傳〔二〇〕，以爲裴氏清公，自此始也，欲使後生奉而行之，宗室中知名者，咸付一通。從弟伯鳳、世彥，時並爲丞相府佐，笑曰：「人生仕進，須身名並裕。清苦若此，竟欲何爲？」俠曰：「夫清者莅職之本，儉者持身之基。況我大宗，世濟其美，故能存見稱於朝廷，没流芳於典策。今吾幸以凡庸，濫蒙殊遇，固其窮困，非慕名也。志在自修，懼辱先也。飜被嗤笑，知復何言。」伯鳳等慙而退。

九年，入爲大行臺郎中。居數載，出爲郢州刺史，加儀同三司，尋轉拓州刺史〔二一〕，徵拜雍州別駕。孝閔帝踐阼，除司邑下大夫，加驃騎大將軍、開府儀同三司，進爵爲公，增邑通前一千六百户。遷民部中大夫。時有姦吏，主守倉儲，積年隱没至千萬者，及俠在官，勵精發摘，數旬之内，姦盜略盡。轉工部中大夫。有大司空掌錢物典李貴乃於府中悲泣。或問其故。對曰：「所掌官物，多有費用，裴公清嚴有名，懼遭罪責，所以泣耳。」俠聞之，許其自首。貴言隱費錢五百萬。俠之肅遏姦伏，皆此類也。

初，俠嘗遇疾沉頓，大司空許國公宇文貴、小司空北海公申徽並來伺候俠〔二二〕。俠所居第屋，不免風霜，貴等還，言之於帝。帝矜其貧苦，乃爲起宅，并賜良田十頃，奴隸、耕牛、糧粟，莫不備足。搢紳咸以爲榮。武成元年，卒於位。贈太子少師、蒲州刺史，謚曰貞。河北郡前功曹張回及吏民等，感俠遺愛，乃作頌紀其清德焉。

子祥，性忠謹，有治劇才。少爲成都令，清不及俠，斷決過之。後除長安令，爲權貴所憚。遷司倉下大夫。俠之終也，遂以毁卒。祥弟肅，貞亮有才藝。天和中，舉秀才，拜給事中士。稍遷御正大夫〔二三〕，賜爵胡原縣子。

薛端字仁直，河東汾陰人也，本名沙陁。魏雍州刺史、汾陰侯辨之六世孫。代爲河東著姓。高祖謹，泰州刺史〔二四〕、内都坐大官、涪陵公。曾祖洪隆，河東太守。以隆兄洪阼尚魏文成帝女西河公主〔二五〕，有賜田在馮翊，洪隆子麟駒徙居之，遂家於馮翊之夏陽焉。麟駒舉秀才，拜中書博士，兼主客郎中，贈河東太守。父英集，通直散騎常侍。

端少有志操。遭父憂，居喪合禮。與弟裕，勵精篤學，不交人事。年十七，司空高乾辟爲參軍，賜爵汾陰縣男。端以天下擾亂，遂弃官歸鄉里。

魏孝武西遷，太祖令大都督薛崇禮據龍門，引端同行。崇禮尋失守，遂降東魏。東魏遣行臺薛循義、都督乙干貴率衆數千西度〔二六〕，據楊氏壁。端與宗親及家僮等先在壁中，循義乃令其兵逼端等東度。方欲濟河，會日暮，端密與宗室及家僮等叛之。循義遣騎追，端且戰且馳，遂入石城栅，得免。栅中先有百家，端與并力固守。貴等數來慰喻，知端無降意，遂拔還河東。東魏又遣其將賀蘭懿、南汾州刺史薛琰達守楊氏壁〔二七〕。端率其屬，并招喻村民等，多設奇以臨之。懿等疑有大軍，便即東遁，爭船溺死者數千人。端收其器械，復還楊氏壁。太祖遣南汾州刺史蘇景恕鎮之。降書勞問，徵端赴闕，以爲大丞相府户曹參軍。

從擒竇泰，復弘農，戰沙苑，並有功。加冠軍將軍、中散大夫，進爵爲伯。轉丞相東閤祭酒，加本州大中正，遷兵部郎中，改封文城縣伯，加使持節、平東將軍、吏部郎中。端性彊直，每有奏請，不避權貴。太祖嘉之，故賜名端，欲令名質相副。自居選曹，先盡賢能，雖貴遊子弟，才劣行薄者，未嘗升擢之。每啓太祖云：「設官分職，本康時務，苟非其人，不如曠職。」太祖深然之。大統十六年，大軍東討。柱國李弼爲别道元帥，妙簡首僚〔三八〕，數日不定。太祖謂弼曰：「爲公思得一長史，無過薛端。」弼對曰：「真其才也。」乃遣之。加授車騎大將軍、儀同三司。轉尚書左丞〔三九〕，仍掌選事。進授吏部尚書，賜姓宇文氏。端久處選曹，雅有人倫之鑒，其所擢用，咸得其才。六官建，拜軍司馬，加侍中、驃騎大將軍、開府儀同三司，進爵爲侯。

孝閔帝踐阼，除工部中大夫，轉民部中大夫，進爵爲公，增邑通前一千八百户。晉公護將廢帝，召羣官議之，端頗有同異。護不悦，出爲蔡州刺史。爲政寬惠，民吏愛之。尋轉基州刺史。基州地接梁、陳，事藉鎮撫，總管史寧遣司馬梁榮催令赴任。蔡州父老訴榮，請留端者千餘人。至基州，未幾卒，時年四十三。遺誡薄葬，府州贈遺，勿有所受。贈本官，加大將軍，追封文城郡公。謚曰質。

子胄，字紹玄。幼聰敏，涉獵羣書，雅達政事。起家帥都督。累遷上儀同，歷司金中大夫、徐州總管府長史、合州刺史。大象中，位至開府儀同大將軍。

端弟裕，字仁友。少以孝悌聞於州里。初爲太學生，時黌中多是貴遊，好學者少，唯裕躭翫不倦。弱冠，辟丞相參軍事。是時京兆韋敻志安放逸，不干世務。裕慕其恬靜，數載酒餚候之，談宴終日。敻遂以從孫女妻之。裕嘗謂親友曰：「大丈夫當聖明之運，而無灼然文武之用，爲世所知，雖復栖栖遑遑，徒爲勞苦耳。至如韋居士，退不丘壑，進不市朝，怡然守道，榮辱不及，何其樂也。」尋遇疾而卒，時年四十一。文章之士誄之者數人。太祖傷惜之，贈洛州刺史。

薛善字仲良，河東汾陰人也。祖瑚〔三〇〕，魏河東郡守。父和，南青州刺史。

善少爲司空府參軍事，遷儻城郡守，轉鹽池都將。魏孝武西遷，東魏改河東爲泰州，以善爲別駕〔三一〕。善家素富，僮僕數百人。兄元信，仗氣豪侈，每食方丈，坐客恒滿，絃歌不絶。而善獨供己率素〔三二〕，愛樂閑靜。

大統三年，齊神武敗於沙苑，留善族兄崇禮守河東。太祖遣李弼圍之，崇禮固守不下。善密謂崇禮曰：「高氏戎車犯順，致令主上播越。與兄忝是衣冠緒餘，荷國榮寵。今大軍已臨，而兄尚欲爲高氏盡力。若城陷之日，送首長安，云逆賊某甲之首，死而有靈，豈不殁有餘愧！不如早歸誠款，雖未足以表奇節，庶獲全首領。」而崇禮猶持疑不決。會善從弟馥妹夫高子信爲防城都督，守城南面。遣馥來詣善云：「意欲應接西軍，但恐力所不制。」善即令弟濟將門生數十人，與信、馥等斬關引弼軍入。時預謀者並賞五等爵，善以背逆歸順，臣子常情，豈容闔門大小，俱叨封邑，遂與弟慎並固辭不受。太祖嘉之，以善爲汾陰令。善幹用彊明，一郡稱最。太守王羆美之，令善兼督六縣事。

尋徵爲行臺郎中。時欲廣置屯田以供軍費，乃除司農少卿，領同州夏陽縣二十屯監。又於夏陽諸山置鐵冶，復令善爲冶監，每月役八千人，營造軍器。善親自督課，兼加慰撫，甲兵精利，而皆忘其勞苦焉。加通直散騎常侍，遷大丞相府從事中郎。追論屯田功，賜爵龍門縣子，遷黄門侍郎，加車騎大將軍、儀同三司。除河東郡守，進驃騎大將軍、開府儀同三司，賜姓宇文氏。六官建，拜工部中大夫，進爵博平縣公。尋除御正中大夫，轉民部中大夫。

時晉公護執政，儀同齊軌語善云：「兵馬萬機，須歸天子，何因猶在權門。」善白之。護乃殺軌，以善忠於己，引爲中外府司馬。遷司會中大夫，副總六府事。加授京兆尹，仍治司會。出爲隆州刺史，兼治益州總管府長史。徵拜少傅〔三〕。卒於位，時年六十七。贈蒲虞勳三州刺史。高祖以善告齊軌事，謚曰繆公。子裒嗣。官至高陽守。善弟慎。

慎字佛護〔三四〕，好學，能屬文，善草書。少與同郡裴叔逸、裴諏之、柳虯，范陽盧柔，隴西李璨並相友善。起家丞相府墨曹參軍。太祖於行臺省置學，取丞郎及府佐德行明敏者充生。悉令旦理公務，晚就講習，先六經，後子史。又於諸生中簡德行淳懿者，侍太祖讀書。慎與李璨及隴西李伯良、辛韶，武功蘇衡，譙郡夏侯裕，安定梁曠、梁禮，河南長孫璋，河東裴舉、薛同，滎陽鄭朝等十二人，並應其選。又以慎爲學師，以知諸生課業。太祖雅好談論，并簡名僧深識玄宗者一百人，於第内講説。又命慎等十二人兼學佛義，使内外俱通。由是四方競爲大乘之學。

數年，復以慎爲宜都公侍讀。轉丞相府記室。魏東宮建，除太子舍人。遷庶子，仍領舍人。加通直散騎常侍，兼中書舍人，轉禮部郎中。六官建，拜膳部下大夫。慎兄善又任工部。並居清顯，時人榮之。孝閔帝踐阼，除御正下大夫，進車騎大將軍、儀同三司，封淮南縣子，邑八百户。歷師氏、御伯中大夫。

保定初，出爲湖州刺史。州界既雜蠻左，恒以劫掠爲務。慎乃集諸豪帥，具宣朝旨，仍令首領每月一參，或須言事者，不限時節。慎每引見，必殷勤勸誡，及賜酒食。一年之間，翕然從化。諸蠻乃相謂曰：「今日始知刺史真民父母也。」莫不欣悦。自是襁負而至者，千有餘户。蠻俗，婚娶之後，父母雖在，即與別居。慎謂守令曰：「牧守令長是化民者也，豈有其子娶妻，便與父母離析。非唯氓俗之失，亦是牧守之罪。」慎乃親自誘導，示以孝慈，并遣守令各喻所部。有數户蠻，别居數年，遂還侍養，及行得果膳，歸奉父母。慎感其從善之速，具以狀聞。有詔蠲其賦役。於是風化大行，有同華俗。

尋入爲蕃部中大夫。以疾去職，卒於家。有文集，頗爲世所傳。

薛善之以河東應李弼也，敬珍、敬祥亦率屬縣歸附。

敬珍字國寶，河東蒲坂人也，漢楊州刺史韶之十世孫。父伯樂，州主簿，安邑令。珍偉容儀，有氣俠，學業騎射，俱爲當時所稱。祥即珍從祖兄也，亦慷慨有大志，唯以交結英豪爲務。珍與之深相友愛，每同遊處。

及齊神武趨沙苑，珍謂祥曰：「高歡迫逐乘輿，播遷關右，有識之士，孰不欲推刃於其腹中？但力未能制耳。今復稱兵内侮，將逞凶逆，此誠志士効命之日，當與兄圖之。」祥聞其言甚悦，曰：「計將安出？」珍曰：「宇文丞相寬仁大度，有霸王之略，挾天子而令諸侯，已數年矣。觀其政刑備舉，將士用命，歡雖有衆，固非其儔。況逆順理殊，將不戰而自潰矣。我若招集義勇，斷其歸路，殲鹹凶徒，使隻輪不反，非直雪朝廷之恥，亦壯士封侯之業。」祥深然之，遂與同郡豪右張小白、樊昭賢、王玄略等舉兵，數日之中，衆至萬餘。將襲歡後軍，兵未進而齊神武已敗。珍與祥邀之，多所剋獲。及李弼軍至河東，珍與小白等率猗氏、南解、北解、安邑、温泉、虞鄉等六縣户十餘萬歸附。太祖嘉之，即拜珍平陽太守，領永寧防主；祥龍驤將軍、行臺郎中，領相里防主。並賜鼓吹以寵異之。太祖仍執珍手曰：「國家有河東之地者，卿兄弟之力。還以此地付卿，我無東顧之憂矣。」久之，遷絳州刺史。以疾免，卒於家。子元約，性貞正，有識學。位至布憲中大夫。小白等既與珍歸闕，太祖嘉其立効，並任用之。後咸至郡守、刺史。

史臣曰：鄭孝穆撫寧離散，豳岐多襁負之人；崔謙鎮禦邊垂，江漢流載清之詠。崔説居家理治，以嚴肅見稱，莅職當官，以猛毅爲政；崔猷立朝贊務，則嘉謀屢陳，出撫宣條，則威恩具舉。裴俠忠勤奉上，廉約治身，吏不能欺，民懷其惠。薛端歷居顯要，以彊直知名。薛善任惟繁劇，以弘益流譽。並當時之良將也。而善陷齊諂護以要權寵，易名爲繆，斯不謬乎。

校勘記

〔一〕鄭孝穆字道和　北史卷三五鄭羲傳附鄭道邕傳作「道邕字孝穆」，魏書卷五六鄭羲傳亦作

「道邕」，未舉字。按道邕當是本名，晚年避周武帝諱，以字行。北周舊史又改「邕」爲「和」，以之爲字。

〔二〕遷使持節本將軍　「本」，原作「大」，據三朝本、南監本、北監本、汲本、局本改。按下文孝穆於大統十六年（五五〇）方進位車騎大將軍，豈得先已爲大將軍。

〔三〕後至開府儀同大將軍邵州刺史　「儀同」下原有「三司」二字，據北史卷三五鄭義傳附鄭道邕傳删。按周書卷六武帝紀下建德四年（五七五）十月條，「改開府儀同三司爲開府儀同大將軍，儀同三司爲儀同大將軍」，北周並無「開府儀同三司大將軍」官號。

〔四〕崔謙字士遜　魏書卷五六、北史卷三二崔辯傳附崔士謙傳、新唐書卷七二下宰相世系表二下，都以「士謙」爲名。通志卷一五七崔士謙傳作「崔士謙字士遜」（北史本傳無字）。按崔辯傳和世系表稱其兄弟都以「士」字排行，下文也説其弟説（原誤作「訦」）本名士約。然通鑑卷一五六梁紀一二中大通六年（五三四）見「行臺左丞崔謙」。又魏崔楷墓誌（鴛鴦七誌齋藏石圖版一三七）記崔士謙等諸子名，同有「士」字，但誌文後面也省稱爲「元、謙、約」。似謙本名士謙，字士遜，「崔謙」乃雙名單稱。

〔五〕遷車騎將軍右光禄大夫　「將軍」上原有「大」字。按魏書卷一一三官氏志載太和後職令，驃騎、車騎將軍和左右光禄大夫同在第二品，周書卷二四盧辯傳末同在正八命。故左右光禄大夫是驃騎、車騎將軍的加官。若是車騎大將軍，則例加儀同三司。本傳下文又云：「（大統）

十五年，授車騎大將軍、儀同三司」，可證這裏「大」字衍。今據刪。

〔六〕與弟說特相友愛　「說」，原作「訦」，據北史卷三二崔辯傳附崔士謙傳改。按英華卷九〇四庾信周大將軍崔說神道碑（以下簡稱崔說碑）、新唐書卷七二下宰相世系表二下都作「說」，「訦」字誤。以下徑改。

〔七〕授衛將軍都督封安昌縣子　「衛將軍」，北史卷三二崔辯傳附崔說傳作「武衛將軍」。按下文云「累遷帥都督、撫軍將軍」，據魏書卷一一三官氏志載太和後職令，衛將軍在第二品，撫軍將軍在從第二品，武衛將軍在從第三品。從遷轉次序看，疑作「武衛將軍」是。

〔八〕改封安固縣侯　「安固縣侯」，崔說碑作「安國縣侯」。按魏書卷一〇六上地形志上博陵郡有安國縣。隋書卷三〇地理志中博陵郡義豐縣條云：「舊有安國縣，後齊廢。」地不屬周，但崔說是博陵人，故以本郡一縣爲封號。疑作「安國」是。

〔九〕進驃騎大將軍開府儀同三司加侍中進爵萬年縣公　「驃騎」上原有「爵」字，據北史卷三二崔辯傳附崔說傳刪。按驃騎大將軍、開府儀同三司、侍中皆官非爵，且下有「進爵萬年縣公」，這裏不當有「爵」字。「驃」，崔說碑作「車」，下注「周書、北史作『驃』」。按周制，驃騎大將軍例加開府儀同三司和侍中，車騎大將軍加儀同三司和散騎常侍，且碑上文已記說爲「車騎大將軍、儀同三司」，這裏不應重出，疑碑誤。

〔一〇〕熊和中等三州諸軍事　「中」，原作「忠」，據崔說碑改。按錢大昕考異卷三二云：「『忠』當作

『中』。隋志（卷三〇地理志河南郡）新安縣，後周置中州。」錢說是。

〔一一〕贈鄜延丹綏長五州刺史謚曰壯　「長」，崔說碑作「恒」。「壯」，北史卷三二崔辯傳附崔說傳百衲本、通志卷一五七崔士謙傳附崔說傳、新唐書卷七二下宰相世系表二下同，北史殿本、崔說碑作「莊」，未知孰是。

〔一二〕二年正除黃門　「正除」，原倒作「除正」，據三朝本、南監本、北監本、汲本乙正。北史卷三二崔挺傳附崔猷傳但作「正黃門」。按上云「兼給事黃門侍郎」，「正除」或「正」均對「兼」而言，殿本誤倒，局本同殿本。

〔一三〕思政初頓兵襄城　「頓」，原作「領」，據三朝本、汲本、北史卷三二崔挺傳附崔猷傳、册府卷六九一改。

〔一四〕護乃養猷第三女爲己女　北史卷三二崔挺傳附崔猷傳作「猷第二女帝養爲己女」。

〔一五〕白馬儻城二防　「城」，原作「成」。張森楷云：「『成』當作『城』，上文是『城』字。」按當時地名「成」「城」常互用，儻成郡見隋書卷二九地理志上漢川郡興勢縣條，本可不改，但上下文宜一致，下薛善傳亦見「儻城郡」。今據改。

〔一六〕護不從　「護」，北史卷三二崔挺傳附崔猷傳作「議」。

〔一七〕左中郎將　「左」，册府卷三七三作「右」。

〔一八〕未知烏之所集　「烏」，三朝本、南監本、北監本、汲本、册府卷三七三明鈔本與明刻本都作

「烏」(册府宋本作「烏」)。殿本當依北史卷三八裴俠傳改，局本從殿本。按下有「徐擇木焉」語，本意恐非用詩經「瞻烏爰止」語，而是「良禽擇木而棲」，作「烏」未必誤。

〔一九〕號爲獨立君　北史卷三八裴俠傳、册府卷六七三「君」上有「使」字，通鑑卷一五八梁紀一四大同九年(五四三)則同作「獨立君」。

〔二〇〕俠又撰九世伯祖貞侯潛傳　三朝本、南監本、北監本、汲本無「潛」字，殿本當據北史卷三八裴俠傳補，局本從殿本。

〔二一〕尋轉拓州刺史　「拓」，原作「祏」，據北史卷三八裴俠傳改。按「拓州」見隋書卷三一地理志下夷陵郡條，「祏」字誤。

〔二二〕並來伺候俠　北史卷三八裴俠傳作「並來候俠疾」。

〔二三〕稍遷御正大夫　隋書卷六二裴肅傳、北史卷三八裴俠傳附裴肅傳作「累遷御正下大夫」。

〔二四〕高祖謹泰州刺史　「泰」，原作「秦」，據三朝本、南監本、北監本、汲本、局本改。張森楷云：「作『泰』是，此時固無『秦州』也。」按泰州治蒲坂，錢大昕考異卷三〇有辯。

〔二五〕以隆兄洪阼尚魏文成帝女西河公主　「成」，原脱。張森楷云：「據魏書薛辯傳(卷四二)皇興三年以長公主下嫁。依帝姊妹稱長公主之例推之，則當是文成帝女。」按北史卷三六薛辯傳明言洪祚尚文成女西河長公主。張説是。今據補。

〔二六〕都督乙干貴　「干」，三朝本、南監本、北監本、汲本、局本作「千」。殿本當從北史卷三六薛辯傳附薛端傳改。按册府卷七五八此節出北史，明鈔本作「乙千貴」，明刻本改作「都督一千兵」。

〔二七〕薛琰達　「達」，原作「逵」，據三朝本、南監本、汲本、局本、北史卷三六薛辯傳附薛端傳、册府卷七五八改。按北監本「達」字刊似「逵」，殿本因之而訛。

〔二八〕妙簡首僚　「首」，北史卷三六薛辯傳附薛端傳、册府卷一四八、卷七一六作「英」。

〔二九〕轉尚書左丞　「左」，北史卷三六薛辯傳附薛端傳作「右」。

〔三〇〕祖瑚　張森楷云：「此即魏書薛辯傳（卷四二）之破胡也。此作單名『瑚』，北史（卷三六薛辯傳）又作『湖』，殊不畫一。」按魏書稱破胡弟破氏。魏薛孝通墓誌（鴛鴦七誌齋藏石）云「湖字破胡」。新唐書卷七三下宰相世系表三下稱「瑚字破胡」。疑原名破胡，單稱作「胡」，其後人又嫌不雅，乃加玉旁或水旁。

〔三一〕魏孝武西遷東魏改河東爲泰州以善爲別駕　「東魏改河東爲泰州」，原作「東魏攻河東圍秦州」。北史卷三六薛辯傳附薛善傳作「魏改河東爲秦州」。「秦州」與周書同爲「泰州」之訛，已見本卷校記第二四條，徑改正。周書云東魏攻河東，北史則改郡置州。按這時河東爲東魏所有，薛善也是東魏所任別駕，觀下文自明。東魏豈有「攻河東，圍泰州」之理。魏書卷一〇六下地形志下泰州（原誤作秦州）條云：「神䴥元年置雍州，延和元年改，太和中罷，天平初復，後陷。」東魏天平改元（五三四）即在永熙三年孝武西遷後，云「天平初復」，與本條所云

「改河東爲泰州」，時間相符。三朝本「圍」作「爲」，字尚不誤，「改」已訛作「攻」。後人又改「爲」作「圍」，以就文義，不知與事實大謬。今據北史改正。

〔三〕而善獨供己率素　「供」，北史卷三六薛辯傳附薛善傳、册府卷八〇六作「恭」。

〔三〕徵拜少傅　北史卷三六薛辯傳附薛善傳作「徵拜武威少府」。

〔四〕慎字佛護　「佛」，北史卷三六薛辯傳附薛慎傳、册府卷八八二作「伯」。

周書卷三十六

列傳第二十八

鄭偉　楊纂　段永　王士良　崔彥穆　令狐整　司馬裔　裴果 劉志

鄭偉字子直，榮陽開封人也，小名闍提，魏將作大匠渾之十一世孫。祖思明〔一〕，少勇悍，仕魏至直閤將軍，贈濟州刺史。父先護，亦以武勇聞。起家員外散騎侍郎。魏孝莊帝在藩，先護早自結託。及即位〔二〕，歷通直散騎常侍、平南將軍、廣州刺史，賜爵平昌縣侯。元顥入洛，以禦扞之功，累遷都督二豫郢雍四州諸軍、征東將軍、豫州刺史，兼尚書右僕射〔三〕，進爵郡公〔四〕。尋入爲車騎將軍、左衞將軍。及爾朱榮死，徐州刺史爾朱仲遠擁兵將入洛，詔先護以本官假驃騎將軍、大都督，率所部與行臺楊昱及都督賀拔勝同討之。勝於陣降仲遠，又聞京師不守，衆遂潰。先護奔梁。尋自梁歸，爲仲遠所害。魏孝武初，贈使持節、都督、青齊兗豫四州刺史〔五〕。

偉少倜儻有大志，每以功名自許，善騎射，膽力過人。爾朱氏滅後，自梁歸魏。起家通直散騎侍郎。及孝武西遷，偉亦歸鄉里，不求仕進。大統三年，河内公獨孤信既復洛陽，偉乃謂其親族曰：「今嗣主中興鼎業，據有崤、函。河内公親董衆軍，克復瀍、洛，率土之内，孰不延首望風。況吾等世荷朝恩，家傳忠義，誠宜以此時効臣子之節，成富貴之資。豈可碌碌爲懦夫之事也！」於是與宗人榮業，糺合州里，建義於陳留。信宿間，衆有萬餘人。遂攻拔梁州，擒東魏刺史鹿永吉及鎮城令狐德，并獲陳留郡守趙季和。乃率衆來附。因是梁、陳之間，相次降款。偉馳入朝，太祖與語歎美之。拜龍驤將軍、北徐州刺史，封武陽縣伯，邑六百户。

從戰河橋及解玉壁圍，偉常先鋒陷陣。侯景歸款，太祖命偉率所部應接之。及景後叛，偉亦全軍而還。録前後功，除中軍將軍、滎陽郡守，加散騎常侍、大都督，進爵襄城郡公，邑二千户，加車騎大將軍、開府儀同三司〔六〕。

魏恭帝二年，進位大將軍，除江陵防主、都督十五州諸軍事。偉性麁獷，不遵法度，睚眦之間，便行殺戮。朝廷以其有立義之効，每優容之。及在江陵，乃專戮副防主杞賓王，坐除名。保定元年，詔復官爵，仍除宜州刺史。天和六年，轉華州刺史。偉前後莅職，皆以威猛爲治，吏民莫敢犯禁，盜賊亦爲之休止。雖無仁政，然頗以此見稱。其年卒於州，時年五十七。贈本官，加少傅、都督司豫洛相冀五州諸軍事、司州刺史。謚曰肅。

偉性吃，少時嘗逐鹿於野，失之，遇牧豎而問焉。牧豎答之，其言亦吃。偉怒，謂其效己，遂射殺之。其忍暴如此。子大士嗣。

偉族人頂字寧伯〔七〕，少有幹用。起家員外散騎侍郎，稍遷行臺左丞、陽城陳留二郡守。與偉同謀立義。後隨偉入朝，賜爵魏昌縣伯，除太府少卿。出爲扶風郡守，復爲太府少卿，轉衛尉少卿。歷職内外，並有恪勤之稱。尋卒官。贈儀同三司、豫州刺史。

子常，字子元。頗涉學，有當官譽。歷撫軍將軍、通直散騎常侍、司皮下大夫，遷信東徐南兖三州刺史〔八〕。以立義及累戰功，授上開府儀同大將軍，賜爵饒陽侯〔九〕。卒，贈本官，加郢鄀陝三州諸軍事、郢州刺史。子神符。

楊纂，廣寧人也。父安仁，魏北道都督、朔州鎮將。

纂少習軍旅，慷慨有志略，尤工騎射，勇力兼人。年二十，從齊神武起兵於信都，以軍功稍遷安西將軍、武州刺史。自以功高賞薄，志懷怨憤，每歎曰：「大丈夫富貴何必故鄉。若以妻子撓懷，豈不沮人雄志！」大統初，乃間行歸款。太祖執纂手曰：「人所貴者忠義也，所懼者危亡也，其能不憚危亡蹈茲忠義者，今方見之於卿耳。」即授征南將軍、大都督，封永興縣侯，邑八百户，加通直散騎常侍。

從太祖解洛陽圍，經河橋、邙山之戰，纂每先登，軍中咸推其敢勇。累遷使持節、車騎大將軍、儀同三司、散騎常侍，驃騎大將軍、開府儀同三司，加侍中，進爵爲公，增邑通前一千户。賜姓莫胡盧氏。俄授岐州刺史。孝閔帝踐阼，進爵宋熙郡公。保定元年，進位大將軍，改封隴東郡公，除隴州刺史。三年，從隨公楊忠東伐，至并州而還。天和六年，進授柱國大將軍，轉華州刺史。

纂性質樸，又不識文字，前後莅職，但推誠信而已。吏以其忠恕，頗亦懷之〔一〇〕。尋卒於州，時年六十七。子睿嗣。位至上柱國、漁陽郡公。

段永字永賓，其先遼西石城人〔一一〕，晉幽州刺史匹磾之後也。曾祖愪，仕魏，黄龍鎮將，因徙高陸之河陽焉。

永幼有志操，閭里稱之。魏正光末，六鎮擾亂，遂携老幼，避地中山。後赴洛陽。拜殿中將軍，稍遷平東將軍，封沃陽縣伯，邑五百户。青州人崔社客舉兵反，永討平之。進爵爲侯，除左光禄大夫。時有賊魁元伯生，率數百騎，西自崤、潼，東至鞏、洛，屠陷塢壁，所在爲患。魏孝武遣京畿大都督匹婁昭討之，昭請以五千人行。永進曰：「此賊既無城柵，唯以寇抄爲資，安則蟻聚，窮則鳥散，取之在速，不在衆也。若星馳電發，出其不虞，精騎五百，自足平殄。若徵兵而後往，彼必遠竄，雖有大衆，無所用之。」帝然其計，於是命永代昭，以五百騎討之。永覘知所在，倍道兼進，遂破平之。

帝西遷，永時不及從。大統初，乃結宗人，潛謀歸款。密與都督趙業等襲斬西中郎將慕容顯和，傳首京師。以功別封昌平縣子，邑三百户，除北徐州刺史。從擒竇泰，復弘農，破沙苑，並有戰功。進爵爲公。河橋之役，永力戰先登，授南汾州刺史。累遷大都督、車騎大將軍、儀同三司、散騎常侍、驃騎大將軍、開府儀同三司，賜姓爾綿氏。魏廢帝元年，授恒州刺史。于時朝貴多其部人，謁永之日，冠蓋盈路。當時榮之。孝閔帝踐阼，進爵廣城郡公，轉文州刺史。入爲工部中大夫〔二〕，遷軍司馬。保定四年，拜大將軍。

永歷任内外，所在頗有聲稱。輕財好士，朝野以此重焉。前後累增凡三千九百户。

天和四年，授小司寇〔一三〕。尋爲右二軍總管〔一四〕，率兵北道講武。遇疾，卒於賀葛城，年六十八。喪還，高祖親臨。贈使持節、柱國大將軍、同華等五州刺史，謚曰基。子岌嗣，官至儀同三司、兵部下大夫〔一五〕。

王士良字君明，其先太原晉陽人也。後因晉亂，避地涼州。魏太武平沮渠氏，曾祖景仁歸魏，爲燉煌鎮將。祖公禮，平城鎮司馬，因家於代。父延，蘭陵郡守。

士良少修謹，不妄交遊。魏建明初，爾朱仲遠啓爲府參軍事〔一六〕。歷大行臺郎中、諫議大夫，封石門縣男，邑二百户。後與紇豆陵步藩交戰，軍敗，爲步藩所擒，遂居河右。僞行臺紇豆陵伊利欽其才，擢授右丞，妻以孫女。士良既爲姻好，便得盡言，遂曉以禍福，伊利等並即歸附。朝廷嘉之。太昌初，進爵晉陽縣子，邑四百户。尋進爵琅邪縣侯，授太中大夫、右將軍，出爲殷州車騎府司馬。

東魏徙鄴之後，置京畿府，專典兵馬。時齊文襄爲大都督，以士良爲司馬，領外兵參軍。尋遷長史，加安西將軍，徙封符壘縣侯，增邑七百户。武定初，除行臺左中兵郎中〔一七〕，又轉大將軍府屬、從事中郎，仍攝外兵事。王思政鎮潁川，齊文襄率衆攻之。授士良大行臺右丞〔一八〕，加鎮西將軍，增邑一千户，進爵爲公，令輔其弟演於并州居守。

齊文宣即位，入爲給事黄門侍郎，領中書舍人，仍總知并州兵馬事，加征西將軍，別封新豐縣子，邑三百户。俄除驃騎將軍、尚書吏部郎中。齊文宣自晉陽赴鄴宫，復士良爲尚書左丞〔一九〕，統留後事。仍遷御史中丞，轉七兵尚書。未幾，入爲侍中，轉殿中尚書。頃之，復爲侍中，除吏部尚書。士良頓首固讓，文宣不許。久之，還爲侍中，又攝度支、五兵二曹尚書。士良少孤，事繼母梁氏以孝聞。及卒，居喪合禮。文宣尋起令視事，士良屢表陳誠，再三不許，方應命。文宣見其毁瘠，乃許之。因此卧疾歷年，文宣每自臨視。疾愈，除滄州刺史。乾明初，徵還鄴，授儀同三司。孝昭即位，遣三道使搜揚人物。士良與尚書令趙郡王高叡、太常卿崔昂分行郡國，但有一介之善者，無不以聞。齊武成初，除太子少傅、少師，復除侍中，轉太常卿，尋加開府儀同三司，出爲豫州道行臺，豫州刺史。

保定四年，晉公護東伐，權景宣以山南兵圍豫州，士良舉城降。授大將軍、小司徒，賜爵廣昌郡公。尋除荆州總管，行荆州刺史。復入爲小司徒。俄除鄜州刺史，轉金州總管、七州諸軍事、金州刺史。建德六年，授并州刺史〔二〇〕。士良去鄉既久，忽臨本州，耆舊故人，猶有存者。遠近咸以爲榮。加授上大將軍。以老疾乞骸骨，優詔許之。隋開皇元年卒，時年八十二〔二一〕。子德衡，大象末，儀同大將軍。

崔彥穆字彥穆，清河東武城人也，魏司空、安陽侯林之九世孫。曾祖顗，魏平東府諮議。祖蔚，遭從兄司徒浩之難，南奔江左。仕宋爲給事黄門侍郎，汝南、義陽二郡守。延興初，復歸於魏，拜潁川郡守，因家焉。後終於郢州刺史。父稚，篤志經史，不以世事嬰心。起家祕書郎，稍遷永昌郡守。隋開皇初，以獻后外曾祖，追贈上開府儀同三司、新州刺史。

彥穆幼明悟，神彩卓然。年十五，與河間邢子才、京兆韋孝寬俱入中書學，偏相友愛。伏膺儒業，爲時輩所稱。魏吏部尚書隴西李神儁有知人之鑒，見而歎曰：「王佐才也。」永安末，除司徒府參軍事，轉記室，遷大司馬從事中郎。

魏孝武西遷，彥穆時不得從。大統三年，乃與兄彥珍於成臯舉義，因攻拔滎陽，擒東魏郡守蘇淑。仍與鄉郡王元洪威攻潁川，斬其刺史李景遺〔二〕。孝武嘉之，拜鎮東將軍、金紫光禄大夫、滎陽郡守。四年，兼行右民郎中、潁川邑中正，賜爵千乘縣侯。十四年，加使持節、車騎大將軍、儀同三司、散騎常侍、司農卿。時軍國草刱，衆務殷繁，太祖乃詔彥穆入幕府，兼掌文翰。及于謹伐江陵〔三〕，彥穆以本官從平之。

世宗初，進驃騎大將軍、開府儀同三司，俄拜安州總管、十一州諸軍事〔二四〕、安州刺史。入爲御正中大夫。陳氏請敦鄰好，詔彦穆使焉。彦穆風韻閑曠，器度方雅，善玄言，解談謔，甚爲江表所稱〔二五〕。轉民部中大夫，進爵爲公。天和三年，復爲使主，聘於齊。使還，除金州總管、七州諸軍事、金州刺史，進位大將軍。尋徵拜小司徒。

大象二年，宣帝崩，隋文帝輔政，三方兵起。以彦穆爲行軍總管，率兵與襄州總管王誼討司馬消難。軍次荆州，彦穆疑荆州總管獨孤永業有異志，遂收而戮之。及事平，隋文帝徵王誼入朝，即以彦穆爲襄州總管、六州諸軍事、襄州刺史，加授上大將軍，進爵東郡公，邑二千户。頃之，永業家自理得雪，彦穆坐除名。尋復官爵。隋開皇元年，卒。子君綽嗣。

君綽性夷簡，博覽經史，有父風。大象末，丞相府賓曹參軍。君綽弟君肅，解巾爲道王侍讀。大象末，潁川郡守。

令狐整字延保，燉煌人也，本名延，世爲西土冠冕。曾祖嗣、祖詔安〔二六〕，並官至郡守，咸爲良二千石。父虬，早以名德著聞，仕歷瓜州司馬、燉煌郡守、郢州刺史，封長城縣子。

大統末，卒於家。太祖傷悼之，遣使者監護喪事，又勑鄉人爲營墳壟。贈龍驤將軍、瓜州刺史。

整幼聰敏，沉深有識量。學藝騎射，並爲河右所推。刺史魏東陽王元榮辟整爲主簿，加盪寇將軍。整進趨詳雅，對揚辨暢，謁見之際，州府傾目。榮器整德望，嘗謂僚屬曰：「令狐延保西州令望，方城重器，豈州郡之職所可縶維。但一日千里，必基武步，寡人當委以庶務，書諾而已〔二七〕。」

頃之，魏孝武西遷，河右擾亂，榮仗整防扞，州境獲寧。及鄧彦竊瓜州〔二八〕，拒不受代，整與開府張穆等密應使者申徽，執彦送京師。太祖嘉其忠節，表爲都督。尋而城民張保又殺刺史成慶，與涼州刺史宇文仲和搆逆，規據河西。晉昌人呂興等復害郡守郭肆，以郡應保。初，保等將圖爲亂，慮整守義不從，既殺成慶，因欲及整。以整人之望也，復恐其下叛之，遂不敢害。雖外加禮敬，内甚忌整。整亦僞若親附，而密欲圖之。陰令所親說保曰：「君與仲和結爲脣齒，今東軍漸逼涼州，彼勢孤危，恐不能敵。若或摧衄，則禍及此土。宜分遣鋭師，星言救援。二州合勢，則東軍可圖。然後保境息人，計之上者。」保然之，而未知所任。整又令說保曰：「歷觀成敗，在於任使。所擇不善，旋致傾危。令狐延保兼資文武，才堪統御，若使爲將，蔑不濟矣。」保納其計，具以整父兄等並在城中〔二九〕，弗之疑也，遂令整行。整至玉門郡，召集豪傑，説保罪逆，馳還襲之。先定晉昌，斬呂興。進軍擊保。州人素服整威名，並棄保來附。保遂奔吐谷渾。

衆議推整爲刺史。整曰：「本以張保肆逆，毒害無辜，闔州之人，俱陷不義。今者同心戮力，務在除兇，若其自相推薦，復恐効尤致禍。」於是乃推波斯使主張道義行州事。具以狀聞。詔以申徽爲刺史。徵整赴闕，授壽昌郡守，封襄武縣男〔三〇〕，邑二百户。太祖謂整曰：「卿少懷英略，早建殊勳，今者官位，未足酬賞。方當與卿共平天下，同取富貴。」遂立爲瓜州義首。仍除持節、撫軍將軍、通直散騎常侍、大都督。

整以國難未寧，常願舉宗効力。遂率鄉親二千餘人入朝，隨軍征討。整善於撫馭，躬同豐約，是以人衆並忘羈旅，盡其力用。遷使持節、車騎將軍、儀同三司、散騎常侍〔三一〕。太祖常從容謂整曰：「卿遠祖立忠而去，卿今立忠而來，可謂積善餘慶，世濟其美者也。」整遠祖漢建威將軍邁，不爲王莽屈，其子稱避地河右。故太祖稱之云。尋除驃騎大將軍、開府儀同三司，加侍中。太祖又謂整曰：「卿勳同婁、項，義等骨肉，立身敦雅，可以範人。」遂賜姓宇文氏，并賜名整焉。宗人二百餘户，並列屬籍。

孝閔帝踐阼，拜司憲中大夫。處法平允，爲當時所稱。進爵彭陽縣公，增邑一千户。

初，梁興州刺史席固以州來附，太祖以固爲豐州刺史。固莅職既久，猶習梁法，凡所施爲，多虧治典。朝議密欲代之，而難其選。遂令整權鎮豐州，委以代固之略。整廣布威恩，傾身撫接，數月之間，化洽州府。於是除整豐州刺史，以固爲湖州。豐州舊治，不居人民〔三二〕，賦役參集，勞逸不均。整請移治武當，詔可其奏。獎勵撫導，遷者如歸，旬月之間，城府周備。固之還也，其部曲多願留爲整左右，整諭以朝制，弗之許也，流涕而去〔三三〕。及整秩滿代至，民吏戀之，老幼送整，遠近畢集，數日停留，方得出界。其得人心如此。拜御正中大夫，出爲中華郡守，轉同州司會，遷始州刺史。整雅識情僞，尤明政術，恭謹廉慎，常懼盈滿，故歷居内外，所在見稱。天和六年，進位大將軍，增邑通前二千一百户。

晉公護之初執政也，欲委整以腹心。整辭不敢當，頗迕其意，護以此疎之。及護誅，附會者咸伏法，而整獨保全。時人稱其先覺。建德二年卒，時年六十一。贈本官，加鄜宜豳鹽四州諸軍事、鄜州刺史，謚曰襄。子熙嗣。

熙字長熙。性方雅，有度量，雖在私室，容止儼然。非一時賢俊，未嘗與之遊處。善騎射，解音律，涉羣書，尤明三禮。累遷居職任，並有能名。大象中，位至吏部中大夫、儀同大將軍。

整弟休，幼聰敏，有文武材。起家太學生。後與整同起兵逐張保，授都督。累遷大都督、樂安郡守。入爲中外府樂曹參軍。時諸功臣多爲本州刺史，晉公護謂整曰：「以公勳望，應得本州，但朝廷藉公委任，無容遠出。然公門之内，須有衣錦之榮。」乃以休爲燉煌郡守。在郡十餘年，甚有政績。進位儀同三司，遷合州刺史。尋卒官。

司馬裔字遵胤，河内温人也，晉宣帝弟太常馗之後。曾祖楚之，屬宋武帝誅晉氏戚屬，避難歸魏。位至使持節、侍中、鎮西大將軍、開府儀同三司、朔州刺史，封琅邪王。裔少孤，有志操，州郡辟召，並不應命。起家司徒府參軍事。後以軍功，授中堅將軍、員外散騎常侍。及魏孝武西遷，裔時在鄴，潛歸鄉里，志在立功。

大統三年，大軍復弘農，乃於温城起義，遣使送款。與東魏將高永洛、王陵等晝夜交戰。衆寡不敵，義徒死傷過半。及大軍東征，裔率所部從戰河橋，又別攻懷縣，獲其將吴輔叔。自此頻與東魏交戰，每有克獲。六年，授河内郡守。尋加持節、平東將軍、北徐州刺史。八年，率其義衆入朝。太祖嘉之，特蒙賞勞。頃之，河内有四千餘家歸附，並裔之鄉舊，乃授前將軍、太中大夫，領河内郡守，令安集流民。十三年，攻拔東魏平齊、柳泉、蓼塢三城，獲其鎮將李熙之。加授都督。

十五年〔三四〕，太祖令山東立義諸將等能率衆入關者，並加重賞。裔領户千室先至，太祖欲以封裔。裔固辭曰：「立義之士，辭鄉里，捐親戚，遠歸皇化者，皆是誠心內發，豈裔能率之乎。今以封裔，便是賣義士以求榮，非所願也。」太祖善而從之。授帥都督，拜其妻元爲襄城郡公主。十六年，大軍東伐，裔請爲前鋒。遂入建州，破東魏將劉雅興，拔其五城。

魏廢帝元年，徵裔，令以本兵鎮漢中。除白馬城主，帶華陽郡守，加授撫軍將軍、大都督、通直散騎常侍。二年，轉鎮宋熙郡。尋率所部兵從尉遲迥伐蜀，與叱羅協破叛兵趙雄傑於槐林，平鄧朏於梓潼。以功賜爵龍門縣子〔三五〕，行蒲州刺史。尋行新城郡事〔三六〕。魏恭帝元年，授使持節、車騎大將軍、儀同三司、散騎常侍、本郡中正。

孝閔帝踐阼，除巴州刺史，進使持節、驃騎大將軍、開府儀同三司，進爵琅邪縣伯，邑五百户〔三七〕。保定二年，入爲御伯中大夫，增邑通前一千五百户。四年，轉御正中大夫，進爵爲公。大軍東討，裔率義兵與少師楊摽守軹關，即授懷州刺史、東道慰勞大使。五年，轉始州刺史。

天和初，信州蠻酋冉令賢等反，連結二千餘里。裔隨上庸公陸騰討之〔三八〕。裔自開州道入，先遣使宣示禍福。蠻酋冉三公等三十餘城皆來降附〔三九〕。進次雙城，蠻酋向寶勝等率其種落，據險自固。向天王之徒，爲其外援。裔晝夜攻圍，腹背受敵。自春至秋，五十餘戰。寶勝糧仗俱竭，力屈乃降。時尚有籠東一城未下，尋亦拔之。又獲賊帥冉西梨、向天王等。出師再朞，羣蠻率服。拜信州刺史。五年，遷潼州刺史。六年，徵拜大將軍，除西寧州刺史。未及之部，卒於京師。

裔性清約，不事生業，所得俸祿，並散之親戚，身死之日，家無餘財。宅宇卑陋，喪庭無所，有詔爲起祠堂焉。贈大將軍，加懷邵汾晉四州刺史。謚曰定〔四〇〕。子佋嗣。

佋字道遷，少敢勇，未弱冠，便從戎旅。保定四年，隨少師楊摽東征。與齊人交戰，摽爲敵所擒，佋力戰得免。天和二年，授右侍上士，加都督，進大都督。從大軍攻晉州，以功授使持節、車騎將軍、儀同三司。又從平并、鄴，除樂安郡守。後更論晉州及平齊勳，加驃騎大將軍、開府儀同三司。遷兗州刺史。未之部而卒。贈本官，加豫州刺史，謚曰惠。子運嗣。

裴果字戎昭，河東聞喜人也。祖思賢，魏青州刺史。父遵，齊州刺史。果少慷慨，有志略。魏太昌初，起家前將軍、乾河軍主，除陽平郡丞。太祖曾使并州，與果相遇。果知非常人，密託附焉。永安末，盜賊蜂起。果從軍征討，乘黃驄馬，衣青袍，每先登陷陣，時人號爲「黄驄年少」。永熙中，授河北郡守。及齊神武敗於沙苑，果乃率其宗黨歸闕。太祖嘉之，賜田宅、奴婢、牛馬、衣服、什物等。從戰河橋，解玉壁圍，並摧鋒奮擊，所向披靡。大統九年，又從戰邙山，於太祖前挺身陷陣，生擒東魏都督賀婁烏蘭〔四一〕。勇冠當時，人莫不歎服。以此太祖愈親待之，補帳内都督，遷平東將軍。後從開府楊忠平隨郡、安陸，以功加大都督，除正平郡守。正平，果本郡也。以威猛爲政，百姓畏之，盜賊亦爲之屏息。遷使持節、車騎大將軍、儀同三司、散騎常侍、司農卿。又從大將軍尉遲迥伐蜀。果率所部爲前軍，開劍閣，破李慶保〔四二〕，降楊乾運，皆有功。魏廢帝三年，授龍州刺史，封冠軍縣侯，邑五百户。俄而州民張道、李祏驅率百姓〔四三〕，圍逼州城。時糧仗皆闕，兵士又寡，果設方略以拒之，賊便退走。於是出兵追擊，累戰破之。旬月之間，州境清晏。轉陵州刺史。

孝閔帝踐阼，除隆州刺史。加使持節、驃騎大將軍、開府儀同三司，進爵爲公，增邑一千户。武成末，轉眉州刺史。保定五年，授復州刺史。果性嚴猛，能斷決，每抑挫豪右，申理屈滯，歷牧數州，號爲稱職。天和二年，卒於位。贈本官，加絳晉建三州刺史。謚曰質。子孝仁嗣。

孝仁幼聰敏，涉獵經史，有譽於時。起家舍人上士。累遷大都督、儀同三司。出爲長寧鎮將。扞禦齊人，甚有威邊之略。建德末，遷建州刺史，轉譙州刺史。大象末，又遷亳州刺史。

鄭偉等之以梁州歸款，時劉志亦以廣州來附。

志，弘農華陰人，本名思，漢太尉寬之十世孫也。高祖隆，宋武帝平姚泓，以宗室首望，召拜馮翊郡守。後屬赫連氏入寇，避地河洛，因家于汝潁。祖善，魏天安中〔四四〕，舉秀才，拜中書博士。後至弘農郡守、北雍州刺史。父瓌，汝南郡守，贈徐州刺史。

志少好學，博涉羣書，植性方重，兼有武略。魏正光中，以明經徵拜國子助教，除行臺郎中。永安初，加宣威將軍、給事中。二年，轉東中郎府司馬、征虜將軍。永熙二年，除安北將軍、銀青光禄大夫、廣州別駕。三年，齊神武舉兵入洛，魏孝武西遷。志據城不從東魏，潛遣間使，奉表長安。魏孝武嘉之，授廣州長史〔四五〕、襄城郡守。後齊神武遣兵攻圍，志力屈城陷，潛遯得免。

大統三年，太祖遣領軍將軍獨孤信復洛陽。志糺合義徒，舉廣州歸國。拜大丞相府墨曹參軍，封華陰縣男，邑二百户。加大都督、撫軍將軍，轉中外府屬，遷國子祭酒。世宗出牧宜州，太祖以志爲幕府司録。世宗雅愛儒學，特欽重之，事無大小，咸委於志。志亦忠恕謹慎，甚得匡贊之體。太祖嘉之，嘗謂之曰：「卿之所爲，每會吾志。」於是遂賜名志焉。仍於宜州賜田宅，令徙居之。世宗遷菹岐州，又令志以本官翊從。及世宗即位，除右金紫光禄大夫、車騎大將軍、儀同三司，進爵武鄉縣公，增邑通前一千户，仍賜姓宇文氏。高祖時爲魯公，詔又以志爲其府司馬。

高祖嗣位，進授驃騎大將軍、開府儀同三司，拜刑部中大夫。志執法平允，甚得時譽。蓮芍界内，數有羣盜攻劫行旅，郡縣不能制。乃以志爲延壽郡守以督之。志示以恩信，羣盜相率請罪。志表陳其狀，詔並免之。自是郡界肅清，寇盜屏息。遷使持節、成州諸軍事、成州刺史。政存寬恕，民吏愛之。天和五年卒。贈大將軍、揚州刺史，謚曰文。子子明嗣。

子明弘雅有父風。歷官右侍上士、大都督、絳州别駕。隋文帝踐極，除行臺郎中、順陽郡守。子明弟子陵，司右中士、帥都督、涼州别駕。隋開皇初，拜姑臧郡守。尋加儀同三司。歷衛州蔚州長史、幽州總管府司馬、朔州總管府長史〔四六〕。

史臣曰：昔陽貨外叛，庶其竊邑，而春秋譏之；韓信背項，陳平歸漢，而史遷美之。蓋以運屬既安，君道已著，則狥利忘德者，罪也；時逢擾攘，臣禮未備，則轉禍爲福者，可也。鄭偉、崔彦穆等之在山東，並以不羈之才，遭回於鷰雀，終能翻然豹變，自致軀組，其知機之士歟。王士良之仕于齊，班職上卿，出爲牧伯，而臨危苟免，失忠與義，其背叛之徒歟。令狐整器幹確然，雅望重於河右，處州里則勳著方隅，升朝廷則績宣中外。而畏避權寵，克保終吉。不如是，亦何以立蹤名、取高位乎。

校勘記

〔一〕祖思明　英華卷九四七庾信周大將軍襄城公鄭偉墓誌銘（以下簡稱鄭偉墓誌銘）作「祖徹」。或是名「徹」字「思明」。

〔二〕及即位　三朝本此下缺四字。

〔三〕累遷都督二豫郢雍四州諸軍征東將軍豫州刺史兼尚書右僕射　魏書卷五六鄭義傳附鄭先護傳作「又轉都督二豫東雍三州諸軍事、征東將軍、豫州刺史，餘官如故。又兼尚書右僕射，二豫郢潁四州行臺」。周書乃合都督之三州和行臺所治之四州，而又以「東雍」爲「雍」，舉「郢」遺「潁」，恐是删併之疏。

〔四〕進爵郡公　按上文云先護賜爵平昌縣侯，這裏不言封地，不明爲何地郡公。據鄭偉墓誌銘云：「父先護，驃騎大將軍、儀同三司、襄城郡公、青州刺史。」似先護進爵爲襄城郡公，則此前曾有過改封。

〔五〕贈使持節都督青齊兖豫四州刺史　魏書卷五六鄭羲傳附鄭先護傳所督州作青、齊、濟、兖。

〔六〕進爵襄城郡公邑二千户加車騎大將軍開府儀同三司　鄭偉墓誌銘記鄭偉進爵襄城郡公，乃襲其父爵，與此稍有不同。「車騎」，北史卷三五鄭羲傳附鄭偉傳作「驃騎」。誌云「仍除使持節、車騎大將軍、儀同三司，餘如故，遷驃騎大將軍、開府」，升遷有序。北史略去車騎一官可也，周書以車騎合於開府，實誤。又北史「驃騎」上有「侍中」二字，周書不當漏記此職。疑這裏有訛脱。

〔七〕偉族人頂　「頂」，英華卷九一九庾信周兖州刺史廣饒公宇文常碑（以下簡稱宇文常碑）、卷九四七周大將軍上開府廣饒公鄭常墓誌銘（以下簡稱鄭常墓誌銘）作「頊」。

〔八〕遷信東徐南兖三州刺史　鄭常墓誌銘云：「保定三年，授使持節、都督遷州諸軍事、遷州刺史。」按遷州見隋書卷二九地理志上房陵郡。則「遷」是州名。這裏既稱三州，則「遷」作遷轉解。疑本作「四州」，後人誤解「遷」字，以爲只有信、東徐、南兖三州，就改「四」爲「三」。然信州不見宇文常碑誌，而碑又稱「保定三年，授都督（據傳校本加「督」字）羅州諸軍事、羅州刺史」，又和誌不同。

〔九〕賜爵饒陽侯　宇文常碑稱常以永安縣男襲父封魏昌縣伯，進爵廣饒縣開國公，墓誌同，均不載「饒陽侯」，且碑誌題皆爲「廣饒公」，疑傳誤。

〔一〇〕吏以其忠恕頗亦懷之　北史卷六七楊纂傳「吏」下有「人」字，較長。

〔一一〕其先遼西石城人　英華卷九〇五庾信周柱國大將軍大都督同州刺史尒綿永碑（以下簡稱尒綿永碑）云：「東燕遼東郡石城縣零泉里人也。」按魏書卷一〇六上地形志上石城屬營州建德郡，建德與遼東相鄰，或曾隸遼東。遼西郡遠在其南，地形志屬平州，所屬無石城縣。疑傳誤。

〔一二〕轉文州刺史入爲工部中大夫　北史卷六七段永傳作「歷文瓜二州刺史、户部中大夫」。按尒綿永碑記永於武成二年（五六〇）進授「都督瓜州諸軍事、瓜州刺史」。疑周書失載。

〔一三〕天和四年授小司寇　「四年」，尒綿永碑作「二年」。

〔一四〕尋爲右二軍總管　尒綿永碑作「左廂第三軍總管」。

〔一五〕子岌嗣官至儀同三司兵部下大夫　尒綿永碑作「使持節、儀同大將軍、領兵部大夫」。疑碑是。

〔一六〕魏建明初爾朱仲遠啓爲府參軍事　隋王士良墓誌（見中國北周珍貴文物）云「釋褐柱國大將軍、潁川尒朱公參軍事」。據羅新、葉煒新出魏晉南北朝墓誌疏證考爲爾朱兆，非爾朱仲遠。後文與紇豆陵步藩交戰者亦屬爾朱兆部，疑周書誤。

〔一七〕除行臺左中兵郎中　「左」，汲本、局本及北史卷六七王士良傳作「右」。

〔一八〕授士良大行臺右丞　「右」，北史卷六七王士良傳、隋王士良墓誌作「左」，疑是。

〔一九〕復士良爲尚書左丞　北史卷六七王士良傳「復」下有「以」字，較長。

〔二〇〕建德六年授并州刺史　按周書卷四〇宇文神舉傳稱「并州平，即授并州刺史」，又云「宣政元年，轉司武上大夫」。卷六武帝紀下建德六年（五七七）十二月稱東壽陽土人襲并州城，「刺史東平公宇文神舉破平之」。據紀傳，自建德五年十二月北周佔領并州後，宇文神舉即任刺史，至宣政元年（五七八）始内召。士良安得於建德六年任此官。隋王士良墓誌作「周大象之初，又爲并州刺史」，可證士良於大象初（五七九）繼宇文神舉任并州刺史。

〔二一〕隋開皇元年卒時年八十二　隋王士良墓誌作「乃以大隋開皇三年六月廿六日，薨於私第，春秋七十十七」，與傳不同。

〔二二〕斬其刺史李景遺　「景遺」，原作「景道」。張森楷云：「『北齊書李元忠傳（卷二二）作『李景遺』。」按北齊書稱景遺爲前潁川太守元洪威所襲殺，與此傳合。今據改。

〔二三〕及于謹伐江陵　「伐」，原作「平」，據三朝本、汲本、北史卷六七崔彦穆傳改。

〔二四〕俄拜安州總管十一州諸軍事　「十一州」，北史卷六七崔彦穆傳作「十二州」。

〔二五〕甚爲江表所稱　「表」，原作「陵」，據北史卷六七崔彦穆傳、册府卷六五四改。按彦穆乃出使於陳，作「表」是。

〔二六〕祖詔安　「詔」，北史卷六七令狐整傳作「紹」。

〔二七〕書諸而已　「書諸」，北史卷六七令狐整傳、册府卷二九二、卷七一六作「晝諸」，疑是。

〔二八〕及鄧彥竊瓜州　北史卷六七令狐整傳、册府卷三七三、卷七二四「竊」下有「據」字，疑是。

〔二九〕具以整父兄等並在城中　張森楷云：「『具』當作『且』。」按北史卷六七令狐整傳、册府卷三七三、卷四二三正作「且」，張説是。但作「具」亦可通，今不改。

〔三〇〕封襄武縣男　「襄」，原作「驤」，據北史卷六七令狐整傳、册府卷三七三、通鑑卷一五九梁紀一五中大同元年（五四六）改。按襄武縣見魏書卷一〇六下地形志下、隋書卷二九地理志上隴西郡，又見隋志武威郡姑臧縣條。

〔三一〕遷使持節車騎將軍儀同三司散騎常侍　按魏書卷一一三官氏志載太和後職令，車騎將軍加大者，位在都督中外諸軍事下，與儀同三司同爲從一品。周書卷二四盧辯傳末車騎大將軍與儀同三司同在九命。故儀同三司實乃車騎大將軍的加官。這裏「車騎」下疑脱「大」字。本卷司馬裔傳附司馬侃傳「從大軍攻晉州，以功授使持節、車騎將軍、儀同三司」同例，不另出校。

〔三二〕豐州舊治不居人民　北史卷六七令狐整傳作「豐州舊不居民中」，册府卷六七七作「豐州舊治不居民中」。按「不居民中」指豐州治所偏僻，不是地方中心的意思，故下云「賦役參集，勞逸不均」，較長。

〔三三〕流涕而去　北史卷六七令狐整傳、册府卷六七七此句上有「莫不」二字，較長。

〔三四〕十五年　英華卷九〇四庾信周大將軍司馬裔碑（以下簡稱司馬裔碑）作「十三年」。

〔三五〕以功賜爵龍門縣子　「子」，英華卷九四七庾信周大將軍琅琊壯公司馬裔墓誌（以下簡稱司馬裔墓誌）作「伯」。

〔三六〕尋行新城郡事　司馬裔碑作「仍領新州」。按隋書卷二九地理志上新城郡條云「梁末置新州」，則本是一地，但行郡、領州，不知孰是。

〔三七〕進爵琅邪縣伯邑五百户　「伯」，司馬裔碑作「公」。司馬裔墓誌亦作「公」，而云「食邑一千五百户」，則是舉其最後食户數。傳下稱保定二年（五六二）「增邑通前一千五百户」，四年「轉御正中大夫，進爵爲公」。碑則云「尋轉大御正，邑一千一百户」。此一千一百户若指食户全數，則保定四年食邑尚不足一千五百户。若是增邑，則通前爲一千六百户。記載參差，碑誌皆庾信文而亦自相抵牾，無從取正。

〔三八〕裔隨上庸公陸騰討之　「騰」，原作「勝」，據三朝本、南監本、汲本、局本改。

〔三九〕蠻酋冉三公等三十餘城皆來降附　「三十」，三朝本、南監本作「二十」。按周書卷四九、北史卷九五蠻傳稱「司馬裔又別下其二十餘城，獲蠻帥冉三公等」，疑作「二十」是。但司馬裔碑則云「前後平十一城」，城數更少。今不改。

〔四〇〕謚曰定　「定」，司馬裔墓誌作「莊」。

〔四一〕生擒東魏都督賀婁烏蘭　「賀婁烏蘭」，北史卷三八裴果傳作「賀婁焉邏蘭」。

〔四二〕破李慶保　「李慶保」，北史卷三八裴果傳作「季慶堡」。

〔四三〕俄而州民張道李祏驅率百姓 「道」，北史卷三八裴果傳作「遁」，周書卷一九宇文貴傳同北史。「祏」，三朝本、南監本、北監本、汲本、局本、北史裴果傳作「拓」。周書卷一九、北史卷六〇宇文貴傳亦有紛歧。「道」與「遁」、「祏」與「拓」形近，未知孰是。參卷一九校記第四四條。

〔四四〕魏天安中 「天安」，原作「大安」，據三朝本改。按「天安」爲魏獻文帝年號。

〔四五〕授廣州長史 「廣州」，原注「缺二字」。張森楷云：「據通鑑（卷一五七梁紀一三大同三年）作『廣州長史』，則缺二字是『廣州』也。」按張説是，今據補。

〔四六〕幽州總管府司馬朔州總管府長史 「司馬朔州總管府」七字，原脱，據三朝本、南監本、局本補。

周書卷三十七

列傳第二十九

寇儁　韓褒　趙肅　張軌　李彥　郭彥　裴文舉 高賓

寇儁字祖儁，上谷昌平人也。祖讚，魏南雍州刺史。父臻，安遠將軍、郢州刺史。

儁性寬雅，幼有識量，好學强記。兄祖訓、祖禮及儁，並有志行。閨門雍睦，白首同居。父亡雖久，而猶於平生所處堂宇，備設帷帳几杖，以時節列拜，垂涕陳薦，若宗廟焉。吉凶之事，必先啓告，遠行往返，亦如之。性又廉恕，不以財利爲心。家人曾賣物與人，而剩得絹五匹〔一〕。儁於後知之，乃曰：「惡木之陰，不可暫息；盜泉之水，無容悞飲。得財失行，吾所不取。」遂訪主還之。其雅志如此。

以選爲魏孝文帝挽郎，除奉朝請。大乘賊起，燕齊擾亂〔二〕，儁參護軍事東討，以功授員外散騎侍郎，遷尚書左民郎中。以母憂不拜。正光三年，拜輕車將軍〔三〕，遷揚烈將軍、司空府功曹參軍，轉主簿。時靈太后臨朝，減食禄官十分之一，造永寧佛寺，令儁典之。資費巨萬，主吏不能欺隱。寺成，又極壯麗。靈太后嘉之，除左軍將軍。孝昌中，朝議以國用不足，乃置鹽池都將，秩比上郡。前後居職者，多有侵隱。乃以儁爲之。加龍驤將軍，仍主簿。

永安初，華州民史底與司徒楊椿訟田。長史以下，以椿勢貴，皆言椿直，欲以田給椿。儁曰：「史底窮民，楊公横奪其地。若欲損不足以給有餘，見使雷同，未敢聞命。」遂以地還史底。孝莊帝後知之，嘉儁守正不撓，即拜司馬，賜帛百匹。其附椿者，咸譴責焉。

二年，出爲左將軍、梁州刺史〔四〕。民俗荒獷，多爲盜賊。儁乃令郡縣立庠序，勸其耕桑，敦以禮讓，數年之中，風俗頓革。梁遣其將曹琰之鎮魏興，繼日版築。琰之屢擾疆場，邊人患之。儁遣長史杜休道率兵攻克其城〔五〕，并擒琰之。琰之即梁大將軍景宗之季弟也〔六〕。於是梁人憚焉。屬魏室多故，州又僻遠，梁人知無外援，遂遣大兵頓魏興，志圖攻取。儁撫勵將士，人思効命。梁人知其得衆心也，弗之敢逼。儁在州清苦，不治產業。秩滿，其子等並徒步而還。吏人送儁，留連於道，久之乃得出界。

大統二年〔七〕，東魏授儁洛州刺史，儁因此乃謀歸闕。五年，將家及親屬四百餘口入關，拜祕書監。時軍國草創，墳典散逸，儁始選置令史，抄集經籍，四部羣書，稍得周備。加鎮東將軍，封西安縣男，邑二百户。十七年，除車騎大將軍、儀同三司，加散騎常侍。儁以年老乞骸骨，太祖弗許。遂稱疾篤，不復朝覲。魏恭帝三年，賜姓若口引氏。

孝閔帝踐阼，進爵爲子，增邑五百户。武成元年，進驃騎大將軍、開府儀同三司，增邑并前二千户。儁年齒雖邁，而志識未衰，教授子孫，必先禮典。世宗尚儒重德〔八〕，特欽賞之，數加恩錫，思與相見。儁不得已，乃入朝。世宗與同席而坐，因顧訪洛陽故事。儁身長八尺，鬚鬢皓然，容止端詳，音韻清朗。帝與之談論，不覺屢爲前膝。及儁辭還，帝親執其手曰：「公年德俱尊，朕所欽尚，乞言之事，所望於公。宜數相見，以慰虛想。」以御輿令於帝前乘出。顧謂左右曰：「如此之事，唯積善者可以致之。何止見重於今，亦將傳之萬古。」時人咸以爲榮。保定三年卒，時年八十〔九〕。高祖歎惜之，贈本官，加冀定瀛三州諸軍事、冀州刺史，謚曰元。

儁篤於仁義，期功之有孤者〔一〇〕，衣食豐約，俱與之同。少爲司徒崔光所知，光命其子勵與儁結友。儁每造光，常清言移日。小宗伯盧辯以儁業行俱崇，待以師友之禮。每有閑暇，輒詣儁讌語彌日。恒謂人曰：「不見西安君，煩憂不遣。」其爲通人所敬重如此。

子奉，位至儀同大將軍、順陽郡守、洵州刺史、昌國縣公〔一一〕。奉弟顒，少好學，最知名。居喪哀毀。歷官儀同大將軍，掌朝、布憲、典祀下大夫〔一二〕，小納言，濩澤郡公。

韓襃字弘業，其先潁川潁陽人也。徙居昌黎。祖瓌，魏鎮西將軍、平涼郡守，安定郡公。父演，征虜將軍、中散大夫、恒州刺史。

襃少有志尚，好學而不守章句。其師怪而問之。對曰：「文字之間，常奉訓誘。至於商較異同，請從所好。」師因此大奇之。及長，涉獵經史，深沉有遠略。魏建明中，起家奉朝請。加彊弩將軍，遷太中大夫。

屬魏室喪亂，襃避地於夏州。時太祖爲刺史，素聞其名，待以客禮。及賀拔岳爲侯莫陳悅所害，諸將遣使迎太祖。太祖問以去留之計。襃曰：「方今王室凌遲，海內鼎沸。使君天資英武，恩結士心。賀拔公奄及於難，物情危駭。寇洛自知庸懦，委身而託使君。若總兵權，據有關中之地，此天授也，何疑乎！且侯莫陳悅亂常速禍，乃不乘勝進取平涼，反自遁逃，屯營洛水〔一三〕。斯乃井中蛙耳，使君往必擒之。不世之勳，在斯一舉。時者，難得而易失，誠願使君圖之。」太祖納焉。

太祖爲丞相，引襃爲録事參軍，賜姓侯呂陵氏〔一四〕。大統初，遷行臺左丞，賜爵三水縣伯。尋轉丞相府屬，加中軍將軍、銀青光祿大夫。二年，梁人北寇商洛，東魏復侵樊鄧，於是以褒爲鎮南將軍、丞相府從事中郎，出鎮淅酈。居二年，徵拜丞相府司馬，進爵爲侯。

出爲北雍州刺史，加衞大將軍。州帶北山，多有盜賊。褒密訪之，並豪右所爲也，而陽不之知，厚加禮遇。謂之曰：「刺史起自書生，安知督盜，所賴卿等共分其憂耳。」乃悉召桀黠少年素爲鄉里患者〔一五〕，署爲主帥，分其地界。有盜發而不獲者，以故縱論。於是諸被署者，莫不惶懼。皆首伏曰：「前盜發者，並某等爲之。」所有徒侶，皆列其姓名。或亡命隱匿者，亦悉言其所在。褒乃取盜名簿藏之。因大牓州門曰：「自知行盜者，可急來首，即除其罪。盡今月不首者，顯戮其身，籍沒妻子，以賞前首者。」旬日之間，諸盜咸悉首盡。褒取名簿勘之，一無差異。並原其罪，許以自新。由是羣盜屏息。入爲給事黃門侍郎。九年，遷侍中。

十二年，除都督、西涼州刺史。羌胡之俗，輕貧弱，尚豪富。豪富之家，侵漁小民，同於僕隸。故貧者日削，豪者益富。褒乃悉募貧人，以充兵士，優復其家，蠲免徭賦。又調富人財物以振給之。每西域商貨至，又先盡貧者市之。於是貧富漸均，户口殷實。十六年，加大都督、涼州諸軍事。魏廢帝元年，轉會州刺史。二年，進位車騎大將軍、儀同三司。尋加驃騎大將軍、開府儀同三司，進爵爲公。武成三年，徵拜御伯中大夫。

保定二年，轉司會。三年，出爲汾州刺史。州界北接太原，當千里徑。先是齊寇數入，民廢耕桑，前後刺史，莫能防扞。褒至，適會寇來，褒乃不下屬縣。人既不及設備，以故多被抄掠。齊人喜相謂曰：「汾州不覺吾至，先未集兵。今者之還，必莫能追躡我矣。」由是益懈，不爲營壘。褒已先勒精鋭，伏北山中，分據險阻，邀其歸路。乘其衆怠，縱伏擊之，盡獲其衆。故事，獲生口者，並囚送京師。褒因是奏曰：「所獲賊衆，不足爲多。俘而辱之，但益其忿耳。請一切放還，以德報怨。」有詔許焉。自此抄兵頗息。四年，遷河洮封三州諸軍事〔一六〕、河州總管。天和三年，轉鳳州刺史。尋以年老請致仕，詔許之。五年，拜少保。

褒歷事三帝，以忠厚見知。高祖深相敬重，常以師道處之。每入朝見，必有詔令坐，然後始與論政事〔一七〕。七年，卒。贈涇岐燕三州刺史。謚曰貞。子繼伯嗣。

趙肅字慶雍，河南洛陽人也。世居河西。及沮渠氏滅，曾祖武始歸於魏，賜爵金城侯。祖興，中書博士。父申侯，舉秀才，後軍府主簿。

肅早有操行，知名於時。魏正光五年，鄺元爲河南尹，辟肅爲主簿。孝昌中，起家殿中侍御史，加威烈將軍、奉朝請、員外散騎侍郎。尋除直後，轉直寢。永安初，授廷尉平，二年，轉監。後以母憂去職，起爲廷尉正〔一八〕。以疾免。久之，授征虜將軍、中散大夫，遷左將軍、太中大夫。東魏天平初，除新安郡守。秩滿，還洛。

大統三年，獨孤信東討，肅率宗人爲鄉導。授司州治中，轉別駕。監督糧儲，軍用不匱。太祖聞之，謂人曰：「趙肅可謂洛陽主人也。」七年，加鎮南將軍、金紫光禄大夫、都督，仍別駕。領所部義徒，據守大塢。又兼行臺左丞，東道慰勞。九年，行華山郡事。

十三年，除廷尉少卿。明年元日，當行朝禮，非有封爵者，不得預焉。肅時未有茅土。左僕射長孫儉白太祖請之。太祖乃召肅謂曰：「歲初行禮，豈得使卿不預，然何爲不早言也？」於是令肅自選封名。肅曰：「河清乃太平之應，竊所願也。」於是封清河縣子，邑三百户。十六年，除廷尉卿，加征東將軍。肅久在理官，執心平允。凡所處斷，咸得其情。廉慎自居，不營産業。時人以此稱之。十七年，進位車騎大將軍、儀同三司、散騎常侍，賜姓乙弗氏。

先是，太祖命肅撰定法律。肅積思累年，遂感心疾。去職，卒於家。子正禮，齊王憲府屬、大都督、新安郡守〔一九〕。

時有高平徐招少好法律。發言措筆，常欲辨析秋毫。歷職内外，有當官之譽。從魏孝武入關，爲給事黄門侍郎、尚書右丞。時朝廷播遷，典章有闕，至於臺閣軌儀，多招所參定。論者稱之。尋遷侍中、度支尚書。大統初，卒。

張軌字元軌，濟北臨邑人也。父崇，高平令。

軌少好學，志識開朗。初在洛陽，家貧，與樂安孫樹仁爲莫逆之友，每易衣而出。以此見稱。永安中，隨爾朱榮擊元顥，除討寇將軍、奉朝請。軌常謂所親曰：「秦雍之間，必有王者。」爾朱氏敗後，遂杖策入關。賀拔岳以軌爲記室參軍，典機務。尋轉倉曹，加鎮遠將軍。時穀糴湧貴，或有請貸官倉者。軌曰：「以私害公，非吾宿志。濟人之難，詎得相違。」乃賣所服衣物，糴粟以賑其乏。

及岳被害，太祖以軌爲都督，從征侯莫陳悦。悦平，使於洛陽。見領軍斛斯椿，椿曰：「高歡逆謀，已傳行路。人情西望，以日爲年。未知宇文何如賀拔也？」軌曰：「宇文公文足經國，武可定亂。至於高識遠度，非愚管所測。」椿曰：「誠如卿言，真可恃也。」太祖爲行臺，授軌郎中。魏孝武西遷，除中書舍人，封壽張縣子，邑三百户，加左將軍、濟州大中正，兼著作佐郎，修起居注。遷給事黄門侍郎，兼吏部郎中。六年，出爲河北郡守。

在郡三年，聲績甚著。臨人治術，有循吏之美。大統間，宰人者多推尚之〔二〇〕。入爲丞相府從事中郎，行武功郡事。章武公導出鎮秦州〔二一〕，以軌爲長史。加撫軍將軍、大都督、通直散騎常侍。魏廢帝元年，進車騎大將軍、儀同三司、散騎常侍。二年，賜姓宇文氏，行南秦州事。魏恭帝二年，徵拜度支尚書，復除隴右府長史。卒於位，時年五十五。謚曰質。軌性清素，臨終之日，家無餘財，唯有素書數百卷。

子肅，世宗初，爲宣納上士，轉中外府記室參軍、中山公訓侍讀。早有才名，性頗輕猾，時人比之魏諷。卒以罪考竟終。

李彦字彦士，梁郡下邑人也。祖先之〔二二〕，魏淮南郡守。父靜，南青州刺史。彦少有節操，好學慕古，爲鄉閭之所敬憚。孝昌中，解褐奉朝請，加輕車將軍。從魏孝武入關，兼著作佐郎，修起居注。加寧朔將軍，進號冠軍將軍、中散大夫，遷平東將軍、太中大夫。大統初，除通直散騎侍郎。三年，拜安東將軍、銀青光禄大夫、太保轉太傅長史、儀曹郎中、左民郎中。十二年，省三十六曹爲十二部，改授民部郎中，封平陽縣子，邑三百户。十五年，進號中軍將軍，兼尚書左丞，領選部。大軍東討，加持節、大都督、通直散騎常侍，掌留臺事。魏廢帝初，拜尚書右丞，轉左丞〔二三〕。彦在尚書十有五載，屬軍國草創，庶務殷繁，留心省閲〔二四〕，未嘗懈怠。斷決如流，略無疑滯。臺閣莫不歎其公勤，服其明察。遷給事黄門侍郎，仍左丞。尋進車騎大將軍、儀同三司，賜姓宇文氏。出爲鄜州刺史。彦以東夏未平，固辭州任，詔許之。拜兵部尚書，加驃騎大將軍、開府儀同三司，仍兼著作。六官建，改授軍司馬，進爵爲伯。

彦性謙恭，有禮節。雖居顯要，於親黨之間，恂恂如也。輕財重義，好施愛士。時論以此稱之。然素多疾而勤於莅職，雖沉頓枕席，猶理務不輟，遂至於卒。時年四十六。謚曰敬。

彦臨終遺誡其子等曰：「昔人以窾木爲櫝，葛虆爲緘，下不亂泉，上不泄臭。此實吾平生之志也。但事既矯枉，恐爲世士所譏。今可斂以時服，葬於墝埆之地，勿用明器、芻塗及儀衛等。爾其念之。」朝廷嘉焉，不奪其志。

子昇明嗣。少歷顯職。大象末，太府中大夫、儀同大將軍。

郭彦〔二五〕，太原陽曲人也。其先從宦關右，遂居馮翊。父胤，郡功曹、靈武令。

彥少知名，太祖臨雍州，辟爲西曹書佐。尋除開府儀同主簿，轉司空記室、太尉府屬，遷虞部郎中。大統十二年，初選當州首望，統領鄉兵，除帥都督、持節、平東將軍。以居郎官著稱，封龍門縣子，邑三百户，進大都督，遷車騎大將軍、儀同三司、司農卿。是時，岷州羌酋傍乞鐵怱與鄭五醜等寇擾西服。彥從大將軍宇文貴討平之。魏恭帝元年，除兵部尚書。仍以本兵從柱國于謹南伐江陵。進驃騎大將軍、開府儀同三司，增邑五百户，進爵爲伯。六官建，拜民部中大夫。

孝閔帝踐祚，出爲澧州刺史〔二六〕。蠻左生梗，未遵朝憲。至於賦税，違命者多。聚散無恒，不營農業。彥勸以耕稼，禁其遊獵〔二七〕，民皆務本，家有餘糧。亡命之徒，咸從賦役。先是以澧州糧儲乏少，每令荆州遞送。自彥莅職，倉庾充實，無復轉輸之勞。

齊南安城主馮顯密遣使歸降，其衆未之知也。柱國宇文貴令彥率兵應接。齊人先令顯率所部送糧南下，彥懼其衆不從命，乃於路邀之。顯因得自拔。其衆果拒戰，彥縱兵奮擊，並虜獲之。以南安無備，即引軍掩襲。顯外兵參軍鄒紹既爲彥所獲，因請爲鄉導。彥遂夜至城下，令紹詐稱顯歸。門者開門待之，彥引兵而入，遂有其城。俘獲三千餘人。晉公護嘉之，進爵懷德縣公，邑一千户。以南安懸遠，尋令班師。及秩滿還朝，民吏號泣送彥二百餘里。尋爲東道大使，觀省風俗。除蒲州總管府長史，入爲工部中大夫。

保定四年，護東討。彦從尉遲迥攻洛陽。迥復令彦與權景宣南出汝潁。及軍次豫州，彦請攻之。景宣以城守既嚴，卒難攻取，將欲南轅，更圖經略。彦以奉命出師，須與大軍相接。若向江畔立功，更非朝廷本意。固執不從，兼晝攻取之計。會其刺史王士良妻弟董遠秀密遣送款，景宣乃從。於是引軍圍之，士良遂出降。仍以彦鎮豫州，增邑六百户。尋以洛陽班師，亦棄而不守。屬純州刺史樊舍卒，其地既東接陳境，俗兼蠻左，初喪州將，境内騷然。朝議以彦威信著於東南，便令鎮撫。彦至，吏人畏而愛之。

天和元年，除益州總管府長史，轉隴右總管府長史。四年，卒於位。贈小司空、宜鄘丹三州刺史。

裴文舉字道裕，河東聞喜人也。祖秀業，魏中散大夫、天水郡守，贈平州刺史。父邃，性方嚴，爲州里所推挹。解褐散騎常侍、奉車都尉，累遷諫議大夫、司空從事中郎。大統三年，東魏來寇，邃乃糾合鄉人，分據險要以自固。時東魏以正平爲東雍州，遣其將司馬恭鎮之。每遣間人，扇動百姓。邃密遣都督韓僧明入城，喻其將士，即有五百餘人，許爲内應。期日未至，恭知之，乃棄城夜走。因是東雍遂内屬。及李弼略地東境，邃爲之鄉導，多所降下。太祖嘉之，特賞衣物，封澄城縣子，邑三百户，進安東將軍、銀青光禄大夫，加散騎常侍、太尉府司馬，除正平郡守。尋卒官。贈儀同三司、定州刺史。

文舉少忠謹，涉獵經史。大統十年，起家奉朝請，遷丞相府墨曹參軍。時太祖諸子年幼，盛簡賓友。文舉以選與諸公子遊，雅相欽敬，未嘗戲狎。遷威烈將軍、著作郎、中外府參軍事。魏恭帝二年，賜姓賀蘭氏。孝閔帝踐阼，襲爵澄城縣子。

齊公憲初開幕府，以文舉爲司録。世宗初，累遷帥都督、寧遠將軍、大都督。及憲出鎮劍南，復以文舉爲益州總管府中郎。武成二年，就加使持節、車騎大將軍、儀同三司。蜀土沃饒，商販百倍。或有勸文舉以利者，文舉答之曰：「利之爲貴，莫若安身。身安則道隆，非貨之謂。是以不爲，非惡財也。」憲矜其貧窶，每欲資給之。文舉恒自謙遜，辭多受少。

保定三年，遷絳州刺史。邃之往正平也〔二八〕，以廉約自守，每行春省俗，單車而已。及文舉臨州，一遵其法。百姓美而化之。總管韋孝寬特相欽重，每與談論，不覺膝前於席。天和初，進驃騎大將軍、開府儀同三司。尋爲孝寬柱國府司馬。六年，入爲司憲中大夫，進爵爲公〔二九〕，增邑通前一千户。俄轉軍司馬。建德二年，又增邑七百户。

文舉少喪父，其兄又在山東，唯與弟璣幼相訓養，友愛甚篤。璣又早亡，文舉撫視遺孤，逾於己子。時人以此稱之。初，文舉叔父季和爲曲沃令，卒於聞喜川，而叔母韋氏卒於正平縣。屬東西分隔，韋氏墳壠在齊境。及文舉在本州，每加賞募。齊人感其孝義，潛相要結，以韋氏柩西歸，竟得合葬。

六年，除南青州刺史。宣政元年，卒於位。子胄嗣。官至大都督，早卒。

時有高賓者，歷官内外，亦以幹用見稱。

賓，渤海修人也。其先因官北邊，遂没於遼左。祖暠，以魏太和初，自遼東歸魏。官至安定郡守、衛尉卿。父季安〔三〇〕，撫軍將軍、兗州刺史。

賓少聰穎，有文武幹用。仕東魏，歷官至龍驤將軍、諫議大夫、立義都督。同列有忌其能者，譖之於齊神武。賓懼及於難，大統六年，乃棄家屬，間行歸闕。太祖嘉之，授安東將軍〔三一〕、銀青光禄大夫。稍遷通直散騎常侍、撫軍將軍、大都督。世宗初，除咸陽郡守。政存簡惠，甚得民和。世宗聞其能，賜田園於郡境。賓既羈旅歸國，親屬在齊，常慮見疑，無以取信。乃於所賜田内，多蒔竹木，盛構堂宇，并鑿池沼以環之，有終焉之志。朝廷以此知無貳焉。加使持節、車騎大將軍、儀同三司、散騎常侍，賜姓獨孤氏。保定初，徵拜計部中大夫，兼小載師，出爲益州總管府長史。武成元年，除御正下大夫，夫，治中外府從事中郎，賜爵武陽縣伯。賓敏於從政，果敢決斷，案牘雖繁，綽有餘裕。轉太府中大夫、齊公憲府長史。天和二年，除鄀州諸軍事、鄀州刺史，進位驃騎大將軍、開府儀同三司，治襄州總管府司録。六年，卒於州。時年六十八。子頒，爲隋文帝佐命。開皇中，贈賓禮部尚書、武陽公。謚曰簡。

又有安定寮允，本姓牛氏〔三二〕，亦有器幹，知名於時。歷官侍中、驃騎大將軍、開府儀同三司、工部尚書、臨涇縣公，賜姓宇文氏。失其事，故不爲傳。允子弘，博學洽聞。宣政中，内史下大夫、儀同大將軍。大象末，復姓牛氏。

史臣曰：寇儁委質兩朝，以儒素見重。韓褒奉事三帝，以忠厚知名。趙肅平允當官。張軌循良播美。李彥譽流省閣〔三三〕。郭彥信著蠻陬。歷官出内〔三四〕，並當時之選也。文舉之在絳州，世載清德。辭多受少，有廉讓之風焉〔三五〕。

校勘記

〔一〕而剩得絹五匹　「五」，北史卷二七寇讚傳附寇儁傳作「一」。

〔二〕大乘賊起燕齊擾亂　「齊」，北史卷二七寇讚傳附寇儁傳作「趙」。按大乘教徒起兵在冀州，作「趙」是。然諸本皆同，今不改。

〔三〕拜輕車將軍　「車」，原作「騎」，據三朝本、南監本、局本改。按魏書卷一一三官氏志載太和後職令，輕車將軍在從第五品，無「輕騎」。

〔四〕出爲左將軍梁州刺史　「梁」，原作「涼」，據三朝本、北史卷二七寇讚傳附寇儁傳改。按下文云：「梁遣其將曹琰之鎮魏興，繼日版築。琰之屢擾疆埸。」魏興與梁州近，故能「屢擾疆埸」，若是涼州，不應涉及魏興。

〔五〕杜休道　「休」，北史卷二七寇讚傳附寇儁傳、册府卷六九四作「林」。

〔六〕梁大將軍景宗　北史卷二七寇讚傳附寇儁傳、册府卷六九四無「軍」字。張森楷云：「景宗未嘗爲大將軍，此非實録。」「軍」字疑衍。

〔七〕大統二年　「二」，三朝本、北史卷二七寇讚傳附寇儁傳作「三」。

〔八〕世宗尚儒重德　「德」，原作「道」，據三朝本、北史卷二七寇讚傳附寇儁傳、御覽卷六一七引後周書、册府卷九七改。

〔九〕時年八十　北史卷二七寇讚傳附寇儁傳、册府卷七八四作「八十二」。

〔一〇〕期功之有孤者　北史卷二七寇讚傳附寇儁傳、册府卷八〇四「孤」下有「幼」字，疑是。

〔一一〕子奉位至儀同大將軍順陽郡守洵州刺史昌國縣公　「儀同」下原有「三司」二字，據北史卷二七寇讚傳附寇儁傳删。按漢魏南北朝墓誌集釋有隋寇奉叔墓誌（圖版三六二），奉叔即奉，傳當是雙名單稱。誌稱奉叔周時終官和隋初贈官都是儀同大將軍。據周書卷六武帝紀下，建德四年（五七五）十月改「儀同三司爲儀同大將軍」，是周末已無儀同三司之號。且大將軍亦絶無加儀同三司之理。又傳稱洵州刺史，據誌則奉叔初官洵州贊治兼司馬，後遷别駕、長史。據周書卷四四泉企傳巴州改洵州後，其刺史仍是自稱巴州刺史之蠻帥杜清和。傳之刺史或爲長史之誤。又誌稱奉叔由昌國縣男進封子、伯，未嘗封公。

〔二〕「奉弟顒」至「歷官儀同大將軍掌朝布憲典祀下大夫」　按隋寇遵考墓誌（漢魏南北朝墓誌集釋圖版三六三），遵考即顒。誌記歷官略有異同，遵考曾官鄉伯、司成、典祀等中大夫，則非終於下大夫。其最終官爲「翊師大將軍、扶風太守」。隋書卷二八百官志下翊師將軍在正六品，當是隋初改制，以儀同大將軍轉。

〔三〕屯營洛水　按周書卷一文帝紀上稱侯莫陳悦「屯兵永洛」，「永洛」乃「水洛」之訛。此「洛水」疑亦是「水洛」誤倒。

〔四〕賜姓侯吕陵氏　「侯」，元和姓纂卷六、通志卷二九氏族略五、古今姓氏書辯證卷二二作「俟」，疑是。參卷二一校記第四條。

〔五〕乃悉召桀黠少年素爲鄉里患者　「召」，原作「詔」，據三朝本、北史卷七〇韓褎傳、册府卷六九五改。

〔六〕遷河洮封三州諸軍事　按封州不見地志，疑誤。

〔一七〕然後始與論政事　三朝本、北史卷七〇韓褒傳、册府卷九七「然」下無「後」字，疑是。

〔一八〕永安初授廷尉平二年轉監後以母憂去職起爲廷尉正　「平」上原有「天」字。張森楷云：「『天』字衍，『平』字屬廷尉爲句，是官名。平卑於監，故二年轉監。設如本文，則已爲廷尉矣，安得轉監。且其時未仕東魏，又安得於天平二年轉監也。『天』字誤衍無疑。」按魏書卷一一三官氏志載太和後職令，第六品有廷尉正、監、評，和趙肅歷官相合。且下文又云：「東魏天平初，除新安郡守。」如上文已紀天平二年（五三五）歷官，下文不得云「天平初」。張說是，今據删。

〔一九〕子正禮齊王憲府屬大都督新安郡守　北史卷七〇趙肅傳作「子軌」，在周只是「蔡王引爲記室」，或非一人。

〔二〇〕大統間宰人者多推尚之　北史卷七〇張軌傳、册府卷六七七「宰」上有「言」字，疑是。

〔二一〕章武公導出鎮秦州　「秦」，原作「泰」，據局本、北史卷七〇張軌傳改。按周書卷一〇宇文導傳，導是秦州刺史。

〔二二〕祖先之　「先」，北史卷七〇李彦傳作「光」。

〔二三〕拜尚書右丞轉左丞　「右」，原作「左」，「左」，據三朝本、南監本、北監本、汲本、局本、北史卷七〇李彦傳、册府卷四六七改。

〔二四〕留心省閲　「閲」，北史卷七〇李彦傳、册府卷四六七作「闍」。

〔二五〕郭彥　册府卷六七八作「郭彥孝」。此似雙名單稱。

〔二六〕澧州刺史　「澧」，通鑑卷一六七陳紀一永定元年（五五七）作「豊」。錢大昕考異卷三二云：「案後周無澧州，疑是『豐州』之誤。」按周書卷一三代王達傳亦見「澧州刺史」，然北史卷七〇郭彥傳、册府卷六七八、卷六八三、卷六九四也同作「澧」。王仲犖北周地理志以爲這裏「澧州」乃「灃州」之譌。參卷一三校記第一六條、卷二七校記第一四條。

〔二七〕禁其遊獵　「其」，原作「共」，據三朝本、南監本、北監本、汲本、局本改。按册府卷六七八作「罷其遊獵」，亦證作「其」是。

〔二八〕邃之往正平也　「往」，北史卷三八裴文舉傳作「任」，册府卷七七一作「莅」。

〔二九〕進爵爲公　「公」，北史卷三八裴文舉傳作「伯」。

〔三〇〕父季安　「季」，北史卷七二高熲傳作「孝」。

〔三一〕授安東將軍　按周獨孤賓墓誌（見北周獨孤賓墓發掘簡報），獨孤賓即高賓，誌云「平東撫軍之號，以表戎章」。似所任爲平東將軍，與本傳有異。

〔三二〕又有安定寮允本姓牛氏　隋書卷四九牛弘傳云：「本姓寮氏……父允，魏侍中、工部尚書、臨涇公，賜姓爲牛氏。」北史卷七二牛弘傳大體採周書之説，以爲「本姓牛氏」，但訛「允」爲「元」、「寮」爲「遼」。

〔三三〕李彥譽流省閣　「閣」，原作「閤」，據三朝本、北監本、汲本、局本、北史卷七〇傳論改。

〔三四〕歷官出内　「出」，原作「外」，據三朝本、南監本、北監本、汲本改。張元濟云「傳三六（即卷四四）陽雄傳『任兼出内』」，以爲「外」字誤。按周書卷三〇竇熾傳附竇毅傳三朝本有「任兼出納」語，北史卷六一本傳作「出内」。又卷三七傳論稱傳中諸人「歷官出内」，北史卷七〇傳論前半即採周書此傳論作「出納」。這裏自應作「出内」。參卷三〇校記第一二條、卷四四校記第三〇條。

〔三五〕有廉讓之風焉　三朝本、南監本、北監本、汲本「焉」字下注「附高賓贊缺」。殿本考證云：「按賓乃附傳，不必有贊，今削之。」局本從殿本。

周書卷三十八

列傳第三十

蘇亮 弟湛 柳虯 吕思禮 薛憕 薛寘 李昶 元偉

蘇亮字景順，武功人也。祖權〔一〕，魏中書侍郎、玉門郡守。父祐，泰山郡守。

亮少通敏，博學，好屬文，善章奏。初舉秀才，至洛陽，遇河内常景〔二〕。景深器之，退而謂人曰：「秦中才學可以抗山東者，將此人乎。」魏齊王蕭寶夤引爲參軍。後寶夤開府，復爲其府主簿。從寶夤西征，轉記室參軍。寶夤遷大將軍，仍爲之掾。寶夤雅知重亮，凡有文檄謀議，皆以委之。尋行武功郡事，甚著聲績。寶夤作亂，以亮爲黄門侍郎。亮善處人間，與物無忤。及寶夤敗，從之者遇禍，唯亮獲全。及長孫稚、爾朱天光等西討，並以亮爲郎中，專典文翰。累遷鎮軍將軍、光禄大夫、散騎常侍、岐州大中正。賀拔岳爲關西行臺，引亮爲左丞，典機密。

魏孝武西遷，除吏部郎中，加衞將軍、右光禄大夫。大統二年，拜給事黄門侍郎，領中書舍人。魏文帝子宜都王式爲秦州刺史，以亮爲司馬。帝謂亮曰：「黄門侍郎豈可爲秦州司馬，直以朕愛子出蕃，故以心腹相委，勿以爲恨。」臨辭，賜以御馬。七年，復爲黄門郎，加驃騎將軍。八年，遷都官尚書、使持節、行北華州刺史，封臨涇縣子，邑三百户。除中書監，領著作，修國史。亮有機辯，善談笑。太祖甚重之。有所籌議，率多會旨。記人之善，忘人之過。薦達後進，常如弗及。故當世敬慕焉。十四年，除祕書監、車騎大將軍、儀同三司，尋拜大行臺尚書，出爲岐州刺史。朝廷以其作牧本州，特給路車、鼓吹，先還其宅，并給騎士三千。列羽儀，遊鄉黨，經過故人，歡飲旬日，然後入州。世以爲榮。十七年，徵拜侍中。卒於位。贈本官。

亮少與從弟綽俱知名。然綽文章少不逮亮，至於經畫進趣，亮又減之。故世稱二蘇焉。亮自大統以來，無歲不轉官，一年或至三遷。僉曰才至，不怪其速也。所著文筆數十篇，頗行於世。子師嗣。以亮名重於時，起家爲黄門侍郎。

亮弟湛，字景儁。少有志行，與亮俱著名西土。年二十餘，舉秀才，除奉朝請，領侍御史，加員外散騎侍郎。蕭寶夤西討，以湛爲行臺郎中，深見委任。及寶夤將謀叛逆，湛時卧疾於家。寶夤乃令湛從母弟天水姜儉謂湛曰：「吾不能坐受死亡，今便爲身計，不復作魏臣也。與卿死生榮辱，方當共之，故以相報。」湛聞之，舉聲大哭。儉遽止之曰：「何得便爾？」湛曰：「闔門百口，即時屠滅，云何不哭。」哭數十聲，徐謂儉曰：「爲我白齊王，王本以窮而歸人，賴朝廷假王羽翼，遂得榮寵至此。既屬國步多虞，不能竭誠報德，豈可乘人間隙，便有問鼎之心乎。今魏德雖衰，天命未改。王之恩義，未洽於民，破亡之期，必不旋踵。蘇湛終不能以積世忠貞之基，一旦爲王族滅也。」寶夤復令儉謂湛曰：「此是救命之計，不得不爾。」湛復曰：「凡舉大事，當得天下奇士。今但共長安博徒小兒輩爲此計，豈有辦哉。湛不忍見荆棘生王户庭也。願賜骸骨還舊里，庶歸全地下，無愧先人。」寶夤素重之，知必不爲己用，遂聽還武功。寶夤後果敗。

孝莊帝即位，徵拜尚書郎。帝嘗謂之曰：「聞卿答蕭寶夤，甚有美辭，可爲我説之也。」湛頓首謝曰：「臣自惟言辭不如伍被遠矣，然始終不易，竊謂過之。但臣與寶夤周旋契闊，言得盡心，而不能令其守節，此臣之罪也。」孝莊大悦，加授散騎侍郎。尋遷中書侍郎。

孝武初，以疾還鄉里，終於家。贈散騎常侍、鎮西將軍、雍州刺史。

湛弟讓，字景恕。幼聰敏，好學，頗有人倫鑒識。初爲本州主簿，稍遷別駕、武都郡守、鎮遠將軍、金紫光禄大夫。及太祖爲丞相，引爲府屬，甚見親待〔三〕。出爲衞將軍、南汾州刺史。治有善政。尋卒官。贈車騎大將軍、儀同三司、涇州刺史。

柳虯字仲蟠，司會慶之兄也。年十三，便專精好學。時貴遊子弟就學者，並車服華盛，唯虯不事容飾。遍受五經〔四〕，略通大義，兼博涉子史，雅好屬文。孝昌中，揚州刺史李憲舉虯秀才，兗州刺史馮儁引虯爲府主簿。既而樊子鵠爲吏部尚書，其兄義爲揚州治中，加鎮遠將軍〔五〕，非其好也，遂棄官還洛陽。屬天下喪亂，乃退耕於陽城，有終焉之志。

大統三年，馮翊王元季海、領軍獨孤信鎮洛陽。于時舊京荒廢，人物罕極，唯有虯在陽城，裴諏在潁川〔六〕。信等乃俱徵之，以虯爲行臺郎中，諏爲都督府屬，並掌文翰。時人爲之語曰：「北府裴諏，南省柳虯。」時軍旅務殷，虯勵精從事，或通夜不寢。季海嘗云：「柳郎中判事，我不復重看。」四年，入朝，太祖欲官之，虯辭母老，乞侍醫藥。太祖許焉。久之爲獨孤信開府從事中郎。信出鎮隴右，因爲秦州刺史，以虯爲二府司馬。雖處元僚，不綜府事，唯在信左右談論而已。因使見太祖，被留爲丞相府記室。追論歸朝功，封美陽縣男，邑二百户。

虯以史官密書善惡，未足懲勸。乃上疏曰：

古者人君立史官，非但記事而已，蓋所以爲監誡也。動則左史書之，言則右史書之，彰善癉惡，以樹風聲。故南史抗節，表崔杼之罪；董狐書法，明趙盾之愆。是知直筆於朝，其來久矣。而漢魏已還，密爲記注，徒聞後世，無益當時，非所謂將順其美，匡救其惡者也。且著述之人，密書其事，縱能直筆，人莫之知。何止物生横議，亦自異端互起。故班固致受金之名，陳壽有求米之論。著漢魏者，非一氏；造晉史者，至數家。後代紛紜，莫知准的。

伏惟陛下則天稽古，勞心庶政。開誹謗之路，納忠讜之言。諸史官記事者，請皆當朝顯言其狀，然後付之史閣。庶令是非明著，得失無隱。使聞善者日修，有過者知懼。敢以愚管，輕冒上聞。乞以瞽言，訪之衆議。

事遂施行。

十四年，除祕書丞。祕書雖領著作，不參史事，自虯爲丞，始令監掌焉。十六年，遷中書侍郎，修起居注，仍領丞事。時人論文體者，有古今之異。虯又以爲時有今古，非文有今古，乃爲文質論。文多不載。魏廢帝初，遷祕書監，加車騎大將軍、儀同三司。虯脱略人間，不事小節，弊衣疎食，未嘗改操。人或譏之。虯曰：「衣不過適體，食不過充饑。孜孜營求，徒勞思慮耳。」魏恭帝元年冬，卒，時年五十四。贈兗州刺史。謚曰孝。有文章數十篇行於世。子鴻漸嗣。

呂思禮，東平壽張人也。性温潤，不雜交遊。年十四，受學於徐遵明。長於論難。諸生爲之語曰：「講書論易，其鋒難敵。」十九，舉秀才，對策高第。除相州功曹參軍〔七〕。葛榮圍鄴，思禮有守禦勳，賜爵平陸縣伯，除欒城令。普泰中，僕射司馬子如薦爲尚書二千石郎中〔八〕。尋以地寒被出，兼國子博士。乃求爲關西大。行臺賀拔岳所重〔九〕。專掌機密，甚得時譽。

岳爲侯莫陳悦所害，趙貴等議遣赫連達迎太祖，思禮預其謀。及太祖爲關西大都督，以思禮爲府長史，尋除行臺右丞。以迎魏孝武功，封汝陽縣子〔一〇〕，邑四百户，加冠軍將軍，拜黄門侍郎。魏文帝即位，領著作郎，除安東將軍、都官尚書，兼七兵、殿中二曹事。從擒竇泰，進爵爲侯，邑八百户。大統四年，以謗訕朝政，賜死。

思禮好學，有文才。雖務兼軍國，而手不釋卷。晝理政事，夜則讀書。令蒼頭執燭，燭燼夜有數升。沙苑之捷，命爲露布，食頃便成。太祖歎其工而且速。所爲碑誄表頌，並傳於世。七年，追贈車騎大將軍、定州刺史。子亶嗣。大象末，位至駕部下大夫。

時有博陵崔騰、新蔡董紹並早有名譽，歷職清顯。騰爲丞相府長史，紹爲御史丞〔一二〕。俱以投書謗議，賜死。

薛憕字景猷，河東汾陰人也。曾祖弘敞，值赫連之亂，率宗人避地襄陽。

憕早喪父，家貧，躬耕以養祖母，有暇則覽文籍。時人未之奇也。江表取人，多以世族。憕既羈旅，不被擢用。然負才使氣，未嘗趣世祿之門。左中郎將京兆韋潛度謂憕曰：「君門地非下，身材不劣，何不褰裾數參吏部？」憕曰：「『世胄躡高位，英俊沉下僚』，古人以爲歎息。竊所未能也。」潛度告人曰：「此年少極慷慨，但不遭時耳。」

孝昌中，杖策還洛陽。先是，憕從祖真度與族祖安都擁徐、兗歸魏，其子懷儁見憕，甚相親善。屬爾朱榮廢立，遂還河東，止懷儁家。不交人物，終日讀書，手自抄略，將二百卷。唯郡守元襲，時相要屈，與之抗禮。懷儁每曰：「汝還鄉里，不營産業，不肯取妻，豈復欲南乎？」愷亦恬然自處，不改其舊。普泰中，拜給事中，加伏波將軍。

及齊神武起兵，愷乃東遊陳、梁間，謂族人孝通曰：「高歡阻兵陵上，喪亂方始。關中形勝之地，必有霸王居之。」乃與孝通俱遊長安。侯莫陳悦聞之，召爲行臺郎中，除鎮遠將軍、步兵校尉。及悦害賀拔岳，軍人咸相慶慰。愷獨謂所親曰：「悦才略本寡，輒害良將，敗亡之事，其則不遠。吾屬今即爲人所虜，何慶慰之有乎！」聞者以愷言爲然，乃有憂色。尋而太祖平悦，引愷爲記室參軍。魏孝武西遷，授征虜將軍、中散大夫，封夏陽縣男，邑二百户〔一二〕。魏文帝即位，拜中書侍郎，加安東將軍，增邑百户，進爵爲伯。

大統四年，宣光、清徽殿初成，愷爲之頌。魏文帝又造二欹器。一爲二仙人共持一鉢，同處一盤，鉢蓋有山，山有香氣〔一三〕，一仙人又持金瓶以臨器上，以水灌山，則出於瓶而注乎器，煙氣通發山中，謂之仙人欹器。一爲二荷同處一盤，相去盈尺，中有蓮下垂器上，以水注荷，則出於蓮而盈乎器，爲鳧鴈蟾蜍以飾之，謂之水芝欹器。二盤各處一牀，鉢圓而牀方，中有人，言三才之象也。皆置清徽殿前。器形似觥而方，滿則平，溢則傾。愷各爲作頌。

大統初，儀制多闕。太祖令愷與盧辯、檀翥等參定之。自以流離世故，不聽音樂。雖幽室獨處，嘗有慼容。後坐事死。子舒嗣，官至禮部下大夫、儀同大將軍、聘陳使副。

薛寘，河東汾陰人也。祖遵彦〔一四〕，魏平遠將軍、河東郡守、安邑侯。父乂，尚書吏部郎、清河廣平二郡守。

寘幼覽篇籍，好屬文。年未弱冠，爲州主簿、郡功曹。起家奉朝請。稍遷左將軍、太中大夫。從魏孝武西遷，封郃陽縣子，邑四百户，進號中軍將軍。魏廢帝元年，領著作佐郎，修國史。尋拜中書侍郎，修起居注。遷中書令、車騎大將軍、儀同三司。燕公于謹征江陵，以寘爲司録。軍中謀略，寘並參之。江陵平，進爵爲伯，增邑五百户。朝廷方改物刱制，欲行周禮，乃令寘與小宗伯盧辯斟酌古今，共詳定之。六官建，授内史下大夫。孝閔帝踐阼，進爵爲侯，增邑五百户，轉御正中大夫。時前中書監盧柔，學業優深，文藻華贍，而寘與之方駕，故世號曰盧、薛焉。久之，進位驃騎大將軍、開府儀同三司，出爲淅州刺史。卒於位。吏民哀惜之。贈虞州刺史，謚曰理。所著文筆二十餘卷，行於世。又撰西京記三卷，引據該洽，世稱其博聞焉。

寘性至孝，雖年齒已衰，職務繁廣，至於温清之禮，朝夕無違。當時以此稱之。子明嗣。大象末，儀同大將軍、清水郡守。

李昶〔一五〕，頓丘臨黄人也，小名那。祖彪，名重魏朝，爲御史中尉。父遊，亦有才行，爲當世所稱。遊兄志，爲南荆州刺史，遊隨從至州。屬爾朱之亂，與志俱奔江左。

昶性峻急，不雜交遊。幼年已解屬文，有聲洛下。時洛陽𠛬置明堂，昶年十數歲，爲明堂賦。雖優洽未足，而才制可觀。見者咸曰「有家風矣」。初謁太祖，太祖深奇之，厚加資給，令入太學。太祖每見學生，必問才行於昶。昶神情清悟，應對明辨，太祖每稱歎之。綏德公陸通盛選僚寀，請以昶爲司馬，太祖許之。昶雖年少，通特加接待，公私之事，咸取決焉。又兼二千石郎中，典儀注。累遷都官郎中、相州大中正、丞相府東閤祭酒、中軍將軍、銀青光禄大夫。昶雖處郎官，太祖恒欲以書記委之。於是以昶爲丞相府記室參軍、著作郎，修國史。轉大行臺郎中、中書侍郎。頃之，轉黄門侍郎，封臨黄縣伯，邑五百户。

太祖嘗謂昶曰：「卿祖昔在中朝，爲御史中尉。卿操尚貞固，理應不墜家風。但孤以中尉彈劾之官，愛憎所在，故未即授卿耳。然此職久曠，無以易卿。」乃奏昶爲御史中尉。歲餘，加使持節、車騎大將軍、儀同三司，賜姓宇文氏。六官建，拜内史下大夫，進爵爲侯，增邑五百户，遷内史中大夫。世宗初，行御伯中大夫。武成元年，除中外府司録。保定初，進驃騎大將軍、開府儀同三司。二年，轉御正中大夫。時以近侍清要，盛選國華，乃以昶及安昌公元則、中都公陸逞、臨淄公唐瑾等並爲納言。尋進爵爲公，增邑通前一千三百户。五年，出爲昌州刺史。在州遇疾，啓求入朝，詔許之。還未至京，卒於路。時年五十。贈相瀛二州刺史。

昶於太祖世已當樞要，兵馬處分，專以委之，詔册文筆，皆昶所作也。及晉公護執政，委任如舊。昶常曰：「文章之事，不足流於後世，經邦致治，庶及古人。」故所作文筆，了無藁草。唯留心政事而已。又以父在江南，身寓關右，自少及終，不飲酒聽樂。時論以此稱焉。子丹嗣。

時有高平檀翥，字鳳翔。好讀書，善屬文，能鼓瑟〔一六〕。早爲琅邪王誦所知。年十九，爲魏孝明帝挽郎。其後司州牧、城陽王元徽以翥爲從事，非其好也。尋謝病，客遊三輔。時毛遐爲行臺，鎮北雍州〔一七〕，表翥爲行臺郎中。會爾朱天光東拒齊神武，翥隨赴洛。除西兖州録事參軍，歷司空田曹參軍，加鎮遠將軍，兼殿中侍御史。臺中表奏，皆翥爲之。尋副毛鴻賓鎮潼關，加前將軍、太中大夫。魏孝武西遷，賜爵高唐縣子，兼中書舍人，修國史，加鎮軍將軍。後坐談論輕躁，爲黄門侍郎徐招所駁，死於廷尉獄。

元偉字猷道〔二八〕，河南洛陽人也。魏昭成之後。曾祖忠，尚書左僕射，城陽王。祖盛，通直散騎常侍，城陽公〔二九〕。父順，以左衞將軍從魏孝武西遷，拜中書監、雍州刺史、開府儀同三司，封濮陽王。

偉少好學，有文雅〔三〇〕。弱冠，授員外散騎侍郎。以侍從之勞，賜爵高陽縣伯。大統初，拜伏波將軍、度支郎中，領太子舍人。十一年，遷太子庶子，領兵部郎中。尋拜東南道行臺右丞。十六年，進位車騎大將軍、儀同三司。以魏氏宗室，進爵南安郡王，邑五百户。十七年，除幽州都督府長史。及尉遲迥伐蜀，以偉爲司録。書檄文記，皆偉之所爲。蜀平，以功增邑五百户。六官建，拜師氏下大夫，爵隨例降，改封淮南縣公。

孝閔帝踐阼，除晉公護府司録。世宗初，拜師氏中大夫。受詔於麟趾殿刊正經籍。尋除隴右總管府長史，加驃騎大將軍、開府儀同三司。保定二年，遷成州刺史。偉政尚清靜，百姓悦附，流民復業者三千餘口〔三一〕。天和元年，入爲匠師中大夫，轉司宗中大夫。六年，出爲隨州刺史。偉辭以母老，不拜。還爲司宗。尋以母憂去職。建德二年，復爲司宗，轉司會中大夫，兼民部中大夫，遷小司寇。四年，以偉爲使主，報聘于齊。是秋，高祖親戎東討，偉遂爲齊人所執。六年，齊平，偉方見釋。高祖以其久被幽縶，加授上開府。大象二年，除襄州刺史，進位大將軍。

偉性溫柔，好虛靜。居家不治生業。篤學愛文，政事之暇，未嘗棄書。謹慎小心，與物無忤。時人以此稱之。初自鄴還也，庾信贈其詩曰：「虢亡垂棘反，齊平寶鼎歸。」其爲辭人所重如此。後以疾卒。

太祖天縱寬仁，性罕猜忌。元氏戚屬，並保全之，內外任使，布於列職。孝閔踐祚，無替前緒。明、武纘業，亦遵先志。雖天厭魏德，鼎命已遷，枝葉榮茂，足以逾於前代矣。然簡牘散亡，事多湮落〔三三〕。今錄其名位可知者，附於此云。

柱國大將軍、太傅、大司徒、廣陵王元欣，

柱國大將軍、特進、尚書令、少師、義陽王元子孝，

尚書僕射、馮翊王元季海，

七兵尚書、陳郡王元玄，

大將軍、淮安王元育，

大將軍、梁王元儉，

大將軍、尚書令、少保、小司徒、廣平郡公元贊，

大將軍、納言、小司空、荊州總管、安昌郡公元則，

侍中、驃騎大將軍、開府儀同三司、少師、韓國公元羅，

侍中、驃騎大將軍、開府儀同三司、吏部尚書、魯郡公元正，

侍中、驃騎大將軍、開府儀同三司、中書監、洵州刺史、宜都郡公元顏子，

侍中、驃騎大將軍、開府儀同三司、鄀州刺史、安樂縣公元壽，

侍中、驃騎大將軍、開府儀同三司、武衞將軍、遂州刺史、房陵縣公元審。

史臣曰：太祖除暴寧亂，創業開基，昃食求賢，共康庶政。既焚林而訪阮，亦牓道以求孫，可謂野無遺才，朝多君子。蘇亮等並學稱該博，文擅雕龍，或揮翰鳳池，或著書麟閣，咸居祿位，各逞琳琅。擬彼陳、徐，慙後生之可畏；論其任遇，實當時之良選也。魏文帝有言：「古今文人，類不護細行。」其呂思禮、薛憕之謂也？

校勘記

〔一〕祖權　北史卷六三蘇綽傳附蘇亮傳作「祖稚，字天祐」。按魏書卷四五蘇湛傳云湛「父擁，字天祐」。蘇湛即蘇亮之弟，却一以爲祖，一以爲父。魏收爲北齊人，記關中人物世系，可能不

甚確切，故誤祖爲父。然其名又有「權」「擁」之異，未知孰是。

〔二〕遇河内常景　「遇」，北史卷六三蘇綽傳附蘇亮傳、册府卷七七七作「過」。

〔三〕甚見親待　「待」，原作「侍」，據三朝本、南監本、汲本、局本、北史卷六三蘇綽傳附蘇亮傳改。

〔四〕遍受五經　「受」，原作「授」，據三朝本、北史卷六四柳虯傳、册府卷七六八改。按虯時方求學，作「受」是。

〔五〕既而樊子鵠爲吏部尚書其兄義爲揚州治中加鎮遠將軍　張森楷云：「據北史作『其兄義爲揚州刺史，乃以虯爲揚州中從事』，此挩去數字，遂合二官爲一人，謬甚。」按張説是，「揚州」下當脱「刺史乃以虯爲揚州」八字。治中即中從事。

〔六〕裴諏　張森楷云：「北齊書（卷三五裴讓之傳附）作『裴諏之』。」按此雙名單稱。

〔七〕除相州功曹參軍　按西魏呂思禮墓誌（見隋呂思禮夫婦合葬墓清理簡報），思禮先爲相州南欒縣令，後遷相州長史，未任功曹參軍。

〔八〕司馬子如薦爲尚書二千石郎中　「石」，原作「户」，據三朝本、南監本、北監本、汲本、局本、北史卷七〇呂思禮傳改。按西魏呂思禮墓誌作「仍除二千石郎」。

〔九〕乃求爲關西大行臺賀拔岳所重　殿本考證云：「北史云：『乃求爲關西大行臺郎中，與姚幼瑜、茹文就俱入關，爲行臺賀拔岳所重。』此脱十五字。」按西魏呂思禮墓誌作「出爲行臺吏部郎」。

〔一〇〕封汝陽縣子　「汝陽」，北史卷七〇呂思禮傳作「汶陽」。按西魏呂思禮墓誌誌題作魏故七兵尚書汶陽呂侯墓誌，其「改封汶陽縣開國侯」，是在大統四年（五三八）卒後。此前「進伯爲侯」，是由平陸縣伯進爲平陸縣侯。所記雖有不同，但可證這裏作「汶陽」是。

〔一一〕紹爲御史丞　張森楷云：「『丞』上當有『中』字，見趙剛傳。」按周書卷三三趙剛傳稱「御史中尉董紹」。元魏之御史中尉即中丞，張説是。

〔一二〕邑二百户　「二」，汲本、局本作「三」。

〔一三〕山有香氣　張森楷云：「『氣』當作『器』，下文所謂『以臨器上』，即指此。」按張説可通，但北史卷三六薛憕傳亦作「氣」。

〔一四〕祖遵彦　「彦」，北史卷三六薛寘傳作「顔」。

〔一五〕李昶　御覽卷六〇二引後周書，以及册府卷一四八、卷四五七、卷五一二、卷七一六、卷七二八、卷七五五、卷七七一、卷七七五、卷八四〇都作「李旭」。按北史卷四〇李彪傳附李昶傳也作「昶」，似無可疑，但册府、御覽又都作「旭」。疑當時有作「旭」的一種傳本。

〔一六〕能鼓瑟　「瑟」，三朝本、南監本、北史卷七〇檀翥傳、册府卷七七五作「琴」。

〔一七〕時毛遐爲行臺鎮北雍州　「遐」，原作「邈」，據北史卷七〇檀翥傳改。按北史卷四九毛遐傳云「万俟醜奴陷秦州，詔以遐兼尚書二州行臺」，又稱「中書郎檀翥、尚書郎公孫範等常依託之」。「邈」爲「遐」之訛無疑。

〔一八〕字猷道　「猷道」，北史卷一五常山王遵傳殿本作「大猷」，百衲本作「子猷」。通志卷八四上常山王遵傳附元偉傳同周書作「猷道」。

〔一九〕曾祖忠尚書左僕射城陽王祖盛通直散騎常侍城陽公　前後二「城陽」，原倒作「陽城」，據三朝本、南監本、北監本、汲本、局本乙正。張元濟以爲作「陽城」誤，云見「北史常山王遵傳（卷一五）」。按遵傳稱忠「累遷右僕射，賜爵城陽公」，又云「子盛，字始興，襲爵」。可證「陽城」爲「城陽」之誤倒。北史未記元忠封王，同卷高凉王孤傳附曾孫元那傳云：「孝文時，諸王非道武子孫者，例降爵爲公。」元忠是昭成之後，一般不得封王。但隋元智墓誌（漢魏南北朝墓誌集釋圖版五一一）稱曾祖忠「城陽宣王」，或是西魏追贈。

〔二〇〕有文雅　「文雅」，三朝本、册府卷七一八作「文性」。

〔二一〕流民復業者三千餘口　「口」，册府卷六九二作「家」。

〔二二〕事多湮落　「落」，原作「没」，據三朝本、南監本、北監本、汲本、局本改。按周書原本應作「落」。

周書卷三十九

列傳第三十一

韋瑱　梁昕　皇甫璠　辛慶之族子昂　王子直　杜杲

韋瑱字世珍，京兆杜陵人也。世爲三輔著姓。曾祖惠度，姚泓尚書郎。隨劉義真過江，仕宋爲鎮西府司馬、順陽太守，行南雍州事。後於襄陽歸魏，拜中書侍郎，贈安西將軍、洛州刺史。祖千雄，略陽郡守。父英，代郡守，贈兗州刺史。

瑱幼聰敏，有夙成之量，閭里咸敬異之。篤志好學，兼善騎射。魏孝昌三年，起家太尉府法曹參軍。稍遷直後，除明威將軍、雍州治中，假鎮遠將軍、防城州將。累遷諫議大夫、冠軍將軍。

太祖爲丞相，加前將軍、太中大夫，封長安縣男，食邑三百户。轉行臺左丞，加撫軍將軍、銀青光禄大夫，遷使持節、都督南郢州諸軍事、南郢州刺史。復入爲行臺左丞。瑱明察有幹局，再居左轄，時論榮之。從復弘農，戰沙苑，加衞大將軍、左光禄大夫。又從戰河橋，進爵爲子，增邑二百户。大統八年，齊神武侵汾、絳，瑱從太祖禦之。軍還，令瑱以本官鎮蒲津關，帶中潬城主。尋除蒲州總管府長史。頃之，徵拜鴻臚卿。以望族，兼領鄉兵，加帥都督。遷大都督、通直散騎常侍，行京兆郡事，進車騎大將軍、儀同三司、散騎常侍。

魏恭帝二年，賜姓宇文氏。三年，除瓜州諸軍事、瓜州刺史。州通西域，蕃夷往來，前後刺史，多受賂遺。胡寇犯邊，又莫能禦。瑱雅性清儉，兼有武略。蕃夷贈遺，一無所受。胡人畏威，不敢爲寇。公私安静，夷夏懷之。

孝閔帝踐阼，進爵平齊縣伯，增邑五百户。秩滿還京，吏民戀慕，老幼追送，留連十數日，方得出境。世宗嘉之，進授侍中、驃騎大將軍、開府儀同三司。武成三年，卒〔一一〕，時年六十一。贈岐宜二州刺史。謚曰惠。天和二年，又追封爲公，增邑通前三千户。仍詔其子峻襲。

峻後位至車騎大將軍、儀同三司。峻弟師，起家中外府記室，歷兵部小府下大夫。建德末，蒲州總管府中郎，行河東郡事。

梁昕字元明，安定烏氏人也。世爲關中著姓。其先因官，徙居京兆之盩厔焉。祖重耳，漳縣令。父勸儒，州主簿、冠軍將軍、中散大夫，贈涇州刺史。

昕少温恭，見稱州里。正光五年，秦隴搆亂，蕭寶夤爲大都督，統兵出討，以昕爲行臺參軍。孝昌初，拜盪寇將軍，稍遷驤威將軍〔二〕、給事中。仍從寶夤征万俟醜奴。相持二年，前後數十戰，以功進征西將軍〔三〕。爾朱天光入關，復引爲外兵參軍。從天光征討，拜右將軍、太中大夫。

太祖迎魏孝武，軍次雍州。昕以三輔望族上謁。太祖見昕容貌瓌偉，深賞異之。即授右府長流參軍。大統初，加鎮南將軍、金紫光禄大夫，轉丞相府户曹參軍。從復弘農，戰沙苑，皆有功。除車騎將軍、丞相府主簿。出爲洛安郡守，徵拜大將軍行臺兵部郎中，加帥都督。十二年，除河南郡守，鎮大塢。尋又移鎮閻韓。式遏邊壘，甚著誠信。遷東荊州刺史。昕撫以仁惠，蠻夷悦之，流民歸附者，相繼而至。封安定縣子，邑三百户。累遷大都督、車騎大將軍、散騎常侍、儀同三司。

孝閔帝踐阼，進位驃騎大將軍、開府儀同三司。世宗初，進爵胡城縣伯，邑五百户。

三年，除九曲城主。保定元年，遷中州刺史，增邑八百户，轉邵州刺史。二年，以母喪去職。尋起復本任。天和初，徵拜工部中大夫。出爲陝州總管府長史〔四〕。昕性温裕，有幹能。歷官内外，咸著聲稱。尋卒於位。贈大將軍，謚曰貞。

昕弟榮，歷位匠師下大夫，中外府中郎，蕃部、郡伯，司倉、計部下大夫〔五〕，開府儀同三司，朝那縣伯，贈涇寧豳三州刺史，謚曰靜。

皇甫璠字景瑜，安定三水人也。世爲西州著姓，後徙居京兆焉。父和，本州治中。大統末，追贈散騎常侍、儀同三司、涇州刺史。

璠少忠謹，有幹略。永安中，辟州都督。太祖爲牧，補主簿。以勤事被知，每蒙褒賞。大統四年，引爲丞相府行參軍。尋轉田曹參軍、東閤祭酒，加散騎侍郎。稍遷兼太常少卿、都水使者，歷蕃部、兵部、虞部、民部、吏部等諸曹郎中。六官建，拜計部下大夫。孝閔帝踐阼，轉守廟下大夫。以選爲東道大使，撫巡州防。尋加車騎大將軍、儀同三司，封長樂縣子，邑五百户。出爲玉壁總管府長史。保定中，遷鴻州刺史，入爲小納言。俄除隴右總管府司馬，轉陝州總管府長史。徵拜蕃部中大夫，進驃騎大將軍、開府儀同三司。復出爲隴右總管府長史。璠性平和，小心奉法，安分守志〔六〕，恒以清白自處。當時號爲善人。

建德元年，除民部中大夫。三年，授隨州刺史。政存簡惠，百姓安之。其年，增邑并前二千户。六年，卒於位。贈交渭二州刺史。謚曰恭。子諒，少知名。大象中，位至吏部下大夫。

辛慶之字慶之〔七〕，隴西狄道人也。世爲隴右著姓。父顯崇〔八〕，馮翊郡守，贈雍州刺史。

慶之少以文學徵詣洛陽，對策第一，除祕書郎。屬爾朱氏作亂，魏孝莊帝令司空楊津爲北道行臺，節度山東諸軍以討之。津啓慶之爲行臺左丞，典參謀議〔九〕。至鄴，聞孝莊帝暴崩，遂出兗、冀間，謀結義徒，以赴國難。尋而節閔帝立，乃還洛陽。普泰二年，遷平北將軍、太中大夫。及賀拔岳爲行臺，復啓慶之爲行臺吏部郎中、開府掾。尋除雍州別駕。

大統初，加車騎將軍，俄遷衞大將軍、左光禄大夫。從太祖東討〔一〇〕，爲行臺左丞。時初復河東，以本官兼鹽池都將。四年，東魏攻正平郡，陷之，遂欲經略鹽池，慶之守禦有備，乃引軍退。河橋之役，大軍不利，河北守令棄城走，慶之獨因鹽池，抗拒彊敵。時論稱其仁勇。六年，行河東郡事。九年，入爲丞相府右長史，兼給事黄門侍郎，除度支尚書。復行河東郡事。遷通直散騎常侍、南荆州刺史，加儀同三司。

慶之位遇雖隆，而率性儉素，車馬衣服，亦不尚華侈。志量淹和，有儒者風度。特爲當時所重。又以其經明行修，令與盧誕等教授諸王。魏廢帝二年，拜祕書監。尋卒於位。子加陵，主寢上士。慶之族子昂。

昂字進君。年數歲，便有成人志行。有善相人者，謂其父仲略曰：「公家雖世載冠冕，然名德富貴，莫有及此兒者。」仲略亦重昂志氣，深以爲然。年十八，侯景辟爲行臺郎中，加鎮遠將軍。景後來附，昂遂入朝。除丞相府行參軍。大統十四年，追論歸朝之勳，封襄城縣男，邑二百户，轉丞相府田曹參軍。

及尉遲迥伐蜀，昂召募從軍〔二〕。蜀平，以功授輔國將軍，魏都督〔三〕。迥仍表昂爲龍州長史，領龍安郡事。州帶山谷，舊俗生梗。昂威惠洽著，吏民畏而愛之。成都一方之會，風俗舛雜。迥以昂達於從政，復表昂行成都令。昂到縣，即與諸生祭文翁學堂，因共歡宴。謂諸生曰：「子孝臣忠，師嚴友信，立身之要，如斯而已。若不事斯語，何以成名。各宜自勉，克成令譽。」昂言切理至，諸生等並深感悟，歸而告其父老曰〔一三〕：「辛君教誡如此，不可違之。」於是井邑肅然，咸從其化。遷梓潼郡守，進位帥都督，加通直散騎常侍。六官建，入爲司隸上士，襲爵繁昌縣公。

世宗初，授天官府上士，加大都督。武成二年，授小職方下大夫，治小兵部。保定二年，進車騎大將軍、儀同三司，轉小吏部。四年，大軍東討，昂與大將軍權景宣下豫州，以功賞布帛二百匹。

時益州殷阜，軍國所資。經塗艱險，每苦刼盜。詔昂使於梁、益，軍民之務，皆委決焉。昂撫導荒梗，安置城鎮，數年之中，頗得寧靜。天和初，陸騰討信州羣蠻，歷時未克。高祖詔昂使於通、渠等諸州運糧餽之〔一四〕。時臨、信、楚、合等諸州民庶，亦多從逆。昂諭以禍福，赴者如歸。乃令老弱負糧，壯夫拒戰，咸願爲用，莫有怨者。使還，屬巴州萬榮郡民反叛，攻圍郡城，遏絶山路。昂謂其同侶曰：「凶狡狂悖〔一五〕，一至於此！若待上聞，或淹旬月，孤城無援，必淪寇黨。欲救近溺，寧暇遠求越人。苟利百姓，專之可也。」於是遂募開、通二州，得三千人，倍道兼行，出其不意。又令其衆皆作中國歌，直趣賊壘。賊既不以爲虞，謂有大軍赴救，於是望風瓦解，郡境獲寧。朝廷嘉其權以濟事，詔梁州總管、杞國公亮即於軍中賞昂奴婢二十口〔一六〕、繒綵四百匹。亮又以昂威信布於宕渠，遂表爲渠州刺史。俄轉通州刺史。昂推誠布信，甚得夷獠歡心。秩滿還京，首領皆隨昂詣闕朝覲。以昂化洽夷華，進位驃騎大將軍、開府儀同三司。

時晉公護執政，昂稍被護親待，高祖以是頗銜之。及護誅，加之捶楚〔一七〕，因此遂卒。昂族人仲景，好學，有雅量。其高祖欽，後趙吏部尚書、雍州刺史，子孫因家焉。父歡，魏隴州刺史、宋陽公〔一八〕。仲景年十八，舉文學，對策高第。拜司空府主簿，遷員外散騎侍郎。建德中，位至内史下大夫、開府儀同三司。卒於官。子衡。

王子直字孝正，京兆杜陵人也。世爲郡右族。父琳，州主簿、東雍州長史。子直性節儉，有幹能。魏正光中，州辟主簿，起家奉朝請。除太尉府水曹行參軍，加明威將軍。時梁人圍壽春，臨淮王元彧率軍赴援，子直以本官參彧軍事。與梁人戰，斬其軍主夏侯景超，梁人乃退〔一九〕。淮南民庶因兵寇之後，猶聚爲盜。彧令子直招撫之，旬日之間，咸來復業，自合肥以北，安堵如舊。永安初，拜員外散騎常侍、鴻臚少卿。普泰初，進後軍將軍、太中大夫。賀拔岳入關，以子直爲開府主簿，遷行臺郎中。魏孝武西遷，封山北縣男，邑二百户。

大統初，漢熾屠各阻兵於南山，與隴東屠各共爲脣齒。太祖令子直率涇州步騎五千討破之，南山平。太祖嘉之，賜書勞問。除尚書左外兵郎中。三年，進車騎將軍，兼中書舍人。四年，從太祖解洛陽圍，經河橋戰，兼尚書左丞，出爲秦州總管府司馬。時涼州刺史宇文仲和據州逆命，子直從隴右大都督獨孤信討平之。復入爲大行臺郎中，兼丞相府記室。吐谷渾寇西平，以子直兼尚書兵部郎中，出隴右經略之，大破渾衆於長寧川，渾賊遁走。十五年，進車騎將軍、左光禄大夫〔二〇〕，除太子中庶子，領齊王友。尋行馮翊郡事。十六年，魏齊王廓出牧秦隴，復以子直爲秦州別駕，仍領王友。隨、陸初平，授安州長史，領別駕，加帥都督。轉并州長史。

魏廢帝元年，拜使持節、大都督，行瓜州事。子直性清靜，務以德政化民，西土悦附。魏恭帝初，徵拜黄門侍郎。卒於位。子宣禮，柱國府參軍事。

杜杲字子暉，京兆杜陵人也。祖建，魏輔國將軍，贈豫州刺史〔二一〕。父皎，儀同三司、武都郡守。

杲學涉經史，有當世幹略。其族父瓚〔二二〕，清貞有識鑒，深器重之。常曰：「吾家千里駒也。」瓚時仕魏爲黄門侍郎，兼度支尚書、衛大將軍、西道行臺，尚孝武妹新豐公主，因薦之於朝廷。永熙三年，起家奉朝請〔二三〕，累遷輔國將軍、成州長史、漢陽郡守。世宗初，轉脩城郡守。屬鳳州人仇周貢等搆亂，攻逼脩城，杲信洽於民，部内遂無叛者。尋而開府趙昶諸軍進討〔二四〕，杲率郡兵與昶合勢，遂破平之。入爲司命上士〔二五〕。

初，陳文帝弟安成王頊爲質於梁，及江陵平，頊隨例遷長安。陳人請之，太祖許而未遣。至是，帝欲歸之，命杲使焉。陳文帝大悦，即遣使報聘，并賂黔中數州之地。仍請畫野分疆，永敦隣好。以杲奉使稱旨，進授都督，治小御伯，更往分界焉。陳人於是以魯山歸我。帝乃拜頊柱國大將軍，詔杲送之還國。陳文帝謂杲曰：「家弟今蒙禮遣，實是周朝之惠。然不還彼魯山，亦恐未能及此。」杲答曰：「安成之在關中，乃咸陽一布衣耳。然是陳之介弟，其價豈止一城。本朝親睦九族，恕己及物，上遵太祖遺旨，下思繼好之義。所以發德音者，蓋爲此也。若知止侔魯山，固當不貪一鎮。況魯山梁之舊地，梁即本朝蕃臣，若以始末言之，魯山自合歸國。云以尋常之土，易己骨肉之親，使臣猶謂不可，何以聞諸朝廷。」陳文帝慚恧久之，乃曰：「前言戲之耳。」自是接遇有加常禮。及杲還，命引升殿，親降御座，執手以别。朝廷嘉之，授大都督、小載師下大夫，治小納言，復聘於陳。中山公訓爲蒲州總管，以杲爲府司馬、州治中，兼知州府事。加使持節、車騎大將軍、儀同三司。

及華皎來附，詔令衛公直督元定等援之。與陳人交戰，我師不利，元定等並没。自是，連兵不息，東南騷動。高祖患之，乃授杲御正中大夫〔二六〕，使於陳，論保境息民之意。陳宣帝遣其黄門侍郎徐陵謂杲曰：「兩國通和，本欲救患分災，彼朝受我叛人，何也？」杲答曰：「陳主昔在本朝，非慕義而至，上授以柱國，位極人臣，子女玉帛，備禮將送，遂主社稷，孰謂非恩。郝烈之徒，邊民狂狡，曾未報德〔二七〕，而先納之。今受華氏，正是相報。過自彼始，豈在本朝。」陵曰：「彼納華皎，志圖吞噬。此受郝烈，容之而已。且華皎方州列將，竊邑叛亡。郝烈一百許户，脱身逃竄。大小有異，豈得同年而語乎？」杲曰：「大小雖殊，受降一也。若論先後，本朝無失。」陵曰：「周朝送主上還國，既以爲恩；衛公共元定渡江，孰云非怨。計恩之與怨，亦足相埒〔二八〕。」杲曰：「元定等軍敗身囚，其怨已滅。陳主負扆馮玉，其恩猶在。且怨繇彼國，恩起本朝，以怨酬恩，未之聞也。」陵乃笑而不答〔二九〕。杲因謂之曰：「今三方鼎立，各圖進取，苟有釁隙，實啓敵心。本朝與陳，日敦鄰睦，輶軒往反，積有歲年。比爲疆埸之事，遂爲仇敵，構怨連兵，略無寧歲，鷸蚌狗兔，勢不俱全。若使齊寇乘之，則彼此危矣。孰與心忿悔禍，遷慮改圖，陳國息爭桑之心，本朝弘灌瓜之義，張旃拭玉，修好如初，共爲掎角，以取齊氏。非唯兩主之慶，實亦兆庶賴之。」陵具以聞，陳宣帝許之。遂遣使來聘〔三〇〕。

武帝建德初，爲司城中大夫〔三一〕，使於陳。陳宣帝謂杲曰：「長湖公軍人等雖築舘處之，然恐不能無北風之戀。王褒、庾信之徒既覊旅關中，亦當有南枝之思耳。」杲揣陳宣意，欲以元定軍將士易王褒等。乃答之曰：「長湖總戎失律，臨難苟免，既不死節，安用以爲〔三二〕。且猶牛之一毛，何能損益。本朝之議，初未及此。」陳宣帝乃止，杲還至石頭〔三三〕，又遣謂之曰：「若欲合從，共圖齊氏，能以樊、鄧見與，方可表信。」杲答曰：「合從圖齊，豈唯弊邑之利。必須城鎮，宜待之於齊〔三四〕。先索漢南，使者不敢聞命〔三五〕。」還，除司倉中大夫〔三六〕。

後四年，遷温州刺史〔三七〕，賜爵義興縣伯。大象元年，徵拜御正中大夫，復使於陳。二年，除申州刺史，加開府儀同大將軍，進爵爲侯，邑一千三百户。除同州司會。隋開皇元年，以杲爲同州總監〔三八〕，進爵爲公。俄遷工部尚書。二年，除西南道行臺兵部尚書。尋以疾卒。子運，大象末，宣納上士。杲兄長暉，位至儀同三司。

史臣曰：韋、辛、皇甫之徒，並關右之舊族也。或紆組登朝，獲當官之譽；或張旃出境，有專對之才。既茂國猷，克隆家業。美矣夫！

校勘記

〔一〕武成三年卒　張森楷云：「『三』當作『二』，武成無三年也。且世宗以二年八月遇弑，武帝即位，踰年改元，與其他之未改元以前可猶稱數年者不同。『三』字斷當爲『二』之誤無疑。」按張說「三」字誤是對的，但也可能是「元年」之誤，今不改。

〔二〕稍遷驤威將軍　按魏書卷一一三官氏志太和後職令從第六品、周書卷二四盧辯傳末四命有襄威將軍，通典卷三八職官二〇後魏官品、卷三九職官二一後周官品同。「驤」當作「襄」。但當時二字常通用，如北魏皇帝南巡之頌碑（見山西靈丘北魏文成帝南巡碑）見「驤威將軍」，北魏張猛龍碑（歷代碑帖法書選）見「驤威府長史」。今不改。

〔三〕以功進征西將軍　「進」，原作「封」，據三朝本、册府卷七二八改。按將軍不當云「封」。

〔四〕出爲陝州總管府長史　「州」，原作「西」，據三朝本、南監本、局本、北史卷七〇梁昕傳改。按總管例繫於州，「西」字顯誤。

〔五〕蕃部郡伯司倉計部下大夫　按通典卷三九職官二一後周官品正四命地官所屬諸下大夫，有小鄉伯、小遂伯、小稍伯、小縣伯、小畿伯，却没有郡伯，疑這裏作「郡伯」誤。

〔六〕安分守志　「分」，三朝本、册府卷八〇六作「貧」，北史卷七〇皇甫璠傳作「貞」。張元濟云：

「『貞』亦『貧』之訛。」按張說是，但「安分」亦可通，今不改。

〔七〕字慶之　北史卷七〇辛慶之傳云「字餘慶」。

〔八〕父顯崇　「崇」，北史卷七〇辛慶之傳、新唐書卷七三上宰相世系表三上作「宗」，元和姓纂卷三同周書作「崇」。

〔九〕津啓慶之爲行臺左丞典參謀議　「典」，北史卷七〇辛慶之傳、册府卷七二八作「與」，疑是。

〔一〇〕從太祖東討　「從」，原作「後」，據北史卷七〇辛慶之傳改。按「從太祖東討」一語屢見他傳，這裏「後」乃「從」之形訛。

〔一一〕昂召募從軍　「召」，北史卷七〇辛慶之傳附辛昂傳作「占」。按「占募」見三國志卷五八吴書陸遜傳附陸抗傳，亦屢見南北諸史，疑作「占」是。

〔一二〕以功授輔國將軍魏都督　張森楷云：「『魏』字於文無施，疑誤。」按「魏」字疑是衍文。周書卷二四盧辯傳末輔國將軍和都督同在七命。下文説「遷梓潼郡守，進位帥都督」，帥都督是正七命，升遷次序正合。

〔一三〕歸而告其父老曰　三朝本、南監本、北監本、汲本「父」下無「老」字。殿本當據北史卷七〇辛慶之傳附辛昂傳補，局本從殿本。按御覽卷二六八引後周書、册府卷七〇三均有「老」字，殿本是。

〔一四〕便於通渠等諸州運糧饋之　「便」，册府卷六五六作「使」。按下文云「使還」，與此相合，疑作

「使」是。

〔五〕凶狡狂悖　「狡」，原作「奴」，據三朝本、册府卷六五六、通鑑卷一六九陳紀三天康元年（五六六）改。按「凶狡」一詞屢見於中古載籍，「奴」字誤。

〔六〕賞昂奴婢二十口　「二十」，册府卷六五六作「五十」。

〔七〕及護誅加之捶楚　三朝本、南監本、北監本、汲本無「護誅」二字。北史卷七〇辛慶之傳附辛昂傳作「誅護」，局本同北史。疑殿本、局本都是依北史補，無此二字，文義不順。

〔八〕父歡魏隴州刺史宋陽公　「宋」，北史卷七〇辛慶之傳附辛昂傳作「朱」。按魏書卷一〇六下地形志下析州有朱陽郡，隋書卷三〇地理志中弘農郡有朱陽縣，云：「舊置朱陽郡，後周郡廢。」疑作「朱」是。

〔九〕「時梁人圍壽春」至「斬其軍主夏侯景超梁人乃退」　「夏侯景超」，三朝本、永樂大典卷六八三七引周書王子直傳作「夏侯景起」。按魏書卷九肅宗紀孝昌元年（五二五）正月臨淮王彧與李憲爲都督，從東道行臺元延明「俱討徐州」，六月守徐州之梁豫章王琮降魏。至梁攻壽春，在次年七月，十一月魏揚州刺史李憲降梁，壽春爲梁佔領，並無「梁人乃退」的事。本傳所述，當是攻徐州事而誤以爲援壽春。

〔一〇〕十五年進車騎將軍左光禄大夫　張森楷云：「三年已進車騎矣，此不應復加故號，以他傳例之，『車』或當是『驃』字之誤。」按張說是，但諸本及永樂大典卷六八三七引周書王子直傳都作「車」，似沿誤已久，今不改。

〔二一〕贈豫州刺史　「豫」，北史卷七〇杜杲傳作「蒙」。

〔二二〕其族父瓚　「瓚」，北史卷七〇杜杲傳、册府卷八六七作「攢」。

〔二三〕永熙三年起家奉朝請　「三」，原作「二」，據三朝本、南監本、北監本、汲本、局本、北史卷七〇杜杲傳、册府卷八六七改。按杜杲是京兆人，入仕當是在永熙三年（五三四）魏孝武帝入關之初，所以本傳没有從孝武入關語。

〔二四〕尋而開府趙昶諸軍進討　册府卷六九四「諸軍」上有「督」字。

〔二五〕入爲司命上士　「司命」，北史卷七〇杜杲傳作「司會」，册府卷六五三、卷六六〇作「司倉」。通鑑卷一六八陳紀二天嘉二年（五六一）十一月稱「司會上士杜杲來聘」。按通典卷三九職官二一後周官品，司會、司倉上士都在正三命，無司命。綜合諸證，疑這裏作「司會」是。

〔二六〕高祖患之乃授杲御正中大夫　張森楷云：「本文語氣不甚了斷。據北史則『大夫』下有使陳與徐陵論答一段。此誤挩漏，當依補正。」按張説是，但北史有删節，册府卷六五七、卷六六〇所載杜杲和徐陵的論答乃是周書原文，以下據册府明刻本補。個别無關史事的錯訛字，徑據册府宋本、明鈔本及北史卷七〇杜杲傳改，不再一一出校。

〔二七〕曾未報德　「報」，册府卷六六〇宋本、明刻本作「執」，明鈔本作「孰」，據北史卷七〇杜杲傳改。

〔二八〕亦足相埒　「埒」，册府卷六六〇明刻本作「訾」，明鈔本作「呼」，據宋本及北史卷七〇杜杲傳改。

〔二九〕陵乃笑而不答　從「使於陳」至此，據册府卷六六〇明刻本補。

〔三〇〕遂遣使來聘　從「杲因謂之曰」至此，據册府卷六六〇明刻本補。

〔三一〕爲司城中大夫　册府卷六五七無「城」字，據北史卷七〇杜杲傳補。

〔三二〕安用以爲　「以」，北史卷七〇杜杲傳作「此」。

〔三三〕杲還至石頭　北史卷七〇杜杲傳「杲」上有「及」字。

〔三四〕宜待之於齊　北史卷七〇杜杲傳「之」上有「得」字。

〔三五〕使者不敢聞命　「使者」，北史卷七〇杜杲傳作「使臣」。從「武帝建德初」至此，據册府卷六五七明刻本補。

〔三六〕還除司倉中大夫　此句據北史卷七〇杜杲傳補。

〔三七〕後四年遷温州刺史　三朝本「遷」下尚有「温州諸軍事」五字。北史卷七〇杜杲傳於「還除司倉中大夫」下接敍「又使於陳」，「陳送開府賀拔華和元定棺歸周」，「除河東郡守」等事皆不見周書。疑「後四年」下也有脱文。但不能斷言北史所述和周書完全相同，今不補。

〔三八〕除同州司會隋開皇元年以杲爲同州總監　「監」，原作「管」，據三朝本、南監本、北監本、汲本改。殿本當依北史卷七〇杜杲傳改，局本從殿本。張元濟云：「按隋朝有總監之職。」按隋書卷二八百官志下有同州總監，張說是。蓋隋改同州司會爲總監，杜杲仍留任職，非遷官。北史「司會」作「刺史」，「總監」作「總管」，恐都是後人妄改，李延壽不會不知道周、隋有此官。

周書卷四十

列傳第三十二

尉遲運　王軌　宇文神舉　宇文孝伯　顔之儀 樂運

尉遲運，大司空、吴國公綱之子也。少彊濟，志在立功。魏大統十六年，以父勳封安喜縣侯，邑一千户。孝閔帝踐阼，授使持節、車騎大將軍、儀同三司。俄而帝廢，朝議欲尊立世宗，乃令運奉迎於岐州。以預定策勳，進爵周城縣公，增邑五百户。保定元年，進驃騎大將軍、開府儀同三司〔一〕。三年，從楊忠攻齊之并州，以功别封第二子端保城縣侯，邑一千户。四年，出爲隴州刺史。地帶汧、渭，民俗難治。運垂情撫納，甚得時譽。天和五年，入爲小右武伯。六年，遷左武伯中大夫〔二〕。尋加軍司馬，武伯如故。運既職兼文武，甚見委任。齊將斛律明月寇汾北，運從齊公憲禦之，攻拔其伏龍城。進爵廣業郡公，增邑八百户。

建德元年，授右侍伯，轉右司衛。時宣帝在東宫，親狎諂佞，數有罪失。高祖於朝臣内選忠諒鯁正者以匡弼之。於是以運爲右宫正。三年，帝幸雲陽宫〔三〕，又令運以本官兼司武，與長孫覽輔皇太子居守。俄而衛剌王直作亂，率其黨襲肅章門。覽懼，走行在所。運時偶在門中，直兵奄至，不暇命左右，乃手自闔門。直黨與運爭門，斫傷運手指，僅而得閉。直既不得入，乃縱火燒門。運懼火盡，直黨得進，乃取宫中材木及牀等以益火，更以膏油灌之，火勢轉熾。久之，直不得進，乃退。運率留守兵，因其退以擊之，直大敗而走。是日微運，宫中已不守矣。高祖嘉之，授大將軍，賜以直田宅、妓樂、金帛、車馬及什物等，不可勝數。

四年，出爲同州蒲津潼關等六防諸軍事、同州刺史。高祖將伐齊，召運參議。東夏底定，頗有力焉。五年，拜柱國，進爵盧國公，邑五千户。宣政元年，轉司武上大夫，總宿衛軍事。高祖崩於雲陽宫，祕未發喪，運總侍衛兵還京師。

宣帝即位〔四〕，授上柱國。運之爲宫正也，數進諫於帝。帝不能納，反踈忌之。時運又與王軌、宇文孝伯等皆爲高祖所親待，軌屢言帝失於高祖。帝謂運預其事，愈更銜之。及軌被誅，運懼及於禍，問計於宇文孝伯。語在孝伯傳。尋而得出爲秦州總管、秦渭等六州諸軍事、秦州刺史。然運至州，猶懼不免。大象元年二月，遂以憂薨於州，時年四十一。贈大後丞、秦渭河鄯成洮文等七州諸軍事、秦州刺史。謚曰忠〔五〕。子靖嗣。大象末，儀同大將軍。

王軌，太原祁人也，小名沙門，漢司徒允之後。世爲州郡冠族。累葉仕魏，賜姓烏丸氏。父光，少雄武，有將帥才略。每從征討，頻有戰功。太祖知其勇決，遇之甚厚。位至驃騎大將軍、開府儀同三司、平原縣公。

軌性質直，慷慨有遠量。臨事彊正，人不敢干。起家事輔城公。及高祖即位，授前侍下士。俄轉左侍上士，頗被識顧。累遷內史上士、內史下大夫，加授儀同三司。自此親遇彌重，遂處腹心之任。時晉公護專政，高祖密欲圖之。以軌沉毅有識度，堪屬以大事，遂問以可否。軌贊成之。

建德初，轉內史中大夫，加授開府儀同三司，又拜上開府儀同大將軍，封上黃縣公，邑一千户，軍國之政，皆參預焉。五年，高祖總戎東伐，六軍圍晉州。刺史崔景嵩守城北面，夜中密遣送款。詔令軌率衆應之，未明，士皆登城鼓噪。齊人駭懼，因即退走。遂克晉州，擒其城主特進、海昌王尉相貴，俘甲士八千人。於是遂從平并、鄴。以功進位上大將軍，進爵郯國公，邑三千户。

及陳將吴明徹入寇吕梁，徐州總管梁士彦頻與戰不利，乃退保州城，不敢復出。明徹遂堰清水以灌之，列船艦於城下，以圖攻取。詔以軌爲行軍總管，率諸軍赴救。軌潛於清水入淮口，多豎大木，以鐵鏁貫車輪，横截水流，以斷其船路。方欲密決其堰以斃之，明徹知之，懼，乃破堰遽退，冀乘決水之勢，以得入淮。比至清口，川流已闊，水勢亦衰，船艦並礙於車輪，不復得過。軌因率兵圍而蹙之。唯有騎將蕭摩訶以二千騎先走，得免。明徹及將士三萬餘人，并器械輜重，並就俘獲。陳之鋭卒，於是殲焉。高祖嘉之，進位柱國，仍拜徐州總管、七州十五鎮諸軍事。軌性嚴重，多謀略，兼有吕梁之捷，威振敵境。陳人甚憚之。

宣帝之征吐谷渾也，高祖令軌與宇文孝伯並從，軍中進取，皆委軌等，帝仰成而已。時宫尹鄭譯、王端等並得幸帝。帝在軍中，頗有失德，譯等皆預焉。軍還，軌等言之於高祖。高祖大怒，乃撻帝，除譯等名，仍加捶楚。帝因此大銜之。軌又嘗與小内史賀若弼言及此事，且言皇太子必不克負荷。弼深以爲然，勸軌陳之。軌後因侍坐，乃謂高祖曰：「皇太子仁孝無聞，復多涼德，恐不了陛下家事。愚臣短暗，不足以論是非。陛下恒以賀若弼有文武奇才，識度宏遠，而弼比每對臣，深以此事爲慮。」高祖召弼問之。弼乃詭對曰：「皇太子養德春宫，未聞有過。未審陛下何從得聞此言？」既退，軌誚弼曰：「平生言論，無所不道，今者對揚，何得乃爾翻覆？」弼曰：「此公之過也。皇太子，國之儲副，豈易攸言。事有蹉跌，便至滅門之禍。本謂公密陳臧否，何得遂至昌言。」軌默然久之，乃曰：「吾專心國家，遂不存私計。向者對衆，良寔非宜。」後軌因内宴上壽，又捋高祖鬚曰：「可愛好老公，但恨後嗣弱耳。」高祖深以爲然。但漢王次長，又不才，此外諸子並幼，故不能用其説。

及宣帝即位，追鄭譯等復爲近侍。軌自知必及於禍〔六〕，謂所親曰：「吾昔在先朝，寔申社稷至計。今日之事，斷可知矣。此州控帶淮南，隣接彊寇，欲爲身計，易同反掌。但忠義之節，不可虧違。况荷先帝厚恩，每思以死自効，豈以獲罪於嗣主，便欲背德於先朝。止可於此待死，義不爲他計。冀千載之後，知吾此心。」

大象元年，帝令内史杜虔信就徐州殺軌〔七〕。御正中大夫顔之儀切諫，帝不納，遂誅之。軌立朝忠恕，兼有大功，忽以無罪被戮，天下知與不知，無不傷惜。

宇文神舉，太祖之族子也。高祖晉陵〔八〕、曾祖求男〔九〕，仕魏，位並顯達。祖金殿，魏鎮遠將軍、兗州刺史、安吉縣侯。

父顯和〔一〇〕，少而襲爵，性矜嚴，頗涉經史，膂力絶人，彎弓數百斤，能左右馳射。魏孝武之在藩也，顯和早蒙眷遇。時屬多難，嘗問計於顯和。顯和具陳宜杜門晦迹，相時而動。孝武深納焉。及即位，擢授冠軍將軍、閤内都督，封城陽縣公，邑五百户。孝武以顯和藩邸之舊，遇之甚厚。時顯和所居宅隘陋，乃撤殿省，賜爲寢室。其見重如此。

及齊神武專政，帝每不自安。謂顯和曰：「天下洶洶，將若之何？」對曰：「當今之計，莫若擇善而從之。」因誦詩云：「彼美人兮，西方之人兮。」帝曰：「是吾心也。」遂定入關之策。帝以顯和母老，家累又多，令預爲計。對曰：「今日之事，忠孝不可並立。然臣不密則失身，安敢預爲私計。」帝愴然改容曰：「卿即我之王陵也。」遷朱衣直閤、閤内大都督，改封長廣縣公，邑一千五百户。

從帝入關。至溱水，太祖素聞其善射而未之見也。俄而水傍有一小鳥，顯和射而中之。太祖笑曰：「我知卿工矣。」其後，引爲帳内大都督。俄出爲持節、衞將軍、東夏州刺史。以疾去職，深爲吏民所懷。尋進位車騎大將軍、儀同三司，加散騎常侍。魏恭帝元年，卒，時年五十七。太祖親臨之，哀動左右。建德二年，追贈使持節、驃騎大將軍、開府儀同三司、延丹綏三州諸軍事、延州刺史。

神舉早歲而孤，有夙成之量。族兄安化公深器異之〔一一〕。及長，神情倜儻，志略英贍，眉目疎朗，儀貌魁梧。有識欽之，莫不許以遠大。世宗初，起家中侍上士。世宗留意翰林，而神舉雅好篇什。帝每有遊幸，神舉恒得侍從。保定元年，襲爵長廣縣公，邑二千三百户。尋授帥都督，遷大都督、使持節、車騎大將軍、儀同三司，拜右大夫。四年，進驃騎大將軍、開府儀同三司，治小宫伯。天和元年，遷右宫伯中大夫，進爵清河郡公，增邑一千户。高祖將誅晉公護也，神舉得預其謀。建德元年，遷京兆尹。三年，出爲熊州刺史。神舉威名素重，齊人甚憚之。五年，攻拔齊陸渾等五城。

及高祖東伐，詔神舉從軍。并州平，即授并州刺史，加上開府儀同大將軍。州既齊氏别都，控帶要重。平定甫爾，民俗澆訛，豪右之家，多爲姦猾。神舉勵精爲治，示以威恩，旬月之間，遠邇悦服。尋加上大將軍，改封武德郡公，增邑二千户。俄進柱國大將軍，改封東平郡公，增邑通前六千九百户。所部東壽陽縣土人，相聚爲盜，率其黨五千人，來襲州城。神舉以州兵討平之。

宣政元年，轉司武上大夫。高祖親戎北伐，令神舉與原國公姬願等率兵五道俱入〔一二〕。高祖至雲陽，疾甚，乃班師。幽州人盧昌期、祖英伯等聚衆據范陽反，詔神舉率兵擒之〔一三〕。齊黄門侍郎盧思道亦在反中，賊平見獲，解衣將伏法。神舉素欽其才名，乃釋而禮之，即令草露布。其待士禮賢如此。屬稽胡反叛，入寇西河。神舉又率衆與越王盛討之〔一四〕。時突厥與稽胡連和，遣騎赴救。神舉以奇兵擊之，突厥敗走，稽胡於是款服。即授并潞肆石等四州十二鎮諸軍事〔一五〕、并州總管。

初，神舉見待於高祖，遂處心腹之任。王軌、宇文孝伯等屢言皇太子之短，神舉亦頗與焉〔一六〕。及宣帝即位，荒淫無度，神舉懼及於禍，懷不自安。初定范陽之後，威聲甚振。帝亦忌其名望，兼以宿憾，遂使人齎鴆酒賜之，薨於馬邑。時年四十八。

神舉偉風儀，善辭令，博涉經史，性愛篇章，尤工騎射。臨戎對寇，勇而有謀。莅職當官，每著聲績。兼好施愛士，以雄豪自居。故得任兼文武，聲彰中外。百僚無不仰其風則，先輩舊齒至于今而稱之。子同嗣。位至儀同大將軍。

神舉弟神慶，少有壯志，武藝絶倫。大象末，位至柱國、汝南郡公。

宇文孝伯字胡三〔一七〕，吏部安化公深之子也。其生與高祖同日，太祖甚愛之，養於第内。及長，又與高祖同學。武成元年，拜宗師上士。時年十六。孝伯性沉正謇諤，好直言。高祖即位，欲引置左右。時政在家臣，不得專制，乃託言少與孝伯同業受經，思相啓發。由是晉公護弗之猜也，得入爲右侍上士，恒侍讀書。

天和元年，遷小宗師，領右侍儀同。及遭父憂，詔令於服中襲爵。高祖嘗從容謂之曰：「公之於我，猶漢高之與盧綰也。」乃賜以十三環金帶。自是恒侍左右，出入卧内，朝之機務，皆得預焉。孝伯亦竭心盡力，無所迴避。至於時政得失，及外間細事，皆以奏聞。高祖深委信之，當時莫與爲比。及高祖將誅晉公護，密與衛王直圖之。唯孝伯及王軌、宇文神舉等頗得參預。護誅，授開府儀同三司，歷司會中大夫、左右小宮伯、東宮左宮正。

建德之後，皇太子稍長，既無令德，唯昵近小人。孝伯白高祖曰：「皇太子四海所屬，而德聲未聞。臣忝宮官，寔當其責。且春秋尚少，志業未成，請妙選正人，爲其師友，調護聖質，猶望日就月將。如或不然，悔無及矣。」帝斂容曰：「卿世載鯁直，竭誠所事。觀卿此言，有家風矣。」孝伯拜謝曰：「非言之難，受之難也。深願陛下思之。」帝曰：「正人豈復過君。」於是以尉遲運爲右宮正，孝伯仍爲左宮正。尋拜宗師中大夫。及吐谷渾入寇，詔皇太子征之。軍中之事，多決於孝伯。俄授京兆尹，入爲左宮伯，轉右宮伯。嘗因侍坐，帝問之曰：「我兒比來漸長進不？」答曰：「皇太子比懼天威，更無罪失。」及王軌因内宴捋帝鬚，言太子之不善，帝罷酒，責孝伯曰：「公常語我，云太子無過。今軌有此言，公爲誑矣。」孝伯再拜曰：「臣聞父子之際，人所難言。臣知陛下不能割情忍愛，遂爾結舌。」帝知其意，默然久之，乃曰：「朕已委公矣，公其勉之。」

五年，大軍東討，拜內史下大夫，令掌留臺事。軍還，帝曰：「居守之重，無忝戰功。」於是加授大將軍，進爵廣陵郡公，邑三千户，并賜金帛及女妓等。六年，復爲宗師。每車駕巡幸，常令居守。其後高祖北討，至雲陽宮，遂寢疾。驛召孝伯赴行在所。帝執其手曰：「吾自量必無濟理，以後事付君。」是夜，授司衛上大夫，總宿衛兵馬事。又令馳驛入京鎮守，以備非常。

宣帝即位，授小冢宰。帝忌齊王憲，意欲除之。謂孝伯曰：「公能爲朕圖齊王，當以其官位相授。」孝伯叩頭曰：「先帝遺詔，不許濫誅骨肉。齊王，陛下之叔父，戚近功高，社稷重臣，棟梁所寄。陛下若妄加刑戮，微臣又順旨曲從，則臣爲不忠之臣，陛下爲不孝之子也。」帝不懌，因漸疎之。乃與于智、王端、鄭譯等密圖其事。後令智告憲謀逆，遣孝伯召憲入，遂誅之。

帝之西征也，在軍有過行，鄭譯時亦預焉。軍還，孝伯及王軌盡以白，高祖怒〔一八〕，撻帝數十，仍除譯名。至是，譯又被帝親昵。帝既追憾被杖，乃問譯曰：「我脚上杖痕，誰所爲也？」譯答曰：「事由宇文孝伯及王軌。」譯又因説王軌捋鬚事。帝乃誅軌。尉遲運懼，私謂孝伯曰：「吾徒必不免禍，爲之奈何？」孝伯對曰：「今堂上有老母，地下有武帝，爲臣爲子，知欲何之。且委質事人，本狗名義，諫而不入，將焉逃死。足下若爲身計，宜且遠之。」於是各行其志。運尋出爲秦州總管。然帝荒淫日甚，誅戮無度，朝章弛紊，無復綱紀。孝伯又頻切諫，皆不見從。由是益踈斥之。後稽胡反，令孝伯爲行軍總管，從越王盛討平之。及軍還，帝將殺之，乃託以齊王之事，誚之曰：「公知齊王謀反，何以不言？」孝伯對曰：「臣知齊王忠於社稷，爲羣小媒孽，加之以罪。臣以言必不用，所以不言。且先帝付囑微臣，唯令輔導陛下，今諫而不從，寔負顧託。以此爲罪，是所甘心。」帝大慙，俛首不語。乃命將出，賜死于家。時年三十六。

及隋文帝踐極，以孝伯及王軌忠而獲罪，並令收葬，復其官爵。又嘗謂高熲曰：「宇文孝伯寔有周之良臣，若使此人在朝，我輩無措手處也。」子歆嗣。

顏之儀字子升[一九]，琅邪臨沂人也，晉侍中含九世孫。祖見遠，齊御史治書[二〇]。正色立朝，有當官之稱。及梁武帝執政，遂以疾辭。尋而齊和帝暴崩，見遠慟哭而絕。梁武帝深恨之，謂朝臣曰：「我自應天從人，何預天下人事，而顏見遠乃至於此。」當時嘉其忠烈，咸稱歎之。父協，以見遠蹈義忤時，遂不仕進。梁元帝爲湘東王，引協爲其府記室參軍。協不得已，乃應命。梁元帝後著懷舊志及詩，並稱贊其美。

之儀幼穎悟，三歲能讀孝經。及長，博涉羣書，好爲詞賦。嘗獻神州頌〔二〕，辭致雅贍。梁元帝手勑報曰：「枚乘二葉，俱得遊梁；應貞兩世，並稱文學。我求才子，鯁慰良深。」

江陵平，之儀隨例遷長安。世宗以爲麟趾學士，稍遷司書上士。高祖初建儲宮，盛選師傅，以之儀爲侍讀。太子後征吐谷渾，在軍有過行，鄭譯等並以不能匡弼坐譴，唯之儀以累諫獲賞。即拜小宮尹，封平陽縣男，邑二百户。宣帝即位，遷上儀同大將軍、御正中大夫，進爵爲公，增邑一千户。帝後刑政乖僻，昏縱日甚，之儀犯顏驟諫，雖不見納，終亦不止。深爲帝所忌。然以恩舊，每優容之。及帝殺王軌，之儀固諫。帝怒，欲并致之於法。後以其諒直無私，乃舍之。

宣帝崩，劉昉、鄭譯等矯遺詔，以隋文帝爲丞相，輔少主。之儀知非帝旨，拒而弗從。昉等草詔署記〔三〕，逼之儀連署。之儀厲聲謂昉等曰：「主上升遐，嗣子沖幼，阿衡之任，宜在宗英。方今賢戚之内，趙王最長，以親以德，合膺重寄。公等備受朝恩，當思盡忠報國，奈何一旦欲以神器假人！之儀有死而已，不能誣罔先帝。」於是昉等知不可屈，乃代之儀署而行之。隋文帝後索符璽，之儀又正色曰：「此天子之物，自有主者，宰相何故索之？」於是隋文帝大怒，命引出，將戮之，然以其民之望也，乃止。出爲西疆郡守。隋文帝踐極，詔徵還京師，進爵新野郡公。開皇五年，拜集州刺史。在州清靜，夷夏悦之。明年代還，遂優遊不仕。十年正月，之儀隨例入朝。隋文帝望而識之，命引至御坐，謂之曰：「見危授命，臨大節而不可奪，古人所難，何以加卿。」乃賜錢十萬、米一百石。十一年冬，卒，年六十九。有文集十卷行於世。

時京兆郡丞樂運亦以直言數諫於帝。

運字承業，南陽淯陽人，晉尚書令廣之八世孫。祖文素，齊南郡守。父均，梁義陽郡守。

運少好學，涉獵經史，而不持章句。年十五而江陵滅，運隨例遷長安。其親屬等多被籍沒〔二三〕，而運積年爲人傭保，皆贖免之。又事母及寡嫂甚謹。由是以孝義聞。梁故都官郎琅邪王澄美之，爲次其行事，爲孝義傳。性方直，未嘗求媚於人。

天和初，起家夏州總管府倉曹參軍，轉柱國府記室參軍。尋而臨淄公唐瑾薦爲露門學士。前後犯顏屢諫高祖，多被納用。建德二年，除萬年縣丞。抑挫豪右，號稱彊直。高祖嘉之，特許通籍，事有不便於時者，令巨細奏聞。高祖嘗幸同州，召運赴行在所。既至，高祖謂運曰：「卿來日見太子不？」運曰：「臣來日奉辭。」高祖曰：「卿言太子何如人？」運曰：「中人也。」時齊王憲以下，並在帝側。高祖顧謂憲等曰：「百官佞我，皆云太子聰明睿知，唯運獨云中人，方驗運之忠直耳。」於是因問運中人之狀。運對曰：「班固以齊桓公爲中人，管仲相之則霸，豎貂輔之則亂。謂可與爲善，亦可與爲惡也。」高祖曰：「我知之矣。」遂妙選宮官，以匡弼之。仍超拜運京兆郡丞。太子聞之，意甚不悅。

及高祖崩，宣帝嗣位。葬訖，詔天下公除。帝及六宮，便議即吉。運上疏曰：「三年之喪，自天子達于庶人。先王制禮，安可誣之。禮，天子七月而葬，以俟天下畢至。今葬期既促，事訖便除，文軌之內，奔赴未盡；隣境遠聞，使猶未至。若以喪服受弔，不可既吉更凶；如以玄冠對使，未知此出何禮。進退無據，愚臣竊所未安。」書奏，帝不納。

自是德政不修，數行赦宥。運又上疏曰：「臣謹案周官曰：『國君之過市，刑人赦。』此謂市者交利之所，君子無故不遊觀焉。若遊觀，則施惠以悅之也。尚書曰：『眚災肆赦。』此謂過誤爲害，罪雖大，當緩赦之。呂刑云：『五刑之疑有赦。』此謂刑疑從罰〔二四〕，罰疑從免。論語曰：『赦小過，舉賢才。』謹尋經典，未有罪無輕重，溥天大赦之文。逮茲末葉，不師古始，無益於治，未可則之。故管仲曰：『有赦者，奔馬之委轡；不赦者，痤疽之礪石。』又曰：『惠者，民之仇讎；法者，民之父母。』吴漢遺言，猶云『唯願無赦』。王符著論，亦云『赦者非明世之所宜』。豈可數施非常之惠〔二五〕，以肆姦宄之惡乎。」帝亦不納，而昏暴滋甚。

運乃輿櫬詣朝堂，陳帝八失：

一曰：內史御正，職在弼諧，皆須參議，共治天下。大尊比來小大之事，多獨斷之。堯舜至聖，尚資輔弼，比大尊未爲聖主，而可專恣己心？凡諸刑罰爵賞，爰及軍國大事，請參諸宰輔，與衆共之。

二曰：內作色荒，古人重誡。大尊初臨四海，德惠未洽，先搜天下美女，用實後宮；又詔儀同以上女，不許輒嫁。貴賤同怨，聲溢朝野。請姬媵非幸御者，放還本族。欲嫁之女，勿更禁之。

三曰：天子未明求衣，日旰忘食，猶恐萬機不理，天下擁滯。大尊比來一入後宮，數日不出。所須聞奏，多附內豎。傳言失實，是非可懼。事由宦者，亡國之徵。請准高祖，居外聽政。

四曰：變故易常，乃爲政之大忌；嚴刑酷罰，非致治之弘規。若罰無定刑，則天下皆懼；政無常法，則民無適從。豈有削嚴刑之詔未及半祀，便即追改，更嚴前制？

政令不定，乃至於是。今宿衛之官，有一人夜不直者，罪至削除〔二六〕；因而逃亡者，遂便籍没。此則大逆之罪，與十杖同科。雖爲法愈嚴，恐人情愈散。一人心散，尚或可止，若天下皆散，將如之何。秦網密而國亡，漢章疎而祚永。請遵輕典，並依大律。則億兆之民，手足有所措矣。

五曰：高祖斲雕爲朴，本欲傳之萬世。大尊朝夕趣庭，親承聖旨。豈有崩未逾年，而遽窮奢麗，成父之志，義豈然乎。請興造之制，務從卑儉。雕文刻鏤，一切勿營。

六曰：都下之民，徭賦稍重。必是軍國之要，不敢憚勞。豈容朝夕徵求，唯供魚龍爛漫；士民從役，祇爲俳優角觝。紛紛不已，財力俱竭；業業相顧，無復聊生。凡此無益之事，請並停罷。

七曰：近見有詔，上書字誤者，即治其罪。假有忠讜之人，欲陳時事，尺有所短，文字非工，不密失身，義無假手，脱有舛謬，便陷嚴科。嬰徑尺之鱗，其事非易，下不諱之詔，猶懼未來，更加刑戮，能無鉗口！大尊縱不能採誹謗之言，無宜杜獻書之路〔二七〕。請停此詔，則天下幸甚。

八曰：昔桑穀生朝，殷王因之獲福；今玄象垂誡，此亦興周之祥。大尊雖減膳撤懸，未盡銷譴之理。誠願諮諏善道，修布德政，解兆民之慍，引萬方之罪，則天變可除，鼎業方固。大尊若不革茲八事，臣見周廟不血食矣。

帝大怒，將戮之。内史元巖紿帝曰：「樂運知書奏必死，所以不顧身命者，欲取後世之名。陛下若殺之，乃成其名也。」帝然之，因而獲免。翌日，帝頗感悟。召運謂之曰：「朕昨夜思卿所奏，寔是忠臣。先皇明聖，卿數有規諫。朕既昏暗，卿復能如此。」乃賜御食以罷之〔二八〕。朝之公卿，初見帝盛怒，莫不爲運寒心。後見獲宥，皆相賀以爲幸免虎口。

内史鄭譯嘗以私事請托運而弗之許，因此銜之。及隋文帝爲丞相，譯爲長史，遂左遷運爲廣州滍陽令。開皇五年，轉毛州高唐令。頻歷二縣，並有聲績。運常願處一諫官，從容諷議。而性訐直，爲人所排抵，遂不被任用。乃發憤，録夏殷以來諫諍事，集而部之，凡六百三十九條，合四十一卷，名曰諫苑。奏上之。隋文帝覽而嘉焉。

史臣曰：士有不因學藝而重，不待爵禄而貴者何？亦云忠孝而已。若乃竭力以奉其親者，人子之行也；致身以事其君者，人臣之節也。斯固彌綸三極，囊括百代。當宣帝之在東朝，凶德方兆，王軌、宇文孝伯、神舉志惟無隱，盡言於父子之間。淫刑既逞，相繼夷滅。隋文之將登庸，人懷去就。顔之儀風烈懔然，正辭以明節，崎嶇雷電之下，僅而獲濟。

斯數子者，豈非社稷之臣歟。或人以爲不忠，則天下莫之信也。自古以外戚而居重任，多藉一時之恩，至若尉遲運者，可謂位以才升，爵由功進。美矣哉。

校勘記

〔一〕保定元年進驃騎大將軍開府儀同三司　按周尉遲運墓誌（見中國北周珍貴文物），此事繫於保定二年（五六二）。

〔二〕六年遷左武伯中大夫　按周尉遲運墓誌作「轉右大武伯」，事繫於天和五年（五七〇）。

〔三〕三年帝幸雲陽宮　「三」，原作「二」，據北史卷六二尉遲迥傳附尉遲運傳、周尉遲運墓誌改。張森楷云：「據下文衞王直事，則是三年，非二年也，『二』字刻誤。」按周書卷五武帝紀上衞王直反在建德三年（五七四）七月。

〔四〕運總侍衞兵還京師宣帝即位　三朝本、南監本、北監本、汲本「總」作「持」，「還京」下無「師宣」二字。殿本當依北史卷六二尉遲迥傳附尉遲運傳改補，局本從殿本。

〔五〕謚曰忠　「忠」，三朝本、南監本、北監本、汲本、局本作「中」。殿本當依北史卷六二尉遲迥傳附尉遲運傳改。按尉遲運爲周宣帝所憾，幸免於禍，不會給予「忠」字之謚。當然，也不排除「忠」謚非宣帝所贈。今不改。

〔六〕軌自知必及於禍　三朝本、南監本、北監本、汲本、册府卷三七三、永樂大典卷六八三七引周書王軌傳無「必」字。殿本當依北史卷六二王軌傳補，局本從殿本。

〔七〕大象元年帝令內史杜虔信就徐州殺軌　「象」，原作「曆」，據三朝本、南監本、北監本、汲本、局本改。「虔」，諸本及通鑑卷一七三陳紀七太建十一年（五七九）、永樂大典卷六八三七引周書王軌傳都作「慶」，北史卷六二王軌傳、册府卷三七三同作「虔」。按册府此節出於周書，則北宋舊本也有作「虔」的。然殿本當是依北史改，非別有據。

〔八〕高祖晉陵　「晉」，北史卷五七東平公神舉傳、元和姓纂卷六作「普」。

〔九〕曾祖求男　「求男」，英華卷九四七庾信周大將軍宇文顯墓誌（以下簡稱宇文顯墓誌）作「求南」。

〔一〇〕祖金殿魏鎮遠將軍兗州刺史安吉縣侯父顯和　「兗州」，宇文顯墓誌作「定州」，隋書卷五〇宇文慶傳云其祖金殿「仕歷五州刺史」，不詳是遷除之別抑或是周書有誤。「安吉」，隋書宇文慶傳同，北史卷五七東平公神舉傳作「安喜」。按安吉縣見於隋書卷三一地理志下宣城郡條，本爲陳地，入隋後併入綏安縣。安喜縣見於魏書卷一〇六上地形志上定州中山郡條。安吉非北魏轄地，然隋書、墓誌亦作「安吉」。

〔一一〕神舉早歲而孤有夙成之量族兄安化公深器異之　張森楷云：「據下文神舉以宣帝立之年遇酖，年四十八。逆數至顯和卒年，共廿四年，則於時當得廿四歲，不得云早歲而孤矣。」按張說似是，然卷二七宇文測傳附宇文深傳稱「從弟神舉（「舉」原訛「譽」）、神慶幼孤，深撫訓之」，與本傳合，也可能年四十八有誤。

〔二〕原國公姬願 「姬願」，原作「如願」。按周書卷六武帝紀下宣政元年（五七八）五月見「遣柱國原公姬願、東平公宇文神舉等率軍五道俱入」，且北史卷一〇周本紀下亦作「姬願」。今據改。册府卷二六九、卷二九一作「姚願」，「如」「姚」都爲「姬」之形訛。

〔三〕詔神舉率兵擒之 北史卷五七東平公神舉傳、御覽卷五九七引後魏書（當作「後周書」）、册府卷二六九、卷二九二「擒」上都有「討」字，疑是。

〔四〕神舉又率衆與越王盛討之 「之」，原作「平」，據三朝本、北史卷五七東平公神舉傳、册府卷二九一改。按下文接記神舉以奇兵擊走前來赴救的突厥，稽胡方款服。

〔五〕即授并潞肆石等四州十二鎮諸軍事 「事」，原脱，據册府卷二九一補。張森楷云：「『軍』下例當有『事』字，此誤挩文。」按張説是。英華卷九二五楊炯唐同州長史宇文公神道碑「諸軍」下亦無「事」字，似此字早脱。

〔六〕神舉亦頗與焉 「與」，三朝本、北史卷五七東平公神舉傳作「預」。

〔七〕字胡三 「三」，北史卷五七廣川公測傳附宇文孝伯傳、册府卷八六三宋本與明鈔本作「王」（明刻本作「玉」），册府卷二六九、通志卷八五廣川公測傳附宇文孝伯傳又作「玉」。張森楷云：「『王』字是，作『三』無義。」按張説疑是，但作「玉」亦有可能。

〔八〕孝伯及王軌盡以白高祖怒 册府卷四六六「高祖」下重「高祖」二字。按北史卷五七廣川公測傳附宇文孝伯傳亦重「武帝」二字，疑傳本周書脱去。

〔一九〕字子升　北史卷八三文苑顏之推傳附顏之儀傳無「子」字。

〔二〇〕齊御史治書　梁書卷五〇顏協傳稱見遠官「治書侍御史，俄兼中丞」。南史卷七二顏協傳亦稱見遠官至「御史中丞」。按「御史治書」見漢書卷一九上百官公卿表上，西晉時崔洪、陳壽都曾擔任過此職（參晉書卷四五崔洪傳、卷八二陳壽傳），其與「治書侍御史」當可互稱。然按史例，這裏應稱見遠最終或最高官，或「御史中丞」非其終官。

〔二一〕神州頌　北史卷八三文苑顏之推傳附顏之儀傳作「荆州頌」。

〔二二〕昉等草詔署記　「記」，北史卷八三文苑顏之推傳附顏之儀傳、册府卷四六六、通鑑卷一七四陳紀八太建十二年（五八〇）都作「訖」，是説劉昉等署名訖，故下云「逼之儀連署」，作「訖」似較長。

〔二三〕其親屬等多被籍没　「没」，原脱，據北史卷六二樂運傳、御覽卷四一三引後周書、册府卷八〇四補。按「籍没」爲古籍常用語，周書傳本脱去「没」字，致文義不協。

〔二四〕此謂刑疑從罰　「刑」，原作「赦」，據通鑑卷一七三陳紀七太建十一年（五七九）改。按尚書吕刑：「五刑之疑有赦，五罰之疑有赦，其審克之。」孔安國傳云：「刑疑赦從罰，罰疑赦從免。」樂運是用安國傳義，「赦」是「刑」之訛。

〔二五〕王符著論亦云赦者非明世之所宜豈可數施非常之惠　北史卷六二樂運傳「宜」下多「有大

尊」三字，册府卷五三〇多「有大之尊」四字。按「有」字屬上讀，大尊指宣帝，後文屢見。册府載樂運事採自周書，而此句却和北史相符，但衍一「之」字。疑周書原文有此三字，傳本脱去。

〔二六〕有一人夜不直者罪至削除　北史卷六二樂運傳、册府卷五四二無「人」字。按隋書卷二五刑法志云：「宿衛之官，一日不直，罪至削除。」這裏的「人」疑衍。

〔二七〕無宜杜獻書之路　「書」，北史卷六二樂運傳作「替」。

〔二八〕乃賜御食以罷之　「罷」，原作「賞」，據三朝本、南監本、北監本、汲本、册府卷一七五、通鑑卷一七三陳紀七太建十一年（五七九）改。殿本當據北史卷六二樂運傳改，局本從殿本。按隋書卷六二、北史卷七五元巖傳記元巖進諫稱「不如勞而遣之，以廣聖度」，宣帝然之，樂運因此獲免。「遣」與「罷」相合，知周書原本作「罷」。

周書卷四十一

列傳第三十三

王褒　庾信

王褒字子淵，琅邪臨沂人也。曾祖儉，齊侍中、太尉、南昌文憲公。祖騫，梁侍中、金紫光禄大夫、南昌安侯。父規，梁侍中、左民尚書、南昌章侯。並有重名於江左。

褒識量淵通〔一〕，志懷沉靜。美風儀，善談笑，博覽史傳，尤工屬文。梁國子祭酒蕭子雲，褒之姑夫也，特善草隸。褒少以姻戚，去來其家，遂相模範。俄而名亞子雲，並見重於世。梁武帝喜其才藝，遂以弟鄱陽王恢之女妻之。起家祕書郎，轉太子舍人，襲爵南昌縣侯。稍遷祕書丞。宣成王大器〔二〕，簡文帝之冢嫡，即褒之姑子也。于時盛選僚佐，乃以褒爲文學。尋遷安成郡守〔三〕。及侯景渡江，建業擾亂，褒輯寧所部，見稱於時。

梁元帝承制，轉智武將軍〔四〕、南平內史。及嗣位於江陵，欲待褒以不次之位。褒時猶在郡，敕王僧辯以禮發遣。褒乃將家西上。元帝與褒有舊，相得甚歡。拜侍中，累遷吏部尚書、左僕射。褒既世胄名家，文學優贍，當時咸相推挹，故旬月之間，位升端右。寵遇日隆，而褒愈自謙虛，不以位地矜人，時論稱之。

初，元帝平侯景及擒武陵王紀之後，以建業彫殘，方須修復；江陵殷盛，便欲安之。又其故府臣寮，皆楚人也，並願即都荊郢。嘗召羣臣議之。領軍將軍胡僧祐、吏部尚書宗懍、太府卿黃羅漢、御史中丞劉瑴等曰：「建業雖是舊都，王氣已盡。且與北寇鄰接，止隔一江。若有不虞，悔無及矣。臣等又嘗聞之，荊南之地，有天子氣。今陛下龍飛纘業，其應斯乎。天時人事，徵祥如此。臣等所見，遷徙非宜。」元帝深以爲然。時褒及尚書周弘正咸侍座。乃顧謂褒等曰：「卿意以爲何如？」褒性謹慎，知元帝多猜忌，弗敢公言其非。當時唯唯而已。後因清閒密諫，言辭甚切。元帝頗納之。然其意好荊、楚，已從僧祐等策。明日，乃於衆中謂褒曰：「卿昨日勸還建業，不爲無理。」褒以宣室之言，豈宜顯之於衆。知其計之不用也，於是止不復言。

及大軍征江陵，元帝授褒都督城西諸軍事。褒本以文雅見知，一旦委以總戎，深自勉勵，盡忠勤之節。被圍之後，上下猜懼，元帝唯於褒深相委信。朱買臣率衆出宣陽之西門，與王師戰，買臣大敗。褒督進不能禁，乃貶爲護軍將軍。王師攻其外柵，城陷，褒從元帝入子城，猶欲固守。俄而元帝出降，褒遂與衆俱出。見柱國于謹，謹甚禮之。褒曾作燕歌行，妙盡關塞寒苦之狀，元帝及諸文士並和之，而競爲淒切之詞。至此方驗焉。

褒與王克、劉瑴、宗懍、殷不害等數十人，俱至長安。太祖喜曰：「昔平吳之利，二陸而已。今定楚之功，羣賢畢至。可謂過之矣。」又謂褒及王克曰：「吾即王氏甥也，卿等並吾之舅氏。當以親戚爲情，勿以去鄉介意。」於是授褒及克、殷不害等車騎大將軍、儀同三司。常從容上席，資餼甚厚。褒等亦並荷恩眄，忘其羈旅焉。

孝閔帝踐阼，封石泉縣子，邑三百户。世宗即位，篤好文學。時褒與庾信才名最高，特加親待。帝每遊宴，命褒等賦詩談論，常在左右。尋加開府儀同三司。保定中，除內史中大夫。高祖作象經，令褒注之。引據該洽，甚見稱賞。褒有器局，雅識治體。既累世在江東爲宰輔，高祖亦以此重之。建德以後，頗參朝議。凡大詔册，皆令褒具草。東宫既建，授太子少保，遷小司空，仍掌綸誥。乘輿行幸，褒常侍從。

初，褒與梁處士汝南周弘讓相善。及弘讓兄弘正自陳來聘，高祖許褒等通親知音問。褒贈弘讓詩，并致書曰：

嗣宗窮途，楊朱歧路。征蓬長逝，流水不歸。舒慘殊方，炎涼異節，木皮春厚，桂樹冬榮。想攝衞惟宜，動靜多豫。賢兄入關，敬承款曲。猶依杜陵之水，尚保池陽之田，鏟迹幽蹊，銷聲穹谷。何期愉樂，幸甚！幸甚！

弟昔因多疾，亟覽九仙之方；晚涉世途，常懷五嶽之舉。同夫關令，物色異人；譬彼客卿，服膺高士。上經説道，屢聽玄牝之談；中藥養神，每禀丹沙之説。頃年事遒盡，容髮衰謝，芸其黄矣，零落無時。還念生涯，繁憂總集。視陰愒日，猶趙孟之徂年；負杖行吟，同劉琨之積慘。河陽北臨，空思鞏縣；霸陵南望，還見長安。所冀書生之魂，來依舊壤；射聲之鬼，無恨他鄉。白雲在天，長離别矣，會見之期，邈無日矣。援筆攬紙，龍鍾横集。

弘讓復書曰：

甚矣悲哉！此之爲别也。雲飛泥沉，金鑠蘭滅，玉音不嗣，瑶華莫因。家兄至自鎬京，致書於穹谷。故人之跡，有如對面，開題申紙，流臉沾膝。江南燠熱，橘柚冬青；渭北沍寒，楊榆晚葉。土風氣候，各集所安，餐衞適時，寢興多福。甚善！甚善！

與弟分袂西陝，言反東區，雖保周陵〔五〕，還依蔣徑，三姜離枋〔六〕，二仲不歸。麋鹿爲曹，更多悲緒。丹經在握，貧病莫諧；芝术可求，恒爲採掇。昔吾壯日，及弟富年，俱值邕熙，並歡衡泌。南風雅操，清商妙曲，絃琴促坐，無乏名晨〔七〕。玉瀝金華，冀獲難老。不虞一旦，翻覆波瀾。吾尸慯陰，弟非茂齒。禽、尚之契，各在天涯，永念生平，難爲胷臆。且當視陰數箭，排愁破涕。人生樂耳，憂戚何爲。豈能遽悲次房，遊魂不反；遠傷金彥〔八〕，骸柩無託。但願愛玉體，珍金箱〔九〕，保期頤，享黃髮。猶冀蒼雁赬鯉〔一〇〕，時傳尺素；清風朗月，俱寄相思。子淵，子淵，長爲别矣！握管操觚，聲淚俱咽。

尋出爲宜州刺史〔一一〕。卒於位，時年六十四。子鼒嗣。

庾信字子山，南陽新野人也。祖易，齊徵士。父肩吾，梁散騎常侍、中書令。信幼而俊邁，聰敏絶倫。博覽羣書，尤善春秋左氏傳。身長八尺，腰帶十圍，容止頽然，有過人者。起家湘東國常侍，轉安南府參軍。時肩吾爲梁太子中庶子，掌管記。東海徐摛爲左衞率。摛子陵及信，並爲抄撰學士。父子在東宮，出入禁闥，恩禮莫與比隆。既有盛才，文並綺豔，故世號爲徐、庾體焉。當時後進，競相模範。每有一文，京都莫不傳誦。累遷尚書度支郎中、通直正員郎。出爲郢州别駕。尋兼通直散騎常侍，聘于東魏。

文章辭令，盛爲鄴下所稱。還爲東宮學士，領建康令。

侯景作亂，梁簡文帝命信率宮中文武千餘人，營於朱雀航。及景至，信以衆先退。臺城陷後，信奔于江陵。梁元帝承制，除御史中丞。及即位，轉右衞將軍，封武康縣侯，加散騎常侍，來聘于我。屬大軍南討，遂留長安。江陵平，拜使持節、撫軍將軍、右金紫光禄大夫、大都督，尋進車騎大將軍、儀同三司。

孝閔帝踐阼，封臨清縣子，邑五百户，除司水下大夫。出爲弘農郡守，遷驃騎大將軍、開府儀同三司、司憲中大夫，進爵義城縣侯。俄拜洛州刺史。信多識舊章，爲政簡靜，吏民安之。時陳氏與朝廷通好，南北流寓之士，各許還其舊國。陳氏乃請王褒及信等十數人。高祖唯放王克、殷不害等，信及褒並留而不遣。尋徵爲司宗中大夫。世宗、高祖並雅好文學，信特蒙恩禮。至於趙、滕諸王，周旋款至，有若布衣之交。羣公碑誌，多相請託。唯王褒頗與信相埒，自餘文人，莫有逮者。

信雖位望通顯，常有鄉關之思。乃作哀江南賦以致其意云。其辭曰：

粤以戊辰之年，建亥之月，大盜移國，金陵瓦解。余乃竄身荒谷，公私塗炭。華陽奔命，有去無歸，中興道消，窮於甲戌。三日哭於都亭，三年囚於别館。天道周星，物極不反。傅燮之但悲身世，無所求生；袁安之每念王室，自然流涕。昔桓君山之志事，杜元凱之生平，並有著書，咸能自序。潘岳之文彩，始述家風；陸機之詞賦，多陳世德。信年始二毛，即逢喪亂，藐是流離，至于暮齒。燕謌遠別，悲不自勝；楚老相逢，泣將何及。畏南山之雨，忽踐秦庭；讓東海之濱，遂飡周粟。下亭漂泊，皋橋羈旅，楚歌非取樂之方，魯酒無忘憂之用。追爲此賦〔一三〕，聊以記言，不無危苦之辭，唯以悲哀爲主。

日暮途遠，人間何世。將軍一去，大樹飄零；壯士不還，寒風蕭瑟。荊璧睨柱，受連城而見欺；載書橫階，捧珠盤而不定。鍾儀君子，入就南冠之囚；季孫行人，留守西河之館。申包胥之頓地，碎之以首；蔡威公之淚盡，加之以血。釣臺移柳，非玉關之可望；華亭唳鶴，豈河橋之可聞。

孫策以天下爲三分，衆裁一旅；項羽用江東之子弟，人唯八千。遂乃分裂山河，宰割天下。豈有百萬義師，一朝卷甲，芟夷斬伐，如草木焉。江、淮無涯岸之阻，亭壁無藩籬之固。頭會箕斂者，合從締交；鉏耰棘矜者，因利乘便。將非江表王氣，應終三百年乎？是知并吞六合，不免軹道之災；混一車書，無救平陽之禍。嗚呼！山嶽崩頹，既履危亡之運；春秋迭代，必有去故之悲。天意人事，可以悽愴傷心者矣。況復舟檝路窮，星漢非乘槎可上；風飈道阻，蓬萊無可到之期。窮者欲達其言，勞者須歌其事。陸士衡聞而撫掌，是所甘心；張平子見而陋之，固其宜矣。

我之掌庾承周，以世功而爲族；經邦佐漢，用論道而當官。稟嵩、華之玉石，潤河、洛之波瀾。居負洛而重世，邑臨河而晏安。逮永嘉之艱虞，始中原之乏主。民枕倚於墻壁，路交横於豺虎。值五馬之南奔，逢三星之東聚。彼凌江而建國〔一三〕，此播遷於吾祖。分南陽而賜田，裂東嶽而胙土。誅茅宋玉之宅，穿徑臨江之府。水木交運，山川崩竭。家有直道，人多全節。訓子見於純深，事君彰於義烈。新野有生祠之廟，河南有胡書之碣。況乃少微真人，天山逸民。階庭空谷，門巷蒲輪。移談講樹，就簡書筠。降生世德，載誕貞臣。文詞高於甲觀，模楷盛於漳濱。嗟有道而無鳳，歎非時而有麟。既姦回之奰匿，終不悦於仁人。

王子洛濱之歲，蘭成射策之年，始含香於建禮，仍矯翼於崇賢。游洊雷之講肆，齒明離之胄筵。既傾蠡而酌海，遂側管以窺天〔一四〕。方塘水白，釣渚池圓。侍戎韜於武帳，聽雅曲於文絃。乃解懸而通籍，遂崇文而會武。居笠轂而掌兵，出蘭池而典午。論兵於江漢之君，拭圭於西河之主。

于時朝野歡娱，池臺鐘鼓。里爲冠蓋，門成鄒魯。連茂苑於海陵，跨横塘於江浦。東門則鞭石成橋，南極則鑄銅爲柱。樹則園植萬株，竹則家封千户〔一五〕。西賮浮玉，南琛没羽。吴歈越吟，荆豔楚舞。草木之藉春陽，魚龍之得風雨。五十年中，江表無事。王歙爲和親之侯，班超爲定遠之使。馬武無預於兵甲，馮唐不論於將帥。豈知山嶽闇然，江湖潛沸。漁陽有閭左戍卒，離石有將兵都尉。

天子方删詩書，定禮樂。設重雲之講，開士林之學。談劫燼之灰飛，辯常星之夜落。地平魚齒，城危獸角。卧刁斗於滎陽，絆龍媒於平樂。宰衡以干戈爲兒戲，縉紳以清談爲廟略。乘漬水而膠船〔一六〕，馭奔駒以朽索。小人則將及水火，君子則方成猨鶴。弊箄不能救鹽池之鹹，阿膠不能止黄河之濁。既而魴魚赬尾，四郊多壘。殿狎江鷗，宫鳴野雉。湛盧去國，艅皇失水。見被髮於伊川，知其時爲戎矣〔一七〕。

彼姦逆之熾盛，久遊魂而放命。大則有鯨有鯢，小則爲梟爲獍。負其牛羊之力，凶其水草之性。非玉燭之能調，豈璿璣之可正。值天下之無爲，尚有欲於羈縻。飲其琉璃之酒，賞其虎豹之皮。見胡桐於大夏，識鳥卵於條支。豺牙密厲，虺毒潛吹。輕九鼎而欲問，聞三川而遂窺〔一八〕。

始則王子召戎，姦臣介冑。既官政而離逷，遂師言而泄漏。望廷尉之逋囚，反淮南之窮寇。飛狄泉之蒼鳥，起横江之困獸。地則石鼓鳴山，天則金精動宿。北闕龍吟，東陵麟鬭。爾乃桀黠構扇，憑陵畿甸。擁狼望於黄圖，填盧山於赤縣。青袍如草，白馬如練。天子履端廢朝，單于長圍高宴。兩觀當戟，千門受箭。白虹貫日，蒼鷹擊殿。競遭夏臺之禍〔一九〕，遂視堯城之變。官守無奔問之人，干戚非平戎之戰。陶侃則空裝米船，顧榮則虛搖羽扇。將軍死綏，路絶重圍。烽隨星落，書逐鳶飛。遂乃韓分趙裂，鼓卧旗折。失羣班馬，迷輪亂轍。猛士嬰城，謀臣卷舌。昆陽之戰象走林，常山之陣蛇奔穴。五郡則兄弟相悲，三州則父子離別。

護軍慷慨，忠能死節。三世爲將，終於此滅。濟陽忠壯，身參末將。兄弟三人，義聲俱唱。主辱臣死，名存身喪。狄人歸元，三軍悽愴。尚書多筭〔二〇〕，守備是長。雲梯可拒，地道能防。有齊將之閉壁，無燕師之卧墻。大事去矣，人之云亡。申子奮發，勇氣咆勃。實總元戎，身先士卒。冑落魚門，兵填馬窟。屢犯通中，頻遭刮骨。功業夭枉，身名埋没。或以隼翼鷃披，虎威狐假。霑漬鋒鏑，脂膏原野。兵弱虜彊，城孤氣寡。聞鶴唳而虛驚，聽胡笳而淚下。據神亭而亡戟，臨横江而棄馬。崩於鉅鹿之沙，碎於長平之瓦。於是桂林顛覆，長洲麋鹿。潰潰沸騰，茫茫慘黷〔二一〕。天地離阻，人神怨酷〔二二〕。晉鄭靡依，魯衞不睦。競動天關，爭回地軸。探雀鷇而未飽，待熊蹯而詎熟。乃有車側郭門，筋懸廟屋。鬼同曹社之謀，人有秦庭之哭。

余乃假刻璽於關塞〔二三〕，稱使者之詶對。逢鄂坂之譏嫌，值耏門之征税。乘白馬而不前，策青騾而轉礙。吹落葉之扁舟，飄長颿於上游。彼鋸牙而勾爪，又巡江而習流。排青龍之戰艦，鬬飛鷁之船樓。張遼臨於赤壁，王濬下於巴丘。乍風驚而射火，或箭重而回舟。未辨聲於黃蓋，已先沈於杜侯。落帆黃鶴之浦，藏船鸚鵡之洲。路已分於湘漢，星猶看於斗牛。若乃陰陵失路，釣臺斜趣。望赤岸而霑衣，艤烏江而不度。雷池栅浦，鵲陵焚戍。旅舍無烟，巢禽失樹。謂荆、衡之杞梓，庶江、漢之可恃。淮海維揚，三千餘里。過漂渚而寄食，託蘆中而度水。届于七澤，濱于十死。嗟天保之未定，見殷憂之方始。本不達於危行，又無情於禄仕。謬掌衞於中軍，濫尸丞於御史。

信生世等於龍門，辭親同於河洛。奉立身之遺訓，受成書之顧託。昔三世而無慙，今七葉而始落。泣風雨於梁山，惟枯魚之銜索。入欹斜之小徑，掩蓬藋之荒扉。就汀洲之杜若，待蘆葦之單衣。

于時西楚霸王，劒及繁陽。鏖兵金匱，校戰玉堂。蒼鷹赤雀，鐵舳牙檣。沈白馬而誓衆，負黃龍而度湘〔三四〕。海潮迎艦，江萍送王。戎車屯于石城，戈船掩乎淮、泗。諸侯則鄭伯前驅，盟主則荀罃暮至。剖巢燻穴，奔魑走魅。埋長狄於駒門，斬蚩尤於中冀。然腹爲燈，飲頭爲器。直虹貫壘，長星屬地。昔之虎據龍盤，加以黃旗紫氣，莫不隨狐兔而窟穴，與風塵而殄瘁。

西瞻博望，北臨玄圃。月榭風臺，池平樹古。倚弓於玉女牕扉，繫馬於鳳凰樓柱。仁壽之鏡徒懸，茂陵之書空聚。若夫立德立言，謨明寅亮。聲超於繫表，道高於河上。既不遇於浮丘，遂無言於師曠。指愛子而託人，知西陵而誰望。非無北闕之兵，猶有雲臺之仗。司徒之表裏經綸，狐偃之惟王實勤〔二五〕。横琱戈而對霸主，執金鼓而問賊臣。平吳之功，壯於杜元凱；王室是賴，深於温太真。始則地名全節，終以山稱枉人。南陽校書，去之已遠。上蔡逐獵，知之何晚。鎮北之負譽矜前，風飈懍然。水神遭箭，山靈見鞭。是以蟄熊傷馬，浮蛟没船。才子并命，俱非百年〔二六〕。

中宗之夷凶靜亂，大雪冤恥。去代邸而承基，遷唐郊而纂祀。反舊章於司隸，歸餘風於正始。沉猜則方逞其欲，藏疾則自矜於己。天下之事没焉，諸侯之心摇矣。既而齊交北絶，秦患西起。況背關而懷楚，異端委而開吳。驅緑林之散卒，拒驪山之叛徒。營軍梁溠，蒐乘巴渝。問諸淫昏之鬼，求諸厭劾之巫。荆門遭廩延之戮，夏首濫逵泉之誅。蔑因親於教愛，忍和樂於彎弧。慨無謀於肉食，非所望於論都。未深思於五難，先自擅於二端〔二七〕。登陽城而避險，卧底柱而求安。既言多於忌刻，實志勇於刑殘。但坐觀於時變，本無情於急難。地爲黑子，城猶彈丸。其怨則黷，其盟則寒。豈冤禽之能塞海，非愚叟之可移山。況以沴氣朝浮〔二八〕，妖精夜殞。赤烏則三朝夾日，蒼雲則七重圍軫。亡吴之歲既窮，入郢之年斯盡。

周含鄭怒，楚結秦冤。有南風之不競，值西隣之責言。俄而梯衝亂舞，冀馬雲屯。棧秦車於暢轂〔二九〕，沓漢鼓於雷門。下陳倉而連弩，度臨晉而横船。雖復楚有七澤，人稱三户。箭不麗於六麋，雷無驚於九虎。辭洞庭兮落木，去涔陽兮極浦。熾火兮焚旗，貞風兮害蠱。乃使玉軸揚灰，龍文斫柱。下江餘城，長林故營。徒思箝馬之秣，未見燒牛之兵。章曼支以轂走，宫之奇以族行。河無冰而馬度，關未曉而雞鳴。忠臣解骨，君子吞聲。章華望祭之所，雲夢僞遊之地。荒谷縊於莫敖，冶父囚乎羣帥。硎穽摺拉，鷹鸇批攢。冤霜夏零，憤泉秋沸。城崩杞婦之哭，竹染湘妃之淚。

水毒秦涇，山高趙陘。十里五里，長亭短亭。饑隨蟄鷰，闇逐流螢。秦中水黑，關上泥青。于時瓦解冰泮，風飛電散。渾然千里，淄、澠一亂。雪暗如沙，冰横似岸。逢赴洛之陸機，見離家之王粲。莫不聞隴水而掩泣，向關山而長歎。況復君在交河，妾在清波。石望夫而逾遠，山望子而逾多。才人之憶代郡，公主之去清河。栩陽亭有離别之賦，臨江王有愁思之歌。别有飄颻武威，羈旅金微。班超生而望反，温序死而思歸。李陵之雙鳧永去，蘇武之一鴈空飛。

昔江陵之中否，乃金陵之禍始。雖借人之外力，實蕭墻之內起。撥亂之主忽焉，中興之宗不祀。伯兮叔兮，同見戮於猶子。荆山鵲飛而玉碎，隨岸蛇生而珠死。鬼火亂於平林，殤魂驚於新市。梁故豐徙，楚實秦亡。不有所廢，其何以昌。有嬀之後，遂育于姜。輸我神器，居爲讓王。天地之大德曰生，聖人之大寶曰位。用無賴之子孫，舉江東而全棄。惜天下之一家，遭東南之反氣。以鶉首而賜秦，天何爲而此醉！

且夫天道回旋，民生預焉〔三〇〕。余烈祖於西晉，始流播於東川。洎余身而七葉，又遭時而北遷。提挈老幼，關河累年。死生契闊，不可問天。況復零落將盡，靈光巋然。日窮于紀，歲將復始。逼切危慮，端憂暮齒。踐長樂之神皋，望宣平之貴里。渭水貫於天門，驪山回於地市。幕府大將軍之愛客，丞相平津侯之待士。見鍾鼎於金、張，聞絃誦於許、史。豈知灞陵夜獵，猶是故時將軍；咸陽布衣，非獨思歸王子。

大象初，以疾去職，卒〔三一〕。隋文帝深悼之，贈本官，加荆淮二州刺史〔三二〕。子立嗣。

史臣曰：兩儀定位，日月揚暉，天文彰矣；八卦以陳，書契有作，人文詳矣。若乃墳索所紀，莫得而云，典謩以降，遺風可述。是以曲阜多才多藝，鑒二代以正其本；闕里性與天道，修六經以維其末。故能範圍天地，綱紀人倫。窮神知化，稱首於千古；經邦緯俗，藏用於百代。至矣哉！斯固聖人之述作也。

逮乎兩周道喪，七十義乖。淹中、稷下，八儒三墨，辯博之論蜂起；漆園、黍谷，名法兵農，宏放之詞霧集。雖雅誥奧義，或未盡善，考其所長，蓋賢達之源流也。

其後逐臣屈平，作離騷以敍志，宏才豔發，有惻隱之美。宋玉，南國詞人，追逸轡而亞其迹。大儒荀況，賦禮智以陳其情，含章鬱起，有諷論之義。賈生，洛陽才子，繼清景而奮其暉。並陶鑄性靈，組織風雅，詞賦之作，實爲其冠。

自是著述滋繁，體制匪一。孝武之後，雅尚斯文，揚葩振藻者如林，而二馬、王、揚爲之傑；東京之朝，茲道愈扇，咀徵含商者成市，而班、傅、張、蔡爲之雄。當塗受命，尤好蟲篆；金行勃興，無替前烈。曹、王、陳、阮，負宏衍之思，挺棟幹於鄧林；潘、陸、張、左，擅侈麗之才，飾羽儀於鳳穴。斯並高視當世，連衡孔門。雖時運推移，質文屢變，譬猶六代並湊，易俗之用無爽；九流競逐，一致之理同歸。歷選前英，於茲爲盛。

既而中州版蕩，戎狄交侵，僭僞相屬，士民塗炭，故文章黜焉。其潛思於戰爭之間，揮翰於鋒鏑之下，亦往往而間出矣。若乃魯徽、杜廣、徐光、尹弼之疇，知名於二趙；宋諺、封奕、朱彤、梁讜之屬，見重於燕、秦。然皆迫於倉卒，牽於戰爭。競奏符檄〔三三〕，則粲然可觀；體物緣情，則寂寥於世。非其才有優劣，時運然也。至朔漠之地，蕞爾夷俗，胡義周之頌國都，足稱宏麗；區區河右，而學者埒於中原，劉延明之銘酒泉，可謂清典。子曰「十室之邑，必有忠信」，豈徒言哉。

洎乎有魏，定鼎沙朔，南包河、淮，西吞關、隴。當時之士，有許謙、崔宏、崔浩、高允、高閭、游雅等，先後之間，聲實俱茂，詞義典正，有永嘉之遺烈焉。及太和之辰，雖復崇尚文雅，方驂並路，多乖往轍，涉海登山，罕值良寶。其後袁翻才稱澹雅，常景思摽沉鬱，彬彬焉，蓋一時之俊秀也。

周氏創業，運屬陵夷。纂遺文於既喪〔三四〕，聘奇士如弗及。是以蘇亮、蘇綽、盧柔、唐瑾、元偉、李昶之徒，咸奮鱗翼，自致青紫。然綽建言務存質朴，遂糠粃魏、晉，憲章虞、夏。雖屬詞有師古之美，矯枉非適時之用，故莫能常行焉。

既而革車電邁，渚宮雲撤。爾其荆、衡杞梓，東南竹箭，備器用於廟堂者衆矣。唯王褒、庾信奇才秀出，牢籠於一代。是時，世宗雅詞雲委，滕、趙二王雕章間發。咸築宮虛館，有如布衣之交。由是朝廷之人，閭閻之士，莫不忘味於遺韻，眩精於末光。猶丘陵之仰嵩、岱，川流之宗溟渤也。

然則子山之文，發源於宋末，盛行於梁季。其體以淫放爲本，其詞以輕險爲宗。故能誇目侈於紅紫，蕩心逾於鄭、衞。昔楊子雲有言：「詩人之賦，麗以則；詞人之賦，麗以淫。」若以庾氏方之，斯又詞賦之罪人也。

原夫文章之作，本乎情性。覃思則變化無方，形言則條流遂廣。雖詩賦與奏議異軫，銘誄與書論殊塗，而撮其指要，舉其大抵，莫若以氣爲主，以文傳意。考其殿最，定其區域，摭六經百氏之英華，探屈、宋、卿、雲之祕奧。其調也尚遠，其旨也在深，其理也貴當，其辭也欲巧。然後瑩金璧，播芝蘭，文質因其宜，繁約適其變，權衡輕重，斟酌古今，和而能壯，麗而能典，煥乎若五色之成章，紛乎猶八音之繁會。夫然，則魏文所謂通才足以備體矣，士衡所謂難能足以逮意矣。

校勘記

〔一〕褒識量淵通　「淵」，三朝本、北史卷八三王褒傳、册府卷八二三、永樂大典卷六八三七引周書王褒傳作「淹」。按唐人諱「淵」，史臣豈得故犯，作「淹」是。上云「字子淵」，也是後人追改，北史諱作「子深」。

〔二〕宣成王大器　「宣成」，北史卷八三王褒傳、册府卷七〇八作「宣城」。按宣城是郡名，似作「城」是。但周書卷四八蕭詧傳附蔡大寶傳見「宣成公主」，亦作「成」。當時郡縣名「城」者常通作「成」，不止宣城一地，如本傳下文「安成郡守」，地志亦作「安城」。今不改。

〔三〕尋還安成郡守　「郡守」，梁書卷四一王規傳附王褒傳、北史卷八三王褒傳作「内史」。按梁書卷二三太祖五王傳，安成是梁武帝弟秀封國，子孫傳襲至梁末，未嘗爲郡。作「内史」是。北史「成」作「城」，通。

〔四〕轉智武將軍　張森楷云：「梁書（卷四一王褒傳）作『忠武將軍』。」按梁書卷五元帝紀大寶三年（五五二）正月亦作「智武」。未知孰是。

〔五〕雖保周陵　「陵」，類聚卷三〇周弘讓答王褒書、册府卷九〇五作「陂」。按後漢書卷五三周燮傳云：「有先人草廬結于岡畔，下有陂田，常肆勤以自給。」弘讓當用此典。又唐于孝顯碑有「保周陂而訪三姜，依蔣徑而尋二仲」句（見北京圖書館藏中國歷代石刻拓本匯編第十一册），即出於此。知作「陂」是，但諸本皆同，今不改。

〔六〕三姜離柎　「柎」，册府卷九〇五作「析」，字同。類聚卷三〇周弘讓答王褒書作「三荆離坼」。按「三姜」用後漢書卷五三姜肱傳兄弟三人友愛事。「三荆」，類聚卷八九引周景式孝子傳曰：「古有兄弟，忽欲分異，出門見三荆同株，接葉連陰。歎曰：『木猶欣聚，況我而殊哉。』還爲雍和。」二事都是兄弟典故，借喻二人交好，並通。

〔七〕無乏名晨　「名晨」，類聚卷三〇作「夕晨」。

〔八〕遠傷金彦　「傷金」，原注「缺二字」，據册府卷九〇補。「彦」，原作「産」。按後漢書卷八一獨行王忳傳，稱忳於赴洛陽途中，照看和殯葬一個病困書生，後來遇見書生的父親，才知道死者的姓名爲「金彦」。今據改。又此一聯上句「遽悲次房」，「次房」是温序字，温序也在獨行傳中，此用「金彦」事無疑。又此句永樂大典卷六八三七引周書王褒傳作「遠破公産」，知周書傳本脱誤已久。

〔九〕珍金箱　「箱」，類聚卷三〇、册府卷九〇五作「相」，疑是。

〔一〇〕猶冀蒼雁赬鯉　「雁」，原作「膺」，據類聚卷三〇、册府卷九〇五改。按這裏是説通信。

〔一一〕尋出爲宜州刺史　「宜」，原作「宣」，據三朝本、南監本、北監本、北史卷八三王褒傳、册府卷七八三、卷八二三、永樂大典卷六八三七引周書王褒傳改。按後周無宣州。隋書卷二九地理志上京兆郡華原縣云「後魏置北雍州，西魏改爲宜州」，王褒當即官此州。

〔一二〕追爲此賦　「爲」，原作「惟」，據三朝本、汲本、英華卷一二九庾信哀江南賦（以下簡稱哀江南賦）改。按英華異同頗多，其義可兩通而不會有相異的解釋者，不一一列舉。

〔一三〕彼凌江而建國　三朝本作「被江漢而建國」，汲本、局本同殿本，注云「一作被江漢」。按周書此句原文當如三朝本，他本依英華或傳本庾集改。

〔一四〕遂側管以窺天　「側」，哀江南賦作「測」。

〔一五〕樹則園植萬株竹則家封千户　「樹」，哀江南賦作「橘」。按史記卷一二九貨殖列傳云：「蜀漢江陵千樹橘……渭川千畝竹。」疑作「橘」是。

〔一六〕乘漬水而膠船　「漬」，三朝本作「賁」，汲本作「潰」。張元濟云：「賁水猶言奔流之水。」哀江南賦作「漬」，注云「一作海」。

〔一七〕知其時爲戎矣　哀江南賦作「知百年而爲戎矣」。

〔一八〕聞三川而遂窺　「聞」，三朝本作「間」。「川」，三朝本、南監本、北監本、汲本作「山」。按戰國策秦策秦武王謂甘茂曰：「寡人欲車通三川，以窺周室。」這裏用此典故，「山」字誤，不待言。「間」即隙，有伺間之義，若「聞」字則與武王語意不合，疑作「間」是。

〔一九〕競遭夏臺之禍　「競」，哀江南賦作「竟」，較長。

〔二〇〕尚書多算　「算」，三朝本作「方」。按此句轉韻。哀江南賦於轉韻處一聯的上句雖不盡用韻，而用韻者多，疑作「方」是。

〔二一〕茫茫慘黷　「慘」，哀江南賦作「墋」。

〔二二〕人神怨酷　「怨」，哀江南賦作「慘」。疑周書於上句既作「慘」，後人以爲不應於下句重出「慘」而改作「怨」。

〔二三〕余乃假刻璽於關塞　「璽」，三朝本作「蜜」。按晉書卷四三山濤傳見「贈司徒蜜印」，似「蜜印」用於卒後贈官，這裏疑用史記卷一二二酷吏列傳「詐刻傳出關歸家」典，與「蜜印」無涉。

〔二四〕負黄龍而度湘　「湘」，哀江南賦作「江」。倪注庾子山集引吳越春秋「禹南渡江，黄龍負舟」。按吕氏春秋卷二〇知分即見「禹南省，方濟乎江，黄龍負舟」。疑作「江」是。

〔三五〕狐偃之惟王實勤　三朝本無「狐偃之」三字，且「惟」作「勤」。按「勤」字不當重，三朝本誤，無此三字却未必是脱文。這一節是敍王僧辯；下節敍鄱陽王範，起句是「鎮北之負譽矜前，風飈凛然」；又下節敍梁元帝，起句云「中宗之夷凶靜亂，大雪冤耻」。都是上七下四句，也不以古人作對。疑本無此三字，或後人於「惟王實勤」旁注狐偃，而淆入正文。

〔三六〕俱非百年　「非」，三朝本作「飛」。局本、汲本同作「非」，下注云「一作飛」。按「飛」「非」古字通用，洪适隸釋卷五梁相孔耽神祠碑即見「天授之性，飛其學也」。

〔三七〕先自擅於二端　「二」，哀江南賦作「三」，注云「一作二」。倪注庾子山集引韓詩外傳（卷七）云：「君子避三端：文士筆端，勇士鋒端，辯士舌端。」此是一説，但「二端」也可以説譏元帝不肯力救建康，自安荆楚。史記卷七七魏公子列傳云魏王先使晉鄙救趙，後「使人止晉鄙，留軍壁鄴，名爲救趙，實持兩端以觀望」，情事相合。

〔三八〕況以沴氣朝浮　「朝」，三朝本作「霄」。

〔三九〕棧秦車於暢轂　「棧」，倪注庾子山集作「俴」。注云：「秦風小戎之詩云：『小戎俴收。』毛傳云：『小戎，車也；俴，淺；收，軫也。』又云：『文茵暢轂。』毛傳曰：『暢轂，長轂也。』正義曰：『俴收、暢轂，皆謂兵車也。兵車言淺軫、長轂者，對大車平地載任之車爲淺爲長也。』」按哀江南賦也作「棧」，當是倪璠據小戎詩改作「俴」。「俴車」「暢轂」同在一詩，此賦即在一句，疑作「俴」是。

〔三〇〕且夫天道回旋民生預焉　「旋」，原作「旅」，據三朝本、南監本、北監本、汲本、局本、哀江南賦改。「民生」，哀江南賦作「生民」。「預」，諸本作「賴」，英華及庾集作「預」，疑殿本據英華或傳世庾集改。

〔三一〕大象初以疾去職卒　北史卷八三庾信傳「卒」上有「隋開皇元年」五字。通志卷一七六庾信傳無「隋」字，「卒」下多「年六十九」四字。

〔三二〕加荆淮二州刺史　「淮」，北史卷八三庾信傳作「雍」。

〔三三〕競奏符檄　「競」，三朝本、南監本、北監本、汲本、局本、永樂大典卷六八三七引周書王褒傳都作「竟」。張元濟云：「按『竟』疑『章』之訛。羣臣上書於天子者有四名，一曰章，見獨斷。」按張説是。北史卷八三傳前史論，有部分内容採自周書此論，即作「章」。殿本當是以「竟」字不可解，臆改作「競」。

〔三四〕纂遺文於既喪　「文」，原作「變」，據三朝本、南監本、北監本、汲本、局本、北史卷八三傳前史論、永樂大典卷六八三七引周書王褒傳改。按「遺變」無義。

周書卷四十二

列傳第三十四

蕭撝　蕭世怡　蕭圓肅　蕭大圜　宗懍　劉璠　柳霞

蕭撝字智遐，蘭陵人也〔一〕。梁武帝弟安成王秀之子也。性溫裕，有儀表。年十二，入國學，博觀經史，雅好屬文。在梁，封永豐縣侯，邑一千户。初爲給事中，歷太子洗馬、中舍人。東魏遣李諧、盧元明使於梁，梁武帝以撝辭令可觀，令兼中書侍郎，受幣於賓館。尋遷黄門侍郎。出爲寧遠將軍、宋寧宋興二郡守，轉輕車將軍、巴西梓潼二郡守。

及侯景作亂，武陵王紀承制授撝使持節、忠武將軍。又遷平北將軍、散騎常侍，領益州刺史軍防事。紀稱尊號於成都，除侍中、中書令，封秦郡王，邑三千户，給鼓吹一部。紀率衆東下，以撝爲尚書令〔二〕、征西大將軍、都督益梁秦潼安瀘青戎寧華信渠萬江新邑楚義十八州諸軍事〔三〕、益州刺史，守成都。又令梁州刺史楊乾運守潼州。太祖知蜀兵寡弱，遣大將軍尉遲迥總衆討之。及迥入劍閣，乾運以州降。蜀中因是大駭，無復抗拒之志。迥長驅至成都，撝見兵不滿萬人，而倉庫空竭，軍無所資，遂爲城守之計。迥圍之五旬，撝屢遣其將出城挑戰，多被殺傷。外援雖至，又爲迥所破。語在迥傳。撝遂請降，迥許之。撝於是率文武於益州城北，共迥升壇，歃血立盟，以城歸國。

魏恭帝元年，授侍中、驃騎大將軍、開府儀同三司，封歸善縣公，邑一千户。孝閔帝踐阼，進爵黄臺郡公，增邑一千户。武成中，世宗令諸文儒於麟趾殿校定經史，仍撰世譜，撝亦預焉。尋以母老，兼有疾疹，五日番上，便隔晨昏，請在外著書。有詔許焉。保定元年，授禮部中大夫。又以撝有歸款之功，别賜食多陵縣五百户，收其租賦。

三年，出爲上州刺史。爲政仁恕，以禮讓爲本。嘗至元日，獄中所有囚繫，悉放歸家，聽三日，然後赴獄。主者固執不可。撝曰：「昔王長、虞延見稱前史，吾雖寡德，竊懷景行。導民以信，方自此始。以之獲罪，彌所甘心，幸勿慮也。」諸囚荷恩，並依限而至。吏民稱其惠化。秩滿當還，部民李漆等三百餘人上表〔四〕，乞更留兩載。詔雖弗許，甚嘉美之。

及撝入朝，屬置露門學。高祖以撝與唐瑾、元偉、王褒等四人俱爲文學博士。撝以母老，表請歸養私門，曰：「臣聞出忠入孝，理深人紀；昏定晨省，事切天經。伏惟陛下握鎮臨朝〔五〕，垂衣御宇，孝治天下，仁覃草木。是以微臣冒陳至願。臣母妾褚年過養禮，乞解今職，侍奉私庭。伏願天慈，特垂矜許。臣披款歸朝，十有六載，恩深海岳，報淺涓埃〔六〕。肆師掌禮，竟無稱職；淅隈督察〔七〕，空妨能官。方辭違闕庭，屏迹閭里，低佪係慕，戀悚兼深。」高祖未許，詔曰：「開府梁之宗英，今則任等三事。所謂楚雖有材，周實用之。方藉謀猷，匡朕不逮。然進思盡忠，退安侍養者，義在公私兼濟。豈容全欲狥己，虧此至公，乖所望也。」尋以母憂去職。

天和六年，授少保。建德元年，轉少傅。後改封蔡陽郡公，增邑通前三千四百户。二年卒，時年五十九。高祖舉哀於正武殿，賜穀麥三百石、布帛三百匹，贈使持節、大將軍、大都督、少傅、益新始信四州諸軍事、益州刺史，謚曰襄。

撝善草隸，名亞於王褒。算數醫方，咸亦留意。所著詩賦雜文數萬言，頗行于世。子濟嗣。

濟字德成，少仁厚，頗好屬文。蕭紀承制，授貞威將軍、蜀郡太守，遷東中郎將。從紀東下。至巴東，聞迥圍成都，紀命濟率所部赴援。比至，撝已降。仍從撝入朝。孝閔帝踐阼，除中外府記室參軍。後至蒲陽郡守、車騎大將軍、儀同三司。

蕭世怡，梁武帝弟鄱陽王恢之子也。以名犯太祖諱，故稱字焉。幼而聰慧，頗涉經史。梁大同元年，封豐城縣侯，邑五百户。除給事中，轉太子洗馬。尋入直殿省，轉太子中舍人。出爲持節、仁威將軍、譙州刺史。及侯景爲亂，路由城下，襲而陷之，世怡遂被執。尋遁逃得免，至于江陵。

梁元帝承制授侍中。及平侯景，以世怡爲兼太宰、太常卿，與中衞長史樂子雲拜謁山陵。承聖二年，授使持節、平西將軍、臨川内史。既以陸納據湘川，道路擁塞，改授平南將軍、桂陽内史。未至郡，屬于謹平江陵，遂隨兄修在郢州。及修卒，即以世怡爲刺史。湘州刺史王琳率舟師襲世怡，世怡以州輸琳。時陳武帝執政，徵爲侍中。世怡疑而不就，乃奔于齊。除車騎大將軍、散騎常侍。尋出爲永州刺史。

保定四年，晉公護東伐，大將軍權景宣略地河南。世怡聞豫州刺史王士良已降，遂來歸款。五年，拜使持節、驃騎大將軍、開府儀同三司，封義興郡公，邑一千三百户。天和二年，授蔡州刺史。政存簡惠，不尚苛察，深爲吏民所安。三年，卒於州。贈本官、加并洛永三州刺史。子子寶嗣。

子寶美風儀，善談笑，年未弱冠，名重一時。隋文帝輔政，引爲丞相府典籤，深被識遇。開皇中，官至吏部侍郎。後坐事被誅。

蕭圓肅字明恭，梁武帝之孫，武陵王紀之子也。風度淹雅，敏而好學。紀稱尊號，封宜都郡王，邑二千户〔八〕，除侍中、寧遠將軍。紀率兵下峽，令蕭撝守成都，以圓肅爲之副。及尉遲迥至，圓肅與撝俱降。授驃騎大將軍、開府儀同三司、侍中，封安化縣公，邑一千户。

世宗初，進封棘城郡公，增邑一千户。以圓肅有歸款之勳，别賜食思君縣五百户，收其租賦。保定三年，除畿伯中大夫。五年，拜咸陽郡守。圓肅寬猛相濟，甚有政績。天和四年，遷陵州刺史，尋詔令隨衛國公直鎮襄陽，遂不之部。

建德三年，授太子少傅，增邑九百户。圓肅以任當師傅，調護是職。乃作少傅箴曰：

惟王建國，辨方正位。左史記言，右史記事。莫不援立太子，爲皇之貳。是以易稱明兩，禮云上嗣。東序養德，震方主器。束髮就學，宵雅更肄。朝讀百篇，乙夜乃寐。愛日惜力，寸陰無棄。視膳再飯，寢門三至。小心翼翼，大孝蒸蒸。謀謨計慮，問對疑丞。安樂必敬，無忘戰兢。夫天道益謙，人道惡盈。漢嗣不絕乎馳道，魏儲回環於鄴城。前史攸載，後世揚名。三善既備，萬國以貞。姬周長久，實賴元良。嬴秦短祚，誠由少陽。雖卜年七百，有德過曆而昌；數世一萬，無德不及而亡〔九〕。敬之敬之，天惟顯思。光副皇極，永固洪基。觀德審諭，授告職司〔一〇〕。

太子見而悅之，致書勞問。

六年，授豐州刺史，增邑通前三千七百户。尋進位上開府儀同大將軍。宣政元年，入爲司宗中大夫，俄授洛州刺史。大象末，進位大將軍。隋開皇初，授貝州刺史。以母老請歸就養，隋文帝許之。四年，卒，時年四十六。有文集十卷，又撰時人詩筆爲文海四十卷，廣堪十卷，淮海亂離志四卷〔一一〕，行於世。

蕭大圜字仁顯，梁簡文帝之子也。幼而聰敏，神情俊悟。年四歲，能誦三都賦及孝經、論語。七歲居母喪，便有成人之性。梁大寶元年，封樂梁郡王，邑二千户，除宣惠將軍、丹陽尹。屬侯景肆虐，簡文見弑，大圜潛遁獲免。明年，景平，大圜歸建康。時既喪亂之後，無所依託，乃寓居善覺佛寺。人有以告王僧辯者。僧辯乃給船餼，得往江陵。梁元帝見之甚悦，賜以越衫胡帶等。改封晉熙郡王，邑二千户，除寧遠將軍、琅邪彭城二郡太守。

時梁元帝既有克復之功，而大圜兄汝南王大封等猶未通謁。梁元帝性既忌刻，甚恨望之。乃謂大圜曰：「汝兩兄久不出，汝可以意召之。」大圜即日曉諭兩兄，相繼出謁，元帝乃安之。大圜以世多故，恐讒愬生焉，乃屏絶人事。門客左右不過三兩人，不妄遊狎。兄姊之間，止牋疏而已。恒以讀詩、禮、書、易爲事。元帝嘗自問五經要事數十條，大圜辭約指明，應答無滯。元帝甚歎美之。因曰：「昔河間好學，爾既有之，臨淄好文，爾亦兼之。然有東平爲善，彌高前載，吾重之愛之，爾當效焉。」及于謹軍至，元帝乃令大封充使請和，大圜副焉，其實質也。出至軍所，信宿，元帝降。

魏恭帝二年，客長安，太祖以客禮待之。保定二年，詔曰：「梁汝南王蕭大封、晉熙王蕭大圜等，梁國子孫，宜存優禮，式遺茅土，寔允舊章。大封可封晉陵縣公，大圜封始寧縣公，邑各一千户。」尋加大圜車騎大將軍、儀同三司。并賜田宅、奴婢、牛馬、粟帛等。俄而開麟趾殿，招集學士。大圜預焉。梁武帝集四十卷，簡文集九十卷，各止一本，江陵平後，並藏祕閣。大圜既入麟趾，方得見之。乃手寫二集，一年並畢。識者稱歎之。

大圜深信因果，心安閑放。嘗言之曰：

拂衣褰裳，無吞舟之漏網；挂冠懸節，慮我志之未從。儻獲展禽之免，有美慈明之進。如蒙北叟之放，實勝濟南之徵。其故何哉？夫閭閻者有優遊之美，朝廷者有簪佩之累，蓋由來久矣。留侯追蹤於松子，陶朱成術於辛文，良有以焉。況乎智不逸羣，行不高物，而欲辛苦一生，何其僻也。

豈如知足知止，蕭然無累。北山之北，棄絶人間，南山之南，超踰世網。面修原而帶流水，倚郊甸而枕平皋，築蝸舍於叢林，構環堵於幽薄。近瞻煙霧，遠睇風雲。藉纖草以蔭長松，結幽蘭而援芳桂。仰翔禽於百仞，俯泳鱗於千潯〔一二〕。果園在後，開窗以臨花卉；蔬圃居前，坐簷而看灌甽〔一三〕。二頃以供饘粥，十畝以給絲麻。侍兒五三，可充紝織；家僮數四，足代耕耘。沽酪牧羊，協潘生之志；畜鷄種黍，應莊叟之言。穫菽尋汜氏之書，露葵徵尹君之録。烹羔豚而介春酒，迎伏臘而候歲時。披良書，探至賾，歌纂纂，唱烏烏，可以娛神，可以散慮。有朋自遠，揚搉古今。田畯相過，劇談稼穡。斯亦足矣，樂不可支。永保性命，何畏憂責。豈若蹙足入絆，申脰就羈，遊帝王之門，趨宰衡之勢。不知飄塵之少選，寧覺年祀之斯須。萬物營營，靡存其意，天道昧昧，安可問哉。

嗟乎！人生若浮雲朝露，寧俟長繩繫景，寔不願之〔一四〕。執燭夜遊，驚其迅邁。

百年何幾，擎跽曲拳，四時如流，俛眉躡足。出處無成，語默奚當。非直丘明所恥，抑亦宣尼恥之。

建德四年，除滕王逌友。逌嘗問大圜曰：「吾聞湘東王作梁史，有之乎？餘傳乃可抑揚，帝紀奚若？隱則非實，記則攘羊。」對曰：「言者之妄也。如使有之，亦不足怪。昔漢明爲世祖紀，章帝爲顯宗紀，殷鑒不遠，足爲成例。且君子之過，如日月之蝕，彰於四海，安得而隱之？如有不彰，亦安得而不隱？蓋子爲父隱，直在其中；諱國之惡，抑又禮也。」逌乃大笑。

其後大軍東討，攻拔晉州。或問大圜曰：「齊遂克不？」對曰：「高歡昔以晉州肇基僞迹，今本既拔矣，能無亡乎。所謂以此始者必以此終也。」居數日，齊氏果滅〔一五〕。聞者以爲知言。宣政元年，增邑通前二千二百户。隋開皇初，拜内史侍郎，出爲西河郡守。尋卒。

大圜性好學，務於著述。撰梁舊事三十卷，寓記三卷、士喪儀注五卷、要決兩卷，并文集二十卷。大封位至開府儀同三司。大象末，爲陳州刺史。

宗懍字元懍，南陽涅陽人也。八世祖承，永嘉之亂，討陳敏有功，封柴桑縣侯，除宜都郡守。尋卒官，子孫因居江陵。父高之，梁山陰令。

懍少聰敏〔一六〕，好讀書，晝夜不倦。語輒引古事，鄉里呼爲小兒學士。梁普通六年，舉秀才，以不及二宮元會，例不對策。及梁元帝鎮荆州，謂長史劉之遴曰：「貴鄉多士，爲舉一有意少年。」之遴以懍應命。即日引見，令兼記室。嘗夕被召宿省，使制龍川廟碑，一夜便就，詰朝呈上〔一七〕。梁元帝歎美之。及移鎮江州，以懍爲刑獄參軍，兼掌書記。歷臨汝、建成、廣晉三縣令。遭母憂去職。哭輒歐血〔一八〕，兩旬之内，絶而復蘇者三。每有羣烏數千，集於廬舍〔一九〕，候哭而來，哭止而去。時論稱之，以爲孝感所致。

梁元帝重牧荆州，以懍爲别駕、江陵令。及帝即位，擢爲尚書侍郎。又手詔曰：「昔扶柳開國，止曰故人，西鄉胙土，本由賓客。況事涉勳庸，而無爵賞？尚書侍郎宗懍，亟有帷幄之謀，誠深股肱之寄。從我于邁〔二〇〕，多歷歲時。可封信安縣侯，邑一千户。」累遷吏部郎中、五兵尚書、吏部尚書。初侯景平後，梁元帝議還建業，唯懍勸都渚宫，以其鄉里在荆州故也。

及江陵平，與王褒等入關。太祖以懍名重南土，甚禮之。孝閔帝踐阼，拜車騎大將軍、儀同三司。世宗即位，又與王褒等在麟趾殿刊定羣書。數蒙宴賜。保定中卒，年六十四。有集二十卷〔二二〕，行於世。

劉璠字寶義，沛國沛人也。六世祖敏，以永嘉喪亂，徙居廣陵。父臧，性方正，篤志好學，居家以孝聞。梁天監初，爲著作郎。

璠九歲而孤，居喪合禮。少好讀書，兼善文筆。年十七，爲上黄侯蕭曄所器重。范陽張綰，梁之外戚，才高口辯，見推於世。以曄之懿貴，亦假借之。璠年少未仕，而負才使氣，不爲之屈。綰嘗於新渝侯坐，因酒後詬京兆杜騫曰：「寒士不遜。」璠厲色曰：「此坐誰非寒士？」璠本意在綰，而曄以爲屬己，辭色不平。璠曰：「何王之門不可曳長裾也〔二三〕！」遂拂衣而去。曄辭謝之，乃止。後隨曄在淮南，璠母在建康遘疾，璠弗之知。嘗忽一日舉身楚痛，尋而家信至，云其母病。璠即號泣戒道，絶而又蘇。當身痛之辰，即母死之日也。居喪毁瘠，遂感風氣。服闋後一年，猶杖而後起，及曄終於毗陵，故吏多分散，璠獨奉曄喪還都，墳成乃退。梁簡文時在東宫，遇曄素重，諸不送者皆被劾責，唯璠獨被優賞。解褐王國常侍，非其好也。

璠少慷慨，好功名，志欲立事邊城，不樂隨牒平進。會宜豐侯蕭循出爲北徐州刺史，即請爲其輕車府主簿，兼記室參軍，又領刑獄。循爲梁州，除信武府記室參軍，領南鄭令。又板爲中記室，補華陽太守。屬侯景度江，梁室大亂，循以璠有才略，甚親委之。時寇難繁興，未有所定。璠乃喟然賦詩以見志。其末章曰：「隨會平王室，夷吾匡霸功。虛薄無時用，徒然慕昔風。」循開府，置佐史，以璠爲諮議參軍，仍領記室。梁元帝承制，授樹功將軍、鎮西府諮議參軍。賜書曰：「鄧禹文學，尚或執戈；葛洪書生，且云破賊。前修無遠，屬望良深。」梁元帝尋又以循紹鄱陽之封，且爲雍州刺史〔二三〕，復以璠爲循平北府司馬。

及武陵王紀稱制於蜀，以璠爲中書侍郎，屢遣召璠，使者八返，乃至蜀。又以爲黃門侍郎，令長史劉孝勝深布腹心〔二四〕。使工畫陳平度河歸漢圖以遺之。璠苦求還。中記室韋登私曰：「殿下忍而蓄憾，足下不留，將至大禍〔二五〕。脱使盜遮於葭萌，則卿殆矣。孰若共構大廈，使身名俱美哉。」璠正色曰：「卿欲緩頰於我耶？我與府侯，分義已定。豈以寵辱夷險，易其心乎？丈夫立志，當死生以之耳。殿下方布大義於天下，終不逞志於一人。」紀知必不爲己用，乃厚其贈而遣之。臨別，紀又解其佩刀贈璠曰：「想見物思人。」璠對曰：「敢不奉揚威靈，尅剪姦宄。」紀於是遣使就拜循爲益州刺史，封隨郡王，以璠爲循府長史，加蜀郡太守。

還至白馬西，屬達奚武軍已至南鄭，璠不得入城，遂降於武。太祖素聞其名，先誡武曰：「勿使劉璠死也。」故武先令璠赴闕。璠至，太祖見之如舊。謂僕射申徽曰：「劉璠佳士，古人何以過之。」徽曰：「昔晉主滅吴，利在二陸。明公今平梁漢，得一劉璠也。」時南鄭尚拒守未下，達奚武請屠之，太祖將許焉，唯令全璠一家而已。璠乃請之於朝，太祖怒而不許。璠泣而固請，移時不退。柳仲禮侍側曰：「此烈士也。」太祖曰：「事人當如此。」遂許之。城竟獲全，璠之力也。

太祖既納蕭循之降，又許其反國。循至長安累月，未之遣也。璠因侍宴，太祖曰：「我於古誰比？」對曰：「常以公命世英主，湯、武莫逮；今日所見，曾齊桓、晉文之不若。」太祖曰：「我不得比湯、武，望與伊、周爲匹，何桓、文之不若乎？」對曰：「齊桓存三亡國，晉文不失信於伐原。」語未終，太祖撫掌曰：「我解爾意，欲激我耳。」於是即命遣循。循請與璠俱還，太祖不許。以璠爲中外府記室，尋遷黄門侍郎、儀同三司。

嘗卧疾居家，對雪興感，乃作雪賦以遂志云。其詞曰：

天地否閉，凝而成雪。應乎玄冬之辰，在於沍寒之節。蒼雲暮同，嚴風曉別。散亂徘徊，雰霏皎潔。違朝陽之暄煦，就陵陰之慘烈〔二六〕。

若乃雪山峙於流沙之右，雪宫建於碣石之東。混二儀而並色，覆萬有而皆空。埋没河山之上，籠罩寰宇之中。日馭潛於濛汜〔二七〕，地險失於華、嵩。既奪朱而成素，實矯異而爲同。

始飄飖而稍落，遂紛糅而無窮。縈回兮瑣散，暠皓兮溟濛。綏綏兮颯颯，瀌瀌兮瀰瀰。因高兮累仞，藉少兮成豐。曉分光而映淨，夜合影而通朧。似北荒之明月，若西崑之閬風。

爾乃憑集異區，遭隨所適。遇物淪形，觸途湮跡。何淨穢之可分，豈高卑之能擇。體不常消，質無定白。深谷夏凝，小山春積。偶仙宮而爲絳，值河濱而成赤。廣則彌綸而交四海，小則淅瀝而緣間隙。淺則不過二寸，大則平地一尺。乃爲五谷之精，寔長衆川之魄。大壑所以朝宗，洪波資其消釋。家有趙王之璧，人聚漢帝之金。既藏牛而没馬，又冰木而凋林〔三八〕。已墮白登之指，實愴黄竹之心。楚客埋魂於樹裏，漢使遷飢於海陰。斃雲中之狡獸，落海上之驚禽。庚辰有七尺之厚，甲子有一丈之深。無復垂霙與雲合，唯有變白作泥沉。

本爲白雪唱，翻作白頭吟。吟曰：昔從天山來，忽與狂風閲。遡河陰而散漫，望衡陽而委絶。朝朝自消盡，夜夜空凝結。徒云雪之可賦，竟何賦之能雪。

初，蕭循在漢中與蕭紀牋及答國家書、移襄陽文，皆璠之辭也。世宗初，授内史中大夫，掌綸誥。尋封平陽縣子，邑九百户。在職清白簡亮，不合於時，左遷同和郡守。璠善於撫御，莅職未朞，生羌降附者五百餘家。前後郡守多經營以致貲産，唯璠秋毫無所取，妻子並隨羌俗，食麥衣皮，始終不改。洮陽、洪和二郡羌民，常越境詣璠訟理焉。其德化爲他界所歸仰如此。蔡公廣時鎮隴右，嘉璠善政。及遷鎮陝州，欲取璠自隨，羌人樂從者七百人。聞者莫不歎異。陳公純作鎮隴右，引爲總管府司録，甚禮敬之。天和三年卒，時年五十九。著梁典三十卷，有集二十卷，行於世。子祥嗣。

祥字休徵。幼而聰慧，占對俊辯，賓客見者，皆號神童。事嫡母以至孝聞。其伯父黄門郎璆有名江左，在嶺南，聞而奇之，乃令名祥字休徵。後以字行於世。年十歲能屬文，十二通五經。解褐梁宜豐侯主簿，遷記室參軍。
江陵平，隨例入國。齊公憲以其善於詞令，召爲記室。府中書記，皆令掌之。尋授都督，封漢安縣子，食邑七百户，轉從事中郎。憲進爵爲王，以休徵爲王友。俄除内史上士。高祖東征，休徵陪侍帷幄。平齊露布，即休徵之文也。累遷車騎大將軍、儀同大將軍。尋以去官，領萬年令，未朞月，轉長安令。頻宰二縣，頗獲時譽。大象二年，卒於官，時年四十七。

初，璠所撰梁典始就，未及刊定而卒〔三九〕。臨終謂休徵曰：「能成我志，其在此書乎。」休徵治定繕寫〔三〇〕，勒成一家，行於世。

柳霞字子昇〔三一〕，河東解人也。曾祖卓，晉汝南太守，始自本郡徙居襄陽。祖叔珍，宋員外散騎常侍、義陽内史。父季遠，梁臨川王諮議參軍、宜都太守。

霞幼而爽邁，神彩嶷然，髫歲便有成人之量。篤好文學，動合規矩。其世父慶遠特器異之。謂霞曰：「吾昔逮事伯父太尉公，嘗語吾云：『我昨夢汝登一樓，樓甚峻麗，吾以坐席與汝。汝後名宦必達，恨吾不及見耳。』吾向聊復晝寢，又夢將昔時座席還以賜汝。汝之官位，當復及吾。特宜勉勵，以應嘉祥也。」

梁西昌侯深藻鎮雍州〔三二〕，霞時年十二，以民禮修謁，風儀端肅，進止詳雅。深藻美之，試遣左右踐霞衣裾，欲觀其舉措。霞徐步稍前，曾不顧眄。廬陵王續爲雍州刺史，辟霞爲主簿。起家平西邵陵王綸府法曹參軍，仍轉外兵，除尚書工部郎〔三三〕。謝舉時爲僕射，引霞與語，甚嘉之。顧謂人曰：「江漢英靈，見於此矣。」

岳陽王蕭詧莅雍州，選爲治中，尋遷別駕。及詧於襄陽承制，授霞吏部郎、員外散騎常侍。俄遷車騎大將軍、儀同三司、大都督，賜爵聞喜縣公。尋進位持節、侍中、驃騎大將軍、開府儀同三司。及蕭詧踐帝位於江陵，以襄陽歸于我。霞乃辭詧曰：「陛下中興鼎運，龍飛舊楚。臣昔因幸會，早奉名節，理當以身許國，期之始終。自晉氏南遷，臣宗族蓋寡。從祖太尉、世父儀同、從父司空，並以位望隆重，遂家于金陵。唯留先臣，獨守墳柏。常誡臣等，使不違此志。今襄陽既入北朝，臣若陪隨鑾蹕，進則無益塵露，退則有虧先旨。伏願曲垂照鑒〔三四〕，亮臣此心。」詧重違其志，遂許之。因留鄉里，以經籍自娛。

太祖、世宗頻有徵命，霞固辭以疾。及詧殂，霞舉哀，行舊君之服。保定中又徵之，霞始入朝。授使持節、驃騎大將軍、開府儀同三司、霍州諸軍事、霍州刺史。霞導民務先以德，再三不用命者，乃微加貶異，示之恥而已。其下感而化之，不復爲過。咸曰：「我君仁惠如此，其可欺乎！」天和中，卒，時年七十二。宣政初，贈金、安二州刺史〔三五〕。

霞有志行。初爲州主簿，其父卒於揚州，霞自襄陽奔赴，六日而至。哀感行路，毀瘁殆不可識。後奉喪泝江西歸，中流風起，舟中之人，相顧失色。霞抱棺號慟，愬天求哀，俄頃之間，風浪止息。其母嘗乳間發疽，醫云：「此病無可救之理，唯得人吮膿，或望微止其痛。」霞應聲即吮，旬日遂瘳。咸以爲孝感所致。性又温裕，略無喜愠之容。弘獎名教，未嘗論人之短。尤好施與，家無餘財。臨終遺誡薄葬，其子等並奉行之。有十子，靖、莊最知名。

靖字思休。少方雅，博覽墳籍。梁大同末，釋褐武陵王國左常侍，轉法曹行參軍。大定初，除尚書度支郎，遷正員郎。隨霞入朝，授大都督，歷河南、德廣二郡守。靖雅達政事，所居皆有治術，吏民畏而愛之。然性愛閑素，其於名利澹如也。及秩滿還，便有終焉之志。

隋文帝踐極，特詔徵之，靖遂以疾固辭。優游不仕，閉門自守，所對惟琴書而已。足不歷園庭，殆將十載。子弟等奉之，若嚴君焉。其有過者，靖必下帷自責，於是長幼相率拜謝於庭，靖然後見之，勗以禮法。鄉里亦慕而化之。或有不善者，皆曰：「唯恐柳德廣知也。」時論方之王烈。前後總管到官，皆親至靖家問疾，遂以爲故事。秦王俊臨州，賫以几杖，并致衣物。靖唯受几杖，餘並固辭。其爲當時所重如此。開皇中，以壽終。

莊字思敬。器量貞固，有經世之才。初仕梁，歷中書舍人、尚書右丞、給事黄門侍郎、尚書吏部郎中、鴻臚太府卿。入隋，位至開府儀同三司、給事黄門侍郎、饒州刺史。

史臣曰：蕭撝、世怡、圓肅、大圜並有梁之令望也。雖羈旅異國，而終享榮名。非有茲基，夙懷文質，亦何能至於此乎。方武陵擁衆東下，任撝以蕭何之事，君臣之道既篤，家國之情亦隆。金石不足比其心，河山不足盟其誓。及魏安之至城下，旬日而智力俱竭。委金湯而不守，舉庸蜀而來王。若乃見機而作，誠有之矣。守節没齒，則未可焉。

宗懍幹局才辭見稱於梁元之世。逮乎俘囚楚甸，播越秦中，屬太祖思治之辰，遇世宗好士之日，在朝不預政事，就列纔忝戎章。豈懷道圖全，優遊卒歲，將用與不用，留滯當年乎？

梁氏據有江東，五十餘載。挾策紀事，勒成不朽者，非一家焉。劉璠學思通博，有著述之譽，雖傳疑傳信，頗有詳略，而屬辭比事，足爲清典。蓋近代之佳史歟。

柳霞立身之道，進退有節。觀其眷戀墳隴，其孝可移於朝廷；盡禮舊主〔三六〕，其忠可事於新君。夫能推此類以求賢，則知人幾於易矣。

校勘記

〔一〕蘭陵人也　三朝本作「蘭陵蘭陵人也」。張元濟云：「蘭陵縣屬蘭陵郡，見魏書地形志。」按宋書卷三五州郡志南蘭陵郡亦有蘭陵縣，疑三朝本重「蘭陵」二字是。

〔二〕以撝爲尚書令　「尚」，原作「中」，據三朝本、北史卷二九蕭撝傳改。按上已云「除侍中、中書令」，這時自應遷尚書令。

〔三〕都督益梁秦潼安瀘青戎寧華信渠萬江新邑楚義十八州諸軍事　錢大昕考異卷三二云：「『邑』疑『巴』字之訛。梁置北巴州於閬中，而清化郡舊亦爲巴州也。」按錢説據隋書卷二九地理志上，疑是。

〔四〕李漆　「李」，北史卷二九蕭撝傳作「季」。按通志卷八三安成康王秀傳附蕭撝傳亦作「李」，疑北史誤。

〔五〕握鎮臨朝　「鎮」，册府卷七五五作「鏡」。按「握鏡」指應天受命，如南齊書卷六明帝紀云：「皇齊受終建極，握鏡臨宸。」作「鏡」是。

〔六〕報淺涓埃　「埃」，三朝本、册府卷七五五作「塵」，疑是周書原文。

〔七〕淅隈督察　「淅」，原作「浙」，據册府卷七五五宋本、明鈔本改。按這一句是説蕭撝爲上州刺史。隋書卷三〇地理志中上洛郡上津縣云：「西魏又改爲上州。」其地去淅水不遠，所以謂之「淅隈」。

〔八〕封宜都郡王邑二千户　「二」，原作「三」，據三朝本、南監本、北監本、汲本、局本改。按梁制，郡王封邑例爲二千户。

〔九〕雖卜年七百有德過曆而昌數世一萬無德不及而亡　「一萬」，原倒作「萬一」，據御覽卷二四四引後周書、册府卷七一四乙正。按上句用「周過其曆」語，下句用秦始皇「自二世以至萬世」語。

〔一〇〕授告職司　「授」，御覽卷二四四引後周書、册府卷七一四、玉海卷五九引蕭圓肅太子箴作「敢」。按「敢告」一詞多見於中古載籍，如魏書卷五二宗欽傳「敢告在僕」，類聚卷一六王襃皇太子箴「敢告閽寺」。疑作「敢告」是。

〔一一〕淮海亂離志　按該書撰者，隋書卷三三經籍志二作「蕭世怡」，史通卷五補注、卷一七雜説中作「蕭大圜」，舊唐書卷四六經籍志上、新唐書卷五八藝文志二作「蕭大圓」。又册府卷五五五云：「蕭世怡，一云大圜，封樂良王。仕隨，位内史侍郎，撰淮海亂離志四卷（敘梁末侯景之亂）。」姚振宗隋書經籍志考證卷一一史部一一云：「按是書撰人相傳不一，竊以爲史通與兩唐志相合，則出於蕭大圜爲多。」

〔一二〕俯泳鱗於千潯　「潯」，北史卷二九蕭大圜傳、册府卷七八五作「尋」。按上句「仰翔禽於百仞」，「尋」與「仞」對，疑作「尋」是。

〔一三〕果園在後開窻以臨花卉蔬圃居前坐簷而看灌畦　册府卷七八五「窻」下有「牖」字，「簷」下有「楹」字。

〔一四〕人生若浮雲朝露寧俟長繩繫景寔不願之　北史卷二九蕭大圜傳「浮」下無「雲」字，册府卷七八五「俟」上無「寧」字。「寔不願之」，北史、册府均作「實所願言」。

〔一五〕居數日齊氏果滅　「日」，北史卷二九蕭大圜傳作「月」。按周書卷六武帝紀下周攻拔晉州在建德五年（五七六）十月，滅齊在次年正月，疑作「數月」是。

〔一六〕懍少聰敏　「敏」，三朝本作「令」。

〔一七〕詰朝呈上　「詰」，原作「喆」，據三朝本、南監本、局本、北史卷七〇宗懍傳、册府卷八五〇改。

〔一八〕哭輒歐血　「歐」，原作「毆」，據北史卷七〇宗懍傳百衲本、御覽卷九二〇引後周書、册府卷七五七明鈔本丙改。按北史殿本、册府明鈔本甲與明刻本作「嘔」，與「歐」通。

〔一九〕每有羣烏數千集於廬舍　北史卷七〇宗懍傳、御覽卷九二〇引後周書、册府卷七五七「每」下有「旦」字，疑是。

〔二〇〕從我于邁　「于」，原作「於」，據三朝本、南監本、北監本改。張元濟以爲作「於」誤，云「見詩魯頌」。

〔二一〕有集二十卷　隋書卷三五經籍志四作「十二卷」，舊唐書卷四七經籍志下作「三十卷」，新唐書卷六〇藝文志四作「十卷」。按明代嗣雅堂鈔本舊唐書經籍志亦作「十卷」（參夏婧明代嗣雅堂鈔本唐書的文獻價值），與新志合。

〔二二〕何王之門不可曳長裾也　「裾」，原作「居」，據三朝本、南監本、北監本、局本、北史卷七〇劉璠傳改。

〔二三〕梁元帝尋又以循紹鄱陽之封且爲雍州刺史　按梁書卷六敬帝紀太平元年（五五六）「以太保宜豐侯蕭循襲封鄱陽王」，則蕭循襲爵不在元帝時。南史卷五二鄱陽忠烈王恢傳附蕭修傳（修即循）稱：「徙爲梁、秦二州刺史，在漢中七年。」直到魏廢帝元年亦即梁元帝承聖元年

（五五二）達奚武攻南鄭，蕭循降周時仍是梁、秦二州刺史，未嘗移鎮。且雍州刺史是蕭詧，其地亦非元帝所有。這裏紀述有誤。

〔二四〕令長史劉孝勝深布腹心　「腹心」，三朝本、南監本、北史卷七〇劉璠傳作「心腹」。

〔二五〕將至大禍　「至」，三朝本、北史卷七〇劉璠傳、通鑑卷一六四梁紀二〇承聖元年（五五二）作「致」。按「至」「致」通，今不改。

〔二六〕違朝陽之暄煦就陵陰之慘烈　「煦」，原作「照」，據三朝本、南監本、北監本、汲本、局本、類聚卷二劉璠雪賦改。「烈」，三朝本、類聚作「冽」，較長。

〔二七〕日馭潛於濛汜　「汜」，原作「氾」，據南監本、汲本改。按「濛汜」又作「蒙汜」，古指日入之處，典出楚辭天問：「日月安屬，列星安陳？出自湯谷，次于蒙汜。」

〔二八〕又冰木而凋林　「木」，北監本、汲本、局本作「水」。

〔二九〕未及刊定而卒　「及」，三朝本作「啓」。又三朝本、南監本、北監本、汲本、局本均無「而」字。

〔三〇〕休徵治定繕寫　「治」，原作「始」，據三朝本、汲本、局本、册府卷六五一改。張元濟以爲「始」字誤，云「北史（卷七〇劉璠傳）作『脩』」。按北史避唐諱，「治」「脩」義同。張説是。

〔三一〕柳霞字子昇　「霞」，隋書卷六六柳莊傳、北史卷七〇柳遐傳、英華卷九四八庾信周大將軍柳遐墓誌作「遐」。下「霞」同，不另出校。

〔三二〕梁西昌侯深藻　即梁武帝蕭衍兄子蕭淵藻，周書避唐諱改「淵」爲「深」。

〔三三〕除尚書工部郎　「工部郎」，北史卷七〇柳遐傳作「功論郎」。按功論郎劉宋始置，南齊、梁、陳沿之。復據隋書卷二六百官志上，梁尚書省並無工部郎。疑這裏作「功論郎」是。

〔三四〕伏願曲垂照鑒　「照鑒」，三朝本、册府卷七六二作「鑒照」。

〔三五〕贈金安二州刺史　「金」，原作「賧」，據北史卷七〇柳遐傳改。三朝本作「賒」。張元濟云：「按金州即東梁州。字書無『賒』『賧』字。」按金州見隋書卷二九地理志上西城郡。「賧」「賒」當是涉上「贈」字而誤。

〔三六〕盡禮舊主　「主」，原作「王」，據三朝本、汲本、局本、北史卷七〇傳末史臣論改。

周書卷四十三

列傳第三十五

李延孫　韋祐　韓雄　陳忻　魏玄

李延孫，伊川人也。祖伯扶，魏太和末，從征懸瓠有功，爲汝南郡守。父長壽，性雄豪，有武藝。少與蠻酋結託，屢相招引，侵滅關南。孝昌中，朝議恐其爲亂，乃以長壽爲防蠻都督，給其鼓節，以慰其意。長壽冀因此遂得任用，亦盡其智力，防遏羣蠻。伊川左右，寇盜爲之稍息。永安之後，盜賊蜂起，長壽乃招集叛亡，徒侶日盛。魏帝藉其力用，因而撫之。乃授持節、大都督，轉鎮張白塢。後爲河北郡守，轉河內郡守。所歷之處，咸以猛烈聞。討捕諸賊，頻有功。授衞大將軍、北華州刺史，賜爵清河郡公。及魏孝武西遷，長壽率勵義士拒東魏。孝武嘉之，復授潁川郡守，遷廣州刺史。東魏遣行臺侯景率兵攻之，長壽衆少，城陷，遂遇害。大統元年，追贈太尉、使持節、侍中、驃騎大將軍、冀定等十二州諸軍事、定州刺史。

延孫亦雄武，有將帥才略。少從長壽征討，以勇敢聞。初爲直閤將軍。賀拔勝爲荆州刺史，表延孫爲都督。肅清鵶路，頗有功力焉。及長壽被害，延孫乃還，收集其父之衆。

自魏孝武西遷之後，朝士流亡。廣陵王欣〔一〕、録尚書長孫稚、潁川王斌之、安昌王子均及建寧、江夏、隴東諸王并百官等攜持妻子來投延孫者，延孫即率衆衛送，并贈以珍玩，咸達關中。齊神武深患之，遣行臺慕容紹宗等數道攻之。延孫獎勵所部出戰，遂大破之，臨陣斬其揚州刺史薛喜。於是義軍更振。乃授延孫京南行臺、節度河南諸軍事、廣州刺史。尋進車騎大將軍、儀同三司、大都督，賜爵華山郡公。延孫既荷重委，每以剋清伊、洛爲己任。頻以少擊衆，威振敵境。

大統四年，爲其長史楊伯蘭所害。後贈司空、冀定等六州刺史。子人傑，有祖、父風。官至開府儀同三司、和州刺史，改封潁川郡公。延孫弟義孫，亦官至開府儀同三司。

韋祐字法保，京兆山北人也。少以字行於世。世爲州郡著姓。祖駢，雍州主簿。舉秀才，拜中書博士。父義，前將軍、上洛郡守。魏大統時，以法保著勳，追贈秦州刺史。

法保少好遊俠，而質直少言。所與交遊，皆輕猾亡命。人有急難投之者，多保存之。雖屢被追捕，終不改其操。父没，事母兄以孝敬聞。慕李長壽之爲人，遂娶長壽女，因寓居關南。正光末，四方雲擾。王公避難者或依之〔二〕，多得全濟，以此爲貴遊所德。乃拜員外散騎侍郎，加輕車將軍。及魏孝武西遷，法保從山南赴行在所。除右將軍、太中大夫，封固安縣男，邑二百户。

及長壽被害，其子延孫收長壽餘衆，守禦東境。朝廷恐延孫兵少不能自固，乃除法保東洛州刺史，配兵數百人，以援延孫。法保至潼關，弘農郡守韋孝寬謂法保曰：「恐子此役，難以吉還也。」法保曰：「古人稱不入虎穴，不得虎子〔三〕。安危之事，未可預量。縱爲國殞身，亦非所恨。」遂倍道兼行。東魏陝州刺史劉貴以步騎千餘邀之。法保命所部爲圓陣，且戰且前。數日，得與延孫兵接，乃并勢置柵於伏流。未幾，太祖追法保與延孫率衆還朝，賞勞甚厚。乃授法保大都督〔四〕。四年，除河南尹〔五〕。及延孫被害，法保乃率所部，據延孫舊柵。頻與敵人交兵，每身先士卒，單馬陷陣，是以戰必被傷。嘗至關南，與東魏人戰，流矢中頸，從口中出，當時氣絶。輿至營，久之乃蘇。九年，拜車騎大將軍、儀同三司，鎮九曲城。及侯景以豫州來附，法保率兵赴景。景欲留之，法保疑其有貳心，乃固辭還所鎮。十五年，加驃騎大將軍、開府儀同三司，尋進爵爲公。會東魏遣軍送糧饋宜陽，法保潛邀之。轉戰數十里，兵少不敵，爲流矢所中，卒於陣。謚曰莊。子初嗣。建德末，位至開府儀同大將軍、閻韓防主。

韓雄字木蘭，河南東垣人也。祖景，魏孝文時爲赭陽郡守。雄少敢勇，膂力絶人〔六〕，工騎射，有將率材略。及魏孝武西遷，雄便慷慨有立功之志。大統初，遂與其屬六十餘人於洛西舉兵，數日間，衆至千人。與河南行臺楊琚共爲犄角。每抄掠東魏，所向剋獲。徒衆日盛，州縣不能禦之。東魏洛州刺史韓賢以狀聞，鄴乃遣其軍司慕容紹宗率兵與賢合勢討雄。戰數十合，雄兵略盡，兄及妻子皆爲賢所獲，將以爲戮。乃遣人告雄曰：「若雄至，皆免之。」雄與其所親謀曰：「奮不顧身以立功名者，本望上申忠義，下榮親戚。今若忍而不赴，人謂我何。既免之後，更思其計，未爲晚也。」於是遂詣賢軍，即隨賢還洛。乃潛引賢黨，謀欲襲之。事泄，遁免。

時太祖在弘農，雄至上謁。太祖嘉之，封武陽縣侯，邑八百户。遣雄還鄉里，更圖進取。雄乃招集義衆，進逼洛州。東魏洛州刺史元湛委州奔河陽，其長史孟彦舉城款附。俄而領軍獨孤信大軍繼至，雄遂從信入洛陽。時東魏將侯景等圍蓼塢，雄擊走之。又從太祖戰於河橋。軍還，仍鎮洛西。拜假平東將軍、東郡守，遷北中郎將。邙山之役，太祖命雄率衆邀齊神武於隘道。神武怒，命三軍併力取雄。雄突圍得免。除東徐州刺史。太祖以雄劬勞積年，乃徵入朝，屢加賞勞。復遣還州。

東魏東雍州刺史郭叔略與雄接境，頗爲邊患。雄密圖之，乃輕將十騎，夜入其境，伏於道側。遣都督韓仕於略城東，服東魏人衣服，詐若自河陽叛投關西者。略出馳之，雄自後射之，再發咸中，遂斬略首。除河南尹，進爵爲公，加車騎大將軍、儀同三司、大都督、散騎常侍。尋進驃騎大將軍、開府儀同三司、侍中、河南邑中正。孝閔帝踐阼，進爵新義郡公〔七〕，增邑通前三千八百户，賜姓宇文氏。世宗二年，除使持節、都督、中徐虞洛四州諸軍事、中州刺史。

雄久在邊，具知敵人虛實。每率衆深入，不避艱難。前後經四十五戰，雖時有勝負，而雄志氣益壯。東魏深憚之。天和三年，卒于鎮。贈大將軍、中華宜義和五州諸軍事、中州刺史。謚曰威。子禽嗣〔八〕。

陳忻字永怡〔九〕，宜陽人也。少驍勇，有氣俠，姿貌魁岸，同類咸敬憚之。魏孝武西遷之後，忻乃於辟惡山招集勇敢少年數十人，寇掠東魏，仍密遣使歸附。大統元年，授持節、伏波將軍、羽林監、立義大都督，賜爵霸城縣男。三年，太祖復弘農，東魏陽州刺史段琛拔城遁走。忻率義徒於九曲道邀之，殺傷甚衆，擒其新安令張袛。太祖嘉其忠款，使行新安縣事。及獨孤信入洛，忻舉李延孫爲前鋒〔一〇〕，仍從信守金墉城。及河橋戰不利，隨軍西還，復行新安縣事。東魏遣土人牛道恒爲陽州刺史，忻率兵擊破之，進爵爲子。常隨崤東諸將鎮遏伊、洛間，每有功効。九年，與李遠迎高仲密，仍從戰邙山。及大軍西還，復與韓雄等依山合勢，破東魏三城，斬其金門郡守方臺洛。增邑六百户。尋行宜陽郡事。東魏復遣劉盆生爲金門郡守，忻又斬之。除鎮遠將軍、魏郡守。俄授使持節、平東將軍、顯州刺史。太祖以忻威著敵境，仍留靜邊，弗令之任。十年，侯景築九曲城，忻率衆邀之，擒其宜陽郡守趙嵩、金門郡守樂敬賓。十三年，從李遠平九曲城，授帥都督。東魏將爾朱渾願率精騎三千來向宜陽〔一一〕，忻與諸將輕兵邀之，願遂退走。十五年，除宜陽郡守，加大都督、撫軍將軍。十六年，進車騎大將軍、儀同三司、散騎常侍。與齊將東方老戰於石泉，破之，俘獲甚衆。時東魏每歲遣兵送米饋宜陽，忻輒與諸軍邀擊之，每多尅獲。魏恭帝元年，又與開府斛斯瑾等，共齊將段孝先戰于九曲，大破之。二年，進位驃騎大將軍、開府儀同三司，加侍中。其年，授宜陽邑大中正，賜姓尉遲氏。太祖以忻著績累載，贈其祖昆及父興孫俱爲儀同三司，昆齊州刺史，興孫徐州刺史。東魏洛州刺史獨孤永業號有智謀，往來境上，倚伏難測。忻與韓雄等恒令間諜覘其動靜，齊兵每至，輒擊破之。故永業深憚忻等，不敢爲寇。

孝閔帝踐阼，徵忻入朝，進爵爲伯，尋又進爵許昌縣公〔二〕，增邑一千户。武成元年，除熊州刺史，增邑通前二千六百户。又與開府敕勒慶破齊將王鸞嵩。仍從柱國陸通復石泉城。天和元年，卒於位。

忻與韓雄里閈姻婭，少相親昵。俱總兵境上三十餘載，每有禦扞，二人相赴，常若影響。故得數對勍敵，而常保功名。雖並有武力，至於挽彊射中，忻不如雄；散財施惠，得士衆心，則雄不如忻。身死之日，將吏荷其恩德，莫不感慟焉。子萬敵嗣。朝廷以忻雅得士心，還令萬敵領其部曲。

魏玄字僧智，任城人也。六世祖休，仕晉爲魯郡守。永嘉南遷，遂居江左。父承祖，魏景明中，自梁歸魏〔一三〕，家於新安。

玄少慷慨，有膽略。普泰中，除奉朝請。頻從軍與梁人交戰。永安初，以功授征虜將軍、中散大夫。及魏孝武西遷，東魏北徙，人情騷動，各懷去就。玄遂率募鄉曲，立義於關南，即從韋法保與東魏司徒高敖曹戰於關口。及獨孤信入洛陽，隸行臺楊琚防馬渚。復與高敖曹接戰。自是每率鄉兵，抗拒東魏。前後十餘戰，皆有功。

邙山之役，大軍不利，宜陽、洛州皆爲東魏守。崤東立義者，咸懷異望。而玄母及弟並在宜陽。玄以爲忠孝不兩立，乃率義徒還關南鎮撫。太祖手書勞之，除洛陽令，封廣宗縣子，邑四百户。十三年，與開府李義孫攻拔伏流城〔一四〕，又剋孔城，即與義孫鎮之。尋移鎮伏流。十四年，授帥都督、東平郡守，轉河南郡守，加大都督。十六年，洛安民雍方雋據郡外叛，率步騎一千，自號行臺，攻破郡縣，囚執守令。玄率弘農、九曲、孔城、伏流四城士馬討平之。魏恭帝二年，拜車騎大將軍、儀同三司。

孝閔帝踐阼，進爵爲伯，增邑通前九百户。保定元年，移鎮鸞谷。四年，進位驃騎大將軍、開府儀同三司，從鎮閻韓。仍從尉遲迥圍洛陽。天和元年，陝州總管尉遲綱遣玄率儀同宇文能、趙乾等步騎五百於鹿盧交南〔一五〕，邀擊東魏洛州刺史獨孤永業。永業有衆二萬餘人，玄輕將五騎行前覘之，卒與之遇，便即交戰，殺傷數十人，獲馬并甲矟等，永業遂退。二年，進爵爲侯。除白超防主。三年，遷熊州刺史。政存簡惠，百姓悅之。四年，轉和州刺史、伏流防主，進爵爲公。五年，齊將斛律明月率衆向宜陽，兵威甚盛，玄率兵禦之，每戰輒剋。後以疾卒於位。

史臣曰：二國爭彊，四郊多壘，鎮守要害，義屬武臣。李延孫等以勇略之姿，受扞城之寄。灌瓜贈藥，雖有愧於昔賢；禦侮折衝，足方駕於前烈。用能觀兵伊、洛，保據崤、函，齊人沮西略之謀，周朝緩東顧之慮，皆數將之力也。

校勘記

〔一〕廣陵王欣　「欣」，原作「忻」，據北史卷六六李延孫傳、通鑑卷一五八梁紀一四大同四年（五三八）改。按廣陵王欣魏書卷二一上有傳，周書他處均作「欣」。

〔二〕王公避難者或依之　「避」，原作「被」，據三朝本、北史卷六六韋祐傳、册府卷八〇四改。按「被難」指蒙難，與下文「多得全濟」不合。

〔三〕不入虎穴不得虎子　二「虎」字，三朝本、南監本、北史卷六六韋祐傳作「獸」。按周書原本當避唐諱作「獸」，「虎」乃後人所改。

〔四〕乃授法保大都督　「乃」，三朝本作「仍」。

〔五〕四年除河南尹　按上文僅云「正光末」，至此「四年」，及下文「九年」「十五年」，皆不書年號。北史卷六六韋祐傳在「九年，鎮九曲城」前書有「大統」年號，較爲明確。

〔六〕雄少敢勇膂力絶人　御覽卷三八六引周書「敢勇」下有「魁岸」二字。

〔七〕進爵新義郡公　「新」，原作「親」，據三朝本、南監本、北監本、汲本、局本、北史卷六八韓雄傳改。

〔八〕子禽嗣　按韓雄子禽即韓擒虎，隋書卷五二有傳，周書避唐諱而省「虎」字。

〔九〕陳忻　「忻」，北史卷六六陳欣傳作「欣」。下同，不再出校。

〔一〇〕忻舉李延孫爲前鋒　殿本考證云：「『舉』疑當作『與』。」

〔一一〕東魏將爾朱渾願率精騎三千來向宜陽　「陽」，原作「城」，據三朝本、册府卷三五五、永樂大典卷三一三三引後周書改。張元濟以爲「城」字誤，云：「時忻行宜陽郡事。」按忻本宜陽人，這時雖授顯州刺史，傳稱「仍留靜邊，弗令之任」，即是留在宜陽。宜城與之渺不相涉。

〔一二〕尋又進爵許昌縣公　「縣」，原作「郡」，據三朝本、北史卷六六陳欣傳、永樂大典卷三一三三引後周書改。按魏書卷一〇六中地形志中鄭州有許昌郡，云「天平元年分潁川置」，領有許昌縣。此外又有三個許昌縣：一屬北揚州汝陰郡，一屬潁州北陳留、潁川二郡，一屬揚州潁川郡。據此知北魏無許昌郡，東魏天平初始置。陳忻封爵在周初，郡既不在周境内，即使是遥封，也不會承認東魏的建置。

〔一三〕父承祖魏景明中自梁歸魏　按魏書卷七一裴叔業傳附載魏承祖事，承祖隨叔業降魏，事在南齊永元二年（五〇〇），即魏景明元年，「梁」當作「齊」。

〔一四〕十三年與開府李義孫攻拔伏流城　錢大昕考異卷三二云：「此大統之十三年，即東魏武定五年，傳不書大統者，闕文也。」

〔一五〕陝州總管尉遲綱　「州」，原作「西」，據三朝本、南監本、局本、册府卷四一九改。張元濟以爲「西」字誤，云：「見傳十二（即卷二〇尉遲綱傳）。」

周書卷四十四

列傳第三十六

泉企 子元禮 仲遵　李遷哲　楊乾運　扶猛　陽雄　席固　任果

泉企字思道，上洛豐陽人也〔一〕。世雄商洛。曾祖景言，魏建節將軍，假宜陽郡守，世襲本縣令，封丹水侯。父安志，復爲建節將軍、宜陽郡守，領本縣令，降爵爲伯。

企九歲喪父，哀毁類於成人。服闋襲爵。年十二，鄉人皇平、陳合等三百餘人詣州請企爲縣令。州爲申上，時吏部尚書郭祚以企年少，未堪宰民，請别選遣，終此一限，令企代之。魏宣武帝詔曰：「企向成立，且爲本鄉所樂，何爲捨此世襲，更求一限。」遂依所請。企雖童幼，而好學恬靜，百姓安之。尋以母憂去職。縣中父老復表請殷勤，詔許之。起復本任，加討寇將軍。

孝昌初，又加龍驤將軍、假節、防洛州別將，尋除上洛郡守。及蕭寶夤反，遣其黨郭子恢襲據潼關。企率鄉兵三千人拒之，連戰數日，子弟死者二十許人，遂大破子恢。以功拜征虜將軍。寶夤又遣兵萬人趣青泥，誘動巴人，圖取上洛。上洛豪族泉、杜二姓密應之。企與刺史董紹宗潛兵掩襲〔二〕，二姓散走，寶夤軍亦退。遷左將軍、淅州刺史〔三〕，別封涇陽縣伯，邑五百户。

永安中，梁將王玄真入寇荆州。加企持節、都督，率衆援之。遇玄真於順陽，與戰，大破之。除撫軍將軍、使持節，假鎮南將軍、東雍州刺史，進爵爲侯。部民楊羊皮，太保椿之從弟，恃託椿勢，侵害百姓。守宰多被其凌侮，皆畏而不敢言。企收而治之，將加極法，於是楊氏慚懼，宗族詣閤請恩〔四〕。自此豪右屏迹，無敢犯者。性又清約，纖毫不擾於民。在州五年，每於鄉里運米以自給。梁魏興郡與洛州接壤，表請與屬。詔企爲行臺尚書以撫納之。大行臺賀拔岳以企昔莅東雍，爲吏民所懷，乃表企復爲刺史，詔許之。蜀民張國儁聚黨剽劫，州郡不能制，企命收而戮之，闔境清肅。魏孝武初，加車騎將軍、左光禄大夫〔五〕。

及齊神武專政，魏帝有西顧之心，欲委企以山南之事，乃除洛州刺史、當州都督。未幾，帝西遷，齊神武率衆至潼關，企遣其子元禮督鄉里五千人，北出大谷以禦之。齊神武不敢進。上洛人都督泉岳、其弟猛略與拒陽人杜窋等謀翻洛州〔六〕，以應東軍。企知之，殺岳及猛略等，傳首詣闕，而窋亡投東魏。録前後勳，授車騎大將軍、儀同三司。大統初，加開府儀同三司，兼尚書右僕射，進爵上洛郡公，增邑通前千户。企志尚廉慎，每除一官，憂見顔色。至是頻讓，魏帝手詔不許。

三年，高敖曹率衆圍逼州城，杜窋爲其鄉導。企拒守旬餘，矢盡援絶，城乃陷焉。企謂敖曹曰：「泉企力屈，志不服也。」及竇泰被擒，敖曹退走，遂執企而東，以窋爲刺史。企臨發，密誡子元禮、仲遵曰：「吾生平志願，不過令長耳。幸逢聖運，位亞台司。今爵禄既隆，年齒又暮，前途夷險，抑亦可知。汝等志業方彊，堪立功効。且忠孝之道，不可兩全，宜各爲身計，勿相隨寇手。但得汝等致力本朝，吾無餘恨。不得以我在東，遂虧臣節也。爾其勉之！」乃揮涕而訣，餘無所言，聞者莫不憤歎。尋卒於鄴。

元禮少有志氣，好弓馬，頗閑草隸，有士君子之風。釋褐奉朝請、本州别駕。累遷員外散騎侍郎、洛州大中正、員外散騎常侍、安東將軍、持節、都督，賜爵臨洮縣伯，進征東將軍、金紫光禄大夫，加散騎常侍。及洛州陷，與企俱被執而東。元禮於路逃歸。時杜窋雖爲刺史，然巴人素輕杜而重泉。及元禮至，與仲遵相見，感父臨別之言，潛與豪右結託。信宿之間，遂率鄉人襲州城，斬峦，傳首長安。朝廷嘉之，拜衞將軍、車騎大將軍，世襲洛州刺史。從太祖戰於沙苑，爲流矢所中，遂卒。子貞嗣，官至儀同三司。

仲遵少謹實，涉獵經史。年十三，州辟主簿〔七〕。十四，爲本縣令。及長，有武藝。遭世離亂，每從父兄征討，以勇決聞。高敖曹攻洛州，企令仲遵率五百人出戰。時以衆寡不敵，乃退入城，復與企力戰拒守。矢盡，以杖棒扞之，遂爲流矢中目，不堪復戰。及城陷，士卒歎曰：「若二郎不傷，豈至於此。」企之東也，仲遵以被傷不行。後與元禮斬峦，以功封豐陽縣伯，邑五百户。加授征東將軍、豫州刺史〔八〕。及元禮於沙苑戰没，復以仲遵爲洛州刺史。仲遵宿稱幹略，爲鄉里所歸。及爲本州，頗得嘉譽。

東魏北豫州刺史高仲密擧成皋入附，太祖率軍應之，別遣仲遵隨于謹攻柏谷塢。仲遵力戰先登，擒其將王顯明。柏谷既拔，復會大軍戰於邙山。十三年，王思政改鎮潁川，以仲遵行荆州刺史事。十五年，加授大都督，俄進車騎大將軍、儀同三司。

梁司州刺史柳仲禮每爲邊寇，太祖令仲遵率鄉兵從開府楊忠討之。梁隨郡守桓和拒守不降。忠謂諸將曰：「本圖仲禮，不在隨郡。如即攻守，恐引日勞師。今若先取仲禮，則桓和可不攻自服。諸君以爲何如？」仲遵對曰：「蜂蠆有毒，何可輕也。若棄和深入，遂擒仲禮，和之降不，尚未可知。如仲禮未獲，和爲之援，首尾受敵，此危道也。若先攻和，指麾可剋。剋和而進，更無反顧之憂。」忠從之。仲遵以計由己出，乃率先登城，遂擒和。仍從忠擊仲禮，又獲之。進驃騎大將軍、開府儀同三司，領本州大中正，復爲三荆二廣南雍平信江隨二郢淅等十三州諸軍事，行荆州刺史。尋遭母憂，請終喪制，不許。

大將軍王雄南征上津、魏興，仲遵率所部兵從雄討平之。遂於上津置南洛州，以仲遵爲刺史。仲遵留情撫接，百姓安之，流民歸附者，相繼而至。初，蠻帥杜清和自稱巴州刺史〔九〕，以州入附。朝廷因其所據授之，仍隸東梁州都督。清和以仲遵善於撫御，請隸仲遵。朝議以山川非便，弗之許也。清和遂結安康酋帥黄衆寶等，舉兵共圍東梁州。復遣王雄討平之。改巴州爲洵州，隸於仲遵。先是，東梁州刺史劉孟良在職貪婪，民多背叛。仲遵以廉簡處之，羣蠻率服。

仲遵雖出自巴夷，而有方雅之操，歷官之處，皆以清白見稱。朝廷又以其父臨危抗節，乃令襲爵上洛郡公，舊封聽回授一子。魏恭帝初，徵拜左衛將軍。尋出爲都督金興等六州諸軍事、金州刺史。武成初，卒官，時年四十五。贈大將軍、華洛等三州刺史。謚曰莊。

子帷嗣。起家本縣令，入爲左侍上士。保定中，授帥都督，累遷儀同三司，出爲純州防主。建德末，位至開府儀同大將軍。

李遷哲字孝彦，安康人也。世爲山南豪族，仕於江左。祖方達，齊末，爲本州治中。父元真〔一〇〕，仕梁，歷東宫左衛率、東梁衡二州刺史、散騎常侍、沌陽侯。遷哲少修立，有識度，慷慨善謀畫。起家文德主帥，轉直閤將軍、武賁中郎將。及其父爲衡州，留遷哲本鄉，監統部曲事。時年二十，撫馭羣下，甚得其情。大同二年，除安康郡守。三年，加超武將軍。太清二年，移鎮魏興郡，都督魏興、上庸等八郡諸軍事，襲爵沌陽侯，邑一千五百户。四年〔一一〕，遷持節、信武將軍、散騎常侍、都督東梁洵興等七州諸軍事、東梁州刺史。及侯景篡逆，諸王爭帝，遷哲外禦邊寇，自守而已。

大統十七年，太祖遣達奚武、王雄等略地山南，遷哲率其所部拒戰，軍敗，遂降於武。然猶意氣自若。武乃執送京師。太祖謂之曰：「何不早歸國家，乃勞師旅。今爲俘虜，不亦愧乎？」答曰：「世荷梁恩，未有報効，又不能死節，實以此爲愧耳。」太祖深嘉之，即拜使持節、車騎大將軍、散騎常侍，封沌陽縣伯，邑千户。

魏恭帝初，直州人樂熾、洋州人田越、金州人黃國等連結爲亂〔一二〕。太祖遣鴈門公田弘出梁漢，開府賀若敦趣直谷。熾聞官軍至，乃燒絶棧道，據守直谷，敦衆不得前。太祖以遷哲信著山南，乃令與敦同往經略。熾等或降或獲，尋並平蕩。仍與賀若敦南出狗地。遷哲先至巴州，入其郛郭。梁巴州刺史牟安民惶懼，開門請降。安民子宗徹等猶據琵琶城〔一三〕，招諭不下。遷哲攻而剋之，斬獲九百餘人。軍次鹿城，城主遣使請降。遷哲謂其衆曰：「納降如受敵，吾觀其使視瞻猶高，得無詐也？」遂不許之。梁人果於道左設伏以邀遷哲，遷哲進擊，破之，遂屠其城，虜獲千餘口。自此巴、濮之民，降款相繼。軍還，太祖嘉之，以所服紫袍玉帶及所乘馬以賜之〔一四〕，並賜奴婢三十口。加授侍中、驃騎大將軍、開府儀同三司，除直州刺史，即本州也。仍給軍儀鼓節。令與田弘同討信州。

魏恭帝三年正月，軍次并州。梁并州刺史杜滿各望風送款。進圍疊州，剋之，獲刺史冉助國等。遷哲每率驍勇爲前鋒，所在攻戰，無不身先士卒，凡下十八州，拓地三千餘里〔一五〕。時信州爲蠻酋向五子王等所圍，弘又遣遷哲赴援。比至，信州已陷。五子王等聞遷哲至，狼狽遁走。遷哲入據白帝。賀若敦等復至，遂共追擊五子王等，破之。及田弘旋軍，太祖令遷哲留鎮白帝，更配兵千人、馬三百匹。信州先無倉儲，軍糧匱乏。遷哲乃收葛根造粉，兼米以給之。遷哲亦自取供食。時有異膳，即分賜兵士。有疾患者，又親加醫藥。以此軍中感之，人思效命。黔陽蠻田烏度、田都唐等每抄掠江中，爲百姓患。遷哲隨機出討，殺獲甚多。由是諸蠻畏威，各送糧餼。又遣子弟入質者，千有餘家。遷哲乃於白帝城外築城以處之。并置四鎮，以靜峽路。自此寇抄頗息，軍糧贍給焉。

世宗初，授都督信臨等七州諸軍事、信州刺史。時蠻酋蒲微爲隣州刺史，舉兵反。遷哲將討之，諸將以途路阻遠，並不欲行。遷哲怒曰：「蒲微蕞爾之賊，勢何能爲。擒獲之略，已在吾度中矣。諸君見此小寇，便有憚心，後遇大敵，將何以戰！」遂率兵七千人進擊之，拔其五城，虜獲二千餘口〔一六〕。二年，進爵西城縣公，增邑通前二千五百户。武成元年，朝于京師。世宗甚禮之，賜甲第一區及莊田等。保定中，授平州刺史。

天和三年，進位大將軍。四年，詔遷哲率金、上等諸州兵鎮襄陽。五年，陳將章昭達攻逼江陵。梁主蕭巋告急於襄州，衞公直令遷哲往救焉。遷哲率其所部守江陵外城，與陳將程文季交戰，兵稍却，遷哲乃親自陷陣，手殺數人。會江陵總管陸騰出助之〔一七〕，陳人乃退。陳人又因水汎長，壞龍川寧朔隄，引水灌城。城中驚擾。遷哲乃先塞北堤以止水，又募驍勇出擊之，頻有斬獲，衆心稍定。俄而敵入郭内，焚燒民家。遷哲自率騎出南門，又令步兵自北門出，兩軍合勢，首尾邀之，陳人復敗，多投水而死。是夜，陳人又竊於城西堞以梯登城，登者已數百人〔一八〕。遷哲又率驍勇扞之，陳人復潰。俄而大風暴起，遷哲乘閭出兵擊其營，陳人大亂，殺傷甚衆。陸騰復破之於西隄，陳人乃遁。建德二年，進爵安康郡公。三年，卒於襄州，時年六十四。贈金州總管。謚曰壯武。

遷哲累世雄豪，爲鄉里所率服。性復華侈，能厚自奉養。妾媵至有百數，男女六十九人。緣漢千餘里間〔一九〕，第宅相次。姬人之有子者，分處其中，各有僮僕、侍婢、奄閽守之。遷哲每鳴笳導從，往來其間。縱酒歡醼〔二〇〕，盡生平之樂。子孫參見，或忘其年名者，披簿以審之。

長子敬仁，先遷哲卒。第六子敬猷嗣，還統父兵，起家大都督。建德六年，從譙王討稽胡有功，進位儀同大將軍〔二一〕。遷哲弟顯，位至上儀同大將軍。

楊乾運字玄邈，儻城興勢人也。爲方隅豪族。父天興，齊安康郡守。

乾運少雄武，爲鄉閭所信服。弱冠，州辟主簿。孝昌初，除宣威將軍、奉朝請，尋爲本州治中，轉别駕，除安康郡守。大統初，梁州民皇甫圓、姜晏聚衆南叛，梁將蘭欽率兵應接之。以是漢中遂陷，乾運亦入梁。梁大同元年，除飄武將軍〔二二〕、西益潼刺史，尋轉信武將軍、黎州刺史。太清末，遷潼南梁二州刺史，加鼓吹一部。

及達奚武圍南鄭，武陵王蕭紀遣乾運率兵援之，爲武所敗。紀時已稱尊號，以乾運威服巴、渝，欲委方面之任，乃拜車騎將軍、十三州諸軍事、梁州刺史，鎮潼州，封萬春縣公，邑四千户。

時紀與其兄湘東王繹爭帝，遂連兵不息。乾運兄子略説乾運曰：「自侯景逆亂，江左沸騰。今大賊初平，生民離散，理宜同心戮力，保國寧民。今乃兄弟親尋。取敗之道也。可謂朽木不雕，世衰難佐。古人有言『危邦不入，亂邦不居』，又云『見機而作，不俟終日』，今若適彼樂土，送款關中，必當功名兩全，貽慶於後。」乾運深然之，乃令略將二千人鎮劍閣。又遣其婿樂廣鎮安州。仍誡略等曰：「吾欲歸附關中，但未有由耳。若有使來，即宜盡禮迎接。」會太祖令乾運孫法洛及使人牛伯友等至，略即夜送之。乾運乃令使人李若等入關送款〔二三〕。太祖乃密賜乾運鐵券，授使持節、驃騎大將軍、開府儀同三司、侍中、梁州刺史、安康郡公。及尉遲迥令開府侯呂陵始爲前軍〔二四〕，至劍南〔二五〕，略即退就樂廣，謀欲翻城。恐其軍將任電等不同，先執之，然後出城見始。始乃入據安州，令廣、略等往報乾運。乾運遂降迥。迥因此進軍成都，數旬尅之。

魏廢帝三年，乾運至京師。太祖嘉其忠款，禮遇隆渥。尋卒於長安，贈本官，加直巴集三州刺史、尚書右僕射。

子端嗣。朝廷以乾運歸附之功，即拜端梁州刺史、車騎大將軍、儀同三司。

略亦以歸附功，拜車騎大將軍、儀同三司。頻從征討。建德末，位至開府儀同大將軍，封上庸縣伯。樂廣亦授車騎大將軍、儀同三司、安州刺史，封安康縣公，邑一千戶。

扶猛字宗略，上甲黄土人也。其種落號白獸蠻〔二六〕，世爲渠帥。猛，梁大同中以直後出爲持節、厲鋒將軍、青州刺史，轉上庸新城二郡守、南洛北司二州刺史，封宕渠縣男。及侯景作亂，猛乃擁衆自守，未有所從。

魏大統十七年，大將軍王雄拓定魏興，猛率其衆據險爲堡，時遣使微通餉饋而已。魏廢帝元年，魏興叛，雄擊破之，猛遂以衆降〔二七〕。太祖以其世據本鄉，乃厚加撫納，授車騎大將軍、儀同三司，加散騎常侍，復爵宕渠縣男。割二郡爲羅州，以猛爲刺史。令率所部千人，從開府賀若敦南討信州。敦令猛別道直趣白帝。所由之路，人跡不通。猛乃梯山捫葛，備歷艱阻。雪深七尺，糧運不繼，猛獎勵士卒，兼夜而行，遂至白帝城。刺史向鎮侯列陣拒猛。猛與戰，破之，乘勝而進，遂入白帝城。撫慰民夷，莫不悦附。譙淹與官軍戰敗，率舟師浮江東下，欲歸於梁。猛與敦等邀擊，破之。語在敦傳。師還，以功進開府儀同三司。俄而信州蠻反，猛復從賀若敦討平之。又率水軍破蠻帥文子榮於汶陽。進爵臨江縣公，增邑一千户。

武成中，陳將侯瑱等逼湘州，又從賀若敦赴救，除武州刺史。後隨敦自拔還，復爲羅州刺史。保定三年，轉綏州刺史，從衛公直援陳將華皎。時大軍不利，唯猛所部獨全。又從田弘破漢南諸蠻，前後十餘戰，每有功。進位大將軍。後以疾卒。

陽雄字元略，上洛邑陽人也。世爲豪族。祖斌，上庸太守。父猛，魏正光中，万俟醜奴作亂關右，朝廷以猛商洛首望，乃擢爲襄威將軍、大谷鎮將，帶胡城令，以禦醜奴。及元顥入洛，魏孝莊帝度河，范陽王誨脱身投猛，猛保藏之。及孝莊反正，由是知名。俄而廣陵王恭僞瘖疾，復來歸猛，猛亦深相保護。魏孝武即位，甚嘉之，授征虜將軍，行河北郡守，尋轉安西將軍、華山郡守。頻典二郡〔二八〕，頗有聲績。

及孝武西遷，猛率所領，移鎮潼關。封郃陽縣伯，邑七百户。俄而潼關不守，猛於善渚谷立栅，收集義徒。授征東將軍、揚州刺史、大都督、武衛將軍，仍鎮善渚。大統三年，爲竇泰所襲，猛脱身得免。太祖以衆寡不敵，弗之責也。仍配兵千人，守牛尾堡。尋而太祖擒竇泰，猛亦別獲東魏弘農郡守淳于業。後以疾卒。贈華、洛、揚三州刺史。

雄起家奉朝請，累遷至都督、直後、明威將軍、積射將軍。從于謹攻盤豆栅，復從李遠經沙苑陣，並力戰有功。封安平縣侯，邑八百户，加冠軍將軍、中散大夫，賞賜甚厚。後入洛陽，戰河橋，解玉壁圍，迎高仲密，援侯景，並預有戰功。前後增邑四百五十户，世襲邑陽郡守。從大將軍宇文虯攻剋上津，遷通直散騎常侍、大都督，進儀同三司。陳將侯方兒、潘純陁寇江陵〔二九〕，雄從豆盧寧擊走之。除洵州刺史。俗雜竇、渝，民多輕猾。雄威惠相濟，夷夏安之。蠻帥文子榮竊據荆州之汶陽郡，又侵陷南郡之當陽、臨沮等數縣。詔遣開府賀若敦、潘招等討平之。即以其地置平州，以雄爲刺史。進爵玉城縣公，增邑通前一千六百户，加驃騎大將軍、開府儀同三司。時寇亂之後，户多逃散，雄在所慰撫，民並安輯。徵爲載師中大夫，遷西寧州總管，以疾不拜。除通洛防主。

雄處疆埸，務在保境息民，接待敵人，必推誠仗信。齊洛州刺史獨孤永業深相欽尚，移書稱美之。入爲京兆尹，尋拜民部中大夫，進位大將軍，俄轉中外府長史。遷江陵總管、四州五防諸軍事，改封魯陽縣公。宣政元年，卒於鎮。大象初，追封魯陽郡公，邑三千五百户，贈陳曹莒汴四州刺史。謚曰懷。雄善附會，能自謀身，故得任兼出納〔三〇〕，保全爵禄。子長寬嗣。官至儀同大將軍。

席固字子堅，其先安定人也。高祖衡，因後秦之亂，寓居於襄陽。仕晉，爲建威將軍，遂爲襄陽著姓。

固少有遠志，内明敏而外質朴。梁大同中，爲齊興郡守。屬侯景渡江，梁室大亂，固久居郡職，士多附之，遂有親兵千餘人。

梁元帝嗣位江陵，遷興州刺史。於是軍民慕從者〔三二〕，至五千餘人。固遂欲自據一州，以觀時變。後懼王師進討，方圖内屬。密謂其腹心曰：「今梁氏失政，揚都覆没，湘東不能復讎雪恥，而骨肉相殘。宇文丞相剏啓霸基，招攜以禮。吾欲決意歸之，與卿等共圖富貴。」左右聞固言，未有應者。固更諭以禍福，諸人然後同之。

魏大統十六年〔三三〕，以地來附。是時太祖方欲南取江陵，西定蜀、漢，聞固之至，甚禮遇之。乃遣使就拜使持節、驃騎大將軍、開府儀同三司、大都督、侍中、豐州刺史，封新豐縣公，邑二千户。後轉湖州刺史。固以未經朝謁，遂蒙榮授，心不自安，啓求入覲。太祖許之。及固至，太祖與之歡讌，賞賜甚厚。進爵靜安郡公，增邑并前三千三百户。尋拜昌歸憲三州諸軍事、昌州刺史。固居家孝友，爲州里所稱，莅官之處，頗有聲績。保定四年，卒於州，時年六十一。贈大將軍、襄唐豐郢復五州刺史，謚曰肅。仍勑襄州賜其墓田。子世雅嗣。

世雅字彥文。性方正，少以孝聞。初以固功，授車騎大將軍、儀同三司，除贊城郡守。累遷開府儀同三司、順直二州刺史。大象末，位至大將軍。世雅弟世英，亦以固功授儀同三司。後至上開府儀同大將軍。

任果字靜鸞，南安人也。世爲方隅豪族，仕於江左。祖安東，梁益州別駕、新巴郡守、閬中伯。父褒，龍驤將軍、新巴南安廣漢三郡守、沙州刺史、新巴縣公。

果性勇決，志在立功。魏廢帝元年，率所部來附。太祖嘉其遠至，待以優禮。果因面陳取蜀之策，太祖深納之。乃授使持節、車騎大將軍、儀同三司、大都督、散騎常侍、沙州刺史、南安縣公，邑一千户。

及尉遲迥伐蜀，果時在京師，乃遣其弟岱及子悛從軍。太祖以益州未下，復令果乘傳歸南安，率鄉兵二千人，從迥征蜀。尋進授驃騎大將軍、開府儀同三司。蕭紀遣趙拔扈等率衆三萬來援成都，果從大軍擊破之。及成都平，除始州刺史。在任未久，果請入朝，太祖許之。以其方隅首望，早立忠節，乃進爵安樂郡公〔三三〕，賜以鐵券，聽世相傳襲。并賜路車、駟馬及儀衛等以光寵之〔三四〕。尋爲刺客所害，時年五十六。

史臣曰：古人稱仁義豈有常，蹈之則爲君子，背之則爲小人，信矣。泉企長自山谷，素無月旦之譽，而臨難慷慨，有人臣之節，豈非蹈仁義歟。元禮、仲遵聿遵其志，卒成功業，庶乎克負荷矣。李遷哲、楊乾運、席固之徒，屬方隅擾攘，咸翻然而委質，遂享爵位，以保終始。觀遷哲之對太祖，有尚義之辭；乾運受任武陵，乖事人之道。若乃校長短，比優劣，故不可同年而語矣。陽雄任兼文武，聲著中外，抑亦志能之士乎。

校勘記

〔一〕上洛豐陽人也　錢大昕考異卷三二云：「按魏志（魏書卷一〇六下地形志下）豐陽縣爲上庸郡治，而上庸郡本名東上洛郡，永平中始改上庸，史從其初書之。」

〔二〕企與刺史董紹宗潛兵掩襲　「董紹宗」，北史卷六六泉企傳、册府卷七〇五作「董紹」。張森楷云：「『宗』字衍文，事並見魏書董紹傳（卷七九）。」按董紹北史卷四六亦有傳，云紹爲洛州刺史，自與本條之董紹宗爲一人。且册府此條採自周書，亦作「董紹」。張説疑是。

〔三〕遷左將軍淅州刺史　「左」，册府卷七〇五作「右」。

〔四〕宗族詣閤請恩　「閤」，三朝本、南監本作「閣」，册府卷六九六宋本、明刻本作「闕」。

〔五〕加車騎將軍左光禄大夫　「將軍」上原衍「大」字。按本傳下文稱「録前後勳，授車騎大將軍、儀同三司」，前後不應重出同一官職。今據删。相關辨析參卷三五校記第五條。

〔六〕拒陽人杜窋等謀翻洛州　「拒」，原作「順」，據三朝本、南監本、北監本、汲本、局本改。殿本當是依北史卷六六泉仚傳改。張森楷、張元濟都以爲作「順」是。按魏書卷一〇六下地形志下洛州上洛郡有拒陽縣。上云「上洛豪族泉、杜二姓」，杜窋應爲拒陽人。若順陽則是荆州屬郡，安能「謀翻洛州」。知作「拒」是。「杜窋」，周書卷二文帝紀下作「杜密」。

〔七〕州辟主簿　北史卷六六泉仚傳附泉仲遵傳作「爲郡主簿」。

〔八〕加授征東將軍豫州刺史　「豫州」，北史卷六六泉仚傳附泉仲遵傳作「東豫州」，不知孰是。按這時豫、東豫二州都屬東魏，應是僑置或遥領。

〔九〕蠻帥杜清和　「清」，北史卷六六泉仚傳附泉仲遵傳、册府卷六九二宋本作「青」（明鈔本甲乙又作「清」）。周書三朝本這裏同殿本作「清」，下文兩見，却又作「青」。張元濟云：「當作『青』，見蠻傳（卷四九）。」按蠻傳三朝本、殿本作「青」，而汲本也是「青」「清」並見，隋寇奉叔墓誌（漢魏南北朝墓誌集釋圖版三六二）亦作「清」。疑舊本原來就「青」「清」雜出，今皆不改。下同，不另出校。

〔一〇〕父元真　「真」，北史卷六六李遷哲傳作「直」。

〔一一〕四年　張森楷云：「此四年是承上太清文，而太清無四年，太清後，大寶亦只二年，遷哲遂降，此間未得有四年也。『四』字定誤。」按張説似有理，然梁元帝在江陵承制，仍用太清年號，到太清六年（五五二）十一月才改元承聖，遷哲官或爲元帝承制所授，則「四年」未必誤。

〔一二〕直州人樂熾洋州人田越金州人黄國等連結爲亂　北史卷六六李遷哲傳、通鑑卷一六五梁紀二一承聖三年（五五四）作「直州人樂熾、洋州人黄國等」。

〔一三〕琵琶城　北史卷六六李遷哲傳作「巴城」。

〔一四〕以所服紫袍玉帶及所乘馬以賜之　按下「以」字疑衍。

〔一五〕拓地三千餘里　「三」，册府卷三五五、卷四二九、通志卷一五八李遷哲傳作「二」。

〔一六〕虜獲二千餘口　「二」，册府卷三九五下作「三」。

〔一七〕會江陵總管陸騰出助之　御覽卷三一九引後周書、册府卷四〇〇、卷四一四「出」下有「兵」字，疑是。

〔一八〕陳人又竊於城西堞以梯登城登者已數百人　「登城」二字，原脱，據北史卷六六李遷哲傳、通鑑卷一七〇陳紀四太建二年（五七〇）補。按無此二字，不可通。又「數百人」，北史本傳、御覽卷三一九引後周書倒作「百數人」。

〔一九〕緣漢千餘里間　殿本考證云：「北史同『千』字，當是『十』字之訛。」

〔二〇〕縱酒歡醼　「歡」，原作「飲」，據三朝本、北史卷六六李遷哲傳、册府卷四五四改。按「縱酒」已是開懷暢飲，其後不當再出「飲」字。

〔二一〕進位儀同大將軍　「位」，原作「爵」，據北史卷六六李遷哲傳改。張森楷云：「此官，非爵也，『爵』字誤。」

〔二二〕除飄武將軍　按隋書卷二六百官志上，梁將軍號無「飄武」，第十二班有「飆武」。這裏「飄」應是「飆」之訛。

〔二三〕略即夜送之乾運乃令使人李若等入關送款　「之」字，原脱，據北史卷六六楊乾運傳、册府卷一六四補。按文義當有「之」字，册府此節出周書，這裏却同北史，可證周書原本即有「之」字。

〔二四〕侯吕陵始　周書卷二一尉遲迥傳有「侯吕陵始」，當即一人。這裏「侯」疑是「俟」之訛。參卷二一校記第四條。

〔二五〕至劍南　「劍南」，通鑑卷一六五梁紀二一承聖二年（五五三）作「劍閣」。按上云乾運「令略將二千人鎮劍閣」。周軍這時尚未越劍閣，豈得即至劍南。又周書卷二一尉遲迥傳記此次伐蜀，稱「前軍臨劍閣，紀安州刺史樂廣，以州先降」。疑作「閣」是。

〔二六〕其種落號白獸蠻　「白」，原作「曰」，據三朝本、南監本、汲本、局本、北史卷六六扶猛傳改。按「白獸」即白虎，避唐諱改。華陽國志卷一巴志稱賨人爲「白虎復夷」，寰宇記卷一二〇黔州蓄部有「白虎」。「曰」爲「白」之訛無疑。

〔二七〕魏廢帝元年魏興叛雄擊破之猛遂以衆降　册府卷一六四「魏興叛」下，尚有「雄復率師進討，猛勒兵拒戰」十一字。按册府此節出自周書，疑周書傳本脱去。

〔二八〕頻典二郡　「二」，原作「三」，據三朝本改。張元濟云「按二郡指河北、華山言」，以爲「三」字誤。

〔二九〕陳將侯方兒潘純陁寇江陵　按周書卷一九豆盧寧傳、卷四八蕭詧傳都説侯、潘是王琳的部將。王琳是梁元帝的將領，未嘗仕陳，則其部將也不得稱之爲陳將。

〔三〇〕任兼出納　「納」，三朝本、北史卷六六陽雄傳作「内」。按「内」「納」二字通，「出納」或「出内」，猶言「中外」，通志卷一五八陽雄傳作「任兼内外」，即是此意。參卷三〇校記第一二條、卷三七校記第三四條。

〔三一〕於是軍民慕從者　「慕」，北史卷六六席固傳作「募」。

〔三二〕魏大統十六年　「十六年」，三朝本、永樂大典卷二〇三五三引周書席固傳作「十五年」。

〔三三〕乃進爵安樂郡公　「安樂」，北史卷六六任果傳、御覽卷五九八引三國典略、册府卷一六四作「樂安」。按隋書卷二九地理志上普安郡注云：「梁置南梁州，後改爲安州。西魏改爲始州。」普安縣下注云：「舊曰南安。西魏改曰普安，置普安郡。」任果先爲南安縣公，即其本縣。又爲始州刺史，即其本州。北史「樂安」疑是「普安」之訛。任果當是由南安縣公進爲普安郡公，仍是本郡。周書作「安樂」亦誤。

〔三四〕路車駟馬 「駟」，三朝本、南監本、北監本、汲本、局本作「四」。殿本當是依北史卷六六任果傳改。

周書卷四十五

列傳第三十七

儒林

盧誕　盧光　沈重　樊深　熊安生　樂遜

自書契之興，先哲可得而紀者，莫不備乎經傳。若乃選君德於列辟，觀遺烈於風聲，帝莫高於堯、舜，王莫顯於文、武。是以聖人祖述其道，垂文於六學；憲章其教，作範於百王。自茲以降，三微驟遷，五紀遞襲，損益異術，治亂殊塗。秦承累世之基，任刑法而殄滅；漢無尺土之業，崇經術而長久。彫蟲是貴，魏道所以陵夷；玄風既興，晉綱於焉大壞。考九流之殿最，校四代之興衰，正君臣，明貴賤，美教化，移風俗，莫尚於儒。故皇王以之致刑措而反淳朴，賢達以之鏤金石而彫竹素。儒之時義大矣哉！

自有魏道消，海内版蕩，彝倫攸斁，戎馬生郊。先王之舊章，往聖之遺訓，掃地盡矣。及太祖受命，雅好經術。求闕文於三古，得至理於千載，黜魏、晉之制度，復姬旦之茂典。盧景宣學通羣藝，修五禮之缺；長孫紹遠才稱洽聞，正六樂之壞。由是朝章漸備，學者向風。世宗纂曆，敦尚學藝。内有崇文之觀，外重成均之職。握素懷鉛重席解頤之士，間出於朝廷；圓冠方領執經負笈之生，著録於京邑。濟濟焉足以踰於向時矣。洎高祖保定三年，乃下詔尊太傅燕公爲三老。帝於是服衮冕，乘碧輅，陳文物，備禮容，清蹕而臨太學。祖割以食之，奉觴以酳之。斯固一世之盛事也。其後命輶軒以致玉帛，徵沈重於南荆。及定山東，降至尊而勞萬乘，待熊生以殊禮。是以天下慕嚮，文教遠覃。衣儒者之服，挾先王之道，開黌舍延學徒者比肩；勵從師之志，守專門之業，辭親戚甘勤苦者成市。雖遺風盛業，不逮魏、晉之辰，而風移俗變，抑亦近代之美也。

其儒者自有别傳及終於隋之中年者，則不兼録。自餘撰於此篇云。

盧誕，范陽涿人也，本名恭祖。曾祖晏，博學善隸書，有名於世。仕燕爲給事黄門侍郎、營丘成周二郡守。祖壽，太子洗馬。燕滅入魏，爲魯郡守。父叔仁，年十八，州辟主簿。舉秀才，除員外郎。以親老，乃辭歸就養。父母既歿，哀毀六年，躬營墳壟，遂有終焉之志。魏景明中，被徵入洛，授威遠將軍、武賁中郎將，非其好也。尋除鎮遠將軍、通直散騎常侍，並稱疾不朝。乃出爲幽州司馬，又辭歸鄉里。當時咸稱其高尚焉。

誕幼而通亮，博學有詞彩。郡辟功曹，州舉秀才，不行。起家侍御史，累遷輔國將軍、太中大夫、幽州別駕、北豫州都督府長史。時刺史高仲密以州歸朝，朝廷遣大將軍李遠率軍赴援，誕與文武二千餘人奉候大軍。以功授鎮東將軍、金紫光禄大夫，封固安縣伯，邑五百户。尋加散騎侍郎，拜給事黄門侍郎。魏帝詔曰：「經師易求，人師難得。朕諸兒稍長，欲令卿爲師。」於是親幸晉王第，敕晉王以下，皆拜之於帝前。因賜名曰誕。加征東將軍、散騎常侍。太祖又以誕儒宗學府，爲當世所推，乃拜國子祭酒。進車騎大將軍，儀同三司。魏恭帝二年，除祕書監。後以疾卒。

盧光字景仁，小字伯，范陽公辯之弟也。性温謹，博覽羣書，精於三禮，善陰陽，解鐘律，又好玄言。孝昌初，釋褐司空府參軍事，稍遷明威將軍、員外侍郎。及魏孝武西遷，光於山東立義，遥授大都督、晉州刺史、安西將軍、銀青光禄大夫。

大統六年，攜家西入。太祖深禮之，除丞相府記室參軍，賜爵范陽縣伯。俄拜行臺郎中，專掌書記。十年，改封安息縣伯，邑五百户。遷行臺右丞，出爲華州長史，尋徵拜將作大匠。魏廢帝元年，加車騎大將軍、儀同三司，除京兆郡守，遷侍中。六官建，授小匠師下大夫，進授開府儀同三司、匠師中大夫，進爵爲侯，增邑五百户，轉工部中大夫。大司馬賀蘭祥討吐谷渾，以光爲長史，進爵燕郡公。武成二年，詔光監營宗廟，既成，增邑四百户。出爲虞州刺史，尋治陝州總管府長史。重論討渾之功，增邑并前一千九百户。天和二年卒，時年六十二。高祖少時，嘗受業於光，故贈賻有加恒典。贈少傅。謚曰簡。

光性崇佛道，至誠信敬。嘗從太祖狩於檀臺山。時獵圍既合，太祖遥指山上謂羣公等曰：「公等有所見不？」咸曰：「無所見。」光獨曰：「見一桑門。」太祖曰：「是也。」即解圍而還。令光於桑門立處造浮圖，掘基一丈，得瓦鉢、錫杖各一。太祖稱歎，因立寺焉。及爲京兆，而郡舍先是數有妖怪，前後郡將無敢居者。光曰：「吉凶由人，妖不妄作。」遂入居之。未幾，光所乘馬忽升廳事，登牀南首而立；又食器無故自破。光並不以介懷。其精誠守正如此。撰道德經章句，行於世。子賁嗣。大象中，開府儀同大將軍。

沈重字德厚〔一〕，吴興武康人也。性聰悟，有異常童。弱歲而孤〔二〕，居喪合禮。及長，專心儒學，從師不遠千里，遂博覽羣書，尤明詩、禮及左氏春秋。梁大通三年，起家王國常侍。梁武帝欲高置學官，以崇儒教。中大通四年，乃革選，以重補國子助教。大同二年，除五經博士。梁元帝之在藩也，甚歎異之。及即位，乃遣主書何武迎重西上。及江陵平，重乃留事梁主蕭詧，除中書侍郎，兼中書舍人。累遷員外散騎侍郎、廷尉卿，領江陵令。還拜通直散騎常侍、都官尚書，領羽林監。詧又令重於合歡殿講周禮。

高祖以重經明行修，迺遣宣納上士柳裘至梁徵之。仍致書曰：

皇帝問梁都官尚書沈重。觀夫八聖六君，七情十義，殊方所以會軌，異代於是率由。莫不趣大順之遥塗，履中和之盛致。及青緗起焰，素篆從風〔三〕，文逐世疎，義隨運舛，大禮存於玉帛之間，至樂形於鐘鼓之外。雖分蛇、聚緯，郁郁之辭蓋闕；當塗、典午，抑抑之旨無聞。有周開基，爰蹤聖哲，拯蒼生之已淪，補文物之將墜。天爵具修，人紀咸理。

朕寅奉神器，恭惟寶闕〔四〕。常思復禮殷周之年，遷化唐虞之世。懼三千尚乖於治俗，九變未叶於移風。欲定畫一之文，思杜二家之説。知卿學冠儒宗，行標士則。卞寶復潤於荆陰，隨照更明於漢浦。是用寤寐增勞，瞻望軫念。爰致束帛之聘，命翹車之招。所望鳳舉鴻翻，俄而萃止。明斯隱滯，合彼異同。上庠弗墜於微言，中經罔闕於逸義。近取無獨善之譏，遠應有兼濟之美。可不盛歟。

昔申涪紿背，方辭東國〔五〕；公孫黃髮，始造西京。遂使道爲藝基，功參治本。今者一徵，諒兼其二。若居形聲而去影響，尚迷邦而忘觀國，非所謂也。

又敕襄州總管、衞公直敦喻遣之，在途供給，務從優厚。保定末，重至于京師。詔令討論五經，并校定鐘律。天和中，復於紫極殿講三教義。朝士、儒生、桑門、道士至者二千餘人。重辭義優洽，樞機明辯，凡所解釋，咸爲諸儒所推。六年，授驃騎大將軍、開府儀同三司、露門博士。仍於露門館爲皇太子講論〔六〕。

建德末，重自以入朝既久，且年過時制，表請還梁。高祖優詔答之曰：「開府漢南杞梓，每軫虛衿；江東竹箭，亟疲延首。故束帛聘申，蒲輪徵伏。加以梁朝舊齒，結綬三世，沐浴榮光，祇承寵渥，不忘戀本，深足嘉尚。而楚材晉用，豈無先哲。方事求賢，義乖來肅。」重固請，乃許焉。遣小司門上士楊汪送之〔七〕。梁主蕭巋拜重散騎常侍、太常卿。大象二年，來朝京師。開皇三年，卒，年八十四。隋文帝遣舍人蕭子寶祭以少牢，贈使持節、上開府儀同三司、許州刺史。

重學業該博，爲當世儒宗。至於陰陽圖緯，道經釋典，靡不畢綜。又多所撰述，咸得其指要。其行於世者，周禮義三十一卷〔八〕、儀禮義三十五卷〔九〕、禮記義三十卷〔一〇〕、毛詩義二十八卷、喪服經義五卷、周禮音一卷、儀禮音一卷、禮記音二卷、毛詩音二卷。

樊深字文深，河東猗氏人也。早喪母，事繼母甚謹。弱冠好學，負書從師於三河〔一一〕，講習五經，晝夜不倦。魏永安中，隨軍征討，以功除蕩寇將軍，累遷伏波、征虜將軍，中散大夫。嘗讀書見吾丘子，遂歸侍養。

魏孝武西遷，樊、王二姓舉義，爲東魏所誅。深父保周、叔父歡周並被害。深因避難，墜崖傷足，絶食再宿。於後遇得一簞餅，欲食之；然念繼母年老患痹，或免虜掠，乃弗食。夜中匍匐尋母，偶得相見〔一二〕，因以饋母。還復遁去，改易姓名，遊學於汾、晉之間，習天文及筭曆之術。後爲人所告，囚送河東。屬魏將韓軌長史張曜重其儒學〔一三〕，延深至家，因是更得逃隱。

太祖平河東，贈保周南郢州刺史，歡周儀同三司。深歸葬其父，負土成墳。尋而于謹引爲其府參軍，令在館教授子孫。除撫軍將軍、銀青光禄大夫，遷開府屬，轉從事中郎。謹拜司空，以深爲諮議。大統十五年，行下邽縣事。

太祖置學東館，教諸將子弟，以深爲博士。深經學通贍，每解書，嘗多引漢、魏以來諸家義而説之。故後生聽其言者，不能曉悟。皆背而譏之曰：「樊生講書多門户，不可解。」然儒者推其博物。性好學，老而不怠。朝暮還往，常據鞍讀書，至馬驚墜地，損折支體，終亦不改。後除國子博士，賜姓万紐于氏〔一四〕。六官建，拜太學助教，遷博士，加車騎大將軍、儀同三司。天和二年，遷縣伯中大夫，加開府儀同三司。建德元年，表乞骸骨，詔許之。朝廷有疑議，常召問焉。後以疾卒。

深既專經，又讀諸史及蒼雅、篆籀、陰陽、卜筮之書。學雖博贍，訥於辭辯，故不爲當時所稱。撰孝經、喪服問疑各一卷，撰七經異同説三卷、義綱略論并目録三十一卷〔一五〕，並行於世。

熊安生字植之，長樂阜城人也。少好學，勵精不倦。初從陳達受三傳，又從房虯受周禮，並通大義。後事徐遵明，服膺歷年。東魏天平中，受禮於李寶鼎。遂博通五經。然專以三禮教授。弟子自遠方至者，千餘人。乃討論圖緯，捃摭異聞，先儒所未悟者，皆發明之。齊河清中，陽休之特奏爲國子博士。

時朝廷既行周禮，公卿以下多習其業，有宿疑磧滯者數十條〔一六〕，皆莫能詳辨。天和三年，齊請通好，兵部尹公正使焉。與齊人語及周禮，齊人不能對。乃令安生至賓館與公正言。公正有口辯，安生語所未至者，便撮機要而驟問之。安生曰：「禮義弘深，自有條貫。必欲昇堂覩奧，寧可汩其先後。但能留意，當爲次第陳之。」公正於是具問所疑，安生皆爲一一演説，咸究其根本。公正深所嗟服，還，具言之於高祖。高祖大欽遲之〔一七〕。

及高祖入鄴，安生遽令掃門。家人怪而問之，安生曰：「周帝重道尊儒，必將見我矣。」俄而高祖幸其第，詔不聽拜，親執其手，引與同坐。謂之曰：「朕未能去兵，以此爲愧。」安生曰：「黄帝尚有阪泉之戰，況陛下龔行天罰乎。」高祖又曰：「齊氏賦役繁興，竭民財力。朕救焚拯溺，思革其弊。欲以府庫及三臺雜物散之百姓，公以爲何如？」安生曰：「昔武王克商，散鹿臺之財，發鉅橋之粟。陛下此詔，異代同美。」高祖又曰：「朕何如武王？」安生曰：「武王伐紂，縣首白旗；陛下平齊，兵不血刃。愚謂聖略爲優。」高祖大悦，賜帛三百匹、米三百石、宅一區，并賜象笏及九環金帶，自餘什物稱是。又詔所司給安車駟馬，隨駕入朝，并敕所在供給。至京，敕令於大乘佛寺參議五禮。宣政元年，拜露門學博士、下大夫，其時年已八十餘。尋致仕，卒於家。

安生既學爲儒宗，當時受其業擅名於後者，有馬榮伯、張黑奴、竇士榮、孔籠、劉焯、劉炫等，皆其門人焉。所撰周禮義疏二十卷、禮記義疏四十卷〔一八〕、孝經義疏一卷，並行於世。

樂遜字遵賢，河東猗氏人也。年在幼童，便有成人之操。弱冠，爲郡主簿。魏正光中，聞碩儒徐遵明領徒趙、魏，乃就學孝經、喪服、論語、詩、書、禮、易、左氏春秋大義。尋而山東寇亂，學者散逸，遜於擾攘之中，猶志道不倦。

永安中，釋褐安西府長流參軍。大統七年，除子都督。九年，太尉李弼請遜教授諸子。既而太祖盛選賢良，授以守令。相府户曹柳敏、行臺郎中盧光、河東郡丞辛粲相繼舉遜，稱有牧民之才。弼請留不遣。十六年，加授建忠將軍、左中郎將，遷輔國將軍、中散大夫、都督，歷弼府西閤祭酒、功曹諮議參軍。

魏廢帝二年，太祖召遜教授諸子。在館六年，與諸儒分授經業。遜講孝經、論語、毛詩及服虔所注春秋左氏傳。魏恭帝二年，授太學助教。孝閔帝踐阼，以遜有理務材，除秋官府上士。其年，治太學博士，轉治小師氏下大夫。自譙王儉以下，並束脩行弟子之禮。遜以經術教授，甚有訓導之方。及衞公直鎮蒲州，以遜爲直府主簿，加車騎將軍、左光禄大夫。

武成元年六月，以霖雨經時，詔百官上封事。遜陳時宜一十四條，其五條切於政要。

其一，崇治方，曰：

竊惟今之在官者，多求清身克濟，不至惠民愛物。何者？比來守令年期既促，歲責有成〔一九〕。蓋謂猛濟爲賢，未甚優養。此政既代，後者復然。夫政之於民，過急則刻薄，傷緩則弛慢。是以周失舒緩，秦敗急酷。民非赤子，當以赤子遇之。宜在舒疾得衷，不使勞擾。頃承魏之衰政，人習逋違。先王朝憲備行，民咸識法。但可宣風正俗，納民軌訓而已。自非軍旅之中，何用過爲迫切。至於興邦致治，事由德教，漸以成之，非在倉卒。竊謂姬周盛德，治興文、武，政穆成、康。自斯厥後，不能無事。昔申侯將奔，楚子誨之曰「無適小國」。言以政狹法峻，將不汝容。敬仲入齊，稱曰「幸若獲宥，及於寬政」。然關東諸州，淪陷日久，人在塗炭，當慕息肩。若不布政優優，聞諸境外，將何以使彼勞民，歸就樂土。

其二，省造作，曰：

頃者魏都洛陽，一時殷盛，貴勢之家，各營第宅，車服器玩，皆尚奢靡。世逐浮競，人習澆薄，終使禍亂交興，天下喪敗。比來朝貢，器服稍華〔二〇〕，百工造作，務盡奇巧。臣誠恐物逐好移，有損政俗。如此等事，頗宜禁省。記言「無作淫巧，以蕩上心」。傳稱「宫室崇侈，民力彫弊」。漢景有云：「黄金珠玉，饑不可食，寒不可衣。」「彫文刻鏤，傷農事者也。錦繡纂組，害女功者也。」以二者爲饑寒之本源矣。然國家非爲軍戎器用、時事要須而造者，皆徒費功力，損國害民。未如廣勸農桑，以衣食爲務，使國儲豐積，大功易舉。

其三，明選舉，曰：

選曹賞録勳賢，補擬官爵，必宜與衆共之，有明揚之授。使人得盡心，如覩白日。其材有升降，其功有厚薄，禄秩所加，無容不審。即如州郡選置，猶集鄉閭，況天下選曹，不取物望。若方州列郡，自可内除〔二一〕。此外付曹銓者〔二二〕，既非機事，何足可密。人生處世，以榮禄爲重，修身履行，以纂身爲名〔二三〕。然逢時既難，失時爲易。其選置之日，宜令衆心明白，然後呈奏。使功勤見知，品物稱悦。

其四，重戰伐，曰：

魏祚告終，天睠在德。而高洋稱僭，先迷未敗〔二四〕，擁逼山東，事切肘腋。譬猶棊劫相持，爭行先後。若一行非當，或成彼利。誠應捨小營大，先保封域，不宜貪利在邊，輕爲興動。捷則勞兵分守，敗則所損已多。國家雖彊，洋不受弱。詩云：「德則不競，何憚於病！」唯德可以庇民，非恃彊也。夫力均勢敵，則進德者勝。君子道長，則小人道消。故昔之善戰者，先爲不可勝，以待敵之可勝。彼行暴戾，我則寬仁。彼爲刻薄，我必惠化。使德澤旁流〔二五〕，人思有道。然後觀釁而作，可以集事。

其五，禁奢侈，曰：

按禮，人有貴賤，物有等差，使用之有節，品類之有度。馬后爲天下母，而身服大練，所以率下也。季孫相三君矣，家無衣帛之妾，所以勵俗也。比來富貴之家，爲意稍廣，無不資裝婢隸，作車後容儀，服飾華美，眩曜街衢。仍使行者輟足〔二六〕，路人傾蓋。論其輸力公家，未若介胄之士；然其坐受優賞，自踰攻戰之人。縱令不惜功費，豈不有虧厥德。必有儲蓄之餘，孰與務恤軍士〔二七〕。魯莊公有云：「衣食所安，不敢愛也，必以分人。」詩言：「豈曰無衣，與子同袍。」皆所以取人力也。

又陳事上議之徒，亦應不少，當有上徹天聽者。未聞是非。陛下雖念存物議，欲盡天下之情，而天下之情猶爲未盡。何者？取人受言，貴在顯用。若納而不顯，是而不用，則言之者或寡矣。

保定二年，以訓導有方，頻加賞賜。遷遂伯中大夫，授驃騎將軍、大都督。四年，進車騎大將軍、儀同三司。五年，詔魯公與畢公賢等〔二八〕，俱以束脩之禮，同受業焉。天和元年，岐州刺史、陳公純舉遜爲賢良。五年，遜以年在懸車，上表致仕，優詔不許。於是賜以粟帛及錢等，授湖州刺史，封安邑縣子，邑四百户。民多蠻左，未習儒風。遜勸勵生徒，加以課試，數年之間，化洽州境。蠻俗生子，長大多與父母别居。遜每加勸導，多革前弊。在任數載，頻被褒錫。秩滿還朝，拜皇太子諫議，復在露門教授皇子，增邑一百户。宣政元年，進位上儀同大將軍。大象初，進爵崇業郡公，增邑通前二千户，又爲露門博士。二年，進位開府儀同大將軍〔二九〕，出爲汾陰郡守。遜以老病固辭，詔許之。乃改授東揚州刺史，仍賜安車、衣服及奴婢等。又於本郡賜田十頃。儒者以爲榮。隋開皇元年，卒於家，年八十二。贈本官，加蒲、陝二州刺史。

遜性柔謹，寡於交游。立身以忠信爲本，不自矜尚。每在衆中，言論未嘗爲人之先。學者以此稱之。所著孝經、論語、毛詩、左氏春秋序論十餘篇。又著春秋序義，通賈、服説，發杜氏違，辭理並可觀。

史臣曰：前世通六藝之士，莫不兼達政術，故云拾青紫如地芥。近代守一經之儒，多暗於時務，故有貧且賤之恥。雖通塞有命，而大抵皆然。

嘗論之曰：夫金之質也至剛，鑄之可以成器；水之性也柔弱，壅之可以壞山。況乎肖天地之貌，含五常之德，朱藍易染，薰蕕可變，固以隨鄒俗而好長纓，化齊風而貴紫服。若乃進趣矜尚，中庸之常情；高秩厚禮，上智之所欲。是以兩漢之朝，重經術而輕律令〔三〇〕。其聰明特達者，咸勵精於專門。以通賢之質，挾黼藻之美，大則必至公卿，小則不失守令。近代之政，先法令而後經術。其沉默孤微者，亦篤志於章句，以先王之道，飾腐儒之姿，達則不過侍講訓冑，窮則終於弊衣簞食。由斯言之，非兩漢棟梁之所育，近代薪槱之所産哉，蓋好尚之道殊，遭遇之時異也。

史臣每聞故老，稱沈重所學，非止六經而已。至於天官、律曆、陰陽、緯候，流略所載，釋老之典，靡不博綜，窮其幽賾。故能馳聲海内，爲一代儒宗。雖前世徐廣、何承天之儔，不足過也。

校勘記

〔一〕字德厚　殿本考證云：「北史（卷八二沈重傳）云：『字子厚。』」

〔二〕弱歲而孤　「弱歲」，册府卷七七五作「七歲」。

〔三〕素篆從風　「從」，册府卷九八作「移」。

〔四〕恭惟寶闕　「闕」，册府卷九八作「圖」。按「寶闕」在這裏用不貼切，且與上句「寅奉神器」作對偶，「器」應對一平聲字，疑作「圖」是。

〔五〕昔申涪鮐背方辭東國　「涪」，册府卷九八作「培」。張森楷云：「『申涪』字罕見，疑誤，侯考。」按此典出史記卷一〇七魏其武安侯列傳：「魏其、武安俱好儒術……迎魯申公，欲設明堂，令列侯就國，除關，以禮爲服制，以興太平。」申公名培，見史記卷八八儒林列傳，「涪」字誤。

〔六〕仍於露門館爲皇太子講論　北史卷八二沈重傳「論」下有「語」字。

〔七〕遣小司門上士楊汪送之　「汪」，原作「注」，據北史卷八二沈重傳改。張森楷云：「北史『注』作『汪』。據楊汪問禮於沈重，見隋書本傳（卷五六）。此外别無『楊注』其人，蓋刻誤也。」

〔八〕周禮義三十一卷　「三十一卷」，隋書卷三二經籍志一、舊唐書卷四六經籍志上、新唐書卷五七藝文志一作「四十卷」。

〔九〕儀禮義三十五卷　隋書卷三二經籍志一不載。册府卷六〇六作「二十五卷」。

〔一〇〕禮記義三十卷　「三十卷」，隋書卷三二經籍志一、舊唐書卷四六經籍志上、新唐書卷五七藝文志一作「四十卷」。

〔一一〕負書從師於三河　「三河」，北史卷八二樊深傳作「河西」。

〔一二〕夜中匍匐尋母偶得相見　北史卷八二樊深傳作「夜中匍匐尋覓母得見」。御覽卷八六〇引後周書作「夜中匍匐尋覓母過得相見」。册府卷七五五同御覽，但「過」作「遇」。按御覽、册府都採自周書，而有「覔」字與北史同，疑本有此字。「遇」「過」「偶」皆可通，未知孰是。

〔三〕屬魏將韓軌長史張曜重其儒學　「魏」，北史卷八二樊深傳作「東魏」。按韓軌是東魏將，北齊書卷一五、北史卷五四有傳。周書以西魏爲魏，這裏疑脱「東」字。

〔四〕賜姓万紐于氏　「万紐于」，原作「萬紉于」。張森楷云：「『紉』當作『紐』，見唐瑾傳（卷三二）及通志氏族略。」按魏書卷一一三官氏志稱「勿忸于氏後改爲于氏」，廣韻十虞引後魏書作「万忸于氏」。姚薇元北朝胡姓考于氏條據碑刻證魏書官氏志作「勿」，周書和他書作「萬」，都是「万」之訛。今據改。

〔五〕義綱略論并目録三十一卷　「綱」「目」，原作「經」「月」，據册府卷六〇六、卷六〇八、通志卷一七四樊深傳改。張森楷云：「『月』疑當作『目』。」按張説是。是書册府作「三十卷」，周書、通志作「三十一卷」。隋書卷三二經籍志一有「七經義綱二十九卷，樊文深撰」，舊唐書卷四六經籍志上、新唐書卷五七藝文志一作「七經義綱略論三十卷」，自即此書。隋志不計目録，如果加上目録一或二卷，則也是三十或三十一卷。北史卷八二樊深傳末於所撰書中無此書，却接上「子義綱」三字，當是北史此傳「綱」字下殘缺，後人以不可通，妄加「子」字。但也可證其書名「義綱」，非「義經」。「三十卷」或「三十一卷」，既不知目録是一卷或二卷，則無從斷定。

〔六〕有宿疑碩滯者數十條　「碩滯」，北史卷八二熊安生傳作「碩滯」。真大成中古史書校證以爲作「碩滯」是。

〔一七〕高祖大欽遲之　「遲」，原作「重」，據三朝本、南監本、北監本、汲本改。北史卷八二熊安生傳作「重」，殿本當依北史改，局本從殿本。按「欽遲」乃南北朝常用語。

〔一八〕禮記義疏四十卷　「四十卷」，北史卷八二熊安生傳作「三十卷」，然舊唐書卷四六經籍志上、新唐書卷五七藝文志一亦同作「四十卷」。

〔一九〕歲責有成　「責」，三朝本作「貴」，南監本作「貢」，百衲本據諸本修作「責」。按作「貴」亦可通。

〔二〇〕比來朝貢器服稍華　「貢」，通鑑卷一六七陳紀一永定三年（五五九）作「貴」，疑是；册府卷五三〇作「廷」，亦通。

〔二一〕況天下選曹不取物望若方州列郡自可内除　「物」下，原注「以下缺」，三朝本空四字，今據通典卷一六選舉四、册府卷五三〇補「望若方」「列」四字。通典諱杜佑父杜希望名，「物望」作「人物」，通鑑卷一六七陳紀一永定三年（五五九）則同册府作「物望」。

〔二二〕此外付曹銓者　册府卷五三〇「銓」下有「敍」字。通典卷一六選舉四作「此外付選曹銓敍者」。疑「銓」下脱「敍」字。

〔二三〕修身履行以纂身爲名　册府卷五三〇「修」作「檢」，下「身」字作「修」。通典卷一六選舉四作「修身履行，以慕聲名」（宋本「聲」作「身」）。按一句内不應重出「身」字，但册府和通典也不同，今不改。

〔二四〕先迷未敗　「敗」，册府卷五三〇作「改」，疑是。

〔二五〕使德澤旁流　「旁」，三朝本、册府卷五三〇宋本與明鈔本作「滂」，明刻本作「傍」。按周書原文當作「滂」，但作「旁」亦通，今不改。

〔二六〕仍使行者輟足　「仍」，册府卷五三〇作「乃」，疑是。

〔二七〕孰與務恤軍士　「務」，册府卷五三〇作「矜」，疑是。

〔二八〕詔魯公與畢公賢等　「與」，原作「贇」，據三朝本、南監本、北監本、汲本、册府卷五九八改。北史卷八二樂遜傳作「斌」。按宣帝名贇，初封魯公。殿本當是依北史，但改「斌」作「贇」，局本從殿本。張元濟云：「魯公後爲宣皇帝，故不書名。」按周史舊文如此，唐修周書因襲不改。張説是。

〔二九〕二年進位開府儀同大將軍　「儀同」下原有「三司」二字，據北史卷八二樂遜傳删。按建德四年（五七五）十月改開府儀同三司爲開府儀同大將軍，見周書卷六武帝紀下。

〔三〇〕兩漢之朝重經術而輕律令　「律」，三朝本、汲本作「法」。按下云「近代之政，先法令而後經術」，前後相應。疑作「法」是。

周書卷四十六

列傳第三十八

孝義

李棠　柳檜　杜叔毗　荆可　秦族　皇甫遐　張元

夫塞天地而横四海者，其唯孝乎；奉大功而立顯名者，其唯義乎。何則？孝始事親，惟后資於致治；義在合宜，惟人賴以成德。上智禀自然之性，中庸有企及之美。其大也，則隆家光國，盛烈與河海爭流；授命滅親，峻節與竹柏俱茂〔一〕。其小也，則温枕扇席，無替於晨昏；損己利物，有助於名教。是以堯舜湯武居帝王之位，垂至德以敦其風；孔墨荀孟禀聖賢之資，弘正道以勵其俗。觀其所由，在此而已矣。

然而淳源既往，澆風愈扇。禮義不樹，廉讓莫脩。若乃綰銀黄，列鐘鼎，立於朝廷之間，非一族也，其出忠入孝，輕生蹈節者，則蓋寡焉。積龜貝，實倉廩，居於閭巷之內，非一家也，其悦禮敦詩，守死善道者，則又鮮焉。斯固仁人君子所以興歎，哲后賢宰所宜屬心。如令明教化以救其弊，優爵賞以勸其善，布懇誠以誘其進，積歲月以求其終，則今之所謂少者可以爲多矣，古之所謂爲難者可以爲易矣。故博採異聞，網羅遺逸，録其可以垂範方來者，爲孝義篇云。

李棠字長卿，勃海蓨人也。祖伯貴，魏宣武時官至魯郡守。有孝行，居父喪，哀感過禮，遂以毁卒。宣武嘉之，贈勃海相。父元胄，員外散騎侍郎。

棠幼孤，好學，有志操。年十七，屬爾朱之亂，與司空高乾兄弟，舉兵信都。魏中興初，辟衞軍府功曹參軍。太昌中，以軍功除征虜將軍，行東萊郡事。魏孝武西遷，棠時在山北，遂仕東魏。

及高仲密爲北豫州刺史，請棠爲掾。先是，仲密與吏部郎中崔暹有隙。暹時被齊文襄委任，仲密恐其搆己，每不自安，將圖來附。時東魏又遣鎮城奚壽興典兵事，仲密但知民務而已。既至州，遂與棠謀執壽興以成其計。仲密乃置酒延壽興，陰伏壯士，欲因此執之。壽興辭而不赴。棠遂往見之曰：「君與高公，義符昆季。今日之席，以公爲首。豈有賓客總萃，而公無事不行？將恐遠近聞之，竊有疑怪。」壽興遂與俱赴，便發伏執之。乃帥其士衆據城，遣棠詣闕歸款。太祖嘉之，拜棠衞將軍、右光禄大夫，封廣宗縣公，邑一千户。棠固辭曰：「臣世荷朝恩，義當奉國。而往者見拘逆命，不獲陪駕西巡。今日之來，免罪爲幸，何敢以此微庸，冒受天爵。」如此者再三，優詔不許。俄遷給事黄門侍郎，加車騎大將軍、儀同三司、散騎常侍。

魏廢帝二年，從魏安公尉遲迥伐蜀。蜀人未即降，棠乃應募，先使諭之。既入成都，蕭撝問迴軍中委曲，棠不對。撝乃苦笞辱之〔二〕，冀獲其實。棠曰：「爾亡國餘燼，不識安危。奉命諭爾，反見躓頓。我王者忠臣，有死而已，義不爲爾移志也。」撝不能得其要指，遂害之。子敞嗣。

柳檜字季華，祕書監虯之次弟也。性剛簡，任氣少文，善騎射，果於斷決。年十八，起家奉朝請。居父喪，毁瘠骨立。服闋，除陽城郡丞、防城都督。大統四年，從太祖戰於河橋，先登有功。授都督，鎮鄯州。八年，拜湟河郡守，仍典軍事。尋加平東將軍、太中大夫。吐谷渾入寇郡境，時檜兵少，人懷憂懼。檜撫而勉之，衆心乃安。因率數十人先擊之，潰亂，餘衆乘之，遂大敗而走。以功封萬年縣子，邑三百户。時吐谷渾强盛，數侵疆埸。自檜鎮鄯州，屢戰必破之。數年之後，不敢爲寇。十四年，遷河州别駕，轉帥都督。俄拜使持節、撫軍將軍、大都督。居三載，徵還京師。

時檜兄虯爲祕書丞，弟慶爲尚書左丞。檜嘗謂兄弟曰：「兄則職典簡牘，褒貶人倫；弟則管轄羣司，股肱朝廷。可謂榮寵矣。然而四方未静，車書不一，檜唯當蒙矢石，履危難，以報國恩耳。」頃之，太祖謂檜曰：「卿昔在鄯州，忠勇顯著。今西境肅清，無勞經略。九曲，國之東鄙，當勞君守之。」遂令檜鎮九曲。

尋從大將軍王雄討上津、魏興，平之，即除魏興、華陽二郡守。安康人黄衆寶謀反，連結黨與，攻圍州城〔三〕。乃相謂曰：「嘗聞柳府君勇悍，其鋒不可當。今既在外，方爲吾徒腹心之疾也，不如先擊之。」遂圍檜郡。郡城卑下，士衆寡弱，又無守禦之備。連戰積十餘日，士卒僅有存者，於是力屈城陷，身被十數創，遂爲賊所獲。既而衆寶等進圍東梁州，乃縛檜置城下，欲令檜誘説城中。檜乃大呼曰：「羣賊烏合，糧食已罄，行即退散，各宜勉之！」衆寶大怒，乃臨檜以兵曰：「速更汝辭！不爾，便就戮矣。」檜守節不變。遂害之，棄屍水中。城中人皆爲之流涕。衆寶解圍之後，檜兄子止戈方收檜屍還長安。贈東梁州刺史。子斌嗣。

斌字伯達。年十七，齊公憲召爲記室。早卒。

斌弟雄亮，字信誠。幼有志節，好學不倦。年十二，遭父艱〔四〕，幾至滅性。終喪之後，志在復讎。柱國、蔡國公廣欽其名行，引爲記室參軍。年始弱冠，府中文筆，頗亦委之。後竟手刃衆寶於京城。朝野咸重其志節，高祖特恕之。由是知名。大象末，位至賓部下大夫〔五〕。

杜叔毗字子弼。其先，京兆杜陵人也，徙居襄陽。祖乾光，齊司徒右長史。父漸，梁邊城太守。

叔毗早歲而孤，事母以孝聞。性慷慨有志節。勵精好學，尤善左氏春秋。仕梁，爲宜豐侯蕭循府中直兵參軍。大統十七年，太祖令大將軍達奚武經略漢川〔六〕。明年，武圍循於南鄭。循令叔毗詣闕請和。太祖見而禮之。使未反，而循中直兵參軍曹策、參軍劉曉謀以城降武。時叔毗兄君錫爲循中記室參軍，從子映録事參軍，映弟晰中直兵參軍，並有文武材略，各領部曲數百人。策等忌之，懼不同己，遂誣以謀叛，擅加害焉。循尋討策等，擒之，斬曉而免策。及循降，策至長安。叔毗朝夕號泣，具申冤狀。朝議以事在歸附之前，不可追罪。叔毗内懷憤惋，志在復讎。然恐違朝憲，坐及其母，遂沉吟積時。母知其意，謂叔毗曰：「汝兄横罹禍酷，痛切骨髓。若曹策朝死，吾以夕殁，亦所甘心。汝何疑焉。」叔毗拜受母言，愈更感勵。後遂白日手刃策於京城，斷首刳腹，解其肢體。然後面縛，請就戮焉。太祖嘉其志氣，特命赦之。

尋拜都督、輔國將軍、中散大夫。遭母憂，哀毁骨立，殆不勝喪。服闋，晉公護辟爲中外府樂曹參軍，加授大都督，遷使持節、車騎大將軍、儀同三司，行義歸郡守。自君錫及宗室等爲曹策所害，猶殯梁州，至是表請迎喪歸葬。高祖許之，葬事所須，詔令官給。在梁舊田宅經外配者，並追還之，仍賜田二百頃。尋除硤州刺史〔七〕。

天和二年，從衛國公直南討，軍敗，爲陳人所擒。陳人將降之，叔毗辭色不撓，遂被害。子廉卿。

荆可，河東猗氏人也。性質朴，容止有異於人。能苦身勤力，供養其母，隨時甘旨，終無匱乏。及母喪，水漿不入口三日。悲號擗踊，絶而復蘇者數四。葬母之後，遂廬於墓側。晝夜悲哭，負土成墳。蓬髮不櫛沐，菜食飲水而已。然可家舊墓，塋域極大，榛蕪至深，去家十餘里。而可獨宿其中，與禽獸雜處。哀感遠近，邑里稱之。

大統中，鄉人以可孝行之至，足以勸勵風俗，乃上言焉。太祖令州縣表異之。及服終之後，猶若居喪。大冢宰、晉公護聞可孝行，特引見焉。與可言論，時有會於護意。而護亦至孝，其母閻氏没於敵境，不測存亡。每見可，自傷久乖膝下。重可至性。及可卒之後，護猶思其純孝，收可妻子於京城，恒給其衣食。

秦族，上郡洛川人也。祖白、父雚，並有至性，聞於閭里。魏太和中，板白潁州刺史。大統中，板雚鄜城郡守。

族性至孝，事親竭力，爲鄉里所稱。及其父喪，哀毁過禮，每一痛哭〔八〕，酸感行路。既以母在，恒抑割哀情，以慰其母意。四時珍羞，未嘗匱乏。與弟榮先，復相友愛，閨門之中，怡怡如也。尋而其母又没，哭泣無時，唯飲水食菜而已。終喪之後，猶蔬食，不入房室二十許年。鄉里咸歎異之。其邑人王元達等七十餘人上其狀，有詔表其門閭。

榮先亦至孝。遭母喪，哀慕不已，遂以毁卒。邑里化其孝行。世宗嘉之，乃下詔曰：

「孝爲政本，德乃化先，既表天經，又明地義。榮先居喪致疾，至感過人，窮號不反，迄乎滅性。行標當世，理鏡幽明。此而不顯，道將何述。可贈滄州刺史，以旌厥異。」

皇甫遐字永覽〔九〕，河東汾陰人也。累世寒微，而鄉里稱其和睦。遐性純至，少喪父，事母以孝聞。保定末，又遭母喪，乃廬於墓側，負土爲墳。後於墓南作一禪窟〔一〇〕，陰雨則穿窟，晴霽則營墓，曉夕勤力，未嘗暫停。積以歲年，墳高數丈，周回五十餘步。禪窟重臺兩匝，總成十有二室，中間行道，可容百人。遐食粥枕凷，櫛風沐雨，形容枯顇，家人不識。當其營墓之初，乃有鵄烏各一，徘徊悲鳴，不離墓側，若助遐者，經月餘日乃去。遠近聞其至孝，競以米麵遺之。遐皆受而不食，悉以營佛齋焉。郡縣表上其狀，有詔旌異之。

張元字孝始，河北芮城人也。祖成，假平陽郡守。父延儁，仕州郡，累爲功曹、主簿。並以純至，爲鄉里所推。

元性謙謹，有孝行。微涉經史，然精脩釋典。年六歲，其祖以夏中熱甚，欲將元就井浴。元固不肯從。祖謂其貪戲，乃以杖擊其頭曰：「汝何爲不肯洗浴？」元對曰：「衣以蓋形，爲覆其褻。元不能褻露其體於白日之下。」祖異而捨之。南隣有二杏樹，杏熟，多落元園中。諸小兒競取而食之；元所得者，送還其主。村陌有狗子爲人所棄者，元見，即收而養之。其叔父怒曰：「何用此爲？」將欲更棄之。元對曰：「有生之類，莫不重其性命。若天生天殺，自然之理。今爲人所棄而死，非其道也。若見而不收養，無仁心也。是以收而養之。」叔父感其言，遂許焉。未幾，乃有狗母銜一死兔，置元前而去。

及元年十六，其祖喪明三年，元恒憂泣，晝夜讀佛經，禮拜以祈福祐。後讀藥師經，見盲者得視之言，遂請七僧，然七燈，七日七夜，轉藥師經行道。每言：「天人師乎！元爲孫不孝，使祖喪明。今以燈光普施法界，願祖日見明，元求代闇。」如此經七日。其夜，夢見一老公，以金鎞治其祖目。謂元曰：「勿憂悲也，三日之後，汝祖目必差。」元於夢中喜躍，遂即驚覺，乃遍告家人。居三日，祖果目明。

其後祖卧疾再周，元恒隨祖所食多少，衣冠不解，旦夕扶侍。及祖歿，號踴，絶而復蘇〔一一〕。復喪其父〔一二〕，水漿不入口三日。鄉里咸歎異之。縣博士楊軌等二百餘人上其狀，有詔表其門閭。

史臣曰：李棠、柳檜並臨危不撓，視死如歸，其壯志貞情可與青松白玉比質也。然檜恩隆加等，棠禮闕飾終，有周之政，於是乎偏矣。雄亮銜戴天之痛，叔毗切同氣之悲，援白刃而不顧，雪家冤於輦轂。觀其志節，處死固爲易也。荆可、秦族之徒，生自隴畝，曾無師資之訓，因心而成孝友，乘理而蹈禮節。如使舉世若茲，則義、農何遠之有。若乃誠感天地，孝通神明，見之於張元矣。

校勘記

〔一〕峻節與竹柏俱茂　「柏」，原作「帛」，據三朝本改。北史卷八五節義傳論云：「峻節所標，共竹柏而俱茂。」即用周書語。按「竹帛」不能說「俱茂」。

〔二〕搗乃苦笞辱之　册府卷六六一、通志卷一六六忠義李棠傳無「苦」字，北史卷八五節義李棠傳無「笞」字。

〔三〕連結黨與攻圍州城　「攻」，三朝本作「府」。張元濟云：「『府乃『將』之訛，見北史。」按北史卷六四柳虯傳附柳檜傳、御覽卷三二六引後周書、册府卷四五〇都作「將」。觀下文黄衆寶等的計議，似是未發動時事，疑作「將」是。

〔四〕年十二遭父艱　隋書卷四七柳機傳附柳雄亮傳、北史卷六四柳虯傳附柳雄亮傳，云檜死時，

「雄亮時年十四」。

〔五〕位至賓部下大夫　隋書卷四七柳機傳附柳雄亮傳、北史卷六四柳虯傳附柳雄亮傳，載其在周官至「内史中大夫」。

〔六〕太祖令大將軍達奚武經略漢川　「漢川」，原作「漢州」，據册府卷八九六改。張森楷云：「『州』當作『川』，時無『漢州』也。」按周書卷一九達奚武傳云大統十七年（五五一）「詔武率兵三萬，經略漢川」，又卷二二柳慶傳附柳帶韋傳稱「十七年，太祖遣大將軍達奚武經略漢川，以帶韋爲治行臺左丞，從軍南討」。均可證作「漢川」是。

〔七〕尋除硤州刺史　「硤」，汲本、局本、北史卷八五杜叔毗傳作「陝」。按隋書卷三一地理志下，硤州即夷陵郡，與江陵相近，故杜叔毗得參與宇文直攻陳之役。又舊唐書卷一九〇上文苑杜易簡傳云簡爲「周硤州刺史叔毗曾孫也」。疑作「陝」誤。

〔八〕每一痛哭　「痛」，三朝本、北史卷八四秦族傳、册府卷七五五作「慟」，較長。

〔九〕皇甫遐字永覽　「覽」，北史卷八四皇甫遐傳、御覽卷八五九、卷九二〇引後周書作「賢」。

〔一〇〕後於墓南作一禪窟　「禪」，三朝本、南監本、北監本、汲本作「禫」。張元濟周書跋云：「按『禫』字當從衣旁，訓附，訓小。蓋遐於其母墓側穿一窟室，取土培墓，己即處於窟中，冀朝夕不離其母。而殿本乃改爲『禪窟』。按之本傳，絶無於彼習佛參禪之意。蓋『禫』『禪』形近，遂因而致誤耳。」然按北史卷八四皇甫遐傳、册府卷七五七均作「禪」。下文説「禪窟重臺兩匝，總成十有二室，中間行道，可容百人」，規模如此巨大，絶非墓側小窟。且下文説遐以遠近所遺米麵營佛齋，則亦未必不習佛參禪。「裨」不成字，作「裨」作「禪」都要補綴筆畫，殿本未必誤。下「禪窟重臺兩匝」同。

〔二〕絶而復蘇　「復」，三朝本、北史卷八四張元傳、册府卷一三八、卷七五五作「後」。按下句即有「復」字，疑涉下文而誤。

〔三〕復喪其父　「復」，册府卷一三八、卷七五五作「後」。北史卷八四張元傳作「隨其父」。

周書卷四十七

列傳第三十九

藝術

冀儁　蔣昇　姚僧垣 子最　黎景熙　趙文深　褚該

太祖受命之始，屬天下分崩，于時戎馬交馳，而學術之士蓋寡，故曲藝末技，咸見引納。至若冀儁、蔣昇、趙文深之徒，雖才愧昔人，而名著當世。及剋定鄢、郢，俊異畢集。樂茂雅、蕭吉以陰陽顯，庾季才以天官稱，史元華相術擅奇，許奭、姚僧垣方藥特妙，斯皆一時之美也。茂雅、元華、許奭，史失其傳。季才、蕭吉，官成於隋。自餘紀於此篇，以備遺闕云爾。

冀儁字僧儁，太原陽邑人也。性沉謹，善隸書，特工模寫。魏太昌初，爲賀拔岳墨曹參軍。及岳被害，太祖引爲記室。時侯莫陳悅阻兵隴右，太祖志在平之。乃令儁僞爲魏帝勑書與費也頭，令將兵助太祖討悅。儁依舊勑模寫，及代舍人、主書等署，與真無異。太祖大悅。費也頭已曾得魏帝勑書，及見此勑，不以爲疑。遂遣步騎一千，受太祖節度。

大統初，除丞相府城局參軍，封長安縣男，邑二百户。從復弘農，戰沙苑，進爵爲子，出爲華州中正。十三年，遷襄樂郡守。尋徵教世宗及宋獻公等隸書。時俗入書學者，亦行束脩之禮，謂之謝章。儁以書字所興，起自蒼頡，若同常俗，未爲合禮。遂啓太祖，釋奠蒼頡及先聖、先師。除黄門侍郎、本州大中正。累遷撫軍將軍、右金紫光禄大夫、都督、通直散騎常侍、車騎大將軍、儀同三司。

世宗二年，以本官爲大使，巡歷州郡，察風俗，理冤滯。還，拜小御正。尋出爲湖州刺史。性靜退〔一〕，每以清約自處，前後所歷，頗有聲稱。尋加驃騎大將軍、開府儀同三司，改封昌樂縣伯。又進爵爲侯，增邑并前一千六百户。後以疾卒。

蔣昇字鳳起，楚國平河人也。父儁，魏南平王府從事中郎、趙興郡守。

昇性恬靜，少好天文玄象之學。太祖雅信待之，常侍左右，以備顧問。大統三年〔二〕，東魏將竇泰入寇，濟自風陵，頓軍潼關。太祖出師馬牧澤。時西南有黄紫氣抱日，從未至酉。太祖謂昇曰："此何祥也？"昇曰："西南未地，主土。土王四季，秦之分也。今大軍既出，喜氣下臨，必有大慶。"於是進軍與竇泰戰，擒之。自後遂降河東，剋弘農，破沙苑。由此愈被親禮。

九年，高仲密以北豫州來附。太祖欲遣兵援之，又以問昇。昇對曰："春王在東，熒惑又在井、鬼之分，行軍非便。"太祖不從，軍遂東行。至邙山，不利而還。太師賀拔勝怒，白太祖曰："蔣昇罪合萬死。"太祖曰："蔣昇固諫，云出師不利。此敗也，孤自取之，非昇過也。"

魏恭帝元年，以前後功，授車騎大將軍、儀同三司，封高城縣子，邑五百户。保定二年，增邑三百户，除河東郡守。尋入爲太史中大夫。以老請致仕，詔許之。加定州刺史。卒於家。

姚僧垣字法衞〔三〕，吴興武康人，吴太常信之八世孫也。曾祖郢，宋員外散騎常侍、五城侯。父菩提，梁高平令。嘗嬰疾歷年，乃留心醫藥。梁武帝性又好之，每召菩提討論方術，言多會意，由是頗禮之。

僧垣幼通洽，居喪盡禮。年二十四，即傳家業。梁武帝召入禁中，面加討試。僧垣酬對無滯。梁武帝甚奇之。大通六年，解褐臨川嗣王國左常侍。大同五年，除驃騎廬陵王府田曹參軍。九年，還領殿中醫師〔四〕。時武陵王所生葛修華，宿患積時，方術莫效。梁武帝乃令僧垣視之。還，具說其狀，并記增損時候。梁武帝歎曰：「卿用意綿密，乃至於此，以此候疾，何疾可逃。朕常以前代名人，多好此術，是以每恒留情，頗識治體〔五〕。今聞卿說，益開人意。」十一年，轉領太醫正，加文德主帥、直閤將軍。梁武帝嘗因發熱，欲服大黄。僧垣曰：「大黄乃是快藥。然至尊年高，不宜輕用。」帝弗從，遂至危篤。梁簡文帝在東宫，甚禮之。四時伏臘，每有賞賜。太清元年，轉鎮西湘東王府中記室參軍。僧垣少好文史，不留意於章句。時商略今古，則爲學者所稱。

及侯景圍建業，僧垣乃棄妻子赴難。梁武帝嘉之，授戎昭將軍、湘東王府記室參軍。及宫城陷，百官逃散。僧垣假道歸，至吴興，謁郡守張嵊〔六〕。嵊見僧垣流涕曰：「吾過荷朝恩，今報之以死。君是此邦大族，又朝廷舊臣。今日得君，吾事辨矣。」俄而景兵大至，攻戰累日，郡城遂陷。僧垣竄避久之，乃被拘執。景將侯子鑒素聞其名，深相器遇，因此獲免。及梁簡文嗣位，僧垣還建業，以本官兼中書舍人。子鑒尋鎮廣陵，僧垣又隨至江北。

梁元帝平侯景，召僧垣赴荆州，改授晉安王府諮議。其時雖剋平大亂，而任用非才，朝政混淆，無復綱紀。僧垣每深憂之。謂故人曰：「吾觀此形勢，禍敗不久。今時上策，莫若近關。」聞者皆掩口竊笑。梁元帝嘗有心腹疾，乃召諸醫議治療之方。咸謂至尊至貴，不可輕脱，宜用平藥，可漸宣通。僧垣曰：「脉洪而實，此有宿食。非用大黄，必無差理。」梁元帝從之，進湯訖，果下宿食，因而疾愈。梁元帝大喜。時初鑄錢，一當十，乃賜錢十萬，實百萬也。

及大軍剋荆州，僧垣猶侍梁元帝，不離左右。爲軍人所止，方泣涕而去。尋而中山公護使人求僧垣。僧垣至其營。復爲燕公于謹所召，大相禮接。太祖又遣使馳驛徵僧垣，謹故留不遣。謂使人曰：「吾年時衰暮，疹疾嬰沉。今得此人，望與之偕老。」太祖以謹勳德隆重，乃止焉。明年，隨謹至長安。武成元年，授小畿伯下大夫。

金州刺史伊婁穆以疾還京，請僧垣省疾。乃云：「自腰至臍，似有三縛，兩脚緩縱，不復自持。」僧垣爲診脉，處湯三劑。穆初服一劑，上縛即解；次服一劑，中縛復解；又服一劑，三縛悉除。而兩脚疼痺，猶自攣弱。更爲合散一劑，稍得屈申。僧垣曰：「終待霜降，此患當愈。」及至九月，遂能起行。

大將軍、襄樂公賀蘭隆先有氣疾，加以水腫，喘息奔急，坐卧不安。或有勸其服決命大散者，其家疑未能決，乃問僧垣。僧垣曰：「意謂此患不與大散相當。若欲自服，不煩賜問。」因而委去。其子殷勤拜請曰：「多時抑屈，今日始來。竟不可治〔七〕，意實未盡。」僧垣知其可差，即爲處方，勸使急服。便即氣通，更服一劑，諸患悉愈。

天和元年，加授車騎大將軍、儀同三司。大將軍、樂平公竇集暴感風疾，精神瞀亂，無所覺知。諸醫先視者，皆云已不可救。僧垣後至，曰：「困則困矣，終當不死。若專以見付，相爲治之。」其家忻然，請受方術。僧垣爲合湯散，所患即瘳。大將軍、永世公叱伏列椿苦利積時，而不廢朝謁。燕公謹嘗問僧垣曰：「樂平、永世俱有痼疾，若如僕意，永世差輕。」對曰：「夫患有深淺，時有剋殺。樂平雖困，終當保全。永世雖輕，必不免死。」謹曰：「君言必死，當在何時？」對曰：「不出四月。」果如其言。謹歎異之。六年，遷遂伯中大夫。

建德三年，文宣太后寢疾，醫巫雜説，各有異同。高祖御内殿，引僧垣同坐，曰：「太后患勢不輕，諸醫並云無慮。朕人子之情，可以意得。君臣之義，言在無隱。公爲何如〔八〕？」對曰：「臣無聽聲視色之妙，特以經事已多，准之常人，竊以憂懼。」帝泣曰：「公既決之矣，知復何言！」尋而太后崩。其後復因召見，帝問僧垣曰：「姚公爲儀同幾年？」對曰：「臣忝荷朝恩，於茲九載。」帝曰：「勤勞有日，朝命宜隆。」乃授驃騎大將軍、開府儀同三司。又勑曰：「公年過縣車，可停朝謁。若非別勑，不勞入見。」

四年，高祖親戎東討，至河陰遇疾。口不能言；瞼垂覆目〔九〕，不復瞻視；一足短縮，又不得行。僧垣以爲諸藏俱病，不可並治。軍中之要，莫先於語。乃處方進藥，帝遂得言。次又治目，目疾便愈。末乃治足，足疾亦瘳。比至華州，帝已痊復。即除華州刺史，仍詔隨入京，不令在鎮。宣政元年，表請致仕，優詔許之。是歲，高祖行幸雲陽，遂寢疾。乃詔僧垣赴行在所。內史柳昂私問曰〔一〇〕：「至尊貶膳日久，脉候何如？」對曰：「天子上應天心，或當非愚所及。若凡庶如此，萬無一全。」尋而帝崩。

宣帝初在東宮，常苦心痛。乃令僧垣治之，其疾即愈。帝甚悅。及即位，恩禮彌隆。常從容謂僧垣曰：「常聞先帝呼公爲姚公，有之乎？」對曰：「臣曲荷殊私，實如聖旨。」帝曰：「此是尚齒之辭，非爲貴爵之號。朕當爲公建國開家，爲子孫永業。」乃封長壽縣公，邑一千户。册命之日，又賜以金帶及衣服等。

大象二年，除太醫下大夫。帝尋有疾，至于大漸。僧垣宿直侍〔一一〕。帝謂隨公曰：

「今日性命，唯委此人。」僧垣知帝診候危殆〔一二〕，必不全濟。乃對曰：「臣荷恩既重，思在効力。但恐庸短不逮，敢不盡心。」帝頷之。及靜帝嗣位，遷上開府儀同大將軍。隋開皇初，進爵北絳郡公。三年卒，時年八十五。遺誡衣白帢入棺，朝服勿斂。靈上唯置香奩，每日設清水而已。贈本官，加荆、湖二州刺史〔一三〕。

僧垣醫術高妙，爲當世所推。前後効驗，不可勝記。聲譽既盛，遠聞邊服。至於諸蕃外域，咸請託之。僧垣乃搜採奇異，參校徵効者，爲集驗方十二卷，又撰行記三卷，行於世。長子察在江南。

次子最，字士會，幼而聰敏，及長，博通經史，尤好著述。年十九，隨僧垣入關。世宗盛聚學徒，校書於麟趾殿，最亦預爲學士。俄授齊王憲府水曹參軍，掌記室事。特爲憲所禮接，賞賜隆厚。宣帝嗣位，憲以嫌疑被誅。隋文帝作相，追復官爵。最以陪遊積歲，恩顧過隆，乃録憲功績爲傳，送上史局。

最幼在江左，迄于入關，未習醫術。天和中，齊王憲奏高祖，遣最習之。憲又謂最曰：「爾博學高才，何如王褒、庾信。王、庾名重兩國，吾視之蔑如。接待資給，非爾家比也。爾宜深識此意，勿不存心。且天子有敕，彌須勉勵〔一四〕。」最於是始受家業。十許年中，略盡其妙。每有人造請，効驗甚多。隋文帝踐極，除太子門大夫。以父憂去官，哀毁骨立。既免喪，襲爵北絳郡公，復爲太子門大夫。

俄轉蜀王秀友。秀鎮益州，遷秀府司馬。及平陳，察至。最自以非嫡，讓封於察，隋文帝許之。秀後陰有異謀，隋文帝令公卿窮治其事。開府慶整、郝偉等並推過於秀〔一五〕。最獨曰：「凡有不法，皆最所爲，王實不知也。」搒訊數百，卒無異辭。最竟坐誅。時年六十七。論者義之。撰梁後略十卷，行於世。

黎景熙字季明，河間鄚人也〔一六〕，少以字行於世。曾祖嶷，魏太武時，從破平涼，有功，賜爵容城縣男，加鷹揚將軍。後爲燕郡守。祖鎮，襲爵，爲員外散騎侍郎。父瓊，太和中，襲爵，歷員外郎、魏縣令，後至鄴城郡守。

季明少好讀書，性强記默識，而無應對之能。其從祖廣，太武時爲尚書郎，善古學。嘗從吏部尚書清河崔玄伯受字義，又從司徒崔浩學楷篆，自是家傳其法。季明亦傳習之，頗與許氏有異。又好占玄象，頗知術數。而落魄不事生業。有書千餘卷。雖窮居獨處，不以飢寒易操。與范陽盧道源爲莫逆之友。

永安中，道源勸令入仕，始爲威烈將軍。魏孝武初，遷鎮遠將軍，尋除步兵校尉。及孝武西遷，季明乃寓居伊、洛。侯景徇地河外，召季明從軍。尋授銀青光禄大夫，加中軍將軍，拜行臺郎中，除黎陽郡守。季明從至懸瓠，察景終不足恃，遂去之。客於潁川，以世路未清，欲優遊卒歲。時王思政鎮潁川，累使召。季明不得已，出與相見。留於内館月餘。太祖又徵之，遂入關。乃令季明正定古今文字於東閣。

大統末，除安西將軍，尋拜著作佐郎。於時倫輩，皆位兼常伯，車服華盛。唯季明獨以貧素居之，而無愧色。又勤於所職，著述不怠。然性尤專固，不合於時。是以一爲史官，遂十年不調。魏恭帝元年，進號平南將軍、右銀青光禄大夫。六官建，爲外史上士。孝閔帝踐阼，加征南將軍、右金紫光禄大夫。時大司馬賀蘭祥討吐谷渾，詔季明從軍。還，除驃騎將軍、右光禄大夫。武成末，遷外史下大夫。

保定三年，盛營宫室。春夏大旱，詔公卿百寮，極言得失。季明上書曰：

臣聞成湯遭旱，以六事自陳；宣王太甚，而珪璧斯竭。豈非遠慮元元，俯哀兆庶。方今農要之月，時雨猶愆，率土之心，有懷渴仰。陛下垂情萬類，子愛羣生，覲禮百神，猶未豐洽者，豈或作事不節，有違時令，舉措失中，儻邀斯旱。春秋，君舉必書，動爲典禮，水旱陰陽，莫不應行而至。孔子曰：「言行，君子之所以動天地，可不慎乎。」春秋莊公三十一年冬，不雨。五行傳以爲是歲一年而三築臺，奢侈不恤民也。僖公二十一年夏，大旱。五行傳以爲時作南門，勞民興役。漢惠帝二年夏，大旱。五年夏，大旱，江河水少，谿澗水絶。五行傳以爲先是發民十四萬六千人城長安。漢武帝元狩三年夏，大旱。五行傳以爲是歲發天下故吏穿昆明池。然則土木之功，動民興役，天輒應之以異。典籍作誡，儻或可思。上天譴告，改之則善。今若息民省役，以答天譴，庶靈澤時降，嘉穀有成，則年登可覬，子來非晚。詩云：「民亦勞止，迄可小康。惠此中國，以綏四方。」或恐極陽生陰，秋多雨水〔一七〕，年復不登，民將無覬。如又薦飢，爲慮更甚。

時豪富之家，競爲奢麗。季明又上書曰：

臣聞寬大所以兼覆，慈愛所以懷衆〔一八〕。故天地稱其高厚者，萬物得其容養焉。四時著其寒暑者，庶類資其忠信焉。是以帝王者，寬大象天地，忠信則四時。招摇東指，天下識其春。人君布德，率土懷其惠。伏惟陛下資乾御寓，品物咸亨，時乘六龍，自强不息，好問受規，天下幸甚。

自古至治之君，亦皆廣延博訪，詢採蒭微〔一九〕，置鼓樹木，以求其過。頃年亢旱踰時，人懷望歲。陛下爰發明詔，廣求人瘼。同禹、湯之罪己，高宋景之守正。澍雨應時，年穀斯稔。剋己節用，慕質惡華，此則尚矣。然而朱紫仍耀於衢路，綺縠猶侈於豪家；裋褐未充於細民，糟糠未厭於編户。此則勸導之理有所未周故也。今雖導之以政，齊之以刑，風俗固難以一矣。昔文帝集上書之囊，以作帷帳；惜十家之産，不造露臺；後宫所幸，衣不曳地，方之今日富室之飾，曾不如婢隸之服。然而以身率下，國富刑清，廟稱太宗，良有以也。臣聞聖人久於其道，而天下化成。今承魏氏喪亂之後，貞信未興。宜先「遵五美，屏四惡」，革浮華之俗，抑流競之風，察鴻都之小藝，焚雉頭之異服，無益之貨勿重於時，虧德之器勿陳於側，則民知德矣。

臣又聞之，爲治之要，在於選舉。若差之毫釐，則有千里之失。後來居上，則致積薪之譏。是以古之善爲治者，貫魚以次，任必以能。爵人於朝，不以私愛。簡材以授其官，量能以任其用。官得其材，用當其器，六轡既調，坐致千里。虞、舜選衆，不仁者遠。則庶事康哉，民知其化矣。

帝覽而嘉之。

時外史廨宇屢移，未有定所。季明又上言曰：「外史之職，漢之東觀，儀等石渠，司同天禄。是乃廣内祕府，藏言之奥。帝王所寶，此焉攸在。自魏及周，公館不立。臣雖愚瞽，猶知其非，是以去年十一月中，敢冒陳奏。將降中旨〔二〇〕，即遣修營。荏苒一周，未加功力。臣職思其憂，敢不重請。」帝納焉。於是廨宇方立。天和三年，進車騎大將軍、儀同三司〔三二〕。後以疾卒。

趙文深字德本〔三三〕，南陽宛人也。父遐，以醫術進，仕魏爲尚藥典御。文深少學楷隸，年十一，獻書於魏帝。立義歸朝，除大丞相府法曹參軍。文深雅有鍾、王之則，筆勢可觀。當時碑牓，唯文深及冀儁而已。大統十年，追論立義功〔三三〕，封白石縣男，邑二百户。太祖以隸書紕繆，命文深與黎季明、沈遐等依説文及字林刊定六體，成一萬餘言，行於世。

及平江陵之後，王褒入關，貴遊等翕然並學褒書。文深之書，遂被遐棄。文深慙恨，形於言色。後知好尚難反，亦攻習褒書，然竟無所成，轉被譏議，謂之學步邯鄲焉。至於碑牓，餘人猶莫之逮。王褒亦每推先之。宫殿樓閣，皆其迹也。遷縣伯下大夫，加儀同三司。世宗令至江陵書景福寺碑，漢南人士，亦以爲工。梁主蕭詧觀而美之，賞遺甚厚。天和元年，露寢等初成，文深以題牓之功，增邑二百户，除趙興郡守。文深雖外任〔三四〕，每須題牓，輒復追之。後以疾卒。

褚該字孝通，河南陽翟人也。晉末，遷居江左。祖長樂，齊竟陵王録事參軍。父義昌，梁鄱陽王中記室。

該幼而謹厚，有譽鄉曲。尤善醫術，見稱於時。仕梁，歷武陵王府參軍。隨府西上。後與蕭撝同歸國，授平東將軍、左銀青光禄大夫，轉驃騎將軍、右光禄大夫。武成元年，除醫正上士。自許奭死後，該稍爲時人所重，賓客迎候，亞於姚僧垣。天和初，遷縣伯下大夫。五年，進授車騎大將軍、儀同三司。該性淹和，不自矜尚，但有請之者，皆爲盡其藝術。時論稱其長者焉。後以疾卒。子士則，亦傳其家業。

時有强練，不知何許人，亦不知其名字。魏時有李順興者，語默不恒，好言未然之事，當時號爲李練。世人以强類練，故亦呼爲練焉。容貌長壯，有異於人。神精憹悅，莫之能測。意欲有所論説，逢人輒言。若值其不欲言，縱苦加祈請，亦不相酬答。初聞其言，略不可解。事過之後，往往有驗。恒寄住諸佛寺，好遊行民家，兼歷造王公邸第。所至之處，人皆敬而信之。

晉公護未誅之前，曾手持一大瓠，到護第門外，抵而破之。乃大言曰：「瓠破子苦。」時柱國、平高公侯伏侯龍恩早依隨護，深被任委。强練至龍恩宅，呼其妻元氏及其妾媵并婢僕等，並令連席而坐。諸人以逼夫人，苦辭不肯。强練曰：「汝等一例人耳，何有貴賤。」遂逼就坐。未幾而護誅，諸子並死。龍恩亦伏法，仍籍没其家。建德中，每夜上街衢邊樹，大哭釋迦牟尼佛，或至申旦，如此者累月〔二五〕，聲甚哀怜。俄而廢佛、道二教。

大象末，又以一無底囊，歷長安市肆告乞，市人爭以米麥遺之。强練張囊投之，隨即漏之於地。人或問之曰：「汝何爲也？」强練曰：「此亦無餘，但欲使諸人見盛空耳。」至隋開皇初，果移都於龍首山，長安城遂空廢。後亦莫知其所終。

又有蜀郡衞元嵩者，亦好言將來之事，蓋江左寶誌之流。天和中，著詩預論周、隋廢興及皇家受命，並有徵驗。性尤不信釋教，嘗上疏極論之。史失其事，故不爲傳。

史臣曰：仁義之於教，大矣；術藝之於用，博矣。狥於是者，不能無非；厚於利者，必有其害。詩、書、禮、樂，所失也淺，故先王重其德；方術技巧，所失也深，故往哲輕其藝。夫能通方術而不詭於俗，習技巧而必蹈於禮者，豈非大雅君子乎。姚僧垣診候精審，名冠於一代，其所全濟，固亦多焉。而弘兹義方，皆爲令器，故能享眉壽，縻好爵。老聃云「天道無親，常與善人」，於是信矣。

校勘記

〔一〕性静退　「静退」，原倒作「退静」，據三朝本、南監本、北監本、汲本、局本、北史卷八二冀儁傳（北史脱「性」字）、册府卷六八〇、永樂大典卷一四三八五引周書冀儁傳乙正。

〔二〕大統三年　「三」，原作「二」，據三朝本、南監本、北監本、汲本、局本、北史卷八九蔣昇傳、御覽卷七三三引後周書改。按竇泰攻潼關，周書卷二文帝紀下及其他紀載都説在大統三年（五三七）。

〔三〕姚僧垣　張森楷云：「陳書姚察傳（卷二七）『垣』作『坦』。」按御覽卷七二三引後周書亦作「坦」，册府各卷諸本則「垣」「坦」互出，未知孰是。

〔四〕還領殿中醫師　「還」，三朝本、册府卷八五九作「追」，百衲本從他本改作「還」。按僧垣已除驃騎府田曹參軍，不在宫廷，所以説「追」。此字這樣用法，屢見南北史籍，三朝本不誤。但作「還」亦通，今不改。

〔五〕頗識治體　「頗」，原作「願」，據三朝本、南監本、北監本、汲本、局本、御覽卷七二三引後周書、册府卷八五九改。

〔六〕謁郡守張嵊　「嵊」，原作「嶸」，據册府卷六八六改。張森楷云：「『嶸』當作『嵊』，見梁書，此作『嶸』誤。」按張嵊，梁書卷四三、南史卷三一都有傳，侯景亂時正作吴興太守。下「嶸」字徑改，不再出校記。

〔七〕竟不可治　「可」，御覽卷七二三引後周書、册府卷八五九作「下」，較長。

〔八〕公爲何如　册府卷八五九、御覽卷七二三引後周書「爲」上有「以」字，較長。

〔九〕瞼垂覆目　「瞼」，北史卷九〇姚僧垣傳作「瞼」。張森楷云：「北史作『瞼』，從『目』，是也。」按册府卷八五九諸本皆作「瞼」，真大成中古史書校證以爲作「瞼」不誤。

〔一〇〕内史柳昂　「昂」，原作「昇」，據北史卷九〇姚僧垣傳、册府卷八五九改。張森楷云：「北史『昇』作『昂』，是。此從『升』誤。」按柳昂附見周書卷三二其父柳敏傳，云：「武帝時，爲内史中大夫。」御覽卷七二三引後周書作「昴」，乃「昂」微誤。

〔一一〕僧垣宿直侍　北史卷九〇姚僧垣傳、御覽卷七二三引後周書、册府卷八五九「侍」下有「疾」字，較長。

〔一二〕僧垣知帝診候危殆　御覽卷七二三引後周書、册府卷八五九明刻本作「僧垣診候，知帝危殆」。册府宋本、明鈔本則同今本周書。

〔一三〕加荆湖二州刺史　「二」，原作「三」，據三朝本、南監本、北監本、汲本、局本、北史卷九〇姚僧垣傳改。

〔一四〕彌須勉勵　「彌須」，原倒作「須彌」，據三朝本、南監本、北監本、汲本、局本、北史卷九〇姚僧垣傳附姚最傳、册府卷八五九乙正。

〔一五〕開府慶整郝偉等　「偉」，北史卷九〇姚僧垣傳附姚最傳作「瑋」，通志卷一八三姚僧垣傳附姚最傳作「隆」。

〔一六〕河間鄚人也　「鄚」，原作「鄭」，據御覽卷四〇八引後周書改。張森楷云：「『鄭』當作『鄚』，河間有『鄚』無『鄭』也。」

〔一七〕秋多雨水　「雨水」，三朝本、南監本、北監本、汲本、局本都倒作「水雨」。殿本當是依北史卷八二黎景熙傳乙改。

〔一八〕慈愛所以懷衆　「所」，原作「可」，據三朝本、南監本、北監本、汲本、局本、北史卷八二黎景熙傳、册府卷五三〇改。按上句云「寬大所以兼覆」，二句聯文。

〔一九〕詢採蒭微　「微」，原作「蕘」，據三朝本、南監本、北監本、汲本、局本、册府卷五三〇改。殿本當是依北史卷八二黎景熙傳改。按「蒭微」，猶言蒭蕘微末。

〔二〇〕將降中旨　「將」，北史卷八二黎景熙傳作「特」。按若是「將」字，則中旨尚未降，下文不能以「荏苒一周，未加功力」爲言。疑作「特」是。

〔二一〕天和三年進車騎大將軍儀同三司　「三年」，北史卷八二黎景熙傳作「二年」。

〔二二〕趙文深字德本　金石萃編卷三七華嶽頌末署名云：「南陽趙文淵字德本奉勑書。」趙明誠金石録卷二二後周華嶽廟碑云：「右後周華嶽廟碑，万紐于瑾撰，趙文淵字德本書。案後周書列傳有趙文深，字德本。蓋唐初史官避高祖諱，故改『淵』爲『深』爾。」

〔三〕大統十年追論立義功　「十年」，北史卷八二趙文深傳作「十二年」。

〔四〕文深雖外任　北史卷八二趙文深傳、册府卷八六一「雖」下有「居」字。

〔五〕如此者累月　「月」，原作「日」，據三朝本、南監本、北監本、汲本、局本、北史卷八九强練傳改。

周書卷四十八

列傳第四十

蕭詧

蕭詧字理孫，蘭陵人也，梁武帝之孫，昭明太子統之第三子。幼而好學，善屬文，尤長佛義。特爲梁武帝所嘉賞。梁普通六年，封曲江縣公〔一〕。中大通三年，進封岳陽郡王。歷官宣惠將軍，知石頭戍事，琅邪、彭城二郡太守〔二〕，東揚州刺史。初，昭明卒，梁武帝舍詧兄弟而立簡文，內常愧之，寵亞諸子，以會稽人物殷阜，一都之會，故有此授，以慰其心。詧既以其昆弟不得爲嗣，常懷不平。又以梁武帝衰老，朝多秕政，有敗亡之漸，遂蓄聚貨財，交通賓客，招募輕俠，折節下之。其勇敢者多歸附，左右遂至數千人，皆厚加資給。

中大同元年，除持節，都督雍梁東益南北秦五州、郢州之竟陵、司州之隨郡諸軍事，西中郎將，領寧蠻校尉，雍州刺史。詧以襄陽形勝之地，又是梁武創基之所，時平足以樹根本，世亂可以圖霸功，遂克己勵節，樹恩於百姓，務修刑政，志存綏養。乃下教曰：

昔之善爲政者，不獨師所見。藉聽衆賢，則所聞自遠；資鑒外物，故在矚致明。是以龐參卹民，蓋訪言於高逸；馬援居政，每責成於掾史；王沉爰加厚賞，呂虔功有所由：故能顯美政於當年，流芳塵於後代。

吾以陋識，來牧盛藩。每慮德不被民，政道或紊。中宵拊枕，對案忘饑，思納良謨，以匡弗逮。雍州部内有不便於民，不利於政，長吏貪殘，戍將愞弱，關市恣其裒刻，豪猾多所苞藏，並密以名聞，當加釐正。若刺史治道之要，弛張未允，循酷乖理，任用違才，或愛狎邪佞，或斥廢忠謇，彌思啓告，用祛未悟。鹽梅舟檝，允屬良規，苦口惡石，想勿余隱。并廣示鄉閭，知其款意。

於是境内稱治。

太清二年，梁武帝以詧兄河東王譽爲湘州刺史，徙湘州刺史張纘爲雍州以代詧。纘恃其才望，志氣矜驕，輕譽少年，州府迎候有闕。譽深銜之。及至鎮，遂託疾不與纘相見。後聞侯景作亂，頗凌蹙纘。纘懼爲所擒，乃輕舟夜遁，將之雍部，復慮詧拒之。梁元帝時鎮江陵，與纘有舊，纘將因之以斃詧兄弟。會梁元帝與譽及信州刺史、桂陽王慥各率所領，入援金陵。慥下峽至江津，譽次江口，梁元帝屆郢州之武成〔三〕。屬侯景已請和，梁武帝詔罷援軍。譽自江口將旋湘鎮，慥欲待梁元帝至，謁督府，方還州。纘時在江陵，乃貽梁元帝書曰：「河東戴檣上水〔四〕，欲襲江陵。岳陽在雍，共謀不逞。」江陵遊軍主朱榮又遣使報云：「桂陽住此，欲應譽、詧。」梁元帝信之，乃鑿船沉米，斬纜而歸。至江陵，收慥殺之。令其子方等、王僧辯等相繼攻譽於湘州。譽又告急於詧。詧聞之大怒。

初，梁元帝將援建業，令所督諸州，並發兵下赴國難。詧遣府司馬劉方貴領兵爲前軍，出漢口。及將發，元帝又使諮議參軍劉榖喻詧，令自行。詧辭頗不順，元帝又怒。而方貴先與詧不協，潛與元帝相知，尅期襲詧。未及發，會詧以他事召方貴，方貴疑謀泄，遂據樊城拒命。詧遣使魏益德、杜岸等衆軍攻之。方貴窘急，令其子遷超乞師於江陵。元帝乃厚資遣纘，若將述職，而密援方貴。纘次大隄，樊城已陷。詧擒方貴兄弟及黨與，並斬之。

纘因進至州。詧遷延不受代，乃以西城居之，待之以禮。軍民之政，猶歸於詧。詧以搆其兄弟，事始於纘，將密圖之。纘懼，請元帝召之。元帝乃徵纘於詧，詧留不遣。杜岸兄弟紿纘曰：「民觀岳陽殿下，勢不仰容。不如且往西山，以避此禍。使君既得物情，遠近必當歸集，以此義舉，事無不濟。」纘深以爲然，因與岸等結盟誓。纘又要雍州人席引等於西山聚衆。纘乃服婦人衣，乘青布轝，與親信十餘人出奔。引等與杜岸馳告詧。詧令中兵參軍尹正共岸等率兵追討，並擒之。纘懼不免，因請爲沙門。

詧時以譽危急，乃留諮議參軍蔡大寶守襄陽，率衆二萬、騎千匹伐江陵以救之。于時江陵立栅，周遶郭邑，而北面未就。詧因攻之。元帝大懼，乃遣參軍庾奐謂詧曰：「正德肆亂，天下崩離。汝復效尤，將欲何謂？吾蒙先宮愛顧〔五〕，以汝兄弟見屬。今以姪伐叔，逆順安在？」詧謂奐曰：「家兄無罪，累被攻圍。同氣之情，豈可坐觀成敗。七父若顧先恩，豈應若是。如能退兵湘水，吾便旋旆襄陽。」

詧既攻栅不尅，退而築城。又盡鋭攻之。會大雨暴至，平地水四尺，詧軍中霑漬，衆頗離心。其將杜岸、岸弟幼安及其兄子龕，懼詧不振，以其屬降於江陵。詧衆大駭，其夜遁歸襄陽，器械輜重，多没於湕水。初，詧囚張纘於軍，至是，先殺纘而後退焉。

杜岸之降也，請以五百騎襲襄陽。去城三十里，城中覺之。蔡大寶乃輔詧母保林龔氏，登陴閉門拒戰。會詧夜至，龔氏不知其敗，謂爲賊也，至曉見詧，乃納之。岸等以詧至，遂奔其兄巘於廣平。詧遣將尹正、薛暉等攻拔之，獲巘、岸等，并其母妻子女，並於襄陽北門殺之。盡誅諸杜宗族親者，其幼稚疎屬下蠶室。又發掘其墳墓，燒其骸骨，灰而揚之。

詧既與江陵搆隙，恐不能自固，大統十五年，乃遣使稱藩，請爲附庸。太祖令丞相府東閤祭酒榮權使焉。詧大悅。是歲，梁元帝令柳仲禮率衆進圖襄陽。詧懼，乃遣其妻王氏及世子嶚爲質以請救。太祖又令榮權報命，仍遣開府楊忠率兵援之。十六年，楊忠擒仲禮，平漢東，詧乃獲安。時朝議欲令詧發喪嗣位，詧以未有璽命，辭不敢當。榮權時在詧所，乃馳還，具言其狀。太祖遂令假散騎常侍鄭穆及榮權持節策命詧爲梁王〔六〕。詧乃於襄陽置百官，承制封拜。十七年，詧留蔡大寶居守，乃自襄陽來朝〔七〕。太祖謂詧曰：「王之來此，頗由榮權，王欲見之乎？」詧曰：「幸甚。」太祖乃召權與詧相見。仍謂之曰：「榮權，吉士也，寡人與之從事，未嘗見其失信。」詧曰：「榮常侍通二國之言無私，故詧今者得歸誠魏闕耳。」

魏恭帝元年，太祖令柱國于謹伐江陵，詧以兵會之。及江陵平，太祖立詧爲梁主，居江陵東城，資以江陵一州之地。其襄陽所統，盡歸於我。詧乃稱皇帝於其國，年號大定。追尊其父統爲昭明皇帝，廟號高宗，統妃蔡氏爲昭德皇后。又尊其所生母龔氏爲皇太后，立妻王氏爲皇后，子巋爲皇太子。其慶賞刑威，官方制度，並同王者。唯上疏則稱臣，奉朝廷正朔。至於爵命其下，亦依梁氏之舊。其戎章勳級，則又兼用柱國等官。又追贈叔父邵陵王綸太宰，謚曰壯武。贈兄河東王譽丞相，謚曰武桓。太祖乃置江陵防主，統兵居於西城，名曰助防。外示助詧備禦，内實兼防詧也。

初，江陵滅，梁元帝將王琳據湘州，志圖匡復。及詧立，琳乃遣其將潘純陁、侯方兒來寇。詧出師禦之，純陁等退歸夏口。詧之四年，詧遣其大將軍王操率兵略取王琳之長沙、武陵、南平等郡。五年，王琳又遣其將雷又柔襲陷監利郡〔八〕，太守蔡大有死之。尋而琳與陳人相持，稱藩乞師於詧。詧許之。師未出而琳軍敗，附於齊。是歲，其太子巋來朝京師。詧之六年夏，震，其前殿崩，壓殺二百餘人。

初，江陵平，詧將尹德毅説詧曰：「臣聞人主之行，與匹夫不同。匹夫者，飾小行，競小廉，以取名譽。人主者，定天下，安社稷，以成大功。今魏虜貪惏，罔顧弔民伐罪之義，必欲肆其殘忍，多所誅夷，俘囚士庶，並爲軍實。然此等戚屬，咸在江東，念其充餌豺狼，見拘異域，痛心疾首，何日能忘！殿下方清宇宙，紹茲鴻緒。悠悠之人，不可門到户説。其塗炭至此，咸謂殿下爲之。殿下既殺人父兄，孤人子弟，人盡讐也，誰與爲國。但魏之精鋭，盡萃於此。犒師之禮，非無故事。若殿下爲設享會，因請于謹等爲歡。彼無我虞，當相率而至，預伏武士，因而斃之。分命果毅，掩其營壘，斬馘逋醜，俾無遺噍。江陵百姓，撫而安之，文武官寮，隨即詮授。既荷更生之惠，孰不忻戴聖明。魏人懾息，未敢送死。王僧辯之徒，折簡可致。然後朝服濟江，入踐皇極，纘堯復禹，萬世一時。晷刻之間，大功可立。古人云：『天與不取，反受其咎，時至不行，反受其殃。』願殿下恢弘遠略，勿懷匹夫之行。」詧不從，謂德毅曰：「卿之此策，非不善也。然魏人待我甚厚，未可背德。若遽爲卿計，則鄧祁侯所謂人將不食吾餘也〔九〕。」

既而闔城長幼，被虜入關，又失襄陽之地。詧乃追悔曰：「恨不用尹德毅之言，以至於是。」又見邑居殘毀，干戈日用，恥其威略不振，常懷憂憤。乃著愍時賦以見意。其詞曰：

嗟余命之舛薄，實賦運之逢屯。既殷憂而彌歲，復坎壈以相隣。晝營營而至晚，夜耿耿而通晨。望否極而云泰，何杳杳而無津。悲晉璽之遷趙，痛漢鼎之移新。無田、范之明略，愧夷、齊之得仁。遂胡顏而苟免，謂小屈而或申。豈妖沴之無已，何國步之長淪。

恨少生而輕弱，本無志於爪牙。謝兩章之雄勇，恧二東之英華〔一〇〕。豈三石於杜鄠，異五馬於琅邪。直受性而好善，類蓬生之在麻。冀無咎而需慶，將保靜而蠲邪。何昊穹之弗惠，值上帝之紆奢。神州鞠爲茂草，赤縣遶於長虵。徒仰天而太息，空撫衿而咨嗟。

惟古人之有懷，尚或感於知己。況託蕚於霄極〔一一〕，寵渥流於無已。或小善而必褒，時片言而見美。昔待罪於禹川，歷三考而無紀。獲免戾於明時，遂超隆於宗子。始解印於稽山，即驅傳於湘水〔一二〕。彼南陽之舊國，實天漢之嘉祉。既川岳之形勝，復龍躍之基趾。此首賞之謬及，謂維城之足恃。值諸侯之攜貳，遂留滯於樊川。等勾踐之絶望，同重耳之終焉。望南枝而灑泣，或東顧而潺湲。歸歟之情何極，首丘之思邈然。

忽值魏師入討，于彼南荆。既車徒之絶赫，遂一鼓而陵城。同瘠生之舍許，等小白之全邢。伊社稷之不泯，實有感於恩靈。矧吾人之固陋，迴飄薄於流萍。忽沉滯於茲土，復朞月而無成。昔方千而幾甸，今七里而磐縈。寡田邑而可賦，闕丘井而求兵。無河内之資待，同滎陽之未平。夜騷騷而擊柝，晝孑孑而揚旌。烽凌雲而迴照〔一三〕，馬伏櫪而悲鳴。既有懷於斯日，亦焉得而云寧。

彼雲夢之舊都，乃標奇於昔者。驗往記而瞻今，何名高而實寡。寂寥井邑，荒涼原野。徒揄揚於宋玉，空稱嗟於司馬。南方卑而歎屈，長沙濕而悲賈。余家國之一匡，庶興周而祀夏。忽縈憂而北屈，豈年華之天假。

加以狗盜鼠竊，蜂蠆狐狸。羣圉隸而爲寇，聚臧獲而成師。窺覦津渚，跋扈江眉。屢征肇於殷歲，頻戰起於軒時。有扈興於夏典，採芑著於周詩。方叔振於蠻貊，伯禽捷於淮夷。在逋穢其能幾，會斬馘而搴旗。彼積惡之必稔，豈天靈之我欺。交川路之云擁，理惆悵而未怡。

詧在位八載，年四十四，保定二年二月，薨。其羣臣等葬之於平陵，謚曰宣皇帝，廟號中宗。

詧少有大志，不拘小節。雖多猜忌，而知人善任使，撫將士有恩，能得其死力。性不飲酒，安於儉素，事其母以孝聞。又不好聲色，尤惡見婦人，雖相去數步，遥聞其臭。經御婦人之衣，不復更着。又惡見人髮，白事者必方便以避之。其在東揚州頗放誕，省覽簿領〔一四〕，好爲戲論之言，以此獲譏於世。篤好文義，所著文集十五卷〔一五〕，內典華嚴、般若、法華、金光明義疏四十六卷〔一六〕，並行於世。詧疆土既狹，居常怏怏。每誦「老馬伏櫪，志在千里。烈士暮年，壯心不已」，未嘗不盱衡扼腕，歎咤者久之。遂以憂憤發背而殂。高祖又命其太子巋嗣位，年號天保。

巋字仁遠，詧之第三子也。機辯有文學。善於撫御，能得其下歡心。嗣位之元年，尊其祖母龔太后曰太皇太后，嫡母王皇后曰皇太后，所生曹貴嬪曰皇太妃。其年五月，其太皇太后薨，謚曰元太后。九月，其太妃又薨，謚曰孝皇太妃。二年，皇太后薨，謚曰宣靜皇后。

五年，陳湘州刺史華皎、巴州刺史戴僧朔並來附〔一七〕。皎送其子玄響爲質於巋，仍請兵伐陳。巋上言其狀。高祖詔衞公直督荆州總管權景宣、大將軍元定等赴之。巋亦遣其柱國王操率水軍二萬，會皎於巴陵。既而與陳將吴明徹等戰於沌口，直軍不利，元定遂没。巋大將軍李廣等亦爲陳人所虜，長沙、巴陵並陷於陳。衞公直乃歸罪於巋之柱國殷亮。巋雖以退敗不獨在亮，然不敢違命，遂誅之。吴明徹乘勝攻尅巋河東郡，獲其守將許孝敬。明年，明徹進寇江陵，引江水灌城。巋出頓紀南以避其鋭。江陵副總管高琳與其尚書僕射王操拒守。巋馬軍主馬武、吉徹等擊明徹，敗之。明徹退保公安。巋乃還江陵。

巋之八年，陳又遣其司空章昭達來寇〔一八〕。江陵總管陸騰及巋之將士擊走之。昭達又寇竟陵之青泥〔一九〕。巋令其大將軍許世武赴援，大爲昭達所破。

初，華皎、戴僧朔從衞公直與陳人戰敗，率其麾下數百人歸於巋。巋以皎爲司空，封江夏郡公。以僧朔爲車騎將軍，封吴興縣侯。巋之十年，皎來朝。至襄陽，請衞公直曰：「梁主既失江南諸郡，民少國貧。朝廷興亡繼絶，理宜資贍，豈使齊桓、楚莊獨擅救衞復陳之美。望借數州，以裨梁國。」直然之，乃遣使言狀高祖。高祖許之，詔以基、平、鄀三州歸之於巋。

及高祖平齊，巋朝於鄴。高祖雖以禮接之，然未之重也。巋知之，後因宴承間，乃陳其父荷太祖拯救之恩，并敍二國艱虞，脣齒掎角之事。詞理辯暢，因涕泗交流。高祖亦爲之歔欷。自是大加賞異，禮遇日隆。後高祖復與之宴，齊氏故臣叱列長叉亦預焉〔二〇〕。高祖指謂巋曰：「是登陴罵朕者也。」巋曰：「長叉未能輔桀，翻敢吠堯。」高祖大笑。及酒酣，高祖又命琵琶自彈之。仍謂巋曰：「當爲梁主盡歡。」巋乃起，請舞。高祖曰：「梁主乃能爲朕舞乎？」巋曰：「陛下既親撫五絃，臣何敢不同百獸。」高祖大悦，賜雜繒萬段、良馬數十匹，并賜齊後主妓妾，及常所乘五百里駿馬以遺之〔二一〕。

及隋文帝執政，尉遲迥、王謙、司馬消難等各起兵。時巋將帥皆密請興師，與迥等爲連衡之勢，進可以盡節於周氏，退可以席卷山南。巋固以爲不可。俄而消難奔陳，迥等相次破滅。

隋文帝既踐極，恩禮彌厚。遣使賜金三百兩〔二二〕、銀一千兩、布帛萬段、馬五百匹。開皇二年，隋文帝備禮納巋女爲晉王妃。又欲以其子瑒尚蘭陵公主。由是罷江陵總管，巋專制其國。四年，巋來朝長安，隋文帝甚敬待之。詔巋位在王公之上，賜縑萬匹，珍玩稱是。及還，親執其手謂之曰：「梁主久滯荊、楚，未復舊都，故鄉之念，良軫懷抱。朕當振旅長江，相送旋反耳。」

巋在位二十三載，年四十四，五年五月薨〔二三〕。其羣臣葬之於顯陵，謚曰孝明皇帝〔二四〕，廟號世宗。

巋孝悌慈仁，有君人之量。四時祭享，未嘗不悲慕流涕。性尤儉約，御下有方，境內稱治。所著文集及孝經、周易義記及大小乘幽微，並行於世。隋文帝又命其太子蕭琮嗣位，年號廣運。

琮字溫文。性倜儻不羈，博學有文義，兼善弓馬。初封東陽王，尋立爲皇太子。及嗣位，隋文帝徵琮叔父岑入朝，因留不遣。復置江陵總管以監之。

琮之二年，隋文帝又徵琮入朝。琮率其臣下二百餘人朝於長安。隋文帝仍遣武鄉公崔弘度將兵戍江陵。軍至都州，琮叔父巖及弟瓛等懼弘度掩襲之〔二五〕，遂虜居民奔於陳。隋文帝於是廢梁國，曲赦江陵死罪，給民復十年。梁二主各給守墓十户。尋拜琮爲柱國，封莒國公。

自詧初即位，歲在乙亥，至是，歲在丁未，凡三十有三歲矣。

詧子嶚，追謚孝惠太子；巖，封安平王；岌，東平王；岑，河間王，後改封吴郡王。巋子瓛，義興王；瑑，晉陵王；璟，臨海王；珣，南海王；瑒，義安王；瑀，新安王。

詧之在藩及居帝位，以蔡大寶爲股肱，王操爲腹心，魏益德、尹正、薛暉、許孝敬、薛宣爲爪牙，甄玄成、劉盈、岑善方、傅准、褚珪、蔡大業典衆務。張綰以舊齒處顯位，沈重以儒學蒙厚禮。自餘多所獎拔，咸盡其器能。及巋纂業，親賢並用，將相則華皎、殷亮、劉忠義，宗室則蕭欣、蕭翼，民望則蕭確、謝温、柳洋、王湜、徐岳，外戚則王凝〔二六〕、王誦、殷璉，文章則劉孝勝、范迪、沈君游、君公、柳信言，政事則袁敞、柳莊、蔡延壽、甄詡、皇甫茲。故能保其疆土，而和其民人焉。

今載詧子巖等及蔡大寶以下尤著者，附於左。其在梁、陳、隋已有傳，及巋諸子未任職者，則不兼録。

嶚字道遠，詧之長子也。母曰宣靜皇后。幼聰敏，有成人之量。詧之爲梁主，立爲世子〔二七〕。尋病卒。及詧稱帝，追謚焉。

巖字義遠，詧第五子也。性仁厚，善於撫接。歷侍中、荆州刺史、尚書令、太尉、太傅。入陳，授平東將軍、東揚州刺史。及陳亡，百姓推巖爲主，以禦隋師。爲總管宇文述所破，伏法於長安。

岌，詧第六子也。性淳和，幼而好學。位至侍中、中衛將軍。巋之五年，卒，贈侍中、司空。謚曰孝。

岑字智遠，詧第八子也。位至太尉。性簡貴，御下嚴整。及琮嗣位，自以望重屬尊，頗有不法，故隋文徵入朝。拜大將軍，封懷義郡公。

瓛字欽文，巋第三子也。幼有令譽，能屬文，特爲巋所愛。位至荆州刺史。初，隋師至鄀州，梁之百寮咸恐懼，計無所出。唯瓛建議南奔。入陳，授侍中、安東將軍、吴州刺史。及陳亡，吴人推爲主以禦隋師。戰而敗，與巖同時伏法。

蔡大寶字敬位，濟陽考城人。祖履，齊尚書祠部郎。父點，梁尚書儀曹郎、南兗州别駕。

大寶少孤，而篤學不倦，善屬文。初以明經對策第一，解褐武陵王國左常侍。嘗以書干僕射徐勉，大爲勉所賞異。乃令與其子遊處，所有墳籍，盡以給之。遂博覽羣書，學無不綜。

詧初出第，勉仍薦大寶爲侍讀，兼掌記室。尋除尚書儀曹郎。出鎮會稽，大寶爲記室，領長流。詧莅襄陽，遷諮議參軍。及梁元帝與河東王譽結隙，詧令大寶使江陵以觀之。梁元帝素知大寶，見之甚悦。乃示所制玄覽賦，令注解焉。三日而畢。元帝大嗟賞之，贈遺甚厚。大寶還白詧云：「湘東必有異圖，禍亂將作，不可下援臺城。」詧納之。及爲梁主〔二八〕，除中書侍郎，兼吏部，掌大選事，領襄陽太守，遷員外散騎常侍、吏部郎，俄轉吏部尚書。軍國之事，咸委決焉。加授大將軍，遷尚書僕射，進號輔國將軍。又除使持節、宣惠將軍、雍州刺史。

詧於江陵稱帝，徵爲侍中、尚書令，參掌選事，又加雲麾將軍，荆州刺史。進位柱國、軍師將軍，領太子少傅，轉安前將軍，封安豐縣侯，邑一千户。從巋入朝，領太子少傅〔二九〕。巋嗣位，册授司空、中書監、中權大將軍，領吏部尚書。固讓司空，許之。加特進。巋之三年，卒。巋哭之慟，自卒及葬，三臨其喪。贈司徒，進爵爲公。謚曰文凱。配食詧廟。

大寶性嚴整，有智謀，雅達政事，文詞贍速。詧之章表書記教令詔册，並大寶專掌之。詧推心委任，以爲謀主。時人以詧之有大寶猶劉先主之有孔明焉。所著文集三十卷及尚書義疏，並行於世。有四子。

次子延壽，有器識，博涉經籍，尤善當世之務。尚詧女宣成公主〔三〇〕。歷中書郎、尚書右丞、吏部郎、御史中丞。從琮入隋，授開府儀同三司，祕書丞。終於成州刺史。大寶弟大業。

大業字敬道。有至行，父没，居喪過禮。性寬恕，學涉經史，有將命材，屢充使詣闕。初以西中郎府參軍隨詧之鎮。詧稱帝，歷尚書左丞、開遠將軍、監利郡守、散騎常侍、衛尉卿。巋嗣位，遷都官尚書，除貞毅將軍、漳川太守。入爲左民尚書、太常卿。巋之七年，卒，贈金紫光禄大夫。謚曰簡。有五子，允恭最知名。起家著作佐郎、太子舍人。梁滅入陳，拜尚書庫部郎。陳亡入隋，授起居舍人。

王操字子高。其先，太原晉陽人也。詧母龔氏之外弟也。祖靈慶，海鹽令。父景休，臨川内史。

操性敦厚，有籌略，博涉經史，在公恪勤。初爲詧外兵參軍，親任亞於蔡大寶。詧承制，除尚書左丞。及稱帝，遷五兵尚書、大將軍、郢州刺史。尋進位柱國，封新康縣侯。巋嗣位，授鎮右將軍、尚書僕射。

及吴明徹爲寇，巋出頓紀南，操撫循將士，莫不用命。明徹既退，江陵獲全，操之力也。遷侍中、中衛將軍、尚書令、開府儀同三司，參掌選事，領荆州刺史。操既位居朝右，每自挹損，深得當時之譽。巋之十四年，卒。巋舉哀於朝堂，流涕謂其羣臣曰：「天不使吾平蕩江表，何奪吾賢相之速也。」及葬，親祖於瓦官門。贈司空，進爵爲公。謚曰康節。

有七子。次子衡最知名。有才學，起家祕書郎。歷太子洗馬、中書、黄門侍郎。

魏益德，襄陽人也。有才幹，膽勇過人。數從軍征討，以功累遷至郡守。詧莅襄陽，以益德爲其府司馬。詧承制，拜將軍。尋加大將軍。及詧稱帝，進位柱國，封上黄縣侯，邑千户，加車騎將軍。詧之二年，卒，贈司空。謚曰忠壯。進爵爲公。巋之五年，以益德配食詧廟。

尹正，其先天水人。詧莅雍州，正爲其府中兵參軍。擒張纘，獲杜岸，皆正之力。詧承制，以爲將軍。尋拜大將軍。及稱帝，除護軍將軍，進位柱國，封新野縣侯，邑千户。詧之三年，卒，贈開府儀同三司。謚曰剛。巋之五年，以正配食詧廟。子德毅，多權略，位至大將軍。後以見疑賜死。

薛暉，河東人也。有才略。身長八尺，形貌甚偉。嘗督禁旅，爲詧爪牙，當禦侮之任。與尹正攻獲杜岸於南陽。詧承制，拜將軍。尋加大將軍，進位柱國，除領軍將軍。巋之二年，卒，贈開府儀同三司。有六子，子建、子尚知名。

許孝敬，吴人，小名嗣兒〔三一〕。勁勇過人，爲詧驍將。以大將軍守河東。既無救援，爲吴明徹所擒，遂戮於建康市。贈車騎大將軍。子世武嗣。少襲父大將軍，好勇不拘行檢。重賓客，施與不節。資産既盡，鬱鬱不得志，遂謀奔陳。事覺，伏誅。

又有大將軍李廣，會稽人。早事詧，以敢勇聞。沌口之役，先登力戰。及華皎軍敗，爲吴明徹所擒。將降之，廣辭色不屈，遂被害。贈太尉，追封建興縣公。謚曰忠武。

甄玄成字敬平，中山人。博達經史，善屬文。少爲簡文所知。以録事參軍隨詧鎮襄陽。轉中記室參軍，掌書記，頗參政事。以江陵甲兵殷盛，遂懷貳心。密書與梁元帝，申其誠款。遂有得其書者，進之於詧。詧深信佛法，常願不殺誦法華經人。玄成素誦法華經，遂以此獲免。詧後見之，常曰：「甄公好得法華經力。」歷位中書侍郎、御史中丞、祠部尚書、吏部尚書。詧之六年，卒，贈侍中、護軍將軍。有文集二十卷〔三二〕。子詡，少沈敏，閑習政事。歷中書舍人、尚書右丞。從琮入隋，授開府儀同三司，終於太府少卿。

劉盈，彭城人，以西中郎府録事參軍隨詧之鎮。有器度，勤於在公。詧之軍國經謀，頗得參預。歷黄門郎、中書監、雍州刺史、尚書僕射。巋之七年，卒，贈本官。第三子然，于時頗知名。隋鷹擊郎將。

岑善方字思義，南陽棘陽人，漢征南大將軍彭之後也。祖惠甫，給事中。父昶，散騎侍郎。

善方有器局，博綜經史，善於辭令。以州獄參軍隨詧至襄陽。詧初請内附，以善方兼記室，充使詣闕。應對閑敏，深爲太祖所嘉。自此往來，凡數十反。魏恭帝二年，授驃騎大將軍、開府儀同三司，封長寧縣公。詧之承制也，授中書舍人，遷襄陽郡守。及稱帝，徵爲太舟卿〔三三〕，領中書舍人，轉太府，領舍人如故。尋遷散騎常侍、起部尚書。善方性清慎，有當世幹能，故詧委以機密。詧之七年，卒，贈太常卿。謚曰敬。所著文集十卷。

有七子，並有操行。之元、之利、之象最知名。之元，太子舍人，早卒。高祖録善方充使之功，追之利、之象入朝。授之利帥都督、代王記室參軍。後仕隋，歷安固令、郴義江三州司馬、零陵郡丞。之象掌式中士，隋文帝相府參軍事。後仕隋，歷尚書虞部員外郎、邵陵上宜渭南邯鄲四縣令。

傅准，北地人。祖照，金紫光禄大夫。父諝，湘東王外兵參軍。准有文才，善詞賦。以西中郎參軍隨詧之鎮。官至度支尚書。巋之七年，卒，贈太常卿。謚曰敬康。所著文集二十卷。有二子，曰秉曰執，並材兼文史。秉，尚書右丞。執，中書舍人、尚書左丞。

宗如周，南陽人。有才學，容止詳雅。以府僚隨詧，歷黃門、散騎、列卿，後至度支尚書。巋之九年，卒。如周面狹長，以法華經云「聞經隨喜，面不狹長」〔三四〕，嘗戲之曰：「卿何爲謗經？」如周踧踖，自陳不謗。詧又謂之如初。如周懼，出告蔡大寶。大寶知其旨，笑謂之曰：「君當不謗餘經，政應不信法華耳〔三五〕。」如周乃悟。又嘗有人訴事於如周，謂爲經作如州官也，乃曰：「某有屈滯，故來訴如州官。」如周曰：「爾何小人，敢呼我名！」其人慙謝曰：「祇言如州官作如州，不知如州官名如周。早知如州官名如周，不敢喚如州官作如周〔三六〕。」如周乃笑曰：「命卿自責，見侮反深。」衆咸服其寬雅。有七子。希顏、希華知名。希顏有文學，仕至中書舍人。希華博通經術，爲荆楚儒宗。

蕭欣，梁武帝弟安成康王秀之孫，煬王機之子也。幼聰警，博綜墳籍，善屬文。詧踐位，以欣襲機封。歷侍中、中書令、尚書僕射、尚書令。巋之二十三年，卒，贈司空。欣與柳信言，當巋之世，俱爲一時文宗。有集三十卷〔三七〕。又著梁史百卷，遭亂失本。

柳洋，河東解人。祖惔，尚書左僕射〔三八〕。父昭〔三九〕，中書侍郎。洋少有文學，以禮度自拘，與王湜俱以風範方正爲當時所重。位至吏部尚書，出爲上黄郡守。梁國廢，以郡歸隋，授開府儀同三司。尋卒。

徐岳，東海人，尚書左僕射、開府儀同三司、簡肅公勉之少子也。少方正，博通經史。初爲東陽王琮師。琮爲皇太子，授詹事。及嗣位，除侍中、左民尚書，俄遷尚書僕射。從琮入隋，授上開府儀同三司。終於陳州刺史。子凱，祕書郎。岳兄矩，有文學，善吏事。頗黷於貨賄。位至度支尚書。子敬，鴻臚卿。

王淀〔四〇〕，琅邪臨沂人。祖琳，侍中、太府卿。父錫，侍中。淀少有令譽，尚詧妹廬陵長公主。歷祕書郎、太子舍人、宣成王友、廬陵内史。詧踐位，授侍中、吏部尚書。巋之四年，使詣闕，卒於賓館。贈侍中、右光禄大夫。子瓘，有文詞，黄門侍郎。淀弟湜，方雅有器識。位至都官尚書。巋之二十年，卒。子懷，祕書郎，隋沔陽令。

范迪，順陽人。祖縝，尚書左丞。父胥，鄱陽内史。迪少機辯，善屬文。歷中書黄門侍郎、尚書右丞、散騎常侍。巋之十七年，卒。有文集十卷。子㝅。迪弟遹，文采劣於迪，而經術過之。位至中衞、東平王長史。

沈君游，吴興人。祖僧旻，左民尚書。父巡，東陽太守。君游博學有詞采，位至散騎常侍。巋之十二年，卒。有文集十卷〔四二〕。

弟君公，有幹局，美風儀，文章典正，特爲巋所重。歷中書黄門侍郎、御史中丞。自都官尚書爲義興王瓛師。從瓛奔陳，授侍中、太子詹事。隋平陳，以瓛同謀度江，伏誅。

袁敞，陳郡人。祖昂，司空。父士俊，安成内史。敞少有器量，博涉文史。以吏部郎使詣闕。時主者以敞班在陳使之後，敞固不從命。主者詰之，敞對曰：「昔陳之祖父乃梁諸侯之下吏也，棄忠與義，盜有江東。今大周朝宗萬國，招攜以禮，若使梁之行人在陳人之後，便恐彝倫失序。豈使臣之所望焉。」主者不能屈，遂以狀奏。高祖善之，乃詔敞與陳使異日而進。還，以稱旨，遷侍中，轉左民尚書。從琮入隋，授開府儀同三司。終於譙州刺史。子謐、謙。

史臣曰：梁主任術好謀，知賢養士，蓋有英雄之志，霸王之略焉。及淮海版蕩，骨肉猜貳，擁衆自固，稱藩内款，終能據有全楚，中興頹運。雖土宇殊於舊邦，而位號同於曩日。貽厥自遠，享國數世，可不謂賢哉。嗣子纂承舊業，增修遺構，賞罰得衷，舉厝有方。密邇寇讐，則威略具舉；朝宗上國，則聲猷遠振。豈非繼世之令主乎。

校勘記

〔一〕梁普通六年封曲江縣公　張熷讀史舉正卷六云：「案梁武紀（梁書卷三）中大通三年六月立『曲阿公詧爲岳陽郡王』，當從『曲阿』爲正。」按南史卷七梁本紀中、北史卷九三僭僞蕭氏傳亦同周書作「曲江」，而通鑑卷一五五梁紀一一中大通三年（五三一）則同梁書作「曲阿」。

〔二〕琅邪彭城二郡太守　梁書卷三武帝紀下大同四年（五三八）七月載：「以南琅邪、彭城二郡太守岳陽王詧爲東揚州刺史。」按南琅邪、南彭城皆南徐州屬郡，這裏當脱「南」字。

〔三〕梁元帝届郢州之武成　「成」，梁書卷三四、南史卷五六張緬傳附張纘傳、通鑑卷一六二梁紀一八太清三年（五四九）作「城」。按水經注卷三五江水注稱武口水「南至武城，俱入大江」，

「成」應作「城」。但當時地名「城」者，常寫作「成」，今不改。

〔四〕河東戴檣上水　「戴」，原作「載」，據三朝本、南監本、北監本、汲本、局本、建康實録卷一八後梁中宗宣皇帝、通鑑卷一六二梁紀一八太清三年（五四九）改。張元濟以爲作「載」誤，云「見南史張纘傳」。

〔五〕吾蒙先宮愛顧　「宮」，原作「帝」，據三朝本、建康實録卷一八後梁中宗宣皇帝改。按「先宮」指詧父昭明太子統，所以説「以汝兄弟見屬」。後人不解「先宮」之意，改「宮」爲「帝」。

〔六〕假散騎常侍鄭穆　「鄭穆」，北史卷九三僭僞蕭氏傳作「鄭孝穆」。按周書卷三五有鄭孝穆傳，此雙名單稱。

〔七〕十七年詧留蔡大寶居守乃自襄陽來朝　通鑑卷一六三梁紀一三大寶元年（五五〇）七月辛酉，書「梁王詧入朝於魏」，則是大統十六年。此事不見周書卷二文帝紀下。然通鑑紀月紀日，必有所據。

〔八〕王琳又遣其將雷又柔襲陷監利郡　「又柔」，北史卷九三僭僞蕭氏傳、册府卷四〇四明鈔本乙丙作「文柔」，通鑑卷一六七陳紀一永定三年（五五九）作「文策」。按「又」疑當作「文」，「柔」「策」則未知孰是。

〔九〕則鄧祁侯所謂人將不食吾餘也　「祁」，原作「祈」，據北史卷九三僭僞蕭氏傳、册府卷二〇九、建康實録卷一八後梁中宗宣皇帝改。按事見左傳莊六年。

〔一〇〕恧二東之英華　「東」，英華卷一二九梁宣帝愍時賦并序作「策」。按「二東」出典，傅山疑指東漢東海王彊、東平王蒼（傅山全書第二册）。陳長琦周書今注本認爲指東平王蒼與三國魏東阿王曹植，二人俱以才思敏捷著稱。

〔一一〕況託萼於霄極　英華卷一二九梁宣帝愍時賦并序這句作「況華萼聯於霄極」（「霄」原訛「宵」），與下「寵渥流於無已」句對，疑是。

〔一二〕即驅傳於湘水　「湘」，英華卷一二九梁宣帝愍時賦并序作「襄」，疑是。

〔一三〕烽凌雲而迴照　「迴」，原作「迥」，據英華卷一二九梁宣帝愍時賦并序改。

〔一四〕省覽簿領　「簿」，原作「薄」，據三朝本、局本、北史卷九三僭僞蕭氏傳改。按文義作「簿」是。

〔一五〕所著文集十五卷　隋書卷三五經籍志四有「梁岳陽王詧集十卷」。

〔一六〕四十六卷　北史卷九三僭僞蕭氏傳、册府卷一九二、卷一九四都作「三十六卷」。

〔一七〕五年陳湘州刺史華皎巴州刺史戴僧朔並來附　張森楷云：「『五』當作『六』，見武帝紀（周書卷五）及通鑑（卷一七〇），非五年事也。」按周書卷五武帝紀蕭詧死於保定二年（五六二），華皎之降在天和二年（五六七）。據蕭詧傳，詧死，「高祖又命其太子巋嗣位，年號天保」，似巋嗣位即改元，不待踰年。通鑑卷一六八陳紀二天嘉三年（五六二）更明云：「太子巋即皇帝位，改元天保。」如果蕭巋改元在周保定二年，則周天和二年、陳光大元年（五六七）相當於蕭巋的天保六年，這裏作「五年」定誤。但從下條紀章昭達事和在位年數亦差一年看來，本傳又似以踰年（五六三）改元爲巋之元年，則「五年」不誤。

〔一八〕巋之八年陳又遣其司空章昭達來寇　按周書卷四四李遷哲傳、陳書卷一一章昭達傳載此事在周天和五年（五七〇），陳太建二年。如果從蕭巋嗣位那年（五六二）算起，應是九年，如從踰年改元起，則也可作「八年」。

〔一九〕昭達又寇竟陵之青泥　「竟」，原作「章」，據北史卷九三僭僞蕭氏傳、册府卷二一七改。按章陵，東漢郡名，在今棗陽。郡已久廢，自晉以來爲安昌縣，西魏爲昌州，何故在這裏特標一廢郡之名？且章昭達乃是進攻後梁。章陵和江陵懸遠，地久入周，又不是陳軍攻梁所經的路綫。當時竟陵即在江陵之東。陳書卷一一章昭達傳稱太建二年（五七〇）攻江陵時，「蕭巋與周軍大蓄舟艦於青泥中」，知青泥必在江陵鄰近周、梁接界處。竟陵正在其地，且周圍湖泊縱橫，便於舟艦屯聚。至顧祖禹讀史方輿紀要卷七九以襄陽西北之青泥河當章昭達傳之青泥，更是渺不相涉。

〔二〇〕叱列長叉　原作「吒列長乂」，據北史卷九三僭僞蕭氏傳改。册府卷一四二宋本作「叱列長乂」，明刻本「乂」作「義」，明鈔本與通志卷一九三後梁載記又作「乂」。按北齊書卷二〇、北史卷五三叱列平傳，長叉乃叱列平子，周書卷八靜帝紀、卷三一韋孝寬傳俱見其人。隋馮忱妻叱李綱子墓誌（漢魏南北朝墓誌集釋圖版五二一）明記「祖長叉」，「乂」「义」都是「叉」的形訛。參卷八校記第一二條。以下徑改，不再出校記。

〔二一〕及常所乘五百里駿馬以遺之　北史卷九三僭僞蕭氏傳、册府卷一四二「常」作「帝」，「遺」作「遣」。疑作「遣」是。

〔二二〕遣使賜金三百兩　「三百」，北史卷九三僭僞蕭氏傳、隋書卷七九外戚蕭巋傳作「五百」。

〔二三〕巋在位二十三載年四十四五年五月薨　按自開皇五年（五八五）逆數至保定三年（五六三）得二十三年。然巋嗣位在保定二年二月，應爲二十四年。知以踰年改元起算，不計嗣位之年。

〔二四〕謚曰孝明皇帝　「明」，原作「文」，據三朝本、北史卷九三僭僞蕭氏傳、隋書卷七九外戚蕭巋傳、建康實録卷一八後梁世宗孝明皇帝改。

〔二五〕琮叔父巖及弟瓛等　「瓛」，原作「獻」，據局本、隋書卷七九外戚蕭巋傳、北史卷九三僭僞蕭氏傳、建康實録卷一八後梁世宗孝明皇帝改。按下文稱「巋子瓛，義興王」，且有附傳，可證作「獻」誤。

〔二六〕王凝　「凝」，北史卷九三僭僞蕭氏傳作「洋」。張元濟云：「按當作『淀』，尚廬陵長公主。」按本傳附有王淀，當即此王凝。但其名又有紛歧。參本卷校記第四〇條。

〔二七〕詧之爲梁主立爲世子　「主」，北史卷九三僭僞蕭氏傳、册府卷二六一作「王」。按巋死在詧稱梁王時，且云「封爲世子」，不稱太子，「主」當作「王」。

〔二八〕及爲梁主　按下云「詧於江陵稱帝」，則此「主」字也應作「王」。

〔一九〕領太子少傅　按上已云「領太子少傅」，這裏「少」字疑當作「太」。

〔二〇〕尚簪女宣成公主　「成」，北史卷九三僭僞蕭氏傳、册府卷三〇〇作「城」。按「宣城」乃郡名，作「城」是。但南北史籍地名「城」字常寫作「成」，今不改。下「宣成王友」同。

〔二一〕小名嗣兒　「嗣」，原作「洞」，據三朝本、南監本、北監本、汲本、局本改。

〔二二〕有文集二十卷　隋書卷三五經籍志四有「梁護軍將軍甄玄成集十卷並録」。

〔二三〕徵爲太舟卿　「舟」，原作「府」，據三朝本改。張元濟以爲「府」字誤，云「下文轉『太府』可證」。按通典卷三七職官一九梁官品太舟卿在九班。

〔二四〕以法華經云　北史卷九三僭僞蕭氏傳「以」上有「簪」字。册府卷八三五「簪」作「宣帝」。按文義「以」上應有「簪」字。

〔二五〕政應不信法華耳　「政」，北史卷九三僭僞蕭氏傳、御覽卷六五七引梁書作「正」，建康實録卷一八後梁功臣、御覽卷三六五引後梁書、册府卷八三五作「止」。

〔二六〕不敢喚如州官作如周　北史卷九三僭僞蕭氏傳作「不敢喚如周官作如州」。按文義應作「不敢喚如州官作如州」。

〔二七〕有集三十卷　隋書卷三五經籍志四作「十卷」。

〔二八〕祖惔尚書左僕射　梁書卷一二柳惔傳作「右僕射」，南史卷三八柳元景傳附柳惔傳則作「左僕射」。

〔三九〕父昭　「昭」，梁書卷一二柳惔傳作「照」，南史卷三八柳元景傳附柳惔傳作「昭」。

〔四〇〕王淀　「淀」，梁書卷二一王份傳附王錫傳作「泛」，南史卷二三王彧傳附王錫傳「涉」。

〔四一〕有文集十卷　隋書卷三五經籍志四有「梁散騎常侍沈君游集十三卷」（「游」原訛「攸」）。舊唐書卷四七經籍志下、新唐書卷六〇藝文志四作「十二卷」，當不計目録。

周書卷四十九

列傳第四十一

異域上

高麗　百濟　蠻　獠　宕昌　鄧至　白蘭　氐　稽胡　庫莫奚

蓋天地之所覆載，至大矣；日月之所臨照，至廣矣。然則萬物之内，民人寡而禽獸多；兩儀之間，中土局而庶俗曠。求之鄒說，詭怪之迹實繁；考之山經，奇譎之詞匪一。周、孔存而不論，是非紛而莫辯。秦皇鞭笞天下，黷武於遐方；漢武士馬彊盛，肆志於遠略。匈奴既却，其國已虚；天馬既來〔一〕，其民亦困。是知鴈海龍堆，天所以絶夷夏也；炎方朔漠，地所以限内外也。況乎時非秦、漢，志甚嬴、劉，違天道以求其功，殫民力而從所欲，顛墜之釁，固不旋踵。是以先王設教，内諸夏而外夷狄；往哲垂範，美樹德而鄙廣地。雖禹迹之東漸西被，不過海及流沙；王制之自北徂南，裁稱穴居交阯。豈非道貫三古，義高百代者乎。

有周承喪亂之後，屬戰爭之日，定四表以武功，安三邊以權道。趙、魏尚梗，則結姻於北狄；厩庫未實，則通好於西戎。由是德刑具舉，聲名遐洎〔二〕。卉服氈裘，輻湊於屬國；商胡販客，填委於旗亭。雖東略漏三吴之地，南巡阻百越之境，而國威之所肅服，風化之所覃被，亦足爲弘矣。其四夷來朝聘者，今並紀之於後。至於道路遠近，物産風俗，詳諸前史，或有不同。斯皆録其當時所記，以備遺闕云爾。

高麗者，其先出於夫餘。自言始祖曰朱蒙，河伯女感日影所孕也。朱蒙長而有材略，夫餘人惡而逐之。土于紇升骨城〔三〕，自號曰高句麗，仍以高爲氏。其孫莫來漸盛〔四〕，擊夫餘而臣之。莫來裔孫璉，始通使於後魏。

其地，東至新羅，西渡遼水二千里，南接百濟，北隣靺鞨千餘里。治平壤城。其城，東西六里，南臨浿水。城内唯積倉儲器備，寇賊至日，方入固守。王則别爲宅於其側，不常居之。其外有國内城及漢城，亦別都也，復有遼東、玄菟等數十城，皆置官司，以相統攝。

大官有大對盧，次有太大兄、大兄、小兄、意俟奢〔五〕、烏拙、太大使者、大使者、小使者、褥奢、翳屬、仙人并褥薩凡十三等，分掌内外事焉。其大對盧，則以彊弱相陵，奪而自爲之，不由王之署置也。其刑法：謀反及叛者，先以火焚爇，然後斬首，籍没其家；盜者，十餘倍徵贓；若貧不能備，及負公私債者，皆聽評其子女爲奴婢以償之。

丈夫衣同袖衫、大口袴、白韋帶、黄革履。其冠曰骨蘇〔六〕，多以紫羅爲之，雜以金銀爲飾。其有官品者，又插二鳥羽於其上，以顯異之。婦人服裙襦，裾袖皆爲襈。書籍有五經、三史、三國志、晉陽秋。兵器有甲弩弓箭戟矟矛鋋。賦税則絹布及粟，隨其所有，量貧富差等輸之。土田塉薄，居處節儉。然尚容止。多詐僞，言辭鄙穢，不簡親疏，乃至同川而浴，共室而寢〔七〕。風俗好淫，不以爲愧。有遊女者，夫無常人。婚娶之禮，略無財幣，若受財者，謂之賣婢，俗甚恥之。父母及夫喪，其服制同於華夏。兄弟則限以三月。敬信佛法，尤好淫祀。又有神廟二所：一曰夫餘神，刻木作婦人之象；一曰登高神〔八〕，云是其始祖夫餘神之子。並置官司，遣人守護。蓋河伯女與朱蒙云。

璉五世孫成，大統十二年，遣使獻其方物。成死，子湯立。建德六年，湯又遣使來貢。高祖拜湯爲上開府儀同大將軍、遼東郡開國公、遼東王。

百濟者，其先蓋馬韓之屬國，夫餘之别種。有仇台者，始國於帶方。故其地界東極新羅，北接高句麗，西南俱限大海。東西四百五十里，南北九百餘里。治固麻城。其外更有五方：中方曰古沙城，東方曰得安城，南方曰久知下城，西方曰刀先城，北方曰熊津城。

王姓夫餘氏，號於羅瑕，民呼爲鞬吉支，夏言並王也。妻號於陸，夏言妃也。官有十六品。左平五人，一品；達率三十人，二品；恩率三品；德率四品；扞率五品〔九〕；柰率六品。六品已上，冠飾銀華。將德七品，紫帶；施德八品，皂帶；固德九品，赤帶；季德十品〔一〇〕，青帶；對德十一品，文督十二品，皆黄帶；武督十三品，佐軍十四品，振武十五品，克虞十六品〔一一〕，皆白帶。自恩率以下，官無常員，各有部司，分掌衆務。内官有前内部、穀部、肉部、内掠部、外掠部〔一二〕、馬部、刀部、功德部、藥部、木部、法部、後官部〔一三〕。外官有司軍部、司徒部、司空部、司寇部、點口部、客部、外舍部、綢部、日官部、都市部。都下有萬家，分爲五部，曰上部、前部、中部、下部、後部，統兵五百人〔一四〕。五方各有方領一人，以達率爲之；郡將三人〔一五〕，以德率爲之。方統兵一千二百人以下，七百人以上。城之内外民庶及餘小城，咸分隸焉〔一六〕。

其衣服，男子略同於高麗。若朝拜祭祀，其冠兩廂加翅，戎事則不。拜謁之禮，以兩手據地爲敬。婦人衣似袍〔一七〕，而袖微大。在室者，編髮盤於首，後垂一道爲飾；出嫁者，乃分爲兩道焉。兵有弓箭刀矟。俗重騎射，兼愛墳史。其秀異者，頗解屬文。又解陰陽五行。用宋元嘉曆，以建寅月爲歲首。亦解醫藥卜筮占相之術。有投壺、樗蒲等雜戲，然尤尚奕棊。僧尼寺塔甚多，而無道士。賦稅以布絹絲麻及米等，量歲豐儉，差等輸之。其刑罰：反叛、退軍及殺人者，斬；盜者，流，其贓兩倍徵之；婦人犯姦者，没入夫家爲婢。婚娶之禮，略同華俗。父母及夫死者，三年治服；餘親，則葬訖除之。土田下濕，氣候温暖。五穀雜果菜蔬及酒醴餚饌藥品之屬，多同於內地。唯無駞驢騾羊鵝鴨等。其王以四仲之月，祭天及五帝之神。又每歲四祠其始祖仇台之廟。

自晉、宋、齊、梁據江左，後魏宅中原，並遣使稱藩，兼受封拜。齊氏擅東夏，其王隆亦通使焉。隆死，子昌立。建德六年，齊滅，昌始遣使獻方物。宣政元年，又遣使來獻。

蠻者，盤瓠之後。族類蕃衍〔一八〕，散處江、淮之間，汝、豫之郡。憑險作梗，世爲寇亂。逮魏人失馭，其暴滋甚。有冉氏、向氏、田氏者，陬落尤盛。餘則大者萬家，小者千户。更相崇樹，僭稱王侯，屯據三峽，斷遏水路，荆、蜀行人，至有假道者。太祖略定伊、瀍，聲教南被，諸蠻畏威，靡然向風矣。

大統五年，蔡陽蠻王魯超明内屬，以爲南雍州刺史，仍世襲焉。十一年，蠻首梅勒特來貢其方物。尋而蠻帥田杜清及沔、漢諸蠻擾動〔一九〕，大將軍楊忠擊破之。其後蠻帥杜青和自稱巴州刺史〔二〇〕，以州入附。朝廷因其所稱而授之。青和後遂反，攻圍東梁州。其唐州蠻田魯嘉亦叛，自號豫州伯。王雄、權景宣等前後討平之。語在泉仲遵及景宣傳。

魏廢帝初，蠻酋樊舍舉落内附，以爲淮北三州諸軍事、淮州刺史、淮安郡公。于謹等平江陵，諸蠻騷動，詔豆盧寧、蔡祐等討破之。

魏恭帝二年，蠻酋宜民王田興彦、北荆州刺史梅季昌等相繼款附。以興彦、季昌並爲開府儀同三司，加季昌洛州刺史，賜爵石臺縣公。其後巴西人譙淹扇動羣蠻，以附於梁。蠻帥向鎮侯、向白彪等應之〔二一〕。向五子王又攻陷信州。田烏度、田都唐等抄斷江路。文子榮復據荆州之汶陽郡，自稱仁州刺史。并隣州刺史蒲微亦舉兵逆命。詔田弘、賀若敦、潘招、李遷哲討破之。語在敦及遷哲、陽雄等傳〔二二〕。

武成初，文州蠻叛，州選軍討定之。尋而冉令賢、向五子王等又攻陷白帝，殺開府楊長華，遂相率作亂。前後遣開府元契、趙剛等總兵出討，雖頗剪其族類，而元惡未除。

天和元年，詔開府陸騰督王亮、司馬裔等討之。騰水陸俱進，次于湯口，先遣喻之。而令賢方增浚城池，嚴設扞禦。遣其長子西黎、次子南王領其支屬，於江南險要之地置立十城，遠結涔陽蠻爲其聲援。令賢率其精卒，固守水邏城。騰乃總集將帥，謀其進趣。咸欲先取水邏，然後經略江南。騰言於衆曰：「令賢内恃水邏金湯之險，外託涔陽輔車之援，兼復資糧充實，器械精新。以我懸軍攻其嚴壘，脱一戰不尅，更成其氣。不如頓軍湯口，先取江南，剪其羽毛，然後進軍水邏。此制勝之計也。」衆皆然之。乃遣開府王亮率衆渡江，旬日攻拔其八城，凶黨奔散。獲賊帥冉承公并生口三千人，降其部衆一千户。遂簡募驍勇，數道入攻水邏。路經石壁城。此城峻嶮，四面壁立，故以名焉。唯有一小路，緣梯而上。蠻蜑以爲峭絶，非兵衆所行。騰被甲先登，衆軍繼進，備經危阻，累月乃得舊路〔二三〕。且騰先任隆州總管，雅知蠻帥冉伯犁、冉安西與令賢有隙。騰乃招誘伯犁等，結爲父子，又多遺其金帛。伯犁等悦，遂爲鄉導。水邏側又有石勝城者，亦是險要。令賢使兄子龍真據之〔二四〕。騰又密誘龍真云，若平水邏，使其代令賢處。龍真大悦，密遣其子詣騰。騰乃厚加禮接，賜以金帛。蠻貪利既深，仍請立効。乃謂騰曰：「欲翻所據城，恐人力寡少。」騰許以三百兵助之。既而遣二千人銜枚夜進。龍真力不能禦，遂平石勝城。晨至水邏，蠻衆大潰，斬首萬餘級，虜獲一萬口。令賢遁走，追而獲之，并其子弟等皆斬之。

司馬裔又別下其二十餘城，獲蠻帥冉三公等。騰乃積其骸骨於水邏城側，爲京觀。後蠻蜑望見，輒大號哭。自此狼戾之心輟矣。

時向五子王據石默城〔二五〕，令其子寶勝據雙城。水邏平後，頻遣喻之，而五子王猶不從命。騰又遣王亮屯牢坪，司馬裔屯雙城以圖之。騰慮雙城孤峭，攻未易拔。賊若委城奔散，又難追討。乃令諸軍周回立柵，遏其走路。賊乃大駭。於是縱兵擊破之，擒五子王於石默，獲寶勝於雙城，悉斬諸向首領，生擒萬餘口。信州舊治白帝。騰更於劉備故宮城南，八陣之北，臨江岸築城，移置信州。又以巫縣、信陵、秭歸並是硤中要險，於是築城置防，以爲襟帶焉。

天和六年，蠻渠冉祖喜、冉龍驤又反，詔大將軍趙訚討平之。自此羣蠻慴息，不復爲寇矣。

獠者，蓋南蠻之別種，自漢中達于邛、笮，川洞之間，在所皆有之。俗多不辨姓氏〔二六〕，又無名字，所生男女，唯以長幼次第呼之。其丈夫稱阿謩、阿段，婦人阿夷、阿第之類〔二七〕，皆其語之次第稱謂也。喜則羣聚，怒則相殺，雖父子兄弟，亦手刃之。遞相掠賣，不避親戚。被賣者號叫不服，逃竄避之，乃將買人指撝捕逐，若追亡叛，獲便縛之。但經被縛者，即服爲賤隸，不敢更稱良矣。俗畏鬼神，尤尚淫祀巫祝，至有賣其昆季妻孥盡者，乃自賣以祭祀焉〔二八〕。往往推一酋帥爲王，亦不能遠相統攝。

自江左及中州遞有巴、蜀，多恃險不賓。太祖平梁、益之後，令所在撫慰。其與華民雜居者，亦頗從賦役。然天性暴亂，旋至擾動〔二九〕。每歲命隨近州鎮出兵討之，獲其口以充賤隸，謂之爲壓獠焉。後有商旅往來者，亦資以爲貨，公卿逮于民庶之家，有獠口者多矣。

魏恭帝三年，陵州木籠獠反，詔開府陸騰討破之，俘斬萬五千人。保定二年，鐵山獠又反，抄斷江路。陸騰復攻拔其三城，虜獲三千人，降其種三萬落。語在騰傳。

天和三年，梁州恒稜獠叛，總管長史趙文表討之。軍次巴州，文表欲率衆徑進。軍吏等曰：「此獠旅拒日久，部衆甚彊。討之者皆四面攻之，以分其勢。今若大軍直進，不遣奇兵，恐併力於我，未可制勝。」文表曰：「往者既不能制之，今須別爲進趣。若四面遣兵，則獠降走路絶，理當相率以死拒戰。如從一道，則吾得示威恩，分遣使人以理曉諭。爲惡者討之，歸善者撫之。善惡既分，易爲經略。事有變通，奈何欲遵前轍也。」文表遂以此意遍令軍中。時有從軍熟獠，多與恒稜親識，即以實報之。恒稜獠相與聚議，猶豫之間，文表軍已至其界。獠中先有二路，一路稍平，一路極險。俄有生獠酋帥數人來見文表曰：

「我恐官軍不悉山川，請爲鄉導。」文表謂之曰：「此路寬平，不須導引，卿但先去，好慰諭子弟也。」乃遣之。文表謂其衆曰：「向者，獠帥語吾從寬路而行，必當設伏要我。若從險路，出其不虞，獠衆自離散矣。」於是勒兵從險道進，其有不通之處，隨即治之。乘高而望，果見其伏兵。獠既失計，爭携妻子，退保險要。文表頓軍大蓬山下，示以禍福，遂相率來降。文表皆慰撫之，仍徵其稅租，無敢動者。後除文表爲蓬州刺史，又大得獠和。

建德初，李暉爲梁州總管，諸獠亦並從附。然其種類滋蔓，保據巖壑，依林走險，若履平地，雖屢加兵，弗可窮討。性又無知，殆同禽獸，諸夷之中，最難以道義招懷者也。

宕昌羌者，其先蓋三苗之胤。周時與庸、蜀、微、盧等八國從武王滅商。漢有先零、燒當等，世爲邊患。其地，東接中華，西通西域，南北數千里。姓別自爲部落，各立酋帥，皆有地分，不相統攝。宕昌即其一也。俗皆土著，居有棟宇。其屋織犛牛尾及羖羊毛覆之。國無法令，又無徭賦。唯征伐之時，乃相屯聚；不然，則各事生業，不相往來。皆衣裘褐，牧養犛牛羊豕，以供其食。父子伯叔兄弟死者，即以其繼母、世叔母、及嫂弟婦等爲妻〔三〇〕。俗無文字，但候草木榮落，以記歲時。三年一相聚，殺牛羊以祭天。

有梁勤者〔三一〕，世爲酋帥，得羌豪心，乃自稱王焉。其界自仇池以西，東西千里，席水以南〔三二〕，南北八百里。地多山阜，部衆二萬餘落。勤孫彌忽，始通使於後魏。太武因其所稱而授之。

自彌忽至宕定九世，每修職貢不絕。後見兩魏分隔，遂懷背誕。永熙末，宕定乃引吐谷渾寇金城。大統初，又率其種人入寇。詔行臺趙貴督儀同侯莫陳順等擊破之。宕定懼，稱藩請罪。太祖捨之，拜撫軍將軍。四年，以宕定爲南洮州刺史、要安蕃王〔三三〕。後改洮州爲岷州，仍以宕定爲刺史。是歲，秦州濁水羌反，州軍討平之。七年，宕定又舉兵入寇。獨孤信時鎮隴右，詔信率衆便討之。軍未至而宕定爲其下所殺。信進兵破其餘黨。朝廷方欲招懷殊俗，乃更以其弟彌定爲宕昌王〔三四〕。

十六年，彌定宗人獠甘襲奪其位，彌定來奔。先是，羌酋傍乞鐵怱等因宕定反叛之際，遂擁衆據渠林川〔三五〕，與渭州民鄭五醜扇動諸羌，阻兵逆命。至是詔大將軍宇文貴、豆盧寧、涼州刺史史寧等率兵討獠甘等，並擒斬之，納彌定而還。語在貴等傳。其後羌酋東念姐、鞏廉俱和等反，大將軍豆盧寧、王勇等前後討平之。

保定初，彌定遣使獻方物。三年，又遣使獻生猛獸。四年，彌定寇洮州，總管李賢擊走之。是歲，彌定又引吐谷渾寇石門戍，賢復破之〔三六〕。高祖怒，詔大將軍田弘討滅之，以其地爲宕州。

鄧至羌者，羌之別種也。有像舒治者，世爲白水酋帥，自稱王焉。其地北與宕昌相接，風俗物産亦與宕昌略同。自舒治至檐桁十一世〔三七〕。魏恭帝元年，檐桁失國來奔，太祖令章武公導率兵送復之。

白蘭者，羌之別種也。其地東北接吐谷渾，西北至利模徒〔三八〕，南界那鄂，風俗物産與宕昌略同。保定元年，遣使獻犀甲鐵鎧。

氐者，西夷之別種。三代之際，蓋自有君長，而世一朝見。故詩稱「自彼氐、羌，莫敢不來王」也。漢武帝滅之，以其地爲武都郡。自汧、渭抵於巴、蜀，種類實繁。漢末，有氐帥楊駒，始據仇池百頃，最爲彊族。其後漸盛，乃自稱王。至裔孫纂，爲苻堅所滅〔三九〕。堅敗，其族人定又自稱王。定爲乞伏乾歸所殺。定從弟盛，代有其國。世受魏氏封拜，亦通使於江左。然其種落分散，叛服不恒，隴、漢之間，屢被其害。

盛之苗裔曰集始，魏封爲武興王。集始死，子紹先立，遂僭稱大號。魏將傅豎眼滅之，執紹先歸諸京師，以其地爲武興鎮。魏氏洛京未定，天下亂，紹先奔還武興，復自立爲王。太祖定秦、隴，紹先稱藩，送妻子爲質。大統元年，紹先請其妻女，太祖奏魏帝還之。紹先死，子辟邪立。四年，南岐州氐苻安壽反，攻陷武都，自號太白王。詔大都督侯莫陳順與渭州刺史長孫澄討破之。安壽以其衆降。九年，清水氐酋李鼠仁據險作亂，氐帥梁道顯叛攻南由，太祖遣典籤趙昶慰諭之，鼠仁等相繼歸附。語在昶傳。十一年，於武興置東益州，以辟邪爲刺史。十五年，安夷氐復叛，趙昶時爲郡守，收其首逆者二十餘人斬之，餘衆乃定。於是以昶行南秦州事。氐帥蓋鬧等相率作亂，鬧據北谷，其黨覃洛聚洮中，楊興德、苻雙圍平氏城，姜樊噲亂武階，西結宕昌羌獠甘，共推蓋鬧爲主。昶分道遣使宣示禍福，然後出兵討之，擒蓋鬧，散其餘黨。興州叛氐復侵逼南岐州，刺史叱羅協遣使告急，昶率兵赴救，又大破之。

先是，氐首楊法深據陰平自稱王，亦盛之苗裔也〔四〇〕。魏孝昌中，舉衆内附。自是職貢不絶。廢帝元年，以法深爲黎州刺史。二年，楊辟邪據州反，羣氐復與同逆。詔叱羅協與趙昶討平之。太祖乃以大將軍宇文貴爲大都督、六州諸軍事、興州刺史。貴威名先著，羣氐頗畏服之。是歲，楊法深從尉遲迥平蜀，軍回，法深旋鎮。尋與其種人楊崇集、楊陳侳各擁其衆，遞相攻討。趙昶時督成武沙三州諸軍事、成州刺史〔四一〕，遣使和解之。法深等從命。乃分其部落，更置州郡以處之。

魏恭帝末，武興氐反，圍利州。鳳州固道氐魏天王等亦聚衆響應。大將軍豆盧寧等討平之。

世宗時，興州人段吒及下辯、柏樹二縣民反〔四二〕，相率破蘭皋戍。氐酋姜多復率廚中氐、蜀攻陷落叢郡以應之。趙昶率衆討平二縣，并斬段吒。而陰平、盧北二郡氐復往往屯聚〔四三〕，與廚中相應。昶乃簡擇精騎，出其不意，徑入廚中。至大竹坪，連破七栅，誅其渠率，二郡並降。及昶還，廚中主氐復爲寇掠〔四四〕。昶又遣儀同劉崇義、宇文琦率兵入廚中討之，大破氐衆，斬姜多及苻肆王等。於是羣氐並平。及王謙舉兵，沙州氐帥開府楊永安又據州應謙，大將軍達奚儒討平之。

稽胡一曰步落稽，蓋匈奴別種，劉元海五部之苗裔也。或云山戎赤狄之後。自離石以西，安定以東，方七八百里，居山谷間，種落繁熾。其俗土著，亦知種田。地少桑蠶，多麻布。其丈夫衣服及死亡殯葬，與中夏略同〔四五〕。婦人則多貫蜃貝以爲耳及頸飾。又與華民錯居，其渠帥頗識文字。然語類夷狄，因譯乃通。蹲踞無禮，貪而忍害。俗好淫穢，處女尤甚。將嫁之夕，方與淫者叙離，夫氏聞之，以多爲貴。既嫁之後，頗亦防閑，有犯姦者，隨事懲罰。又兄弟死，皆納其妻。雖分統郡縣，列於編户，然輕其徭賦，有異齊民。山谷阻深者，又未盡役屬。而凶悍恃險，數爲寇亂。

魏孝昌中，有劉蠡升者，居雲陽谷，自稱天子，立年號，署百官。屬魏氏政亂，力不能討。蠡升遂分遣部衆，抄掠居民，汾、晉之間，略無寧歲。齊神武遷鄴後，始密圖之。僞許以女妻蠡升太子，蠡升信之，遂遣其子詣鄴。齊神武厚爲之禮，緩以婚期。蠡升既恃和親，不爲之備。大統元年三月，齊神武潛師襲之。蠡升率輕騎出外徵兵，爲其北部王所殺，斬首送於齊神武。其衆復立蠡升第三子南海王爲主，率兵拒戰。齊神武擊滅之，獲其僞主，及其弟西海王，并皇后夫人王公以下四百餘人，歸於鄴。

居河西者，多恃險不賓。時方與齊神武爭衡，未遑經略。太祖乃遣黄門郎楊㯹就安撫之〔四六〕。五年，黑水部衆先叛。七年，别帥夏州刺史劉平伏又據上郡反。自是北山諸部，連歲寇暴。太祖前後遣李遠、于謹、侯莫陳崇、李弼等相繼討平之。武成初，延州稽胡郝阿保、郝狼皮率其種人附於齊氏。阿保自署丞相，狼皮自署柱國，并與其別部劉桑德共爲影響〔四七〕。柱國豆盧寧督諸軍與延州刺史高琳擊破之。二年，狼皮等餘黨復叛。詔大將軍韓果討之〔四八〕，俘斬甚衆。

保定中，離石生胡數寇汾北，勳州刺史韋孝寬於險要築城，置兵糧，以遏其路。及楊忠與突厥伐齊，稽胡等復懷旅拒，不供糧餼。忠乃詐其酋帥，云與突厥欲回兵討之。酋帥等懼，乃相率供饋焉。語在忠傳。其後丹州、綏州、銀州等部內諸胡，與蒲川別帥郝三郎等又頻年逆命。復詔達奚震、辛威、于寔等前後窮討，散其種落。天和二年，延州總管宇文盛率衆城銀州，稽胡白郁久同、喬是羅等欲邀襲盛軍，盛並討斬之。又破其別帥喬三勿同等。五年，開府劉雄出綏州，巡檢北邊川路，稽胡帥喬白郎、喬素勿同等度河逆戰〔四九〕，雄復破之。

建德五年，高祖敗齊師於晉州，乘勝逐北，齊人所棄甲仗，未暇收斂，稽胡乘閒竊出，並盜而有之。乃立蠡升孫没鐸爲主，號聖武皇帝，年曰石平。六年，高祖定東夏，將討之，議欲窮其巢穴。齊王憲以爲種類既多，又山谷阻絕，王師一舉，未可盡除。且當剪其魁首，餘加慰撫。高祖然之，乃以憲爲行軍元帥，督行軍總管趙王招、譙王儉、滕王逌等討之。憲軍次馬邑，乃分道俱進。没鐸遣其黨天柱守河東，又遣其大帥穆支據河西〔五〇〕，規欲分守險要，掎角憲軍。憲命譙王儉攻天柱，滕王逌擊穆支，並破之，斬首萬餘級。趙王招又擒没鐸，餘衆盡降。

宣政元年，汾州稽胡帥劉受羅千復反〔五一〕，越王盛督諸軍討擒之。自是寇盜頗息。

庫莫奚，鮮卑之别種也。其先爲慕容晃所破，竄於松漠之間。後種類漸多，分爲五部：一曰辱紇主，二曰莫賀弗，三曰契箇，四曰木昆，五曰室得。每部置俟斤一人〔五二〕。有阿會氏者，最爲豪帥，五部皆受其節度。役屬於突厥，而數與契丹相攻。虜獲財畜，因而行賞。死者則以葦薄裹尸，懸之樹上。大統五年，遣使獻其方物。

史臣曰：凡民肖形天地，禀靈陰陽，愚智本於自然，剛柔繫於水土。故雨露所會，風流所通，九川爲紀，五嶽作鎮，此之謂諸夏。生其地者，則仁義出焉。昧谷、嵎夷、孤竹、北户，限以丹徼紫塞，隔以滄海交河，此之謂荒裔。感其氣者，則凶德成焉。若夫九夷八狄，種落繁熾；七戎六蠻，充牣邊鄙。雖風土殊俗，嗜欲不同，至於貪而無厭，狠而好亂，彊則旅拒，弱則稽服，其揆一也。斯蓋天之所命，使其然乎。

校勘記

〔一〕天馬既來　「天」，原作「犬」，據北史卷九四四夷傳序改。張森楷、張元濟都以爲當從北史作「天」。按「天馬」見史記卷一二三大宛列傳、漢書卷九六西域傳，且漢武帝有天馬來之歌，作「天」是。

〔二〕聲名遐洎　「名」，三朝本作「明」。張元濟云：「『昭其聲也』『昭其明也』（按見左傳桓公二年），『聲明』二字可通。」

〔三〕紇升骨城　「升」，原作「斗」，據魏書卷一〇〇高句麗傳、北史卷九四高麗傳、通典卷一八六邊防二、册府卷九五六改。按三國史記卷三七、宣和奉使高麗圖經卷一都作「紇升骨城」。此城即今遼寧桓仁五女山城。

〔四〕其孫莫來漸盛　魏書卷一〇〇高句麗傳稱「朱蒙死，閭達代立；閭達死，子如栗代立；如栗死，子莫來代立」。隋書卷八一高麗傳亦以莫來爲閭達孫，則是朱蒙曾孫。北史卷九四高麗傳缺閭達一代，則莫來爲朱蒙孫，與周書同。據三國史記卷一三、卷一四，莫來即大武神王，是朱蒙之孫。周書不誤。

〔五〕意俟奢　隋書卷八一高麗傳作「意侯奢」，北史卷九四高麗傳作「竟侯奢」。按册府卷九六二亦同周書作「意俟奢」，疑北史「竟」字誤。

〔六〕其冠曰骨蘇　「骨蘇」，北史卷九四高麗傳倒作「蘇骨」。

〔七〕乃至同川而浴共室而寢　「乃至」，隋書卷八一、北史卷九四高麗傳、册府卷九五九都作「父子」。按此句前無主語，不明「同川而浴，共室而寢」是指何人，疑「乃至」爲「父子」之訛。

〔八〕一曰登高神　「登高神」，北史卷九四高麗傳倒作「高登神」。

〔九〕扞率五品　「扞率」，隋書卷八一百濟傳殿本、御覽卷七八一引北史、册府卷九六二作「杆率」，隋書百衲本、北史卷九四百濟傳作「杅率」。按通典卷一八五邊防一亦作「扞率」，與周書同。

〔一〇〕季德十品　「季」，原作「李」，據三朝本、南監本、北史卷九四百濟傳、通典卷一八五邊防一、册府卷九六二改。

〔一一〕克虞十六品　「克」，隋書卷八一、北史卷九四百濟傳作「剋」，御覽卷七八一引北史作「卷」。册府卷九六二同作「克虞」，下注「一作喪虞」。

〔一二〕内掠部外掠部　二〇〇八年韓國出土百濟木簡記有「外椋卩鐵」。按「卩」爲「部」之俗寫。戴衛紅韓國木簡研究考證認爲，「椋」源於中國古代表倉廩之意的「京」，韓國簡「椋」即有倉庫之義，「掠」當爲「椋」之形訛。

〔一三〕後官部　「官」，北史卷九四百濟傳、册府卷九六二作「宮」。按三國史記卷四〇引北史亦作「宮」，「官」當爲「宮」之形訛。

〔一四〕統兵五百人　北史卷九四百濟傳云「部有五卷，士庶居焉，部統兵五百人」。按册府卷九六

二、通志卷一九四百濟傳、三國史記卷四〇引北史「統」上皆有「部」字，疑周書原有「部」字。

〔一五〕郡將三人　隋書卷八一、北史卷九四百濟傳、册府卷九六二、三國史記卷四〇引北史上有「方有十郡」四字。周書無此四字，語意不完，疑誤脱。

〔一六〕咸分隸焉　「隸」，原作「肆」，據局本、北史卷九四百濟傳、通典卷一八五邊防一改。

〔一七〕婦人衣似袍　「似」，原作「以」，據北史卷九四百濟傳、通典卷一八五邊防一改。

〔一八〕族類蕃衍　「蕃」，原作「番」，據三朝本改。張森楷云：「『番』當作『蕃』，『番』字無義。」

〔一九〕尋而蠻帥田杜清及沔漢諸蠻擾動　「田杜清」，周書卷一九楊忠傳作「田柱清」，卷二七庫狄昌傳作「田社清」，北史卷九五蠻傳作「田杜青」。按「杜」「社」「杜」形近，未知孰是。

〔二〇〕其後蠻帥杜青和自稱巴州刺史　「青」，汲本、局本及卷四四泉企傳附泉仲遵傳、隋寇奉叔墓誌（漢魏南北朝墓誌集釋圖版三六二）作「清」。王鳴盛十七史商榷卷六八云：「杜青和與上田杜青和自是一人，二者必有一誤。」按周書卷一九楊忠傳稱：「及東魏圍潁川，蠻帥田杜清據險爲亂。」應是豫州蠻。杜青和自稱巴州刺史，攻圍東梁州，地在今陝西南部之安康、旬陽，相去甚遠。王説非。

〔二一〕蠻帥向鎮侯向白彪　「白」，原作「日」，據周書卷二八賀若敦傳、册府卷九八四改。北史卷九五蠻傳作「向白虎」。按「日」是「白」之訛，疑本名「白虎」，避唐諱改「虎」作「彪」，北史乃後人回改。

〔二二〕語在敦及還哲陽雄等傳　「陽」，原作「楊」，據周書卷四四陽雄傳改。按楊雄乃楊紹子，附見卷二九楊紹傳，隋書卷四三有專傳，不載其事，且名輩也較晚。

〔二三〕累月乃得舊路　「月」，北史卷九五蠻傳、册府卷九八四作「日」，疑是。

〔二四〕令賢使兄子龍真據之　北史卷九五蠻傳無「子」字。

〔二五〕時向五子王據石默城　「石默城」，北史卷九五蠻傳、通鑑卷一九六陳紀三天康元年（五六六）作「石墨城」。下「石默」同，不再出校。

〔二六〕在所皆有之俗多不辨姓氏　「在所皆有之」，三朝本作「在所有皆有」。册府卷九五六此句作「所在皆有種，其多散居山谷中，不辨姓氏」，卷九六〇「其」下多「俗」字，「谷」下無「中」字，其餘皆同。按魏書卷一〇一、北史卷九五獠傳也都同册府有「散居山谷」四字，疑周書這裏有誤脱。

〔二七〕婦人阿夷阿第之類　「第」，魏書卷一〇一、北史卷九五獠傳、通典卷一八七邊防三、册府卷九六〇都作「等」，疑是。

〔二八〕乃自賣以祭祀焉　「祭祀」，三朝本作「祭祭」。魏書卷一〇一、北史卷九五獠傳、通典卷一八七邊防三、册府卷九六〇都作「供祭」。按文義作「供祭」較長。疑三朝本誤「供」作「祭」，後人以「祭祭」不可通，改下「祭」字作「祀」，不知誤在上「祭」字。

〔二九〕旋至擾動　「至」，三朝本、北史卷九五獠傳、通典卷一八七邊防三、册府卷九六〇作「致」。

按「至」「致」二字通，今不改。

〔二〇〕父子伯叔兄弟死者即以其繼母世叔母及嫂弟婦等爲妻　「弟婦」，原作「姊妹」，據魏書卷一〇一、北史卷九六宕昌傳改。按三朝本作「弟妹」，「妹」當爲「婦」之訛。册府卷九六一此句作「即以其繼母、世叔母及兄弟婦、子婦爲妻」，可證作「弟婦」是。

〔二一〕有梁勤者　「勤」，原作「勒」，據三朝本、通典卷一九〇邊防六宕昌條改。按魏書卷一〇一、北史卷九六宕昌傳作「懃」，可證作「勒」誤。下文「勤孫彌忽」徑改不出校。

〔二二〕席水以南　「席」，原作「帶」，據通典卷一九〇邊防六改。魏書卷一〇一、北史卷九六宕昌傳作「廗」。通典注云：「席水在今天水上邽縣。」按魏書卷一〇六下地形志下秦州天水郡上封縣（即上邽，避魏諱改）下云：「有席水。」水經注卷一七渭水流經上邽東，有藉水入渭，當即此水。別有曾席水入藉水，乃是小水，不會在地形志中特別注出。「廗」是「席」之訛，又訛作「帶」。

〔二三〕以㕡定爲南洮州刺史要安蕃王　「要安」，周書卷一六、北史卷六一獨孤信傳作「赤水」。

〔二四〕乃更以其弟彌定爲宕昌王　梁書卷五四宕昌傳云：「彌博死，子彌泰立。大同七年，復授以父爵位。」按大同七年即西魏大統七年（五四一），則此彌博即㕡定，彌泰即彌定，但名既不同，周書作「弟」、梁書作「子」也不同。通鑑卷一五八梁紀一四大同七年亦作「彌定」，考異云：「梁帝紀作『彌泰』，今從典略。」

〔三五〕遂擁衆據渠林川　「林」，周書卷一九、北史卷六〇宇文貴傳、通鑑卷一六三梁紀一九大寶元年（五五〇）作「株」。

〔三六〕四年彌定寇洮州總管李賢擊走之是歲彌定又引吐谷渾寇石門戍賢復破之　按周書卷二五李賢傳，事在保定五年（五六五）。

〔三七〕自舒治至檐桁十一世　「檐桁」，通典卷一九〇邊防六作「檐術」。

〔三八〕西北至利模徒　通典卷一九〇邊防六、通志卷一九五白蘭傳作「西至叱利摸徒」。北史卷九六白蘭傳作「西北利摸徒」，無「至」字。册府卷九五八作「西北利模徒」（明刻本「模」作「摸」），亦無「至」字。疑周書「北至」二字誤倒。

〔三九〕至裔孫纂爲苻堅所滅　「苻」，原作「符」，據局本、魏書卷一〇一、北史卷九六氐傳改。按苻堅之姓從艸，自不待辯，「符」字顯誤。本傳下文「符安壽」「符雙」「符肆王」等，皆據局本徑改，不再出校記。

〔四〇〕先是氐首楊法深據陰平自稱王亦盛之苗裔也　「王」，原脱，據三朝本、北史卷九六氐傳補。按梁書卷三武帝紀下大同元年（五三五）十二月條云「陰平王楊法深進號驃騎將軍」，是楊稱王之證。

〔四一〕趙昶時督成武沙三州諸軍事成州刺史　周書卷三三趙昶傳稱「拜武州刺史」。

〔四二〕興州人段吒及下辯柏樹二縣民反　「段」，原作「叚」，據局本、北史卷九六氐傳改。按周書卷三三趙昶傳亦見「興州人段吒」，可證作「段」是。下「叚吒」徑改，不再出校記。

〔四三〕而陰平盧北二郡氐復往往屯聚　「盧北」，北史卷九六氐傳作「葭蘆」。按盧北郡見隋書卷二九地理志上武都郡長松縣條。楊守敬隋志考證卷二云：「舊唐志作蘆北，是。寰宇記（卷一三四文州曲水縣條）：『蘆北故城在曲水縣東北（按寰宇記無「北」字）五十二里，因葭蘆鎮爲名。』按周書明帝紀（卷四）二年三月以『葭蘆郡置文州』。疑蘆北即葭蘆，非二郡也。」

〔四四〕廚中主氐復爲寇掠　「主」，北史卷九六氐傳作「生」，疑是。

〔四五〕地少桑蠶多麻布其丈夫衣服及死亡殯葬與中夏略同　北史卷九六稽胡傳、通典卷一九七邊防一三「多」下有「衣」字。「其丈夫衣服及」，通典宋本作「其丈夫服皮」。疑周書這裏「衣」字錯移，「及」爲「皮」之訛。

〔四六〕太祖乃遣黃門郎楊㰅就安撫之　「㰅」，原作「忠」，據北史卷九六稽胡傳改。按事見周書卷三四楊㰅傳。

〔四七〕并與其別部劉桑德共爲影響　「桑」，通典卷一九七、寰宇記卷一九四作「素」。

〔四八〕詔大將軍韓果討之　「果」，原作「杲」，據局本、北史卷九六稽胡傳改。按事見周書卷二七韓果傳。

〔四九〕稽胡帥喬白郎喬素勿同等度河逆戰　「喬白郎」，北史卷九六稽胡傳作「白郎」，無「喬」字。按「白」也是稽胡姓，未知孰是。

〔五〇〕又遣其大帥穆支據河西　「支」，周書卷一三滕王逌傳作「友」。

〔五一〕汾州稽胡帥劉受羅千復反　「劉受羅千」，周書卷七宣帝紀作「劉受邏千」，卷一三越野王盛傳作「劉愛邏干」（「愛」乃「受」之訛）。按「羅」「邏」同音通用，「千」當爲「干」之誤。參卷七校記第二條、卷一三校記第一五條。

〔五二〕每部置俟斤一人　「斤」，原作「斥」，據通典卷二〇〇邊防一六、御覽卷八〇一引後周書、册府卷九五六改。張森楷云：「各傳並作『俟斤』，疑『斥』字誤。」

周書卷五十

列傳第四十二

異域下

突厥　吐谷渾　高昌　鄯善　焉耆　龜茲　于闐　嚈噠　粟特　安息　波斯

突厥者，蓋匈奴之別種，姓阿史那氏。別爲部落。後爲鄰國所破，盡滅其族。有一兒，年且十歲，兵人見其小，不忍殺之，乃刖其足，棄草澤中。有牝狼以肉飼之，及長，與狼合，遂有孕焉。彼王聞此兒尚在，重遣殺之。使者見狼在側，并欲殺狼。狼遂逃于高昌國之北山〔一〕。山有洞穴，穴內有平壤茂草，周回數百里，四面俱山。狼匿其中，遂生十男。十男長大，外託妻孕，其後各有一姓，阿史那即一也。子孫蕃育，漸至數百家。經數世，相與出穴，臣於茹茹。居金山之陽，爲茹茹鐵工。金山形似兜鍪，其俗謂兜鍪爲「突厥」，遂因以爲號焉。

或云突厥之先出於索國，在匈奴之北。其部落大人曰阿謗步，兄弟十七人〔二〕。其一曰伊質泥師都，狼所生也。謗步等性並愚癡，國遂被滅。泥師都既別感異氣，能徵召風雨。娶二妻，云是夏神、冬神之女也。一孕而生四男。其一變爲白鴻；其一國於阿輔水、劍水之間，號爲契骨；其一國於處折水；其一居踐斯處折施山〔三〕，即其大兒也。山上仍有阿謗步種類，並多寒露。大兒爲出火溫養之，咸得全濟。遂共奉大兒爲主，號爲突厥，即訥都六設也。訥都六有十妻，所生子皆以母族爲姓，阿史那是其小妻之子也。訥都六死，十母子內欲擇立一人，乃相率於大樹下，共爲約曰：「向樹跳躍，能最高者，即推立之。」阿史那子年幼而跳最高者，諸子遂奉以爲主，號阿賢設。此說雖殊，然終狼種也。

其後曰土門，部落稍盛，始至塞上市繒絮，願通中國。大統十一年，太祖遣酒泉胡安諾槃陁使焉。其國皆相慶曰：「今大國使至，我國將興也。」十二年，土門遂遣使獻方物。時鐵勒將伐茹茹，土門率所部邀擊，破之，盡降其衆五萬餘落。恃其彊盛，乃求婚於茹茹。茹茹主阿那瓌大怒，使人罵辱之曰：「爾是我鍛奴，何敢發是言也？」土門亦怒，殺其使者。遂與之絶，而求婚於我。太祖許之。十七年六月，以魏長樂公主妻之。是歲，魏文帝崩，土門遣使來弔，贈馬二百匹。

魏廢帝元年正月，土門發兵擊茹茹，大破之於懷荒北。阿那瓌自殺，其子菴羅辰奔齊，餘衆復立阿那瓌叔父鄧叔子爲主。土門遂自號伊利可汗，猶古之單于也。號其妻爲可賀敦，亦猶古之閼氏也。土門死，子科羅立。

科羅號乙息記可汗〔四〕。又破叔子於沃野北木賴山〔五〕。二年三月，科羅遣使獻馬五萬匹。科羅死，弟俟斤立，號木汗可汗。

俟斤一名燕都〔六〕，狀貌多奇異，面廣尺餘，其色甚赤，眼若瑠璃。性剛暴，務於征伐。乃率兵擊鄧叔子，滅之。叔子以其餘燼來奔。俟斤又西破嚈噠，東走契丹，北并契骨，威服塞外諸國。其地東自遼海以西，西至西海萬里，南自沙漠以北，北至北海五六千里，皆屬焉。

其俗被髮左衽，穹廬氈帳，隨水草遷徙，以畜牧射獵爲務。賤老貴壯，寡廉恥，無禮義，猶古之匈奴也。其主初立，近侍重臣等輿之以氈，隨日轉九回，每一回，臣下皆拜。拜訖，乃扶令乘馬，以帛絞其頸，使纔不至絶，然後釋而急問之曰：「你能作幾年可汗？」其主既神情瞀亂，不能詳定多少。臣下等隨其所言，以驗修短之數。大官有葉護，次設〔七〕，次特勤〔八〕，次俟利發，次吐屯發，及餘小官凡二十八等，皆世爲之。兵器有弓矢鳴鏑甲矟刀劍，其佩飾則兼有伏突。旗纛之上，施金狼頭。侍衛之士，謂之附離，夏言亦狼也。蓋本狼生，志不忘舊。其徵發兵馬及科稅雜畜〔九〕，輒刻木爲數，并一金鏃箭，蠟封印之，以爲信契。其刑法：反叛、殺人及姦人之婦、盜馬絆者，皆死；姦人女者，重責財物，即以其女妻之；鬬傷人者，隨輕重輸物；盜馬及雜物者，各十餘倍徵之。死者，停屍於帳，子孫及諸親屬男女，各殺羊馬，陳於帳前，祭之。繞帳走馬七匝，一詣帳門，以刀剺面，且哭，血淚俱流，如此者七度，乃止。擇日，取亡者所乘馬及經服用之物，并屍俱焚之，收其餘灰，待時而葬。春夏死者，候草木黃落，秋冬死者，候華葉榮茂，然始坎而瘞之。葬之日，親屬設祭，及走馬剺面，如初死之儀。葬訖，於墓所立石建標。其石多少，依平生所殺人數。又以祭之羊馬頭，盡懸挂於標上。是日也，男女咸盛服飾，會於葬所。男有悦愛於女者，歸即遣人娉問，其父母多不違也。父兄伯叔死者〔一〇〕，子弟及姪等妻其後母、世叔母及嫂，唯尊者不得下淫。雖移徙無常，而各有地分。可汗恒處於都斤山，牙帳東開，蓋敬日之所出也。每歲率諸貴人，祭其先窟。又以五月中旬，集他人水，拜祭天神。於都斤四五百里〔一一〕，有高山迥出，上無草樹，謂其爲勃登凝黎，夏言地神也。其書字類胡，而不知年曆，唯以草青爲記。

俟斤部衆既盛，乃遣使請誅鄧叔子等。太祖許之。收叔子以下三千人，付其使者，殺之於青門外。三年，俟斤襲擊吐谷渾，破之。語在吐谷渾傳〔二〕。明帝二年，俟斤遣使來獻方物。保定元年，又三輩遣使貢其方物。

時與齊人交爭，戎車歲動，故每連結之，以爲外援。初，魏恭帝世，俟斤許進女於太祖，契未定而太祖崩。尋而俟斤又以他女許高祖，未及結納，齊人亦遣求婚，俟斤貪其幣厚，將悔之。至是，詔遣涼州刺史楊荐、武伯王慶等往結之。慶等至，諭以信義。俟斤遂絕齊使而定婚焉。仍請舉國東伐。語在荐等傳。

三年，詔隨公楊忠率衆一萬，與突厥伐齊。忠軍度陘嶺，俟斤率騎十萬來會。明年正月，攻齊主於晉陽，不尅。俟斤遂縱兵大掠而還。忠言於高祖曰：「突厥甲兵惡，爵賞輕，首領多而無法令，何謂難制馭。正由比者使人妄道其彊盛，欲令國家厚其使者，身往重取其報。朝廷受其虛言，將士望風畏慴。但虜態詐健，而實易與耳。今以臣觀之，前後使人皆可斬也。」高祖不納。是歲，俟斤復遣使來獻，更請東伐。詔楊忠率兵出沃野，晉公護趣洛陽以應之。會護戰不利，俟斤引還。五年，詔陳公純、大司徒宇文貴、神武公竇毅、南安公楊荐等往逆女。天和二年，俟斤又遣使來獻。陳公純等至，俟斤復貳於齊。會有風雷變，乃許純等以后歸。語在皇后傳。四年，俟斤又遣使獻馬。

俟斤死，弟他鉢可汗立。自俟斤以來，其國富彊，有凌轢中夏志。朝廷既與和親，歲給繒絮錦綵十萬段。突厥在京師者，又待以優禮，衣錦食肉者，常以千數。齊人懼其寇掠，亦傾府藏以給之。他鉢彌復驕傲，至乃率其徒屬曰：「但使我在南兩箇兒孝順，何憂無物邪。」建德二年，他鉢遣使獻馬〔一三〕。

及齊滅，齊定州刺史、范陽王高紹義自馬邑奔之。他鉢立紹義爲齊帝，召集所部，云爲之復讐。宣政元年四月，他鉢遂入寇幽州，殺略居民。柱國劉雄率兵拒戰，兵敗，死之。高祖親總六軍，將北伐，會帝崩，乃班師。是冬，他鉢復寇邊，圍酒泉，大掠而去。大象元年，他鉢復請和親。帝册趙王招女爲千金公主以嫁之，并遣執紹義送闕〔一四〕。他鉢不奉詔，仍寇并州。大象二年〔一五〕，始遣使奉獻，且逆公主，而紹義尚留不遣。帝又令賀若誼往諭之，始送紹義云。

吐谷渾，本遼東鮮卑慕容廆之庶兄也。初，吐谷渾馬與廆馬鬭而廆馬傷，廆遣讓之。吐谷渾怒，率其部落去之，止于枹罕，自爲君長。及孫葉延，頗視書傳。以古有王父字爲氏，遂以吐谷渾爲氏焉。

自吐谷渾至伏連籌一十四世。伏連籌死，子夸呂立〔一六〕，始自號爲可汗。治伏俟城，在青海西十五里。雖有城郭，而不居之，恒處穹廬，隨水草畜牧。其地東西三千里，南北千餘里。官有王公、僕射、尚書及郎中、將軍之號。夸呂椎髻、毦、珠，以皂爲帽，坐金師子床。號其妻爲恪尊，衣織成裙，披錦大袍，辮髮於後，首戴金花。

其俗丈夫衣服略同於華夏，多以冪䍦爲冠，亦以繒爲帽。婦人皆貫珠束髮，以多爲貴。兵器有弓刀甲矟。國無常賦，須則稅富室商人以充用焉。其刑罰，殺人及盜馬者死，餘則徵物，量事決杖。刑人必以氈蒙頭，持石從高擊殺之。父兄亡後，妻後母及嫂等，與突厥俗同。至于婚姻，貧不能備財物者，輒盜女將去。死者亦皆埋殯。其服制，葬訖則除之。性貪婪，忍於殺害。好射獵，以肉酪爲糧。亦知種田，然其北界，氣候多寒，唯得蕪菁、大麥。故其俗貧多富少。青海周回千餘里，海內有小山。每冬冰合後，以良牝馬置此山，至來冬收之〔一七〕，馬皆有孕，所生得駒，號爲龍種，必多駿異，世傳青海驄者也〔一八〕。土出犛牛，鳥多鸚鵡。

大統中，夸呂再遣使獻馬及羊牛等。然猶寇抄不止，緣邊多被其害。魏廢帝二年，太祖勒大兵至姑臧，夸呂震懼，遣使貢方物。是歲，夸呂又通使於齊氏。涼州刺史史寧覘知其還，率輕騎襲之於州西赤泉，獲其僕射乞伏觸扳〔一九〕、將軍翟潘密、商胡二百四十人，駞騾六百頭，雜綵絲絹以萬計。魏恭帝二年，史寧又與突厥木汗可汗襲擊夸呂〔二〇〕，破之，虜其妻子，大獲珍物及雜畜。語在史寧傳。武成初，夸呂復寇涼州，刺史是云寶戰没。詔賀蘭祥、宇文貴率兵討之。夸呂遣其廣定王、鍾留王拒戰，祥等破之，廣定等遁走。又攻拔其洮陽、洪和二城，置洮州以還。保定中，夸呂前後三輩遣使獻方物。天和初，其龍涸王莫昌率衆降，以其地爲扶州。二年五月，復遣使來獻。

建德五年，其國大亂。高祖詔皇太子征之，軍渡青海，至伏俟城。夸呂遁走，虜其餘衆而還。明年，又再遣奉獻〔二一〕。宣政初，其趙王他婁屯來降。自是朝獻遂絶。

高昌者，車師前王之故地。東去長安四千九百里，漢西域長史及戊己校尉，並治於此。晉以其地爲高昌郡。張軌、吕光、沮渠蒙遜據河西，皆置太守以統之。其後有闞爽及沮渠無諱，並自署爲太守。無諱死，茹茹殺其弟安周，以闞伯周爲高昌王。高昌之稱王，自此始也。伯周之從子首歸，爲高車所滅。次有張孟明、馬儒相繼王之，並爲國人所害。乃更推立麴嘉爲王。嘉字靈鳳，金城榆中人，本爲儒右長史。魏太和末立。嘉死，子堅立〔二二〕。

其地東西三百里〔二三〕，南北五百里。國内總有城一十六。官有令尹一人，比中夏相國；次有公二人，皆其王子也，一爲交河公，一爲田地公；次有左右衞；次有八長史，曰吏部、祠部、庫部、倉部、主客、禮部、民部、兵部等長史也；次有建武、威遠、陵江、殿中、伏波等將軍；次有八司馬，長史之副也；次有侍郎、校書郎〔二四〕、主簿、從事，階位相次，分掌諸事；次有省事，專掌導引。其大事決之於王，小事則世子及二公隨狀斷決。評章録記〔二五〕，事訖即除。籍書之外，無久掌文桉〔二六〕。官人雖有列位，並無曹府，唯每旦集於牙門評議衆事。諸城各有户曹、水曹、田曹。每城遣司馬、侍郎相監檢校，名爲城令。服飾，丈夫從胡法，婦人略同華夏。兵器有弓箭刀楯甲矟。文字亦同華夏，兼用胡書。有毛詩、論語、孝經，置學官弟子，以相教授。雖習讀之，而皆爲胡語。賦税則計輸銀錢〔二七〕，無者輸麻布。其刑法、風俗、婚姻、喪葬，與華夏小異而大同。地多石磧，氣候温暖，穀麥再熟，宜蠶，多五果。有草曰羊刺，其上生蜜焉。

自嘉以來，世修蕃職於魏。大統十四年，詔以其世子玄喜爲王。恭帝二年，又以其田地公茂嗣位〔二八〕。武成元年，其王遣使獻方物。保定初，又遣使來貢。

自燉煌向其國，多沙磧，道里不可准記，唯以人畜骸骨及駞馬糞爲驗，又有魍魎怪異。故商旅來往，多取伊吾路云。

鄯善，古樓蘭國也。東去長安五千里。所治城方一里。地多沙鹵，少水草。北即白龍堆路。魏太武時，爲沮渠安周所攻，其王西奔且末。西北有流沙數百里〔二九〕，夏日有熱風〔三〇〕，爲行旅之患。風之欲至，唯老駞知之，即鳴而聚立，埋其口鼻於沙中。人每以爲候，亦即將氈擁蔽鼻口。其風迅駛〔三一〕，斯須過盡。若不防者，必至危斃。

大統八年，其王兄鄯米率衆內附〔三二〕。

焉耆國在白山之南七十里，東去長安五千八百里。其王姓龍，即前涼張軌所討龍熙之胤〔三三〕。所治城方二里。部內凡有九城。國小民貧，無綱紀法令。兵有弓刀甲矟。婚姻略同華夏。死亡者皆焚而後葬，其服制滿七日則除之。丈夫並剪髮以爲首飾。文字與婆羅門同。俗事天神，並崇信佛法。尤重二月八日、四月八日。是日也，其國咸依釋教，齋戒行道焉。氣候寒，土田良沃。穀有稻粟菽麥，畜有駞馬牛羊。養蠶不以爲絲，唯充綿纊。俗尚蒲桃酒，兼愛音樂。南去海十餘里，有魚鹽蒲葦之饒。

保定四年，其王遣使獻名馬。

龜茲國在白山之南一百七十里，東去長安六千七百里。其王姓白〔三四〕，即後涼呂光所立白震之後。所治城方五六里。其刑法，殺人者死，劫賊則斷其一臂，并刖一足。賦稅，准地徵租〔三五〕，無田者則稅銀錢。婚姻、喪葬、風俗、物產與焉支略同〔三六〕。唯氣候少溫爲異。又出細氈、麖皮、氍毹、鐃沙、鹽綠、雌黃、胡粉及良馬、封牛等〔三七〕。東有輪臺，即漢貳師將軍李廣利所屠。其南三百里有大水東流，號計戍水，即黃河也。

保定元年，其王遣使來獻。

于闐國在葱嶺之北二百餘里，東去長安七千七百里。所治城方八九里。部內有大城五，小城數十。其刑法，殺人者死，餘罪各隨輕重懲罰之。自外風俗物產與龜茲略同。俗重佛法，寺塔僧尼甚衆。王尤信向，每設齋日，必親自洒掃饋食焉。城南五十里有贊摩寺，即昔羅漢比丘比盧旃爲其王造覆盆浮圖之所。石上有辟支佛趺處〔三八〕，雙跡猶存。自高昌以西，諸國人等多深目高鼻，唯此一國，貌不甚胡〔三九〕，頗類華夏。城東二十里有大水北流，號樹枝水〔四〇〕，即黄河也。城西十五里亦有大水，名達利水，與樹枝俱北流，同會於計戍。

建德三年，其王遣使獻名馬。

嚈噠國，大月氏之種類〔四一〕，在于闐之西，東去長安一萬百里。其王治拔底延城，蓋王舍城也。其城方十餘里。刑法、風俗，與突厥略同。其俗又兄弟共娶一妻。夫無兄弟者，其妻戴一角帽；若有兄弟者，依其多少之數，更加帽角焉。其人兇悍，能戰鬬。于闐、安息等大小二十餘國，皆役屬之〔四二〕。

大統十二年，遣使獻其方物。魏廢帝二年，明帝二年，並遣使來獻。後爲突厥所破，部落分散，職貢遂絶。

粟特國在葱嶺之西，蓋古之奄蔡〔四三〕，一名温那沙。治於大澤，在康居西北。

保定四年，其王遣使獻方物。

安息國在葱嶺之西，治蔚搜城。北與康居、西與波斯相接，東去長安一萬七百五十里。

天和二年，其王遣使來獻。

波斯國，大月氏之別種，治蘇利城〔四四〕，古條支國也。東去長安一萬五千三百里。城方十餘里，户十餘萬。王姓波斯氏〔四五〕。坐金羊床，戴金花冠，衣錦袍、織成帔，皆飾以真珠寶物〔四六〕。其俗：丈夫剪髮，戴白皮帽，貫頭衫，兩廂近下開之〔四七〕，并有巾帔，緣以織成；婦女服大衫，披大帔〔四八〕，其髮前爲髻，後被之，飾以金銀華，仍貫五色珠，絡之於膊。

王於其國内別有小牙十餘所，猶中國之離宫也，每年四月出遊處之，十月乃還。王即位以後，擇諸子内賢者，密書其名，封之於庫，諸子及大臣皆莫之知也。王死，乃衆共發書視之，其封内有名者，即立以爲王，餘子各出就邊任。兄弟更不相見也。國人號王曰翳嚈噠〔四九〕，妃曰防步率，王之諸子曰殺野。大官有摸胡壇，掌國内獄訟；泥忽汗，掌庫藏關禁；地卑勃，掌文書及衆務〔五〇〕。次有遏羅訶地，掌王之内事；薩波勃，掌四方兵馬。其下皆有屬官，分統其事。兵器有甲稍圓排劍弩弓箭。戰並乘象，每象百人隨之。其刑法：重罪懸諸竿上，射而殺之；次則繫獄，新王立乃釋之；輕罪則劓、刖若髡，或翦半鬚，及繫排於項上〔五一〕，以爲恥辱；犯彊盜者，禁之終身；姦貴人妻者，男子流，婦人割其耳鼻。賦稅則准地輸銀錢。

俗事火祆神〔五二〕。婚合亦不擇尊卑，諸夷之中，最爲醜穢矣。民女年十歲以上有姿貌者，王收養之，有功勳人，即以分賜。死者多棄屍於山，一月治服。城外有人別居，唯知喪葬之事，號爲不淨人。若入城市，摇鈴自別。以六月爲歲首，尤重七月七日、十二月一日。其日，民庶以上，各相命召，設會作樂，以極歡娱。又以每年正月二十日，各祭其先死者。

氣候暑熱，家自藏冰。地多沙磧，引水溉灌。其五穀及禽獸等，與中夏略同，唯無稻及黍秫〔五三〕。土出名馬及駞，富室至有數千頭者。又出白象、師子、大鳥卵、真珠、離珠、頗黎、珊瑚、琥珀、瑠璃、馬瑙、水精〔五四〕、瑟瑟、金、銀、鍮石、金剛、火齊、鑌鐵、銅、錫、朱沙、水銀、綾、錦、白疊、毼、氍毹、毾㲪、赤麐皮〔五五〕，及薰六〔五六〕、鬱金、蘇合、青木等香，胡椒、蓽撥、石蜜、千年棗〔五七〕、香附子、訶梨勒、無食子、鹽緑、雌黄等物。

魏廢帝二年〔五八〕，其王遣使來獻方物。

史臣曰：四夷之爲中國患也久矣，而北狄尤甚焉。昔嚴尤、班固咸以周及秦漢未有得其上策，雖通賢之宏議，而史臣嘗以爲疑。

夫步驟之來，綿自今古；澆淳之變，無隔華戎。是以反道德，棄仁義，凌替之風歲廣〔五九〕；至涇陽，入北地，充斥之釁日深。爰自金行，逮乎水運，戎夏離錯〔六〇〕，風俗混并。夷裔之情僞，中國畢知之矣；中國之得失，夷裔備聞之矣。若乃不與約誓，不就攻伐，來而禦之，去而守之；夫然則敵有餘力，我無寧歲，將士疲於奔命，疆場苦其交侵。欲使偃伯靈臺，歐世仁壽〔六一〕，其可得乎。是知秩宗之雅旨，護軍之誠説，實有會於當時，而未允於後代也。

然則易稱「見幾而作」，傳云「相時而動」。夫時者，得失之所繫；幾者，吉凶之所由。況乎諸夏之朝，治亂之運代有；戎狄之地，彊弱之勢無恒。若使臣畜之與羈縻，和親之與征伐，因其時而制變，觀其幾而立權，則舉無遺策，謀多上算，獸心之虜，革面匪難，沙幕之北，雲撤何遠。安有周、秦、漢、魏優劣在其間哉。

校勘記

〔一〕狼遂逃于高昌國之北山　「北山」，北史卷九九突厥傳作「西北山」。按隋書卷八四突厥傳、通典卷一九七邊防一三、册府卷九五六都説「其山在高昌西北」。「西」字不宜省。

〔二〕兄弟十七人　「十七人」，北史卷九九突厥傳作「七十人」。

〔三〕其一居踐斯處折施山　「踐」，北史卷九九突厥傳作「跋」。

〔四〕土門死子科羅立科羅號乙息記可汗　隋書卷八四突厥傳云伊利「卒，弟逸可汗立」。伊利即土門，逸可汗即科羅或乙息記可汗，作「子」作「弟」不同。

〔五〕又破叔子於沃野北木賴山　「木賴山」，北史卷九九突厥傳作「賴山」，無「木」字。

〔六〕俟斤一名燕都　「都」，通典卷一九七邊防一三、通志卷二〇〇突厥傳作「尹」。

〔七〕次設　「設」，原作「没」，據隋書卷八四突厥傳、通典卷一九七邊防一三、册府卷九六二改。北史卷九九突厥傳無此二字。按舊唐書卷一九四上突厥傳上云：「别部領兵者皆謂之設。」

〔八〕次特勤　「勤」，原作「勒」，據唐闕特勤碑（北京圖書館藏中國歷代石刻拓本匯編第二三册）改。按清人及近人考證，「特勒」皆「特勤」之訛。參張元濟校史隨筆。

〔九〕其徵發兵馬及科税雜畜　「及」，原脱，據三朝本、北史卷九九突厥傳、通典卷一九七邊防一三、册府卷九六一補。

〔一〇〕父兄伯叔死者　「兄」，原脱，據三朝本、北史卷九九突厥傳、册府卷九六一補。

〔二〕於都斤四五百里　「四」，北史卷九九突厥傳、通典卷一九七邊防一三、册府卷九六一作「西」，疑是。

〔三〕三年俟斤襲擊吐谷渾破之語在吐谷渾傳　按此「三年」遠承上文魏廢帝元年、二年，似爲廢帝三年，但據本卷吐谷渾傳稱：「魏恭帝二年，史寧又與突厥木汗可汗襲擊夸吕，破之。」和本條所述爲一事。「二年」應作「三年」，而繫於恭帝却不誤。本傳記擊破吐谷渾於殺茹茹鄧叔子等之後。據北史卷九八蠕蠕傳鄧叔子等奔關中已在恭帝二年，擊吐谷渾在其後，自應爲恭帝三年無疑。此當脱「魏恭帝」三字。

〔三〕建德二年他鉢遣使獻馬　按周書卷五武帝紀上紀事在建德三年（五七四）。

〔四〕並遣執紹義送闕　「闕」，原作「關」，據三朝本、南監本、北監本、汲本、局本、北史卷九九突厥傳改。

〔五〕大象二年　北史卷九九突厥傳無「大象」二字。按前已稱「大象元年」，不應重出年號，當是衍文。

〔六〕伏連籌死子夸吕立　按梁書卷五四河南傳云：「籌死，子呵羅真立。」則夸吕當是稱號，其名是呵羅真。

〔七〕至來冬收之　「冬」，北史卷九六吐谷渾傳作「春」。

〔八〕世傳青海驄者也　「驄」，原作「駿」，據隋書卷八三、北史卷九六吐谷渾傳、通典卷一九〇邊防六改。又諸書此句上有「吐谷渾嘗得波斯草馬，放入海，因生驄駒，能日行千里」二十一字。

〔一九〕獲其僕射乞伏觸扳 「扳」，三朝本、南監本作「拔」，北史卷九六吐谷渾傳、通鑑卷一六五梁紀二一承聖二年（五五三）作「狀」。

〔二〇〕魏恭帝二年史寧又與突厥木汗可汗襲擊夸呂 「二年」，北史卷九六吐谷渾傳作「三年」，通鑑卷一六六繫於梁太平元年（五五六），亦即魏恭帝三年。本卷突厥傳也作「三年」，但失紀恭帝（參本卷校記第一二條）。據此，北史作「三年」是。

〔二一〕明年又再遣奉獻 北史卷九六吐谷渾傳「遣」下有「使」字，疑周書傳本脱去。

〔二二〕子堅立 「堅」，原作「豎」，據隋書卷八三、北史卷九七高昌傳、册府卷九六六改。梁書卷五四高昌傳名作「子堅」，王素高昌史稿統治編以爲「子」字衍。

〔二三〕其地東西三百里 「三百」，北史卷九七高昌傳作「二百」。

〔二四〕次有侍郎校書郎 「校書郎」，隋書卷八三、北史卷九七高昌傳作「校郎」。册府卷九六二明鈔本亦作「校郎」，明刻本作「較郎」，乃避明諱改。按梁書卷五四高昌傳稱有「門下校郎、中兵校郎」，知校郎也像侍郎、郎中之類分列省曹。這裏疑衍「書」字。

〔二五〕評章録記 「評」，原作「平」，據三朝本、北史卷九七高昌傳、册府卷九六二改。按册府此條採自周書，這裏原文當作「評」。

〔二六〕無久掌文桉　「桉」，原作「按」，據三朝本改。按北史卷九七高昌傳、通典卷一九一邊防七、册府卷九六二都作「案」，「按」字誤。

〔二七〕賦稅則計輸銀錢　北史卷九七高昌傳、通典卷一九一邊防七「計」下都有「田」字，疑周書傳本脱去。

〔二八〕大統十四年詔以其世子玄喜爲王恭帝二年又以其田地公茂嗣位　「玄喜」，北史卷九七高昌傳作「玄嘉」。按上文其祖名嘉。孫不應與祖同名，北史誤。又新疆吐魯番所出寧朔將軍麴斌造寺碑陰（黄文弼吐魯番考古記圖版五四）見高昌王麴寶茂名，這裏作「茂」，乃雙名單稱。

〔二九〕西北有流沙數百里　按以下所敍事北史卷九七入且末傳中，這句上面也有「且末」二字。且末在魏時「役屬鄯善」，鄯善王既奔且末，而鄯善故土後被魏所有。所以周書敍且末乃合於鄯善傳。

〔三〇〕夏日有熱風　「日」，通典卷一九一邊防七、通志卷一九六且末傳作「月」。

〔三一〕其風迅駛　「駛」，北史卷九七且末傳、册府卷九六一作「駃」，通典卷一九一邊防七宋本作「駃」。按「駃」通「快」，疑是，「駛」「駃」都是「駃」的形訛。

〔三二〕大統八年其王兄鄯米率衆内附　「王」，原脱，據寰宇記卷一八一、通志卷一九六且末傳補。按這裏所謂「其兄」，乍看好似爲逃奔且末之王名比龍（見北史卷九七且末傳）者之兄。比龍是魏太武帝時人，到大統已及百年，豈有其兄尚存之理。北史且末傳略同周書（「鄯米」作

「鄯善米」），而卷五魏本紀文帝大統八年（五四二）四月云：「鄯善王兄鄯朱那率衆内附。」通典卷一九一邊防七作「其王兄鄯來率衆内附」。乃知周書、北史本傳「其」下都脱「王」字。其人當是雙名，下一字是「那」，周書、北史單稱，去「那」字（北史又衍「善」字），上一字則「米」「來」「朱」形近易混，未知孰是。

〔三三〕即前凉張軌所討龍熙之胤　「討」，原作「封」，據北史卷九七焉耆傳、册府卷九五六改。按晉書卷九七焉耆傳云：「其後張駿遣沙州刺史楊宣率衆疆理西域，宣以部將張植爲前鋒，所向風靡，軍次其國（焉耆）。」又敍龍熙爲張植所敗，「熙率羣下四萬人肉袒降於宣」。通典卷一九二邊防八略同晉書。據此，北史作「討」是。「張軌」當是「張駿」之誤，但恐原本即誤，今仍之。

〔三四〕其王姓白　按龜兹王姓，「帛」「白」互見，梁書卷五四龜兹傳作「帛」，晉書卷九七龜兹傳作「白」，而卷一二二吕光載記又作「帛」，其例甚多，蓋是譯音之異。

〔三五〕賦税准地徵租　「徵租」，三朝本作「山之」，「山」當是「出」之訛。周書原文疑作「賦税准地出之」，後人以「山之」語不可解，遂據北史卷九七龜兹傳改。

〔三六〕與焉支略同　三朝本作「與治封天白」，不可解，且不知其誤所自。「支」，北史卷九七龜兹傳、册府卷九六〇作「耆」，疑是。

〔三七〕又出細氎麖皮氍毹鐃沙鹽緑雌黄胡粉及良馬封牛等　「鐃沙」，原作「鐃多」，據隋書卷八三龜茲傳、册府卷九六〇明鈔本改。按鐃沙即硇沙，「硇」音「鐃」，大廣益會玉篇石部云：「硇沙，藥。」「硇」或作「磠」，通典卷一九一邊防七引隋西域圖記云：「白山一名阿羯山，常有火及煙，即是出磠沙之處。」

〔三八〕石上有辟支佛趺處　「趺」，北史卷九七于闐傳作「跣」，隋書卷八三于闐傳、册府卷九六〇作「徒跣之跡」。

〔三九〕自高昌以西諸國人等多深目高鼻唯此一國貌不甚胡　「高鼻」，原作「高昌以東」，「唯」字原亦脱，據北史卷九七于闐傳、通典卷一九二邊防八于闐條删補。按于闐位居高昌之西，安得云「高昌以東」，且與上下文不相應，今傳周書諸本明顯有錯訛。

〔四〇〕有大水北流號樹枝水　「枝」，三朝本、南監本、北監本、汲本作「拔」，局本訛作「扳」。册府卷九五七作「附支」，「附」字誤。通典卷一九二邊防八「河源出焉」注云：「名首拔河，亦名樹拔河，或云即黄河也。」疑周書原作「拔」，後人據北史卷九七于闐傳改。下「與樹枝俱北流」條同，不再出校記。

〔四一〕大月氏之種類　「氏」，原作「氐」，據北史卷九七嚈噠傳、通典卷一九三邊防九改。按史記卷一二三大宛列傳「月氏王」下正義云：「『氏』音『支』。」作「氐」誤。下波斯傳「大月氏」條徑改，不另出校記。

〔四二〕于闐安息等大小二十餘國皆役屬之　「二十餘」，北史卷九七嚈噠傳作「三十許」，通典卷一九三邊防九亦作「三十餘所」。

〔四三〕蓋古之庵蔡　「庵」，北史卷九七粟特傳作「奄」。張森楷云：「漢書（卷九六西域傳）作『奄蔡』。」按史記卷一二三大宛列傳即作「奄蔡」。「奄」「庵」音通，但史籍多作「奄」。

〔四四〕治蘇利城　「蘇利」，隋書卷八三波斯傳作「蘇藺」，北史卷九七波斯傳、通典卷一九三邊防九、册府卷九六一作「宿利」。通典自注云：「後周史云『蘇利城』，隋史云『蘇藺城』，記録音訛，其實一也。」

〔四五〕王姓波斯氏　「氏」，原作「氐」，據册府卷九六一改。按北史卷九七波斯傳作「其王姓波氏，名斯」，通典卷一九三邊防九作「王姓波斯」，通志卷二九氏族略第五「諸方複姓」有「波斯氏」，下注云「西域人」。可證作「氏」是。

〔四六〕皆飾以真珠寶物　「真」，原作「珍」，據三朝本、南監本、北史卷九七波斯傳、通典卷一九三邊防九、册府卷九六一改。按古籍多稱「真珠」，梁元帝職貢圖現存北宋熙寧十年（一〇七七）摹本（圖版見羅豐邦國來朝——臺北故宫藏職貢圖題材的國家排序）所繪波斯國使者右旁題記中，即見「真珠」二字，「珍」字當爲後人所改。下「珍珠」徑改，不再出校記。

〔四七〕兩廂近下開之　册府卷九六一作「兩廂延下闢之」，魏書卷一〇二、北史卷九七波斯傳、通典卷一九三邊防九同周書。

〔四八〕婦女服大衫披大帔　「披大帔」，册府卷九六一作「披大帽帔」。按大帽帔即羃羅，疑本有

「帽」字。

〔四九〕國人號王曰醫囋　「醫」，北史卷九七波斯傳、通典卷一九三邊防九、册府卷九六二作「醫」。

〔五〇〕地卑勃掌文書及衆務　北史卷九七波斯傳、册府卷九六二無「勃」字。

〔五一〕或翦半鬚及繫排於項上　「鬚」，北史卷九七波斯傳、册府卷九六一作「鬢」。「排」，北史及舊唐書卷一九八波斯傳作「牌」。

〔五二〕火祆神　「祆」，原作「祅」，據三朝本、南監本、北監本、汲本、局本改。北史卷九七波斯傳、通典卷一九三邊防九作「火神天神」，册府卷九六一作「火天神」。按廣韻卷二先韻「祆」字下云：「胡神……呼煙切。」其字實當作「祆」，「祅」爲殿本刻誤。

〔五三〕黍秫　北史卷九七波斯傳作「黍稷」，通典卷一九三邊防九無「秫」字。

〔五四〕水精　「精」，原作「晶」，據三朝本、南監本、隋書卷八三、北史卷九七波斯傳、通典卷一九三邊防九、册府卷九六一改。

〔五五〕赤麞皮　「赤」，御覽卷九八一引後周書、册府卷九六一作「玄」。「麞」，隋書卷八三波斯傳、通典卷一九三邊防九作「麖」。

〔五六〕薰六　「六」，隋書卷八三波斯傳、通典卷一九三邊防九、御覽卷九八一引後周書、册府卷九六一、通志卷一九六波斯傳都作「陸」。按「薰陸」乃香名，古籍常見，「薰六」則僅見於周書與北史卷九七波斯傳等。

〔五七〕千年棗　「年」，原作「牛」，據隋書卷八三、北史卷九七、舊唐書卷一九八波斯傳、通典卷一九三邊防九、御覽卷九八一引後周書、册府卷九六一改。

〔五八〕魏廢帝二年　「廢帝」，北史卷九七波斯傳作「恭帝」。

〔五九〕凌晉之風歲廣　「晉」，原作「晉」。三朝本、南監本、局本作「替」，與「晉」是一字。但此字實當作「晉」，「晉」同「僭」，「凌晉」猶言「凌越」，今據改。

〔六〇〕戎夏離錯　「離」，三朝本作「雜」。真大成中古史書校證以爲作「雜」是。

〔六一〕歐世仁壽　「歐」，局本作「毆」。張森楷云：「作『歐』誤。」按此語典出漢書卷二二禮樂志「驅一世之民，濟之仁壽之域」。但「歐」通「毆」，亦有驅使之義。如大戴禮記卷二見「或歐之以法令」，漢書卷四八賈誼傳即作「或毆之以法令」，師古注云「毆與驅同」。可知張説非是。

附録

舊本周書目録序

周書本紀八，列傳四十二，合五十篇。唐令狐德棻請撰次，而詔德棻與陳叔達、庾儉成之。

仁宗時，出太清樓本，合史舘祕閣本，又募天下獻書而取夏竦、李巽家本，下舘閣是正其文字。今既鏤板以傳學官，而臣等始預其是正，又序其目録一篇曰：

周之六帝，當四海分裂之時，形勢劫束，毅然有志合天下於一，而材足以有爲者，特文帝而已。文帝召蘇綽於稠人之中，始知之未盡也，臥予之言，既當其意，遂起，并晝夜諮諏酬酢，知其果可以斷安危治亂之謀，而詘己以聽之。考於書，唯府兵之設，歛千歲已散之民而係之於兵，庶幾得三代之遺意，能不駭人視聽以就其事，而效見於後世。文帝嘗患文章浮薄，使綽爲大誥以勸，而卒能變一時士大夫之制作。然則勢在人上而欲鼓舞其下者，奚患不成。雖然，非文帝之智內有以得於己，而蘇綽之守外不詘於人，則未可必其能然也。以彼君臣之相遭，非以先王之道，而猶且懇懇以誘之言，又況無所待之豪傑，可易以畜哉？夫以德力行仁，所以爲王霸之異，而至於詘己任人，則未始不同。然而君能畜臣者，天下之至難。傳曰：「取人以身，脩身以道，脩道以仁。」蓋道極於不可知之神，而人有其質，推之爲天下國家之用者，以其粗爾；然非致其精於己，則其粗亦不能以爲人。惟能自愛其身，則内不欺其心，内不欺其心，則外不蔽於物，然後好惡無所作，而尚何有己哉？能無己，始可以得己，而足以揆天下之理，知人之言，而邪正無以廋其實，尚何患乎論之不一哉〔一〕？於是賢能任使之盡其方，而吾所省者以天下之耳目〔二〕，而小人不能託忠以誣君子，又從而爲之勸禁，則小人忿欲之心已黜於冥冥之際，君子樂以其類進而摩厲其俗，凛然有恥。君臣相與謀於上，因敝以新法度，而令能者馳騖於下，有忠信之守而無傳會遷就之患，則法度有佛於民而下不以情赴上者乎？蓋虛然後能受天下之實，約然後能操天下之煩。垂纓搢袥，俯仰廟堂，無爲以應萬幾者致其思而已矣。夫思之爲王者事，君臣一也，而君之勢則異焉。世獨頌堯、舜之無爲，而安知夫人主自宜無爲，而思則不可一日已也。書曰：「思曰睿。」揚雄曰：「於道則勞。」其不然歟？蓋夫法度善矣，非以道作其人，則不能爲之守。而民之多寡，物之豐殺，法度有視時而革者，必待人而後謀，則是可不致其思乎？苟未能此而徒欲法度之革者，是豈先王爲治之序哉？彼區區之周，何足以議，徒取其能因一時君臣之致好，猶足以見其效，又況慨然行先王之道而得大有爲之勢乎！是固不宜無論也。臣燾、臣安國、臣希昧死謹上。

校勘記

〔二〕尚何患乎論之不一哉　「何」，原作「有」，據三朝本、南監本、北監本、汲本、局本、永樂大典卷八九七九引王安國後周書序改。

〔三〕而吾所省者以天下之耳目　「吾」，原作「無」，據三朝本、南監本、永樂大典卷八九七九引王安國後周書序改。

主要參考文獻

一

周書，日本藏唐鈔本卷一九殘卷，大阪市立美術館編、中田勇次郎監修唐鈔本，同朋舍，一九八一年。

周書五十卷，中華再造善本影印北京大學圖書館藏宋刻宋元明遞修本，北京圖書館出版社，二〇〇五年。

周書五十卷，明萬曆十六年南京國子監刻清順治補刻本，中華書局圖書館藏。

周書五十卷，明萬曆三十一至三十三年北京國子監刻清康熙二十五年重修本，中華書局圖書館藏。

周書五十卷，明崇禎五年毛晉汲古閣刊本，日本早稻田大學圖書館藏。

周書五十卷，清同治十三年金陵書局刊本，中華書局圖書館藏。

周書五十卷，百衲本二十四史，商務印書館，一九三四年。

二

十三經注疏，清阮元校刻，中華書局影印本，一九八〇年。
大戴禮記，北周盧辯注，四部叢刊初編本，商務印書館，一九二九年。
説文解字，漢許慎撰，中華書局影印同治陳昌治刻本，一九六三年。
大廣益會玉篇，南朝梁顧野王撰，吕浩校點，中華書局，二〇一九年。
玉篇校釋，胡吉宣著，上海古籍出版社，一九八九年。
顔真卿書干禄字書，唐顔元孫撰、顔真卿書，施安昌編，紫禁城出版社，一九九〇年。
鉅宋廣韻，宋陳彭年等撰，上海古籍出版社，一九八三年。
隸釋，宋洪适撰，中華書局影印本，一九八六年。
一切經音義三種校本合刊（修訂版），唐釋慧琳等撰，徐時儀校注，上海古籍出版社，二〇一二年。

史記（修訂本），漢司馬遷撰，南朝宋裴駰集解，唐司馬貞索隱，唐張守節正義，中華書局，二〇一四年。
漢書，漢班固撰，唐顔師古注，中華書局，一九六二年。
漢書補注，清王先謙撰，上海古籍出版社，二〇〇九年。
後漢書，南朝宋范曄撰，唐李賢等注，中華書局，一九六五年。
三國志，晉陳壽撰，南朝宋裴松之注，中華書局，一九八二年。
晉書，唐房玄齡等撰，中華書局，一九七四年。
宋書（修訂本），南朝梁沈約撰，中華書局，二〇一八年。
南齊書（修訂本），南朝梁蕭子顯撰，中華書局，二〇一七年。
梁書（修訂本），唐姚思廉撰，中華書局，二〇二〇年。
陳書（修訂本），唐姚思廉撰，中華書局，二〇二一年。
魏書，北齊魏收撰，中華書局，一九七四年。
魏書（修訂本），北齊魏收撰，中華書局，二〇一七年。
北齊書，唐李百藥撰，中華書局，一九七二年。
南史，唐李延壽撰，中華書局，一九七五年。

北史，唐李延壽撰，中華書局，一九七四年。
北史，唐李延壽撰，南宋建安刊本（存八十一卷），日本靜嘉堂文庫藏。
北史，唐李延壽撰，百衲本二十四史，商務印書館，一九三五年。
北史，唐李延壽撰，清乾隆四年武英殿刊本，中國國家圖書館藏。
隋書，唐魏徵等撰，中華書局，一九七三年。
隋書（修訂本），唐魏徵等撰，中華書局，二〇一八年。
隋書，唐魏徵等撰，百衲本二十四史，商務印書館，一九三五年。
隋書，唐魏徵等撰，清乾隆四年武英殿刊本，中國國家圖書館藏。
舊唐書，後晉劉昫等撰，中華書局，一九七五年。
新唐書，宋歐陽脩、宋祁撰，中華書局，一九七五年。
宋史，元脱脱等撰，中華書局，一九七七年。
西魏書，清謝啓昆撰，叢書集成初編本，商務印書館，一九三七年。
三國史記（校勘本），高麗金富軾著，孫文範等校勘，吉林文史出版社，二〇〇三年。
眉山新編十七史策要，中華再造善本影印宋刻本，北京圖書館出版社，二〇〇三年。
二十五史三編，岳麓書社，一九九四年。

二十四史訂補，書目文獻出版社，一九九六年。
廿二史考異，清錢大昕著，方詩銘、周殿傑校點，上海古籍出版社，二〇〇四年。
十七史商榷，清王鳴盛撰，黄曙輝點校，上海書店出版社，二〇〇五年。
廿二史劄記校證（訂補本），清趙翼著，王樹民校證，中華書局，二〇一三年。
讀史舉正，清張熷撰，叢書集成初編本，商務印書館，一九三七年。
諸史考異，清洪頤煊撰，叢書集成初編本，中華書局，一九九一年。
資治通鑑，宋司馬光編著，元胡三省音注，中華書局，一九五六年。
續資治通鑑長編，宋李燾撰，上海師範大學古籍整理研究所、華東師範大學古籍整理研究所點校，中華書局，二〇〇四年。
戰國策新校注（修訂本），繆文遠著，巴蜀書社，一九九八年。
建康實録，唐許嵩撰，張忱石點校，中華書局，一九八六年。
華陽國志校補圖注，晉常璩撰，任乃强校注，上海古籍出版社，一九八七年。
洛陽伽藍記校釋，北魏楊衒之撰，周祖謨校釋，中華書局，一九六三年。
水經注校證，北魏酈道元著，陳橋驛校證，中華書局，二〇〇七年。

元和郡縣圖志，唐李吉甫撰，賀次君點校，中華書局，一九八三年。
太平寰宇記，宋樂史撰，王文楚等點校，中華書局，二〇〇七年。
宣和奉使高麗圖經，宋徐兢撰，國家圖書館出版社影印本，二〇〇九年。
讀史方輿紀要，清顧祖禹撰，賀次君、施和金點校，中華書局，二〇〇五年。
隋書地理志考證，清楊守敬撰，施和金整理，楊守敬集，湖北人民出版社、湖北教育出版社，一九九七年。
十六國疆域志，清洪亮吉撰，國學基本叢書本，商務印書館，一九五八年。
北周地理志，王仲犖著，中華書局，一九八〇年。
唐六典，唐李林甫等撰，陳仲夫點校，中華書局，一九九二年。
通典，唐杜佑撰，王文錦等點校，中華書局，一九八八年。
北宋版通典，唐杜佑撰，上海人民出版社影印本，二〇〇八年。
唐會要，宋王溥撰，中華書局，一九五五年。
唐會要，宋王溥撰，景印文淵閣四庫全書本，臺灣商務印書館，一九八六年。
通志，宋鄭樵撰，中華再造善本影印元大德三山郡庠刻元明遞修弘治公文紙印本，北京圖書館出版社，二〇〇六年。

文獻通考，宋馬端臨著，上海師範大學古籍研究所、華東師範大學古籍研究所點校，中華書局，二〇一一年。

魏書官氏志疏證，清陳毅撰，二十五史補編本，中華書局，一九五五年。

北周六典，王仲犖著，中華書局，一九七九年。

新唐書宰相世系表集校，趙超編著，中華書局，二〇一八年。

元和姓纂（附四校記），唐林寶撰，岑仲勉校記，郁賢皓、陶敏整理，孫望審訂，中華書局，一九九四年。

元和姓纂新校證，陶敏遺著，李德輝整理，遼海出版社，二〇一五年。

古今姓氏書辯證，宋鄧名世撰，王力平點校，江西人民出版社，二〇〇六年。

姓解，宋邵思撰，侯立睿點校，上海古籍出版社，二〇一八年。

史通通釋，唐劉知幾著，清浦起龍通釋，王煦華整理，上海古籍出版社，二〇〇九年。

郡齋讀書志校證，宋晁公武撰，孫猛校證，上海古籍出版社，一九九〇年。

直齋書録解題，宋陳振孫撰，徐小蠻、顧美華點校，上海古籍出版社，一九八七年。

隋經籍志考證，清章宗源撰，清王頌蔚批校，黄壽成點校，中華書局，二〇二一年。

隋書經籍志考證，清姚振宗撰，二十五史補編本，中華書局，一九五五年。

四庫全書總目，清永瑢等撰，中華書局，一九六五年。
四庫提要辨證，余嘉錫著，中華書局，一九八〇年。
著硯樓書跋，潘景鄭著，上海古籍出版社，二〇〇六年。
日本國見在書目録詳考，孫猛著，上海古籍出版社，二〇一五年。

吕氏春秋注疏，王利器著，巴蜀書社，二〇〇二年。
吴越春秋輯校彙考，後漢趙曄撰，周生春輯校彙考，中華書局，二〇一九年。
容齋隨筆，宋洪邁撰，孔凡禮點校，中華書局，二〇〇五年。
陔餘叢考（新校本），清趙翼撰，欒保群點校，中華書局，二〇一九年。
日知録集釋（全校本），清顧炎武著，清黄汝成集釋，欒保群、吕宗力校點，上海古籍出版社，二〇〇六年。
十駕齋養新録，清錢大昕著，楊勇軍整理，上海書店出版社，二〇一一年。
藝文類聚，唐歐陽詢撰，汪紹楹校，上海古籍出版社，一九八二年。
太平御覽，宋李昉等編，中華書局影印本，一九六〇年。
宋本册府元龜，宋王欽若等編，中華書局影印本（校勘記簡稱宋本），一九八九年。

冊府元龜，宋王欽若等編，中華書局影印明刻本（校勘記簡稱明刻本），一九六〇年。
新刊監本冊府元龜，宋王欽若等編，巴蜀書社影印臺北故宫博物院藏明藍格鈔本（校勘記簡稱明鈔本甲），二〇一九年。
新刊監本冊府元龜，宋王欽若等編，明等身書舍藍格鈔本（校勘記簡稱明鈔本乙），臺北故宫博物院藏。
新刊監本冊府元龜，宋王欽若等編，明鈔本（校勘記簡稱明鈔本丙），中國國家圖書館藏。
玉海（合璧本），宋王應麟撰，京都中文出版社影印本，一九七七年。
永樂大典，明解縉等編，中華書局影印本，二〇一二年。
海外新發現永樂大典十七卷，上海古籍出版社影印本，二〇〇三年。
廣弘明集，唐道宣撰，上海辭書出版社影印本，一九九一年。
辯正論，唐釋法琳撰，大正新脩大藏經本，新文豐出版公司，一九八三年。
楚辭補注，宋洪興祖撰，白化文等點校，中華書局，一九八三年。
庾子山集注，北周庾信撰，清倪璠注，許逸民點校，中華書局，一九八〇年。
嵩山文集，宋晁説之撰，四部叢刊續編本，商務印書館，一九三四年。

傅山全書，清傅山著，尹協理主編，山西人民出版社，二〇一六年。
文選，南朝梁蕭統編，唐李善注，上海古籍出版社，一九八六年。
影弘仁本文館詞林，唐許敬宗編，日本古典研究會影印本，一九六九年。
日藏弘仁本文館詞林校證，唐許敬宗編，羅國威整理，中華書局，二〇〇一年。
文苑英華，宋李昉等編，中華書局影印本，一九六六年。
文苑英華校記，傅增湘撰，北京圖書館出版社影印本，二〇〇六年。
全上古三代秦漢三國六朝文，清嚴可均校輯，中華書局影印本，一九五八年。
全唐文，清董誥等編，中華書局影印本，一九八三年。
金石録校證，宋趙明誠撰，金文明校證，中華書局，二〇一九年。
求古録，清顧炎武撰，顧炎武全集，上海古籍出版社，二〇一一年。
金石萃編，清王昶輯，中國書店影印掃葉山房本，一九八五年。
八瓊室金石補正，清陸增祥撰，文物出版社，一九八五年。
漢魏南北朝墓誌集釋，趙萬里著，科學出版社，一九五六年。
千唐誌齋藏誌，河南省文物研究所、河南省洛陽地區文管處編，文物出版社，一九八四年。

北魏張猛龍碑，歷代碑帖法書選，文物出版社，一九八四年。
鴛鴦七誌齋藏石，趙力光編，三秦出版社，一九九五年。
漢魏南北朝墓誌彙編（修訂本），趙超著，中華書局，二〇二一年。
中國北周珍貴文物，貟安志編著，陝西人民美術出版社，一九九三年。
北周田弘墓，原州聯合考古隊編著，文物出版社，二〇〇九年。
隋代墓誌銘彙考，王其禕、周曉薇編著，綫裝書局，二〇〇七年。
隋唐五代墓誌匯編（陝西卷），王仁波主編，天津古籍出版社，一九九一年。
唐代墓誌彙編續集，周紹良、趙超主編，上海古籍出版社，二〇〇一年。
咸陽碑石，張鴻傑主編，三秦出版社，一九九〇年。
咸陽碑刻，李慧、曹發展注考，三秦出版社，二〇〇三年。
北京圖書館藏中國歷代石刻拓本匯編，北京圖書館金石組編，中州古籍出版社，一九八九年。
大唐西市博物館藏墓誌，胡戟、榮新江主編，北京大學出版社，二〇一二年。
長安鳳栖原韋氏家族墓地墓誌輯考，戴應新編著，三秦出版社，二〇二一年。
藥王山北朝碑石研究，李改、張光溥編，陝西旅游出版社，一九九九年。

羌族石刻文獻集成，曾曉梅、吴明冉集釋，巴蜀書社，二〇一七年。
秦晉豫新出墓誌蒐佚續編，趙文成、趙君平編，國家圖書館出版社，二〇一五年。
珍稀墓誌百品，胡戟著，陝西師範大學出版總社，二〇一六年。
漢魏六朝碑刻校注，毛遠明編著，綫裝書局，二〇〇八年。
新出魏晉南北朝墓誌疏證（修訂本），羅新、葉煒著，中華書局，二〇一六年。
南北朝墓誌集成，王連龍編撰，上海人民出版社，二〇二一年。
吐魯番考古記，黄文弼著，中國科學院印行，一九五四年。
中國古代寫本識語集録，日池田温編，東京大學東洋文化研究所，一九九〇年。
法藏敦煌西域文獻（第十二册），上海古籍出版社、法國國家圖書館編，上海古籍出版社，二〇〇〇年。

三

校史隨筆，張元濟著，商務印書館影印本，一九九〇年。
張森楷史學遺著輯略，張森楷著，西南師範大學出版社，一九九八年。

唐代政治史述論稿，陳寅恪著，三聯書店，二〇〇一年。
陳垣史源學雜文（增訂本），陳智超編注，三聯書店，二〇〇七年。
魏晉南北朝史論叢，唐長孺著，中華書局，二〇一一年。
魏晉南北朝史籍舉要，唐長孺著，中華書局，二〇一一年。
峼華山館叢稿續編，王仲犖著，鄭宜秀整理，中華書局，二〇〇七年。
周書批校，周一良批校，周一良批校十九史，國家圖書館出版社，二〇一三年。
魏晉南北朝史札記（補訂本），周一良著，中華書局，二〇一五年。
中國地方行政制度史——魏晉南北朝地方行政制度，嚴耕望撰，上海古籍出版社，二〇〇七年。
北朝胡姓考（修訂本），姚薇元著，中華書局，二〇〇七年。
碑銘所見前秦至隋初的關中部族，馬長壽著，廣西師範大學出版社，二〇〇六年。
南北史考索，高敏著，天津古籍出版社，二〇一〇年。
中國古代少數民族姓氏研究，陳連慶著，吉林文史出版社，一九九三年。
諸史天象記録考證，劉次沅著，中華書局，二〇一五年。
中古漢語典故詞研究，季忠平著，學林出版社，二〇一三年。

北朝通語語音研究，劉冠才著，中華書局，二〇二〇年。

高昌史稿統治編，王素著，文物出版社，一九九八年。

兩漢魏晉南北朝正史西域傳要注，余太山著，商務印書館，二〇一三年。

吐谷渾資料輯録（增訂本），周偉洲編著，商務印書館，二〇一七年。

正史高句麗傳校注，姜維東、鄭春穎、高娜著，吉林人民出版社，二〇〇六年。

中古史書校證，真大成著，中華書局，二〇一三年。

關隴集團的權力結構演變——西魏北周政治史研究，吕春盛著，稻鄉出版社，二〇〇二年。

韓國木簡研究，戴衛紅著，廣西師範大學出版社，二〇一七年。

周書，今注本二十四史，陳長琦主持校注，中國社會科學出版社，二〇二〇年。

正史宋元版之研究，日尾崎康著，喬秀岩、王鏗編譯，中華書局，二〇一八年。

隋書經籍志詳攷，日興膳宏、川合康三著，汲古書院，一九九五年。

西魏・北周政権史の研究，日前島佳孝著，汲古書院，二〇一三年。

梁職貢図と東部ユーラシア世界，日鈴木靖民、金子修一編，勉誠出版株式會社，二〇一四年。

北朝仏教造像銘研究，日倉本尚德著，法藏館，二〇一六年。
北齊庫狄迴洛墓，王克林撰，考古學報一九七九年第三期。
甘肅正寧縣出土北周佛像，陳瑞琳撰，考古與文物一九八五年第四期。
寧夏固原北周李賢夫婦墓發掘簡報，韓兆民撰，文物一九八五年第十一期。
西安東郊隋李椿夫婦墓清理簡報，桑紹華撰，考古與文物一九八六年第三期。
湖北鄖縣唐李徽、閻婉墓發掘簡報，全錦雲撰，文物一九八七年第八期。
山西靈丘北魏文成帝南巡碑，山西省考古研究所、靈丘縣文物局撰，文物一九九七年第十二期。
河北唐縣「賽思顛窟」，孫鋼撰，文物春秋一九九八年第一期。
陝西長安隋宋忻夫婦合葬墓清理簡報，陝西省考古研究所隋唐研究室撰，考古與文物一九九四年第一期。
長安發現北魏獻文皇帝之孫墓誌，祥生撰，碑林集刊第四輯，陝西人民美術出版社，一九九六年。
北周宇文儉墓清理發掘簡報，陝西省考古研究所撰，考古與文物二〇〇一年第三期。

隋呂思禮夫婦合葬墓清理簡報，陝西省考古研究所撰，考古與文物二〇〇四年第六期。
隋宇文述墓誌述略，賀華撰，碑林集刊第十三輯，陝西人民美術出版社，二〇〇八年。
北周獨孤賓墓發掘簡報，陝西省考古研究院撰，考古與文物二〇一一年第五期。
陝西西安西魏乙弗虬及夫人隋代席氏合葬墓發掘簡報，西安市文物保護考古研究院撰，考古與文物二〇二〇年第一期。
陝西西安北周康城愷公柳帶韋墓發掘簡報，西安市文物保護考古研究院撰，文博二〇二〇年第五期。
補周書藝文志，郭靄春撰，文史一九八六年第一輯。
周書王士良傳補證，周偉洲撰，北朝史研究：中國魏晉南北朝史國際學術研討會論文集，商務印書館，二〇〇四年。
北魏泰州設置沿革考，周偉洲撰，中國歷史地理論叢二〇一八年第二期。
論唐初史家羣體及其正史撰述，瞿林東撰，人文雜誌二〇一五年第六期。
從周書語音材料看北朝後期至初唐北方語音的若干特點，劉冠才撰，泰山學院學報二〇一一年第一期。

大唐西市博物館新藏北朝墓誌疏證，王素撰，故宫學刊二〇一四年第一期。

梁元帝職貢圖與西域諸國——從新出清張庚摹本諸番職貢圖卷引出的話題，王素撰，文物二〇二〇年第二期。

邦國來朝——臺北故宫藏職貢圖題材的國家排序，羅豐撰，文物二〇二〇年第二期。

周書高麗傳史源學研究，鄭春穎撰，東北亞研究論叢第六輯，東北師範大學出版社，二〇一三年。

王士良豫州降北周事考釋，黄壽成撰，暨南史學第十一輯，廣西師範大學出版社，二〇一五年。

文本散逸與佚文措置：唐宋類書所見南北朝正史佚文舉隅，陳爽撰，唐宋歷史評論第八輯，社會科學文獻出版社，二〇二一年。

重新發現的百衲本北齊書周書北史校勘記述論，聶溦萌撰，文史二〇二一年第二輯。

明代嗣雅堂鈔本唐書的文獻價值，夏婧撰，文史二〇一五年第二輯。

北宋校刻南北朝七史事發微，魯明、胡珂撰，中華文史論叢二〇一八年第二期。

讀周書蕭詧傳書後，李萬生撰，貴州師範大學學報一九九八年第三期。

東亞簡牘文化的傳播——以韓國出土「椋」字木簡爲中心的探討，戴衛紅撰，文史哲二〇一七年第二期。
周書考論，趙政撰，五邑大學學報一九八九年第一期。
周書考論（續），趙政撰，五邑大學學報一九九〇年第一期。
唐初における『貞観氏族志』の編纂と「八柱国家」の誕生，日山下將司撰，史學雜誌第一一一編第二號，二〇〇二年。
北周政治史與六官制，日会田大輔撰，中國中古史研究第七卷，中西書局，二〇一九年。
唐代官修正史對隋代重臣形象的重塑——以隋書高熲傳周書竇熾傳爲中心，葛洲子撰，唐史論叢第十七輯，陝西師範大學出版總社，二〇一四年。
唐修周書史論辨析，朱露川撰，學習與探索二〇一六年第十二期。
唐修周書歷史敍事初探，朱露川撰，河北學刊二〇一八年第三期。
唐初修史的文獻取捨——以周書列傳的形成爲例，蒙海亮撰，唐史論叢第二十六輯，三秦出版社，二〇一八年。
周書紀傳疑年録，許福謙、劉勇撰，大同高等專科學校學報二〇〇〇年第一期。
北史零札（上篇・本紀部分），牟發松撰，魏晉南北朝隋唐史資料第十八輯，武漢大學出版社，二〇〇一年。

周書校補，程泱撰，淮陰師範學院學報二〇一〇年第一期。

周書校讀札記（一），黄樓撰，江海學刊二〇一四年第六期。

周書校讀札記（二），黄樓撰，江海學刊二〇一五年第一期。

周書校讀札記（三），黄樓撰，江海學刊二〇一五年第二期。

周書校讀札記（四），黄樓撰，江海學刊二〇一五年第三期。

周書校讀札記（五），黄樓撰，江海學刊二〇一五年第四期。

北史與北朝四史比勘札記，梁麗紅撰，許昌學院學報二〇一九年第四期。

二十史朔閏表，陳垣著，中華書局，一九六二年。

史諱舉例，陳垣撰，中華書局，一九六二年。

中國歷史地圖集，譚其驤主編，中國地圖出版社，一九九六年。

中西史曆日和中西曆日對照表，方詩銘、方小芬編著，上海人民出版社，二〇〇七年。

資治通鑑疑年録，吴玉貴著，上海古籍出版社，二〇一九年。

南北朝八書二史疑年録，許福謙著，北京出版社、文津出版社，二〇〇三年。

十七史疑年録，牛繼清、張林祥著，黄山書社，二〇〇七年。

後記

由武漢大學承擔的「北朝四史」（北史、魏書、北齊書、周書）修訂項目，係國家點校本「二十四史」及清史稿修訂工程的重要組成部分，二〇〇七年正式啓動。中國三至九世紀研究所朱雷教授、凍國棟教授擔任修訂主持人，我具體負責周書修訂。

經過前期的準備工作，至二〇一〇年底，「北朝四史」點校説明、修訂凡例及各史兩卷的修訂樣稿均審定通過。二〇一三年起，我陸續邀請羅亮、齊子通、肖龍祥、丁潔、楊文良、曾林耀、劉瑞萍等在讀研究生，參與周書部分版本對校工作。二〇一五年以後，我覆核了修訂所用全部版本，並撰寫改定校勘長編與校勘記。二〇二二年六月，周書點校修訂本定稿會召開。會後，我在研究生畢康健同學的協助下，相繼完成修訂前言、修訂凡例、主要參考文獻的撰寫及定稿審讀工作。截至九月十四日，周書修訂工作基本結束。

周書的修訂工作，一直是在「點校本北朝四史修訂」項目主持人朱雷教授、凍國棟教授的指導下進行的。遺憾的是，朱雷教授於二〇二一年八月不幸逝世，未能看到周書修訂本的正式出版，謹表深切緬懷之情。凍國棟教授近年雖身體欠佳，仍抱病出席周書修訂定稿會，叮嚀指導，令人感佩。研究所石墨林、姜望來、黄樓、李永生諸位老師，在收集資料等方面也付出不少辛勞。中華書局領導的統籌規劃、督促鼓勵，使修訂工作如期完成。周書編輯組的審讀編輯工作，認真負責，嚴謹高效，使校勘質量有了切實保障。此外，王素、張涌泉、孟彦弘、真大成、仇鹿鳴、聶溦萌等先生，以及各位匿名評審專家的賜教，令我獲益良多。謹此向大家表示衷心感謝！

五十年前，唐長孺先生發凡起例，勘定周書。所出校記旁徵博引，按斷精審，考校結合，廣受贊譽。吾輩賡續唐先生開創之事業，戰戰兢兢，如履薄冰，不敢稍有懈怠。唐先生之深厚學養，後學難以企及，仰賴數十年來學術發展，新出資料不斷涌現，信息時代技術進步，衆位師友傾力襄助，周書修訂工作得以勉力完成。校書如掃落葉，古籍整理誠非易事。儘管已盡全力，但内心仍惴惴不安，真誠期待學界同仁與讀者朋友的批評指正。

劉安志

二〇二二年九月

點校本二十四史及清史稿修訂工程組織機構

總　修　纂　任繼愈

學術顧問　王元化　王永興　王鍾翰　何兹全　季羨林　馮其庸　蔡尚思　戴　逸　饒宗頤（以姓氏筆畫爲序）

修纂委員會　丁福林　王小盾　王　素　朱　雷　吴玉貴　吴金華　吴麗娱　汪桂海　辛德勇　周天游　武秀成　孟彦弘　南炳文　施新榮　烏　蘭　凍國棟　陳尚君　陳高華　徐　俊　張　帆　張金龍　程妮娜　景蜀慧　趙生群　裴汝誠　鄭小容　劉次沅　劉浦江　戴建國　羅　新（以姓氏筆畫爲序）

審定委員會　王天有　王文楚　王春瑜　王　堯　王曾瑜　王繼如　白化文

田餘慶　安平秋　安作璋　何英芳　何齡修　吴宗國　吴榮曾
宋德金　李學勤　周良霄　周振鶴　周清澍　周偉洲　來新夏
祝總斌　陳允吉　陳祖武　陳智超　袁行霈　高　敏　陶　敏
徐蘋芳　張大可　張文强　張忱石　崔文印　梁太濟　許逸民
黄留珠　鄒逸麟　程毅中　傅璇琮　傅熹年　裘錫圭　蔡美彪
熊國禎　樓宇烈　劉鳳翥　龔延明　（以姓氏筆畫爲序）